江苏省志

出版报业志

江苏省地方志编纂委员会 编

JIANGSU

SHENGZHI

1978~2008

凤凰出版社

图书在版编目（CIP）数据

江苏省志 : 1978～2008. 出版报业志 / 江苏省地方志编纂委员会编. -- 南京 : 凤凰出版社, 2020.12
ISBN 978-7-5506-3217-2

Ⅰ. ①江… Ⅱ. ①江… Ⅲ. ①江苏－地方志②出版事业－概况－江苏－1978-2008③报业－概况－江苏－1978-2008 Ⅳ. ①K295.3

中国版本图书馆CIP数据核字(2020)第114155号

江苏省志(1978～2008)·出版 报业志

编　　者	江苏省地方志编纂委员会
出版统筹	卞惠兴　常宁文
责任编辑	张　燕
责任校对	张　堃
责任监制	程明娇
出版发行	凤凰出版社(原江苏古籍出版社) 发行部电话 025-83223462
出版社地址	南京市中央路165号,邮编:210009
出版社网址	http://www.fhcbs.com
照　　排	南京凯建文化发展有限公司
印　　刷	南京爱德印刷有限公司
开　　本	889 mm×1194 mm　1/16
印　　张	24.25
字　　数	733千字
版　　次	2020年12月第1版
印　　次	2020年12月第1次印刷
标准书号	ISBN 978-7-5506-3217-2
定　　价	200.00元(精)

图书如有印装质量问题,可随时向我社出版科调换。

江苏省地方志编纂委员会（2008年7月～2019年1月）

1. 2008年7月～

主　任　罗志军

副主任　赵克志　柏苏宁　张桃林　陈宝田　樊金龙　方未艾

委　员　（排名以发文顺序为准）

姚晓东　薛　和　唐　建　刘立仁　傅沿江　郭广银
孙学玉　周和平　吴乐勇　崔广怀　韩　杰　蒋宏坤
曹新平　王伟成　阎　立　丁大卫　徐一平　王燕文
刘捍东　姚建华　毛伟明　王吉生　沈　健　朱克江
吴洪彪　潘永和　赵永贤　陈震宁　周　岚　游庆仲
吕振霖　吴沛良　朱　民　章剑华　郭兴华　王　华
张卫东　徐毅英　廖　进　宋林飞

2. 2009年9月～

主　任　罗志军

副主任　赵克志　柏苏宁　曹卫星　陈宝田　樊金龙　方未艾

委　员　（排名以发文顺序为准）

姚晓东　薛　和　唐　建　刘立仁　傅沿江　郭广银
章剑华　周和平　吴乐勇　崔广怀　韩　杰　张敬华
王伟成　阎　立　丁大卫　徐一平　谢正义　刘捍东
姚建华　毛伟明　陈震宁　沈　健　朱克江　吴洪彪
潘永和　吴可立　周　岚　游庆仲　吕振霖　吴沛良
朱　民　郭兴华　王　华　张卫东　徐毅英　廖　进
宋林飞

3. 2011年5月～

主　任　李学勇

副主任　柏苏宁　曹卫星　陈宝田　樊金龙　方未艾

委　员　（排名以发文顺序为准）

姚晓东　唐　建　李一宁　刘国中　傅沿江　王　奇

徐一平　周和平　石为斌　崔广怀　谢　波　朱克江
张敬华　王伟成　阎　立　张国华　杨省世　谢正义
刘捍东　徐郭平　蓝绍敏　毛伟明　陈震宁　沈　健
曹苏民　吴洪彪　潘永和　吴可立　周　岚　游庆仲
吕振霖　吴沛良　朱　民　章剑华　郭兴华　费少云
朱晓明　徐毅英　张颢瀚　刘志彪

4. 2012 年 12 月～

主　任　李学勇
副主任　柏苏宁　曹卫星　范燕青　毛伟明　方未艾
委　员　（排名以发文顺序为准）
杨志纯　唐　建　李一宁　刘国中　陈　平　王　奇
章剑华　周和平　石为斌　崔广怀　谢　波　朱克江
朱　民　姚晓东　周乃翔　张国华　杨省世　曲福田
魏国强　朱民阳　朱晓明　徐郭平　蓝绍敏　陈震宁
徐一平　沈　健　曹苏民　吴洪彪　江建平　谭　颖
周　岚　游庆仲　吴沛良　吕振霖　马明龙　徐耀新
王咏红　费少云　徐　劼　徐毅英　张颢瀚　刘志彪

5. 2014 年 1 月～

主　任　李学勇
副主任　赵　鹏　曹卫星　范燕青　张敬华
委　员　（排名以发文顺序为准）
康旭平　陈为民　李一宁　吴洪彪　赵铁海　王　奇
梁　勇　周和平　石为斌　崔广怀　谢　波　汪　泉
朱　民　费高云　周乃翔　张国华　赵晓江　曲福田
魏国强　朱民阳　朱晓明　陆志鹏　王天琦　陈震宁
徐一平　沈　健　曹苏民　侯学元　徐　宁　谭　颖
周　岚　游庆仲　吴沛良　李亚平　马明龙　徐耀新
王咏红　费少云　徐　劼　周　琪　刘德海　刘志彪
方未艾

办公室主任　方未艾

6. 2014年10月～

主　任　李学勇

副主任　赵　鹏　曹卫星　范燕青　张敬华

委　员　（排名以发文顺序为准）

康旭平　陈为民　李一宁　吴洪彪　赵铁海　王　奇
梁　勇　周和平　石为斌　崔广怀　谢　波　汪　泉
朱　民　费高云　周乃翔　张国华　赵晓江　曲福田
王荣平　朱民阳　朱晓明　陆志鹏　王天琦　陈震宁
徐一平　沈　健　曹苏民　侯学元　徐　宁　谭　颖
周　岚　游庆仲　吴沛良　李亚平　马明龙　徐耀新
王咏红　费少云　夏心旻　周　琪　刘德海　王庆五
方未艾

7. 2016年12月～

主　任　石泰峰

副主任　黄莉新　赵　鹏　张敬华　范燕青　王　奇　漆冠山

委　员　（排名以发文顺序为准）

康旭平　王　林　谢润盛　吴洪彪　赵铁海　胡金波
周　琪　周和平　朱光远　张亚青　谢　波　汪　泉
周铁根　费高云　曲福田　韩立明　项雪龙　惠建林
戴　源　张爱军　朱晓明　史立军　王天琦　赵建军
徐一平　沈　健　王　秦　侯学元　沈益锋　谭　颖
李侃桢　周　岚　游庆仲　吴沛良　李亚平　马明龙
徐耀新　王咏红　费少云　焦建俊　徐　莹　秦景安
刘德海　王庆五

总序

江苏省省长　吴政隆

在全省上下深入学习贯彻党的十九大精神，奋力推动高质量发展、加快建设“强富美高”新江苏的重要时刻，二轮《江苏省志（1978～2008）》各分（专）志陆续编成出版，这是我省地方志事业取得的重要成果，极大地丰富了江苏历史文化宝库，对于促进文化强省建设、提升江苏文化软实力具有重要意义。

地方志是中华优秀传统文化的瑰宝，编修地方志为中华文明代代相传、血脉相承发挥了不可替代的作用。江苏地区编修地方志已有2000多年的历史，素有“方志之乡”的美誉。在首轮《江苏省志》圆满完成的基础上，省政府于2008年启动二轮省志续修工程。二轮省志由60本分（专）志组成，约4800万字，时间贯穿30多年，内容覆盖政治、经济、文化、社会、军事、自然等各个领域，系统记录江苏改革开放和现代化建设的历史进程和辉煌成就，生动展示各行各业具有时代特征、中国特色、江苏特点的发展战略和创新举措，是我们了解历史变迁、把握省情地情、借鉴治理经验、推动科学发展的重要载体。

地方志作为横陈百科、包罗万象、流传千载的资料性文献，担负记录历史、传承文明、服务当代、启引未来的重任，具有特定的编纂体例和方法。二轮省志编修是一项系统工程，组织严密，规模宏大，由省各有关部门、团体、高等院校、科研院所、各市县以及中央驻苏机构、解放军驻苏部队等共同承担编写任务，汇聚各方智慧合力完成。10年来，全省广大修志人员以高度的政治责任感和历史使命感，坚持正确的政治方向和质量第一的原则，秉笔直书、辛勤耕耘，努力打造具有较高学术水平和重要文化价值、社会价值的精品佳志，为推动文化传承创新、服务经济社会发展付出了心血和汗水。

盛世修志，志在于用。党的十九大确立了习近平新时代中国特色社会主义思想的历史地位，吹响了决胜全面建成小康社会、夺取新时代中国特色社会主义伟大胜利的前进号角，习近平总书记对江苏工作作出一系列重要指示，为我们指明了前进方向，提供了根本遵循。省委十三届三次全会对深入学习宣传贯彻党的十九大精神作出全面部署，明确要求扎实推动“六个高质量”发展，接续推进“两聚一高”新实践，加快建设“强富美高”新江苏。新时代、新使命、新征程，对志书成果开发利用提出了新的更高要求，也提供了更广阔的舞台。我们要坚持以习近平新时代中国特色社会主义思想为指导，认真落实中央和省委关于地方志工作的部署要求，始终坚持正确的政治方向，抓好历史文化记录和保护，编纂好特色专业志书，传承好江苏符号和江苏印记，在做特、做优、做活地方志工作上下功夫、出成果。要紧紧围绕经济社会发展新目标、当今时代文化发展新趋势、人民精神文化生活新期待，大力开发利用志书资源，积极拓展读志、传志、用志渠道，鉴往知来、承先启后，抢抓机遇、开拓创新，充分发挥地方志存史、育人、资政的独特作用，以新时代新作为谱写地方志事业高质量发展新篇章，为“强富美高”新江苏建设作出新的更大贡献。

凡例

一、本志总名《江苏省志（1978～2008）》。按大类排列，编以序号。定名为《江苏省志（1978～2008）·××志》。

二、本志上限为 1978 年，下限断至 2008 年年底。各分志上限如与首轮志书下限有交叉的，可从简记述；专志下限为 2008 年年底，上限不限。

三、本志记述江苏省境域内自然、政治、经济、文化、社会等各个方面情况。

四、本志坚持“横分门类，纵述史实”的传统格局。各分（专）志一般采用章、节、目的结构层次。

五、本志采用述、记、志、传、图、表、录并用的综合体裁。以志为主。

六、本志内容以资料为主，用记述体表述，不作主观评论，寓观点于资料中。概述与章下无题序可作适当归纳议论。

七、本志“人物”分志集中记载省内有重大影响的人物，其他分志不再设人物章节。入志人物的收录标准另定。

八、本志设“中共”和“人民团体”分志，有关党、团和妇联、工会等组织及其活动的内容，其他分志不需设专门章节记述。

九、本志资料录自档案、口碑资料和历史文献的，为节省篇幅，除特别重要、珍贵的资料须注明出处外，一般不再注明出处。统计数字以江苏省统计局的统计数据为主。

十、本志数字、计量单位及语言等的使用，按《〈江苏省志（1978～2008）〉行文细则》的规定表述。

总目*

一、卷首
1 总述 大事记
二、生态卷
2 资源
3 环境
三、经济卷
4 发展改革
5 农林
6 海洋渔业
7 水利
8 煤炭 电力
9 轻工 纺织
10 冶金 机械
11 石油 化工
12 建材 建筑
13 电子信息
14 邮电
15 交通运输
16 城乡建设
17 国内贸易
18 对外贸易
19 旅游 餐饮
20 海关 检验检疫
21 财政 税务
22 央行 银行 证券 保险
23 工商 价格
24 质量技术监督 食品药品监管
四、政治卷
25 中共
26 人大
27 政府
28 政协
29 民主党派 工商联
30 人民团体
31 纪检 监察
32 审计
33 外事 港澳台侨事务
34 机构编制 人事管理
35 审判 检察
36 公安 司法
37 军事 民防
五、文化卷
38 科学技术
39 社会科学
40 教育
41 文化艺术
42 出版 报业
43 广播影视
44 卫生
45 体育
六、社会卷
46 民政
47 劳动保障
48 人口 人民生活
49 人物
七、卷末
50 附录
八、专志
1 江苏建置志
2 江苏名城名镇名村志
3 江苏江河湖泊志
4 江苏开发区志
5 江苏民营经济志
6 江苏吴文化志
7 江苏文化遗产志
8 江苏著述志
9 江苏工艺美术志
10 江苏老字号志

---
* 该总目自2019年10月起施行。

目　　录

出版志

报业志

出版志

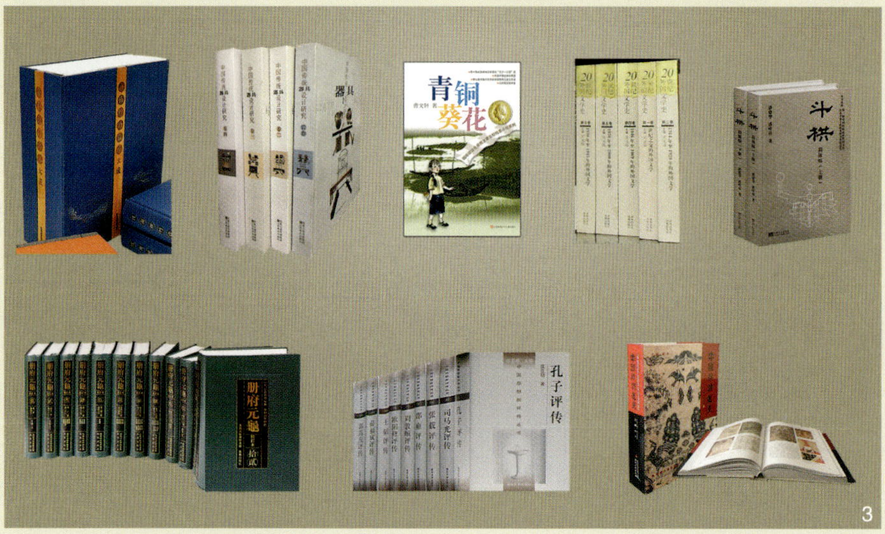

1. 2007年3月，江苏省“出版物质量管理年活动”动员大会在南京召开

2. 1991～2008年荣获中共中央宣传部精神文明建设“五个一工程”奖的部分苏版出版物

3. 2008年2月荣获首届“中国出版政府奖”的苏版出版物

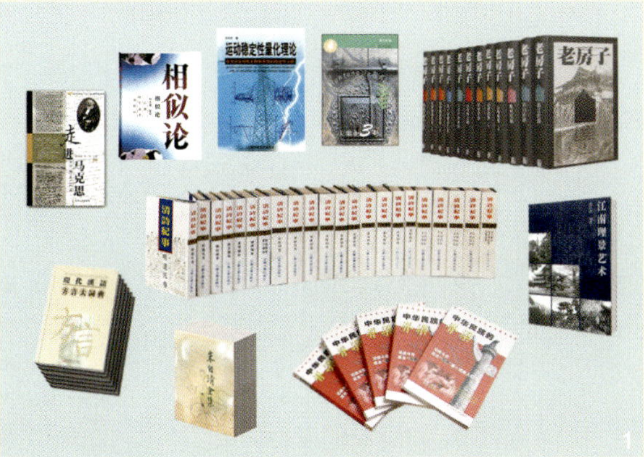

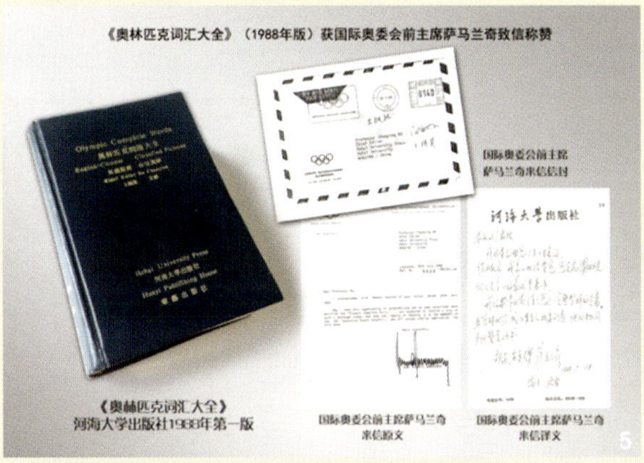

1. 1992～2003 年荣获“国家图书奖”的部分苏版出版物
2. 2006～2008 年荣获“中华优秀出版物奖”的部分苏版出版物
3. 1997～2008 年荣获各类国际、国内大奖的部分苏版电子音像产品
4. 2000 年荣获首届“国家期刊奖”的部分优秀期刊
5. 1988 年 7 月 28 日，时任国际奥委会主席胡安·安东尼奥·萨马兰奇先生致信卜纯英，称赞由卜纯英主编、河海大学出版社与华艺出版社共同出版的《奥林匹克词汇大全》是“完整学科的专著”“最优秀著作”
6. 2007 年，江苏文艺出版社出版的《不裁》荣获“中国最美的书”和“世界最美的书”称号

1. 2008年8月，金坛古籍印刷厂印制的《水浒传人物图像》获得美国印制大奖的最高奖项——Benny奖，开江苏印刷企业海外获奖之先河

2. 江苏太平洋印刷有限公司在常州、南京、苏州、上海等地设有全资子公司9家，总资产达5.8亿元，公司拥有多台世界一流印刷设备，其产品多次荣获国家印刷大奖

3. 苏州印刷总厂有限公司自2001年全面改制后，跻身“中国百强印刷企业”，并被新闻出版总署等四部委评定为“国家文化出口重点企业”

4. 全国光盘复制行业的龙头企业——江苏新广联科技股份有限公司，被新闻出版总署等四部委评定为“国家文化出口重点企业”

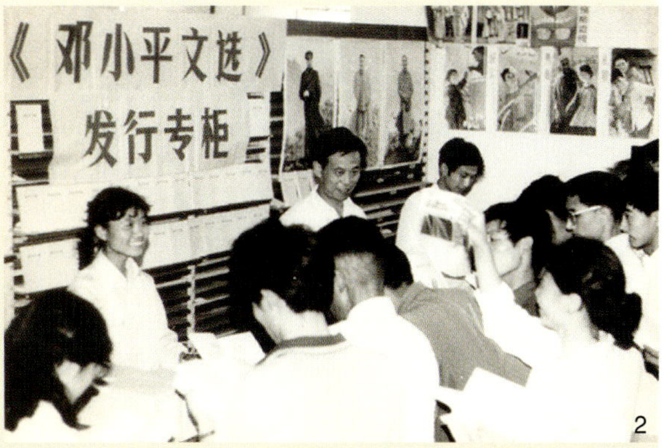

1. 20世纪80年代，洪泽县新华书店在湖上送年画、年联，让渔民们过上欢乐祥和的新年
2. 1983年7月，海安县新华书店发行《邓小平文选》
3. 1995年4月，溧阳新华书店到乡镇流动供应图书
4. 2004年5月和2005年7月，江苏大众书局先后成为我省首家民营出版物总发行企业和全国连锁出版物发行企业
5. 1983年12月，南京图书发行大厦建成
6. 2008年10月，位于南京市中央路和湖南路交叉口的江苏凤凰出版集团的凤凰国际书城开业

1

2

3

4

5

6

1. 2006年6月7日，江苏"农家书香"工程建设推进会暨试点"农家书屋"授牌、赠书仪式在淮安市金湖县举行
2. 2007年5月31日，江苏出版界向江苏省未成年犯管教所赠送优秀苏版图书活动在江苏省未成年犯管教所举行
3. 村民在"农家书屋"阅读
4. 学生们在"农家书屋"阅读
5. 2006年2月，江苏省版权局在南京举办江苏省省级机关软件正版化培训班
6. 2008年6月，由世界知识产权组织和国家版权局共同组织的世界知识产权组织版权保护优秀案例示范点工作会议在南通举行

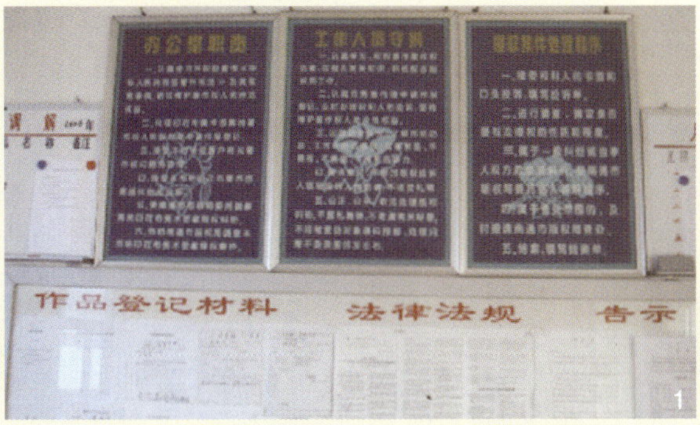

1

2

3

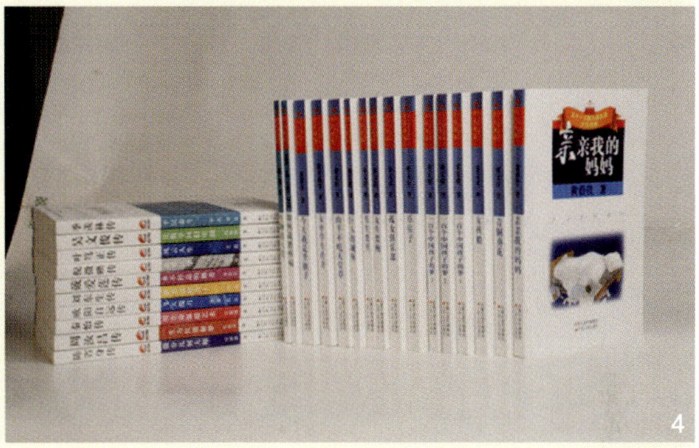

4

5

6

1. 1997年成立的南通市志浩市场版权管理办公室，是全国第一家镇村级版权管理组织

2. 2007年5月，德国前总理施罗德出席由译林出版社出版的《抉择：我的政治生涯》中文版首发活动

3. 1988年设立的中外合资南京爱德印刷有限公司承接70多个国家和地区的印刷业务，是中国大陆唯一指定印刷基督教圣经和赞美诗的印刷企业，也是世界单体圣经印刷的主要基地

4. 2004～2008年入选国务院新闻办公室与新闻出版总署实施“中国图书对外推广计划”的部分苏版图书

5. 1996～2008年，江苏省新闻出版局每年举办全省期刊主编岗位培训班

6. 2006年5月，“方正杯”江苏省新闻出版印刷行业职业技能大赛在南京举行

7. 执法人员在检查出版物市场

7

1. 1994年2月，中共江苏省新闻出版局、出版总社系统第一次代表大会在南京召开

2. 2008年12月，江苏出版界纪念改革开放30周年座谈会在南京召开

3. 纪念改革开放30年的部分苏版图书

《出版志》编纂委员会

《出版志》编辑部

序

历经五个春秋寒暑,《出版志》终于付梓面世,可喜可贺。作为江苏出版界秉承修志传统,彰往昭来、资政育人的精品力作,这既是江苏出版业30年改革发展征程的珍贵辑录,也是向在这条时间轴上奋斗过和正在奋斗着的江苏出版人献上的一份厚礼。

1978～2008年,是江苏出版史上极不平凡的30年,是江苏出版业全面融入改革开放和社会主义现代化建设历史洪流、实现全面跨越和取得空前成就的重要历史时期。这一时期,江苏出版战线坚持以邓小平理论、"三个代表"重要思想和科学发展观为指导,认真贯彻落实中央和省委、省政府关于出版工作的决策部署,以改革开放为强大动力,推动出版业发展取得显著成就。出版和发行体制机制改革全面推进,出版质量效益显著提升,发行主体活力竞相迸发,印刷技术革新取得重大突破,出版公共服务能力日益加强,版权贸易和教育科研等工作同步推进,江苏出版业综合实力跃上了新的台阶,跻身全国先进行列。2008年,全省有图书、报刊、电子音像出版单位608家,出版图书1.1万种,有印刷复制企业1.4万多家,印刷复制业实现产值575.36亿元,全省出版系统实现销售收入逾800亿元,分别是1978年的22倍、34倍、140倍、1 438倍和800多倍。累计有近4 600种出版物在各级各类评比中荣获奖项,其中125种图书在历届国家图书奖、中宣部精神文明建设"五个一工程"奖和中国图书奖评选中榜上有名。江苏凤凰出版传媒集团成为全国首家资产总额、销售收入双超100亿元的出版传媒集团,江苏新华发行集团主要经济指标连续16年位列全国第一,江苏出版堪称"家大业精"。

《出版志》坚持辩证唯物主义和历史唯物主义的观点,分类科学、编排有序,体例完备、资料翔实,记叙严谨、文风朴实,全志凡8章36节,计30余万字,以述、志、记、图、表、录等形式,客观、全面、系统地记载了江苏出版业改革开放30年的发展轨迹,彰显出鲜明的时代特征和浓郁的行业特色。承担志书编纂的各位同志,不辞劳苦、上下求索,披沙拣金、潜心探究,其中甘苦,唯有亲历者自知。谨向参与本志编纂的全体同志致以崇高的敬意和衷心的感谢!

盛世修志，贵在存世垂鉴。希望各级出版行政管理部门和各出版单位，坚持修志为用、修用并举，创新用志理念、拓宽用志渠道，善于从志书所彰明之因果、所揭示之规律中获得启迪，承前启后、继往开来，不懈耕耘、不断开拓，继续谱写出江苏出版事业崭新的历史篇章。乐为之序，以共勉。

焦建俊

概　述

1978～2008 年，在中国历史和共和国出版史上都是一个极为重要的时段。这是中国经济蓬勃发展的 30 年，是中国社会和谐稳定的 30 年，是各项事业蒸蒸日上的 30 年，也是中国出版业稳步发展、不断创新的 30 年。30 年来，作为江苏改革开放的生动记录者和积极推动者，江苏出版业始终坚持正确导向，综合实力显著提升，体制机制改革稳步推进，出版公共服务日益加强，行政管理水平不断提高，较好地满足了人民群众多方面的精神文化生活需求，为改革开放和现代化建设营造了良好环境，提供了智力支持。

与改革开放初期相比，江苏图书、报刊、电子音像出版单位数量从 1978 年的 27 家发展到 2008 年的 608 家，其中图书出版单位从 2 家发展到 18 家、报纸从 4 种增加到 143 种、期刊从 21 种增加到 439 种、电子音像出版单位从无发展到 8 家；图书年出版品种从 317 种增加到近 1.1 万种，居全国第二，总印数居全国第一；出版物发行网点从 2 700 多家增加到近 1.2 万家，出版物销售码洋达 195.67 亿元，居全国第一；印刷复制企业从 100 家左右发展到 1.4 万多家，年产值由 4 000 万元发展到 575.36 亿元，居全国第三；近 4 600 种江苏版出版物在各级各类评比中获奖，其中 125 种在历届国家“三大奖”(国家图书奖、中宣部精神文明建设“五个一工程”奖和中国图书奖)评选中榜上有名，“苏版好书”蜚声海内外。2008 年，江苏出版系统销售收入突破 800 亿元，是 1978 年的 800 倍以上，总量居全国第三。江苏凤凰出版传媒集团在 2008 年“首届全国文化企业 30 强”评选中居出版发行类第一，成为全国首家资产总额、销售收入双超百亿元的出版传媒集团。江苏新华发行集团主要经济指标连续 16 年居全国第一。江苏永兴多媒体有限公司、昆山沪铼光电科技有限公司发展成为国内最大的可录光盘生产企业，江苏新广联科技股份有限公司只读光盘年产量、销售额、利税均居全国同行业首位。南通通州志浩市场和海门叠石桥市场相继被确定为全国版权保护示范点，被世界知识产权组织指定为版权保护优秀案例示范点并授予“版权创意金奖”。经过 30 年的改革发展，江苏已成为国内重要的出版基地、印刷基地、光存储生产基地和出版物流通基地，为江苏文化产业发展和文化强省建设作出了重要贡献。

一

1978～1992 年，江苏出版业处于恢复发展时期。1979 年 12 月，全国出版工作座谈会在长沙举行(简称“长沙会议”)。江苏出版业抓住贯彻党的十一届三中全会精神和“长沙会议”精神的重要机遇，坚持为人民服务、为社会主义服务的正确方向，解放思想，实事求是，大胆冲破地方出版社实行“三化”(地方化、通俗化、大众化)方针的束缚，按照“立足本地，面向全国”的新要求，积极开发利用省内外出版资源，扩大出书范围，提高出书档次，破解“书荒”难题，出版生产力迅速复苏，开始走上持续、健康、快速发展的道路。1983 年，中共中央、国务院作出《关于加强出版工作的决定》，明确了出版工作的根本任务和方针，明确了出版改革的目标和方向，江苏出版业的潜能被进一步激发，行业发展呈现空前繁荣。

推进出版体制改革和出版社专业分工。加强编辑工作的中心地位，改社长负责制为总编辑负责制。出版社在实行专业分工的同时，推行独立核算、自主经营、自负盈亏，加速了出版社从生产型向生产经营型的转变，出版社的积极性得到提高，出版资源包括人才资源得到迅速开发，各出版社经常联系的作者达 3 000 多人。各出版社逐渐摸索出自己出书的重点和特点，“稳定、创新、繁荣、质量、特色、效益”的出版指导思想逐渐形成。1988 年，全省出版系统推行承包经营责任制，同时实行社长

（经理）负责制和干部聘任制。总社以总法人代表资格与省财政厅签订了为期 4 年（1988～1991）的承包经营合同；其后，总社分别与各直属单位签订了为期 3 至 4 年的承包经营责任制合同或任期目标协议书。“放水养鱼”的优惠政策为全省出版业发展争取了较为宽松的经济环境，出版发行单位内部机制的改革大大调动了各单位的积极性，图书质量和效益都得到了提高，以《我的经济观》《爱我中华丛书》等中宣部精神文明建设“五个一工程”获奖图书为代表的大批优秀出版物脱颖而出。1979 年至 1992 年的十多年间，全省从仅有人民、科技 2 家出版社发展到 15 家出版社，形成了一个分工明确、门类齐全、各具特色的出版体系；图书出版品种由 317 种增加到 3 443 种，增长 9 倍多，333 种图书在各类全国性图书评比中获奖；出版报刊从几十种发展到 1 296 种；印刷用纸量达 13.3 亿印张。

1982 年 6 月，全国图书发行体制改革座谈会在北京举行。会议提出建设“多种经济成分、多条流通渠道、多种购销形式，少流转环节的图书发行网”的改革目标，将竞争机制引入图书发行领域。江苏出版业认真贯彻落实会议精神，围绕“货畅其流、书尽其用，最大限度地满足读者对图书的需要”的改革目标，先后推行“一主三多一少”（以国营新华书店为主体，组成多种经济成分、多条流通渠道、多种购销形式、少流转环节的图书发行网）、“三放一联”（放权承包、放开批发渠道、放开购销形式和折扣、推动横向联合）等改革举措，从计划经济体制下艰难“突围”。1983 年，全省新华书店试行经营承包责任制，市、县新华书店成为自主经营的经济实体，当年全省新华书店图书销售额首次突破 1 亿元。新华书店开始加速从经营管理型向经营服务型转变，发行生产力挣脱束缚迅猛发展，全系统销售总额、利润总额实现并保持高速增长。1991 年，面对自然灾害带来的不利影响，全省图书发行总销售仍取得了 5.64 亿元的好成绩，比上年增长 14.8%，跃居全国第一；此后，江苏出版物销售量一直位居全国首位，约占全国总销量的 10%。1992 年，江苏新华书店进入全国 500 家最大服务企业行列。民营书店和出版社自办发行的出现，推动发行网点数量快速增长，购销形式不断改进，发行方式和服务方式更加多样化。1992 年，全省图书发行网点 6 276 个，平均每万人拥有 1 个网点，农村网点占全国农村网点总数的 11%，农村发行量占全国农村发行量的 22%。以新华书店为主体、多种经济成分并存的遍布城乡的图书发行网络基本形成。

新思想、新知识、新技术不断泉涌推动出版业加快发展。1979～1988 年十年间，全省新增期刊 170 种。新创期刊多为科研院所、行业协会主办，内容以工业技术类居多，几乎涵盖了除原子能技术外的所有工业技术类型。对外合作出版、版权贸易和图书贸易实现从无到有。至 1992 年年底，与海外出版商签订合作出版和版权贸易合同 102 个，涉及图书 265 种，45 万册苏版图书进入国际市场；有 1 300 种图书参加了 1991 年北京第四届国际图书博览会，与境外出版商签订的合作出版和版权转让合同占整个博览会所签合同的四分之一，图书出口和创汇逐年增长。书刊印刷能力显著提升。1992 年，省出版总社 3 个直属印刷厂总产值突破 1 亿元。1980～1992 年，连续 13 年做到中小学教材印制发行“课前到书，人手一册”，印制质量位于全国前列，屡获表彰。1987 年，省出版总社荣获国家新闻出版署颁发的全国唯一的课本印制质量优秀奖杯。出版系统经济实力不断增强。固定资产原值逾 2 亿元，投资 800 万元的出版大厦和投资 1 000 万元的图书发行大厦先后建成，省出版印刷物资公司拥有 1.8 万平方米的大型纸库，全省出版业从业人员近 1 万人。1992 年，全系统总销售收入达 15.32 亿元，实现利润 9 691 万元，江苏开始成为国内外瞩目的出版大省。

出版行政管理工作在不断调整中得到加强。1978 年 6 月，省革委会出版发行局改为省革委会出版事业管理局，与江苏人民出版社分开，专司管理全省图书出版、印刷、发行和有关出版物资供应工作。1980 年 4 月，省革委会出版事业管理局改为省出版事业管理局。1983 年 7 月，撤销省出版事业管理局，改为江苏省人民出版社（事业性质）；同年 11 月，更名为江苏省出版总社（简称“省出版总社”）。1984 年 1 月，省政府授权省出版总社管理全省出版事业。1987 年 2 月，恢复省出版事业管理局，列入政府序列，保留省出版总社，与省出版事业管理局两块牌子、一个机构；同年 8 月，撤销省出版事业管理局，成立省新闻出版局，与省出版总社合署办公，形成局社合一的出版管理体制。1988～1992 年，全省 11 个省辖市和三分之一的县（市）建立了新闻出版管理机构。此外,《江苏省书刊、音像出版发行管理条例》等地方性法规相继制定出台,“扫黄打非”工作逐步正常化,图书报刊出版、印刷、发行、版权等各项管理工作逐步规范化。全省出版业生产、经营、管理相配套,编、印、发、供、教育、科研、外贸协调发展的格局开始形成。

1992年5月,在邓小平同志南方重要谈话精神的鼓舞和指引下,全省深化出版改革研讨会召开,明确了江苏出版改革的总体思路:以建立适应社会主义市场经济和社会主义精神文明建设又符合出版自身规律的社会主义出版体制为目标,加快生产型向生产经营型的继续转变、封闭型向开放型转变、出版事业向出版产业转变,和国际出版业接轨,向现代化、集团化方向发展。江苏出版业进入新的发展阶段。

二

1993～2001年,江苏出版业进入全面发展时期。与整个国家改革开放的进程同步,在经过十几年的迅猛发展之后,江苏出版业开始从追求规模数量向突出优质高效转变,从总量增长型向质量效益型转移。

1994年,中共中央政治局委员、书记处书记、中宣部部长丁关根对新闻出版工作提出“坚持方向、依法管理、深化改革、促进繁荣”的基本要求,江苏出版业积极响应,各出版社牢固树立起为经济建设和改革开放服务的观念,调整结构,优化选题,突出重大选题和畅销品种。1995年,中共中央办公厅、国务院办公厅批转新闻出版署《关于进一步加强和改进出版工作的报告》,再次强调把重点放在提高质量和效益上,切实组织好学术专著等重大社会效益图书以及畅销图书的出版。“九五”(1996～2000)期间,全省集中力量抓重点图书和“双效”图书,53种选题入选国家重点出版规划,比“八五”期间增长56.7%。通过对重点出版项目的大力扶持,苏版精品力作不断涌现并受到社会各界好评。1996年7月15日,中共中央总书记江泽民参观中国出版成就展江苏展厅时指出:江苏的书好,尽在不言中。1997年起,江苏实施图书出版“精品战略”,在继续抓好“双效”图书的同时狠抓列入国家和省“九五”规划的图书以及“三大奖”图书,成绩斐然。当年,由江苏人民出版社和江苏教育出版社联合出版的《拉贝日记》广受海内外专家好评,在业内被誉为“1997年全国十本最有影响的图书之一”。2001年,中国加入“世界贸易组织”,图书零售市场的开放倒逼出版业深化改革。随着省新闻出版局与省出版总社实行政事、政企分开和管办分离,图书出版专业分工限制逐渐松动,几乎所有出版社都开始涉足教育、教辅类图书市场。江苏出版业精品图书注重社会效益,教辅图书意在经济效益的分化趋势开始显现。

期刊业历经数次治理整顿,发展态势向好。1993年,书刊发行渠道放开,非法出版活动有所抬头,省政府办公厅等13个部门组成联合检查组,全面治理书刊市场,江苏期刊迎来新一轮有序发展。至1993年年底,全省有期刊899种,其中373种持全国统一刊号、526种持江苏省内部准印证号,初步形成了以党委机关期刊为龙头,门类、品种比较齐全的期刊群体。1997年,新一轮报刊“治散治滥”工作启动,1998年1月1日起停办10种期刊。1999年,全国期刊实施品牌战略座谈会在南京召开。2000年,《译林》等3种期刊荣获首届“国家期刊奖”。

1995～1996年,印刷复制业在实行书刊印刷定点制度的基础上相继实行书报刊印刷许可证副本制度和图书、期刊印制委托书制度,行业管理得到有效强化,非法印刷活动得到有效遏制,出版和印刷秩序得到有效改善。1997年10月,省新闻出版局制定施行《中小学教材印制优质优价管理办法》,较好地促进了省内教材印刷业的良性竞争,提高了中小学教材印刷质量。同年,在全国人教版教材印制质量评比中,江苏荣获“优秀印制质量人教版租型单位铜奖”“书刊印刷优质产品管理铜奖”。在2001年的全国印制质量工作表彰会上,江苏省新闻出版局荣获2000年度金奖和1998～2000年度“书刊印刷一等品管理金奖”,江苏省出版总社荣获2000年度金奖和1998～2000年度“优秀印制质量课本租型单位银奖”,5家出版社、4家印刷企业分获各类印制质量金、银、铜奖,6家出版社、5家印刷企业分列全国印制质量百强出版社、百强印刷企业前20名。

图书发行活力迸发,民营书业迅速崛起。1997年5月,省新华书店、苏州市新华书店联合图书批销中心成立，发行开始探索现代企业制度改革。1999年4月，江苏新华发行集团挂牌成立，成为全国规模最大的发行集团，当年就与国内51家名优出版社签订全品种区域独家代理协议，与100多家名优出版社和200多家销售店建立代理关系，连锁经营条件下产、供、销协调运作的有效机制逐步形成。2001年，随着出版物分销服务市场的逐步放开，民营书店开始快速发展。

科学技术的进步推动了出版介质的演进，出版领域从纸质出版向电子音像出版和网络出版拓展。1992年12月，新闻出版署作出《关于同意江苏省出版总社配书出版音像制品的批复》，同意总社出版发行音像制品和电子读物。总社所属其他出版单位需配发音像制品的，由总社统一管理。江苏音像制品很快建立起良好口碑，1998年，总社出版的《苏州园林》《侵华日军南京大屠杀》《国之瑰宝——宋庆龄》等入围莫必斯国际多媒体光盘大奖赛；2000年，《侵华日军南京大屠杀》获首届国家电子出版物大奖，《中国书法大典》获莫必斯多媒体光盘国际大奖赛教育鼓励奖，此为江苏电子出版物首次在国际比赛中获奖。2000年，江苏电子音像出版社与南京大汉网络公司合作建立“中国书市”网站，是江苏网络出版的最初尝试。2001年1月，省新闻出版局成立电子音像出版管理处，依法履行指导、管理电子音像出版经营活动职能。

随着出版业改革发展步伐的不断加快和对外开放程度的不断提高，出版管理的手段不断丰富、领域不断拓展、机制不断健全、效能不断提升。1994年3月，省新闻出版局增挂省版权局的牌子，承担全省著作权管理工作，当年查办的苏州宝碟公司盗版案是国家《对侵犯著作权行为行政处罚的实施办法》颁布后全国首例版权行政处罚案。1994年7月，新闻出版署颁发《出版社年检登记制度(试行)》，明确自1995年起常态化开展出版社年度检验。1997年，国务院颁布《出版管理条例》，新闻出版署依据《条例》制定《图书质量保障体系》《图书、期刊、音像制品、电子出版物重大选题备案办法》等，相继对出版年度计划、重大选题备案等管理原则作出规定，全省出版行政管理部门依据上述法律和规章制度规范管理措施，坚持工作前移，严把出版选题论证等关口，在保证出版物政治导向、编校质量等方面发挥了巨大作用。此外，“三审三校一读”制度落地生根，图书质量管理得到进一步加强；《江苏省书号管理和使用暂行办法》颁布实施，书号管理和使用得到进一步规范。2000年9月，省政府决定省社会文化管理委员会办公室挂靠在省新闻出版局开展工作，进一步理顺了“扫黄打非”工作体制机制。

2001年7月，根据省委、省政府《关于省级党政机关机构改革实施方案》的部署和要求，江苏省新闻出版局(版权局)与江苏省出版总社分开，成立江苏省出版集团有限公司。9月28日，江苏省出版集团正式挂牌；12月13日，省财政厅下发《关于省新闻出版局与省出版集团分开后有关问题的处理意见》(苏财教〔2002〕161号)，局社政事(政企)分开、管办分离、资产分割圆满完成。至此，省新闻出版局强化了宏观调控、市场监管、社会管理和公共服务的职能，实现了由管直属单位向管全省、由抓经营向规范市场转变，由依法监管向公共服务拓展；省出版集团则集结了省内优质出版资源，形成强势集群，跻身国内规模最大、实力最强的文化产业集团行列。

三

2002～2008年，是江苏出版业改革的全面深化期。江苏出版始终坚持先进文化前进方向，认真贯彻“百花齐放、百家争鸣”方针，工作更加有效、制度更加完善、产业更加壮大、事业更加繁荣。特别是党的十六大以后，出版业加大了改革力度，取得了突破性进展，在为人民群众提供多样化精神产品和多层次文化服务的同时，打造了一批全面覆盖、快捷传输的现代出版传媒生力军。江苏出版业逐步迈上产业化、市场化、集团化、国际化发展轨道，进入历史上最好的发展阶段。

2002年开始，江苏提出并推进实施“精品图书”工程，狠抓一批精品力作，打江苏品牌，创全国名牌，全力冲击全国“三大奖”，努力扭转精品图书生产后劲不足的局面。此后，全省出版系统通过组织实施“精品图书”工程、“期刊方阵”工程、“江苏品牌图书”工程，开展“出版物质量管理年”活动，建立健全精品出版物生产和激励机制等措施，推出了一批具有江苏特色和全国影响的优秀出版物。随着一批批苏版精品图书的相继推出，苏版图书整体水平得到进一步提升。在2006年中华优秀出版物奖评选中，江苏有8种出版物获奖；在2007年首届中国出版政府奖评选中，获得正式奖13个、提名奖8个；在2008年评选出的20种“中国最美的书”中，有7种图书获奖；在由《人民日报》等16家新闻媒体和读书界有关专家学者评选出的“2008年度10本好书”中，江苏有3种图书入选。

进入21世纪，省新闻出版局坚持一手促繁荣、一手抓管理，以压缩总量、治散治滥、优化结构、做大做强为目标，加强期刊监督管理。2005年，省新闻出版局制发《江苏省连续性内部资料出版物管理暂行办法》，有效遏制了连续性内部资料出版物失范失序行为。这一时期，相继停办省级党政部门期刊或内部资料性出版物近300种，对100余种报刊和连续性内部资料的违规出版活动进行严肃处理。至2008年，江苏有连续性内部资料出版物742种、期刊439种，种类遍及政治、经济、社会、文化、科技等各个领域，期刊业门类齐全、层次多样、主体突出的格局基本形成。中共江苏省委主办的《群众》、团省委主办的《风流一代》、省作协主办的《雨花》和省社科院主办的《江海学刊》等江苏核心品牌期刊，广受读者喜爱，影响力居国内同类刊物的前列。据统计，在历届“国家期刊奖”评选中，江苏累计获评各类期刊奖近30个。为进一步规范驻苏记者站工作秩序，省新闻出版局于2002和2004年两次开展清理整顿工作，并于2007年出台《报刊社驻苏记者站达标评分细则》。至2008年，全省有登记在册的报刊社驻苏记者站207个。

2002年，国务院修订《音像制品管理条例》。江苏认真贯彻《条例》精神，加强审查管理，及时纠正了电子音像出版物违规编辑、制作、刊登、转载偏离正确舆论导向内容的出版行为及低俗化出版等倾向。2003年起，省新闻出版局组织实施电子音像出版精品战略，推进“提速强社”工程。江苏电子音像产业弘扬主旋律、打好主动仗，结合纪念世界反法西斯战争和中国抗日战争胜利60周年、纪念建军80周年、迎接学习十七大、服务建设社会主义新农村和促进未成年人健康成长等重点选题，推出了《铁的新四军》《长征——红军走过的地方》等一批优秀有声读物，取得了良好的社会效益和经济效益。

随着信息技术、数字技术和计算机技术的不断发展，数字网络出版等新兴出版业态呈现高速发展态势。2002年，新闻出版总署、信息产业部《互联网出版管理暂行规定》出台，省新闻出版局在南京举办全省网络出版工作研讨会，研究贯彻落实举措。2003年，省新闻出版局抓住网络游戏快速发展的机遇，促成网络游戏公司与省内电子网络出版单位合作，江苏开始成为全国单机版游戏的重要出版省份。为有效保障数字网络产业健康发展，省新闻出版局与省通信管理局等有关部门合作，先后制定接受投诉、网上跟踪、证据固化、网址查询、书面通知、查封扣押、处罚处理等一系列操作规程，着力构建互联网长效监管机制，严厉打击互联网非法出版活动。这一时期，全省累计查处“私服”“外挂”案件64起、刊载非法内容的网站106个。2008年，互联网出版实时监管系统成功研发并投入运行，网络出版管理快速反应机制、部门联合查处机制、重点网站监管机制等基本形成，规范化、制度化建设迈上新台阶。

印刷复制业迎来前所未有的发展。全省印刷复制企业加大投入，购买先进设备，淘汰落后产能，扩大企业规模，提高竞争能力，一批科技含量高、综合性能好的印刷机械落户江苏，全省印刷复制业彻底告别“铅”与“火”，迎接“光”与“电”。高新技术应用和装备水平的提升助推印刷质量再上新台阶。2002年，在新闻出版总署组织的全国书刊印制质量评比中，江苏书刊印制质量再次荣获金奖，省新闻出版局荣获印制质量管理金奖。在全国出版印刷单位送检图书检测认定中，江苏获出版物印制优质产品第一名，省新闻出版局获评全国出版物印刷优质产品管理金奖，且连续七年(1999～2005)获此殊荣。2008年，金坛古籍印刷厂印制的《水浒传人物图像》获得美国印制大奖的最高奖项——Benny奖，开江苏印刷企业海外获奖之先河。至2008年，全省有印刷复制企业1万多家，其中国家书刊印刷定点企业15家、省级书刊印刷定点企业50家、领有江苏省书报刊印刷许可证的印刷厂433家。

出版物发行业改革进一步深化，全省统一开放、竞争有序、运行规范的出版物市场初步形成。2003年，江苏新华发行集团公司获准出版物发行全国连锁，所属分公司获二级批发资质，省内民营二级批发单位发展到85家，南京长三角书报刊市场获合法身份，南通图书城成为省会城市以外获准成立的第一家批发市场，出版物发行业进入多种所有制形式企业竞争的时代。竞争释放活力。仅2004年，全省就新增3 000平方米以上书城近20座。新华发行集团建成遍布全省的图书发行计算机网络，自动化物流基地开始运转，917个省内门店实现连锁经营。各类社会资本进入出版物发行业，江苏大众书局图书连锁有限公司成为全省首家具有出版物全国连锁经营资质的民营分销企业。2008年，全省有图书销售网点11 881家，万人拥有发行网点1.56个。民营网点实现图书销售额46亿元，占全省总额的26.14％。至此，省出版物分销市场完成从单一所有制结构向开放、多元的所有制结构的转变，逐步形成以国有书店为主体、其他所有制书店共同发展的新局面。

出版公共服务开始由“送书下乡”向结对帮扶援建农家书屋转变。2005年，历时10年的“送书下乡”活动告一段落。据不完全统计，全省出版系统10年间累计向农村地区捐赠各类出版物12.92万册（盒）、春联1.7万副，价值达113.08万元；举办科技咨询讲座600余次，参加人数8万余人；支持“希望小学”900所，扶贫及支持专业户5万户。自2006年起，为从根本上解决农民读书难、买书难等问题，省新闻出版局在认真总结十年“送书下乡”实践的基础上，学习借鉴外地成功经验，实施以打造“农家书库”出版品牌、建设公益性“农家书屋”、构建“农家书店”发行网络为内容的江苏“农家书香”工程。至2008年，全省建成“农家书屋”9 341个，出版“三农”图书和电子音像产品900多种。深入推进全民阅读，组织开展苏版图书“进企业、进农家、进社区、进军营、进学校”、向青少年推荐“百种优秀苏版图书”和“送书到未成年犯管教所”“送书给农民工”等活动，坚持常年“送书下乡”，引导和服务群众多读书、读好书。自2000年起，先后举办5届江苏读书节，2008年首次举办江苏农民读书节。

体制机制改革稳步推进。2005年2月，江苏省出版集团更名为江苏凤凰出版传媒集团，确立了“立足江苏、面向全国、走向世界”的战略目标，重组ST耀华获股东高票通过，向成为文化领域战略投资者迈出了重要一步。2006年，江苏新华发行集团与海南省新华书店集团共同出资，组建国内出版发行业首家跨省区战略重组的合资企业——海南凤凰新华发行有限公司，其经验被中央各大媒体广泛宣传，集团被中宣部、新闻出版总署等四部委评为“全国文化体制改革优秀企业”。大力推进出版单位深化体制改革，积极推动经营性单位转企改制，9家图书出版社成功完成转企改制。积极实施“走出去”与“引进来”战略，97种图书被列为“中国图书对外推广计划”推荐图书，2000年以来全省引进版权近3 000项，输出版权500多项。多元市场主体、多种经济构成、多样经营形式共同发展的出版产业新格局初步形成。

行政管理水平不断提高。基层新闻出版（版权）管理工作和文化市场管理工作总体上得到加强，基本建立了适应社会主义市场经济体制需要的新闻出版行政管理体制和比较完善的从省到县的新闻出版行政管理网络。加强新闻出版（版权）行政法制建设，不断完善各项管理制度，切实加强普法宣传教育，推动依法行政、依法管理水平不断提高。积极推进行政审批制度改革，下放审批权力，实现了行政审批“一站式”服务，并在省级机关各部门中率先运行行政审批电子监察系统，推动行政权力在阳光下公开透明运行。不断加强对出版活动和出版物市场的监督和管理，坚持不懈开展“扫黄打非”，全省出版物市场保持了健康向上、繁荣有序的良好态势。省、市机关软件正版化工作得到国务院领导同志的充分肯定，企业软件正版化工作也走在全国前列。切实加强著作权保护，有序推动版权产业健康发展，国家版权局领导和世界知识产权组织官员表示，“江苏模式”将在全国乃至世界推广。

四

改革开放30年，江苏新闻出版取得了骄人业绩，积累了弥足珍贵的实践经验。

必须坚持先进文化的前进方向。新闻出版是重要的文化传播阵地。30年来，江苏出版业改革发展取得巨大成绩，关键是始终高举中国特色社会主义伟大旗帜，坚持围绕中心、服务大局开展工作。实践证明，只有不断强化政治意识和责任意识，坚持不懈地用马克思主义中国化的最新成果武装教育出版战线广大干部职工，巩固发展马克思主义在意识形态领域的指导地位，坚持用社会主义核心价值体系引领社会思潮，才能确保出版业改革发展的正确方向。

必须坚持解放思想、改革创新。解放思想、改革创新是推动出版业发展的强大动力。要适应新形势，应对新挑战，认识新事物，完成新任务，必须坚持用时代发展的要求审视出版工作，用改革的精神推动出版工作，不断创新思想观念，创新体制机制，创新内容形式，创新方式方法，体现时代性、把握规律性、富于创造性。

必须坚持重在建设、科学发展。发展是硬道理。只有加快发展，才能不断提升新闻出版的舆论引导能力，才能为人民群众提供更多更好的精神食粮，才能为国民经济发展作出更大贡献。在任何时候、任何情况下，都要坚持把发展作为第一要务，聚精会神搞建设、一心一意谋发展；都要坚持社会效益第一、遵循市场规律，努力实现社会效益和经济效益的统一。

必须坚持以人为本、服务大众。满足人民群众多层次、多方面、多样化的精神文化需求，是出版业改革发展的出发点和落脚点。只有生产更多贴近实际、贴近生活、贴近群众的优秀作品，让人民群众共享出版业改革发展成果，让人民群众充分认可出版工作，出版业的改革发展才能永葆生机与活力。

必须坚持依法行政、科学管理。依法行政是出版行政机关一切工作的根本原则，科学管理是促进出版业健康发展的永恒主题。出版行政部门既承担着服务发展的任务，又承担着对出版活动和出版物市场进行监管的责任。只有坚持依法行政、科学管理，才能为出版业改革营造好的发展环境。

必须坚持尊重人才、培养人才。人才是事业存续发展的重要资源，坚持将尊重和培养人才置于突出位置，充分发挥人才在推进出版繁荣、营造出版精品、扩大对外交流中的引领和示范作用，着力形成有利于人才健康成长的政策环境和工作氛围，是保证新闻出版事业持续、快速、健康、协调发展的不可或缺的强大动力源泉。

必须坚持党的领导。坚持党的领导，是出版业改革开放与发展的根本保证。出版战线在任何时候都要自觉地在思想上、行动上与党中央保持高度一致，坚定不移地贯彻落实党的路线方针政策，坚决贯彻中央精神和省委部署。只有以改革创新精神加强党的思想、组织、作风、制度和反腐倡廉建设，始终保持行业党组织的先进性，充分发挥广大党员的先锋模范作用，才能切实抓好出版业改革发展各项工作任务的落实，为出版业又好又快地发展提供有力的组织保证。

风雨兼程谱华章，长风破浪铸辉煌。30 年的发展成就，令人振奋；30 年的发展历程，无比艰辛；30 年的发展经验，弥足珍贵。展望未来，江苏出版业一定能够不断创造新的辉煌。

第一章　出版行政管理

党的十一届三中全会开启了中国改革开放的航程，江苏出版业逐步由整顿恢复进入改革振兴、繁荣发展的新时期，出版（版权）行政管理在恢复中不断加强。20 世纪 80 年代后期至 90 年代中期，逐步形成省新闻出版局、省版权局、省出版总社三位一体的行政管理体制。21 世纪初，实行政事分开、政企分开和管办分离，出版（版权）行政管理由管直属单位向管全省、由抓经营向规范市场转变，由依法监管向公共服务拓展，在建设责任政府、法治政府、服务政府上迈出新步伐。

第一节　管理机构

一、新闻出版管理机构

1978～2008年，江苏省级出版行政管理机构依次为：江苏省革委会出版发行局（～1978.6），江苏省革委会出版事业管理局（1978.6～1980.4），江苏省出版事业管理局（1980.4～1983.7，1987.2～1987.8），江苏省人民出版社（1983.7～1983.11），江苏省出版总社（1983.7～1987.11），江苏省新闻出版局（江苏省出版总社、江苏省版权局）（1987.8～2001.9），江苏省新闻出版局、江苏省版权局（2001.10～）。

1978年6月30日，省委决定，省革委会出版发行局（1969年9月15日成立，1972年1月1日撤销，1974年7月2日恢复）改为省革委会出版事业管理局。同年6月，省革委会出版事业管理局与江苏人民出版社分开。1980年4月，省革委会出版事业管理局改为省出版事业管理局。1983年7月2日，省委、省政府根据中共中央、国务院关于机构体制改革的决定，对省级行政机构进行精简和调整，撤销省出版事业管理局，改为江苏省人民出版社（事业性质）。

1983年11月25日，省委决定，江苏省人民出版社改名为江苏省出版总社（事业性质）。1984年1月5日，省政府通知，授权省出版事业管理局在改为事业性质省出版总社后，仍暂承担原先的行政管理职能和工作任务，主管全省出版事业。1984年3月15日，省编制委员会批复《关于成立省出版总社及其内部机构调整的通知》。此后，省出版行政管理机构在历次机构调整中，仍保留省出版总社建制。1987年2月16日，省政府决定，恢复省出版事业管理局，列入政府序列。省出版总社与省出版事业管理局两块牌子、一个机构。

1987年8月10日，省政府决定，撤销省出版事业管理局，恢复省新闻出版局（1960年3月8日成立，1960年12月撤销），与省出版总社合署办公，负责全省新闻出版事业的管理工作。内部机构设置为：办公室、人事处、计划财务处、报纸期刊管理处、图书管理处、印刷发行管理处、机关党委、纪律检查组。1994年8月，省委决定，省新闻出版局增挂省版权局牌子，承担全省著作权管理工作。1996年8月，印刷发行管理处分设为印刷管理处和发行管理处。1997年3月，省新闻出版局成立老干部处。2000年9月，省政府决定保留省新闻出版局（版权局），为省政府主管全省新闻出版事业和著作权管理的直属机构。内设办公室（挂“计划财务处”“对外合作处”牌子）、图书出版管理处、报纸期刊出版管理处、电子音像出版物管理处、印刷业管理处（挂“科技发展处”牌子）、出版物发行管理处、人事教育处、版权管理处、机关党委和老干部处，省社会文化管理委员会办公室挂靠在省新闻出版局。

2001年7月，根据省委、省政府《关于省级党政机关机构改革实施方案》部署和要求，省新闻出版局（版权局）与省出版总社分开，组建江苏省出版集团有限公司。集团公司性质为国有独资公司，出资者为江苏省人民政府。省政府授予江苏省出版集团有限公司投资主体职能，公司注册资本7.2亿元，其国有资产范围为江苏省出版总社及其所属江苏人民出版社、江苏科学技术出版社、江苏教育出版社等17个下属单位和其他负责经营的国有资产。9月28日，江苏省出版集团有限公司挂牌（2005年2月7日更名为江苏凤凰出版传媒集团有限公司）。12月13日，省财政厅下发《关于省新闻出版局与省出版集团分开后有关问题的处理意见》，标志局社、政事（政企）分开、管办分离、资产分割工作结束。2004年3月，省新闻出版局党组决定，内部资料性出版物管理职能由局印刷业管理处调整到报纸期刊出版管理处；新成立的局政策法规处与局办公室合署办公，原挂在局办公室的对外合作处，改挂在版权管理处，其工作职责仍由办公室负责。2005年，经省编委批准，社会文化管理委员会办公室增挂“出版物市场监管处”牌子。2006年2月，省机构编制委员会办公室批复同意省新闻出版局设立“江苏省出版物审读中心”，为全额拨款事业单位，列人员编制8名。主要负责全省图书、报刊、电子音像制品及网络出版物内容的审读、审看、审听等工作。2007年8月，省机构编制委员会办公室批复江苏省印刷科学技术研究所（江苏省出版物质量监督检测中心）增挂“江苏省新闻出版局信息中心”的牌子。省印刷科学技术研究所（省出版物质量监督检测中心、省新闻出版局信息中心）主要负责全省新闻出版技术的研究、应用和推广，承担全省出版物及印刷产品质量监督检测，为局机关提供信息技术服务，承担新闻出版行政许可的受理服务工作。同年11月29日，省机构编制委员会批复同意省新闻出版局“政策法规处”单独设置。

表1-1　1978～2008年江苏省出版行政管理机构历届领导一览表

机构名称	姓名	职务	任职时间
省革委会出版事业管理局（1980年4月改为省出版事业管理局）	高　斯	局　长	1978.6～1983.7
	鲁　光	副局长	1978.6～1983.7
	俞洪帆	副局长	1978.6～1983.7
	海　啸	副局长	1978.8～1980.4
	陈　戈	副局长	1978.10～1982.12
	陈立人	副局长	1979.3～1983.7
	卢　政	副局长	1979.3～1982.12
江苏省人民出版社	高　斯	社　长	1983.7～1984.3
	俞洪帆	副社长	1983.7～1984.3
	蒋迪安	副社长	1983.7～1984.3
	王传明	副社长	1983.7～1984.3
江苏省出版总社（1987年2月恢复为省出版事业管理局）	高　斯	社　长	1984.3～1985.3
	蒋迪安	社　长	1986.7～1987.12
	俞洪帆	副社长	1984.3～1987.12
	蒋迪安	副社长	（1985年3月后主持工作）
	王传明	副社长	1984.3～1987.12
	高介子	副社长	1985.11～1987.12
	戴金生	副社长	1985.3～1987.12
江苏省新闻出版局（江苏省出版总社）	蒋迪安	局　长、社　长	1987.12～1996.3
	俞洪帆	副局长、副社长	1987.12～1990.10
	王建邦	副局长、副社长	1987.12～1994.7
	高介子	副局长、副社长	1987.12～1990.10
	王传明	副局长、副社长	1987.12～1996.2
	戴金生	副局长、副社长	1987.12～1990.12
	朱载文	副局长、副社长	1990.6～1995.10
	石启忠	副局长、副社长	1991.6～1996.2
	徐汉炎	副局长、副社长	1993.8～1996.2
	王於良	副局长、副社长	1995.8～1996.2
	张佩清	副局长、副社长	1995.8～1996.2
	邵其中	纪检组长	1993.12～1996.2
江苏省新闻出版局（江苏省版权局、江苏省出版总社）	石启忠	局　长、社　长	1996.3～2001.9
	徐汉炎	副局长、副社长，巡视员	1996.3～1999.8
	王传明	副局长、副社长	1996.3～2001.9
	王於良	副局长、副社长	1996.3～2001.9
	张佩清	副局长、副社长	1996.3～2001.9
	曹光福	副局长、副社长	1997.2～2001.9
	周　斌	副局长	2000.10～2001.9
	邵其中	纪检组长	1996.3～1998.8
	沈季姚	纪检组长	1998.8～2001.9
江苏省新闻出版局（江苏省版权局）	黄文虎	局　长	2001.9～2005.9
	徐毅英	局　长	2005.9～
	王传明	副局长、巡视员	2001.9～2005.3
	王於良	副局长	2000.5～2003.1
	周　斌	副局长	2001.9～2007.11
	沈建国	副局长	2003.1～
	傅杰三	副局长	2004.12～
	沈季姚	纪检组长	2001.9～
	韦顺和	副巡视员	2006.3～
	华颂瑞	副巡视员	2006.12～

二、版权管理机构

中华人民共和国成立之后，江苏版权管理工作一直由各级政府的新闻出版部门和文化部门兼管，没有专门的版权管理机构。江苏出版行政管理部门和出版社结合本省情况，制定相应的管理规定，开展版权保护和管理工作。1953年10月，省人民政府新闻出版处审定实施江苏人民出版社《稿酬暂行办法》《美术出版物稿酬标准》《著作物出版合同》等规定，并不断完善，保护作者权益，保障出版事业健康发展。"文化大革命"使江苏出版事业遭到严重破坏，版权工作陷于停顿，乱编、乱印成风。1973年8月，省革委会转发国务院《关于禁止印刷和出售非法出版物通知》后，乱编、乱印、侵犯版权的情况有所收敛。

1978年始，江苏出版事业逐步进入繁荣发展时期，版权管理同步进入发展轨道，全省版权行政管理体系、版权法律制度体系和版权公共服务体系逐步建立健全。

1988年，省新闻出版局、省出版总社设立版权管理处，与图书管理处合署办公。1989年，两处分开办公。版权管理处负责图书、期刊的版权行政管理和版权贸易管理工作。同年，版权贸易工作划归新设的对外合作出版办公室管理，对外仍使用版权管理处名称，这种管理体制延续至1994年。版权管理处的主要任务是宣传普及著作权法律知识，培训著作权管理干部，参加全国和地方的版权研讨，处理著作权纠纷，审核版权贸易合同等。在此期间，版权管理处重点在新闻出版系统内开展著作权行政管理工作，增强了图书、期刊出版工作者的著作权意识，调整出版单位与作者、作者与作者之间的关系，使著作权关系的混乱状况有所改善，为著作权法实施在组织、思想、理论上做了大量工作。

1994年8月，省委决定：省新闻出版局增挂省版权局牌子（与省新闻出版局一个机构、两块牌子）。同年11月，省政府建立知识产权办公会议制度，并对各知识产权部门职责分工作出规定，明确省版权局负责全省各类作品包括计算机软件和音像制品的著作权行政管理，基本理顺江苏省著作权行政管理体制。同年12月，省委决定：蒋迪安兼任省版权局局长，徐汉炎兼任副局长。

2000年省级机关机构调整，省政府决定省版权局仍与省新闻出版局一个机构、两块牌子，为省政府主管全省著作权事务的直属机构。其管理职能为："拟定著作权管理政策并组织实施；审核、报批著作权集体管理机构并指导其工作；查处著作权侵权案件，办理国家版权局委托办理的涉外著作权案件；调解著作权纠纷；监督管理作品的著作权登记和法定许可使用作品的工作；监督指导涉外著作权贸易。"

表1-2　1978～2008年江苏省版权局历任（分管）领导一览表

姓　名	职　务	任职时间
蒋迪安	局　长	1994.8～1996.3
徐汉炎	副局长	1994.8～1997.2
石启忠	局　长	1996.3～2001.9
曹光福	副局长	1997.2～2001.9
黄文虎	局　长	2001.9～2005.8
周　斌	省新闻出版局分管副局长	2001.9～2005.11
徐毅英	局　长	2005.8～
傅杰三	省新闻出版局分管副局长	2005.12～

三、基层新闻出版（版权）管理机构

为了加强全省新闻出版（版权）管理工作，经省政府批准，1988～1992年，全省11个省辖市先后设立新闻出版（版权）管理机构（局或处、科），管理全市新闻出版（版权）工作。其中，1988年6月25日，南京市新闻出版局、南京市版权局成立，为市政府直属机构。1995年，苏州、常州、盐城3个省辖市相继成立市新闻出版（版权）处。1996年，泰州、宿迁市成立，分别在市文化局设立新闻出版（版权）科，行使新闻出版（版权）管理职能。同年4月21日，苏州市新闻出版局（版权局）成立，为市政府办公室内设副处级机构。1997年3月13日，徐州市新闻出版局（版权局）成立，为市政府办公室内设副处级机构。

1996～1997年，在省新闻出版局（版权局）积极推动下，省辖市新闻出版（版权）管理机构相继成立，其中南京、苏州、常州、盐城、徐州、淮阴、宿迁等11个省辖市建立市新闻出版（版权）管理机构。其中，有的是独立建置的行政机构，如南京、苏州、徐州、常州、盐城;有的归属在文化行政机关——文化广电新闻出版局(版权局),如无锡、镇江、南通、泰州、淮阴、宿迁等。扬州、连云港 2 个市开始筹建,人员编制逐步到位。2001 年,淮阴市更名为淮安市,保留市文化局(挂"淮安市新闻出版局""淮安市版权局"牌子)。至此,全省 13 个省辖市的新闻出版(版权)管理机构初步建立健全,并逐步向所辖县(市、区)延伸。为切实加强对基层新闻出版(版权)工作的指导,省新闻出版局(版权局)及时制定《江苏省省辖市新闻出版(版权)管理部门工作职责(试行)》,明确市级新闻出版(版权)行政管理机构的职责。

2003 年年初,省政协提案委员会、省编办有关人员到省新闻出版局举行现场办公会,就省政协常委、省新闻出版局局长黄文虎提出的"加快市、县新闻出版管理机构队伍建设"提案(列为当年省政协提案委员会主任督办提案)进行研究会商。年底,苏州、南通市完成所辖县(市、区)文化局增挂新闻出版局、版权局牌子的工作。2004 年 6 月,省新闻出版局(版权局)印发《县(市、区)新闻出版(版权)管理部门工作职责(试行)》,对县(市、区)著作权行政管理作出具体规定。

2005 年年底,全省 13 个省辖市中除南京、苏州、常州设有单独建制的新闻出版局(版权局),无锡、连云港较早明确市文化局局长兼任市新闻出版局(版权局)局长外,其余 8 个省辖市相继明确市新闻出版局(版权局)局长的任职,全省 52 个县(市)中有 48 个县(市)相继在文化行政机关增挂新闻出版局、版权局牌子。与此同时,积极争取各级党委、政府的支持,不断充实和加强市、县新闻出版(版权)管理工作机构。省、市、县三级新闻出版(版权)行政管理体系的相继建成,初步形成了上下贯通、职责明确、有效运转的新闻出版(版权)行政管理架构。

第二节 图书出版管理

一、资质管理

(一) 注册登记

1978 年前,全省只有一家江苏人民出版社。1978～2008 年,全省先后组建 16 家图书出版社,恢复建制 1 家,均按照有关规定,经国务院出版行政部门批准,省出版行政部门审核登记注册,省工商行政部门发给营业执照,从事书刊出版活动。

1978 年 5 月,经省革委会同意,国家出版管理事业局批准,江苏人民出版社科技编辑室划出,成立江苏科学技术出版社。1984 年 1 月,经省政府同意,文化部批准,江苏教育出版社、江苏少年儿童出版社、江苏美术出版社、江苏古籍出版社成立。同年 5 月,江苏第一家高校出版社南京大学出版社成立。1985 年 1 月,南京工学院出版社(1988 年更名为东南大学出版社)成立;3 月,中国矿业大学出版社成立;6 月,江苏文艺出版社恢复建制(1958 年 1 月成立,1960 年 11 月撤销,并入江苏人民出版社)。1986 年 11 月,河海大学出版社成立。1988 年 4 月,南京出版社成立;6 月,译林出版社成立;11 月,古吴轩出版社成立。1992 年 8 月 17 日,苏州大学出版社成立。1995 年 6 月,南京师范大学出版社成立。2002 年 12 月,广陵书社成为正式出版单位。2007 年 6 月 8 日,江苏大学出版社成立,为全国首批按照企业化制度设立的出版机构之一。

(二) 年度检验

年度检验是资质管理的常态化。1994 年 7 月 27 日,新闻出版署制定并下发《出版社年检登记制度(试行)》,明确自 1995 年起,每逢单数年出版社在自查年检的基础上,进行登记换证工作;双数年出版社自行检查总结工作。年检登记换证的基本条件是:必须有明确的办社宗旨,必须遵守专业分工和出书范围,必须有明确的主办和主管单位,必须有健全的领导班子和编辑机构,必须具有与出版社规模、业务需要相适应的保证资金。出版社必须有固定的办公场所,除中央部门主管的少数出版社外,一般出版社必须与主管或主办单位在同一城市。对条件不完全具备的出版社将缓期登记,并视情分别作出批评警告、停止某编辑室或某一部分图书的出版权、全社停业整顿等处理。出版社缓期登记期为 6 个月。在延缓登记期间,受全社停业整顿处分的出版社除教材、在制图书和期刊可继续出版外,其他出版经营活动一律停止。缓期登记 6 个月仍未达到基本条件的,由国务院出版行政管理部门通知停办。年度检验作为一项定制,对指导出版单位适应形势发展变化,加强队伍建设,提高业务水平,多出精品力作,发挥了积极作用。

二、选题管理

选题管理是图书出版事前管理的主要方式，包括选题计划的审核、审批。选题管理首先是把好政治关、政策关和法规关，即图书出版的选题必须坚持党的出版方针，必须遵守国家的法律、法令和新闻出版管理的各项规定。其次是把好专业分工关。1983年，中共中央、国务院颁发《关于加强出版工作的决定》要求："抓好各类出版单位的合理分工和统筹安排的工作。""不同性质的出版社，要按照各自的分工和特点，确定出书范围。"1997年，新闻出版行政部门把解决超专业分工范围出书列为出版业治散、治滥的重要内容之一。

20世纪90年代初，新闻出版署规定，对涉及国家安全、社会安定等方面内容的重大选题实行专题报批，对引进版选题、超专业范围选题和内容难以把握的选题实行专项报批。1997年1月2日，国务院颁布《出版管理条例》，明确重大选题实行备案制度。1997年10月10日，新闻出版署下发《图书、期刊、音像制品、电子出版物重大选题备案办法》，规定15类选题为重大选题。凡涉及重大选题，必须上报新闻出版署备案，批准后方可出版。1998年，新闻出版署下发《关于进一步加强对有关出版物管理的通知》，将中共党史、中华人民共和国国史、中国人民解放军军史、外交、宗教等问题，以及出版500万字以上或相当规模的大型图书、音像制品和电子出版物，列入重大选题备案范畴。省新闻出版局据此及时调整重大选题备案范围。1999年3月9日，新闻出版署下发《关于加强和改进重大选题备案工作的通知》，针对备案制度落实不到位的问题，重申和补充强调凡是涉及《图书、期刊、音像制品、电子出版物重大选题备案办法》第三条规定的内容，必须履行备案手续。2003年3月施行的《图书选题管理规定》，进一步明确重大选题须经省委宣传部、省新闻出版局审核同意，上报新闻出版总署备案后方可出版。

三、书号管理

20世纪80年代初，书号使用量激增，超出了出版社编辑的承受能力。1994年5月26日，新闻出版署下发《关于对书号总量进行宏观控制的通知》。省新闻出版局认真贯彻落实《通知》要求，强调出版工作要从规模数量增长向提高质量效益转变。2000年1月4日，省新闻出版局制发《江苏省书号管理和使用暂行办法》，规定出版社年度书号使用总量，原则上按有发稿权编辑年人均不超过5种计算，省新闻出版局在总量中提取3%～5%作为机动，根据各出版社出书情况作适当调整。新闻出版署评定的优秀出版社、良好出版社，按人均5种进行分配。不足部分由出版社提出申请，经省局审核后报新闻出版署追加。重申出版单位出售、出租或以其他形式转让本单位名称、书号、刊号、版号的，要严肃追究有关责任人的责任；没收违法所得，并处违法所得2倍以上5倍以下罚款；情节严重的，责令停业整顿或吊销许可证。严禁一号多用，如发现一号多用的，依法予以经济处罚，并视情节轻重核减出版社年度书号总量。2003年，省新闻出版局进一步明确书号发放和调控的基本原则是：优化结构，提高质量，奖优罚劣，促进发展。

2008年6月25日，书号实名申领试点工作正式启动。北京、上海、重庆、湖北以及中央有关部委管理的56家出版社作为第一批试点单位，7月15日起实行网上书号实名申领。从2008年12月起，全国图书出版单位书号实名申领工作逐步推开。实行一书一号，网上实名申领。以此为标志，按编辑分配书号、以书号作为管理调控手段的历史走向终结。

四、质量管理

1984年，江苏省出版总社制定三级审稿制度，明确一、二、三审主要职责，规定重要书稿由总编辑负责终审，一般书稿由总编辑聘请副总编辑或具有较高政治素养、政策水平和丰富编辑工作经验的编审、副编审承担终审任务。同时，成立图书审读检查小组，聘请社外学者、专家和本系统具有高级专业技术职称的人员为兼职审读员，每年对各家出版社新版图书抽查1至2次，进行审读、评议，作出质量分析，提出倾向性问题。各出版社根据省出版总社提出的这一要求，分别建立图书质量检查小组，对保证图书质量起到了重要作用。

1997年6月26日，新闻出版署颁发《图书质量保障体系》,实施“三审三校一读”制度。即:初审由责任编辑担任,把好政治关、知识关、文字关;复审由具有正、副编审职称的编辑室主任一级的人员担任,对稿件质量及初审报告提出复审意见,解决初审中提出的问题;终审由具有正、副编审职称的社长、总编辑(副社长、副总编辑)或由社长、总编辑指定的具有正、副编审职称的人员担任(非社长、总编辑终审的书稿意见,要经过社长、总编辑审核),负责对稿件的内容,包括思想政治倾向、学术质量、社会效果、是否符合党和国家的政策规定等方面做出评价。强调每个出版社要配备专职校对人员,负责专业校对工作。每出一种书,都要指定一名具有专业技术职称的专职校对人员为责任校对。一般图书的专业校对应不低于三个校次,重点图书、工具书等应相应增加校次。终校必须由本社有中级以上专业技术职称的专职校对人员担任。

2003 年 2 月 24 日,省新闻出版局制发《图书质量审读管理规定》,省局成立图书质量审读领导小组,明确图书质量审读范围、质量标准、奖惩措施等,把质量管理作为一项基础性的工作来抓,进一步加强审读员队伍建设和日常审读。

2004 年 12 月 24 日,新闻出版总署制发《图书质量管理规定》,2005 年 1 月,省新闻出版局制发《关于加强图书审读工作的实施意见》,对新形势下审读工作主要任务、组织管理、工作流程作出具体规定。聘任 15 名审读员组成日常审读组,聘请来自省委、省政府有关职能部门的 11 位领导及数百名专家组成省内审读网络,定期召开“江苏省图书审读工作座谈会”,学习有关政策法规和上级会议文件精神,明确图书质量管理规定和审读工作具体要求。2006 年,省出版物审读中心成立。

2007 年,省新闻出版局以内容、编校、印制为重点,以制度、监督、检测为手段,精心组织开展“出版物质量管理年”活动,分期分批组织编辑、校对、印制人员培训班,面向全省聘请出版物质量义务监督员,组织实施出版物的专项检查和集中审读,开展出版物编校质量评比和期刊综合质量分级评估,曝光并处罚一批出版、印制质量低劣的出版印制单位,表彰并奖励一批重质量、讲信誉、无差错的优秀出版印制单位。

五、图书评奖

20 世纪 80 年代,随着出版事业的日益繁荣,各种图书评奖活动逐渐增多。据不完全统计,1993～2008 年,全省有 3 585 种图书在国内各类图书评奖活动中获奖,其中国家级奖项 142 种。

(一) 中国图书奖

中国出版工作者协会于 1987 年创始,中国图书评论学会承办的全国性、综合性图书奖项。后经中宣部批准,与中宣部精神文明建设“五个一工程”奖、国家图书奖并列为中国图书“三大奖”。1987～2004 年,先后举办过十四届。评选条件主要依据图书的内容质量、技术指标,兼顾印刷质量、印数、装帧水平,全面综合评比,同时参考读者反映和书评文章的评价。江苏科学技术出版社的《相似论》,江苏古籍出版社的《中国古文献研究丛书》(9 种),东南大学出版社的《弹丸发射过程理论》,中国矿业大学出版社的《华北南部的逆冲推覆伸展滑覆与重力滑动构造》获第七届中国图书奖。江苏人民出版社的《中国的一个小康市——太仓市小康社会实录》,江苏美术出版社的《金陵古版画》,江苏古籍出版社的《袁枚全集》(8 册),南京大学出版社的《中国读书大辞典》,中国矿业大学出版社的《中国东部煤田推覆滑脱构造与找煤研究》获第八届中国图书奖。江苏教育出版社的《叶圣陶集》,中国矿业大学出版社的《中国高煤级煤的显微岩石学特征及结构演化》获第九届中国图书奖。江苏人民出版社的《张家港人》,江苏科学技术出版社的《实用手术图解全书》,江苏教育出版社的《科学认识思想史》,江苏少年儿童出版社的《德育故事大金库》,中国矿业大学出版社的《中国煤矿通风安全工程图集》获第十届中国图书奖。江苏人民出版社、江苏教育出版社的《拉贝日记》,江苏教育出版社的《朱自清全集》(12 册),江苏古籍出版社的《明诗话全编》(10 册),古吴轩出版社的《林散之书法集》,译林出版社的《蒙田随笔全集》(3 册)获第十一届中国图书奖。江苏人民出版社的《中国诗性文化》,江苏科学技术出版社的《中国民族建筑》(5 册),江苏教育出版社的《金苹果文库》(第三辑 10 册),江苏少年儿童出版社的《世界自然与文化遗产》(6 册),江苏古籍出版社的《中华大典 · 文学典 · 宋辽金元文学分典》

(5册),南京出版社的《明南京城墙砖文图释》获第十二届中国图书奖。江苏人民出版社的《走进马克思》,江苏科学技术出版社的《临床皮肤病学》(第三版),江苏教育出版社的《世界教育大事典》,南京大学出版社的《中国马克思主义理论的丰碑》,苏州大学出版社的《扬州文化丛书》获第十三届中国图书奖。江苏人民出版社的《纯粹哲学丛书》(6册),江苏科学技术出版社的《光合作用原初光能转化过程的原理与调控》,江苏教育出版社的《成语源流大辞典》,江苏美术出版社的《刘海粟》,江苏文艺出版社的《藏汉之子——优秀援藏干部任国庆》,南京出版社的《中国南京云锦》获第十四届中国图书奖。

(二)中国国家图书奖

中国国家图书奖(简称"国家图书奖")经国务院批准,由新闻出版署于1992年设立,每两年举办一届,旨在促进社会主义出版事业繁荣和发展,鼓励和表彰优秀图书的出版。1993年首次评选,至2003年10月共成功举办过六届,评选出800多种优秀图书。是全国图书评奖中的最高奖励,中国出版行业公认的权威奖项。该奖分设哲学社会科学、文学、艺术、科学技术(含科普读物)、古籍整理、少儿、教育、辞书工具书和民族文版图书九大类,设国家图书奖荣誉奖、国家图书奖和国家图书奖提名奖三种奖项。江苏教育出版社的《朱自清全集》(12册)、《现代汉语方言大辞典》(41册),江苏美术出版社的《中国美术分类全集·中国民间美术全集·剪纸》获国家图书奖荣誉奖。江苏科学技术出版社的《非典型肺炎防治手册》、苏州大学出版社的《中华民族的脊梁——记战斗在抗击"非典"第一线的人们》获国家图书奖特别奖。江苏人民出版社的《中国三峡》、《中国现代化进程》(3卷),江苏美术出版社的《敦煌石窟艺术》,江苏教育出版社的《中国著名特级教师教学思想录》《中国书法史》(7卷)、《现代汉语方言大辞典》(综合卷),江苏少年儿童出版社的《草房子》获国家图书奖。江苏省出版总社所属8家直属出版社的《跨世纪农村书库》(第一批),江苏人民出版社的《走进马克思》,江苏科学技术出版社的《蓝天绿天丛书》《中国北方旱区农业》《运动稳定性量化理论》,江苏少年儿童出版社的《爱我中华》《天棠街三号》,江苏美术出版社的《中国砖铭》,江苏古籍出版社的《清诗纪事》(22册)、《版画纪程——鲁迅藏中国现代木刻全集》(5册)、《敦煌文献分类录校丛刊》(10种),译林出版社的《埃达》《世界史诗译丛》(16种),东南大学出版社的《江南理景艺术》,中国矿业大学出版社的《中国煤岩学图鉴》获国家图书奖提名奖。

(三)中宣部精神文明建设"五个一工程"奖

1991年起,中共中央宣传部每3年组织评选精神文明建设"五个一工程"奖。截至2008年,共评选十届,江苏人民出版社的《我的经济观》,江苏少年儿童出版社的《爱我中华丛书》《中华当代少年小说丛书》《我要做好孩子》《草房子》《今天我是升旗手》《芝麻开门》《青铜葵花》《亲亲我的妈妈》,江苏科学技术出版社的《高科技知识丛书》《世界科技发展史画库》,江苏美术出版社的《童规——少儿行为规范教育丛书》,江苏教育出版社的《早年周恩来》,南京出版社的《南京百年风云》14种图书获奖。

(四)中华优秀出版物奖

中国出版工作者协会自2006年起每两年组织评选一次。在首届中华优秀出版物奖评选中,江苏有6种图书获奖,其中江苏人民出版社的《西方哲学史(学术版)》(11册)、江苏教育出版社的《中国昆曲艺术》、苏州大学出版社的《中国丝绸通史》获正式奖;江苏文艺出版社的《平原》、江苏美术出版社的《徐悲鸿》、凤凰出版社的《全元文》(61册)获提名奖。2008年,在第二届中华优秀出版物奖评选中,江苏有9种图书获奖,其中江苏人民出版社的《中国近代通史》(10卷)、江苏科学技术出版社的《中国农业发展理论与实践》、江苏教育出版社的《母语教材研究》(10卷)、江苏少年儿童出版社的《文明之旅丛书》(4册)、译林出版社的《古希腊悲剧喜剧全集》(8册)获正式奖;江苏美术出版社的《中国当代百种曲》、凤凰出版社的《陆士衡文集校注》(上下)、广陵书社的《清名家诗丛刊初集》获提名奖;江苏美术出版社的《向生命敬礼》获特别奖。

(五)中国出版政府奖

2007年,新闻出版总署在原来分散进行的全国22个出版行业评奖奖项的基础上整合而成,为中国新闻出版领域的最高奖。每三年评选一次,旨在表彰和奖励国内出版业优秀出版物、出版单位和个人。该奖项既是我国出版行业公认的国家图书奖等多个权威奖项的延续,又是顺应我国出版事业新形势的具体体现,代表我国出版业发展的领先水平。分设图书奖,音像制品、电子出版物、网络出版物奖，毕昇优质印刷复制奖，装帧设计奖，先进出版单位奖，优秀出版人物奖。在首届中国出版政府奖评选中，南京大学出版社的《中国思想家评传丛书》（200卷）、苏州大学出版社的《中国丝绸通史》、东南大学出版社的《斗拱》（上下）、译林出版社、凤凰出版社的《20世纪外国文学史》（5卷）、江苏文艺出版社的《江南丝竹音乐大成》（2卷·CD）、江苏美术出版社的《中国传统器具设计研究》（2卷）、凤凰出版社的《册府元龟（校订本）》（12册）、江苏少年儿童出版社的《青铜葵花》获图书奖；江苏科学技术出版社的《中华针灸学》、江苏少年儿童出版社的《乌丢丢的奇遇》、中国矿业大学出版社的《中国煤矿灾害防治理论与技术》获图书奖提名奖。江苏美术出版社的《徐悲鸿》获装帧设计奖。

（六）江苏图书奖

省新闻出版局、省出版工作者协会自1987年起每两年组织评选一次。设精品奖、荣誉奖（特别奖）、优秀奖，第四届起增设畅销书奖。截至2008年年底，共组织评比10次，560种图书获奖。

评奖坚持高标准、严要求，尤其是精品奖，必须符合以下条件：1. 时代感强，对实际工作有重大指导作用，或普及程度高，适用价值大，并有重版保留价值；2. 经专家论证，是全国一级水平的科研成果，或在全国具有很高学术价值，或有重大文化积累价值，或填补国内外空白；3. 充分利用本省出版资源，具有浓郁的地方特色，或其他鲜明特色；4. 获得全国权威性机构颁发的一等奖（非单项奖）；5. 整体设计好，版式合理新颖，使用字体恰当，印刷装帧精美。2003年，省新闻出版局依据新闻出版总署新修订的国家图书奖评奖办法和江苏实际，修订出台《江苏优秀图书奖评奖办法》，强化了政府部门的组织、协调功能。

首届江苏图书奖（1985～1986）特别奖7种，精品奖5种，优秀图书奖16种。江苏人民出版社的《江村经济》、江苏科学技术出版社的《孟河四家医集》、江苏美术出版社的《傅抱石画集》、江苏古籍出版社的《康有为〈大同书〉手稿》、江苏文艺出版社的《宋江》（扬州评话）获江苏图书奖精品奖。

第二届江苏图书奖（1987～1988）精品奖5种，优秀图书奖29种，荣誉奖5种。江苏人民出版社的《明大诰研究》、江苏科学技术出版社的《实用外科病理学》、江苏教育出版社的《英语搭配大词典》、江苏美术出版社的《中国油画》、江苏古籍出版社的《唐刺史考》获江苏图书奖精品奖。

第三届江苏图书奖（1989～1990）优秀图书一等奖15种、二等奖38种，精品奖空缺。

第四届江苏图书奖（1991～1992）精品奖3种，优秀图书一等奖9种、二等奖40种，另评出畅销书一、二等奖21种。江苏人民出版社的《我的经济观》、江苏少年儿童出版社的《爱我中华丛书》、河海大学出版社的《中国海岸工程》获江苏图书奖精品奖。

第五届江苏图书奖（1993～1994）精品奖5种，优秀图书奖66种。江苏人民出版社的《中国三峡》、江苏少年儿童出版社的《高技术战争与当代青少年丛书》（9册）、江苏美术出版社的《老房子》、译林出版社的《尤利西斯》（上下）、江苏古籍出版社的《敦煌壁画摹本珍藏本》获江苏图书奖精品奖。

第六届江苏图书奖（1995～1996）精品奖3种，优秀图书一等奖13种、二等奖31种，畅销书一等奖9种、二等奖12种。江苏科学技术出版社的《皮肤病彩色图谱》、江苏美术出版社的《六朝艺术》、中国矿业大学出版社的《中国煤矿建井技术》获江苏图书奖精品奖。

第七届江苏图书奖（1997～1998）特别奖11种，精品奖4种，优秀图书一等奖10种、二等奖30种，畅销书一等奖8种、二等奖12种。江苏人民出版社的《构建新的国有资产管理体制》、江苏科学技术出版社的《高科技知识辞典》、江苏古籍出版社的《侵华日军南京大屠杀图集》、中国矿业大学出版社的《中国煤层气资源》获江苏图书奖精品奖。

第八届江苏图书奖（1999～2000）特别奖10种，精品奖4种，优秀图书一等奖12种、二等奖20种，畅销书一等奖9种、二等奖11种。江苏科学技术出版社的《中国淮扬菜》、江苏古籍出版社的《中华大典·文学典·隋唐五代文学分典》（4册）、《雨花台忠魂图集》、古吴轩出版社的《世界文化遗产——苏州古典园林》获江苏图书奖精品奖。

第九届江苏图书奖（2001～2002）精品奖5种、优秀图书一等奖15种、二等奖30种，加上2001～2002年度获国家"三大奖"的15种图书被授予荣誉奖，最终确定获奖图书65种。凤凰出版社的《佛教大辞典》、江苏少年儿童出版社的《我飞了》、江苏美术出版社的《刘海粟》、译林出版社的《卡尔维诺文集》和苏州大学出版社的《江泽民战略思想研究》获江苏图书奖精品奖。

第十届江苏图书奖(2003～2005)荣誉奖6种,精品奖5种,优秀图书一等奖22种、二等奖34种。江苏人民出版社的《现代经济辞典》、江苏科学技术出版社的《临床皮肤病学彩色图谱》、江苏少年儿童出版社的《曹文轩纯美小说系列·青铜葵花》、凤凰出版社的《范仲淹全集》(上下)、江苏文艺出版社的《江南丝竹音乐大成》获江苏图书奖精品奖。

第三节　期刊出版管理

全省期刊出版管理由省委宣传部门、省新闻出版行政部门共同负责。1987年恢复省新闻出版局后,局机关增设报纸期刊管理处,依法对期刊出版实施行政监管。

一、期刊出版登记和整顿

1982年2月,省委宣传部、省出版事业管理局根据国家出版事业管理局《关于期刊登记问题的通知》要求,对全省公开出版发行的刊物进行清理检查,核准登记期刊45种。1984年,针对擅自办刊、以书代刊问题,省委宣传部下发《关于整顿报刊和加强出版管理工作的意见》,对全省文艺、理论期刊宣传内容进行检查,停办一批未经批准由单位自行出版的刊物。1986年,省科委、省出版总社联合对全省科技期刊普查整顿,批准登记科技期刊83种,暂缓登记5种。1987年,省委、省政府下发《关于认真整顿报纸和社会科学期刊的通知》,对科技期刊重新登记、换证,全省发放期刊登记证105种,临时期刊登记证180种。1989年,压缩社会科学期刊11种(其中停办9种、调整2种)。1990年8月,根据中宣部、新闻出版署《关于压缩整顿内部报刊的通知》要求,将全省内部期刊由502种压缩为399种。2008年,省新闻出版局制发《关于委托省辖市新闻出版行政部门代行部分行政许可行政管理事项审批权限的通知》,出台《连续性内部资料出版物管理办法》。年内,对全省742种连续性内部资料出版物、439种期刊进行年度核验和重新登记换证。

1992年,全省新办全国统一刊号期刊10种。1994年,全省期刊出现新一轮发展。年底,共有期刊899种(持全国统一刊号期刊373种,持省内部准印证号期刊526种),初步形成以党委机关期刊为龙头,门类、品种比较齐全的期刊群体。

1997年,新一轮报刊"治散治滥"工作启动。1998年1月1日起,停办《江苏历史档案》《知识与时代》《淮海文汇》《人才》等10种期刊。年内,省新闻出版局制订出台《关于加强内部资料性出版管理的暂行办法》。经过治理整顿,核准公开发行期刊377种,内部发行期刊512种。2000年,对22家期刊进行整顿,停办4家,划转18家。2002年,对708种内部资料性出版物重新审核,登记612种,停办75种,注销21种。

2003年,按照《中央办公厅国务院办公厅关于进一步治理党政部门报刊散滥和利用职权发行,减轻基层和农民负担的通知》(中办发〔2003〕19号)的要求治理党政部门报刊散滥和利用职权摊派发行,减轻基层和农民负担。期刊治理工作的原则是:省级党委部门(纪、组、宣、政法、统战等)主办的期刊,一律合并成一种后划转;省级政法、公安、财政、税务、工商、计生、交通、检验检疫、环保、消防等十大部门及其所属行业性协会、学会、研究会等所办的期刊,一律停办;十大部门以外的党政部门所办的工作指导类的期刊一律划转,不搞管办分离;十大部门以外的党政部门所办的专业类的期刊,实行管办分离,由下属事业单位主办。各地和各有关部门高度重视,积极行动,措施有力,治理工作取得明显成效。基本实现了"停办一批、分离一批、整合一批"的工作目标,从体制上切断了部门权力与报刊经营之间的利益纽带,停办党政部门期刊23种,划转报刊14种,实行管办分离报刊11种,实行免费赠阅报刊2种。2004年,省委宣传部、省纠风办、省新闻出版局等部门根据中宣部、国务院纠风办、新闻出版总署《关于进一步规范党政部门报刊征订工作的通知》(新出联〔2004〕6号)的要求,联合下发了《关于重申规范报刊发行秩序有关规定的通知》,重申中央关于规范报刊发行秩序的有关规定,进一步巩固治理党政部门报刊散滥和利用职权摊派发行、减轻基层和农民负担的成果。

二、期刊审读

1988年，省新闻出版局下发《关于江苏省报纸、期刊审读方案》《关于报刊审读人员职责和工作条例》《关于市一级新闻出版管理部门报刊审读的补充意见》三个文件，构建省、市（县）、社三级审读网络。

1989年，省新闻出版局成立报刊审读室，聘请13名审读人员，建立健全审读、样刊缴送和管理、编发审读报告等制度。1991年，“江苏省科技期刊审读委员会”成立。1992年，省新闻出版局下发《关于进一步加强各市报刊审读工作的通知》，强调坚持办刊宗旨、把握宣传导向，把审读和调研、一般审读和重点审读、个人审读和集体审读结合起来，增强审读的针对性、权威性。初步形成省新闻出版局、市新闻出版管理部门、期刊社三级审读网络。2007年，下发《进一步加强和改进报刊审读工作的意见》，重点加强对学术、时政、文化生活、文学艺术类期刊的审读。

三、期刊评优

（一）“双十佳期刊”

1995年，省科委、省新闻出版局、省期刊协会联合举办优秀期刊评选活动，制发《江苏省期刊质量评估和分级办法》，每两年评选一次，每次评出10种最佳社科期刊、10种最佳科技期刊（简称“双十佳期刊”）和一定数量的优秀期刊。截至2008年，共组织评选过六届，评出“双十佳期刊”120家（次），优秀期刊796家（次）。

2002年，省新闻出版局、省科技厅参照“中国期刊方阵”的运作模式，在对期刊质量评估定级的基础上，从一级期刊中评出“双十佳期刊”“双效期刊”和“优秀期刊”110种，组成首届“江苏期刊方阵”。2004年，省新闻出版局制定《江苏省优秀期刊评奖办法（试行）》，实行优胜劣汰，动态管理。会同省科技厅共同举办期刊质量评估分级和组建第二届“江苏期刊方阵”活动，全省有120种期刊进入期刊方阵，其中20种获“双十佳期刊”奖，40种获优秀期刊奖，60种获优秀期刊提名奖。2005年，140种期刊入选“江苏期刊方阵”。2007年，在全省出版单位开展“出版物质量管理年活动”，对全省439种期刊进行质量评估定级，并在此基础上评选出江苏优秀期刊67种。

（二）国家期刊奖

1999年创立，为国家期刊最高奖项。分为国家期刊奖、国家期刊奖提名奖。2000年，在首届国家期刊奖评选中，《译林》《江海学刊》《电力系统自动化》3种期刊获国家期刊奖。2002年，在第二届国家期刊奖评选中，《电力系统自动化》蝉联国家期刊奖，《南京大学学报》（哲社版）、《译林》《少年文艺》3种期刊获国家期刊奖提名奖。2005年，在第三届国家期刊奖评选中，《电力系统自动化》继续蝉联国家期刊奖，《译林》《东方娃娃》《临床皮肤科杂志》《电力自动化设备》《江苏农业科学》《中国血吸虫病防治杂志》获国家期刊奖提名奖。

（三）全国百种重点期刊

全国百种重点期刊评选始于1997年，至2006年共举行过四届。江苏共有12种期刊分别入选历届“全国百种重点期刊”。其中：

第一届（1997年）：《译林》；

第二届（2000年）：《江海学刊》《警方》《译林》《钟山》；

第三届（2002年）：《江海学刊》《苏州》杂志、《南京农业大学学报》《江苏农业科学》；

第四届（2005年）：《南京大学学报》（哲学社会科学版）、《苏州》杂志、《东南大学学报》（自然科学版）。

四、记者站整顿

1990年，根据中宣部、新闻出版署《关于对报（刊）社记者站进行清理整顿和重新登记的通知》要求，省新闻出版局对报（刊）社驻江苏记者站进行清理整顿和重新登记。当年，全省有记者站（包括办事处、信息站）296家，经过清理，全省有111家报（刊）社派驻江苏的记者站符合建站标准，予以重新登记。

2002年，会同省委宣传部对中央及本省31家报社申报设立记者站事项进行审批、发证，并通过省内主要媒体向社会公告，对218家符合建站条件的驻苏记者站予以重新登记并公告。

2004年，根据新闻出版总署通知精神，开展对报刊社驻苏记者站清理整顿工作，与省委宣传部共同审核，对218家符合建站条件的记者站予以重新登记并公告。

2006年，组织对全省242家报刊社记者站、1.07万张新闻记者证进行年度核验，依法注销10家记者站和273张记者证。2007年，为贯彻新闻出版总署《关于进一步规范报社记者站管理的通知》精神，制发《报刊社驻苏记者站达标评分细则》，对全省207家记者站进行整顿和重新登记。2008年，对207家报刊社驻苏记者站进行重新登记换证，对其中4家拒不参加年检的记者站予以注销。

第四节　多媒体（数字）出版管理

一、电子音像出版管理

1984年，江苏首家音像出版社江苏音像出版社成立。截至2008年年底，全省共有电子音像出版单位8家：江苏音像出版社、江苏电子音像出版社、江苏文化音像出版社、江南电子音像出版社、南京音像出版社、南京大学出版社（电子音像出版社）、东南大学出版社（电子音像出版社）、河海大学出版社音像出版部。

为了加强对电子音像出版的管理，2001年1月，省新闻出版局成立电子音像出版管理处，依据相关法规和省政府“三定”方案履行管理职能。2002年，按照国务院《音像制品管理条例》要求，加强电子音像出版物审读、审听、审看工作。2003年，江苏省第九届人大常委会第三十四次会议审议通过并颁布实施《江苏省音像市场管理条例》（2004年8月20日修订）。省新闻出版局2004年制发《关于加快发展我省电子音像产业的意见》，2005年制定《复制委托书管理制度》等五项制度，2006年组织开展查处违规复制光盘、买卖版号和违反重大选题备案专项行动。

2001～2007年，江苏电子音像出版发展迅猛。出版音像、电子出版物由497种增加到1 186种，增长2.39倍；复制音像制品由6 471万张（盒）增加到32.47亿张（盒），增加50.18倍。1998年，省出版总社电子音像出版部CD－ROM光盘《苏州园林》《侵华日军南京大屠杀》《国之瑰宝——宋庆龄》等入围莫必斯多媒体光盘国际大奖赛。2000年，《侵华日军南京大屠杀》获首届国家电子出版物奖，《中国书法大典》获提名奖，《辉煌五十年·江苏》获荣誉奖。当年，《中国书法大典》获得莫必斯多媒体光盘国际大奖赛教育鼓励奖，为江苏电子出版物首次在国际比赛中获奖。2002年，在全国电子音像出版物评比中，江苏电子音像出版社的《姑苏繁华图》等18种出版物获奖。2004年，在新闻出版总署、教育部联合举办的第五届全国优秀教育音像制品奖评比中，全省有8种制品分获一、二、三等奖。11月，在第三届国家电子出版奖评比中，江苏电子音像出版社的《昆剧》获国家电子出版物奖，《“三个代表”重要思想通俗读本》《信息技术（小学）》分获提名奖，获奖数居全国电子音像出版、制作单位之首。2005年，13种电子出版物和6部音像制品入选“向全国青少年推荐百种爱国主义教育音像制品和电子出版物”，总数居全国前列。2006年，在首届中华优秀出版物奖评选中，江苏电子音像出版社的《铁的新四军》《一游记》获正式奖。2007年，在首届中国出版政府奖评选中，江苏电子音像出版社的《铁的新四军》获中国出版政府奖，《新编本草》《一游记》获提名奖；江苏新广联科技股份有限公司复制的《三星软件》DVD5－ROM获中国出版政府奖印刷复制奖，江苏新海博数码公司复制的《英特尔英保通技术》和昆山沪铼光电有限公司生产的DVD－ROM获提名奖。2008年，在第二届中华优秀出版物奖评选中，江苏电子音像出版社的《秦汉英杰》、江南电子音像出版社的《昆曲六百年》、南京音像出版社的《中华百年建筑经典》（上下）获中华优秀出版物（音像）奖，江苏电子音像出版社的《中国南京云锦》、南京大学电子音像出版社的《诗词鉴赏》获中华优秀出版物（电子）奖，江苏电子音像出版社的《长征——红军走过的地方》《我知道》获提名奖，江苏电子音像出版社的《与你同在——抗震救灾歌曲专辑》《我是共产党员》获抗震救灾特别奖。

二、网络出版管理

2002年，《互联网出版管理暂行规定》颁布施行。8月6日，全省网络出版工作研讨会在南京举行，宣传网络出版知识，介绍国内外网络出版发展现状，研究贯彻落实措施。2003年，网络游戏快速发展，省新闻出版局加强网络游戏产业调研，促成网络游戏公司与省电子网络出版单位合作，成为全国单机版游戏重要的出版省份。2004年，为贯彻落实新闻出版总署有关打击互联网非法出版活动的工作部署，省新闻出版局与省通信管理局建立联合工作机制，及时查处19起“私服”“外挂”案件，在全国引起很大反响。2005年，着力构建长效监管机制，先后制定接受投诉、网上跟踪、证据固化、网址查询、书面通知、查封扣押、处罚处理等一系列操作规程。2008年9月，网络实时监管系统建成，填补了省互联网出版监管自动化的空白，提高了监管效率。同时，日常管理规范化、制度化建设也上了一个新台阶，互联网出版管理快速反应机制、部门联合查处机制、重点网站监管机制等基本形成，收到了良好的成效。全年查处互联网非法出版网站91家（次），其中关闭网站16家，删除违规政治类、低俗类出版物161册（次）。

三、数字出版管理

鼓励传统出版单位加快数字化转型，形成全媒体复合出版新业态。传统出版单位开始探索数字出版业态和盈利模式，13个省辖市市级报纸相继开办手机报，扬州的《中国家禽》杂志获得互联网杂志出版权，江苏凤凰出版传媒集团成立数字出版中心，启动ERP项目，按需印刷生产线投入运行，中国书业第一网、凤凰教育网、数字内容资源库等项目通过论证。2008年，针对全省数字出版产业起步较晚、整体上实力不强、种类不多等具体情况，采取三项措施促进数字出版工作：一是鼓励传统出版单位积极介入数字出版，不断拓展产业链，占领互联网、手机终端等新媒体主阵地，形成全媒体复合出版新业态。二是加大对数字出版单位的扶持力度。2008年，数字出版项目获省文化产业引导资金资助1 260万元。三是积极研究跟踪出版新业态，找差距，求突破。

第五节　印刷复制管理

一、印制许可证制度

1988年6月23日，省七届人大常委会第三次会议审议通过并颁布实施《江苏省书刊、音像出版发行管理条例》，为中华人民共和国成立以来江苏制定的有关书刊、音像出版发行管理的第一部地方性法规。《条例》规定“新建印刷（装订）企业，须经主管部门同意和当地县以上新闻出版管理部门批准，经同级公安部门审查同意发给特种行业经营许可证后，由同级工商行政管理部门核准登记，发给营业执照”“印刷图书、期刊的印刷企业，除按前款程序审批外，还必须由新闻出版管理部门核准发给图书期刊印刷许可证”。同年12月5日，省政府办公厅转发省新闻出版局等部门《关于加强印刷管理的意见》，对落实图书期刊印刷许可证制度提出具体要求，明晰了管理范围和具体办法。1990年9月，省新闻出版局制发《关于加强出版物进出江苏省印制的暂行规定》，将省外出版单位来江苏印制正式出版物纳入省印制管理范畴。

为了严格书刊印刷管理，实施书刊印刷定点制度。1990年12月，经新闻出版署批准，江苏新华印刷厂等15家印刷厂为国家书刊印刷定点企业；经省新闻出版局批准，江宁县印刷厂等52家印刷厂为省书刊印刷定点企业。1992年，根据新闻出版署《加强书报刊印刷管理的若干规定》精神，省新闻出版局对全省书报刊印刷企业进行整顿、清理和重新审核、换发书报刊印刷许可证，全省共有400家印刷企业领取书报刊印刷许可证，基本上形成大、中、小型印刷企业相配套的书报刊印刷网络。

1994年，本着“控制总量、调整结构、提高效益”的总体思路，统一编制企业代码，换发综合或单项印刷许可证。当年，全省共有国家书刊印刷定点企业15家，省级书刊印刷定点企业50家，具有江苏省书报刊印刷许可证企业433家。1996年，根据新闻出版署有关文件规定，在全省实行图书、期刊印制委托书制度，有效遏制了非法印刷活动，改善了出版和印刷秩序。1998年，国务院将印刷业监督管理职能划归新闻出版行政部门后，国家定点企业由 15 家调整为 13 家，省级定点企业调整为 48 家。

2004 年，重点加强对图书、期刊印制委托书、一次性内部资料准印证的管理。2006 年，开发图书、期刊印制委托书电子备案系统。2007 年，按照“分级管理、落实责任、方便企业、加强指导”的原则，将设立包装装潢印刷企业委托各市新闻出版局审批，省局加强事后监管。同年，图书、期刊印制委托书电子备案系统运行。

二、准印证制度和年审制度

为坚决制止滥编滥印书刊，从 1987 年起全省实行书刊印刷准印证制度。准印证制度规定，全省所有图书、报刊（含内部资料性出版物和内部报刊）必须到持有图书报刊印制许可证的书报刊印制企业印刷。1990 年，实行书刊印刷定点制度后，省内出版的正式图书报刊可以直接发排到国家和省两级印刷定点企业印制，其他出版物一律须经省新闻出版局或省局委托的市、县新闻出版主管部门批准后，持准印证到书刊印刷企业印制。

为加强对书报刊印刷企业的管理，省新闻出版局自 1990 年起，每年都对全省书刊印刷企业进行一次年审。年审要求各图书报刊印刷企业对本年度图书报刊印刷情况进行全面总结。凡在本年度有违规行为的企业，根据情节轻重，给予撤销图书报刊印刷企业资格或缓检。

三、印刷复制市场检查整顿

市场检查是印刷复制管理的重要手段之一。每年除配合“扫黄打非”统一行动外，不定期组织对印刷市场进行抽查，及时发现和纠正违规印制图书报刊行为。1988 年 12 月 5 日，省政府办公厅转发省新闻出版局等部门《关于加强印刷管理的意见》，部署对全省印刷业全面普查和清理整顿，省政府成立整顿规范印刷市场秩序领导小组，重点“取缔非法，查处违法，压缩总量，优化结构”，解决低水平重复建设、遏制印刷企业散滥现象。截至 2002 年年底，全省 13 060 家印刷企业通过整顿验收，压缩、取缔印刷厂点 1 990 家。2003 年，重新修订《江苏省设立印刷企业暂行规定》。

2004 年 1 月，省新闻出版局、省公安厅、省工商行政管理局、省质量技术监督局和省“扫黄”“打非”办在南京召开“全省整顿和规范印刷市场秩序工作总结表彰大会”，新闻出版总署印刷复制管理司专门就江苏整顿和规范印刷市场秩序工作编发简报。下放一次性内部资料性出版物准印证审批权限，印发《关于市、县（市、区）核发一次性内部资料出版物及加强相关管理的通知》，查处南京“9・26”钟山非法出版案涉案印刷企业 18 家。

2005 年，省新闻出版局根据中央八部委具体部署，会同相关部门联合组织实施全省印刷复制业专项整治工作，推动了印刷复制业持续、健康、快速发展。

2006 年，在全省开展争创“双优诚信”（优质产品、优良业绩和诚信经营）印刷企业活动，省新闻出版局印发《江苏省“双优诚信”印刷企业评选办法》，评选“双优诚信”印刷企业 50 家。

2008 年，为奥运会营造良好环境，全省共出动执法人员 2 000 余人次，检查印刷企业 1 580 家次，查处印刷复制违法违规行为 135 起；收缴违法出版物及相关印刷品 3 500 册；警告印刷企业 111 家，责令停业整顿印刷企业 12 家，没收违法所得 46 197 元，罚款 741 280 元。

四、印制质量管理

1979 年 3 月，省出版事业管理局制发《书刊印刷考核评比奖励办法》，每年评比一次，择优推荐参加华东地区和全国印制质量评比。1991 年 3 月 8 日，省新闻出版局制发《关于加强图书印制质量管理的意见》，采取八项具体措施，着力提升书刊印刷质量。

根据新闻出版署《书刊印刷品质监督管理暂行办法》第十六条规定，1993 年 1 月，省新闻出版局在省印刷科学技术研究所建立省书刊印刷产品质量监督检测站，负责全省印刷产品质量的监督、检测。1998～2008 年，抽查范围逐步扩大，每年结合重点图书检查、编辑职称评定、“3・15”国际消费者权益日、推荐优秀出版物等活动进行质量检测。1998 年，在全国书刊印制质量检查中，省新闻出版局获得“书刊印刷优等品管理银奖”。1999～2005 年，省局连续七年蝉联全国“书刊印刷优质产品管理金奖”。2007 年，11 件作品参评美国印制大奖，5 件作品获奖。其中，苏州东仪印刷包装有限公司《索尼爱立信手机广告海报》获得银奖——组别印制大奖（BOD）。2008 年，5 家印刷企业 11 件作品参评美国印制大奖，6 件作品获奖。其中，金坛古籍印刷厂印制的《水浒传人物图像》获得最高奖项——Benny 奖。

第六节　出版物发行管理

1984 年 2 月，省出版总社、省文化厅、省公安厅、省工商行政管理局联合下发《关于加强对个体租书铺摊、书贩的管理工作的通知》，要求经营书刊个体摊贩、书贩必须有营业执照，持证经营，无营业执照者，一律取缔。1988 年 6 月 23 日，省七届人大常委会第三次会议审议通过并颁布《江苏省书刊、音像出版发行管理条例》。11 月 7 日，省政府转发省新闻出版局《关于进一步加强书刊出版发行管理的意见》，要求各级新闻出版行政管理部门会同工商行政管理部门对全省所有图书期刊发行网点进行一次全面清理和整顿。1989 年 6 月，省教委、省新闻出版局联合下发《关于进一步做好中小学教材、教参、教学资料出版、发行工作的通知》，重点整顿教材教辅发行秩序。1993 年，根据省委办公厅、省政府办公厅《关于进一步加强社会文化市场管理工作的指示》精神，省新闻出版局组织实施全面治理整顿书报刊发行网点。全省有 36 家书刊发行单位或经营者被吊销许可证，41 家发行单位被责令停业整顿。1995 年，全省依法取缔无证经营书刊销售点 429 家，责成停业整顿 92 家，吊销图书期刊发行许可证 41 家。1996 年 4 月 12 日，省八届人大常委会第二十次会议审议通过并颁布实施《江苏省书报刊市场管理条例》，对从事书报刊发行业务申报和审批、经营和管理、相关法律责任等作出明确规定。2001 年，按照新闻出版总署相关规章“一点一证”的规定，对既从事电子出版物发行又从事书报刊发行的网点，统一发放出版物发行许可证。电子出版物发行网点年检工作，由过去的两年一检改为一年一检。

2002 年，启动全省出版物发行员职业资格证书考核鉴定工作，全省 4 480 人通过考核鉴定。2003 年，针对中国加入 WTO、出版物分销领域逐步放开、出版物发行管理特别是行业准入等方面的新情况，制定《江苏省 2003～2005 年出版物发行网点设置规划》，加大宏观调控力度，营造公开、公平、公正的市场竞争环境。

2004 年，执行新修订的《出版物市场管理规定》，年检项目增加出版社及报刊社发行部门年检、总发行单位年检审核；首次实行 1 000 平方米以上发行单位网上年检。开展首届“双优诚信”书店（优良服务、优良业绩和诚信经营）评选，36 家单位入选。2006 年，按照《江苏省新闻出版领域开展治理商业贿赂专项工作实施方案》要求，指导发行企业自查自纠。组织第二届“双优诚信”书店评选，50 家单位获得省第二届“双优诚信”书店称号。按照新闻出版总署统一部署，年检首次启用缓登通知书，全省缓登网点 198 家、注销 8 家、警告 53 家、吊销许可证 41 家。2008 年，按照“程序正当、高效便民、诚实守信、权责统一”的要求，受理办结行政许可事项 120 项，其中审批出版物批发单位 20 家，进口出版物备案 93 项，行政管理事项 327 项。

第七节　版权管理

著作权即版权。中华人民共和国成立之初，中国尚未制定著作权法，版权管理主要依据行政规章和政策文件进行。1982 年《宪法》、1986 年《民法通则》肯定著作权保护，为著作权法制定提供法律依据。1985 年，国家版权局成立。1990 年，《中华人民共和国著作权法》颁布，随后又相继配套制定出有关著作权保护的相关法规和行政规章。1992 年起，中国先后加入《世界版权公约》《保护文学和艺术作品伯尼尔公约》等 6 个国际版权公约，与国际著作权条约接轨。

江苏版权管理自 1978 年起步以来，始终坚持依据法定职能履行职责，在完善版权管理体制、打击侵权盗版、推进软件正版化、总结推广基层版权管理经验等方面，创造性地开展工作。同时，切实加强对市、县版权管理工作的指导，开展对著作权法律培训工作，先后举办《行政处罚法》培训班、音像制品版权培训班、重点执法培训班等，提高基层版权行政执法人员的管理素质。在江苏经济发达重点地区，版权管理职能向下延伸。1997年，通州市川港镇志浩村成立全国第一家镇村级版权管理组织——志浩市场版权管理办公室；2002年，海门市三星镇成立三星镇叠石桥市场版权管理办公室；2004年，苏州刺绣、东海水晶、宜兴紫砂陶艺、睢宁儿童画所在地先后成立版权管理办公室和作品登记办公室。这些地区，实际上已形成省、市、县、镇、村五级版权管理体系。

一、打击侵权盗版

打击侵权盗版，查处大案要案，保护著作权人的合法权益，始终是全省版权行政管理工作的重点之一。除了查处对传统的纸质书刊侵权外，打击网络侵权和软件盗版也日益成为版权行政执法的重点。

1994年3月，省版权局协助国家版权局查处苏州合资企业宝碟激光电子有限公司（简称“宝碟公司”）严重盗版行为，罚款20万元，这是国家颁布《对侵犯著作权行为行政处罚的实施办法》后，全国首例版权行政处罚案。1993年3～5月，宝碟公司与虚设的香港城市唱片有限公司签订12份CD唱盘加工契约书。宝碟公司按此协议先后共复制制作含有23名原告录音制品的306首歌曲、乐曲的31个品种的CD唱盘95 331片。1994年1月，国际唱片业协会（IFPI）东南亚有限公司上海办事处代表宝丽金唱片有限公司等23名原告，向法院控告许华乐严重侵犯著作权的行为。法院依法判令本案侵权主体许华乐立即停止侵权活动，销毁光盘，登报向23名原告赔礼道歉，并赔偿经济损失。

1995年、1996年，省版权局与省广播电视厅按照新闻出版署、国家版权局《关于向光盘生产厂派驻监督员的通知》要求，联合向盐城燕京光电有限公司、无锡江南公司等企业分别派出数批驻厂监督员，定期更换。

2003～2006年，省版权局根据国务院有关部委《关于贯彻落实〈振兴软件产业行动纲要（2002～2005）〉打击盗版软件工作安排的实施方案》《关于开展打击非法预装计算机软件专项行动的通知》要求，以经济发达市（县）和省辖市作为版权执法重点地区，以查处大案要案为突破口，组织各市版权行政管理部门严厉打击破坏文化、网络、软件产业发展的侵权盗版活动，加大对校园周边地区侵权盗版行为的查处。省版权局对全省电脑销售市场进行调查，将13个省辖市的27个市场列为重点治理名单，提出治理要求。2005～2007年，省版权局四次组织打击网络侵权盗版专项行动，查处案件近百起，依法关停大部分侵权网站，没收一部分服务器、计算机等涉案工具。

二、推进软件正版化

2001年10月始，国务院办公厅陆续发出《关于政府机关要带头使用正版软件清理盗版软件的通知》《关于地方人民政府使用正版软件的通知》，要求国务院各部委、各直属机构带头使用正版软件，并就开展地方政府部门软件正版化工作进行部署。国家版权局、信息产业部、财政部、国务院法制办、国管局五部门研究制订《关于推进地方人民政府软件正版化工作的实施方案》。12月，省新闻出版局、省版权局会同省计经委、省财政厅、省信息产业厅联合签发《关于政府部门带头使用正版软件的通知》，并于12月14日召开“宣传新著作权法，打击侵权盗版行为，推行软件正版化”新闻发布会，正式启动全省推进软件正版化工作。

2002年年初，省版权局对机关电脑软件使用情况进行摸底调查，编制软件正版化实施方案，并于上半年在省级机关率先实现软件正版化目标。省政府确定省版权局为实施使用软件正版化计划的牵头单位。6月，省政府办公厅发出《关于使用正版软件的通知》，明确规定各部门、各单位一律不得购买、使用盗版软件，对正在使用的软件要进行一次集中检查清理，凡使用盗版软件的，一律停止使用或更换。各部门、各单位按照统一要求，加强对清理盗版软件工作的部署。省版权局会同省财政厅、省信息产业厅和省机关事务管理局将综合施行情况上报省政府。2004年年底，省级机关各单位软件正版化工作全部完成。2005年，省版权局牵头，组织联合督查组，分苏南、苏中、苏北三片对各省辖市机关软件正版化工作进行督查。13个市共投入资金3 000余万元，在国务院规定的时间内全部完成这项工作。

2006年，省版权局制订全省企业使用正版软件工作方案，召开企业使用正版软件工作推进会，循序渐进地推进大型企业（包括国有企业、外商外资企业和民营企业）使用正版软件工作。省版权局制定《“正版正货”生产、销售示范单位管理办法》，在省版权行政管理部门推荐的基础上，做好企业资质审查和名单确认工作，计有 80 家企业被命名为“正版正货”生产、销售示范单位。

三、南通经验

改革开放初期，通州市川港镇志浩村和海门市三星镇叠石桥村农民自发形成地下坯布和家纺产品交易市场。两村隔水相望，小桥相通，露天设摊，无人管理，无序经营，争原料，争花型，纷争不断。20 世纪 90 年代，南通市委、市政府以“划行归市”的方式，规范市场，分工协调经营范围，由志浩市场主要经营寝室面料，叠石桥市场主要经营寝室用品成品，当地政府开始有计划地组建专业家纺市场，市场管理办公室相继成立。但由于缺乏版权意识，交易产品雷同，花型相互模仿、重复，偌大市场，花样不过百个左右。销售日趋萎缩，经济效益锐减，陷入恶性循环。

1996 年，台湾企业家在南通独资创办翔升（后称东帝兴公司）布艺有限公司，推出从台湾引进的一百多个花型的新产品，但不久就在志浩市场内发现其畅销的印花布图案被大量翻版印染，盗版图案的布料堆满店铺，致使经济利益严重受损。为此，该公司向南通市版权局投诉，请求对翻印其印花图案的行为进行查处。

南通市版权局高度重视，及时向上级部门反映。国家版权局明确批复江苏省版权局，印花布花型版权应当视同美术作品版权予以保护。南通市委、市政府明确指示由南通市版权局牵头组织公安、工商部门会同当地政府，严格依法办事，查缴侵权产品，查处侵权人员，改善志浩市场的版权保护环境。此案结束后，南通市版权局认为，作为版权行政管理机关，不应仅限于根据投诉进行查处，还应对侵权行为的发生进行积极预防和疏导。市版权局对版权管理介入乡镇印花布市场进行了有益尝试：1. 对市场内的经营户进行普及著作权法的宣传教育工作。2. 对经营者拥有版权的印花图案进行登记。3. 及时查处侵权案件。4. 指导市场管理办公室成立美术图案设计研究所进行疏导扶持。

1997 年 3 月，志浩村成立全国第一家镇村级版权管理基层组织——通州市志浩市场版权管理办公室，村长任办公室主任，成员有 7 人。办公室受南通市版权局委托，开展著作权法规宣传教育，进行作品登记的初步审查，受理著作权纠纷调解，成立作品鉴定小组对侵权作品进行初步认定，确定侵权赔偿最低标准，制定岗位责任、服务承诺、“三公开制度”、“八不准纪律”，保证监督，公平执法。

表 1－3　1997～2008 年通州市志浩市场版权管理办公室版权管理情况汇总表

年度	投诉（起）	鉴定作品（款）	查封保存布（万米）	调查案件（起）	赔偿损失（万元）	销毁网片（张）	查封图片（万张）	行政处罚（万元）	司法处理（万元）
1997	75	0	28	75	15	50	0	2.5	0
1998	85	0	30	85	18	60	0	5	0
1999	123	0	20	123	17	100	0	1	0
2000	116	20	35	116	20	115	1	2	0
2001	122	25	30	122	48	122	3	3	0
2002	105	32	33	105	63	105	4	3	0
2003	109	40	36	109	60	109	6	4	2
2004	141	41	40	141	53	140	8	6	7.2
2005	122	28	18	100	82	80	6	5	12
2006	152	72	16	130	121	110	8	2	166
2007	186	98	18	166	132	150	10	3	186
2008	151	85	20	135	115	110	6	6.5	112.5
合计	1 487	441	324	1 362	744	1 251	52	40.1	485.7

说明：数据由川姜镇人民政府提供。通州市川港镇与姜灶镇于 2008 年 1 月合并成立川姜镇。

1998 年 10 月 28 日，《新闻出版报》头版头条刊载通州市志浩市场版权管理调查报告《版权管理培育了个大市场》，国家版权局《版权信息》和《南通日报》等相继转载。南通经验开始在全国产生良好效应。

2002 年 10 月，全国第二家镇村级版权管理基层组织——海门市三星镇叠石桥市场版权管理办公室成立，工作人员有 7 人。至此，通州、海门两大家纺市场版权保护管理机构建立健全，保护知识产权完成了由缺失到自发、再到自觉的发展过程。

表 1－4　2002～2008 年海门市三星镇叠石桥市场版权管理办公室版权管理情况汇总表

年度	投诉（起）	鉴定作品（款）	查封保存布成品（案）	调解案例（起）	赔偿损失（万元）	司法处理（万元）
2002	1	0	1	1	0.8	0
2003	47	0	50	38	8	5
2004	108	2	110	84	21	18
2005	172	3	180	160	36	26.6
2006	192	7	200	170	96	80
2007	65	5	70	63	56	30
2008	40	5	40	36	32	4
合计	625	22	651	552	249.8	163.6

说明：数据由三星镇人民政府提供。

2001～2008 年，南通家纺市场逐步建成完整的民事、行政和司法相衔接的版权保护体制和机制。2001 年 10 月，南通市中级人民法院成立知识产权审判庭。2002 年，南通市中级人民法院司法介入市场管理，凡在市场版权办公室两次调解不成的纠纷，可上报版权行政管理部门依法调查处理，直至作出行政处罚。不服行政处罚，依法可提起行政诉讼。法官到市场公开宣判，让经营者感受版权保护的法治环境，受到生动的普法教育。2005 年 7 月，南通市中级人民法院取得部分专利案件的管辖权。2007 年 10 月，通州市人民法院取得部分知识产权案件的一审管辖权，该院成为苏北、苏中地区第一家享有知识产权审判管辖权的基层法院。2008 年 4 月，南通市中级人民法院整合司法资源，通州市人民法院受命在两大家纺市场特设知识产权巡回法庭，专责受理两大家纺市场知识产权纠纷诉讼案件。

2005～2008 年，南通市中级人民法院受理知识产权案件 922 件，其中著作权案件 502 件，家纺类著作权案件 460 件，占著作权案件的 91.6%；审结 457 件，案件审结率达 99.3%。2003～2008 年，志浩市场版权管理办公室调解纠纷 861 件，进入司法程序的案件不足百件，家纺类著作权纠纷案件的调解撤诉率达到 90%，南通本地家纺经营者之间的花型设计纠纷案件裁判的自觉履行率为 100%。版权行政执法和法院司法审判相衔接的版权保护体制和机制，既发挥了版权行政保护的自身力量，又体现了司法保护的基础性和主导性作用，两者互补，不可分割。

南通家纺市场的版权保护激活了产业价值链，推动了区域经济的高速发展。2008 年，占地 70 万平方米的志浩、叠石桥市场的成交额达 400 亿元，创汇 5.2 亿美元，经营户 3 000 多家，围绕其生产加工的企业 2 600 家，家庭作坊近 2 万家，产品辐射全国各省、市，远销世界 100 多个国家，成为中国最大的家纺基地。

2005 年年底，志浩市场版权管理办公室被评为“全国版权保护示范单位”，成为全国唯一的受到表彰的镇村级版权保护单位。2006 年，南通家纺产业的版权保护引起国家版权局和联合国世界知识产权组织的高度关注。根据国家版权局的要求，省版权局、《中国知识产权报》组成联合调研组，对南通进行市场调研，形成调查报告《版权管理：为家纺航母清道护航》。2007 年 3 月，国家版权局和世界知识产权组织决定就南通家纺市场保护经验开展全方位调研，并签署合作协议。5 月，国家版权局在南通举办全国版权相关产业发展先进典型经验现场交流会，高度评价“南通的基层版权保护经验在中国版权保护史上留下了重要一页”。会议期间，联合国世界知识产权组织官员参观通州市志浩市场和海门市叠石桥市场,盛赞“在这里,我们看到了中国乃至世界知识产权保护的希望”。

2008年4月,省版权局和南通市版权局按照国家版权局要求,完成《版权保护促进南通家用纺织品产业繁荣发展》课题调研提纲。6月,世界知识产权组织版权保护优秀案例示范点工作会议在南通举行,启动“南通基层版权保护”调研项目。10月,南通家纺市场获世界知识产权组织授予“版权创意金奖”。国家版权局局长柳斌杰提出“南通经验,世界共享”;世界知识产权组织官员表示,“江苏经验”将向全中国乃至世界推广。

第八节　出版(版权)法制建设

一、依据政策文件管理

20世纪80年代初,新闻出版(版权)行政管理部门主要依据相关政策、文件实施管理。1980年7月,江苏人民出版社、江苏科学技术出版社制定《图书稿酬暂行实施办法》。1981年,省政府批转省出版事业管理局《关于进一步制止滥编滥印和加强出版管理工作的意见》,针对一些地区和部门公开征订、发售非法书刊问题作出有关规定,遏制滥编滥印问题。1983年,根据中共中央、国务院《关于加强出版工作的决定》的要求,重申必须严格执行党和国家的现行出版政策,非出版单位一律不得出版、发行书刊,坚决制止或取缔滥编滥印书刊问题。严禁进口反动的、淫秽的书刊,坚决取缔走私入境书刊等。1987年,省委下发《关于认真整顿报纸和社会科学期刊的通知》,重点解决政治原则、政治方向问题。同年8月10日,省出版总社制发《江苏版图书购销形式改革的暂行方案》,对购销形式、社与店业务关系等作出明确规定。10月12日,省委宣传部、省科委、省新闻出版局印发《关于发放内部报刊准印证的若干实施意见》,按照“减少数量、提高质量、合理布局”的要求,对内部报刊整顿调整、发放准印证等问题作出了明确规定。

二、依据法规规章治理

1988年6月23日,省七届人大常委会第三次会议审议通过并颁布实施《江苏省书刊、音像出版发行管理条例》,标志江苏新闻出版(版权)行政管理开始转型。同年12月5日,省政府办公厅印发《关于加强印刷管理和书刊发行管理两个意见的通知》,对贯彻落实《条例》作出具体部署。1989年8月21日,省七届人大常委会第十次会议审议通过《关于彻底清除反动、淫秽出版物,进一步加强文化市场管理的决议》。

1996年4月12日,省八届人大常委会第二十次会议通过并颁布实施《江苏省书报刊市场管理条例》,对书报刊进入流通领域后的总发行、批发、零售、征订、出租等经营行为进行了规范。

1997年7月31日,根据国务院《出版管理条例》《音像制品管理条例》《印刷业管理条例》和国务院相关部门行政规章,省八届人大常委会第二十九次会议作出《江苏省书刊、音像出版发行管理条例(修订)》的决定,同时公布施行。依据上述法规规定,省新闻出版局于同年11月12日制定《关于加强内部资料性出版物管理的暂行办法》。省版权局结合宣传贯彻《条例》明确要求,所有的图书、期刊、音像、软件出版者在出版境外作品时必须取得合法授权,涉外著作权贸易合同一定要报送版权行政管理部门登记备案。所有印刷厂、音像复制单位(包括CD、LD生产厂家)依法承接业务,严格禁止擅自加印、销售出版社委印的出版物,不允许侵犯作者的著作权和出版社的专有出版权;严格把关,积极配合行政管理部门堵住侵权盗版、非法出版活动的源头。各级新华书店把好销售关,自觉抵制侵权复制品(盗版图书、音像制品),严禁销售未经授权翻译出版的外国图书。

为贯彻执行上述地方性法规,省新闻出版局(版权局)配套制定了一系列行政规范性文件。1993年11月,制定出台《出版物鉴定规则》;1995年7月,根据国家版权局发布的《关于作品自愿登记试行办法》,制定、施行《江苏省作品自愿登记暂行办法》;1996年,制定出台《书报刊售前送审制度》《书报刊音像制品邮寄送审制度》《书报刊、音像制品大宗邮件提取制度》;1998年,省社文办根据新闻出版署的统一规范制定了一套20种《行政处罚法律文书》;1999年,制定出台《违禁出版物鉴定员规则(试行)》。各类法规、规章和行政规范性文件的制定出台,有效规范了行政权力运行,提高了全省新闻出版(版权)管理水平。

三、全面推进依法行政

1999年,第九届全国人大修改宪法,明确规定“中华人民共和国实行依法治国,建设社会主义法治国家”。2004年,国务院颁布《全面推进依法行政实施纲要》,强调依法行政的核心是规范行政权力行使,保障公共利益和维护个人权利。遵照推进依法行政、建设法治政府的总体要求,国家根据出版业快速发展、中国加入WTO和政府职能转变的新要求,逐步修订了原有法规规章,相继制定出台了一批法律、法规和行政规章,这使得出版业的各个方面,无论是图书、报刊、音像制品、电子出版物到互联网等不同的出版介质,还是出版、印刷复制到发行等不同的出版环节,都有相关的法规、规章予以规范。1999年、2004年,《行政复议法》《行政许可法》颁布实施,连同此前相继颁布实施的《行政处罚法》《行政诉讼法》《国家赔偿法》,国家层面上规范行政权力运行的法律体系基本形成。2001年10月,第七届全国人大常委会第十五次会议审议修正《中华人民共和国著作权法》;2002年9月,国务院颁布施行《中华人民共和国著作权法实施条例》;2001年8月～2005年12月,国务院重新修订并颁布施行《出版管理条例》《印刷业管理条例》《音像制品管理条例》《计算机软件保护条例》;新闻出版总署相继制定并颁布施行10部行政规章,涉及图书、报纸、期刊、互联网出版及出版物市场管理等不同方面。至此,新闻出版(版权)管理的“一法五条例十规章”形成完整体系。这些法律、法规和行政规章,规范的主体不仅仅是作为被管理者的出版、印制、发行等单位,也包括作为管理者的出版行政机关及其工作人员,是新闻出版(版权)行政管理部门依法实施行政监管的基本依据。

为规范行政许可、行政执法行为,保证新闻出版(版权)各项法律、法规和行政规章及其他规范性文件的有效实施,推进新闻出版管理法制化、制度化、规范化建设,省新闻出版局(版权局)有序组织、分批开展各类政策法规培训,2002～2003年,全省举办政策法规培训班101期,近26 000名新闻出版(版权)管理干部、行政执法人员、行业从业人员接受培训教育。2005年12月22日,省新闻出版局(版权局)配套制发一系列行政规范性文件,主要有《行政许可规程》《行政执法规程》《行政许可行政执法责任制(暂行)》《行政许可行政执法过错责任追究暂行办法》《行政许可行政执法责任制考核评议暂行办法》等,对推进依法行政、深化依法治理发挥了重要作用。2006年,省版权局制定《“正版正货”生产、销售示范单位管理办法》,打击软件领域内的侵权盗版活动,大力推广“正版正货”工作。2007年,省版权局完成《江苏省著作权保护条例(征求意见稿)》起草和论证工作,提交省人大常委会列入2008年立法计划。

2006年,成立依法行政领导小组、重大行政处罚案件审理委员会,分别制定《依法行政领导小组工作职责》和《重大行政处罚案件审理暂行办法》;统一全省新闻出版(版权)行政执法文书,定期组织全省新闻出版(版权)行政许可、行政处罚案卷评查;进一步推进政务公开,授权委托省辖市局代行部分行政许可行政管理事项审批权限;组织开展全省新闻出版(版权)依法行政示范点创建活动。2008年,省新闻出版局被省依法行政工作领导小组、省政府法制办授予省级机关首批“依法行政示范点”称号。

2008年1月3日,省新闻出版局(版权局)政务大厅正式运行,依法公开省级出版(版权)行政管理部门行政权力,受理行政许可申请,公示许可办事程序,并按法定期限向申请人说明予以行政许可或不予行政许可的理由,进一步规范了行政权力的公开透明运行,提高了行政效率。以此为标志,全省新闻出版(版权)管理方式逐步完成单纯以依靠政策文件为依据逐步过渡到既靠政策又靠法治管理,最终实现向深入推进依法行政、全面实现依法治理的转变。

第九节　市场管理和“扫黄打非”工作

一、工作机构

1989年8月,省整顿清理书报刊和音像市场工作小组成立,成员单位有省公安厅、省司法厅、省广电厅、省文化厅、省新闻出版局、省工商局、省邮电管理局、省税务局、南京铁路分局、南京海关、南京市政府11家，在省新闻出版局设办公室，工作人员有10名。

1990年12月5日，省委下发《关于成立省社会文化管理委员会的通知》，办公室设在省新闻出版局内，列编制人员6人。同时，撤销省整顿清理书报刊和音像市场工作小组。1997年1月，加挂江苏省"扫黄"工作领导小组牌子。2001年5月，改称江苏省"扫黄""打非"工作领导小组。2005年4月，改称江苏省"扫黄打非"工作领导小组。领导机构全称是江苏省社会文化管理委员会（江苏省"扫黄打非"工作领导小组），实行"一个机构、两块牌子"。成员单位随着形势任务的变化几经调整和增减，至2008年年底，共有21家，分别是省委办公厅、省政府办公厅、省委宣传部、省委政法委、省文化厅、省广电局、省公安厅、省新闻出版局、省教育厅、省工商局、省交通厅、省财政厅、省总工会、团省委、省妇联、省邮政局、省通信管理局、南京市政府、南京海关、南京铁路办事处、民航江苏安全监督管理办公室。省社会文化管理委员会办公室（省"扫黄打非"工作领导小组办公室）是省社会文化管理委员会（省"扫黄打非"工作领导小组）的日常办事机构（简称"省社文办、省'扫黄打非'办"）。1991年7月～2000年9月，省社文办为省新闻出版局内设机构。2000年政府机构改革时，调整为参照公务员管理的事业单位，挂靠省新闻出版局，主要职责是贯彻落实中央和省有关出版物市场管理的方针、政策，根据省政府授权，对外代表省政府行使指导、协调省级其他有关部门和全省整个文化市场的管理工作；负责组织协调全省"扫黄打非"活动，承办省社会文化管理委员会交办的其他事项。

根据省"扫黄打非"工作机构、省新闻出版管理机构的工作要求，各省辖市和所辖县（市、区）都建立了相应的"扫黄打非"工作机构。

二、市场管理

规范日常管理 1979年5月，省出版事业管理局转发国家出版局转发的《河南省出版局关于郑州市花园口公社石桥大队滥印高考复习资料情况的报告》，要求坚决刹住滥编、滥印非法出版物的歪风。1983年12月，省委、省政府下发《关于坚决彻底查禁淫秽书画、录像制品的通知》。1987年7月30日，省政府下发《关于立即进行打击非法出版活动的行动的通知》，强调加强组织领导，定期通报情况，研究解决问题，全省"扫黄"工作有序展开。1993年9月，省委、省政府抽调30名同志组成联合检查组，开展"江苏文化市场南北行"活动。2005年，举办全省新闻出版、版权执法及出版物鉴定技能培训班。2006年8月，省"扫黄打非"办会同省文明办、省委宣传部、省委政法委、省新闻出版局、省版权局、省文化厅、省公安厅、省工商局、省建设厅、省监察厅等部门组成联合检查组，分赴全省13个省辖市、26个县（市、区），对"扫黄打非"工作进行检查督导。2007年，重点实施"扫黄打非""平安工程""文化环保工程"。2008年，重点组织奥运期间市场清查行动，会同宣传、政法、公安、文化、工商等部门组成联合检查组，对全省13个省辖市、24个县（市、区）开展督查，落实"属地管理"和"谁主管谁负责"等有关措施。

组织集中行动 各地坚持常态监管与专项行动相结合。1990～2008年年底，全省共开展"扫黄打非"专项行动（治理）49次，取得明显成效。2006年，开展以清除淫秽色情、凶杀、暴力、迷信、伪科学出版物以及有害信息为重点的"扫黄打非"百日"雷霆行动"。全国"扫黄打非"办在报中央政治局常委的《工作快报》中连续四期反映江苏省"扫黄打非"百日"雷霆行动"工作成果。2007年，实施"文化环保工程"，开展打击网络淫秽色情集中专项行动。2008年，开展出版物市场清扫行动，共出动检查人员9.8万人次，检查出版物市场4.8万个（次），收缴非法出版物393.4万件（其中，政治性非法出版物1 560件、"法轮功"邪教组织宣传品10件、淫秽色情出版物3.1万件），查处违法案件391起、移交刑事案件10起。

查处大案要案 查处大案要案旨在惩处违法行为，震慑犯罪，教育社会。1992年～2008年，全省共查处"扫黄打非"案件10 155件，其中刑事案件147件，共有289人被依法追究刑事责任。

三、表彰先进

1999～2008年，持续近20年深入推进的"扫黄打非"斗争，提高了各级新闻出版（版权）管理部门和"扫黄打非"机构的整体战斗力，涌现了一大批忠于法律、敢打硬仗、竭诚奉献的行政执法机关和行政执法人员，分别受到中央宣传部、中央政法委、全国“扫黄打非”工作小组、公安部、文化部、新闻出版总署、广播电影电视部(总局)的表彰。

1994年秋季，全国“扫黄”“打非”集中行动先进集体为江苏省社会文化管理委员会办公室、江苏省公安厅治安处、江苏省高级人民法院刑二庭、南京市社会文化管理委员会办公室、无锡市文化局新闻出版处、无锡市公安局治安大队、无锡市人民检察院刑检处、无锡市中级人民法院刑一庭。1995年冬季，全国“扫黄”“打非”集中行动先进集体为吴江宝碟公司复制淫秽制品案专案组、江苏省社会文化管理委员会办公室。1996年冬季，全国“扫黄”“打非”集中行动先进集体为大丰市“唐葆春非法出版案”专案组、南京市社会文化管理委员会办公室、江苏省版权局版权处、江苏省邮电管理局。1997年冬季，全国“扫黄”“打非”集中行动先进集体为江苏省广播电视厅音像管理处。1999年冬季，全国“扫黄”“打非”集中行动先进集体为江苏“10・30”案件专案组。2000年，全国“扫黄”“打非”工作先进集体为江苏省“3・16”非法出版案专案组、常州市“1・20”非法出版案专案组。2001年，“扫黄”“打非”工作先进集体为南京市“扫黄”“打非”领导小组办公室。2003年，“扫黄”“打非”行动先进集体为江苏省版权局版权处、江苏省公安厅治安管理局。2004年，“扫黄”“打非”行动先进集体为江苏省文化厅文化市场管理办公室。2006年，全国“扫黄打非”工作先进集体为江苏省工商行政管理局公平交易局、江苏省“扫黄打非”领导小组办公室，有功集体为江苏省版权局版权处、江苏省文化厅文化市场稽查总队、江苏省南京市“12・8”专案组。2007年，全国“扫黄打非”工作先进集体为江苏省“扫黄打非”领导小组办公室，有功集体为江苏省公安厅网络警察总队、无锡市“扫黄打非”办公室、徐州市公安局网监支队、南京市“扫黄打非”办公室、南通市“风月神州”专案组、江苏省公安厅治安总队。2007～2008年，迎奥运保稳定“扫黄打非”先进集体为江苏省“扫黄打非”领导小组办公室、南京市出版物市场综合执法支队、常州市文化行政综合执法支队。2008年，全国“扫黄打非”工作先进集体为江苏省“扫黄打非”领导小组办公室、徐州市“扫黄打非”领导小组办公室、张家港市“扫黄打非”领导小组办公室，有功集体为徐州“3・03”制售非法报纸团伙网络案专案组、苏州市公安局信息网络安全监察处、启东市公安局治安大队。

第十节　出版公共服务

一、“送书下乡”活动

出版公共服务的最初形态是“送书下乡”。1995年，根据全国开展文化科技卫生“三下乡”活动的统一部署和要求，省委宣传部、省新闻出版局、省供销合作总社、省科技厅、省农林厅在全省开展“送书下乡”竞赛活动。1998年，在省委宣传部的统一组织下，全省出版系统开展举办书市、捐赠图书、流动供书等丰富多彩的“送书下乡”活动。1999年，根据新闻出版署通知精神，组织服务“三农”图书大联展，参加全省“三下乡”集中行动。2001年，根据省委宣传部的统一部署，省新闻出版局牵头组织出版系统“三下乡”活动，分赴江宁、洪泽、盱眙、金湖现场捐书，并结合农业结构调整，与当地群众座谈，介绍“金口袋”丛书，了解当地出版资源。2005年，是文化科技卫生“三下乡”活动十周年。十年中，全省出版系统累计向农村地区捐赠出版物12.9万册(盒)，春联1.7万副，总计113.08万元；举办科技咨询讲座600余次，参加人数8万余人；支持或援建希望小学近900所，扶贫及支持专业户5万户。2006年，针对建设社会主义新农村新特点、新情况，变“三下乡”为“常下乡”，变“送文化”为“种文化”，使农民不单是农村文化的受惠者，更是农村文化的建设者。

二、全民阅读

基层阅读活动　1995年，江阴市委、市政府提出“富口袋”更要“富脑袋”，启动实施“一、二、三家庭读书工程”(每个家庭一张书柜、两种报刊、三百册图书)，每年举办一届读书节。经过十多年不懈努力，“家庭读书工程”覆盖率达到70%，基本形成“家家有好书、人人求知识”的良好风尚。1996年，南京市举办首届“南京读书节”。经过十多年的持续推进，读书节已经成为南京市文化品牌，“人人爱读书，处处飘书香”渐成风气。2002年，苏州市开展“营造书香校园”活动，开创了“阅读从娃娃抓起”的典型范例。2006年，苏州举办首届阅读节，吸引了数百万新老苏州人参与，在提升市民文明素质、提升城市文化品位、弘扬苏州城市精神等方面发挥了重要作用，使阅读成为伴随终生的生活方式。

江苏读书节　2000～2008年，举办五届江苏读书节。2000年，首届江苏读书节与第十一届全国书市同步举行。2002年，第二届江苏读书节以“营造学习型家庭，塑造学习型社会，创建学习型大省”为主题，全省新华书店推出出版物15万余种，举办近百场签名售书、文化讲座活动，受到社会各界好评。2004年，第三届江苏读书节组织未成年人“双百”优秀出版物大优惠活动，在全省各地新华书店的中心门店设立专架，集中优惠展销100种集知识性、科学性和趣味性的优秀图书和100种优秀音像制品，同时深入学校和家庭，以书评、读书报告会、知识问答等方式，提高未成年人阅读品位，引导未成年人阅读取向。2006年，第四届江苏读书节以“创建学习型社会，建设文化大省，营造读书氛围，促进市场繁荣，提高两个效益”为主题，举办“共同关注希望工程圆梦大学公益活动”，向省希望工程办公室捐款10万元助学金，并向南京市部分中小学、幼儿园捐赠了一批优秀读物。2008年，第五届江苏读书节与首届江苏农民读书节同步举行，以“建设全民学习、终身学习的学习型社会”为目标，采用上下联动、部门联动、媒体联动方式，组织开展了“十个一百”活动，即：推荐百种优秀“三农”读物，百家书店“三农”图书大联展，征集百篇农民读书征文，举办百场农民读书演讲，评选百名农村读书明星，开展百场讲座进乡村活动，组织百名经理回访农家书屋，组织文明单位帮扶百家农家书屋，资助百名农村困难学生，组织百名记者采访农家书屋，全面提高农民群众和社会公众的文明素质，取得积极成效。

三、农家书屋建设

2006年4月11日，省新闻出版局下发《关于江苏“农家书香”工程的实施意见》，明确四项工作目标：1. 打造“农家书库”品牌。每年出版100种“三农”图书；出版、制作100种农民喜闻乐见的电子音像产品；2006～2010年，五年内共出版千种服务“三农”的图书和电子音像产品，争取形成一批体现江苏特色，造福农民的品牌出版物。成立江苏“农家书香”工程专家论证委员会，负责审定“三农”选题及对“农家书屋”供书目录。2. 建设公益性“农家书屋”。整合现有农村公共文化服务资源，“十一五”期间，在全省农村建成公益性农民自助读书服务网点——“农家书屋”。书屋统一名称挂牌，面积不低于20平方米，图书不少于500种（1 000册），报刊不少于10种、音像制品不少于50种，有条件的地方可配置电脑、电视机、DVD等。3. 加快经营性网点“农家书店”建设。积极探索各种新型经营业态，利用加强农村商业流通渠道建设的契机，“借船出海”，开创性地抓好经营性农村发行网点建设，争取达到每个乡镇都有书店或出版物销售点（借助超市等连锁商业网点）。经营性网点建设采取“一体两翼”，即以新华书店农村发行网点为主体，民营发行网点、超市连锁配供网点为补充，实行网点多样化、经营多元化，逐步扩大经营性网点在县、乡镇两级的覆盖面，并通过政策性扶持促进其发展。4. 规范引导出版物集散地健康发展，积极营造“农家书香”健康文化环境。为了保证农家书香工程有序推进，省委宣传部、省文明办、省财政厅等17个相关省级部门联合组成“江苏‘农家书香’工程指导委员会”，加强指导、协同推进，并在省新闻出版局成立江苏“农家书香”工程领导小组办公室，负责工程的日常组织工作。6月7日，江苏“农家书香”工程建设推进会暨试点“农家书屋”授牌、赠书仪式在淮安市金湖县举行，首批43家由省重点资助的试点“农家书屋”挂牌设立。

各级党委、政府高度重视“农家书香”工程建设，先后被列入《江苏省“十一五”文化发展规划》和江苏省“十一五”重点推进的“十大文化工程”、新农村建设新五件实事。2006年，省各级财政和社会各界资助“农家书香”工程建设资金近750万元，全省各出版发行单位向“农家书屋”捐赠出版物及视听设备达1 035万元。全年超额完成省政府下达的年出版服务“三农”图书和电子音像出版物各100种的考核任务，共出版服务“三农”出版物317种；建成“农家书屋”1 017个，占全国总量的三分之一；“农家书店”发行网络日趋完善。

2007年，根据中办、国办《关于加强公共文化服务体系建设的若干意见》和中央八部委《关于印发〈农家书屋工程实施意见〉的通知》精神，以农家书屋建设为抓手，扎实推进公共文化服务体系建设。3月6日，新闻出版总署会同中央文明办、国家发展改革委、科技部、民政部、财政部、农业部、国家人口计生委联合下发《关于印发〈农家书屋工程实施意见〉的通知》后，农家书屋进入建设加速发展期。省新闻出版局与省供销合作总社联合发出《关于开展"万村为农服务社"工程与江苏"农家书香"工程联合共建工作的实施意见》，在全省范围内开展了"我与农家书屋"征文活动，组织出版发行单位与苏中、苏北经济薄弱村结对帮建农家书屋，开展江苏期刊走进"农家书屋"等活动。3月22日，新闻出版总署党组副书记、副署长柳斌杰调研考察江苏"农家书屋"建设，对江苏的做法给予了充分肯定。

为进一步调动基层"农家书屋"建设的积极性和能动性，省"农家书香"工程领导小组明确提出当年省财政资助农家书屋采取"以奖代建"方式，即由省局统一部署，各市新闻出版局按照农家书屋建设标准具体组织实施，经省新闻出版局和省财政厅组织检查验收合格后下达建设经费。"以奖代建"，较好地激发了受助地区各级新闻出版部门和农村基层组织的积极性、能动性，"农家书屋"建设逐步由"要基层建"向"基层要建"转变，"农家书屋"日渐成为培养农民阅读习惯、提高农民素质、改变农民命运的知识平台。截至2007年年底，全省建成"农家书屋"4 017个。

2008年，根据全国"十一五"时期"农家书屋"建设规划，下发《江苏省2008～2010年农家书屋建设计划》，提出到"十一五"末基本实现"农家书屋"行政村全覆盖的目标，对建立完善长效机制进行部署。省新闻出版局、省财政厅下发《关于下达2008年省"农家书屋"建设补助资金的通知》，全省各级财政及社会资金共投入"农家书屋"建设资金5 940.7万元，其中省级财政2 100万元，市、县级财政投入2 724万元，全年新建"农家书屋"5 500个，超额完成省政府下达计划的83%，累计建成"农家书屋"9 341个，占全省行政村总数的54%。

第二章　出版机构

1978年前，全省只有江苏人民出版社一家出版社。党的十一届三中全会后，随着思想领域拨乱反正和改革开放的不断推进，江苏出版事业经过恢复整顿后逐步进入良性发展轨道，出版机构适应全党工作迅速向以经济建设为中心转移逐步增多。1978年以后，出版社有了较多的增长。至2008年年底，已有一家出版传媒集团，下属8家出版社和1家电子音像出版社；7家高校出版社；2家高校音像出版社；3家城市出版社；3家媒体音像出版社；1家演艺集团文化音像出版社。

第一节　江苏凤凰出版传媒集团

1978年，省革委会出版发行局更名为省出版事业管理局，与江苏人民出版社分开。1983年，省出版事业管理局撤销，先改名为江苏省人民出版社，后成立江苏省出版总社（按省政府授权仍履行出版行政管理职能）。2001年9月，在江苏省出版总社的基础上成立江苏省出版集团。2005年年初，江苏省出版集团更名为江苏凤凰出版传媒集团。

1978年起，历任负责人为高斯（总社社长），蒋迪安（总社社长），石启忠（总社社长、总编辑，出版集团董事长），耿乃凡（出版集团总经理、总社社长），谭跃（凤凰出版传媒集团董事长），陈海燕（凤凰出版传媒集团总经理、总社社长）。

江苏凤凰出版传媒集团是中国规模最大、实力最强的文化产业集团之一，产业领域涉及图书出版发行、报刊印刷复制、网络出版物、文化酒店、文化地产、金融投资、艺术经营等多个产业板块。2001～2008年，集团总体经济规模和综合实力评估连续多年保持全国同行业第一，名列“全国文化产业30强”出版发行类首位，是中国出版行业的龙头企业。2008年，全年销售收入达103亿元，利润总额6.6亿元，总资产161亿元，净资产68亿元。在2008年世界品牌实验室公布的中国500家最具价值品牌中，居第251位；在国家统计局公布的中国1 000家最大企业中，2007年居第504位，2008年居398位。

图书出版板块有江苏人民出版社、江苏科学技术出版社、江苏教育出版社、江苏少年儿童出版社、江苏美术出版社、凤凰出版社、江苏文艺出版社、译林出版社、江苏电子音像出版社9家出版社。2008年9月后，江苏科学技术出版社更名为江苏凤凰科学技术出版社，江苏教育出版社更名为江苏凤凰教育出版社，江苏少年儿童出版社更名为江苏凤凰少年儿童出版社，江苏美术出版社更名为江苏凤凰美术出版社，江苏文艺出版社更名为江苏凤凰文艺出版社，江苏电子音像出版社更名为江苏凤凰电子音像出版社。2008年，9家出版社年出版纸质图书和电子音像出版物8 000余种、报纸期刊24种；累计出版物已达6万多种。2004～2006年，集团出版物共获28项国家级大奖；2007年，获2项中宣部精神文明建设“五个一工程”奖，12项首届中国出版政府奖，历年累计获各种国家级奖项超过100种，获奖总数位居全国同行业前列。

教育出版是集团的传统优势和显著特色。凤凰品牌的教科书是一套涵盖小学、初中和高中，语文、数学、英语三门核心学科和各科齐全的国家课程标准系列教材。集团各直属出版社出版的23种课标教材通过国家审查，在全国28个省、区、市1 000多个试验区广泛应用，教材年总发行量达1.9亿册，全国已经有3 000多万名学生使用凤凰版教材。高中语文、通用技术、化学等教材在全国占有率均达到30%以上。集团研发出版的职业教育教材面广量大，其中语文、数学、英语、理科综合、文科综合等基础职教教材在江苏覆盖率达90%以上；职教专业课教材出版250余种，在医疗护理、机械电子、财经金融等专业方面的优势明显。

为进一步扩大“凤凰教材”的市场占有率，集团2006年成立江苏凤凰教育发展有限公司，在教材先导的前提下，大力拓展核心助学读物市场，积极推进出版资源与教育资源的整合，打造区域市场助学读物。

集团以江苏省新华书店集团有限公司为图书发行核心企业，下辖68家全资子公司（含11家分公司）、2家控股子公司和2家参股子公司，主要经营图书、期刊、音像、电子出版物及文化教育、贸易服务、仓储运输、进出口贸易等。集团具有服务江苏、面向全国、辐射海外的市场营销能力和服务体系。拥有销售网点1 721个，建有占地214亩、总建筑面积10万平方米的现代大型物流配送中心。

集团下属江苏新华印刷厂、江苏凤凰印务有限公司、江苏凤凰文化贸易集团有限公司、江苏凤凰数码印务有限公司（控股）、江苏新广联科技股份有限公司（控股）5家大型印刷复制和印刷物资供应企业。其中：

——江苏新华印刷厂是江苏最大的书刊印刷定点企业，也是省内中小学教材印刷的主要承担者。该厂拥有先进的排版、印刷、装订设备，在全国印刷质量评比中连续多年获得金奖、银奖，全国同行业100强名列第12位。

——江苏凤凰印务有限公司是专业生产中高

端彩色包装、彩色书刊以及各类纸制品的大型印刷企业。

——江苏凤凰文化贸易集团有限公司是专业化的文化贸易企业，注册资金 30 905.2 万元，主要经营纸张、木浆、印刷设备、印刷器材、化工原料等以及各类进出口业务；下属 3 个分公司、7 个子公司、4 个合资公司及 2 个驻外机构，已形成纸张贸易、纸浆贸易、印刷机械及耗材销售、物业管理与经营等为主要板块，进出口业务、汽车贸易、文化交流等为特色板块的经营格局；公司所属“凤凰物流基地”占地 200 余亩，为出版、印刷行业及社会各界提供优质高效的仓储及物流配送服务。公司在香港设有全资子公司，在加拿大设有办事处，在智利设有合资公司。该公司拥有总面积约 3 万平方米的纸库，年销售总额 8.5 亿元，总资产超过 8 亿元，已连续多年跻身全国 500 强大型服务企业。

——集团参与投资控股的江苏新广联科技股份有限公司，拥有 20 条生产线 39 个机台，光盘月产量达 1 900 万片，年销售收入近 3 亿元，系国内光盘生产龙头企业。

2008 年 5 月，集团成立了数字化中心，同时投资 3 000 万元，注册成立凤凰信息技术有限公司，并将二者合二为一，重点发展数字出版。同年，集团与民营文化企业合作，投资在北京设立凤凰天下文化发展有限公司。

集团有江苏凤凰台酒店有限公司、北京凤凰苏源大厦有限责任公司；江苏凤凰置业有限公司、江苏凤凰国际文化中心；江苏凤凰资产管理有限责任公司、江苏银行有限公司(参股)、南京证券有限公司(参股)；凤凰传媒国际(伦敦)有限公司，香都出版公司。

集团实施外向合作战略，积极参与“中国图书海外推广计划”，与海外 20 多个国家和地区的 100 余家著名出版公司建立了长期友好的合作关系。至 2008 年，累计合作出版和版权贸易图书 2 000 余种，进出口贸易总额达 5 500 万美元。

2006 年，江苏凤凰出版传媒集团与美国佩斯大学、南京大学联合建立中美出版研究中心。该中心致力于出版产业研究和高层次人才培养，增进中美文化的交流，合作创办了海外孔子学院，促进国际出版业的产、学、研合作，把中国图书与中国文化推向世界。

一、江苏人民出版社

1953 年成立。社号 214，中国标准书号为 ISBN 7214。1978 年以来，历任主要负责人为高斯(江苏省出版事业管理局局长兼社长)、鲁光(副社长兼总编辑)、张渭英(副总编辑，主持工作)、佘孟仁(副社长兼副总编辑，主持工作)、吴源(社长兼总编辑)、刘健屏(社长兼总编辑)。该社系国家一级出版社，首批“全国百佳图书出版单位”之一，是一家具有深厚历史积淀和众多图书品牌的综合性出版社。

1978 年前，江苏人民出版社系地方综合性出版社，执行地方化、大众化、通俗化的出版方针，主要出版地方性、群众性、通俗性的普及读物，作者和读者也以省内为主。1978 年后，该社立足本地，面向全国，呈现出版专业化趋势，在江苏出版社专业化进程中，该社发挥出“母社”作用。1978 年，江苏科学技术出版社成立，该社科技编辑室划入江苏科学技术出版社。1984 年，该社的教育、少儿、文史、美术编辑室、摄影组分出，分别成立江苏教育出版社、江苏少年儿童出版社、江苏古籍出版社、江苏美术出版社、江苏图片社。1985 年，在该社文学编辑室的基础上，恢复江苏文艺出版社；1988 年，在该社《译林》编辑部的基础上，成立译林出版社。

1990 年起，该社设有政治、经济、青年读物、文化旅游、美术摄影、综合编辑室。主要出书范围为：出版马列主义、毛泽东思想理论著作；以马克思主义为指导的哲学、政治、法律、经济、历史等研究著作；上述各门类辞书、工具书；宣传党的方针政策读物和时事宣传读物，党史党建读物和通俗政治理论读物、青年思想教育读物、旅游读物等。进入 21 世纪，该社确立了“大众精品、通俗名牌”出版战略，图书出版形成五大板块：一是以《凤凰文库》为主的学术板块，包括“马克思主义研究”“政治学前沿”“纯粹哲学”“宗教研究”“海外中国研究”和“历史研究”六大系列；二是以《大家丛书》为主的知识普及板块；三是以《国医健康绝学系列》等为代表的健康生活板块；四是以《中国教师书坊》和助学读物为特色的教育板块；五是以《中国符号》《图腾与中国文化》为代表的外向型板块。至 2008 年，该社有 4 个编辑室、1 个文化教育分社和 1 个期刊中心。期刊中心拥有《畅销书摘》《董事会》《英语大课堂》3 个杂志。

该社承担过多项国家重大出版项目，多次获得国家级大奖，至 2008 年，先后有 400 余种图书获得省部级以上优秀奖，17 种图书 21 次获得国家级大奖。其中，《中国现代化历程》(一、二、三卷)获国家图书奖，《我的经济观》《拉贝日记》《中国三峡》《中国近代通史》(10 卷)、《南京大屠杀史料集》(55 卷)、《西方哲学史》(8 卷)、《现代经济词典》等图书在国内外学术界和读者中有较大的影响。

自 20 世纪 50 年代起，江苏人民版图书就以珍贵的价值和精美的装帧，多次被选送日本、朝鲜、苏联、美国、英国、芬兰、乌拉圭、巴西、委内瑞拉、法国、波兰、前捷克斯洛伐克、德国、前南斯拉夫及东南亚等国家和地区展出或发行，多次在国际上获奖。进入 21 世纪，每年引进图书数十种，并先后向韩国、越南、俄罗斯、日本及中国台湾、中国香港等国家和地区的 20 余家出版公司输出版权。

2008 年，实现销售收入 1.41 亿元，利润总额 266 万元。

二、江苏科学技术出版社

1978 年 7 月成立。社号 196，中国标准书号为 ISBN 75345。主要负责人先后为俞洪帆(社长，兼)、严世琛(副社长，总编辑)、张崇高(副总编辑，主持工作)、王於良(副社长主持工作，社长兼总编辑)、胡明琇(社长兼总编辑)、黎雪(社长兼总编辑)、佘江涛(社长兼总编辑)。全国优秀出版社、国家一级出版社。

1982 年，设有理科、工科、农业、医卫、科普 5 个图书编辑室和《祝你成长》《祝您健康》2 个期刊编辑部。至 2008 年，该社有凤凰医学分社和三农、综合科技、科普、基础教育、信息研发、项目合作、长城、运河、数字、广东 10 个出版中心及《祝您健康》杂志编辑部，并设有美术编辑部。主要出版科技学术专著，实用科技类、社会教育类、技术培训类、大众生活类图书，科普读物及自然科学方面的教材教辅等。

20 世纪 90 年代初，由省科委、省出版总社及江苏科学技术出版社出资 150 万元，建立"江苏省金陵科技著作出版基金"，资助一批高端科技基础理论和实用技术著作的出版。

该社共有 900 余种(次)图书荣获国家及省部级以上图书奖和装帧设计奖，其中《中国农业自然资源与区域发展》《中国北方旱区农业》《运动稳定性量化理论》《非典型肺炎防治手册》《实用手术图解全书》《中国民族建筑》(5 册)、《临床皮肤病学》(第三版)、《中国农业发展理论与实践》《高科技知识丛书》(9 种)、《蓝天绿地丛书》《世界科技发展画库》等获国家图书奖、中国图书奖、中华优秀出版物奖、中宣部精神文明建设"五个一工程"奖。《地下空间科学开发与利用》《临床性病学》入选"三个一百"原创出版工程。《中华针灸治疗学》获中国出版政府奖图书奖提名奖。相继有 20 个大型出版工程分别入选国家出版基金项目、国家科学技术学术著作出版基金项目。

该社先后与海外出版社达成版权贸易协议近 300 项。引进版图书《21 世纪儿童英语大观园》《迷人的世界》《青鸟译丛》等科普读物在读者中有一定影响。所出的《中医十大类方》等中医类图书向多个国家和地区转让版权。

2008 年，实现销售收入 1.16 亿元，利润总额 1 200 万元。

三、江苏教育出版社

1984 年 1 月在江苏人民出版社教育编辑室的基础上成立。社号 351，中国标准书号为 ISBN 75343。主要负责人先后为吴为公(总编辑)、赵所生(社长兼总编辑)、张胜勇(社长兼总编辑)。1994 年，该社被中宣部、新闻出版署表彰为"全国优秀出版单位"。

该社系专业的教育出版社。出书范围为：学校和业余教育的教材、教学参考书；教育科学理论、学术著作。主要出版任务是：出版中小学教师进修图书、中小学各科教学参考读物；同时出版大学、中师、职教、幼师及电大的辅助教材，教育科学研究的学术性专著及教育家的文集、全集、传记等；此外还出版中小学生阅读的刊物、工具书和其他图书。该社致力于高标准建设基础教育教材出版基地、优秀教育读物研发基地和海内外优质教育出版资源引进和开发基地，形成了教材、助学读物、助教读物、社科学术图书较为完备的四大板块。拥有《全国优秀作文选》《新语文学习》《新高考》《教育研究与评论》《时代英语报》《时代学习报》四刊两报，覆盖基础教育阶段各主要学科。

该社出版的《中国著名特级教师教学思想录》《朱自清全集》《现代汉语方言大词典》《中国书法史》《现代汉语方言大词典（综合卷）》获国家图书奖；《早年周恩来》《我的天堂》获中宣部精神文明建设"五个一工程"奖；《叶圣陶集》《科学认识思想史》《朱自清全集》《拉贝日记》《金苹果文库》《世界教育大事典》《成语源流大词典》获中国图书奖；《中国昆曲艺术》《母语教材研究》《宋登科记考》获中华优秀出版物奖；《母语教材研究》获中国出版政府奖图书奖提名奖。

该社出版的《小学语文》《小学数学》《小学科学》《品德与生活》《品德与社会》《初中语文》《初中生物》《高中语文》《高中数学》《高中化学》《高中生物》《高中通用技术》12种国家课程标准实验教材，在全国28个省份的2 000多个实验区推广，使用人数达4 000多万人。

1995～1999年，发行码洋居全国图书出版社第一。1994～2004年，各项综合经济指标在全国500多家出版社中名列前茅。2008年，实现销售码洋12.2亿元，销售收入5.96亿元，利润总额1.38亿元。

四、江苏少年儿童出版社

1984年在江苏人民出版社少儿编辑室的基础上成立。社号352，中国标准书号为ISBN 75346。主要负责人先后为张彦平（总编辑）、石启忠（社长兼总编辑）、何民胜（社长兼总编辑）、颜煦之（副社长兼副总编辑，主持工作）、赵新华（副社长，主持工作）、祁智（社长兼总编辑）、吴星飞（社长兼总编辑）。该社为国家一级出版社、"全国百佳图书出版单位"之一，全国未成年人思想道德建设工作先进单位，综合出版实力在全国同行业中名列前茅。

该社出书范围为：15岁以下少年儿童为对象的政治、思想、品德教育读物；儿童文学作品、连环画、科普读物以及少儿工作者和家长培养教育少儿的辅导读物。大众出版领域，形成了儿童文学读物、动漫卡通、低幼启蒙游戏艺术、儿童知识读物等板块。教育出版领域，打造了《美术》《音乐》《书法》等国标教材。至2008年，基本形成了由《东方宝宝》《东方娃娃》（与南京师范大学出版社合办）、《儿童故事画报》《少年文艺》《七彩语文》《幼儿100》等构成的期刊集群。

该社出版的《乌丢丢的奇遇》获中国出版政府奖图书奖提名奖；《高技术战争与当代青少年丛书》（9册）、《草房子》《天棠街3号》获国家图书奖提名奖；《德育故事大金库》《世界自然与文化遗产》（6册）获中国图书奖；《我要做好孩子》《中国当代少年小说丛书》《草房子》《今天我是升旗手》《芝麻开门》获中宣部精神文明建设"五个一工程"奖；期刊《东方娃娃》获国家期刊奖提名奖。2008年，因版权输出成绩突出，被新闻出版总署、国家版权局表彰为"全国图书版权输出先进出版单位"。

五、江苏美术出版社

1984年1月在江苏人民出版社美术编辑室的基础上成立。社号353，中国标准书号先后为ISBN 75344、75580。主要负责人先后为索菲（总编辑）、程大利（社长兼总编辑）、高云（社长兼总编辑）、顾华明（社长兼总编辑）。

该社主要出版画册、连环画、挂历、宣传画、图片、书法、摄影等美术读物，以及美术理论、技法读物和美术工具书。2008年，该社设有编辑、营销、行政等12个部门。出版物形成了传承历史、学科建设和艺术普及三个出版集群和精品画册、实用技法、艺术理论、艺术设计、大众生活和艺术教育"六个板块"专业产品线，打造了"敦煌""老房子""老城市""老古董"系列品牌图书；推出了"视觉文化艺术""开放的艺术"等现当代艺术理论丛书。2003年，该社所属《江苏画刊》经新闻出版总署批准，更名为《画刊》，原编辑部也升格为杂志社。

该社出版的《中国传统器具设计研究》（2卷）获首届中国出版政府奖，《徐悲鸿》获首届中国出版政府奖装帧设计奖，《敦煌石窟艺术》《中国砖铭》获国家图书奖，《老房子》获国家图书奖提名奖，《中国美术分类全集·中国民间美术全集·剪纸》获国家图书奖荣誉奖，《徐悲鸿》获中华优秀出版物奖提名奖，《向生命敬礼》获中华优秀出版物奖特别奖，《金陵古版画》《刘海粟》获中国图书奖，《童规》（8册）获中宣部精神文明建设"五个一工程"奖。

该社幼儿美术、古代建筑艺术、民族民间艺术类图书深受海外读者青睐，输出版权几十种，与国外多家出版机构建立了良好的合作关系。

2008 年，实现销售码洋 2.3 亿元，销售收入 8 100 万元。

六、凤凰出版社

前身为江苏古籍出版社，1984 年在江苏人民出版社文史编辑室的基础上成立。社号 354，中国标准书号先后为 ISBN 780519、80643、80729。2002 年 10 月，经国家新闻出版总署批准，江苏古籍出版社更名为凤凰出版社。主要负责人先后为高纪言（总编辑，社长兼总编辑）、薛正兴（社长兼总编辑）、马清江（社长）、姜小青（古籍部负责人、总编辑）。

该社是一家以整理出版中国文、史、哲古籍及其研究著作为主的专业出版社。设有文学、历史、古籍整理、综合等图书编辑室以及《古典文学知识》期刊编辑部。形成了古籍整理、历史文献、学术研究、专业普及和地方文化几大板块。《册府元龟》（校订本）获中国出版政府奖，《清诗纪事》（22 册）、《版画纪程——鲁迅藏中国现代木刻全集》《敦煌文献分类录校丛刊》（10 种 12 册）获国家图书奖提名奖，《全元文》（61 册）、《陆士衡文集校注》（上下）获中华优秀出版物奖提名奖，《康有为〈大同书〉手稿》《唐刺史考》（5 册）、《清诗纪事》（22 册）、《版画纪程——鲁迅藏中国现代木刻全集》《中国古文献研究丛书》（9 种）、《袁枚全集》（8 册）、《明诗话全编》（10 册）获中国图书奖。

该社编辑出版的《古典文学知识》杂志，融学术性、知识性、趣味性于一体，雅俗共赏，在读者中较有影响。

2008 年，实现销售码洋 2 600 万元，销售收入 1 322.55 万元。

七、江苏文艺出版社

1958 年 1 月成立，1960 年 11 月撤销，并入江苏人民出版社。1985 年 6 月，在江苏人民出版社文艺编辑室的基础上恢复成立，独立建制。社号 141，中国标准书号为 ISBN 75399。主要负责人先后为蔡玉洗（总编辑）、吴星飞（社长）、刘健屏（社长兼总编辑）、黄小初（先后担任总编辑、社长）。

该社设有纪实文学、纯文学、通俗文学、文艺理论等编辑室以及《同学》杂志编辑部。主要从事当代文学、现代文学和艺术作品图书出版，文艺理论和文学批评专著图书出版，古代优秀文艺作品读物出版，影视艺术图书和音乐歌曲图书出版。

该社出版的《江南丝竹音乐大成》获首届中国出版政府奖图书奖，《新中国文学词典》获第二届国家图书奖提名奖，长篇小说《平原》《山楂树之恋》《坚强的理由：北川中学幸存者手记》获中华优秀出版物奖提名奖。

2008 年，实现销售码洋 1.04 亿元，销售收入 4 689.3 万元。

八、译林出版社

1988 年组建成立。前身为江苏人民出版社译文编辑室和《译林》编辑部。社号 5447，中国标准书号为 ISBN 780567。主要负责人先后为李景端（社长兼总编辑）、章祖德（社长兼总编辑）、顾爱彬（社长）。2006 年，被人事部、新闻出版总署表彰为“全国新闻出版系统先进集体”。

1992 年，设有译林、译文、外文、辞书 4 个编辑室。至 2008 年，拓展为大众图书事业部（兼外国文学出版中心）、人文社科图书事业部、基础英语事业部、综合外语与辞书事业部、高等英语事业部、《英语新世纪》编辑部以及《译林》杂志社。主要出版外国文学作品及外国社科著作、面向海外的外文版图书、外语工具书、外语学习教材及学习辅导读物、外国文学及语言研究论著等。拥有英、法、德、俄、日等语种较强的编辑力量和年富力强的高水准翻译队伍。经过二十余年的努力，形成了外国文学、人文社科、英语教育、期刊等板块的出版特色。

该社具备较强的专业优势，所出图书广受读者欢迎。外国文学出版方面，在世界名著出版领域拥有一流品牌和名列前茅的市场占有率；与牛津大学出版社联合开发的国家新课标中小学英语系列教材《牛津小学英语》《牛津初中英语》《牛津高中英语》均通过教育部“全国中小学教材审定委员会”审查，被江苏省中小学选用和在全国推广。《20 世纪外国文学史》（5 卷）获首届中国出版政府奖，《尤利西斯》（上下）、《世界英雄史诗译丛》（16 种）获国家图书奖提名奖,《古希腊悲剧喜剧全集》获中华优秀出版物奖,《蒙田随笔全集》(3册)获中国图书奖。《译林》被列入全国百种重点社科期刊,荣获首届国家期刊奖。

2008年,实现销售收入2.2亿元,利润总额1 400多万元。

九、江苏电子音像出版社

2001年3月成立。前身为江苏省出版总社电子音像出版部。主要负责人先后为谢小朋(社长)、宋吉述(社长)。

该社主要经营出版文艺、教育、科技方面的电子出版物和音像制品生产复制,是国内最早从事电子音像出版、数字化网络产品开发和运营的高科技出版单位之一。设有教育产品部、大众产品部、项目拓展中心、制作部。

该社出版的《昆剧》《苏州园林》《周恩来》《中国书法大典》等光盘多次代表中国入围国际多媒体大奖赛,《中国书法大典》最终摘取第八届莫必斯多媒体光盘国际大奖赛教育鼓励奖,《铁的新四军》《新编本草》《一游记》《中国南京云锦》《长征——红军走过的地方》《我知道》等产品获得包括中国出版政府奖、中华优秀出版物奖在内的国家级奖项。

2008年,实现销售收入1 892.81万元,利润总额239.52万元。

第二节　高校、城市和其他出版社

一、南京大学出版社

1984年5月成立,是教育部所属高校出版社。社号336,中国标准书号为ISBN 7305。主要负责人先后为时惠荣(社长)、任天石(社长兼总编辑)、周宪(社长)、左健(社长兼总编辑)。

该社出版本校设置的学科、专业、课程所需要的教材和教学需要的教学参考书、教学工具书,与本校主要专业方向一致的学术专著、译著,适合高等学校需要的通俗政治理论读物,为尚未成立出版社的高校出版同一专业系统的高校教材。2002年获得电子出版权,2003年11月由新闻出版总署批准成立南京大学电子音像出版社。2008年,下设编辑部、生产制作部、发行部、储运部、财务部、总编办、办公室、图书资料信息中心等职能部门及3家书店、兴图公司等机构。

该社形成了高校教材、高品位的学术专著、国外学术名著译介和传统思想文化等方面的出版特色。《中国思想家评传丛书》(200部)先后荣获首届中国出版政府奖图书奖、首届中国文化产业创新奖;《中华民国史》获首届中国出版政府奖印刷复制奖提名奖;《诗词鉴赏》获第二届中华优秀出版物奖(电子类);《孔子评传》《中国读书大辞典》获中国图书奖。在引进版图书方面,《当代学术棱镜译丛》《精典文库》等也受到读者好评。

2008年,实现销售收入1.6亿元。

二、东南大学出版社

1985年1月成立,前身是南京工学院出版社,1988年6月更名。由教育部主管,东南大学主办。社号409,中国标准书号先后为ISBN 781023、81050、81089、5641。历任社长为史维祺(副院长兼)、刘仰贤、赵小东、洪焕兴、宋增民、江汉。

1985年12月成立社音像部,2000年12月成立音像出版社,2006年4月成立电子音像出版社。出版社下设土木建筑、电子信息、经管外语、医药卫生4个分社以及基础教育图书中心、营销部、出版部、财务部、文字编辑室、信息中心、行政办公室、总编辑办公室等多个职能部门,形成了以土木建筑、医药卫生、电子信息、经济管理类图书为特色,以土木建筑类图书为品牌的出版格局。《斗拱》获首届中国出版政府奖图书奖,《〈营造法式〉解读》入选第一届"三个一百"原创出版工程,《江南理景艺术》获第六届国家图书奖提名奖,《弹丸发射过程理论》获第七届中国图书奖。

2008年,实现销售收入7 000万元。

三、河海大学出版社

1986年11月成立,由教育部主管。社号499,中国标准书号为ISBN 75630。历任社长为梁瑞驹(兼)、王其超、吴远、马民。

该社设有水利科技编辑部、高校教材编辑部、素质教育编辑部和总编辑办公室、综合办公室、生产部、营销部、财务部等职能部门。出书范围涉及水利、水电、电力、交通、能源、海洋、环保、建筑、机械、电子、力学、地质、测量、计算机、应用数学等，出版了《中国海岸工程》《青藏高原地质景观摄影图集》《工程水力学反问题》《西北地区水资源与生态环境评价》《区域现代化的探索》《地质——生态环境与可持续发展》等精品图书。

2008 年，实现销售收入 1 800 多万元。

四、中国矿业大学出版社

1985 年 3 月中国矿业学院出版社成立，后更名为中国矿业大学出版社。由教育部主管，中国矿业大学主办。社号 443，中国标准书号先后为 ISBN 780140、81070、81107。历任社长为戎志毅、孙树朴、解京选、于广云。

该社是我国唯一一所以矿业能源安全、环境、资源等教育和科技为专业特色的大学出版社。编辑出版理、工、文、管等教材和图书，担负本校及全国煤炭大中专院校的干部培训、成人教育等教学用书、教学参考书、科学著作的出版任务。设有高等教育编辑出版中心、高职教育编辑出版中心、职工教育编辑出版中心、安全教育分社、人文社科编辑出版中心、数字出版部、营销部等。《中国煤岩学图鉴》获国家图书奖提名奖，《华北南部的逆冲推覆伸展滑覆与重力滑动构造——兼论滑脱构造的研究方法》《中国东部煤田推覆滑脱构造与找煤研究》《中国煤矿通风安全工程图集》获中国图书奖，《中国煤矿采场围岩控制》《岩石混凝土损伤力学》获国家科技进步奖。

2008 年，实现销售收入 8 700 万元。

五、苏州大学出版社

1992 年 10 月成立。由江苏省教育厅主管，苏州大学主办。社号 5672，中国标准书号先后为 ISBN 781037、81090、81137。主要负责人先后为张云朋（社长）、侯星芳（社长）、吴培华（副社长、主持工作）、高敏（社长）。

该社设有文科编辑部、理科编辑部、基础教育部、职业教育部 4 个编辑部，主要出版文史、外语、财经、法律、理工、医药、农林等为高校教学和科研服务的教材和学术著作以及地方文化研究等图书。1997 年 4 月，苏州大学学报编辑部并入出版社。《扬州文化》丛书、《中华民族的脊梁》《中国丝绸通史》等多种图书获中国图书奖、国家图书奖、中华优秀出版物奖、中国出版政府奖；《中国丝绸通史》《现代新闻出版编校实用手册》等图书获“三个一百”原创图书出版工程。2004 年、2005 年连续两年获新闻出版总署优质产品出版社银奖、铜奖。《苏州大学学报》（哲学社会科学版）被评为“全国百强社科学报”及江苏省优秀期刊。2008 年，成立苏州大学出版研究所，成为中国出版科学研究所苏州研究基地。

2008 年，实现销售收入 1.02 亿元。

六、南京师范大学出版社

1995 年 1 月成立。由江苏省教育厅主管，南京师范大学主办。社号 5651，中国标准书号先后为 ISBN 781047、81101、5651。历任社长为张纯一、张留芳、闻玉银。

该社设有幼儿教育图书事业部、基础教育图书事业部、高等教育图书事业部、综合编辑部、人教教材部、审校部、装帧艺术室、营销部、储运部、出版部以及财务部、总编辑办公室、社长办公室、读者服务部等职能部门，形成幼儿教育、基础教育、高等教育、人文社科四大领域的出书结构，出版《幼儿园课程指导》丛书、《幼儿园整合课程指导》《幼儿园渗透式领域课程指导》等精品图书，《三礼通论》《中华戏曲文化学》《隋唐音研究》《春秋公羊学讲疏》《唐律疏义新注》等图书在学术界有较大影响。

该社还设有 4 个独立的法人企业：江苏兰斯印务发展公司、江苏宁谊文化实业有限公司、江苏南京师大教材图书发行有限公司和《东方娃娃》杂志社（与江苏少年儿童出版社合办）。江苏宁谊文化实业有限公司由南京师范大学出版社与台湾信谊基金出版社合作成立，集图书策划销售、幼儿教育研究及幼教师资培训为一体的专业文化传媒公司。

2008 年，实现销售收入 24 443 万元。

七、江苏大学出版社有限公司

简称江苏大学出版社，2007 年 6 月成立。由江苏省教育厅主管,江苏大学主办。社号5684,中国标准书号为ISBN 781130。社长胡明新。

该社是首批按照企业化制度设立的出版机构之一。出版发行涵盖本校各学科专业所需的教材、教辅图书,与学校主要专业相关的学术著作,与学校专业方向一致的科普读物和一般读物,特别是面向广大农村的科普读物;出版发行江苏大学主办的科技期刊;兼营其他非本社的出版物及文化用品销售。该社设有第一编辑部(文科)、第二编辑部(理科)、营销部、出版部以及办公室、财务部等机构。该社另设有《江苏大学学报》(自然科学版)(社会科学版)(医学版)3个版别的学报和《高校教育管理》《排灌机械工程学报》共5种学术期刊。

2008年,实现销售收入370万元。

八、南京出版社

1988年5月成立。社号5533,中国标准书号先后为ISBN 780614、80718。该社建社初期与南京市新闻出版局"局社合一",一套班子、两块牌子,主要负责人先后为张增泰(局长兼社长)、周玉铝(局长兼社长)、李涛(局长兼社长)。2002年,与南京市新闻出版局实行政事(企)分开、管办分离。社长为李海荣。

该社设总编室、研究室、第一编辑室、第二编辑室、美术编辑室、管理中心、营销中心和七个项目运作部、《好家长》杂志社。《明南京城墙砖文图释》《中国南京云锦》分别获第十二届、第十四届中国图书奖,《南京百年风云》获中宣部第七届精神文明建设"五个一工程"奖,《儒学与艺术教育》《生活美学与艺术经验》分别入选第一届、第二届"三个一百"原创图书出版工程。

2008年,实现销售收入2 509万元。

九、古吴轩出版社

1988年11月成立。社号5546,中国标准书号先后为ISBN 780574、80733。历任社长为张瑞林、吉克、李宁军。

该社主要出版画册、画片、字帖、挂历、桃花坞木刻年画和反映苏州地方特色的美术作品以及与吴文化相近相关的文字图片资料。内设综合部、专题策划部、美术编辑部、吴文化编辑部、地方志编辑部、对外合作部、质检部、出版制作中心、发行中心。2003年加盟苏州日报报业集团后,在保留和发扬美术类图书的特色和优势的同时,在文化、旅游、生活、少儿等领域进行了有益尝试,出版了一些文化类图书。《林散之书法集》《当代名家中国画全集丛书》《古今名画集粹丛书》《古今书法精粹丛书》《中央美院专业素描丛书》《当代艺术新主张》《经典碑帖导学教程》以及系列文化图书如《魔宙》《丑陋的中国人》《笛声何处》《中国后花园》《摄氏零度的寂寞》等都有一定的影响。其中《林散之书法集》获中国图书奖。

2008年,实现销售收入2 600万元。

十、广陵书社

前身为1958年成立的扬州广陵古籍刻印社("文化大革命"中休业,1978年5月恢复),1999年在该社基础上筹建广陵书社。2002年,国家新闻出版署正式批准该社为全民事业性质出版单位。由扬州市委宣传部主管,扬州市文化局主办。社号5554,中国标准书号为ISBN 780694。主要负责人先后为陆书华、曾学文。

该社设有3个专业编辑室以及雕版印刷技艺传习所、办公室、发行部、出版科、总编办、财务科等部门,逐渐形成了雕版线装、文献影印、古籍整理、学术著作、地方文化等出版板块。线装书清康熙扬州诗局本《全唐诗》《昆剧手抄曲本一百册》《历代名碑精选》《扬州八怪艺术珍品》《林散之书法选集》《清代地方人物传记丛刊》《江苏人物传记丛刊》《清宫万国博览会档案》《辛亥革命文献丛刊》《中华民国史史料四编》《楚辞文献集成》《中国历代医学典》等都有鉴赏和收藏价值,《清名家诗丛刊初集》获中华优秀出版物奖图书提名奖。

2008年,实现销售收入800万元。

十一、江苏音像出版社

1984年4月成立,隶属于江苏省广播电视总台。社长为葛磊。

该社是江苏最早成立的音像出版社,形成策划、编辑、制作、出版、生产发行、企划宣传、多种经营为一体的功能较齐全的综合型音像出版产业链。该社录制出版的品种有民族音乐、中国戏曲、古典交响音乐、通俗音乐、少儿节目、电视剧、科教片等，形式有音带、像带、CD、VCD、DVD等。

十二、江苏文化音像出版社

1992年成立，隶属江苏省演艺集团。2004年，出版社改制转企。主要负责人先后为李大成、孙苏杰。

该社依托江苏丰富的演艺资源，创作出版了千余种有鲜明特色的出版物，出版发行的音像制品涵盖了音带、像带、CD、VCD、LD五大类，内容涉及歌舞、影视、戏曲、教育等门类。

十三、南京音像出版社

1989年成立。成立之初，由南京市广播电视局主办、主管；2002年年底，划归南京广播电视集团主办、主管。

该社是一家集拍摄、制作、出版、发行为一体的综合性音像出版社，音像产品已形成了流行歌曲、民族音乐、地方戏曲、家庭百科、教育五大系列。《中国民歌》获国家音像制品奖，《中华百年建筑经典》获中华优秀出版物奖（音像类），《赵季平影视歌曲》（CD）获中国唱片金碟奖。

十四、江南电子音像出版社

2006年成立，隶属苏州日报报业集团，主要负责人为蒋欣华。

该社具有音像和电子出版物制作出版权，主要出版文化、旅游、动漫、教育、少儿、游戏等音像电子制品及配套图书。大型纪录片《昆曲六百年》获中华优秀出版物奖。

第三章　图书、电子音像出版

1978～2008年,江苏各图书、电子音像出版社始终坚持正确的出版导向,围绕党在各个不同时期的总任务、总要求和江苏各个时期的中心工作,为改革发展稳定服务,满足城乡读者多方面、多层次、多样化的阅读需求。图书由317种增加到11 328种,增加34.7倍,其中新书品种年均增速111.87%;图书总印数由19 360万册增加到50 981万册,增加1.63倍。江苏出版音像、电子出版物由2001年的497种增加到2007年的1 186种,增加1.39倍;复制音像制品由6 471万张(盒)增加到32.47亿张(盒),增加49.18倍。

第一节　出版规划

出版规划是新闻出版行政部门和图书、电子音像出版单位贯彻执行党对意识形态工作总体要求的重要抓手，是推进落实党和国家关于出版工作方针政策的行动遵循，是新闻出版行政部门和图书、电子音像出版单位关于未来如何坚持正确的出版导向、突出工作重点、优化产品结构等的行动方案。1978～2008年，江苏出版界切实强化出版规划对行业的引领和带动作用。

一、中、长期出版规划

1978年，通过拨乱反正，出版秩序逐步恢复正常。1978年3月，省革委会出版发行局《关于1978～1985年出版工作规划的初步设想》要求出版工作应在深入揭批"四人帮"斗争中，进行全面规划，拨乱反正，正本清源；根据各类读者的不同需要以及印刷物资供应等情况，区分轻重缓急，恰当地安排好各类图书的出版；提出突破"地方化、通俗化、大众化"的束缚，丰富图书品种，迅速克服十年"文化大革命"造成的"书荒"，缓解读者"买书难"。1983年6月，中共中央、国务院作出的《关于加强出版工作的决定》进一步明确了社会主义出版事业的性质和指导方针，提出了发展出版事业的各项关键措施。江苏出版界认真贯彻《关于加强出版工作的决定》关于坚持为人民服务、为社会主义服务的根本方针，积极落实当前要着重抓好宣传爱国主义、集体主义、社会主义、共产主义思想的编辑出版工作，加强精神文明的建设和农村读物的编辑出版工作。与国家和省国民经济和社会发展规划相适应，江苏先后制定并组织实施了六个五年出版规划。

"七五"(1985～1990)期间，提出坚持宣传马克思列宁主义、毛泽东思想，传播、积累科学文化知识和成果，丰富人民精神文化生活三项出版工作的基本任务，不断开创新的局面；提出在保证图书种数继续适度增长的前提下，致力于提高图书质量，加快印数增长速度，1990年新书品种达到1 735～2 000种。

"八五"(1991～1995)期间，提出积极开掘反映社会主义主旋律、弘扬民族优秀文化、具有鲜明时代特色和江苏地方特色的重大选题；贯彻国务院出版行政管理部门关于"一手抓整顿、一手抓繁荣"和"质量、特色、效益、稳定、创新、繁荣"十二字要求，重点解决图书品种过多过滥、质量不高等问题，优化选题，调整结构，控制品种、提高质量。江苏省以申报实施国家重点出版规划项目为牵引，引导出版单位把工作重心放在繁荣出版、多出好书上，全省有33种选题入选国家重点出版规划。同时，投入2 800万元，扶持重点出版项目。1996年7月10日，中宣部出版局以《"八五"期间江苏出版部门加强宏观调控，投入2 800万元支持多出好书》为题，编发了第65期《出版动态》。根据江苏1985年出书1 248种，1990年达2 463种的情况，提出"八五"期间要继续控制品种，提高质量，1995年出版新书品种控制在2 720种以内，年均递增2%。

"九五"(1996～2000)期间，按照中央关于出版工作要讲政治，坚持以科学的理论武装人，以正确的舆论引导人，以高尚的精神塑造人，以优秀的作品鼓舞人，提出出版工作重点围绕四个方面展开：一是着力反映经济建设和改革开放中出现的新理论、新观念、新经验；二是积极为青少年提供思想性、知识性、趣味性、可读性较强的思想教育读物；三是大力宣传两个文明建设的先进典型；四是注重文化积累，出版一批文化价值较高的图书。根据国务院出版行政管理部门关于"控制图书品种、提高图书质量"的要求，集中力量抓重点图书和"双效"图书。全省有53种选题入选国家重点出版规划，比"八五"期间增长56.7%。"九五"期间，规划年出版新书品种控制在2 500种，年均递增2.5%。

"十五"(2001～2005)期间，提出以迎接、学习、宣传、贯彻党的十六大精神为主线，以"三个代表"重要思想统领出版工作，在服务全国工作大局的同时，进一步强化服从服务于省委、省政府工作大局，着力为建设全面协调可持续发展的新江苏提供精神动力、思想保证、智力支持和文化环境；以改革发展为主线，优化出版资源配置，加快出版产业结构调整，推进体制和机制创新；按照"做大做优做强、更高更快更活"的总体思路，逐步形成以高新技术为支撑的多媒体互动、多元化经营、多领域渗透的总体格局，积极寻求跨行业、跨地区、跨媒体综合发展；积极应对中小学教材出版发行改革带来的各种挑战，保持江苏出版业持续、稳定、快速、协调发展的良好势头。全省有66种选题入选国家重点出版规划，比“九五”期间增长25.4%，同时确定111种选题作为省重点出版规划项目，各出版社也确定社级重点，国家、省、出版单位三级重点出版规划机制基本形成，对推动江苏出版走在全国前列发挥了重要作用。

“十一五”(2006～2008)前期，提出要切实增强政治意识、大局意识、责任意识，努力实现“三个多出”：一是多出学习宣传邓小平理论和“三个代表”重要思想的作品；二是多出歌颂党、歌颂祖国、歌颂社会主义的革命历史题材和现实题材的优秀出版物；三是多出纪念香港回归10周年和中国人民解放军建军80周年的重点图书。要求加快出版产业结构调整，大力发展电子音像出版业，积极发展网络出版和游戏、动漫业，提高其在整个出版业中的比重；精心组织创作、翻译出版江苏历史文化和当代江苏各个领域成就的出版物，打造“走出去”江苏图书品牌。2006～2008年，全省有49种选题入选“十一五”国家重点图书出版规划，43种图书入选“中国图书对外推广计划”首批重点推荐书目。

二、年度出版计划

年度出版计划是中、长期出版规划的具体化，根据出版指导思想、党和国家重要会议、重大活动等诸多因素，确定比较具体的出书项目，体现出版社年度工作安排。如1993年，提出认真学习贯彻党的十四大关于建立社会主义市场经济、深化改革、扩大开放的精神，积极开展对外版权贸易和合作出版，发挥海内外两种出版资源、两个图书市场的互补作用。1995年，根据中共中央办公厅、国务院办公厅批转新闻出版总署《关于进一步加强和改进出版工作的报告》精神，要求各出版社在制订全年选题计划时注意突出两条：一是抓住两头，即重点图书和畅销图书；二是选题计划要能体现各社的个性特色，有足够分量的本社特色品种。1998年，提出围绕学习宣传邓小平理论和纪念党的十一届三中全会20周年，精心组织重点图书的出版。1999年，提出围绕庆祝中华人民共和国成立50周年，重点抓好献礼工程出版物的出版；围绕澳门回归祖国，精心组织相关读物的出版发行；围绕年内将要组织进行的第四届国家图书奖、中宣部第七届精神文明建设“五个一工程”奖评奖工作，认真组织各类参评出版物的出版工作。2000年，提出要抓住中国即将加入WTO的有利契机，探索和开拓新的经济增长点；要求加快调整江苏出版业的经济结构，逐步解决江苏出版行业过分依赖教材教辅的问题；狠抓一般图书，特别是重点书、双效书、畅销书的出版；加强对计算机网络、电子商务、网络出版等现代技术和产业的研究。2002年，提出认真筹划、精心组织出版一批向党的十六大献礼的重点出版物，贯彻落实省第十次党代会精神，为实现富民强省、率先基本实现现代化提供精神动力和智力支持。2005年，提出紧密配合抗日战争暨世界反法西斯战争胜利60周年和红军长征70周年等重大节庆纪念活动，策划和推出一批重点图书和电子音像产品。2008年，提出把学习贯彻党的十七大精神和科学发展观、建设社会主义核心价值体系等战略思想作为出版选题的重点，推出一批面向基层、面向群众、面向青少年的马克思主义中国化的普及性优秀读物，更多传承中华优秀文化、为文化积累服务的优秀出版物，组织好纪念改革开放30周年、中华人民共和国成立60周年出版物的选题策划和出版发行。

第二节　编辑流程

一、组　稿

组稿是出版单位依据出版的中长期和年度规划向相关作者约稿。单个的一般选题，如文艺、文学作品等，向省内个人作者约稿，但十分注意作者的政治背景；比较重要的选题，如丛书、系列书、大型工具书等，往往向省内相关行政管理机构约稿，或通过与之联合召开编写工作会、座谈会等方式组稿；“重点工程”选题的组稿则多采用集体组稿形式，邀请有关专家、学者或权威单位领头，召开组稿会议，选定作者，进行约稿，或采用单个选题组稿和专题会议组稿相结合的形式，以期达到组稿工作的最佳效果。

1979年“长沙会议”后，向个人和外省约稿的比重逐渐增加，但选题会形式仍然运作，集思广益，对某些疑义进行讨论。如1981年8月4～16日，江苏人民出版社在连云港市召开中长篇小说创作座谈会，探讨了文艺创作思想，研究中长篇小说创作状况，交流创作经验。

1984年后，江苏新成立的出版社不再采用集体组稿。一般选题以向个人约稿为主，重点选题、大型丛书、教科书等均采用编委会、编写组负责制。

二、审　稿

江苏出版业一直实行三级审稿制：责任编辑初审，编辑室主任复审，总编辑终审。1979年2月，江苏人民出版社制订《关于三级审稿的规定》，在强调坚持三级审稿制度的同时，提倡约请社外专家、学者、资深教师初审部分专业性较强的书稿，帮助把好知识性、科学性、准确性三关，解决书稿门类扩大及专业性、学术性品种迅速增加而编辑力量有限的新问题。江苏科学技术出版社亦参照执行。

1984年起，包括新成立的出版社均按照省出版行政管理部门的相关规定，坚持责任编辑全面负责制和三级审稿制，并继续灵活运用聘请社会专家、学者、教授、作家审读稿件和"三结合"会审书稿的方法，提高书稿编审质量。

三、校　对

各出版社均严格执行"三校"制度，设有专职校对科室，配备专业校对人员。重点出版物的校次往往超出规定，甚至多达五校次、六校次。

1987年起，校对工作实行岗位责任制。各出版社为解决校对人员超负荷运作与高效率高质量要求不相适应的新矛盾，通过约请社外文化素质较高、工作责任心强的教师、干部担任兼职校对，与社内校对组合，实行"三校一读"交叉校对的办法，保证书稿校对质量。即一、二校次由两个以上人员分校，并交换检查校样，其中一人必须是本社专职校对；三校次由本社专职校对负责，并由责任编辑通读，最后由总编辑或副总编辑签字付印。

进入21世纪后，因出版社新书品种迅速增加，校对人员配备凸显不足，编辑人员也更多地参与校对。随着微型计算机不断普及，电脑排版逐渐占据主流，作者也开始提供电子稿，使校对工作内涵发生变化，"原稿"不复存在，以前的"校异同"变更为"校是非"。出版社运营机制发生变化，以编辑室或编辑个人为核算单位，使得有些出版社开始撤销校对科室，由责任编辑约请校对人员。自此开始，出版社的校对工作转而更多地依靠社会力量。至2008年，各出版社均只保留1～2名专职校对员统筹重点图书校对事宜。

四、装帧设计

书籍的装帧设计包括图书的封面、版式的设计和插图等。封面历来被出版社看作装帧设计的重点；版式设计除重点图书外，一般由责任编辑参照以往的版式，或借鉴自己所见过的版式而确定。插图则约请社内或社外美术人员绘制。

1984年，以参加香港书展为推动，省出版总社于7月21日起在南京举办为期一周的装帧设计讲习班。省内艺术院校老师、省外贸、轻工及省出版系统美术设计人员共50余人参加讲习班。讲习班结束时，成立江苏书籍装帧研究会。

1985年5月8日，江苏省出版工作者协会书籍装帧研究会在南京召开首届年会。全省书籍装帧研究会理事30多人参会，总结交流书籍装帧经验，并评出25种封面装帧设计奖，其中一等奖3种、二等奖5种、三等奖15种，整体装帧奖一等奖1种、二等奖1种。

这一时期，装帧设计在用料和工艺方面进行了革新。一般图书，封面已基本采用胶印纸彩印，并逐步向压膜过塑发展。封面设计、版式设计格局鲜明，丰富多彩，体现艺术性和实用性结合的升华。图书开本也出现多样化。重点书、精品书装帧设计特色鲜明，印制精美。一些精装本、豪华本的封面采用烫金技术，增加护封、腰封。书籍整体设计较好地反映书稿的内容和气质，逐步形成各个出版社的风貌和特色。

1988年7月10日，江苏少年儿童出版社的《莎士比亚新传》获华东装帧设计一等奖(姚红)；《世界童话名著精选》获华东装帧设计二等奖(冯忆南)，并获责任美术编辑奖(俞伯洪、周翔)。

1992年前后，装帧设计开始使用电脑设计，人脑和电脑结合，给书籍装帧设计开辟了新天地。其后两三年，传统的手工设计逐渐被淘汰，美术编辑封面设计用电脑逐步取代手工,文字编辑用电脑加工书稿越来越普及,版式设计开始电脑化。其后,美术设计在书籍装帧中的比重不断增加,1997年出现软精装,而勒口、护封则越来越普遍地运用到一般图书上。

随着"读图"风潮的出现,书中插图越来越多,美术编辑在内页设计上有了更多的用武之地,开启了"图文并茂"的风格。

第三节 图书、电子音像产品

1978～2008年,江苏图书及电子音像产品出版及时顺应党和国家工作中心迅速向以经济建设为中心转移,积极跟进地方出版工作方针由"地方化、通俗化、群众化"向"立足本省、面向全国"的转变,主动适应国家经济运行体制由计划经济体制向社会主义市场经济体制转轨等重大历史性变化,坚持围绕省委、省政府工作大局,始终坚持正确导向,不断优化产品结构、注重形成出版特色,深度开发出版资源,大力开发原创作品,在讲求"质量、特色、效益"方面不断取得新成果,在推进"稳定、创新、繁荣"方面不断取得新突破。1978～2008年,江苏新出哲学、社会科学类图书6 755种,文化教育类图书33 366种,文学艺术类图书11 895种,历史、地理类图书2 525种,自然科学类图书10 425种,综合类图书1 147种。

一、整顿恢复时期(1978～1980年)

这一时期出版的图书在数量上增幅加大,努力解决十年"文化大革命"造成的"书荒",缓解读者"买书难"问题,1980年本版出书总量、本版新出品种分别比1978年增长51.8%和54.5%,图书总印数、总印张分别比1978年增长9.7%和46%。在内容上,一是贯彻1978年的全国科学大会精神,江苏科学技术出版社获准成立,制定并实施《1978年到1985年江苏科技图书出版规划的初步设想》,编辑出版各种科技图书,使现代科学技术为广大干部、劳动者所掌握与运用,从多方面促进社会生产力的发展,为加速振兴江苏经济、特别是农村经济服务,如《农业高产技术新进展》《农业技术百科问答丛书》《农村副业丛书》《农业辞典》等。二是贯彻1979年全国出版工作座谈会关于"立足本地,面向全国"的地方出版工作方针,江苏人民出版社的《马列主义基础知识丛书》,江苏科学技术出版社的《中医学》,外国文学译著《呼啸山庄》《吕蓓卡》以及广陵古籍刻印社的《楚辞集注》《暖红室汇刻传奇》等先后出版,江苏出版物开始在全国形成影响。三是江苏人民出版社用副牌"金陵书画社"名义,出版文史、艺术、书画等类图书,将苏州桃花坞木刻年画纳入出版系统,整理出版民间艺术作品。

表3-1 整顿恢复时期(1978～1980年)江苏图书出版统计表

年 份	1978	1979	1980
本版总量(种)	317	387	481
本版新出(种)	290	361	448
本版重印(种)	27	26	33
本版印数(万册)	19 360.70	19 854.80	21 234.00
总印数(万册/张)	19 360.70	19 854.80	21 234.00
租型数(种)	156	185	239
租型印数(万册)	8 289.00	11 577.80	14 167.00
总印张(千印张)	566 112.00	688 057.00	826 605.00

二、"六五"时期(1981～1985年)

"六五"期末,本版出书总量、本版新出品种分别比"五五"期末的1980年增长165.3%和118.3%,图书总印数、总印张分别比"五五"期末的1980年增长61.9%和43.3%。江苏人民出版社除了坚持出版政治理论、思想修养、文化教育等原有门类的读物之外,新增了文史、青年、旅游等类读物。江苏科学技术出版社新增了中医、科普等门类的读物。配合联产承包责任制和其他各项农村政策在全省的推行,加大了各类农村读物的出版。1980～1983年江苏出版的3 700多种图书中,70%可以在农村发行。根据江苏建设发展较快,地方工业、乡镇工业发展尤其迅速的新特点,出版了《小城镇、大问题》《建设好社会主义小城镇》《明星城市南通之路》等图书;根据江苏现代化科技发展较快的新情况,出版了电子、轻工、化工方面的图书。根据江苏是明清以来中医流派的汇集地之一的特点,出版了《中医古籍小丛书》《中医文选丛书》《江苏中医集存》3套丛书。

1984年后，江苏新成立几家出版社，图书出版分散到各个相关出版社，各出版社在原来选题思路的基础上不断拓展，多出能反映本社特色的品种。江苏人民出版社在马列主义理论研究、江苏小城镇建设研究、经济理论读物出版方面形成特色。江苏科学技术出版社注重农业科学技术图书出版的系列化和层次化，同时继续挖掘江苏自古至今中医典籍资源，逐步形成了较有影响的中医学术图书的格局。江苏教育出版社坚持为中小学教育服务，并有计划地出版现代和当代教育家、名人全集。江苏美术出版社侧重于介绍江苏著名画派、画家。江苏古籍出版社重点挖掘江苏有影响的古籍及古籍整理研究新成果。

表3-2 “六五”时期（1981～1985年）江苏图书出版统计表

年　份	1981	1982	1983	1984	1985
本版总量（种）	560	838	1 003	1 151	1 276
本版新出（种）	484	631	787	777	978
本版重印（种）	76	207	216	374	298
本版印数（万册）	20 645.25	24 540.00	23 560.00	24 277.00	26 697.00
总印数（万册/张）	20 645.25	24 540.00	23 560.00	24 277.00	26 697.00
租型印数（万册）	12 712.00	13 277.00	12 716.00	11 147.00	11 541.00
总印张（千印张）	725 675.00	913 979.00	838 523.00	821 298.00	928 782.00

三、“七五”时期（1986～1990年）

“七五”期末，本版出书总量、本版新出品种分别比“六五”期末的1985年增长148.2%和143.9%，比“五五”期末的1980年增长558.4%和432.6%；图书总印数、总印张分别比“六五”期末的1985年增长61.9%和27.6%，比“五五”期末的1980年增长162%和144%。江苏出版界实施“稳定、创新、繁荣、质量、特色、效益”的十二字出版工作指导思想和出版思路，推进了江苏出版业的稳步发展。江苏出版总社所属8家直属出版社出版的爱国主义、社会主义教育图书，在全国和省级获奖的有110种126次，其中1987年后获奖的有47种69次。在文化积累特别是出版中国古代优秀文化遗产图书方面，江苏顶住了当时“一切向钱看”的歪风，出版了《中华大典》《中国地方志集成》《清诗纪事》《中国工艺美术大辞典》《明大诰研究》《中国古代天象记录总集》《中医理论现代研究》《通鉴大辞典》等一批在全国有较大影响的图书。其中，《中华大典》是江苏古籍出版社与上海古籍出版社、四川巴蜀书社于1988年联合发起的大型工程，被列为国家最大规模的图书出版工程，规模远超《四库全书》。

江苏人民出版社坚持把社会效益放在首位，在图书市场萎缩、印数下降、纸张供应紧张的情况下，继续出版《马列主义基础知识丛书》。围绕经济建设这个中心，着力开拓精神文明建设方面的选题，如《社会主义再认识丛书》《海外中国研究丛书》《新四军丛书》《乡镇企业管理人员须知丛书》《古典戏剧丛书》以及《社会主义经济理论的回顾与反思》《对外经济贸易手册》《社会主义初级阶段基本路线教育读本》《科学社会主义概论》《精神世界掠影》《社会主义企业学》《社会主义生活方式论》《读书便览》《民用法律应用文》等。

江苏科学技术出版社把出版科技读物以促进生产力发展、加快经济步伐作为出书工作的基本遵循，大力组织出版了《农业干部培训教材·农村青年自学丛书》（24种）、《农村多种经营丛书》（22种）、《水产养殖丛书》《果树栽培丛书》《立体农业》等农业和农村系列丛书。配合国家科委“星火计划”的实施，组织出版了全国第一套《星火计划丛书·乡镇厂长（经理）必读》（10种）、《棉花转运工必读》（10种）、《乡镇企业管理概论》《农副产品加工技术丛书》等图书。为向社会传播科学技术，组织出版了《电子技术教育丛书》（9种）、《微型计算机技术应用》等出版物。

江苏教育出版社坚持社会效益和经济效益一起抓，在保证出版好各类学生辅导读物和课外读物的基础上，集中力量出版了一批有影响、有学术价值的重点书，如《叶圣陶集》《朱自清全集》《陈鹤琴全集》《吴贻芳纪念集》《中国教育史简编》《高觉敷心理学文选》《马明数学教育论文集》《史记论稿》《中国地理学发展史》《罗炳之教育论著》《梁漱溟教育文集》《潘菽心理学文选》《英语搭配大辞典》等。

江苏少年儿童出版社狠抓选题优化，形成本社特色，所出图书以系列化、功能多、质量好、实用性强、有保存价值等形成明显优势。所出《六年制小学词语手册》《小学作文词汇、语段手册》《小学生法律常识读本》《初中生词语手册》《儿童图解字典》等少儿读物，深受专业工作者和广大少儿读者的欢迎，印数都在 100 万册以上，有的甚至突破 1 000 万册。低幼读物《名著画库》改变了以往图画故事的老面孔，用彩色连环画形式向儿童读者灌输古典文学知识。

江苏美术出版社充分发挥江苏优势，拓宽年画出版范围，增加了中堂、横批、四条屏等品种，年画发行量由 1 000 万张增加到 4 387 万张，有些品种远销欧、美、日本等地。该社还重视书画理论书籍和名家专集的出版，相继推出了《中国现代绘画史》《欧洲美术鉴赏》《林散之书法集》《高二适书法集》《扬州八怪诗文集》《陈之佛画集》《中国油画》《中国民间秘藏绘画珍品》《中国古代闲章拾萃》等重点图书。

江苏古籍出版社将目光投向海内外市场，将出版有学术价值和历史价值的图书作为重点。1986 年，为配合纪念孙中山先生诞辰 120 周年，集中力量出版了有关图书，如《中国共产党第一、二次全国代表大会会议史料》《中华民国档案资料汇编》《在中山先生身边的日子里》《中山陵档案史料选编》等。为配合纪念苏州建城 2 500 周年，出版了一套《江苏地方文献丛书》(9 种)。重点推出了《唐宋词鉴赏辞典》《唐刺史考》《中统内幕》《宛委别藏》《清诗纪事》《唐宋词史》《中国古文献研究丛书》等图书。

江苏文艺出版社突出重点，形成系列，陆续推出了《当代中国青年作家长篇丛书》《中国现代中长篇小说选读丛书》《纪实文学丛书》《外国纪实文学丛书》《苏版曲艺丛书》《东方文化丛书》《中国古典文学鉴赏丛书》《东方文艺美学丛书》等。该社出版的《20 世纪外国美学文艺学名著精义》《古文鉴赏辞典》《中国新诗鉴赏大辞典》等，受到专家和读者的欢迎。

南京大学出版社坚持“立足本校、面向社会”，充分发挥自身优势，利用校内学科全、人才多，出版资源丰富的特点，出版了一批高质量的重点书。如《新知识词典》《苏南乡镇企业的崛起》《中国书法三千年》《实用语文知识词典》《反义成语词典》《现代西方社会思潮》《微型计算机 IBM PC 的原理及应用》等。

南京工学院出版社（1988 年改名为东南大学出版社）出书数量从 1986 年的 50 多种增加到 1989 年 100 多种，一批重点书和畅销书如《李剑晨中国画集》《C 语言程序设计简明教程》《社会主义初级阶段政治经济学》《外贸英语与外贸电传常用缩略语》《建筑安装工程定额预算入门》等，受到专业工作者喜爱。

河海大学出版社成立于 1986 年 11 月。该社根据学校所设专业，努力出版高质量的、反映本校教学科研成果的教材、教学参考书和学术著作。所出《奥林匹克词汇大全》远赴联邦德国展出。《全国机电设备产品目录大全》《水资源保护工作手册》《环境水力学》《教育学》等均产生一定影响。

1990 年，江苏各出版社围绕繁荣主题，组织出版了一批有较大社会影响的图书。如江苏人民出版社的《自然哲学》《亚太地区经济环境与中国东部地区经济开发》《中国人民志愿军人物志》等；江苏科学技术出版社的《南极探秘》《科学技术站》《微型计算机原理及运用》《工程师手册》《干部工作指南》《现代肉鸡饲养和经营》《肝脏病学》《肾脏病学》《内科治疗手册》等；江苏少年儿童出版社为配合“学雷锋、学赖宁”活动出版的《雷锋的故事》《赖宁》《张子祥之歌》等；江苏教育出版社的《中华文物鉴赏》《明清教学史论文集》《数学史选讲》；江苏美术出版社的《中国工艺美术大辞典》《中国油画》等；江苏古籍出版社的《雨花石珍品集》《中国话本大系》《唐诗大辞典》《成语辞典》等；译林出版社的《追忆似水年华》《谢甫琴科诗选》等；江苏文艺出版社的《中国园林美学》《八月丛书》《中国太阳神》《运河之光》，报告文学《昆山之路》等；南京大学出版社的《中美文化在戏剧中交流》《渤海海域晚古生代孢粉学研究》《孔子评传》等；东南大学出版社的《本草学》《近百年西方哲学史》《钢筋混凝土框架节点抗震》

等；中国矿业大学出版社的《中国采煤方法图集》《岩石混凝土损伤力学》等；南京出版社的《新四军演义》，古吴轩出版社的《墨林集珍》《现代书斋名印赏》等。

表 3－3　“七五”时期（1986～1990 年）江苏图书出版统计表

年　份	1986	1987	1988	1989	1990
本版总量（种）	1 302	1 506	1 714	2 356	3 167
本版新出（种）	1 011	1 151	1 247	1 798	2 386
本版重印（种）	291	355	467	558	781
本版印数（万册）	23 789.20	28 504.20	27 443.16	30 817.00	34 369.00
总印数（万册/张）	23 789.20	28 504.20	27 443.16	30 817.00	34 369.00
租型数（种）	245	292	320	345	333
总印张（千印张）	829 275.00	1 023 316.00	1 120 093.56	1 111 182.50	1 184 655.67
租型总印张（千印张）	—	—	—	—	470 633.98

四、“八五”时期（1991～1995 年）

“八五”期末，本版出书总量、本版新出品种分别比“七五”期末的 1990 年增长 22.8％和减少 7.04％，比“六五”期末的 1985 年增长 304.8％和 226.8％；图书总印数、总印张分别比“七五”期末的 1990 年增长 117.9％和 157.4％，比“六五”期末的 1985 年增长 151.7％和 200.8％。江苏图书出版工作贯彻执行新闻出版署提出的“调整结构、压缩品种、优化选题、提高质量”的方针，围绕经济建设这个中心，瞄准学科研究前沿、组织重大题材的优秀选题，出版了一批直接为经济建设和精神文明建设服务、具有较高学术艺术价值和文化积累价值的重点图书，形成江苏出版物的鲜明特色。江苏人民出版社组织全国百余位经济学家撰写论文结集《我的经济观》出版第一卷，江苏教育出版社的《当代教育新理论丛书》（3 种），江苏少年儿童出版社的《中华民间故事大画库——名胜故事卷》，江苏古籍出版社的《版画纪程——鲁迅藏中国现代木刻全集》《中国地方志集成·江苏府县志辑》等相继出版。江苏人民出版社的《江苏县邑购物丛书》，江苏科学技术出版社的《江苏稻作科学》，江苏教育出版社的《小学百科乐园》，江苏文艺出版社的《炮群》，江苏美术出版社的《陈大羽画集》，东南大学出版社的《中国长江中下游经济发展史》等重点图书，也都具有较高的学术、艺术价值。

1992 年，江苏出版界深入学习贯彻邓小平同志南方谈话，大力推进由传统出版业向现代出版业转变，由封闭型、半封闭型向开放型转变，精心组织重大题材优秀选题出版。江苏少年儿童出版社的《爱我中华丛书》（共 5 部 30 册）年内全部出齐，并作为当年参评中宣部精神文明建设“五个一工程”书目上报中宣部。江苏科学技术出版社的《高科技知识丛书》是国内第一套向干部普及高科技知识的系列丛书，具有较强的科学性、系统性和实用性，年内出版 5 册，受到社会各方面的关注。其他出版社的重点图书有：江苏人民出版社的《世纪之交丛书》《漫话社会主义市场经济》，江苏教育出版社的《当代教育新理论丛书》《世界历史名人画传》，江苏美术出版社的《中国民间秘藏绘画珍品集》（二、三卷），江苏文艺出版社的《钱钟书传》，译林出版社的《中国现代文学文库·老舍卷》（英文版），南京大学出版社的《新时期小说研究丛书》，东南大学出版社的《毫米波技术基础研究进展》，河海大学出版社的《平原地区小型水电站》，中国矿业大学出版社的《中国煤矿开拓图解》，南京出版社的《中国散文精品分类鉴赏辞典》，古吴轩出版社的《沈周画集》等。

1993 年，江苏出版界积极适应社会主义市场经济运行，选题开发的品位、格调不断提高，出版物的质量、特色不断提升，一批重点图书、畅销图书在海内外图书市场获得好评。江苏人民出版社的大型画册《三峡》，江苏美术出版社的巨型画册《敦煌石窟艺术》，被业界评述为“挖掘和开发国内出版资源的有益探索”和“精品巨制”；江苏少年儿童出版社继出齐《爱我中华丛书》后相继推出《中华民间大画库》《彩图世界动物故事》《宇宙索奇》等重点图书。其他重点图书有：江苏科学技术出版社的《相似论》,江苏古籍出版社的《中国古文献研究丛书》,译林出版社的《外国文学争议作品大观》《梅园春晓》《九州山水恃风雷》,南京大学出版社的《中国思想家评传》《空间解析几何》,东南大学出版社的《弹丸发射过程理论》,中国矿业大学出版社的《华北南部的逆冲推覆伸展滑覆与重力滑动构造》等。

1994年,江苏出版工作突出经济读物、青少年读物、科技读物和高品位、高格调的文艺图书,突出重大选题和畅销图书。江苏人民出版社出版的《中国的一个小康市》,总结了太仓市在社会主义现代化建设中取得的成就和经验。江苏科学技术出版社的《高科技知识丛书》,为宣传普及高科技知识和最新研究成果进行了新的探索。江苏教育出版社在叶圣陶先生诞辰100周年之际出齐25卷、800万字的《叶圣陶集》,业界评述为"中国文化史和出版史上的一件大事"。其他重点图书有:江苏古籍出版社的《中华大典》,江苏文艺出版社的《原子弹四部曲》,译林出版社的《尤利西斯》,南京大学出版社的《中国读书大辞典》,东南大学出版社的《建筑装饰材料》,河海大学出版社的《青藏高原地质景观摄影图集》,中国矿业大学出版社的《中国东部煤田推覆、滑脱构造与找煤研究》,苏州大学出版社的《漂泊的都市之魂》,古吴轩出版社的《当代名家中国画全集》,南京出版社的《金陵胜迹大全》等。

1995年,江苏出版工作突出主旋律、突出重大选题和畅销品种,强调在坚持社会效益的前提下追求良好的经济效益,着重狠抓了出书选题管理、重点图书出版规划管理和以检查图书编校质量为主的审读管理,推出一批在全国较有影响的重点图书和畅销图书。如:江苏人民出版社的《共和国重大决策的来龙去脉》,江苏科学技术出版社的《实用手术图解全书》,江苏教育出版社的《早年周恩来》,江苏少年儿童出版社的《少年科学知识》《少年故事》《德育故事》《儿童故事大金库》,江苏美术出版社的《老房子》,江苏古籍出版社的《张謇全集》,江苏文艺出版社的《叶辛代表作系列》,译林出版社的《当代外国流行小说名篇丛书》,南京大学出版社的《当代科学大词典》,东南大学出版社的《电子测量仪器实用大全》,河海大学出版社的《水工建筑物》,中国矿业大学出版社的《中国煤矿通风安全工程图集》,苏州大学出版社的《现代数学与力学》,南京师范大学出版社的《心理学教程》,古吴轩出版社的《当代名家中国画全集》,南京出版社的《可爱的南京》等。

表3-4 "八五"时期(1991～1995年)江苏图书出版统计表

年份	1991	1992	1993	1994	1995
本版总量(种)	3 436	3 443	3 722	3 439	3 890
本版新出(种)	2 249	2 299	2 570	2 182	2 218
本版重印(种)	1 187	1 144	1 152	1 257	1 672
本版印数(万册)	35 472.05	34 804.80	34 171.69	36 174.49	40 509.13
总印数(万册/张)	35 472.05	34 804.80	34 171.69	36 174.49	40 509.13
租型数(种)	289	248	277	303	314
租型印数(万册)	12 316.00	11 129.50	10 698.72	11 118.96	10 989.38
总印张(千印张)	1 341 454.37	1 333 049.08	1 464 504.11	1 653 519.97	1 864 974.10
租型总印张(千印张)	490 475.22	472 985.87	528 257.44	583 636.18	613 783.38

五、"九五"时期(1996～2000年)

"九五"期末,本版出书总量、本版新出品种分别较"八五"期末的1995年增长131.8%和26.8%,较"六五"期末的1985年增长301.8%和187.6%;总印数、总印张分别较"八五"期末的1995年减少14.2%和增长8.87%,较"六五"期末的1985年增长30.15%和118.6%。江苏出版工作认真学习贯彻党的十四届五中、六中全会和党的十五大精神,坚持走内涵发展的路子,深化出版资源综合利用取得了新的进展,图书选题开拓特别是重点书、双效书和畅销书出版取得了新的突破,逐步形成了以科普读物、少儿读物、长篇小说和电子出版物为主干的江苏出版物精品群。

1996年，江苏出版界为贯彻落实省委、省政府"科教兴农"的战略目标，省出版总社牵头组织8家直属出版社和省新华书店，联合编辑出版了大型丛书《跨世纪农村书库》，首印2万套208万册两个月内销售一空。江苏人民出版社的《江南现代化》《江南农村发展研究丛书》，系统总结了苏南地区经济和社会发展的成功经验。江苏科学技术出版社的《蓝天绿地丛书》，集中探讨了现代化建设中的环境保护问题。其他重点图书和畅销图书品种有：江苏人民出版社的《邓小平之歌》，江苏教育出版社的《中国著名特级教师教学思想录》，江苏少年儿童出版社的《香港回归祖国》《中华当代少年小说丛书》，江苏美术出版社的《现代家训》，江苏文艺出版社的《留学美国》，江苏古籍出版社的《近代词钞》，译林出版社的《世界文学名著丛书》，南京大学出版社的《微机入门短平快》，南京师范大学出版社的《向四十分钟要效益丛书》。省出版总社电子音像出版部通过各种形式的联合，出版了《天下为公》《多媒体教室》《苏州园林》等25种电子出版物和一批音像制品。

1997年，江苏人民出版社、江苏教育出版社联合出版的《拉贝日记》，受到省委、省政府领导的高度重视和大力支持，在世界首家出版后以其高质量的翻译、制作获得广泛好评。江苏古籍出版社的《侵华日军南京大屠杀图集》和省出版总社电子音像部制作的该图集光盘，抢在南京大屠杀60周年前夕出版并举行首发式，具有特别的纪念意义。省出版总社牵头组织直属出版社和省新华书店联合出版的《跨世纪农村书库》，年内推出第二批80种图书。为纪念周恩来总理诞辰100周年，省内相关出版社精心组织出版了一批图书和光盘，受到有关领导的高度肯定。其他重点图书和畅销图书品种有：江苏科学技术出版社的《世界科技发展史画库》《皮肤病彩色图谱》，江苏少年儿童出版社的《我要做好孩子》，江苏美术出版社的《六朝艺术》，中国矿业大学出版社的《中国煤岩学图鉴》《中国煤矿建井技术》等。

1998年，围绕学习、宣传邓小平理论，江苏人民出版社安排出版了《科学社会主义：从马克思到邓小平》等3种，被列入"邓小平理论研究书系"的国家级重点图书；配合纪念周恩来总理百年诞辰和党的十一届三中全会召开20周年等重大社会活动，各出版社安排出版了数十种重点图书并举办了新书发布会，产生了良好的社会影响。以经济建设为中心，出版了一批直接为两个文明建设服务的特色图书。江苏美术出版社的"老城市系列"图书、南京大学出版社的《博士文库》、东南大学出版社的《新世纪中国城乡规划和建设设计》、河海大学出版社的《水库库区环境保护》、中国矿业大学出版社的《中国煤矿巷道围岩控制》、南京出版社的《幸福家庭系列丛书》等，均取得良好的社会效益。打造苏版出版物精品群方面：江苏科学技术出版社的《我的第一套科学书》、江苏少年儿童出版社的《宝贝疙瘩丁呱呱》等图书受到广泛欢迎；江苏文艺出版社年内共出版长篇小说30多种，《百日阳光》《寻找支点》等小说引起较大的社会反响。省出版总社电子音像出版部制作出版的多媒体光盘《侵华日军南京大屠杀》再次被国家有关部门选中，入围"莫必斯多媒体光盘国际大赛"决赛。年内，引进版权出版图书200多种，译林出版社的《当代外国文学最新佳作丛书》、江苏人民出版社的《汉译精品丛书》等均成为热销图书而受到好评。

1999年，江苏出版系统坚持服从服务于全党全国工作大局，出版工作强调维护社会稳定是压倒一切的政治任务，不断增强政治鉴别力和政治敏锐性。围绕庆祝中华人民共和国成立50周年，全省16家出版社推出了88种(套)200多册献礼图书，其中13种被确定为全国重点献礼图书。为贯彻落实党的十五届三中全会精神，由江苏省出版总社牵头，江苏科学技术出版社和江苏省新华书店合作策划出版的《农民"金口袋"丛书》，定位准确，质优价廉，宣传有力，受到农村读者的普遍欢迎，成为风靡长沙书市及全国的热点图书。江苏人民出版社的《社会主义市场经济体制建设丛书》，江苏科学技术出版社的《中国民族建筑》，江苏教育出版社的《人民大会堂珍藏书画》，省出版总社与江苏少年儿童出版社、日本小学馆联合出版的《世界文化与自然遗产》，译林出版社的《播火者译丛》等图书，以丰富的文化内涵、精美的装帧设计、优秀的编校和印制质量获得普遍的肯定和赞誉。列入全国"九五"规划的重点图书《中华大典·文学典·宋辽金元文学分典》出版后，得到有关方面的高度评价。《东史郎日记》《江苏文学50年》及《辉煌50年·江苏》光盘等出版后，受到社会广泛关注。江苏少年儿童出版社的《草房子》被中国作家协会列为向中华人民共和国成立50周年献礼的10部优秀长篇小说之一。同时，江苏人民出版社、江苏科学技术出版社、中国矿业大学出版社、南京出版社亦自行组织出版了一批"三农"图书。为迎接澳门回归祖国，组织出版了《澳门特首诞生记》等图书和《庆祝澳门回归》宣传画。

2000年，江苏出版界积极应对中小学教材出版发行改革对地方出版业形成的强烈冲击，狠抓非教材类出版物选题开发和出版发行，着力开拓新的经济增长点，出版工作保持了良好的发展势头。年内，出版了一批在全国有影响的重点图书和畅销图书。完成了《社会主义市场经济体制建设丛书》(5种)、《中国城墙》《金苹果文库》(第四辑)等"九五"国家重点图书规划的出版任务，"九五"国家重点图书规划完成率达到80%。各出版社还先后出版了《汉译大众精品文库》《阿西莫夫少年宇宙丛书》《逝者如斯》《芝麻开门》《老城市系列》《洪诚文集》《太阳鸟》《人文与社会译丛》《南京大学学术文库》《城市科学前沿丛书》《中国水问题思考》等一大批重点图书。省出版总社电子音像出版部为《世界自然与文化遗产》和《中国民族建筑》两套重点图书配套出版了光盘。由省出版总社牵头组织有关出版社出版了一套为"三农"服务的《农民致富新道道丛书》以及为学校开展素质教育服务的《新世纪教育文库》和《托起朝阳丛书》。为迎接第十一届全国书市在南京举办，江苏各出版社组织出版了一批适销对路的优秀图书，在全国书市上获得好评。在年内进行的国内外图书大奖评选中，江苏获奖图书成果喜人，有6种图书荣获第十二届中国图书奖。在首届国家电子出版物评奖活动中，省出版总社电子音像出版部的《侵华日军南京大屠杀》荣获大奖，《中国书法大典》获提名奖，《辉煌五十年·江苏》获荣誉奖。《中国书法大典》还获得第八届莫必斯多媒体光盘国际大奖赛教育鼓励奖，此为江苏电子出版物第一次在国际比赛中获奖。

表3-5 "九五"时期(1996～2000年)江苏图书出版统计表

年　份	1996	1997	1998	1999	2000
本版总量(种)	4 556	4 517	4 859	5 068	5 127
本版新出(种)	2 832	2 504	2 599	2 869	2 813
本版重印(种)	1 724	2 013	2 260	2 199	2 314
本版印数(万册)	45 596.80	46 341.19	46 792.36	47 101.00	34 746.10
总印数(万册/张)	45 596.80	46 341.19	46 792.36	47 101.00	34 746.10
租型数(种)	347	542	346	340	302
租型印数(万册)	11 377.51	11 846.57	10 243.09	9 528.00	8 123.33
总印张(千印张)	2 098 808.54	2 153 267.03	2 226 985.02	2 298 279.00	2 030 292.20
租型总印张(千印张)	631 752.64	660 984.21	593 246.07	591 847.00	582 960.20

六、"十五"时期(2001～2005年)

"十五"期末，本版出书总量、本版新出品种分别较"九五"期末的2000年增长70.96%和45.6%，较"六五"期末的1985年增长586.9%和318.8%；总印数、总印张分别较"九五"期末的2000年增长22.96%和39.6%，较"六五"期末的1985年增长60%和205.2%。江苏出版工作适应改革发展的新形势、新要求，不断深化出版体制改革，加快出版产业结构调整，积极探索集约化、规模化、品牌化新路，精心打造了一批重点工程，推出了一批体现时代精神、具有民族风格、中国气派和江苏特色的精品出版物，推动了江苏出版业的持续、稳定、快速、协调发展。

2001年，为纪念建党80周年，省内9家出版社以媒体互动的新形式，推出21种图书和音像、电子出版物。其中，《新世纪党建九大问题》等3种图书被列为全国"庆祝建党80周年百种重点图书"。各出版社推出一批内容和形式俱佳、质量较高的重点图书，如《中国现代化历程》《中国生态资源概论》《魏建功文集》(5册)、《天棠街3号》《南京明城墙》

《中华民国史大辞典》《红旗飘飘——中国共产党历史上的今天》《卡尔维诺文集》《中国抗日战争史》《新世纪城乡规划与建筑设计丛书》(12册)、《力学系列教程》(6册)、《中国煤矿高产高效技术》《明清八大家文选丛书》(8册)、《列宁法律思想研究》《孙中山与南京临时政府》《红船颂——全国中国画名家作品集》等。江苏少年儿童出版社的《今天我是升旗手》荣获中宣部第八届精神文明建设"五个一工程"奖,江苏科学技术出版社的《运动稳定性量化理论》、译林出版社的《埃达》荣获第五届国家图书奖提名奖。

2002年,全省出版系统把迎接党的十六大召开和学习、宣传、贯彻十六大精神作为全年工作重点。35种重点选题列入《江苏省向十六大献礼重点出版物选题计划》,并配套了一系列切实可行的保障措施,5种图书列入"全国迎接党的十六大'双百'重点出版物"。江苏教育出版社的《世界教育大事典》、江苏科学技术出版社的《临床皮肤病学》、江苏人民出版社的《走进马克思》、南京大学出版社的《中国马克思主义理论的丰碑》、苏州大学出版社的《扬州文化丛书》荣获第十三届中国图书奖。苏州大学出版社实现全国图书"三大奖"零的突破。在全国性的电子音像出版物评比中,江苏分别有18个作品获奖。江苏电子音像社继《姑苏繁华图》荣获第二届国家电子出版奖提名奖后,又在第四届全国教育音像制品评比中获得2个一等奖、2个二等奖和3个三等奖。南京音像出版社编辑制作的8集电视纪录片《血脉》,以情景交融、时空连接的写实手法,倾诉了两岸骨肉相连、期盼统一的民族心声,播出后引起较大的社会反响。

2003年,江苏出版界积极投入抗击"非典"战斗,各出版单位积极做好"非典"防治读物的出版工作,江苏科学技术出版社、南京大学出版社、东南大学出版社和江苏美术出版社相继推出"非典"防治读物和宣传画、挂图;江苏出版集团租型印制《非典型肺炎自我防范》10万册,免费赠送全省农村读者;苏州大学出版社抢在第一时间向广大读者倾情奉献了赞美"抗非"精神的精品力作《中华民族的脊梁》,并与省新闻出版局联合在南京丁家桥小学举行"学习抗击'非典'英雄 弘扬伟大民族精神"主题读书活动暨赠书仪式。江苏少年儿童出版社的《芝麻开门》获中宣部第九届精神文明建设"五个一工程"入选作品奖;江苏美术出版社参与编辑出版的《中国美术分类全集·中国民间美术全集》获第六届国家图书奖荣誉奖;江苏人民出版社的《中国现代化历程》、江苏教育出版社的《中国书法史》《现代汉语方言大辞典》获第六届国家图书奖;江苏人民出版社的《走进马克思》、译林出版社的《世界英雄史诗译丛》、东南大学出版社的《江南理景艺术》、江苏少年儿童出版社的《天棠街3号》获第六届国家图书奖提名奖;江苏科学技术出版社的《非典型肺炎防治手册》、苏州大学出版社的《中华民族的脊梁》获第六届国家图书奖特别奖;江苏电子音像出版社的《小学生劳动课教材教师教参》《昆曲》在全国重大评比活动中获得大奖。

2004年,江苏人民出版社的《现代经济辞典》填补了国内经济辞典的空白。江苏科学技术出版社全力服务"三农",在原计划基础上增加18个农业类图书品种。在我国部分地区出现禽流感疫情的初期,该社迅速作出反应,及时出版《禽流感防治知识手册》,并通过多种途径将书直接送到农民手中,《中国新闻出版报》连续两次以较大篇幅报道该社服务"三农"工作情况和经验。江苏教育出版社始终把苏教版国标本教材的开发、推广作为教材品牌建设的重中之重,完成国家级、省级重点图书61册,其中《成语源流大词典》荣获第十四届中国图书奖。《中国三千年气象记录总集》历经十余年的精心耕耘。《中国昆曲艺术》对中国昆曲进行深入、系统的介绍,挖掘出昆曲新的价值。江苏少年儿童出版社推出《邓小平的故事》《诚信故事会》《中国童话》等一批立意高、影响大的思想品德教育读物,受到省有关部门的肯定和广大读者的欢迎。江苏美术出版社相继推出《金陵鼓楼文化丛书》《吴涤楼诗书传承》《桃花坞木刻年画》《放眼扬子江》《聚焦秦淮河》等一批双效精品图书;《小平,您好——纪念邓小平诞辰100周年》丛书出版工作受到省委、省政府重视;与苏州市政府合作出版的《苏州桃花坞木刻年画》,被定为世界申遗大会礼品书。凤凰出版社更名后,努力构建富有专业特色的图书结构,古籍整理及研究著作、古籍影印、古籍普及性读物出版方面,相继出版《范仲淹全集》《说文解字校订本》《灵境诗心——中国古代山水诗史》,影印《清诗纪事》《历代赋汇》《中国地方志集成·山东府县志辑》《苏州图书馆藏古籍善本提要·经部》等专业图书。江苏文艺出版社完成列入“十五”国家重点图书出版规划项目《扬子鳄丛书》（4种）、《男生女生丛书》（4种）、《江南丝竹音乐大成》《饱尝铁窗风味的娃娃们》等。译林出版社始终将重点图书视为出版社的无形资产，采取切实措施保证精品图书的质量和品位。国家级重大项目、集国内外文学研究领域顶尖专家多年成果的五卷本《20世纪外国文学史》于年底完成；“十五”国家重点图书出版规划项目《德国文学史》、集团重点选题《英国小说史》等出版后，受到学界关注。

高校出版社围绕所在高校办学特色，不断调整图书结构。南京大学出版社出版了《大学语文》《大学计算机信息技术教程》《新世纪大学英语系列教材》《商学院文库》《新世纪地方高等院校专业系列教材》《创建世界高水平大学系列教材》等，“十五”国家重点图书出版规划项目《中国现代戏剧总目提要》（约500万字）出版。东南大学出版社继续关注城市规划类、医学保健类图书，在高端计算机图书出版上加强与美国计算机品牌出版社O Reilly实现成规模版权合作，寻求新的定位与突破。河海大学出版社确立以体现该校学科优势的水利科技图书为龙头、以高校教材为龙身、以素质教育类图书和生活类大众读物为龙尾的“龙形”选题结构和图书结构。年内出版有代表性的图书《小水电丛书》《工程力学丛书》《水利战略管理丛书》《21世纪成人教育创新教材》等系列教材和专著，列入省“十五”重点图书出版规划项目的《中国岩石力学与工程世纪成就》出版发行。中国矿业大学出版社坚持矿业专业特色，努力把煤炭学科专业的图书做精、做深，组织编写煤矿生产技术干部职工培训系列教材40种。苏州大学出版社依托百年老校的学科优势和人才优势，开发多层次、多系列优秀教材，同时组织出版一批高水平的学术著作。该社推出的“精品图书”工程《现代出版学丛书》系我国21世纪首套出版学丛书。南京师范大学出版社倾力打造《随园文库》《青年学者文丛》等一批列入“十五”国家重点图书出版规划的文史类图书，“大学体育课系列教材”“高等师范院校音乐专业系列教材”、幼儿教育系列图书带来了显著的经济效益和社会效益。

城市出版社着力挖掘城市出版资源，积极向外扩展。南京出版社如期完成“十五”国家重点图书出版规划项目《六朝文化丛书》的《六朝文学》《六朝经学与玄学》《六朝史学》《六朝宗教》《六朝文物》以及省“十五”重点图书出版规划项目《南京历代风华》，出版了庆祝中华人民共和国成立55周年献礼图书《侵华日军南京大屠杀暴行日志》《南京革命事典》等，并组织出版了一批宣传南京，为南京地方经济建设、社会发展、文化积累服务的图书，如《2004年南京文化发展蓝皮书》《沧桑巨变看南京》《百里秦淮话沧桑》等。古吴轩出版社强化大文化、大美术的概念，坚持自身原有出版特色，形成了文化美术、园林旅游、未成年人读物等图书出版新格局。广陵书社认真做好古籍图书出版工作，充分发挥雕版、活字印刷和线装古籍的优势，深入挖掘出版资源，出版一批印制典雅、极具欣赏和收藏价值的雕版、活字印刷的古籍经典，深受读者的欢迎和喜爱。积极开展与高校的合作，进一步加大合作力度，整理一批具有典型代表意义的地方文献和重点古籍项目。

电子音像出版遭遇市场滑坡，主要出版一些为教材教参配套的产品，技术含量明显提高。江苏电子音像出版社的《昆剧》、江苏音像出版社的精品套装音像出版物《苏韵》颇获好评。

2005年，全省共完成“十五”国家及省级重点图书出版规划项目151项，7种出版物被列为全国纪念抗战胜利60周年百种重点出版物，5种图书列为向青少年推荐的全国百种优秀图书。江苏人民出版社组织安排一批在全省乃至全国有较大影响的政治理论图书，如《中国共产党的文化使命》《中国近代通史》《西方哲学史》等。为纪念世界反法西斯战争暨中国人民抗战胜利60周年，相继编辑出版《南京大屠杀史料集》《台湾光复纪实》《中国战区受降纪实》《南京大屠杀研究与思考》等图书。江苏科学技术出版社密切关注科技发展动态，坚持把实用性图书作为出版重点，开发技工、电子、化工、汽车、照相机、摄影、建筑设计、室内装修、临床医学、医药等专业图书。江苏教育出版社的教育类图书市场覆盖面稳步拓展，有12门107种教材通过教育部审定，被全国28个省的1 000多个实验区的2 000多万名学生使用，成为全国性有较大影响力和知名度的品牌教材。除原有的《全解题库》《奥林匹克读本》等畅销书继续运作外，该社重点推出《苏教金牌助学·名师原创》100多个品种，并进行全程营销，在图书市场引起强烈反响。江苏少年儿童出版社跟踪市场热点，配合党员先进性教育活动，及时推出《“连心桥”上的贴心人——张云泉》一书，发行量近12万册。曹文轩的新作《青铜葵花》及在天津书市上集束推出的《曹文轩纯美小说系列》(6本)引起较大的社会反响。江苏美术出版社全面完成国家和省“十五”重点图书出版规划项目，新增省“十五”重点图书出版规划项目——大型精品画册《徐悲鸿》，在徐悲鸿诞辰110周年之际出版，并成功协办“徐悲鸿——大师大家”画展和论坛。凤凰品牌选题《中国传统器具设计研究(第一卷)》《视觉传达设计原理》《中国建筑雕刻经典丛书》顺利完成。凤凰出版社完成《全元文》(61册)的出版工作；重点抓好古籍普及性读物的出版，出版《中国地方志集成·山西府县志辑》《金代文学家年谱》以及“名家注评”“古典小说”等系列专业与普及性图书。江苏文艺出版社不断加大大众读物的开发力度。年内相继推出《冷血》《流年》《玩主》等10种“20世纪作家文库”、6种江苏老作家系列文集以及《小康之路》《永远的雪梅》等报告文学作品。

南京大学出版社《中国思想家评传丛书》新出10种，《中华民国史》(4卷本)按期付印。东南大学出版社组建成立由多位院士组成的学术委员会，设立出版基金，确保内容质量和经费需求。河海大学出版社出版《土力学与地基处理》《小水电运行与管理》《高校体育系列教程》《大学生文化素质教育丛书》《循环经济研究丛书》《中国水利利用外资管理》等一批优秀教材和学术著作。中国矿业大学出版社出版教育部“十五”规划项目《煤矿地质学》《安全科学与工程导论》《矿山压力与岩层控制》教材，“十五”国家重点图书出版规划项目《中国洁净煤》《中国煤矿灾害防治理论与技术》《选煤厂设计与管理》《中国北部能源盆地构造》。苏州大学出版社历经四年精心策划、精心创制的《中国丝绸通史》是一部反映中国五千年丝绸历史的巨著，被列入“十五”国家重点图书出版规划项目，于12月17日在北京人民大会堂举行了首发式。为配合第十届全国运动会在江苏举行，该社精心编校制作国际奥委会委员吴经国所著《奥林匹克中华情》一书，并在十运会前夕在南京举行首发式。另外，《现代出版学丛书》(第二辑，6种)出版面世。

南京出版社完成省“十五”重点图书出版规划项目《魅力南京——山、水、城、林》大型图文集的出版。《和平论》《和平学》《和平档案·第一辑》《文化的边缘》《艺术问题》《艺术治疗手册》《知识经济时代的美学与设计》《儒学与艺术教育》《艺术社会学描述》《文化与时代同步》《文化与城市性格》《十朝故都文化丛书》等也于年内出版。广陵书社出版《新编汪中集》《清宫万国博览会档案》《晚清国际会议档案》，“十五”国家重点图书出版规划项目《扬州地方文献丛刊》(10册)全部出齐。

表3-6 “十五”时期(2001～2005年)江苏图书出版统计表

年　份	2001	2002	2003	2004	2005
本版总量(种)	5 429	5 957	6 920	7 408	8 765
本版新出(种)	3 038	3 319	3 778	3 909	4 096
本版重印(种)	2 391	2 638	3 142	3 499	4 669
本版印数(万册)	43 308.72	44 276.81	45 500.92	41 881.00	42 722.21
总印数(万册/张)	43 308.72	44 276.81	45 500.92	41 881.00	42 722.21
租型数(种)	298	277	313	322	739
租型印数(万册)	7 833.63	7 406.49	7 927.26	6 748.49	14 151.18
总印张(千印张)	2 567 576.24	2 780 072.54	3 023 445.36	2 808 592.00	2 834 968.59
租型总印张(千印张)	595 356.43	628 007.79	667 197.40	548 419.00	861 623.61

七、“十一五”时期(2006～2008年)

2008年，本版出书总量、本版新出品种分别较改革开放之初的1978年增长787.8%和512.6%，总印张、总印数分别较1978年增长90.97%和275.2%。“十一五”前期，江苏出版工作继续深化出版体制改革，大力推进集约化、规模化、品牌化经营新路，大力整合海内外出版资源，大力开发城乡图书市场，精心策划出版了一批精品力作，推动了江苏由出版大省向出版强省迈进。

2006年,江苏人民出版社着力调整书刊销售比例,在教辅类图书销售同比增长的情况下,所占比例由上年的80.94%下降为67.66%,一般书刊的销售比例由上年的19.06%上升为33.34%。其中,为党政机关和中心工作服务的图书成为主要增长点。年内,该社加大为党和政府中心工作服务的力度,出版政治时事类图书近百种。在做精专业出版的同时,坚持以大众出版为主攻方向,出版了《重读中国近代史丛书》《国宝档案》《关键词丛书》《中国法律文化札记》《走进科学史丛书》等。该社出版的《繁盛之阴》名列《中国图书商报》年度十大好书榜。江苏科学技术出版社精心打造专业图书板块、大众读物板块、科技教育板块,年内推出《"金阳光"新农村丛书》65种。江苏教育出版社进一步强化在集团教育出版战略中的主体地位,2006年有17种选修教材通过审查,销售收入超过10亿元。江苏少年儿童出版社推出的《黄蓓佳倾情小说系列》(6册)、《笠笠非常图本小说》(4册)、《"浅浅的海峡"两岸儿童文学佳作丛书》(4册)、《新童谣》以及《万水千山——纪念红军长征胜利70周年》(3册)等一批优秀图书,均取得较好的社会效益和经济效益。江苏美术出版社策划的《知荣辱 树新风》丛书,发行量达30万套;出版的《吴为山写意雕塑》《江苏历代中国画名家精品集·古代卷》荣获"中国最美的书"称号。江苏文艺出版社紧贴社会热点,抓住各地宣传学习江阴华西村老当家人吴仁宝的契机,约请著名作家庞瑞垠专程赴江阴实地采访,出版长篇报告文学《华西纪事》,出版后被作为全国农村基层支部书记的培训教材,3个月内发行5.5万册。推出《知荣辱树新风——中小学社会主义荣辱观教育读本》,并与省关工委联合举办"知荣辱树新风"读书活动,数十万名学生参加,发行图书33万多册。凤凰出版社出版省部级重点出版规划项目《册府元龟(校订本)》《辽金元诗话全编》《中国地方志集成·辽宁府县志辑》《中国地方志集成·吉林府县志辑》《中国地方志集成·黑龙江府县志辑》和《遗山乐府校注》。会同省教育厅关心下一代工作委员会组织编写《我们只有一个地球》,发行近40万册。译林出版社积极推进品牌建设,"名著译林"在已有数百种世界文学名著基础上,新出版近90种,并开始建设"20世纪经典"和"21世纪文学大奖译丛"两大品牌。该社出版的《YOU:身体使用手册》和《芒果街上的小屋》长时间名列畅销书排行榜,《纳尼亚传奇》销售达6万套计42万册,《在火线上:穆沙拉夫自传》中文本成为胡锦涛主席访问巴基斯坦的国家礼品。

南京大学出版社进一步明确"做精做优学术文化精品、大力发展高校教材板块、调整整合教辅图书品种"的发展思路,完成《中国思想家评传丛书》200部的整体出版;出版反映南大学术水平和最新科研成果的《南京大学学术文库》《南京大学博士文丛》第八批共6种。该社引进版学术著作《当代学术棱镜译丛》,已成为一个有较高知名度的品牌,当年新推出6种,其中《景观社会》在第二届海峡两岸交易会上被台湾几家知名书店评为"十大好书"之一。中国矿业大学出版社出版由科技部主持编写的《全国应急科普丛书》(6册),由江苏省安监局组织编写的化工、烟花爆竹等方面的非煤行业安全技术培训教材14册。配合全国"安全月"活动,组织出版由国家安全生产监督管理总局、国家煤矿安全监察局组织编写的《煤矿重大安全生产隐患认定办法图解》一书,发行近30万册。苏州大学出版社出版了《昆曲精华》《太湖文化丛书》等多部富有苏州地方特色的图书,进一步夯实吴文化特色图书板块。南京师范大学出版社完成省"十一五"重点图书出版规划项目《吴敬梓研究》《秦宣夫文集》,教育部"十一五"规划教材《现代教育学基础》《新编基础心理学》。幼儿教育、基础教育、高等教育和人文社科四大领域图书统筹发展,不断完善和提高幼儿教材品牌,加大幼教理论图书开发力度,引进与原创并重。

南京出版社在推出《和平学系列丛书》10种的同时,突出地方特色,出版了《秦淮志》《明孝陵志》《陷京三月记》等7本11种《南京稀见文献丛刊》。古吴轩出版社完成"十一五"国家重点图书出版规划项目《陆文夫文集》(5卷)。广陵书社于2006年起独立运营,当年出版《宝应刘氏集》《清名家诗丛刊初集》《文献学大辞典》《王念孙·王引之年谱》《扬州清曲》《扬州八刻》《中国古代戏剧探佚》等图书。

2007年,凤凰出版传媒集团内容生产传统优势充分显现,《凤凰文库》第一批七个主题系列图书成型,《世界现代化道路》《大国通史》《中国旱区农业》《中国传统设计研究》《段玉裁全集》《剑桥艺术史》等重点项目带动集团的内容创新。教育出版的传统优势得到加强，职业教育教材开发新品 174 种，与加拿大合作的《灵通高职高专英语教材》发行 40 万册。江苏人民出版社完成“十一五”国家重点图书出版规划项目 2 种，分别是《中国古代监察法制研究》《南京大屠杀史料集》(55 卷)。为纪念改革开放 30 周年，出版《中国新农村丛书》(6 册)；为迎接中华人民共和国成立 60 周年，出版《抗美援朝战争图史》《中国命运大决战》《1949 年的中国》。江苏科学技术出版社“走下去”服务基层，出版 38 种《“金阳光”新农村丛书》。江苏少年儿童出版社紧紧抓住一线名家，着力经营有潜力的作家，出版了一批原创优秀作品，大众读物排名由上年第 22 位跃升至前 10 位。江苏美术出版社出版《范曾诗文书画集》《中国建筑雕刻经典》(3 册)、《中国古代建筑装饰》(3 册)、《古代建筑雕刻纹饰》(6 册)、《两宋物质文化》《中国木版画年鉴》《滑田友》等一批重点图书。凤凰出版社完成“十一五”国家重大出版规划项目《中华大典·文学典·魏晋南北朝文学分典》(2 册)，“十一五”国家重点图书出版规划项目《段玉裁全集》之《说文解字注》《中国地方志集成·陕西府县志辑》(57 册)、《阳明后学文献丛书》(7 种 10 册)。江苏文艺出版社如期完成《泰州文化丛书》(10 卷本)、长篇小说《恍若情人》和长篇纪实作品《真相——慰安妇调查纪实》，新推出《现代小说经典丛书》《新锐女作家长篇小说丛书》。译林出版社品牌书系“名著译林”达到 100 种，“20 世纪经典系列”新出 6 个品种，“21 世纪外国文学大奖丛书”推出 6 部作品。

中国矿业大学出版社努力把煤炭行业大中专院校学科专业图书做精、做深，出版了教育部“十一五”规划教材 3 部、煤炭高校“十一五”本科规划教材 20 部、煤炭高职高专“十一五”规划教材 4 部、本校规划资助本科教材 7 部、研究生规划教材 4 部、中专职业教育应用性特色规划教材 14 部、人事部等部委规划的“国家技术人才知识更新工程”(653 工程)煤炭行业系列培训教材 34 部、煤炭行业远程教育教材 27 部。南京师范大学出版社实施“基教图书向高教图书拓展、学生图书向教师图书拓展、文教图书向大众图书拓展”的选题策略，“十一五”国家重点图书出版规划项目《唐律疏义新注》、省“十一五”重点图书出版规划项目《李白与唐代文史考论》(3 卷)、《中国经济伦理学年鉴》(3 卷)以及列入教育部“十一五”规划教材的《儿童心理咨询与治疗》出版。

南京出版社以“和平学系列丛书”为龙头，努力建设新型边缘学科出版基地，出版《积极和平》《圣贤讲和》；“艺术教育前沿论丛”推出《美育的游戏》《生活美学与艺术经验》《环境美学的谱系》《南京稀见文献丛刊(第二辑)》《六朝通鉴博议·六朝事迹编类》《金陵琐事·续金陵琐事·二续金陵琐事》《金陵大报恩寺塔志》《白下琐言》等。广陵书社完成国家古籍、省“十一五”重点图书出版规划项目《凌廷堪传》《扬州学派人物评传》《清宫万国博览会档案》《清代地方人物传记丛刊》等。

2008 年，凤凰出版传媒集团有限公司当年出版“十一五”国家重点图书出版规划项目、省“十一五”十大文化工程之一的《凤凰文库》124 种，重点图书有江苏人民出版社的《汉译佛教经典哲学》、江苏科学技术出版社的《江苏近代建筑》《中国旱区农业》、江苏教育出版社的《母语教材研究》《教育科学精品教材研究译丛》(8 种)、《1949～2000 中外比较文学史》。江苏人民出版社为纪念改革开放 30 周年，出版《中国特色社会主义在江苏的成功实践》(5 册)、《江苏发展研究丛书》(8 册)、《交锋 30 年——改革开放四次大争论亲历记》《变迁中的镜头》《碰撞 30 年》等图书。《中国特色社会主义在江苏的成功实践》和《我家 30 年》被新闻出版总署列入全国 100 种纪念改革开放 30 周年重点书。江苏科学技术出版社以“三农”图书树立品牌，“十一五”国家重点图书出版规划项目《“金阳光”新农村丛书》已出版 150 种。江苏教育出版社坚持终身教育、大教育视野，稳步向学前教育、职业教育、专题教育、高等教育、社会教育领域拓展，形成了教材、助学读物、助教读物、社科学术图书等较为完备的四大板块。江苏少年儿童出版社的大众读物出版取得长足进步，文学读物板块“曹文轩纯美小说”“黄蓓佳倾情小说”“金波儿童文学精品”等系列日臻丰满。江苏美术出版社在图书出版上形成传承历史、学科建设和艺术普及三个出版集群，精品画册、实用技法、艺术理论、艺术设计、大众生活和艺术教育六个板块专业产品线。凤凰出版社出版省部级以上重点图书《中华大典·文学典·先秦两汉文学分典》(4

册)、《中华大典·文学典·文学理论分典》(2 册)、《中华大典·文学典·总目录总索引》及"十一五"国家重点图书出版规划项目《金圣叹全集》(6 册)。江苏文艺出版社调整出书结构、整合出版资源、优化大众出版,凤凰长篇小说丛书、现代作家经典小说丛书、大家散文文存、北斗文丛等板块在业内和图书市场形成了较大的品牌优势。译林出版社"名著译林"累计达 113 种,"译林名著精选"推出 33 种,"20 世纪经典系列"新出 6 个品种。

南京大学出版社一般(学术)图书、高校教材、基础教育图书三大板块均出现畅销书:《要做股市赢家之一——杨百万股经奉献》《要做股市赢家之二——杨百万股海实战》一度占据各大书城经管类图书销售排行榜前列;文化类图书《香奈儿的态度》、音乐类图书《欧美流行音乐指南》相继登上《三联生活周刊》2008 年第 40 期和第 41 期的"文化学术图书排行榜";基础教育图书销售数在 10 万册以上的有 10 个品种。东南大学出版社在汶川大地震后,立即出版《地震灾后心理防护与干预手册》,6 月 2 日首印 2 万册迅速运往四川灾区免费发送。河海大学出版社注重高校教材和学术著作的研究、开发,出版《中国历史干旱》《画法几何及土木工程制图》《水文模型的应用与研究》《亚太地区小水电现状与问题》《江苏耕地质量建设》等一批具有较高学术价值和原创性的高校教材和学术专著。中国矿业大学出版社出版国家专业技术人才知识更新工程("653 工程")煤炭行业培训教材(共五大领域 34 册),"十五"国家科技攻关计划——"煤矿瓦斯涌出治理技术集成与示范"项目成果系列丛书 5 册。苏州大学出版社主动服务教学科研,服务社会和地方经济文化建设,《苏州精神》从理论和实践的多视角总结苏州改革开放 30 年成功经验。南京师范大学出版社完成省"十一五"重点图书出版规划项目《英国散文史》《武士刀下的南京》《20 世纪中国转型语法学》、教育部"十一五"国家级教材规划项目《教育技术研究方法》、省"农家书屋"精品图书"中国乡村发展系列丛书"中的《乡村环境保护常识》《城乡统筹发展理论与实践》《中国农村可持续发展研究》《中国村镇规划研究的理论与实践》,出版"金陵法学论丛""社会学视野中的教育学丛书""大学改革理论研究丛书"中的新品种等理论著作。

南京出版社出版纪念改革开放 30 周年图书《春华秋实——南京改革开放 30 年纪实》《石城辉煌丛书》《和平学系列丛书》《侵华日军南京大屠杀史研究与文献系列丛书》(第 22、23 册)。古吴轩出版社出版《江南诗韵——孙君良中国画作品选》《一个人与一座城市——谢孝思与苏州文化》《苏州太湖全景图》明信片等一批具有地方文化特色的图书。广陵书社完成"十一五"国家重点图书出版规划项目、全国古籍整理出版规划资助项目及省"十一五"重点图书出版规划项目《晚清国际会议档案》《清代地方人物传记丛刊》《刘申叔遗书补遗》《扬州学派年谱合刊》《畴人传汇编》等。

表 3-7 "十一五"时期(2006～2008 年)江苏图书出版统计表

年 份	2006	2007	2008
本版总量(种)	9 630	10 737	11 328
本版新出(种)	4 344	5 579	5 991
本版重印(种)	5 286	5 158	5 337
本版印数(万册)	47 379.52	49 513.26	50 981.13
总印数(万册/张)	47 379.52	49 513.26	50 981.13
租型数(种)	934	868	452
租型印数(万册)	13 531.70	12 467.29	11 265.78
总印张(千印张)	3 053 233.82	3 169 325.43	3 484 390.06
租型总印张(千印张)	778 129.07	699 218.34	671 586.31

第四章 期刊出版

江苏是期刊大省，期刊种数从1978年的112种发展至2008年的439种，居全国第三，社科类期刊183种，科技类期刊256种。改革开放30年，江苏期刊的发展有两个阶段：第一个阶段为20世纪80～90年代的发展高峰期，从112种发展至1999年的428种。这一时期创刊的主体以研究团体、行业协会和技术研究院所为多，期刊内容的类型以工业技术类的为多，除了原子能技术外，几乎涵盖了所有工业技术类型。第二阶段为1999～2008年稳步发展期，这个阶段在国家层面上对新创办期刊实行严格控制，江苏期刊从428种发展至439种。改革开放30年，江苏的期刊坚持正确的办刊导向，注重对邓小平理论、“三个代表”重要思想和科学发展观的学习、宣传、研究，紧紧围绕经济建设这个中心，推进理论创新、科技创新，为改革发展稳定提供精神动力、智力支持和营造良好的舆论环境；坚持内容为王、质量至上，尊重差异、包容多样，努力满足人民多层次、多方面、多样化的精神文化需要；坚持改革创新、加快发展，推动经营性期刊出版单位转企改制、公益性期刊出版单位提高和改善服务，加快现代传媒技术的学习运用，拓展多元经营，推动传统期刊业向现代传媒产业的转型。

第一节 党政群团等组织主办的期刊

党政群团组织主办期刊的内容主要为理论、宣传、青年、妇女生活以及政府公报、地方志、年鉴等。至2008年年底,由党政群团主办的期刊共有20家。

风流一代 1953年创刊,共青团江苏省委主办、主管。ISSN 1004-0145, CN 32-1071/C。出版地:南京市。半月刊,大16开本。该刊1953年由《苏北青年》和《苏南农村青年报》合并而成,改名为《江苏青年》杂志;1958年停刊,改办为《江苏青年报》;1967年停刊。1985年创办《风流一代》,是江苏省主流的青年读物。

江苏省人民政府公报 1957年创刊,江苏省人民政府主办、主管。CN 32-1804/D。出版地:南京市。半月刊,大16开本。曾用名《江苏政报》,2005年改为现名。该刊为政务性期刊,内容以刊载省政府和省政府办公厅发布的重要规章和文件以及省政府各部门制定的规范性文件为主。

群众 1958年8月1日创刊,中共江苏省委主办、主管。ISSN 0529-5459, CN 32-1041/D。出版地:南京市。16开本,月刊。1962年3月停刊。1979年1月5日,《群众》杂志正式复刊,作为省委的机关刊物一直出版至今。《群众》杂志作为江苏省委主办的理论刊物,始终不渝地继承和发扬《群众》的优良传统,加强理论宣传,服务全党和全省的工作大局,在提高全省党员干部思想理论和政策水平等方面发挥了重要作用。

党的生活(江苏) 1965年创刊,江苏省委组织部、宣传部主办、主管。ISSN 1003-7497, CN 32-1022/D。出版地:南京市。月刊,16开本。曾用名《支部生活》,1980年改为现名。该刊坚持"立足支部、面向党员"的办刊宗旨,服务基层党组织建设、党员队伍建设,是一本覆盖面较广、可读性较强的党建刊物。

唯实 1982年创刊,中共江苏省委党校主办、主管。ISSN 1004-1605, CN 32-1083/D。出版地:南京市。16开本,月刊。该刊是面向各级党校的综合性社会科学理论期刊,设有哲学视界、经济探讨、党建工程、政治文明、法制建设、行政发展、社会经纬、社区建设、杂文随笔等栏目。

人民与权力 1985年创刊,江苏省人大常委会主办、主管。ISSN 1005-7935, CN 32-1409/D。出版地:南京市。月刊,16开本。该刊旨在及时反映省人大常委会会议活动情况和议政结果,为省直机关的工作及全省人民的政治、经济、文化和社会生活提供法律依据。

莫愁 1985年创刊,江苏省妇联主办、主管。ISSN 1003-7764, CN 32-1088/C。出版地:南京市。旬刊,16开本。该刊是综合类文化期刊,是江苏省期刊方阵"双十佳"期刊。

江苏年鉴 1986年创刊,江苏省人民政府主办、主管。ISSN 1005-3379, CN 32-1399/Z。出版地:南京市。年刊,16开本。该刊是全省综合性大型公报性资料年刊,主要记述江苏省在政治、军事、法制、经济管理、农业、工业、镇街企业、民营经济、交通邮电、建设环保、外贸旅游、财政税务、金融保险、科技教育、文化卫生体育、社会生活等方面取得的重大成就以及人物介绍、镇街概况等情况。

江苏地方志 1986年创刊,江苏省地方志编纂委员会办公室主办、主管。ISSN 1003-8485, CN 32-1011/K。出版地:南京市。双月刊,大16开本。该刊是历史文化类期刊,主要任务是指导修志编鉴、研究、宣传、促进地方志事业为社会经济发展服务。主要栏目有修志、研究报告、年鉴论坛、城市文脉、文化遗珍、人物长廊等。

南京年鉴 1987年创刊,南京市地方志编纂委员会主办、主管。ISSN 1006-9933, CN 32-1455/Z。出版地:南京市。年刊,大16开本。主要反映南京市各项事业发展状况、重大事件和新成就。设特载、大事记、概况、各类事业、统计资料、人物、文选选编、附录、企业选介等栏目。

清风苑 1988年创刊,江苏省人民检察院主办、主管。ISSN 1009-5632, CN 32-1615/D。出版地:南京市。月刊,大16开本。该刊2000年面向社会公开发行,是一本法制综合性月刊。

银潮 1991年创刊,中共江苏省委老干部局主办、主管。ISSN 1008-1880, CN 32-1385/C。出版地:南京市。月刊,大16开本。该刊是综合性文化生活期刊,致力于弘扬积极高尚精神、传播高雅先进文化、建设温馨和谐家庭、引导老人积极养老。

常州年鉴　1991年创刊，常州市地方志办公室主办，常州市人民政府主管。ISSN 1671－363X，CN 32－1624/Z。出版地：常州市。年刊，大16开本。该刊主要刊载常州市各行各业每年的基本情况和发展状况。

江苏政协　1992年4月创刊，江苏省政协办公厅主办。ISSN 1004－7433，CN 32－1350/D。出版地：南京市。月刊，16开本。该刊宗旨为宣传中国共产党的基本路线和方针政策，宣传中国共产党领导的多党合作和政治协商制度，传播、交流政协和参加政协的各党派、团体的工作情况和经验，为各级政协委员会履行政治协商和民主监督职能以及参政议政开辟宣传阵地。

世纪风采　1994年创刊，中共江苏省委党史工作办公室主办、主管。ISSN 1005－6599，CN 32－1408/D。出版地：南京市。月刊，16开本。该刊系政治、历史类期刊，以发表第一手史料的纪实性文章和独家刊登领袖人物、名人名家的传记性作品为主要内容。

钟山风雨　2001年创刊，江苏省政协文史委员会主办，江苏省政协主管。ISSN 1009－9077，CN 32－1623/K。出版地：南京市。双月刊，大16开本。该刊系文史刊物，主要报道近现代以来全国和江苏重大历史事件和重要历史人物。主要栏目有卷首论坛、史海纵横、往事追忆、沧桑岁月、人物春秋、趣闻轶事、文化长廊等。

江苏行政学院学报　2001年创刊，江苏省行政学院主办，江苏省委党校主管。ISSN 1009－8860，CN 32－1562/C。出版地：南京市。双月刊，大16开本。该刊系人文和社会科学类的综合性学术期刊。设马克思主义中国化研究、哲学研究、文化研究、经济学研究、社会学研究、政治学研究、行政学研究、法学研究、文学研究、历史研究等栏目。

中共南京市委党校学报　2002年创刊，中共南京市委党校主办、主管。ISSN 1672－1071，CN 32－1783/D。出版地：南京市。双月刊，大16开本。该刊系人文社会科学期刊，主要刊载哲学研究、邓小平理论及“三个代表”重要思想研究、经济学理论与实践、政治学与公共行政、法治理论与实践、党史党建研究、南京经济社会发展研究。

江苏交通年鉴　2002年创刊，江苏省交通行业宣传教育中心主办，江苏省交通运输厅主管。ISSN 1671－7635，CN 32－1677/Z。出版地：南京市。年刊，16开本。该刊系省级专业性年鉴，旨在为社会各界人士了解和研究江苏交通情况提供基本资料。

南京市政府公报（后改名南京市人民政府公报）　2003年创刊，南京市人民政府办公厅主办、主管。ISSN 1672－3376，CN 32－1715/D。出版地：南京市。月刊，16开本。该刊为政务性期刊，内容以刊载市政府和市政府办公厅发布的重要规章和文件以及市政府各部门制定的规范性文件为主。

第二节　出版传媒机构主办的期刊

至2008年年底，省内传媒机构主办的期刊共有32家。此类期刊主要是大众类期刊，内容主要集中于社会人文科学领域，具有贴近人们的生活、变化快的特点。

江苏教育　1953年创刊，江苏教育报刊总社主办，江苏省教育厅主管。ISSN 1005－6009，CN 32－1410/G4。出版地：南京市。周刊，大16开本。曾用名《江苏教育》（小学版）、《江苏教育》（中学版）。该刊主要宣传国家中学教育工作的方针政策，开展教育理论、教育思想、教学观点与教育、教学实践问题的研讨。该刊被1992年版《中文核心期刊要目总览》收录。

儿童故事画报　1970年创刊，江苏人民出版社主办，江苏省出版总社主管。ISSN 1002－0330，CN 32－1056/C。出版地：南京市。原名《红小兵》，32开本，1978年7月改名《江苏儿童》，长24开本。1984年起由江苏少年儿童出版社主办，1987年3月改名为《儿童故事画报》，先为月刊，后为旬刊，分上月故事版、中月百科趣味版、下月智力游戏版，16开本。

画刊　1974年创刊，江苏美术出版社主办，江苏省出版总社主管。ISSN 1005－6890，CN 32－1692/J。出版地：南京市。月刊，大16开本。初期为双月刊，1985年改为月刊。原刊名《江苏画刊》，2003年改为《画刊》。该刊关注美术变革中出现的新思潮、新成果、新信息，推出新的艺术群体、青年画家及美术理论家，报道外国当代美术。

少年文艺　1976 年创刊，江苏少年儿童出版社主办，江苏省出版总社主管。ISSN 1002－0365，CN 32－1055/I。出版地：南京市。月刊，16 开本。初由江苏人民出版社主办，1984 年起改由江苏少年儿童出版社主办。该刊是以青少年为读者对象的文艺类刊物。

译林　1979 年创刊，译林出版社主办，凤凰出版传媒集团主管。ISSN 1001－1897，CN 32－1029/I。出版地：南京市。正刊为双月刊，增刊为季刊，大 16 开本。该刊系中国最大的外国文学杂志。该刊被 1992 年版、1996 年版、2000 年版、2004 年版、2008 年版《中文核心期刊要目总览》收录。连续两年被列入全国百种重点社科期刊，荣获首届国家期刊奖。

祝您健康　1980 年创刊，江苏科学技术出版社主办，凤凰出版传媒集团主管。ISSN 1003－4242，CN 32－1051/R。出版地：南京市。月刊，16 开本。该刊系医学科普期刊，每月定期出版《祝您健康》《祝您健康·文摘》《祝您健康·妈妈帮》3 种期刊。刊载的内容以介绍中老年人养生健体、防病治病、生活保健知识为主。

早期教育　1983 年创刊，江苏教育报刊总社主办，江苏省教育厅主管。ISSN 1005－6017，CN 32－1099/G4。出版地：南京市。月刊，大 16 开本。该刊系学前幼儿教育类杂志。

全国优秀作文选　1984 年创刊，江苏教育出版社主办，江苏省出版总社主管。ISSN 1004－0293，CN 32－1748/G4。出版地：南京市。月刊，大 32 开本。该刊曾为《全国中学优秀作文选》，有初中、高中、美文精粹三个版本。2005 年改为现名，增加到 6 个版本：小学低年级、中高年级、综合阅读，中学初中版、高中版、美文精粹。该刊是江苏省期刊方阵“双十佳”期刊。

传媒观察　1984 年创刊，新华日报报业集团主办、主管。ISSN 1672－3406，CN 32－1712/G2。出版地：南京市。月刊，大 16 开本。曾用名《新闻通讯》。设有专题聚焦、热点透视、专家论坛、学术园地、新媒体研究、亮点直击、媒介经济、难点解读、问题与思考、记者视点、业界探讨、编辑心语、海外传媒等栏目。该刊被 2004 年版《中文核心期刊要目总览》收录。

江苏高教　1985 年创刊，江苏教育报刊总社主办，江苏省教育厅主管。ISSN 1003－8418，CN 32－1048/G4。出版地：南京市。双月刊，16 开本。该刊系高等教育学术理论刊物，从理论和实践两个方面研究、探索高等教育改革和发展等问题。该刊是江苏省期刊方阵“双十佳”期刊。被 2004 年版、2008 年版《中文核心期刊要目总览》收录。

新语文学习　1985 年创刊，江苏教育出版社主办，江苏省出版总社主管。ISSN 1673－0216，CN 32－1746/G4。出版地：南京市。月刊，32 开本。曾用名《小学生语文学习》，2005 年改为现名。该刊是一本针对小学生的语文辅导类刊物。

古典文学知识　1986 年创刊，凤凰出版社主办，凤凰出版传媒集团主管。ISSN 1006－9917，CN 32－1101/I。出版地：南京市。双月刊，大 32 开本。该刊是古典文化知识的普及性杂志，旨在通俗系统地介绍中国古典文学的基础知识，弘扬中华民族优秀传统文化，面向初中以上文化程度的广大读者。

改革与开放　1986 年创刊，南京出版社主办，南京市新闻出版局主管。ISSN 1004－7069，CN 32－1034/F。出版地：南京市。半月刊，大 16 开本。该刊以探讨改革开放以来有关社会经济、政治文化等方面的文章为主。

视听界　1986 年创刊，江苏省广播电视总台主办、主管。ISSN 1004－5171，CN 32－1294/G2。出版地：南京市。双月刊，大 16 开本。该刊是广播电视类学术刊物。

现代特殊教育　1992 年创刊，江苏教育报刊总社主办，江苏省教育厅主管。ISSN 1004－8014，CN 32－1344/G4。出版地：南京市。月刊，大 16 开本。该刊为特殊教育专业期刊。

钓鱼　1993 年创刊，江苏省出版总社主办、主管。ISSN 1672－5786，CN 32－1703/G。出版地：南京市。半月刊，16 开本。该刊系为垂钓爱好者提供交流平台、促进垂钓活动健康发展的专业期刊。

初中生世界　1994 年创刊，江苏教育报刊总社主办，江苏省教育厅主管。ISSN 1005－8826，CN 32－1411/G4。出版地：南京市。周刊，32 开本。该刊是以初中学生为读者对象的综合性学习杂志。

东方文化周刊　1996年创刊，江苏省广播电视总台主办、主管。ISSN 1007－7316，CN 32－1464/G0。出版地：南京市。周刊，大16开本。该刊是集大众性、生活性、娱乐性和时尚性为一体的刊物。

广告大观　1996年创刊，江苏省广播电视总台主办、主管。ISSN 1004－5171，CN 32－1730/F。出版地：南京市。旬刊，大16开本。该刊按上中下旬分别出版综合版、理论版、媒介版。

东方娃娃　1999年创刊，江苏少年儿童出版社、南京师范大学出版社主办，凤凰出版传媒集团主管。ISSN 1008－3952，CN－1520/Z。出版地：南京市。月刊，大16开本。适合3～7岁宝宝阅读，分为智力版和绘本版。该刊倡导适合幼儿的图画书理念以及注重贴近幼儿阅读心理。2005年，荣获第三届国家期刊奖并被教育部评为“全国优秀幼儿读物”。

好家长　2001年创刊，南京出版社主办、主管。ISSN 1009－8569，CN 32－1616/G0。出版地：南京市。半月刊，16开本。该刊宗旨是汇聚更多的教育资讯，传播更新的教育理念，倡导更美的教育情操，讲述更好的教育故事。

英语新世纪　2002年创刊，译林出版社主办、主管。ISSN 1672－237X，CN 32－1636/G4。出版地：南京市。双月刊，大16开本。该刊系教育综合类杂志，致力于英语教育研究。

东方宝宝　2002年创刊，江苏少年儿童出版社主办，江苏省出版总社主管。ISSN 1671－8046，CN 32－1663/Z。出版地：南京市。月刊，由绘本刊、智力刊、亲子刊和宝宝CD四个部分组成，绘本刊、智力刊24开本，亲子刊16开本。该刊是以0～4岁婴儿及其父母为读者对象的刊物，注重以先进的育儿理念指导婴幼儿的阅读。2005年，荣获教育部推荐的“全国优秀幼儿读物”称号。

新高考　2003年9月创刊，江苏教育出版社主办，凤凰出版传媒集团主管。ISSN 1672－593X，CN 32－1718/G4。出版地：南京市。月刊，大16开本。该刊主要涵盖高考考生的考试科目，分高三语文、数学、外语版，物理、化学、生物版，政治、历史、地理版三版；高二语文、数学、外语版和高一语文、数学、外语版等多个版本。

董事会　2004年创刊，江苏人民出版社主办，凤凰出版传媒集团主管。ISSN 1672－9447，CN 32－1740/F。出版地：南京市。月刊，16开本。该刊是以公司治理为核心的财经管理期刊，内容定位于公司治理和推进中国董事会制度健康运作。

数位时尚　2005年创刊，江苏省广播电视总台主办、主管。ISSN 1673－9914，CN 32－1738/G。出版地：南京市。半月刊，16开本。该刊报道信息产业及电子行业中的前沿科技动态，为广大教育、科研工作者、IT技术人员提供学术交流平台。

阅读　2005年创刊，江苏教育报刊总社主办、主管。ISSN 1672－8858，CN 32－1729/G4。出版地：南京市。周刊，大32开本。该刊面向小学学生，以语文、英语学习辅导为主，分低年级版、中年级版和高年级版。

培训　2005年创刊，新华日报报业集团主办、主管。ISSN 1673－2650，CN 32－1757/G4。出版地：南京市。双月刊，16开本。该刊系中国第一本管理者培训与发展实战期刊，着重于企业培训与人才发展最新案例、实用方法的报道与分析。

七彩语文　2006年创刊，初由江苏新华发行集团主办，2010年转为江苏教育出版社主办，2011年转为江苏少年儿童出版社主办，凤凰出版传媒集团有限公司主管。ISSN 1003－2193，CN 32－1767/C。出版地：南京市。旬刊，大32开本。该刊系小学语文新课程新教材延伸期刊，是小学语文学习的有益补充。

幼儿100　2008年创刊，江苏少年儿童出版社主办，凤凰出版传媒集团主管。ISSN 1674－182X，CN 32－1784/C。出版地：南京市。半月刊，16开本。该刊系幼儿教育类刊物，注重趣味性、知识性、游戏性和实用性。

国际博物馆　2008年创刊，译林出版社主办、主管。ISSN 1674－2753，CN 32－1788/K。出版地：南京市。季刊，16开本。该刊是一个交流有关博物馆和文化遗产的科学和技术信息的期刊。

现代苏州　2008年创刊，苏州日报报业集团主办、主管。ISSN 1674－1196，CN 32－1781/Z。出版地：苏州市。半月刊，大16开本。该刊的主要栏目有半月速读、专题、民生视点、风尚人生、文化地理、苏州美眉等。

第三节　科研、技术设计院所主办的期刊

由科研和技术设计院所主办的期刊94家，其中1979～1988年创刊37家，1989～1998年创刊14家，1999～2008年创刊10家。

一、工业技术类期刊

涂料工业　1959年创刊，中海油常州涂料化工研究院主办、主管。ISSN 0523－4312，CN 32－1154/TQ。出版地：常州市。月刊，大16开本。原名《涂料技术报导》，1961年更名为《涂料技术资料》，1963年更名为《化工技术资料——涂料专业分册》，1967～1969年改为内部资料《涂料技术简讯》，1970年定名为《涂料工业》。该刊刊登涂料、颜料及涂装等行业相关的文章。

石油物探　1962年创刊，中国石油化工股份有限公司石油物探技术研究院主办，中国石油化工集团公司主管。ISSN 1000－1441，CN 32－1284/TE。出版地：南京市。双月刊，大16开本。该刊系石油物探的专业期刊。

石油实验地质　1963年创刊，中国石化石油勘探开发研究院、中国地质学会石油地质专业委员会主办，中国石化集团主管。ISSN 1001－6112，CN 32－1151/TE。出版地：无锡市。双月刊，大16开本。曾用名《石油地质实验》。该刊系石油实验地质专业期刊。

涂料技术与文摘　1962年创刊，中海油常州涂料化工研究院、中国化工学会涂料涂装专业委员会主办，中海油常州涂料化工研究院主管。ISSN 1672－2418，CN 32－1672/TQ。出版地：常州市。月刊，16开本。曾用名《涂料文摘》。该刊是报道最新涂料技术进展及市场发展动态的专业期刊。

江苏陶瓷　1963年创刊，江苏省陶瓷研究所有限公司主办，江苏省科学技术厅主管。ISSN 1006－7337，CN 32－1251/TQ。出版地：宜兴市。双月刊，大16开本。曾用名《江苏陶瓷简报》。该刊系陶瓷行业的综合性科技期刊。

国外机车车辆工艺　1964年创刊，中国南车集团戚墅堰机车车辆工艺研究所主办，中国南车集团公司主管。ISSN 1007－6077，CN 32－1182/U。出版地：常州市。双月刊，大16开本。该刊坚持“实现铁道机车车辆工业现代化为中心，面向科研和生产”的办刊宗旨。

机车车辆工艺　1964年创刊，中国南车集团戚墅堰机车车辆工艺研究所主办，中国南车集团公司主管。ISSN 1007－6034，CN 32－1181/U。出版地：常州市。双月刊，大16开本。该刊主要报道机车车辆、轨道交通装备发展等。该刊被1992年版、1996年版《中文核心期刊要目总览》收录。

电加工与模具　1966年创刊，苏州电加工机床研究所、中国机械工程学会特种加工分会主办，苏州电加工机床研究所主管。ISSN 1009－279X，CN 32－1589/TH。出版地：苏州市。双月刊，大16开本。创刊初期为《电加工快报》，1972年更名为《电加工》，1981年公开发行，2000年更名为《电加工与模具》。该刊是特种加工和模具制造领域公开发行的专业性技术刊物。

江苏丝绸　1972年1月1日创刊，江苏省丝绸集团有限公司、江苏省丝绸协会、江苏省丝绸科学研究所主办、主管。ISSN 1003－9910，CN 32－1261/TS。出版地：苏州市。双月刊，大16开本。该刊主要刊载丝绸行业生产管理、技术工艺、商贸经营、丝绸文化等。

化工矿物与加工　1972年创刊，中蓝连海设计研究院主办、主管。ISSN 1008－7524，CN 32－1492/TQ。出版地：连云港市。月刊，大16开本。曾用名《化工矿山技术》，1998年改为现名。该刊系化工矿山的专业期刊。

电力自动化设备　1973年创刊，南京电力自动化研究所、南京电力自动化设备总厂、国电南京自动化股份有限公司主办，中国华电集团公司主管。ISSN 1006－6047，CN 32－1318/TM。出版地：南京市。月刊，大16开本。该刊系电力自动化的专业期刊，为江苏省期刊方阵“双十佳”期刊，第三届国家期刊奖提名奖获奖期刊。

混凝土与水泥制品　1974年创刊，苏州混凝土水泥制品研究院主办、主管。ISSN 1000－4637，CN 32－1173/TU。出版地：苏州市。月刊，16开本。该刊是混凝土与水泥制品行业的专业期刊。

苏盐科技　1974年创刊，江苏省盐业经济技

术信息站主办，江苏省盐业集团有限责任公司主管。ISSN 1005－880X，CN 32－1252/TS。出版地：连云港市。季刊，大16开本。曾用名《淮盐科技通讯》。该刊系服务江苏省制盐工业的期刊。

电力系统自动化　1977年创刊，国家电网电力科学研究院主办，国家电网公司主管。ISSN 1000－1026，CN 32－1180/TP。出版地：南京市。半月刊，大16开本。该刊系电力系统自动化技术专业期刊。

水电自动化与大坝监测　1977年创刊，国家电网南京自动化研究院主办，国家电网公司主管。ISSN 1671－3893，CN 32－1641/TV。出版地：南京市。双月刊，大16开本。曾用名《大坝观测与土工测试》。该刊系水电自动化与大坝监测的专业期刊。

舰船电子对抗　1978年创刊，中国船舶重工集团公司第七二三研究所主办，中国船舶重工集团公司主管。ISSN 1673－9167，CN 32－1413/TN。出版地：扬州市。双月刊，大16开本。原名《舰用雷达与对抗》。该刊系与海军舰船电子对抗有关的专业期刊。

勘探地球物理进展　1978年创刊，中国石化石油勘探开发研究院南京石油物探研究所主办，中国石油化工集团公司主管。ISSN 1671－8585，CN 32－1664/TE。出版地：南京市。双月刊，大16开本。曾用名《石油物探译丛》。该刊主要刊载国内有关油气藏评价与开发工程方面的科研成果和先进经验。

玻璃纤维　1978年创刊，南京玻璃纤维研究设计院主办、主管。ISSN 1005－6262，CN 32－1129/TQ。出版地：南京市。双月刊，大16开本。该刊为专业性的建材科技期刊，内容主要包括行业发展动态、工程应用、玻璃纤维和玻璃钢新技术新工艺、产品质量评述等。

非金属矿　1978年创刊，苏州非金属矿工业设计研究院主办、主管。ISSN 1000－8098，CN 32－1144/TD。出版地：苏州市。双月刊，大16开本。该刊为建材技术期刊，为江苏省期刊方阵“双十佳”期刊。

工矿自动化　1978年创刊，中国煤炭科工集团常州自动化研究院主办，国家煤矿安全监察局主管。ISSN 1671－251X，CN 32－1627/TP。出版地：常州市。月刊，大16开本。曾用名《煤矿自动化》，2002年更名为《工矿自动化》。该刊系工矿自动化的专业技术期刊。

水利水运工程学报　1979年创刊，南京水利科学研究院主办，水利部主管。ISSN 1009－640X，CN 32－1613/TV。出版地：南京市。双月刊，大16开本。原名《水利水运科学研究》，2001年改为现名。该刊被1992年版、1996年版、2000年版、2004年版、2008年版《中文核心期刊要目总览》收录。

现代雷达　1979年创刊，南京电子技术研究所主办，中国电子科技集团公司主管。ISSN 1004－7859，CN 32－1353/TN。出版地：南京市。月刊，大16开本。该刊以刊登国内先进雷达技术为主。

指挥控制与仿真　1979年创刊，中国船舶重工集团公司江苏自动化研究所主办，中国船舶重工集团公司主管。ISSN 1673－3819，CN 32－1759/TJ。出版地：连云港市。双月刊，大16开本。该刊系武器工业与军事科技类刊物。

化学工业与工程技术　1980年创刊，中国石化集团南京化学工业有限公司技术中心主办，江苏省石化资产管理有限公司主管。ISSN 1006－7906，CN 32－1445/TQ。出版地：南京市。双月刊，16开本。原名《南化科技》，1995年改为现名。该刊为化工科研与生产技术交流信息的专业期刊。

水泥工程　1980年创刊，南京水泥工业设计研究院有限公司主办、主管。ISSN 1007－0389，CN 32－1449/TU。出版地：南京市。双月刊，大16开本。该刊系技术类科技期刊，报道各种规模新型干法水泥生产线的设计、建设和生产经验、科研动态等。

电工电气　1981年创刊，苏州电器科学研究所有限公司主办，江苏省机械工业联合会主管。ISSN 1007－3175，CN 32－1800/TM。出版地：苏州市。月刊，大16开本。前身为《江苏电器》。该刊为电工电气科学技术类期刊。

固体电子学研究与进展　1981年创刊，南京电子器件研究所主办，工业和信息化部主管。ISSN 1000－3819，CN 32－1110/TN。出版地：南京市。双月刊，大16开本。该刊为固体物理和微电子学领域的学术期刊，被1992年版、1996年版、2000年版、2004年版、2008年版《中文核心期刊要目总览》收录。

光电子技术 1981年创刊，工业和信息化部南京电子器件研究所主办，工业和信息部主管。ISSN 1005－488X，CN 32－1347/TN。出版地：南京市。季刊，大16开本。该刊系光电子技术专业期刊。

水利信息化 1983年创刊，南京水利水文自动化研究所主办，水利部主管。ISSN 1674－9405，CN 32－1819/T。出版地：南京市。双月刊，16开本。曾用名《水利水文自动化》，2010年4月改为现名。该刊系以服务水利行业信息化建设为宗旨的期刊。

江苏科技信息 1984年创刊，江苏省科学技术情报研究所主办，江苏省科技情报学会协办，江苏省科技厅主管。ISSN 1004－7530，CN 32－1191/T。出版地：南京市。旬刊，16开本。该刊主要是为全省科技系统管理人员学习和研讨科技政策、科技战略和交流科技管理心得搭建的一个平台。

中国资源综合利用 1982年创刊，徐州国贸稀贵金属综合利用研究所、中国物资再生协会共同主办，徐州国贸稀贵金属综合利用研究所主管。ISSN 1008－9500，CN 32－1332/TG。出版地：徐州市。月刊，大16开本。该刊是关于资源综合利用的期刊。

印染助剂 1984年创刊，常州化工研究所有限公司主办，常州市科学技术协会主管。ISSN 1004－0439，CN 32－1262/TQ。出版地：常州市。月刊，大16开本。该刊主要刊载与纺织印染助剂相关的综述、研究报告、技术与经验交流等。该刊被1996年版、2000年版、2008年版《中文核心期刊要目总览》收录。

江苏安全生产 1984年创刊，江苏省安全生产宣教中心主办，江苏省安全生产监督管理局主管。ISSN 1006－3390，CN 32－1778/X。出版地：南京市。月刊，16开本。原名《江苏劳动保护》，2006年改为现名。该刊坚持为工矿企业安全生产管理服务。

电力环境保护 1985年创刊，中国电机工程学会电力环保专委会、国电环境保护科学研究所主办，中国国电集团公司主管。ISSN 1009－4032，CN 32－1428/X。出版地：南京市。双月刊，大16开本。该刊系电力环保方面的专业期刊。

生态与农村环境学报 1985年创刊，南京环境科学研究所主办，环境保护部主管。ISSN 1673－4831，CN 32－1766/X。出版地：南京市。双月刊，大16开本。该刊初名为《农村生态环境》。该刊报道生态与农村环境保护领域研究的动态、理论、方法与成果。

航天电子对抗 1985年创刊，中国航天科工集团8511研究所主办，中国航天科工集团公司主管。ISSN 1673－2421，CN 32－1329/TN。出版地：南京市。双月刊，大16开本。该刊系电子/光电攻防对抗技术的专业期刊。该刊被1996年版《中文核心期刊要目总览》收录。

电子机械工程 1985年创刊，南京电子技术研究所主办，江苏省国防科学技术工业办公室主管。ISSN 1008－5300，CN 32－1539/TN。出版地：南京市。双月刊，16开本。该刊系中国电子学会电子机械工程分会会刊。

合成技术及应用 1986年创刊，仪征化纤股份有限公司主办，中国石油化工集团总公司主管。ISSN 1006－334X，CN 32－1414/TQ。出版地：扬州市。季刊，大16开本。曾用名《南化科技》。该刊为面向合成纤维、塑料等合成材料及其原料的生产、科研与应用领域的专业期刊。

精细石油化工进展 1986年创刊，中国石化集团金陵分公司和中国石化集团精细石油化工科技情报中心站联合主办，中国石化股份有限公司主管。ISSN 1009－8348，CN 32－1601/TE。出版地：南京市。月刊，大16开本。该刊重点报道国内外精细石油化工领域的新技术、新工艺和新产品等。

工业控制计算机 1988年创刊，中国计算机学会工业控制计算机专业委员会、江苏省计算技术研究所主办，江苏省科技厅主管。ISSN 1001－182X，CN 32－1764/TP。出版地：南京市。月刊，大16开本。该刊系中国计算机学会会刊之一。

燃气轮机技术 1988年创刊，南京燃气轮机研究所主办、主管。ISSN 1009－2889，CN 32－1393/TK。出版地：南京市。季刊，16开本。该刊系燃气轮机技术的专业期刊。

江苏环境科技 1988年创刊，江苏省环境科学研究所、徐州市环境保护科学研究所主办，江苏省环保厅主管。ISSN 1004－8642，CN 32－1363/

X。出版地：徐州市。双月刊，大16开本。原名《环境科学技术》。该刊主要报道环境科学研究成果、实用技术。

现代塑料加工应用 1989年创刊，中国石化扬子石油化工有限公司和中国石化资产经营管理有限公司扬子石化分公司主办，中国石油化工集团公司主管，编辑部设在扬子石油化工股份有限公司研究院和中国石化总公司塑料加工应用情报中心站。ISSN 1004-3055，CN 32-1326/TQ。出版地：南京市。双月刊，16开本。该刊系塑料加工专业技术性刊物。该刊为江苏省期刊方阵“双十佳”期刊，被2004年版、2008年版《中文核心期刊要目总览》收录。

环境监测管理与技术 1989年创刊，江苏省环境监测中心、南京市环境监测中心站主办，江苏省环保厅、南京市环保局主管。ISSN 1006-2009，CN 32-1418/X。出版地：南京市。双月刊，大16开本。原为季刊，1995年改为双月刊。该刊主要刊载国内外环境保护的新成果、新技术、新动态、新经验。该刊被2004年版《中文核心期刊要目总览》收录。

电力安全技术 1990年创刊，中国电机工程学会安全技术专业委员会、苏州热工研究所主办，国家电网公司主管。ISSN 1008-6226，CN 32-1543/TM。出版地：苏州市。月刊，大16开本。该刊系电力安全技术专业期刊。

铁道机车车辆工人 1993年创刊，中国南车集团戚墅堰机车车辆工艺研究所主办，铁道部主管。ISSN 1007-6042，CN 32-1354/U。出版地：常州市。月刊，大32开本。该刊以铁路机车车辆工业为主要报道内容。

农业开发与装备 1995年创刊，农业部南京农业机械化研究所主办，农业部主管。ISSN 1673-9205，CN 32-1779/TH。出版地：南京市。月刊，16开本。该刊主要刊载与农业开发与装备相关的研究成果。

塑料助剂 1997年创刊，南京市化学工业研究设计院有限公司主办，南京化建产业（集团）有限公司主管。ISSN 1672-6294，CN 32-1717/TQ。出版地：南京市。双月刊，大16开本。该刊系塑料助剂的专业期刊。

电力需求侧管理 1999年创刊，国家电网公司电力需求侧管理指导中心主办，国家电网公司主管。ISSN 1009-1831，CN 32-1592/TK。出版地：南京市。双月刊，16开本。该刊是电力需求侧管理方面的专业期刊，为江苏省期刊方阵“双十佳”期刊。

能源研究与利用 2000年创刊，江苏省节能技术服务中心、东南大学热能工程研究所、江苏省能源研究会主办，江苏省经济贸易委员会主管。ISSN 1001-5523，CN 32-1196/TK。出版地：南京市。双月刊，大16开本。该刊主要宣传国家能源方针政策，预测能源市场和国际贸易前景和介绍能源与节能科学管理及技术的应用研究成果。

电子与封装 2001年创刊，中国电子科技集团公司第五十八研究所主办，信息和工业化部主管。ISSN 1681-1070，CN 32-1709/TN。出版地：无锡市。月刊，16开本。该刊是中国电子学会电子制造与封装技术分会会刊和中国半导体行业协会封装分会会刊。

机电信息 2001年创刊，江苏《机电信息》杂志社有限公司主办，江苏省设备成套有限公司主管。ISSN 1671-0797，CN 32-1628/TM。出版地：南京市。旬刊，大16开本。该刊是机电行业的专业期刊。

现代农药 2002年创刊，江苏省农药研究所、江苏省农药协会、江苏省农药科技信息站主办，江苏省经济委员会主管。ISSN 1671-5284，CN 32-1639/TQ。出版地：南京市。双月刊，大16开本。该刊主要报道我国农药研究技术的新进展、世界农药发展动态。

电动自行车 2003年创刊，江苏省轻工科技情报总站、中国自行车协会助力自行车专业委员会主办，江苏省科技厅主管。ISSN 1672-6936，CN 32-1685/TH。出版地：南京市。月刊，大16开本。该刊系服务电动自行车企业的专业期刊。

现代交通技术 2004年11月创刊，江苏省交通科学研究院主办，江苏省交通厅主管。ISSN 1672-9889，CN 32-1736/U。出版地：南京市。双月刊，大16开本。该刊系以土木（路桥）工程、交通运输工程为主的专业期刊。

无线互联科技 2004年创刊，江苏省科技情报所主办，江苏省科技厅主管。ISSN 1672-6944，CN 32-1675/TN。出版地：南京市。月刊，16开本。该刊是反映无线互联科技发展状况的专业期刊。

二、农业科学类期刊

农家致富 1956年创刊，江苏省农业产业发展研究中心(江苏农村经济杂志社)主办，江苏省农林厅主管。ISSN 1672－6456，CN 32－1699/S。出版地:南京市。半月刊，32开本。曾用名《当代农业》。该刊系农业科普期刊，坚持为农民致富服务的办刊宗旨。

中国农机化 1957年创刊，农业部南京农业机械化研究所主办，农业部主管。ISSN 1006－7205，CN 32－1123/S。出版地:南京市。双月刊，大16开本。该刊是农业机械化领域的理论刊物。

生物质化学工程 1961年创刊，中国林科院林产化工研究所主办，国家林业局主管。ISSN 1673－5854，CN 32－1768/S。出版地:南京市。双月刊，16开本。曾用名《林化科技通讯》《林产化工通讯》。

江苏农业科学 1973年创刊，江苏省农业科学院主办、主管。ISSN 1002－1302，CN 32－1214/S。出版地:南京市。月刊，大16开本。曾用名《江苏农业科技》。该刊系综合性农业科技期刊，为第三届国家期刊奖提名奖期刊、第二届国家期刊奖百种重点期刊、江苏省期刊方阵“双十佳”期刊。

江苏林业科技 1974年创刊，江苏省林业科学研究院、江苏省林业科技情报中心主办，江苏省林业局主管。ISSN 1001－7380，CN 32－1236/S。出版地:南京市。双月刊，16开本。该刊系综合性林业科学技术专业期刊。

中国蚕业 1980年创刊，中国农业科学院蚕业研究所主办，农业部主管。ISSN 1007－0982，CN 32－1421/S。出版地:镇江市。季刊，大16开本。曾用名《国外农学——蚕业》，1994年改为现名。该刊系全国性蚕业科技刊物。

大麦与谷类科学 1984年创刊，江苏沿海地区农业科学研究所主办，江苏省农业科学院主管。ISSN 1673－6486，CN 32－1769/S。出版地:盐城市。季刊，16开本。该刊是中国作物学会大麦委员会的专业期刊。

江苏农机化 1985年创刊，江苏省农业机械试验鉴定站主办，江苏省农业机械管理局主管。ISSN 1004－9908，CN 32－1250/S。出版地:南京市。双月刊，大16开本。该刊为农机科技刊物。

江苏农业学报 1985年创刊，江苏省农业科学院主办、主管。ISSN 1000－4440，CN 32－1213/S。出版地:南京市。双月刊，大16开本。该刊是综合性农业牧业学术刊物。

植物资源与环境学报 1992年创刊，江苏省植物研究所、中国科学院植物研究所、江苏省植物学会、中国环境科学学会植物园保护分会联合主办，江苏省科技厅主管。ISSN 1004－0978，CN 32－1339/S。出版地:南京市。季刊，大16开本。曾用名《植物资源与环境》，2000年改为现名。该刊系植物专业性学术刊物。

三、自然科学类期刊

土壤 1958年创刊，中国科学院南京土壤研究所主办，中国科学院主管。ISSN 0253－9829，CN 32－1118/P。出版地:南京市。双月刊，大16开本。该刊反映国内外土壤科学发展的最新动向，多次被《中文核心期刊要目总览》收录。

地层学杂志 1966年创刊，全国地层委员会、中国科学院南京地质古生物研究所主办，中国科学院主管。ISSN 0253－4549，CN 32－1187/P。科学出版社出版。季刊，大16开本。该刊系地层学及相关的地质学、沉积学、古地理学、古生态学、古气候学研究的学术性期刊。该刊多次被《中文核心期刊要目总览》收录。

地质学刊 1977年创刊，江苏省地质调查研究院、江苏省地质学会、中国地质学会主办，江苏省国土资源厅主管。ISSN 1674－3636，CN 32－1796/P。出版地:南京市。季刊，大16开本。前身为《江苏地质》，2008年改为现名。该刊是中国地质学会数学地质与地学信息专业委员会会刊。

资源调查与环境 1980年创刊，南京地质矿产研究所主办，国土资源部主管。ISSN 1671－4814，CN 32－1640/N。出版地:南京市。季刊，16开本。该刊侧重于基础地质调查、矿产资源、地质灾害防治、地质环境保护等内容。

中国野生植物资源 1982年创刊，南京野生植物综合利用研究设计院主办，中华全国供销合作总社主管。ISSN 1006－9690，CN 32－1381/Q。双月刊，大16开本。出版地：南京市。该刊报道野生经济植物最新科研成果等。

微体古生物学报　1984年9月创刊，中国科学院南京地质生物研究所主办，中国科学院主管。ISSN 1000－0674，CN 32－1189/Q。出版地：南京市。季刊，大16开本。该刊是亚洲地区唯一的在微体古生物学方面的学术刊物，为全国中文核心期刊，多次被《中文核心期刊要目总览》收录。

湖泊科学　1989年创刊，中国科学院南京地理与湖泊研究所、中国海洋湖沼学会联合主办，中国科学院主管。ISSN 1003－5427，CN 32－1331/P。科学出版社出版。双月刊，16开本。该刊是湖泊方面的专业性学术期刊，多次被《中文核心期刊要目总览》收录。

水科学进展　1990年创刊，南京水利科学研究院、中国水利学会主办，水利部主管。ISSN 1001－6791，CN 32－1309/P。出版地：南京市。双月刊，大16开本。该刊系以水为论述主题的学术期刊，多次被《中文核心期刊要目总览》收录。

土壤圈　1991年创刊，中国科学院南京土壤研究所、中国土壤学会主办，华南农业大学、南京农业大学、浙江大学、中国农业大学（依拼音排序）协办，中国科学院主管。ISSN 1002－0160，CN 32－1315/P。出版地：南京市。双月刊，大16开本。该刊是中国出版的土壤学科唯一外文版国际性学术期刊，也是我国土壤学领域唯一的SCI源刊、中国自然科学核心期刊和"中国期刊方阵"期刊。

生物进化　2007年创刊，中国科学院南京地质古生物研究所、中国科学院古脊椎动物与古人类研究所主办，中国科学院主管。ISSN 1673－7024，CN 32－1770/Q。出版地：南京市。季刊，16开本。原名《古生物学文摘》，2006年更名为《生物进化》，系科普刊物。

四、医药卫生类期刊

江苏医药　1975年创刊，江苏省人民医院主办，江苏省卫生厅主管。ISSN 0253－3685，CN 32－1221/R。出版地：南京市。半月刊，大16开本。该刊主要栏目有临床研究、实验研究等。该刊被1992年版、1996年版、2000年版、2004年版、2008年版《中文核心期刊要目总览》收录。

中国生化药物杂志　1976年创刊，南京生物化学制药研究所、全国生化制药情报中心站、中国生化制药工业协会、中国药品生物制品检定所主办，南京生物化学制药研究所主管。ISSN 1005－1678，CN 32－1355/R。出版地：南京市。双月刊，大16开本。该刊是生化制药行业的专业期刊，被《中文核心期刊要目总览》收录。

国外医学卫生经济分册　1984年创刊，江苏省医学情报研究所主办，卫生部主管。ISSN 1001－1137，CN 32－1133/R。出版地：南京市。季刊，大16开本。该刊主要介绍国内外卫生经济、卫生政策及医疗保障制度等领域的研究和发展现状。

实用老年医学　1986年创刊，江苏省老年医学研究所主办，江苏省卫生厅主管。ISSN 1003－9198，CN 32－1338/R。出版地：南京市。双月刊，大16开本。该刊主要报道老年医学的基础理论、临床医疗、预防保健及流行病学等内容。

江苏预防医学　1990年创刊，江苏省疾病预防控制中心、江苏预防医学会主办。ISSN 1006－9070，CN 32－1446/R。出版地：南京市。双月刊，大16开本。该刊系预防医学领域的专业期刊。

肾脏病与透析肾移植杂志　1992年创刊，金陵医院肾脏病研究所主办，江苏省卫生厅主管。ISSN 1006－298X，CN 32－1425/R。出版地：南京市。双月刊，大16开本。该刊主要刊载交流与推广肾脏病学、透析与肾移植方面的临床实践经验和科研成果。

江苏卫生保健　1999年创刊，江苏省爱国卫生运动委员会办公室、江苏省疾病预防控制中心主办，江苏省爱国卫生运动委员会主管。ISSN 1008－7338，CN 32－1540/R。出版地：南京市。双月刊，大16开本。该刊是医药卫生综合类杂志。

五、其他类期刊

江海学刊　1958年创刊，江苏省社会科学院主办、主管。ISSN 1000－856X，CN 32－1013/C。出版地：南京市。1959年停刊，1960年复刊，1964年再度停刊。1979年10月以《群众论丛》之名复刊。1982年1月复名为《江海学刊》。1986年以《江海学刊（文史哲版）》和《江海学刊（经法社版）》

分别出版。1990年两刊合并出版。双月刊，大16开本。该刊关注与探索社会发展中的重大理论与实践问题，重点刊载经济学、社会学、政治学、法学、哲学、文学、历史学等学科的研究成果。该刊被历次《中文核心期刊要目总览》收录，中国人文社会科学引文索引来源期刊。1999年荣获首届国家期刊奖，2001年入选全国期刊方阵双奖层次，多次荣获全国百种重点社科期刊、华东地区最佳期刊、江苏省期刊方阵“双十佳”期刊称号。

市场周刊 1978年创刊，江苏省惠隆资产管理有限公司（江苏省物资集团）主办、主管。ISSN 1008－4428，CN 32－1514/F。出版地：南京市。月刊，16开本。曾用名《市场周刊》（研究版）、《市场周刊》（财经论坛）。该刊重点刊发市场热点调研报告、深度财经报道以及商旅休闲文化。

体育与科学 1978年创刊，江苏省体育科学研究所主办，江苏省体育局主管。ISSN 1004－4590，CN 32－1208/G8。出版地：南京市。双月刊，大16开本。曾用名《江苏体育科技》。该刊系体育专业期刊。该刊曾被《中文核心期刊要目总览》收录，为中文社会科学引文索引来源期刊。

世界经济与政治论坛 1981年创刊，江苏省社会科学院世界经济研究所主办，江苏省社会科学院主管。ISSN 1007－1369，CN 32－1544/F。出版地：南京市。双月刊，16开本。曾用名《国外社会科学情况》。该刊集中刊登国际经济学、国际政治经济学、国际政治等领域的最新研究成果。该刊为中文社会科学引文索引来源期刊，被2004年版、2008年版《中文核心期刊要目总览》收录。

现代经济探讨 1982年创刊，江苏省社会科学院主办、主管。ISSN 1009－2382，CN 32－1566/F。出版地：南京市。月刊，大16开本。曾用名《江苏经济探讨》。该刊注重经济领域重大问题的理论探讨和实证分析，探讨我国经济改革发展中的热点和难点问题。该刊为中文社会科学引文索引来源期刊。

江苏教育研究 1984年创刊，江苏省教育科学研究院主办，江苏省教育厅主管。ISSN 1673－9094，CN 32－1777/G4。出版地：南京市。旬刊，大16开本。该刊系综合性教育理论刊物，分理论版、实践版和职教版三个版本。

明清小说研究 1985年创刊，江苏省社会科学院文学研究所明清小说研究中心主办，江苏省社会科学院主管。ISSN 1004－3330，CN 32－1017/I。出版地：南京市。季刊，32开本。该刊刊载明清小说研究资料、研究论文。该刊曾被《中文核心期刊要目总览》收录，为中文社会科学引文索引来源期刊。

艺术百家 1985年创刊，江苏省文化艺术研究所主办，江苏省文化厅主管。ISSN 1003－9104，CN 32－1092/J。出版地：南京市。双月刊，大16开本。初名《剧艺百家》，1987年改用现名。该刊刊载艺术学、音乐学、美术学、设计艺术学、戏剧戏曲学等研究成果。该刊曾被《中文核心期刊要目总览》收录，为中文社会科学引文索引来源期刊。

民国档案 1985年创刊，中国第二历史档案馆主办、主管。ISSN 1000－4491，CN 32－1012/G2。出版地：南京市。季刊，大16开本。该刊主要公布各档案馆、文博部门及个人收藏的民国档案资料，发表利用民国档案资料研究民国史成果。该刊被1992年版、1996年版、2000年版、2004年版、2008年版《中文核心期刊要目总览》收录。

学海 1990年创刊，江苏省社会科学院主办、主管。ISSN 1001－9790，CN 32－1308/C。出版地：南京市。双月刊，16开本。该刊涵盖社会科学各学科，尤其以哲学、社会学、历史学、法学、经济学为主。

世界华文文学论坛 1990年创刊，江苏省社会科学院、江苏台港与海外华文文学研究中心、江苏省台港暨海外华文文学研究会主办，江苏省社会科学院主管。ISSN 1008－0163，CN 32－1478/I。出版地：南京市。季刊，16开本。该刊系世界文学类杂志。

第四节　研究团体主办的期刊

江苏省内各级各类协会、学会、研究会等团体众多，至2008年年底，由此类团体主办的期刊有82家，其中18家创刊于1978年之前，一般由全国性研究团体主办。1978年以后，各行各业的研究团体大量涌现，其主办期刊亦大量增加。1979～1988年，省内研究团体主办的新创期刊有50家，其中大部分由各类学会、协会或研究会主办。1988年以后，研究团体新创期刊较少，1989～1998年新创刊9家，1999～2008年新创刊只有6家。

研究团体主办的期刊涉及的学科较多，哲学、社会学类的4家，经济类4家，文化、教育、历史类15家，自然科学类11家，医药、卫生类10家，农业科学类8家，工业技术类29家。

一、哲学、社会学类期刊

江苏社会科学　1978年创刊，江苏省哲学社会科学联合会主办、主管。ISSN 1003-8671，CN 32-1312/C。出版地：南京市。双月刊，16开本。该刊为人文社会科学综合性学术刊物，主要报道人文社会科学领域的最新研究成果和江苏省社会科学的学术动态。该刊被《中文核心期刊要目总览》收录，为中文社会科学引文索引来源期刊。

现代管理科学　1982年创刊，江苏省技术经济与管理科学现代化研究会主办，江苏省经济贸易委员会主管。ISSN 1007-368X，CN 32-1281/C。出版地：南京市。双月刊，16开本。该刊开展技术、管理现代化和知识经济的学术讨论、理论研究和方法推广，培养技术经济和现代化管理人才，推动科学技术和管理的现代化。

江南论坛　1993年创刊，上海市社会科学界联合会、浙江省社会科学界联合会、江苏省哲学社会科学联合会、无锡市哲学社会科学联合会主办，无锡市委宣传部主管。ISSN 1006-0057，CN 32-1405/C。出版地：无锡市。月刊，大16开本。该刊是以经济理论、应用理论、地方特色为主的综合性理论学术刊物。

金陵瞭望　2001年创刊，金陵瞭望杂志社、南京市教育学会、南京教育家协会主办，南京市教育局、南京日报报业集团主管。ISSN 1671-3605，CN 32-1622/D。出版地：南京市。旬刊，16开本。该刊前身为1985年南京市委宣传部创办的《南京宣传》，2001年更名为《金陵瞭望》并重新创刊。该刊是以党政、档案、教育为主的教育类综合期刊。

二、经济类期刊

现代金融　1983年创刊，江苏省农村金融学会主办，中国农业银行江苏省分行主管。ISSN 1008-5262，CN 32-1547/F。月刊，大16开本。1983～1999年，原刊名为《江苏农村金融》，1999年改为现名。

江苏农村经济　1984年创刊，江苏农业经济学会主办，江苏省农业委员会主管。ISSN 1007-5275，CN 32-1046/F。出版地：南京市。半月刊，大16开本。该刊聚焦农村改革，透视农业发展，关注农民生活，以指导全省农业和农村工作为宗旨。

江苏商论　1984年创刊，江苏省商业经济学会主办，江苏省哲学社会科学界联合会主管。ISSN 1009-0061，CN 32-1076/F。出版地：南京市。月刊，大16开本。曾用名《现代商业》，1997年改为《江苏商论》。该刊被2008年版《中文核心期刊要目总览》收录。

金融纵横　1987年创刊，江苏省金融协会主办，中国人民银行南京分行主管。ISSN 1009-1246，CN 32-1564/F。出版地：南京市。月刊，大16开本。曾用名《江苏金融》。

三、文化、教育、历史类期刊

雨花　1957年创刊，江苏省作家协会主办、主管。ISSN 1005-9059，CN 32-1069/I。出版地：南京市。月刊，大16开本。该刊以刊登小说为主，兼及散文、报告文学、诗歌、评论及其他体裁的文学作品。

三角洲　1972年创刊，南通日报社、南通市文学艺术界联合会主办，南通市委宣传部主管。ISSN 1003-9643，CN 32-1043/G4。出版地：南通市。双月刊，大16开本。前身是1972年1月创刊的内部交流刊物《创作交流》，由南通市文化局创作办公室主办。1979年第一期改名为《紫琅》，3月划归市文联主办。1984年第一期改名为《三角洲》。1987年全国发行。该刊2002年改版为校园文学杂志。

钟山　1978年创刊，江苏省作家协会主办、主管。ISSN 1005-7595，CN 32-1073/I。出版地：南京市。初创时为文艺丛刊，大32开本。1980年6月改为大型文学期刊，当年共出4期。后改为双月刊，16开本，主要发表中篇小说。

翠苑　1980年创刊，常州市文学艺术界联合会主办，常州市委宣传部主管。ISSN 1005-5282，CN 32-1009/I。出版地：常州市。双月刊，大16

开本。该刊是文学期刊。

机械职业教育　1980年创刊，中国机械工业教育协会、无锡职业技术学院主办，江苏省教育厅主管。ISSN 1007－1776，CN 32－1457/G4。出版地：无锡市。月刊，16开本。该刊是机械工业教育方面的期刊。

新世纪图书馆　1980年创刊，江苏省图书馆学会、南京图书馆主办，江苏省文化厅主管。ISSN 1672－514X，CN 32－1691/G2。出版地：南京市。月刊，大16开本。曾用名《江苏图书馆学报》《江苏图书馆工作》。该刊系图书馆学情报学专业刊物。

档案与建设　1984年创刊，江苏省档案局和江苏省档案学会主办，江苏省档案局主管。ISSN 1003－7098，CN 32－1085/G2。出版地：南京市。月刊，大16开本。该刊宣传贯彻党和国家有关档案工作的方针政策、法律法规，指导业务建设，组织学术研究，致力于发展档案事业。该刊被2004年版《中文核心期刊要目总览》收录。

连云港文学　1984年创刊，连云港市文学艺术界联合会主办，连云港市委宣传部主管。ISSN 1008－0759，CN 32－1063/I。出版地：连云港市。双月刊，16开本。该刊系文学类期刊，主要发表当地作家的文学作品。

金山　1985年创刊，镇江市文学艺术界联合会主办，镇江市委宣传部主管。ISSN 1005－9407，CN 32－1035/I。出版地：镇江市。月刊，大16开本。该刊刊载有关文学欣赏及影视作品、文化建设等研究成果。

中国名城　1987年创刊，中国城市科学研究会历史文化名城委员会主办，中共扬州市委主管。ISSN 1674－4144，CN 32－1793/GO。出版地：扬州市。月刊，大16开本。该刊是国内唯一专门研究和宣传历史文化名城的刊物。

苏州杂志　1988年创刊，苏州市文学艺术界联合会主办，苏州市委宣传部主管。ISSN 1005－1651，CN 32－1108/I。出版地：苏州市。双月刊，16开本。该刊坚持弘扬苏州优秀文化的宗旨和“当代意识、文化风貌、地方特色”的办刊方针。该刊多次被评为江苏省“双十佳”期刊，国家期刊奖百种重点期刊。

诗刊　1999年创刊，江苏省作家协会主办、主管。ISSN 1009－542X，CN 32－1602/I。出版地：南京市。该刊主要刊载诗和文学评论。

铁军　2001年创刊，中国新四军和华中抗日根据地研究会主办、主管。ISSN 1671－0150，CN 32－1626/K。出版地：南京市。初为双月刊，2006年1月起改为月刊，大16开本。该刊系以“宣传新四军光辉历史”为办刊宗旨的社科类综合性期刊。

歌迷大世界　2005年创刊，江苏省文学艺术界联合会主办、主管。ISSN 1005－1708，CN 32－1384/J。出版地：南京市。半月刊，大16开本。该刊主要刊载文学艺术评论、艺术史料史论、创作谈、艺术教育等内容。

明日风尚　2006年创刊，南京市文学艺术界联合会主办，南京市委宣传部主管。ISSN 1673－8365，CN 32－1775/G0。出版地：南京市。月刊，8开本。曾用名《明日风尚（生活态度）》。该刊是娱乐时尚生活杂志。

四、自然科学类期刊

土壤学报　1948年创刊，中国土壤学会主办、中国科学院南京土壤研究所承办，中国科学院主管。ISSN 0564－3929，CN 32－1119/P。北京科学出版社出版。初名为《中国土壤学会会志》，不定期刊。1952年更名为《土壤学报》。1955～1956年定期出版，为半年刊。1957年改为季刊。1966年停刊。1978年复刊。2002年改为双月刊，大16开本。该刊主要刊载土壤科学及相关领域的研究论文。

天文学报　1953年创刊，中国天文学会主办，紫金山天文台承办，中国科学院主管。ISSN 0001－5245，CN 32－1113/P。北京科学出版社出版。双月刊，16开本。该刊主要刊载天体物理、天体力学、天体测量等天文各大分支学科以及天文仪器、天文学史、天文观测新发现等方面的科学成果。该刊曾被评为“百种中国杰出期刊”。

古生物学报　1953年创刊，中国古生物学会、中国科学院南京地质古生物研究所主办，中国科学院主管。ISSN 0001－6616，CN 32－1188/Q。北京科学出版社出版。季刊，大16开本。该刊是古生物学综合性学术刊物。该刊为江苏省期刊方阵“双十佳”期刊，被2004年版、2008年版《中文核心期刊要目总览》收录。

现代测绘 1978年出版，江苏省测绘学会、江苏省测绘行业协会和江苏省测绘科技信息站主办，江苏省测绘局主管。ISSN 1672－4097，CN 32－1694/P。出版地：南京市。双月刊，大16开本。曾用名《江苏测绘》。该刊主要刊载测绘动态、理论研究、应用技术、测绘信息、经验交流等内容。

气象科学 1980年创刊，江苏省气象学会主办，江苏省气象局、南京大学大气科学学院、南京信息工程大学、中国人民解放军理工大学气象学院4家单位合办，江苏省气象局主管。ISSN 1009－0827，CN 32－1243/P。出版地：南京市。双月刊，大16开本。该刊主要刊登气象科学各分支领域的科研学术论文、短论和技术总结。

物理学进展 1981年创刊，中国物理学会主办，中国科学技术协会主管。ISSN 1000－0542，CN 32－1127/O4。出版地：南京市。季刊，16开本。该刊是物理学评述性论文的刊物。该刊被2004年版《中文核心期刊要目总览》收录。

防灾减灾工程学报 1981年创刊，中国灾害防御协会、江苏省地震局主办，江苏省地震局主管。ISSN 1672－2132，CN 32－1695/P。出版地：南京市。双月刊，大16开本。该刊刊载防御和减轻自然灾害的基础性学术研究论文和应用性科研成果。

海洋工程 1983年创刊，中国海洋学会、南京水利科学研究院主办，中国科学技术协会主管。ISSN 1005－9865，CN 32－1423/P。出版地：南京市。季刊，大16开本。该刊主要刊载近海工程、海岸工程、水下潜水救捞技术、海洋能源利用等方面学术论文。该刊曾被《中文核心期刊要目总览》收录。

中国工作犬业 1985年创刊，中国工作犬管理协会、公安部南京警犬研究所主办，公安部主管。ISSN 1673－0135，CN 32－1734/Q。出版地：南京市。月刊，大16开本。曾用名《警犬》，是系统传播犬的繁育、饲养、疾病防治、训练和工作使用的科普刊物。

无机化学学报 1985年创刊，中国化学会主办，中国科学技术协会主管。ISSN 1001－4861，CN 32－1185/O6。出版地：南京市。月刊，大16开本。曾用名《无机化学》。该刊主要刊载无机化学研究成果。

中国海洋工程 1987年创刊，中国海洋学会主办，中国科学技术协会主管。ISSN 0890－5487，CN 32－1441/P。出版地：南京市。季刊，大16开本。该刊主要刊载研究离岸工程、海洋工程、海洋能源利用工程等方面的论文。

五、医药、卫生类期刊

中华皮肤科杂志 1953年创刊，中华医学会主办，中国科学技术协会主管。ISSN 0412－4030，CN 32－1138/R。出版地：南京市。月刊，大16开本。该刊主要刊载我国皮肤性病科临床科研工作的重大进展。该刊曾被评为江苏省期刊方阵“双十佳”期刊。

江苏中医药 1956年创刊，江苏省中医药学会、江苏省中西医结合学会和江苏省针灸学会联合主办，江苏省卫生厅主管。ISSN 672－397X，CN 32－1630/R。出版地：南京市。月刊，大16开本。曾用名《江苏中医杂志》《江苏中医》《江苏医药》《中医分册》。该刊曾被评为江苏省期刊方阵“双十佳”期刊。

国际皮肤性病学杂志 1964年创刊，中华医学会、中国医学科学院皮肤病研究所主办，卫生部主管。ISSN 1673－4173，CN 32－1763/R。出版地：南京市。双月刊，大16开本。曾用名《国外医学皮肤性病学分册》。该刊主要刊载国际皮肤性病学预防和治疗、临床和实验研究领域新进展等原创性文章。

国际麻醉学与复苏杂志 1980年创刊，中华医学会、徐州医学院主办，卫生部主管。ISSN 1673－4378，CN 32－1761/R。出版地：徐州市。双月刊，16开本。曾用名《国外医学资料（麻醉与复苏）》，1982年更名为《国外医学麻醉学与复苏分册》，2005年更名为《国际麻醉学与复苏杂志》。该刊内容涵盖临床麻醉、重症监测治疗、生命复苏、疼痛诊疗、药物依赖与戒断等领域。

中华核医学杂志 1981年创刊，中华医学会主办，中国科学技术协会主管。ISSN 0253－9780，CN 32－1137/R。出版地：无锡市。双月刊，16开本。该刊主要刊载核医学领先的科研成果和临床诊疗经验。该刊曾被《中文核心期刊要目总览》收录。

中国校医 1987年创刊，中华预防医学会主办，江苏省卫生厅主管。ISSN 1001－7062，CN 32－1199/R。出版地：徐州市。双月刊，大16开本。该刊主要刊载学校医学的新理论、新技术和新成果。

中国临床研究 1988年创刊，中华预防医学会主办，卫生部主管。ISSN 1674－8182，CN 32－1811/R。出版地：南京市。月刊，大16开本。曾用名《中国厂矿医学》。该刊主要刊载临床医学新理论、新技术、新方法。

中国血吸虫病防治 1989年创刊，中华预防医学会、江苏省血吸虫病防治研究所主办，国家卫生部主管。ISSN 1005－6661，CN 32－1374/R。出版地：无锡市。双月刊，大16开本。该刊主要刊载血吸虫病、寄生虫病防治、科研和管理等方面最新成果与动态。该刊曾获第三届国家期刊奖提名奖。

江苏卫生事业管理 1990年创刊，江苏省医学会主办，江苏省卫生厅主管。ISSN 1005－7803，CN 32－1419/R。出版地：南京市。双月刊，大16开本。曾用名《现代卫生事业管理》。该刊主要刊载研究卫生改革、医院管理、医疗质量管理、卫生经济、人才培养与教学科研管理等论文。

中国血液流变学 1991年创刊，中国生物医学工程学会、苏州大学主办，苏州大学第一附属医院、江苏省血液研究所承办，中国科学技术协会主管。ISSN 1009－881X，CN 32－1625/R。出版地：苏州市。季刊，大16开本。该刊为本学科国内唯一有关血液流变学的期刊。

六、农业科学类期刊

蚕业科学 1963年创刊，中国蚕学会、中国农业科学院蚕业研究所主办，中国科学技术协会主管。ISSN 0257－4799，CN 32－1115/S。出版地：镇江市。双月刊，大16开本。该刊是有关蚕学科学的专业期刊。

江苏蚕业 1979年创刊，江苏省蚕桑学会主办，江苏省丝绸集团有限公司主管。ISSN 1003－9848，CN 32－1203/S。出版地：南京市。季刊，大16开本。该刊主要刊载蚕业科技综述与专论、实验研究学术论文、蚕业新技术的创新与应用等内容。

中国家禽 1979年创刊，中国畜牧业协会、中国农科院家禽研究所、江苏省家禽科学研究所主办，江苏省农业委员会主管。ISSN 1004－6364，CN 32－1222/S。出版地：扬州市。半月刊，16开本。曾用名《家禽》。该刊主要刊载鸡、鸭、鹅及特禽的饲养管理、疾病防治、品种繁育、产品加工等新技术、新经验、新成果。该刊曾被《中文核心期刊要目总览》收录。

水产养殖 1980年创刊，江苏省水产学会主办，江苏省海洋与渔业局主管。ISSN 1004－2091，CN 32－1233/S。出版地：南京市。月刊，大16开本。该刊主要刊载鱼、虾、蟹、贝、藻等水产相关水生动植物的繁育、养殖技术及病害防治技术等内容。

中国农史 1981年创刊，中国农业历史学会、中国农业科学院、南京农业大学中国农业遗产研究室主办，国家教育部主管。ISSN 1000－4459，CN 32－1061/S。出版地：南京市。季刊，16开本。该刊主要刊载农业科技史、农业经济史、农村社会史等研究成果。该刊先后被1992年版、1996年版、2000年版、2004年版、2008年版《中文核心期刊要目总览》收录，为中文社会科学引文索引来源期刊。

中国养兔杂志 1982年创刊，江苏省畜牧兽医总站、中国畜牧业协会兔业分会、全国畜牧兽医总站主办，农业部主管。ISSN 1005－6327，CN 32－1321/S。出版地：南京市。双月刊，大16开本。逢单月出版学术版，侧重刊登学术研究性论文；逢双月出版普及版，侧重刊登科普实用性文章。

杂草科学 1983年创刊，江苏省杂草研究会、江苏省农业科学院植物保护研究所主办，江苏省农业科学院主管。ISSN 1003－935X，CN 32－1217/S。出版地：南京市。季刊，大16开本。曾用名《江苏杂草科学》。该刊主要刊载国内外杂草科学研究的最新动态、国内主要研究成果、农田果园等杂草防除技术、化学除草剂新品种及其使用技术等内容。

中国禽业导刊 1985年创刊，中国畜牧业协会、江苏省农业委员会、中国农业科学院家禽研究所主办，农业部主管。ISSN 1008－0619，CN 32－1489/S。半月刊，8开本。该刊系禽业指导类综合性期刊。

七、工业技术类期刊

爆破器材杂志 1958年创刊，中国兵工学会主办，南京理工大学承办，中国科学技术协会主管。ISSN 1001－8352，CN 32－1163/TJ。出版地：南京市。双月刊，大16开本。该刊系爆破器材类专业性技术刊物。

机械设计与制造工程 1964年创刊，中国生产力促进中心协会、江苏省机械研究设计院有限责任公司主办，东南大学主管。ISSN 2095－509X，CN 32－1838/TH。出版地：南京市。月刊，大16开本。该刊主要刊载机械行业技术创新成果。该刊曾被《中文核心期刊要目总览》收录。

机械制造及其自动化 1972年创刊，南京市机械工业局、南京机械工程学会主办，南京机电产业（集团）公司主管。ISSN 1671－5276，CN 32－1643/TH。出版地：南京市。双月刊，16开本。该刊主要刊载机电制造行业新技术、新产品、新材料等研究成果。

现代冶金 1973年创刊，江苏省冶金资产管理有限公司、江苏省金属学会主办，江苏省冶金资产管理有限公司主管。ISSN 1005－6068，CN 32－1207/TF。出版地：南京市。曾用名《江苏冶金》。该刊是冶金专业期刊。

信息化研究 1975年创刊，江苏省电子学会主办，江苏省科学技术委员会主管。ISSN 1674－4888，CN 32－1797/TP。出版地：南京市。双月刊，大16开本。曾用名《江苏电子》《电子工程师》。该刊主要报道最新的实用电子技术和新产品等研究成果。

能源技术与管理 1976年创刊，江苏省煤炭学会、江苏省煤炭工业协会、中国矿业大学主办，江苏煤矿安全监察局主管。ISSN 1672－9943，CN 32－1735/TD。出版地：徐州市。双月刊，大16开本。曾用名《江苏煤炭科技》《江苏煤炭》。该刊系面向能源工业的综合性科技杂志，主要报道能源工业经济运行、科学技术进步、企业管理等方面的新成果与信息动态以及能源行业重大的经济事件、能源行业优秀的管理群体和他们创造的先进的管理模式、管理经验。

岩土工程学报 1979年创刊，中国水利学会、中国土木工程学会、中国力学学会、中国建筑学会、中国水力发电工程学会、中国振动工程学会主办，中国科学技术协会主管。ISSN 1000－4548，CN 32－1124/TU。出版地：南京市。2004年以前为双月刊，2005年改为月刊，大16开本。该刊主要刊载岩土工程领域的研究成果等。该刊曾被《中文核心期刊要目总览》收录。

染整技术 1979年创刊，中国纺织工程学会染整专业委员会主办，常州市纺织工业局主管。ISSN 1005－9350，CN 32－1420/TQ。出版地：常州市。月刊，大16开本。曾用名《江苏印染》。该刊系印染领域的专业期刊。

微波学报 1980年创办，中国电子协会主办，中国科学技术协会主管。ISSN 1005－6122，CN 32－1493/TN。出版地：南京市。双月刊，16开本。该刊是国内唯一微波方面的学术性专业刊物。该刊被2004年版、2008年版《中文核心期刊要目总览》收录。

江苏船舶 1980年创刊，江苏省造船工程学会、江苏省船舶设计研究所主办，江苏省交通厅主管。ISSN 1001－5388，CN 32－1230/U。出版地：镇江市。双月刊，大16开本。该刊主要刊载内河及海洋船舶船用设备和新材料、各种设计与报价的实用资料、船业信息。

现代铸铁 1981年创刊，中国一汽无锡柴油机厂、中国机械工程学会铸造分会主办，中国一汽制造有限公司主管。ISSN 1003－8345，CN 32－1112/TG。出版地：无锡市。季刊，大16开本。该刊主要报道各种铸铁及以铁为基础的复合材料的铸造理论、工艺、设备、造型材料、测试与控制技术等内容。

江苏建材 1981年创刊，江苏省建材行业协会主办，江苏省经济和信息化委员会主管。ISSN 1004－5538，CN 32－1274/TU。出版地：南京市。双月刊，大16开本。该刊主要刊载建材行业技术创新、管理创新、市场创新等内容。

化学传感器 1981年创刊，中国仪器仪表学会主办，中国科学技术协会主管。ISSN 1008－2298，CN 32－1406/TP。出版地：姜堰市。季刊，大16开本。原刊名为《离子选择电极通讯》，1985年改为现名。该刊主要刊载国际和国内本领域的学术最新成就。

江苏建筑 1981年创刊,江苏省土木建筑学会、江苏省建筑科学研究院主办,江苏省住房和城乡建设厅主管。ISSN 1005－6270, CN 32－1195/TU。出版地:南京市。双月刊,16开本。该刊主要刊载江苏建筑业科技新成就、反映江苏建筑业特色的文章。

江苏电机工程 1982年创刊,江苏省电力公司、江苏省电机工程学会主办,江苏省电力公司主管。ISSN 1009－0665, CN 32－1541/TM。出版地:南京市。双月刊,16开本。该刊主要刊载电力行业技术创新、特别是智能电网技术发展成果的文章。

江苏调味副食品 1982年创刊,江苏省调味副食品行业协会主办、主管。ISSN 1006－8481, CN 32－1235/TS。出版地:镇江市。双月刊,大16开本。该刊主要反映调味品、食品、营养保健品和酿造等行业的新产品、新技术、新工艺等。

江苏纺织 1982年创刊,江苏省纺织工业协会、江苏省纺织(集团)总公司主办,江苏省纺织(集团)总公司主管。ISSN 1005－6289, CN 32－1277/TS。出版地:南京市。月刊,大16开本。该刊主要刊载江苏纺织服装业资讯。

中国建筑防水 1984年创刊,中国建筑防水材料工业协会、中化建防水材料公司、中化建公司苏州防水材料研究设计所主办,中化建防水材料公司主管。ISSN 1007－497X, CN 32－1462/TU。出版地;苏州市。月刊,16开本。该刊主要报道建筑防水材料科研成果,传播建筑防水行业信息与动态。

江苏通信 1985年创刊,江苏省通信学会、江苏省邮电科学研究所主办,江苏省通信管理局主管。ISSN 1007－9513, CN 32－1480/TN。出版地:南京市。双月刊,大16开本。曾用名《江苏通信技术》。该刊主要刊载通信行业最新科技成果,开展学术技术培训交流等内容。

数据采集与处理 1986年创刊,信号处理学会、微弱信号检测学会、南京航空航天大学主办,中国科学技术协会主管。ISSN 1004－9037, CN 32－1367/TN。出版地:南京市。双月刊,16开本。该刊主要刊载各学科、工程技术领域在科学实验和生产过程中有关以计算机为中心的信号检测、数据采集、处理和控制等方面的文章。

现代城市研究 1986年创刊,南京城市科学研究会主办,南京市建设委员会主管。ISSN 1009－6000, CN 32－1612/TU。出版地:南京市。月刊,大16开本。该刊是以城市为研究对象的综合性学术期刊。该刊被2008年版《中文核心期刊要目总览》收录。

现代面粉工业 1987年创刊,江苏省粮食工业协会主办,江苏省粮食局主管。ISSN 1672－1748, CN 32－1661/TS。出版地:南京市。双月刊,大16开本。曾用名《面粉通讯》。该刊是国内唯一以提高制粉技术水平、提升行业发展能力为宗旨的专业期刊。

振动工程学报 1987年创刊,中国振动工程学会主办,中国科学技术协会主管。ISSN 1004－4523, CN 32－1349/TB。出版地:南京市。双月刊,大16开本。该刊主要刊载振动理论与应用等方面的研究成果。

传感技术学报 1988年创刊,全国高校传感器技术研究会、东南大学主办,教育部主管。ISSN 1004－1699, CN 32－1322/TN。出版地:南京市。月刊,大16开本。该刊主要刊载传感器理论和应用领域方面的研究成果。该刊曾被《中文核心期刊要目总览》收录。

汽车维护与修理 1988年创刊,中国汽车维修行业协会主办,交通部主管。ISSN 1006－6489, CN 32－1438/U。出版地:南京市。月刊,大16开本。该刊主要介绍国内外汽车维修与检测诊断技术和现代化管理经验、传递国内外汽车保修设备、培训信息等内容。

美食 1989年创刊,江苏省烹饪协会主办,江苏省商务厅主管。ISSN 1005－0345, CN 32－1379/TS。出版地:南京市。月刊,大16开本。初为双月刊,2009年改为月刊。该刊反映餐饮界的改革与发展动态,致力于餐饮文化的挖掘、研究以及传播等。

电池工业 1996年创刊,中国电池工业协会、轻工业化学电源研究所主办,国家轻工业联合会主管。ISSN 1008－7923, CN 32－1448/TM。出版地:苏州市。双月刊,大16开本。曾用名《电池动态》。该刊主要刊载国内外电池科技成就,反映国际国内电池动态。

江苏水利 1997年1月创刊,江苏省水利学会主办，江苏省水利厅主管。ISSN 1007－7839，CN 32－1474/TV。出版地：南京市。月刊，16开本。该刊是综合性水利科技月刊。

船舶力学 1997年创刊，中国船舶科学研究中心、中国造船工程学会主办，中国船舶重工集团公司主管。ISSN 1007－7294，CN 32－1468/U。出版地：无锡市。月刊，大16开本。其前身是《舰船力学情报》（月刊）和《舰船性能研究》（季刊）及不定期的对外交流英文报告《CSSRC Reports》。该刊主要报道对船舶力学有实用价值的创新理论、试验研究成果以及国内外有关发展动向信息。

第五节 大学主办的学报

江苏是高等教育比较发达的省份，大学学报在全国有相当的知名度。至2008年，全省21所大学中以学校命名的大学学报共56家，其中哲学社会科学人文科学版学报20家，自然科学版学报13家，医药卫生版学报9家，工业技术版学报6家，农业版学报3家，航空航天版学报2家，教育科学版学报2家，经济版学报1家。

大学学报有较长的历史，文科学报的创办集中在三个阶段，《南京大学学报》和《南京师大学报》创刊于1955年，《苏州大学学报》《扬州大学学报》和《徐州师范大学学报》创刊于1975年。1978年改革开放以后，随着我国高等教育事业蓬勃发展，一些理工农林医等高校人文社会科学科研力量的增强，如东南大学、南京航空航天大学、河海大学、南京农业大学、南京邮电大学、中国矿业大学、南京工业大学、江苏大学、江南大学、南京林业大学、江苏科技大学、南京中医药大学、南京医科大学13所大学，在1999年至2001年三年内创刊了人文社会科学版期刊，使全省哲学社会科学和人文科学的期刊有了很大的增长。

自然科学以及农工医等学报也有很长的历史。南京大学、东南大学、南京农业大学、南京航空航天大学、南京药科大学、河海大学、南京林业大学、南京医科大学、南京中医药大学、南京邮电大学、中国矿业大学11所大学的自然科学版等学报，都是在1955年至1960年间创刊。南京师范大学、苏州大学、扬州大学以及徐州师范大学的自然科学版于1975年创刊。其余理工农医等近20家学报集中于1990年前后创办。1990年前后，一些学报的英文版也正式创刊。

一、哲学人文社会科学类学报

南京大学学报（哲学、人文科学、社会科学） 1955年创刊，南京大学主办，教育部主管。ISSN 1007－7278，CN 32－1084/C。出版地：南京市。该刊1955年出版1期，为文、理科综合版。自1956年起，分人文科学版和自然科学版。人文科学版1973年改为哲学社会科学版，1987年改为现名。每年出版一卷，1960～1961年、1966～1972年曾两度休刊。2000年起改为双月刊，至2008年共出版45卷。该刊主要刊载人文社会科学方面的研究成果。该刊先后被1992年版、1996年版、2000年版、2004年版、2008年版《中文核心期刊要目总览》收录，为中文社会科学引文索引来源期刊、国家期刊奖百种重点期刊、教育部“名刊工程”入选期刊、全国“双十佳”社科学报、江苏省期刊方阵“双十佳”期刊。

南京师大学报（社会科学版） 1955年创刊，南京师范大学主办，江苏省教育厅主管。ISSN 1001－4608，CN 32－1030/C。出版地：南京市。双月刊，大16开本。曾用名《南京师院学报》，1984年改为现名。该刊主要刊载人文社会科学方面的研究成果。该刊先后被1992年版、1996年版、2000年版、2004年版、2008年版《中文核心期刊要目总览》收录，为中文社会科学引文索引来源期刊、江苏省期刊方阵“双十佳”期刊、全国高校“双十佳”期刊。

苏州大学学报（哲学社会科学版） 1975年创刊，苏州大学主办，江苏省教育厅主管。ISSN 1001－4433，CN 32－1033/C。出版地：苏州市。双月刊，大16开本。曾用名《江苏师院学报》《江苏师院学报（哲学社会科学版）》，1982年改为现名。该刊主要刊载人文社会科学方面的研究成果。该刊曾被《中文核心期刊要目总览》收录。

徐州师范大学学报（哲学社会科学版） 1975年创刊，徐州师范大学主办，江苏省教育厅主管。ISSN 1007－6573，CN 32－1471/N。出版地：徐州市。季刊，大16开本。曾用名《徐州师范》《徐州师范学院学报(哲学社会科学版)》,1997年改为现名。该刊主要刊载人文社会科学方面的研究成果。

扬州大学学报(人文社会科学版) 1975年创刊,扬州大学主办,江苏省教育厅主管。ISSN 1007-7030,CN 32-1465/C。出版地:扬州市。双月刊,大16开本。前身为《扬州师院学报(哲学社会科学版)》《扬州师院学报(社会科学版)》。该刊主要刊载人文社会科学方面的研究成果。

南京理工大学学报(社会科学版) 1988年创刊,南京理工大学主办,工业和信息化部主管。ISSN 1008-2646,CN 32-1516/C。出版地:南京市。双月刊,大16开本。曾用名《华东工学院学报(哲学社会科学版)》,1993年改为现名。该刊主要刊载人文社会科学方面的研究成果。

南通大学学报(社会科学版) 1991年创刊,南通大学主办,江苏省教育厅主管。ISSN 1673-2359,CN 32-1754/C。出版地:南通市。双月刊,大16开本。原名《南通师范学院学报(哲学社会科学版)》,2005年改为现名。该刊主要刊载人文社会科学方面的研究成果。

南京邮电大学学报(社会科学版) 1999年创刊,南京邮电大学主办,江苏省教育厅主管。ISSN 1673-5420,CN 32-1771/C。出版地:南京市。曾用名《南京邮电学院学报(社会科学版)》,2005年改为现名。该刊主要刊载人文社会科学方面的研究成果。

南京中医药大学学报(社会科学版) 1999年创刊,南京中医药大学主办,江苏省教育厅主管。ISSN 1009-3222,CN 32-1561/C。出版地:南京市。季刊,大16开本。该刊主要刊载人文社会科学和中医文化等方面的研究成果。

中国矿业大学学报(社会科学版) 1983年创刊,中国矿业大学主办,教育部主管。ISSN 1009-105X,CN 32-1593/C。出版地:徐州市。季刊,16开本。该刊主要刊载人文社会科学方面的研究成果。

南京工业大学学报(社会科学版) 1999年创刊,南京工业大学主办,江苏省教育厅主管。ISSN 1671-7287,CN 32-1653/C。出版地:南京市。季刊,大16开本。曾用名《南京化工大学学报(哲学社会科学版)》《南京工业大学学报(哲学社会科学版)》,2001年南京化工大学与南京建筑工程学院合并组建成南京工业大学后改成现名。该刊主要刊载人文社会科学方面的研究成果。

南京航空航天大学学报(社会科学版) 1999年创刊,南京航空航天大学主办,工业和信息化部主管。ISSN 1671-2129,CN 32-1548/C。出版地:南京市。季刊,16开本。该刊1999年由《南航教育学报》非公开内部刊物转办而来,主要刊载人文社会科学方面的研究成果。

东南大学学报(哲学社会科学版) 1999年创刊,东南大学主办,教育部主管。ISSN 1671-511X,CN 32-1517/C。出版地:南京市。双月刊,大16开本。该刊主要刊载人文社会科学方面的研究成果,系社会科学综合性学术刊物。该刊曾被《中文核心期刊要目总览》收录,为中文社会科学引文索引来源期刊。

河海大学学报(哲学社会科学版) 1999年创刊,河海大学主办,教育部主管。ISSN 1671-4970,CN 32-1521/C。出版地:南京市。季刊,大16开本。该刊主要刊载人文社会科学方面的研究成果。

江苏大学学报(社会科学版) 1999年创刊,江苏大学主办,江苏省教育厅主管。ISSN 1671-6604,CN 32-1655/C。出版地:镇江市。季刊,大16开本。该刊主要刊载人文社会科学方面的研究成果。

江南大学学报(人文社会科学版) 2000年创刊,江南大学主办,教育部主管。ISSN 1671-6973,CN 32-1665/C。出版地:无锡市。双月刊,大16开本。前身为《无锡轻工大学学报(社会科学版)》,2002年改为现名。该刊主要刊载人文社会科学方面的研究成果。

南京医科大学学报(社会科学版) 2000年创刊,南京医科大学主办,江苏省教育厅主管。ISSN 1671-0479,CN 32-1606/C。出版地:南京市。双月刊,大16开本。该刊主要刊载医学人文与社会科学研究、卫生事业管理、医学法学和生命伦理学等方面的研究成果。

江苏科技大学学报(社会科学版) 2001年创刊,江苏科技大学主办,江苏省教育厅主管。ISSN 1673-0453,CN 32-1743/C。出版地:镇江市。季刊,16开本。该刊主要刊载人文社会科学方面的研究成果。

南京林业大学学报(人文社会科学版) 2001年创刊,南京林业大学主办,江苏省教育厅主管。ISSN 1671－1165, CN 32－1607/C。出版地:南京市。季刊,大16开本。该刊主要刊载人文社会科学方面的研究成果。

南京农业大学学报(社会科学版) 2001年创刊,南京农业大学主办,教育部主管。ISSN 1671－7465, CN 32－1600/C。出版地:南京市。季刊,大16开本。该刊主要刊载农村、农民、农业方面的研究成果。该刊曾被《中文核心期刊要目总览》收录,为中文社会科学引文索引来源期刊。

二、自然科学理工农医等类学报

中国矿业大学学报(自然科学版) 1955年创刊,中国矿业大学主办,教育部主管。ISSN 1000－1964, CN 32－1152/TD。出版地:徐州市。双月刊,大16开本。该刊主要刊载采矿工程、安全工程、矿物加工工程、资源与地质工程等方面的研究成果。

南京大学学报(自然科学版) 1955年创刊,南京大学主办,教育部主管。ISSN 0469－5097, CN 32－1169/N。出版地:南京市。双月刊,大16开本。该刊主要刊载自然科学各个方面的研究成果。该刊相继被中国科技论文与引文数据库(CSTPCD)、中国科学引文数据库(CSCD)、中国核心期刊(遴选)数据库、中文科技期刊数据库、中国学术期刊文摘(中、英文版)收录。该刊的相关研究成果曾被俄罗斯文摘杂志(РЖ)、美国数学评论(MR)、化学文摘(CA)、德国数学文摘(ZM)等国外权威性数据库和文献杂志收录。曾被中国科学院文献情报中心评为学术影响范围最广的刊物之一,多次入选"百种中国杰出学术期刊"。

南京航空航天大学学报(自然科学版) 1956年创刊,南京航空航天大学主办,工业和信息化部主管。ISSN 1005－2615, CN 32－1429/V。出版地:南京市。双月刊,大16开本。该刊主要刊载航空、航天、民航等方面的研究成果。该刊曾被《中文核心期刊要目总览》收录。

南京农业大学学报 1956年创刊,南京农业大学主办,教育部主管。ISSN 1000－2030, CN 32－1148/S。出版地:南京市。双月刊,大16开本。曾用名《南京农学院学报》,1985年改为现名。该刊主要刊载农业科学、植物保护、园艺科学、动物科学、农业工程等方面的研究成果。该刊曾被《中文核心期刊要目总览》收录。

中国药科大学学报 1956年创刊,中国药科大学主办,教育部主管。ISSN 1000－5048, CN 32－1157/R。出版地:南京市。双月刊,大16开本。原名《华东药学院学报》《南京药学院学报》,1987年改为现名。该刊主要刊载药学方面的研究成果。

南京医科大学学报(自然科学版) 1956年创刊,南京医科大学主办,江苏省教育厅主管。ISSN 1007－4368, CN 32－1442/R。出版地:南京市。月刊,大16开本。曾用名为《苏医学报》《南京医学院学报》,1996年随校名更改为《南京医科大学学报》。该刊主要刊载基础医学、临床医学、预防医学等方面的研究成果。该刊曾被《中文核心期刊要目总览》收录。

河海大学学报(自然科学版) 1957年创办,河海大学主办,教育部主管。ISSN 1000－1980, CN 32－1117/TV。出版地:南京市。双月刊,大16开本。该刊系以水资源开发、利用与保护为重点的综合性学术期刊。

东南大学学报(自然科学版) 1957年创刊,东南大学主办,教育部主管。ISSN 1001－0505, CN 32－1178/N。出版地:南京市。双月刊,大16开本。初名《南工学报》,不定期刊。1959年至1962年休刊。1978年复刊改名为《南京工学院学报》,1988年改为现名。该刊系理工科综合性学术期刊。该刊先后荣获第三届国家期刊奖百种重点期刊奖,首届、第二届和第三届中国高校精品科技期刊奖。2008年,被中国科技信息研究所评为"百种中国杰出学术期刊""中国科技精品期刊"。

南京林业大学学报(自然科学版) 1958年创刊,南京林业大学主办,江苏省教育厅主管。ISSN 1000－2006, CN 32－1161/S。出版地:南京市。双月刊,大16开本。该刊1958年为《南林学报》(半年刊),1960年停刊。1979年为《南京林产工业学院学报》(季刊),1984年为《南京林学院学报》(季刊),1986年为《南京林业大学学报》(季刊),1999年为《南京林业大学学报》(双月刊),2001年为《南京林业大学学报(自然科学版)》(双月刊)。该刊主要刊载生物学、土壤学、林学基础理论、林木遗传与生物技术、森林培育与经营管理等方面的研究成果。

南京中医药大学学报(自然科学版) 1959年创刊,南京中医药大学主办,江苏省教育厅主管。ISSN 1672-0482,CN 32-1247/R。出版地:南京市。双月刊,大16开本。该刊主要刊载中医、中药、针灸、中西医结合等方面的研究成果。

南京邮电大学学报(自然科学版) 1960年创刊,南京邮电大学主办,江苏省教育厅主管。ISSN 1673-5439,CN 32-1772/TN。双月刊,大16开本。出版地:南京市。曾用名《南京邮电学院学报》,2005年改为现名。该刊主要刊载通信、电子、信息学科等方面的研究成果。

南京师大学报(自然科学版) 1975年创刊,南京师范大学主办,江苏省教育厅主管。ISSN 1001-4616,CN 32-1239/N。出版地:南京市。季刊,大16开本。曾用名《南京师院学报(自然科学版)》,1984年改为现名。该刊为综合性的自然科学学术期刊。该刊被2004年版、2008年版《中文核心期刊要目总览》收录。

苏州大学学报(自然科学版) 1975年创刊,苏州大学主办,江苏省教育厅主管。ISSN 1000-2073,CN 32-1226/N。出版地:苏州市。季刊,16开本。曾用名《江苏师范学院学报》。该刊主要刊载自然科学各学科的研究成果。

徐州师范大学学报(自然科学版) 1975年创刊,徐州师范大学主办,江苏省教育厅主管。ISSN 1007-6573,CN 32-1471/N。出版地:徐州市。季刊,大16开本。曾用名《徐州师范学院学报(自然科学版)》,1997年改为现名。该刊主要刊载自然科学各学科的研究成果。

扬州大学学报(自然科学版) 1975年创刊,扬州大学主办,江苏省教育厅主管。ISSN 1007-824X,CN 32-1472/N。出版地:扬州市。季刊,大16开本。前身为《扬州师院学报(自然科学版)》,1998年改为现名。该刊主要刊载数理科学和化学、工业技术、环境科学等方面的研究成果。

江南大学学报(教育科学版) 1978年创刊,江南大学主办,教育部主管。ISSN 1008-6641,CN 32-1523/G4。出版地:无锡市。季刊,大16开本。前身为《无锡教育学院学报》《教学与进修》。该刊主要刊载教育科学方面的研究成果。

南京工业大学学报(自然科学版) 1979年创刊,南京工业大学主办,江苏省教育厅主管。ISSN 1671-7627,CN 32-1670/N。出版地:南京市。双月刊,大16开本。该刊原名为《南京化工学院学报》《南京化工大学学报》。2001年南京化工大学与南京建筑工程学院合并组建成南京工业大学后改为现名。该刊主要刊载化工和土木类科学技术方面的研究成果。该刊曾被评为江苏省期刊方阵"双十佳"期刊,被1979年版《中文核心期刊要目总览》收录。

扬州大学学报(农业与生命科学版) 1980年创刊,扬州大学主办,江苏省教育厅主管。ISSN 1671-4652,CN 32-1648/S。出版地:扬州市。季刊,大16开本。前身为《江苏农学院学报》,1999年更名为《江苏农业研究》,2002年改为现名。该刊主要刊载农业与生命科学方面的研究成果。该刊曾被《中文核心期刊要目总览》收录,为江苏省期刊方阵"双十佳"期刊。

江苏大学学报(自然科学版) 1980年创刊,江苏大学主办,江苏省教育厅主管。ISSN 1671-7775,CN 32-1668/N。出版地:镇江市。双月刊,大16开本。原名《镇江农业机械学院学报》,2001年镇江农业机械学院与镇江医学院、镇江师专合并,组建江苏大学,改为现名。该刊主要刊载农业与机械工程、车辆工程、能源与动力工程等方面的研究成果。该刊曾被《中文核心期刊要目总览》收录。

南通大学学报(医学版) 1981年创刊,南通大学主办,江苏省教育厅主管。ISSN 1674-7887,CN 32-1807/R。出版地:南通市。双月刊,大16开本。原为《南通医学院学报》,南通大学组建后改为现名。该刊主要刊载医学基础研究、临床研究方面的成果。

苏州大学学报(工科版) 1981年创刊,苏州大学主办,江苏省教育厅主管。ISSN 1673-047X,CN 32-1673/T。出版地:苏州市。双月刊,16开本。曾用名《苏州丝绸工学院学报》,2002年改为现名。该刊主要刊载工程技术领域及相关学科方面的研究成果。

南京财经大学学报 1983年创刊,南京财经大学主办,江苏省教育厅主管。ISSN 1672-6049,

CN 32－1719/F。出版地：南京市。双月刊，大16开本。曾用名《南京经济学院学报》《粮食经济研究》。该刊为政治经济类的学术刊物，曾被《中文核心期刊要目总览》收录，获第三届国家期刊奖提名奖。

江苏科技大学学报(自然科学版)　1986年创刊，江苏科技大学主办，江苏省教育厅主管。ISSN 1673－4807，CN 32－1765/N。出版地：镇江市。双月刊，16开本。该刊主要刊载船舶与海洋工程、土木工程、机械工程、动力工程、材料与焊接工程、信息与控制工程等方面的研究成果。该刊被2004年版、2008年版《中文核心期刊要目总览》收录。

苏州大学学报(医学版)　1986年创刊，苏州大学主办，江苏省教育厅主管。ISSN 1673－0399，CN 32－1674/R。出版地：苏州市。双月刊，大16开本。曾用名《苏州医学院学报》，2002年更名为《苏州大学学报(医学版)》。该刊主要刊载医学基础研究、临床研究方面的成果。该刊被2004年版、2008年版《中文核心期刊要目总览》收录。

南京理工大学学报(自然科学版)　1988年创办，南京理工大学主办，工业和信息化部主管。ISSN 1005－9830，CN 32－1397/N。出版地：南京市。双月刊，大16开本。曾用名《华东工学院学报》，1993年改为现名。该刊主要刊载机械工程、车辆工程、电子和电气工程、光电工程、自动控制、计算机科学与技术等方面的研究成果。该刊曾被《中文核心期刊要目总览》收录。

东南大学学报(医学版)　1989年创刊，东南大学主办，教育部主管。ISSN 1671－6264，CN 32－1647/R。出版地：南京市。双月刊，大16开本。前身为《南京铁道医学院学报》，随着南京铁道医学院与东南大学合并，2001年9月更名为《东南大学学报(医学版)》。该刊主要刊载基础医学、临床医学、公共卫生与预防医学、中西医结合、药学等方面的研究成果。

江苏大学学报(医学版)　1991年创刊，江苏大学主办，江苏省教育厅主管。ISSN 1671－7783，CN 32－1669/R。出版地：镇江市。双月刊，大16开本。前身为《镇江医学院学报》。该刊主要刊载医学基础研究、临床研究方面的成果。

扬州大学学报(高教研究版)　1997年创刊，扬州大学主办，江苏省教育厅主管。ISSN 1007－8606，CN 32－1466/G4。出版地：扬州市。双月刊，大16开本。该刊主要刊载高等教育方面的研究成果。

江南大学学报(自然科学版)　1998年创刊，江南大学主办，教育部主管。ISSN 1671－7147，CN 32－1666/N。出版地：无锡市。双月刊，大16开本。前身为《江南学院学报》，2002年2月改为现名。该刊以电子科技为核心，注重学科交叉。

南京师范大学学报(工程技术版)　2001年创刊，南京师范大学主办，江苏省教育厅主管。ISSN 1672－1292，CN 32－1684/T。出版地：南京市。季刊，大16开本。该刊主要刊载工程技术方面的研究成果。

南通大学学报(自然科学版)　2002年创刊，南通大学主办，江苏省教育厅主管。ISSN 1673－2340，CN 32－1755/N。出版地：南通市。季刊，大16开本。该刊主要刊载电子信息工程与计算机科学、电气机械与控制工程、化工生物与环境工程等方面的研究成果。

三、英文版学报

东南大学学报(英文版)　*Journal of Southeast University (English Edition)*，1984年创刊，东南大学主办，教育部主管。ISSN 1003－7985，CN 32－1325/N。出版地：南京市。季刊，大16开本。该刊主要刊载机械动力、能源环境、材料科学、电力电气、通信工程、电子工程、计算机工程等方面的研究成果。

南京航空航天大学学报(英文版)　*Transactions of Nanjing University of Aeronautics and Astronautics (TNUAA)*，1982年创刊，南京航空航天大学主办，国家工业和信息化部主管。ISSN 1005－1120，CN 32－1389/V。出版地：南京市。季刊，大16开本。该刊主要刊载航空、民航、航天科学技术及其理论基础方面的研究成果。该刊曾被《中文核心期刊要目总览》收录，被评为江苏省期刊方阵"双十佳"期刊。

中国矿业大学学报(英文版)　*Journal of China University of Mining and Technology*，1990年创刊，中国矿业大学主办、主管。ISSN 1006－1266，CN 32－1394/TD。出版地：徐州市。季刊，

大16开本。该刊刊载具有矿业特色的自然科学各学科的研究成果。

南京医科大学学报（英文版） *Journal of Nanjing Medical University*，1987年创刊，南京医科大学主办，江苏省教育厅主管。ISSN 1007－4376，CN 32－1443/R。出版地：南京市。双月刊，大16开本。该刊主要刊载基础医学、临床医学、预防医学方面的研究成果。

第六节　高等学院主办的学报

江苏高校众多，是全国高校最多的省份之一，所办学报也是全国最多的省份之一。除了上述22所大学主办的56家学报之外，另有40多所高等学院主办有50多种学报。这些高等学院，一部分是很有特色的专业性高校，如南京艺术学院、南京体育学院、南京审计学院等，也有一部分办校历史较长，科研力量较强，如淮阴师范学院、盐城师范学院、苏州科技学院等，都办有哲学人文社会科学和自然科学两种学报。1980～2000年期间，高职高专院校主办的学报得到迅速发展，成为江苏期刊界一支不可忽视的有生力量。

一、哲学人文社会科学和艺术类学报

南京艺术学院学报（美术与设计版）　1978年创刊，南京艺术学院主办，江苏省教育厅主管。ISSN 1008－9675，CN 32－1008/J。出版地：南京市。双月刊，大16开本。该刊主要刊载当代艺术、艺术教育等方面的研究成果。该刊被2004年版、2008年版《中文核心期刊要目总览》收录。

南京艺术学院学报（音乐与表演版）　1978年创刊，南京艺术学院主办，江苏省教育厅主管。ISSN 1008－9667，CN 32－1557/J。出版地：南京市。季刊，大16开本。曾用名《南艺学报》。该刊主要刊载该院音乐与表演领域的教学与研究成果。该刊为中文社会科学引文索引来源期刊。

淮阴师范学院学报（社会科学版）　1979年创刊，淮阴师范学院主办，江苏省教育厅主管。ISSN 1007－8444，CN 32－1476/G4。出版地：淮安市。季刊，大16开本。该刊主要刊载人文社会科学方面的研究成果，有周恩来研究等特色专栏。

苏州科技学院学报（社会科学版）　1984年创刊，苏州科技学院主办，江苏省教育厅主管。ISSN 1672－0695，CN 32－1689/C。出版地：苏州市。季刊，大16开本。曾用名《铁道师院学报（自然科学版）》《铁道师院学报》《苏州科技大学学报（自然科学版）》《苏州科技学院学报（社会科学版）》。该刊由原苏州铁道师范学院学报（社科版）和苏州城市建设环境保护学报（社科版）合并组成，为综合性学术理论刊物。

江苏教育学院学报（社会科学版）　1985年创刊，江苏教育学院主办，江苏省教育厅主管。ISSN 1671－1696，CN 32－1082/G4。出版地：南京市。双月刊，大16开本。该刊主要刊载中学教育、教学等方面的研究成果。

盐城师范学院学报（人文社会科学版）　1987年创刊，盐城师范学院主办，江苏省教育厅主管。ISSN 1003－6873，CN 32－1053/G4。出版地：盐城市。双月刊，大16开本。曾用名《盐城师专学报》，1999年改为现名。该刊主要刊载人文社会科学方面的研究成果，有新农村建设研究、盐文化研究等特色栏目。

南京体育学院学报（社会科学版）　1987年创刊，南京体育学院主办，江苏省教育厅主管。ISSN 1008－1909，CN 32－1495/C。出版地：南京市。双月刊，大16开本。该刊主要刊载体育教学、运动训练、体育社会人文科学基础理论研究等方面的研究成果。

常州工学院学报（社科版）　1983年创刊，常州工学院主办，江苏省教育厅主管。ISSN 1673－0887，CN 32－1732/C。出版地：常州市。双月刊，16开本。曾用名《常州教育学院学报》《常州师范专科学校学报》，2004年10月改为现名。该刊主要刊载人文社会科学方面的研究成果，有常州文化等特色栏目。

南京工程学院学报（社会科学版）　1998年创刊，南京工程学院主办，江苏省教育厅主管。ISSN 1671－3753，CN 32－1638/Z。出版地：南京市。双月刊，大16开本。曾用名《南京机械高等专科学校学报》。该刊主要刊载人文社会科学方面的研究成果。

江苏工业学院学报（社会科学版）　2000年创

刊，江苏工业学院主办，江苏省教育厅主管。ISSN 1009－7775，CN 32－1609/C。出版地：常州市。季刊，16 开本。曾用名《江苏石油化工学院学报（哲学社会科学版）》。该刊主要刊载人文社会科学方面的研究成果，有环太湖经济圈等特色栏目。

南京审计学院学报　2004 年创刊，南京审计学院主办，江苏省教育厅主管。ISSN 1672－8750，CN 32－1724/F。出版地：南京市。双月刊，大 16 开本。该刊主要刊载经济理论与实践、金融论坛、审计与会计、财政探索等方面研究成果。

表 4－1　1978～2008 年江苏省其他高等院校主办的哲学人文社会科学学报一览表

期刊名称	创刊日期	主办单位	主管单位	国内统一刊号（ISSN）	国际标准刊号（CN）	出版地
南京晓庄学院学报	1985 年	南京晓庄学院	南京市教育局	1009－7902	32－1619/C	南京市
金陵科技学院学报（社会科学版）	1985 年	金陵科技学院	南京市教育局	1673－131X	32－1745/C	南京市
徐州工程学院学报（社会科学版）	1985 年	徐州工程学院	徐州市人民政府	1674－3571	32－1790/C	徐州市
盐城工学院学报（社会科学版）	1988 年	盐城工学院	江苏省教育厅	1008－5092	32－1499/C	盐城市
南京广播电视大学学报	1993 年	南京广播电视大学	南京市教育局	1009－1459	32－1563/C	南京市
南京人口管理干部学院学报	1995 年	南京人口管理干部学院	江苏省教育厅	1007－032X	32－1452/C	南京市
江苏省社会主义学院学报	1996 年	江苏省社会主义学院	江苏省社会主义学院	1672－3163	32－1559/C	南京市
江南社会学院学报（社会科学版）	1999 年	江南社会学院	江苏省教育厅	1673－1026	32－1569/C	苏州市

二、自然科学、教育和综合性学报

苏州科技学院学报（自然科学版）　1984 年创刊，苏州科技学院主办，江苏省教育厅主管。ISSN 1672－0687，CN 32－1701/N。出版地：苏州市。季刊，大 16 开本。该刊主要刊载自然科学有关学科的研究成果。

苏州科技学院学报（工程技术版）　1988 年创刊，苏州科技学院主办，江苏省教育厅主管。ISSN 1672－0679，CN 32－1693/N。出版地：苏州市。季刊，大 16 开本。曾用名《苏州城建环保学院学报》。该刊主要刊载环境工程、土木工程、建筑学、城市规划及相关交叉学科等方面的研究成果。

常州工学院学报　1987 年创刊，常州工学院主办，江苏省教育厅主管。ISSN 1671－0436，CN 32－1598/T。出版地：常州市。双月刊，大 16 开本。该刊主要刊载机械、机械设计与制造、工业自动化等方面的研究成果。

江苏工业学院学报　1989 年创刊，江苏工业学院主办，江苏省教育厅主管。ISSN 1673－9620，CN 32－1780/T。出版地：常州市。季刊，16 开本。曾用名《江苏石油化工学院学报》。该刊主要刊载化学工艺、材料科学与工程、分离工程、油气储运工程等方面的研究成果。

南京体育学院学报（自然科学版）　2002 年创刊，南京体育学院主办，江苏省教育厅主管。ISSN 1671－5950，CN 32－1652/N。出版地：南京市。双月刊，大 16 开本。该刊主要刊载学校体育学、体育社会学、运动心理学、训练学等方面的研究成果。

淮阴师范学院学报（自然科学版）　2002 年创刊，淮阴师范学院主办，江苏省教育厅主管。ISSN 1671－6876，CN 32－1657/N。出版地：淮安市。双月刊，大 16 开本。主要刊登自然科学领域各学科的基础理论研究和应用技术研究等方面的研究成果。

南京工程学院学报（自然科学版）　2003 年创刊，南京工程学院主办，江苏省教育厅主管。ISSN 1672－2558，CN 32－1671/N。出版地：南京市。双月刊，大 16 开本。该刊主要刊载机械、电力、能源动力、自动化等方面的研究成果。

表 4-2　1978～2008 年江苏省其他高等院校主办的综合性和教育类学报一览表

期刊名称	创刊日期	主办单位	主管单位	国际标准书号 (ISSN)	国内统一刊号 (CN)	出版地
扬州教育学院学报	1983 年	扬州教育学院	扬州市人民政府	1008-6536	32-1555/G4	扬州市
苏州教育学院学报	1984 年	苏州市职业大学	苏州市人民政府	1008-7931	32-1556/G4	苏州市
连云港师范高等专科学校学报	1984 年	连云港师范高等专科学校	连云港市人民政府	1009-7740	32-1618/G4	连云港市
苏州市职业大学学报	1985 年	苏州市职业大学	苏州市人民政府	1008-5475	32-1524/G4	苏州市
江苏经贸职业技术学院学报	1985 年	江苏经贸职业技术学院	江苏省教育厅	1672-2604	32-1705/Z	南京市
镇江高专学报	1986 年	镇江市高等专科学校	江苏省教育厅	1008-8148	32-1511/G4	镇江市
南通职业大学学报	1987 年	南通职业大学	南通市人民政府	1008-5327	32-1528/G4	南通市
常熟理工学院学报	1988 年	常熟理工学院	江苏省教育厅	1008-2794	32-1749/Z	常熟市
沙洲职业工学院学报	1988 年	沙洲职业工学院	沙洲职业工学院	1009-8429	32-1525/G4	张家港市
连云港职业技术学院学报	1988 年	连云港职业技术学院	连云港职业技术学院	1009-4318	32-1595/Z	连云港市
淮阴工学院学报	1988 年	淮阴工学院	江苏省教育厅	1009-7961	32-1605/T	淮安市
扬州职业大学学报	1994 年	扬州职业大学	扬州市人民政府	1008-3693	32-1529/G4	扬州市
江苏建筑职业技术学院学报	2001 年	江苏建筑职业技术学院	江苏省教育厅	2095-3550	32-1830/Z	徐州市
南京工业职业技术学院学报	2001 年	南京工业职业技术学院	江苏省教育厅	1671-4644	32-1635/Z	南京市
南通纺织职业技术学院学报	2001 年	南通纺织职业技术学院	江苏省教育厅	1671-6191	32-1645/Z	南通市
泰州职业技术学院学报	2001 年	泰州职业技术学院	江苏省教育厅	1671-0142	32-1599/G4	泰州市
无锡商业职业技术学院学报	2000 年	无锡商业职业技术学院	江苏省教育厅	1671-4806	32-1644/Z	无锡市
无锡职业技术学院学报	2002 年	无锡职业技术学院	江苏省教育厅	1671-7880	32-1678/Z	无锡市
常州信息职业技术学院学报	2002 年	常州信息职业技术学院	江苏省信息产业厅	1672-2434	32-1688/Z	常州市
南通航运职业技术学院学报	2002 年	南通航运职业技术学院	江苏省教育厅	1671-9891	32-1686/Z	南通市
苏州工艺美术职业技术学院学报	2003 年	苏州工艺美术职业技术学院	江苏省教育厅	1672-3848	32-1714/Z	苏州市

第七节　高等院校主办的专业性、应用性期刊

高等院校主办的期刊除学术性学报外，还有一批专业性、应用性期刊。至 2008 年，全省共有此类期刊 52 家。其中，1979～1988 年创办 29 家，1999～2008 年创办 7 家。52 家专业性、应用性期刊中，工业技术类、文化教育类期刊为多，各有超过 10 家，医药卫生类期刊也有近 10 家。这些期刊紧紧依托各高校的优势专业，面向广大的基层群众，使高校优势专业的理论与技术得到了传播与交流。

一、工业技术类期刊

农业装备技术　1975 年创刊，江苏大学农业装备工程研究院、江苏省镇江市农业机械技术推广站主办，江苏省教育厅主管。ISSN 1671-633，CN 32-1646/S。出版地：镇江市。双月刊，大 16 开本。曾用名《农机化科技》《江苏农机与农艺》。该刊主要刊载农业领域新技术、新产品、新工艺、新材料等实用科技新成果。

电子器件　1978 年创刊，东南大学主办，教育

部主管。ISSN 1005－9490，CN 32－1416/TN。出版地：南京市。双月刊，16开本。该刊主要刊载真空电子学、微波电子学、光电子学、薄膜电子学、电子显示技术等方面的研究成果。

电气电子教学学报 1979年创刊，东南大学、教育部高等学校电子信息与电气学科教学指导委员会、高等学校电子信息科学与电气信息类基础课程教学指导委员会主办，教育部主管。ISSN 1008－0686，CN 32－1487/TN。出版地：南京市。双月刊，大16开本。该刊主要刊载各电类专业的专业课和基础课教学、科研方面的成果。

水利水电科技进展 1981年创刊，河海大学主办，教育部主管。ISSN 1006－7647，CN 32－1439/TV。出版地：南京市。双月刊，大16开本。该刊主要刊载国内外水利水电建设的新理论、新技术、新成果、新经验。

排灌机械 1982年创刊，江苏大学流体机械工程技术研究中心、中国农业机械学会排灌机械分会主办，中国农业机械学会主管。ISSN 1674－8530，CN 32－1814/TH。出版地：镇江市。双月刊，16开本。该刊主要刊载排灌机械行业的新产品、新工艺及工程设计的新论点、新发明等研究成果。

食品与生物技术学报 1982年创刊，江南大学主办，教育部主管。ISSN 1673－1689，CN 32－1751/TS。出版地：无锡市。双月刊，大16开本。曾用名《无锡轻工业学院学报》《无锡轻工大学学报》《食品与生物技术》，2005年改为现名。该刊主要刊载食品科学与工程、食品营养学等方面的研究成果。该刊曾被《中文核心期刊要目总览》收录。

采矿与安全工程学报 1984年创刊，中国矿业大学和中国煤炭工业劳动保护科学技术学会联合主办，教育部主管。ISSN 1673－3363，CN 32－1760/T。出版地：徐州市。双月刊，大16开本。原刊名《矿山压力》，半年刊，系煤炭学院内部发行。1990年更名为《矿山压力与顶板管理》，季刊，经国家科委批准，取得正式刊号，在国内外公开发行。2006年改为现名。该刊系采矿安全的专业期刊，曾被《中文核心期刊要目总览》收录。

水资源保护 1985年创刊，河海大学、中国水利学会环境水利专业委员会主办，水利部主管。ISSN 1004－6933，CN 32－1356/TV。出版地：南京市。双月刊，大16开本。该刊主要刊载地下水资源保护、水处理技术、水环境治理技术等方面的研究成果。

现代丝绸科学与技术 1986年创刊，苏州大学主办，江苏省教育厅主管。ISSN 1005－7609，CN 32－1184/TS。出版地：苏州市。双月刊，大16开本。曾用名《国外丝绸》。该刊主要刊载丝绸生产、科技、管理、贸易等方面的内容。

室内设计与装修 1986年创刊，南京林业大学、江苏省建筑装饰设计研究院主办，江苏省教育厅主管。ISSN 1005－7374，CN 32－1372/TS。出版地：南京市。月刊，大16开本。该刊主要刊载室内设计和室内文化方面的研究成果。

化工时刊 1987年创刊，东南大学主办，教育部主管。ISSN 1002－154X，CN 32－1320/TQ。出版地：南京市。月刊，大16开本。该刊主要刊载化工方面的研究成果。

传感技术学报 1988年创刊，东南大学、中国微米纳米技术学会主办，教育部主管。ISSN 1004－1699，CN 32－1322/TN。出版地：南京市。月刊，大16开本。该刊主要刊载多种传感器技术处理的方法和理论、工艺技术、纳米材料及电子技术在传感器方面的研究成果。

创意与设计 2008年创刊，江南大学、中国轻工信息中心主办，江南大学设计学院承办，教育部主管。ISSN 1674－4187，CN 32－1794/TS。出版地：无锡市。季刊，大16开本。该刊主要刊载国内外设计领域的最新理念、方法、动态和成果。

水科学与水工程（英文版） *Water Science and Engineering*，2008年创刊，河海大学主办，教育部主管。ISSN 1674－2370，CN 32－1785/TV。出版地：南京市。季刊，16开本。该刊主要刊载水科学研究、水工程建设、水资源保护、水生态修复等方面的研究成果。

二、医药卫生类期刊

药学进展 1959年创刊，中国药科大学主办，教育部主管。ISSN 1001－5094，CN 32－1109/R。出版地：南京市。双月刊，大16开本。原名《南药译丛》，1987年改为现名。该刊主要反映世界药学领域的最新研究成果和发展趋势。

现代医学 1964年创刊，东南大学主办，教育部主管。ISSN 1671-7562，CN 32-1659/R。出版地：南京市。月刊，大16开本。曾用名《铁道医学》，1966年停刊，1976年复刊。2002年第2期起，更名为《现代医学》。该刊主要反映临床医学、预防医学、影像医学等方面的新成果。

中国医学文摘内科学分册（英文版） *China Medical Abstracts (Internal Medicine)*，1984年创刊，东南大学主办，卫生部主管。ISSN 1000-9086，CN 32-1150/R。季刊，大16开本。出版地：南京市。该刊主要反映科研、临床、教学、医学情报的新动态、新经验、新技术等研究成果。

药学教育 1985年创刊，中国药科大学、广东药学院、中国医药教育协会等单位联合主办，教育部主管。ISSN 1007-3531，CN 32-1352/G4。出版地：南京市。双月刊，大16开本。该刊主要刊载各层次药学教育规律、药学教育改革等方面的研究成果。

交通医学 1987年创办，南通大学主办，昆山市第一人民医院、长江航运总医院协办，江苏省教育厅主管。ISSN 1006-2440，CN 32-1412/R。出版地：南通市。双月刊，大16开本。原名《中国交通医学杂志》。该刊主要刊载基础医学、临床医学和航海医学、民航医学等方面的研究成果。

生物医学研究杂志（英文版） *Journal of Biomedical Research*，1987年创刊，南京医科大学主办，江苏省教育厅主管。ISSN 1674-8301，CN 32-1810/R。出版地：南京市。双月刊，16开本。曾用名《南京医学院学报（英文版）》《南京医科大学学报（英文版）》。该刊主要刊载医药方面的研究成果。

江苏实用心电学杂志 1993年创刊，江苏大学主办，江苏省卫生厅主管。ISSN 1008-0740，CN 32-1484/R。出版地：镇江市。双月刊，大16开本。该刊主要刊载心电研究、心电生理、心电与临床等方面的研究成果。

药物生物技术 1994年创刊，中国药科大学、中国医药科技出版社、中国药学会共同主办，教育部主管。ISSN 1005-8915，CN 32-1488/R。出版地：南京市。双月刊，大16开本。该刊主要刊载将基因工程技术应用于药物领域研究和产业化新成果。

实用临床医药杂志 1997年创刊，扬州大学、中国高校科技期刊研究会主办，江苏省教育厅主管。ISSN 1672-2353，CN 32-1697/R。出版地：扬州市。半月刊，大16开本。前身为《江苏临床医学杂志》，2002年改为现名。该刊主要反映临床医学领域的科研成果、技术方法、临床诊疗经验等。

中国天然药物（英文版） *China Journal of Natural Medicines*，2003年创刊，中国药科大学、中国药学会主办，教育部主管。ISSN 1672-3651，CN 32-1708/R。出版地：南京市。双月刊，大16开本。该刊主要刊载具有我国独特优势的中药、草药、海洋药物、生化药物、微生物药物、民族药物、民间药物的研究成果。

三、文化教育类期刊

文教资料 1972年创刊，南京师范大学主办，江苏省教育厅主管。ISSN 1004-8359，CN 32-1032/C。出版地：南京市。旬刊，16开本。上旬刊主要刊载语言文学、文化学、美育美学研究等，中下旬刊主要刊载语言文学、文化艺术、社会人文研究等。

中学数学月刊 1978年创刊，苏州大学主办，江苏省教育厅主管。ISSN 1004-1176，CN 32-1444/O1。出版地：苏州市。月刊，16开本。原名《中学数学研究与讨论》，1980年改为《中学数学》，1997年改为现名。该刊主要为提高中学数学教学的质量服务。

高校教育管理 1979年创刊，江苏大学主办，中国高等教育管理研究会协办，江苏省教育厅主管。ISSN 1673-8381，CN 32-1774/G4。出版地：镇江市。双月刊，大16开本。前身为《镇江师专学报（社会科学版）》《教学与进修》《江苏大学学报（高教研究版）》，2007年改为现名。该刊主要刊载高等教育管理的研究成果。该刊曾为中文社会科学引文索引来源期刊。

当代外国文学 1980年创刊，南京大学外国文学研究所主办，译林出版社和上海外语教育出版社共同协办，教育部主管。ISSN 1001-1757，CN 32-1087/I。出版地：南京市。季刊，16开本。该刊主要刊载研究当代外国文学的成果。该刊曾被《中文核心期刊要目总览》收录，是中文社会科学引文索引来源期刊。

物理教师 1980年创刊，苏州大学主办，江苏省教育厅主管。ISSN 1002－042X，CN 32－1216/O4。出版地：苏州市。月刊，16开本。该刊主要为提高中学物理教学与研究质量服务。该刊被1992年版《中文核心期刊要目总览》收录。

中国美术教育 1980年创刊，南京师范大学主办，教育部主管。ISSN 1005－6300，CN 32－1300/G4。出版地：南京市。双月刊，16开本。该刊主要为提高各级学校美术教育质量服务。

职教通讯 1985年创刊，江苏技术师范学院、江苏省职教科研中心主办，江苏省教育厅主管。ISSN 1672－7401，CN 32－1721/G4。出版地：常州市。半月刊，大16开本。曾用名《江苏技术师范学院学报》。该刊主要刊载与职业教育有关的内容。

中学生物学杂志 1985年创刊，南京师范大学主办，江苏省教育厅主管。ISSN 1003－7586，CN 32－1232/Q。出版地：南京市。月刊，16开本。该刊主要为提高中学生物教学的质量服务。

书画艺术 1986年创刊，江苏无锡文化艺术学校主办，无锡市文化艺术管理中心主管。ISSN 1004－4809，CN 32－1522/J。出版地：无锡市。双月刊，大16开本。曾用名《书法艺术报》《书法艺术》。该刊是具有学术性与普及性相结合的中国书画篆刻专业刊物。

数学之友 1987年创刊，南京师范大学和南京数学学会主办，江苏省教育厅主管。ISSN 1672－1969，CN 32－1707/I。出版地：南京市。双月刊，16开本。该刊主要为提高数学教学的质量服务。

化学教与学杂志 1988年创刊，南京师范大学主办，江苏省教育厅主管。ISSN 1008－0546，CN 32－1482/G4。出版地：南京市。月刊，大16开本。该刊主要为提高中学化学教学的质量服务。

初中数学教与学 1992年创刊，扬州大学主办，江苏省教育厅主管。ISSN 1007－1849，CN 32－1392/G4。出版地：扬州市。月刊，16开本。原刊名《中学数学教与学》，2000年改为现名。该刊主要为提高初中数学教学的质量服务。

中国农业教育 1992年创刊，南京农业大学主办，教育部主管。ISSN 1009－1173，CN 32－1572/G4。出版地：南京市。双月刊，大16开本。曾用名《中国农业教育信息》。该刊主要为提高农业教育的质量服务。

高中数学教与学 1992年创刊，扬州大学主办，江苏省教育厅主管。ISSN 1007－1830，CN 32－1398/G4。出版地：扬州市。半月刊，16开本。该刊主要为提高高中数学教学的质量服务。

语言科学 2002年创刊，徐州师范大学语言研究所主办，江苏省教育厅主管。ISSN 1671－9484，CN 32－1687/G。北京科学出版社出版。双月刊，大16开本。该刊主要刊载语言科学领域内有理论意义和应用价值的基础研究、应用基础研究、应用等方面的研究成果。该刊被2008年版《中文核心期刊要目总览》收录。

四、其他期刊

畜牧与兽医 1935年创刊，南京农业大学主办，教育部主管。ISSN 0529－5130，CN 32－1192/S。出版地：南京市。月刊，大16开本。该刊1935年由中央大学农学院畜牧兽医系创办，后几经易主复刊、停刊，至1980年复刊。该刊主要反映我国畜牧兽医先进水平、推广畜牧兽医先进技术等。该刊被1992年版、1996年版和2000年版《中文核心期刊要目总览》收录。

大气科学学报 1978年创刊，南京信息工程大学主办，江苏省教育厅主管。ISSN 1674－7097，CN 32－1803/P。出版地：南京市。双月刊，大16开本。前身为《南京气象学院学报》，2004年南京气象学院改名为南京信息工程大学，学报随之改为现名。该刊主要反映国内外大气科学的发展动态。该刊被2008年版《中文核心期刊要目总览》收录。

高等学校计算数学学报(英文版) 1979年创刊，南京大学主办，教育部主管。ISSN 1004－8979，CN 32－1348/O1。出版地：南京市。季刊，16开本。该刊主要刊载关于计算数学的新思想、新方法。

当代外国文学 1980年创刊，南京大学外国文学研究所主办，译林出版社和上海外语教育出版社共同协办，教育部主管。ISSN 1001－1757，CN 32－1087/I。出版地：南京市。季刊，16开本。该刊主要介绍和评价当代外国文坛的各种文艺思潮、创作风格、流派、重要作家、作品等。该刊曾被《中文核心期刊要目总览》收录，是中文社会科学引文索引来源期刊。

水利经济　1983年创刊，河海大学、中国水利经济研究会联合主办，水利部主管。ISSN 1003－9511，CN 32－1165/F。出版地：南京市。双月刊，16开本。该刊主要刊载有关水权、水市场、水利工程社会评价、水利财务管理等方面的研究成果。

扬州大学烹饪学报　1984年创刊，扬州大学主办，江苏省教育厅主管。ISSN 1009－4717，CN 32－1597/Z。出版地：扬州市。季刊，大16开本。该刊旨在探索总结烹饪理论，继承弘扬饮食文化，反映烹饪研究最新成果，为教学科研工作服务。

审计与经济研究　1985年创刊，南京审计学院主办，江苏省教育厅主管。ISSN 1004－4833，CN 32－1317/F。出版地：南京市。双月刊，大16开本。该刊主要刊载有关审计、会计、财务管理、宏观经济、企业管理等方面的研究成果。该刊曾被《中文核心期刊要目总览》收录。

分析，理论与应用（英文版）　1985年创刊，南京大学主办，教育部主管。ISSN 1672－4070，CN 32－1631/O1。出版地：南京市。季刊，16开本。曾用名《逼近论》（英）（1984～1987）、《逼近论及其应用》（英）（1987～2002）。该刊为数学专业的学术期刊。

高校地质学报　1995年创刊，南京大学主办，教育部主管。ISSN 1006－7493，CN 32－1440/P。出版地：南京市。季刊，大16开本。该刊主要刊载地球科学领域的研究成果。该刊被2004年版《中文核心期刊要目总览》收录。

税收经济研究　1996年创刊，中共国家税务总局党校（国家税务总局税务干部进修学院）主办，国家税务总局主管。ISSN 1007－4465，CN 32－1824/F。出版地：扬州市。双月刊，16开本。曾用名《扬州大学税务学院学报》。该刊主要刊载经济类各学科，特别是税收科学方面的研究成果。

森林公安　2001年创刊，南京森林公安高等专科学校主办，林业局主管。ISSN 1009－8038，CN 32－1610/D。出版地：南京市。双月刊，大16开本。该刊侧重于对基层森林公安民警的业务指导。

产业经济研究　2002年创刊，南京财经大学主办，江苏省教育厅主管。ISSN 1671－9301，CN 32－1683/F。出版地：南京市。双月刊，大16开本。该刊主要刊载研究产业组织、产业联系与结构、产业政策与产业规制等方面的成果。

生物加工过程　2003年创刊，南京工业大学主办，江苏省教育厅主管。ISSN 1762－3678，CN 32－1706/Q。出版地：南京市。双月刊，大16开本。该刊主要反映生物工程研究方面的新技术、新成果、新进展等。

第五章　印刷复制

改革开放以前，江苏印刷业设备技术落后，印刷能力不足，印刷周期过长、质量不高，光盘复制是空白，远不能适应社会主义精神文明和物质文明建设的需要。改革开放以后，全省印刷复制业改革日益深化，市场主体和从业人员迅速增加，先进设备和先进技术应用及员工技能培训力度不断加大，印刷复制业的发展进入了又好又快的新阶段，成为印刷复制大省和全国的印刷复制基地。

第一节　印刷业发展概况

改革开放前，全省印刷工业总产值约4 000万元。经过30年的发展，生产能力和产业规模持续扩大，工业总产值前20年年均增长10%以上，后10年年均增长18%以上，2008年达575亿元，占全国的十分之一，从业人数达251 600人。全省印刷业无论在印刷质量、印制工艺、印刷技术、装帧设计、印制周期和质量、经营管理、产业规模等方面，还是在印刷设备的种类、数量、原辅材料、配套服务等方面，都发生了很大变化，建立起了门类齐全、技术先进、设备配套、管理规范的产业体系。江苏印刷业30年的发展特点主要是：投资主体日益多元化，设备技术不断更新，规模企业不断涌现，印刷质量不断提高，“走出去”步伐不断加快，企业管理逐步科学规范。

一、投资主体

30年前，印刷业所有制形式国营、集体占绝对比重，个体企业微乎其微。改革开放后，印刷业的所有制形式发生了巨大变化，私营、有限责任公司、外资企业迅速发展壮大起来。2008年，企业数量占总数的87%、销售产值占87%、对外加工贸易额占97%。在发展多种市场主体的同时，国营印刷企业积极推进企业内部管理方式改革和股份制改革。如国有独资企业淮阴新华印刷厂1987年实行厂长负责制，1988年起执行工效挂钩，1989年开始执行厂长承包经营，1993年实行产量、质量并重的计件形式的奖金分配制度，1994年全面执行岗位技能工资制度，2003年开始实行企业内部职工双向选择，并建立了职工的内退制度。2002年，盐城市印刷(总)厂实施民营化改制，共有35名自然人股东，注册资本660万元。2006年3月，由原股东增资扩股，注册资本1 056万元。苏州印刷总厂2001年由原国有企业改制为管理者持股的苏州印刷总厂有限公司。

二、设备技术

改革开放初期，江苏印刷仅停留在传统加工业上，普遍使用国外二手印刷设备。30年间，江苏印刷业“告别铅与火，进入光与电”，积极贯彻国家推进的“激光照排、电子分色、胶印印刷、装订联动”16字及随后的“印前数字、网络化，印刷多色、高效化，印后多样、自动化，器材高质、系列化”28字技术发展方针，推动印刷业实施技术改造，追踪国际印刷设备最新发展趋势，不断加大国际先进印刷设备引进力度，以适应提升出版物印刷质量和包装装潢业迅猛发展的趋势。2008年，全省共有直接制版机75台；单幅4色及以上轮转机219台；双幅4色及以上轮转机75台；对开4色及以上单张纸胶印机471台；数码印刷机175台；4色及以上柔性版印刷机22台；4色及以上凹版印刷机8台；无线胶订书刊生产线412台(套)；精装书籍生产线51台(套)。一批规模企业如苏州印刷总厂有限公司拥有国际一流的美国克利奥CTP高保真调频印刷数字化设计制版系统、德国曼罗兰R708LTTLV 8色双上光UV胶印机领衔的曼罗兰印刷体系和瑞士博斯特系列的印后深加工体系。苏州东仪包装印刷有限公司的“曼罗兰”超大幅面4色全胶印机、“爱克发”天龙星超大幅面CTP直接制版系统，填补了此类设备在亚洲地区的空白；“惠普”赛天使科捷彩色数码印刷机，能承印多种材质的大幅面印刷品，为国内首台。江苏凤凰数码印务有限公司首期投资近700万元，引进技术先进的HP indigo press 5500型6色数码印刷机，印刷速度达4 000张/小时，纸张适应范围80克～350克均可选用。产品适合高档画册、影集、彩色图书等，其印刷质量可与传统胶印相媲美，可满足高品质彩色数字印刷的需求。在引进高档设备的同时，一些龙头企业加大科研投入和新技术研发，提高自主创新能力。苏州印刷总厂有限公司拥有自主知识产权的21项专利，主要产品从研发设计、CTP制版、印刷、UV印刷、冷热烫金、凹凸、模切、C2技术、逆向上光、局部上光、特殊工艺处理、糊盒均达到国际先进水平。美柯乐制版印务有限责任公司是书刊、包装、票据印刷的科技型综合性国家高新技术企业。2003年，公司自主研发了高清晰度、高保真彩色印刷品技术，填补了国内该领域技术空白，拥有了复制高端艺术精品的领先核心技术，获得一项国家发明专利，并被纳入《2007～2008年度国家文化产业重点项目》目录，列为全国“新闻出版类”36项重点项目之一。公司连续10年获得“国家高新技术企业”称号。江苏中印印务集团有限公司设有省级技术中心，分设膜项目创新团队、转移纸项目创新团队、印刷与印后创新团队、烟标研发设计团队，已建成可对外运行开发的国家级中心实验室，公司自主研发了63项专利产品，其中已授权发明专利8项。

三、规模企业

各级印刷管理部门鼓励发展规模企业，严把企业准入关，严控规模小、设备落后的企业，依法关闭产品质量低劣、违法违规的印刷企业，淘汰落后的工艺和设备，不断压缩过剩的低水平生产力。全省印刷企业规模和实力经历了由小到大、由弱到强的发展过程，涌现了一批规模化、专业化、集约化的企业，有的成为主业突出、实力雄厚、效益优良、具有一定国际竞争力的大型企业集团。2008年，年销售产值在1亿元以上的企业80多家。江阴联通实业有限公司先后被中国烟草物资公司、中国包装技术协会、中烟安徽工业公司、中烟江苏工业公司评为包装产品定点生产企业及优秀供应方，公司荣列中国印刷企业100强第二位(2002年)、第十一位(2003年)及第二十位(2008年)。以销售收入2.53亿元为起点的2009年发布的中国印刷企业100强排行榜中江苏13家，占总数的13%。亚龙纸制品(昆山)有限公司2008年销售收入13.3亿元，居第7位。江苏共有23家入选2002～2008年中国印刷企业100强排行榜。江苏新华印刷厂2008年通过投资形式，控股江苏扬州鑫华印刷有限公司、江苏盐城印刷有限公司、江苏通达印刷有限公司、江苏水晶山制版有限公司，通过印企的强强联合，生产规模迅速扩张，经营业务更加广泛，更加贴近印刷市场和客户需求，初步形成较为完整的产业链，成为江苏省内最大的集书刊印刷、商务印刷、包装印刷、票据印刷、彩色制版及创意为一体的大型综合性印刷企业。

四、印制质量

先前由于设备、技术、员工素质等方面的不足，印刷业低档印刷能力过剩、高档印刷能力不足，印制质量达不到客户要求，不少精美印刷品远发至广东和港澳地区。各级印刷管理部门加强质量监管，强化对印制质量的抽查检测，广大印刷企业自觉按国家标准生产。经过多年努力，江苏各类印刷品的质量在全国名列前茅，所印图书、画册和包装装潢印刷品在全国印刷质量评比中多次获奖。美柯乐制版印务有限责任公司是书刊、包装、票据印刷的科技型综合性国家高新技术企业，其高质量印刷产品受到索尼、明基、APP集团、好孩子集团等众多世界500强企业及国内知名企业认可，是APP集团国内第三大综合服务提供商。全省逐步形成了新闻出版行政部门、出版单位、印刷企业、质量检测机构等各司其职、齐抓共管的印制质量管理机制。江苏省新闻出版局连续8年荣获全国出版物印制质量管理金奖。印制质量的提升使一批企业能够承印各种印刷品以满足国内外客户对产品的不同要求，能够为社会提供各式各样、印制质量优良的印刷品，以满足人民群众的不同层次的文化需要和各类产品的包装。

五、“走出去”步伐

我国加入世贸组织后，由于各级政府降低了外资进入印刷业的门槛，扩大了进入范围，简化了审批手续，优化了投资环境，各类外资企业从无到有、从少到多、从多到强，发展迅猛。苏州工业园区、苏州新区、昆山开发区和无锡、常州、镇江、南京等地高新技术开发区，都吸引了大量的外资项目。2003年，江苏引进外资超过广东省，居全国第一。2004～2008年，国际资本大量进入江苏印刷业，平均每年都有几十家“三资”印刷企业开工。外资印刷企业的接踵而来，拉动了江苏印刷业的发展，并且开拓了国际市场。新闻出版行政部门和行业协会积极实施印刷企业“走出去”战略，通过召开江苏印刷业“走出去”战略研讨会等形式，引导企业认识到开拓国际印刷市场是印刷业适应全球化、做大做强的必然选择；深入有关企业了解“走出去”过程中的难题，协调相关部门解决困难；印发推介手册，搭建各种平台，加强对江苏印刷业的宣传；推动优秀印刷企业走联合之路，加强资源整合，变“竞争对手”为“竞争合作”，形成群体力量，共同开发国际市场，实现双赢。进入21世纪后，全省有百余家印刷企业从事对外加工贸易，对外加工贸易额保持较高速度增长，2008年达61亿元，比2006年增加了19%。

六、企业管理

改革开放前，绝大多数印刷企业基本上是小手工业式的管理，在低水平和无序竞争中谋生存。改革开放后，印刷企业在深化改革、建立现代企业制度、完善法人治理结构、进一步优化组织结构和管理体制转变经营机制和增长方式、提升企业核心竞争力上下功夫，运用先进管理手段推动企业发展。南京爱德印刷有限公司在业内率先通过了高新技术企业认证、ISO 9001质量体系认证、ISO 14001环境体系认证、GB/T 28001职业健康安全管理体系认证、G7色彩管理国际认证、中国环境标志产品认证、林产品产销监管链（CoC）认证。徐州太平洋印务有限公司2003年通过ISO 9001质量体系认证，荣获“国家用户满意指数模型（标准）良好单位”“国家标准合格单位/质量放心品牌”“全国重点保护品牌企业”“全国质量诚信奖”“江苏省优秀企业”“江苏省环保先进单位”“江苏省信得过企业”“江苏省质量诚信五星级企业”“江苏省质量诚信标兵单位”“江苏省‘双优诚信’印刷企业”等多项荣誉称号。江苏中彩印务有限公司（镇江）先后通过BSI的ISO 9001质量体系认证和ISO 14000环境体系认证、GB/T 28001—2001职业健康安全管理体系认证、HACCP食品安全控制体系认证、美国食品安全AIB认证、QS认证以及迪士尼、麦当劳、飞利浦等产品标识认证，多次荣获“江苏省‘双优诚信’印刷企业”“江苏省文明单位”“劳动关系和谐企业”“环境保护先进单位”等荣誉称号。人民日报社南京印务中心2005年12月被评为首批全国诚信印刷企业，“南京市纳税信誉A级单位”“南京市和谐劳动关系先进企业”“南京市重合同守信用单位”等称号。江苏太平洋印刷集团有限公司1998年7月通过ISO 9002质量管理体系认证，2002年6月通过了ISO 9001质量体系认证，2006年2月通过ISO 14001环境管理体系认证。公司先后被授予“常州市明星企业”“江苏省重合同、守信用企业”等荣誉称号。江苏中印印务集团有限公司先后获评“江苏省‘双优诚信’印刷企业”“江苏省明星企业”“无锡市3A重合同守信用企业”“AAA级银行资信企业”“江苏省十佳民营企业”称号。扬州鑫华印刷有限公司1999年荣获“江苏省国有大中型企业管理优秀单位”称号。

第二节　印刷企业选介

随着改革开放的不断深入，江苏印刷企业发展迅速，面广量大，2008年印刷单位有144 28家，列全国第二。

江苏新华印刷厂　1954年1月成立，位于南京市鼓楼区中央路145号，占地面积18 188平方米，建筑面积28 098平方米；2001年，搬迁到南京市下关区张王庙88号，占地面积13 322.56平方米，建筑面积29 810.86平方米。2008年4月，注册资本为2 091万元，有职工535人，固定资产为23 293万元。

印装生产能力为排字1亿字、彩色制版3 675付、书刊印刷36万纸令、胶印47万对开色令、装订31万纸令、图版6万千印；实际生产能力为书刊黑白印刷144 219纸令、胶印彩色印刷809 941色令、装订423 384纸令。2008年，该厂工业产值为6 137万元，利税总额为691.67万元。

该厂注重印企强强联合。2008年，通过投资形式，控股江苏扬州鑫华印刷有限公司、江苏盐城印刷有限公司、江苏通达印刷有限公司、江苏水晶山制版有限公司。通过印企的强强联合，生产规模迅速扩张，经营业务更加广泛，更加贴近印刷市场和客户需求，初步形成较为完整的产业链，成为江苏省内最大的集书刊印刷、商务印刷、包装印刷、票据印刷、彩色制版及创意为一体的大型综合性印刷企业。2008年，实现销售收入6 050万元，与上年同期相比增加2 009万元，增长50.82%。

1990年被省政府授予“省级先进企业”称号；1990年5月在武汉举行的全国第五次书刊质量评比活动中，26种产品计179.075印张被评为优质品，其中胶印产品进入全国前20名；1998～2000年获国家新闻出版总署书刊印刷优秀质量企业铜奖，进入全国印刷优秀质量企业先进行列；2001年、2002年分别获新闻出版总署书刊印刷优秀质量企业银奖，在全国印刷同业中排名第11位、第12位；2003年获新闻出版总署书刊印刷优秀质量企业银奖，在全国印刷同业中排名第7位；2004年获新闻出版总署书刊印刷优秀质量企业银奖，在全国印刷同业中排名第6位；2003年1月被新闻出版总署评为“党的十六大文件和辅导读本出版工作先进集体”；2004年1月被省工商行政管理局评为“2004～2006工商免检企业”；2005年12月被全国印刷行业诚信建设组委会评为“全国印刷诚信企业”；2006年4月被江苏省版权局评为“江苏省版权事业‘正版正货’生产销售单位”，同年12月被江苏省新闻出版局评为“2004～2005年度‘双优诚信’印刷企业”。

淮阴新华印刷厂 公司位于淮安市淮海北路44号，为国有独资企业，主要从事出版物、包装装潢印刷品、其他印刷品的设计、制作、印刷、装订等业务。1966年11月正式投产，时称“江苏新华印刷厂淮阴分厂”。1968年12月，省革委会下文，将该厂下放淮阴专区革委会管理，隶属淮阴专区文化局领导，1969年11月更名为“江苏淮阴新华印刷厂”。1983年12月，根据省人民政府苏政复〔1983〕206号批复，江苏淮阴新华印刷厂划归江苏人民出版社管理。江苏省新闻出版局、江苏出版总社成立后，即成为其直属企业。2003年9月，该厂划归淮安市管理，隶属淮安市经贸委领导，列入市属改制企业。

2008年12月底，全厂有职工387人，注册资本2 421.12万元，固定资产10 966.72万元，工业总产值3 998.89万元，利润4.59万元，税金551.76万元，利税总额556.35万元，总资产1.56亿元，净资产1.31亿元。该厂2003年10月通过ISO 9001：2000国际质量管理体系认证。

1996～1997年度和1998～2000年度两次荣获新闻出版总署颁发的书刊印刷优秀质量企业铜牌；2002～2005年多次获得新闻出版总署颁发的出版物印制优质产品印刷企业银奖、铜奖；2005年被中国印刷技术协会授予“中国诚信印刷企业”称号，同年被淮安市总工会等八部门授予首批“ISA诚信企业”，被淮安市文化广电新闻出版局评为“诚信守法印刷企业”；2007年4月被淮安市人民政府授予“‘五一’劳动奖状”；2008年4月被淮安市人民政府评为“和谐劳动关系 履行社会职责”四星级企业。2008年，该厂承印的《中华大典·文学典·魏晋南北朝文学分典》获2007～2008年度中华印制大奖“优秀作品奖”。

苏州印刷总厂有限公司 2001年，由原国有企业苏州印刷总厂改制为有限责任公司，2003年搬迁至苏州工业园区。公司资产总额41 476.9万元。

公司拥有自主知识产权21项专利，主要产品从研发设计、CTP制版、印刷、UV印刷、冷热烫金、凹凸、模切、C2技术、逆向上光、局部上光、特殊工艺处理、糊盒均达到国际先进水平。公司是江苏省绿色印刷工程技术研究中心，从事印刷材料、印刷工艺、印刷技术等全方位的创新和开发，为各类印刷产品提供绿色印刷检测和技术服务。

公司获得全国首批中国环境标志产品认证证书和FSC森林认证及多家世界著名企业颁发的绿色伙伴证书。公司以ISO 9001质量管理体系和ISO 14001环境管理体系标准为准则，建立了严格的绿色印刷质量控制和生产工艺流程体系，先后被评为“国家印刷示范企业”“国家文化出口重点企业”“国家高新技术企业”“全国诚信印刷企业”“中国百强印刷企业”。

人民日报社南京印务中心 前身是一家老军工企业——新四军苏北指挥部印刷厂，1940年10月30日成立。1965年，全军统一编号为“中国人民解放军第七二一四工厂”。2001年9月，因全军保障性企业调整改革整体移交给人民日报社，更名为“人民日报社南京印务中心”，位于南京市幕府东路339号，注册资金1.06亿元，有在岗职工300人。该中心2004年10月通过ISO 9001国际质量管理体系认证。

2005年12月被评为“首批全国诚信印刷企业”，企业产品多次荣获国家各级质量大奖，被授予“全国书刊印刷定点企业”“全国印刷百强企业”“南京市纳税信誉A级单位”“南京市和谐劳动关系先进企业”“南京市重合同守信用单位”等称号；2007年12月，企业承印的《人民日报》被江苏省新闻出版局评为“江苏省出版物印制质量奖报纸类银奖”；2008年2月被中国核心期刊、新闻出版总署出版的《印刷质量与标准化》作为重点优秀企业推介。

扬州鑫华印刷有限公司 前身为扬州印刷厂，创建于1942年，为新四军印刷厂。20世纪40年代开始印制中国共产党重要文件和毛泽东、刘少奇等同志论著及其他文艺作品，承印“江淮本票”等票据产品。1987年，扬州印刷厂更名为扬州印刷总厂；1999年12月28日，该厂改制为非自然人出资的有限责任公司；2000年1月，更名为“扬州鑫华印刷有限公司”，原厂名“扬州印刷总厂”予以保留。2002年、2003年先后两次对回购股本进行重新分配，使股权逐渐向管理技术骨干集中。2006年6月，公司新厂区位于扬州市江阳工业园蜀岗西路9号。公司有在职员工660人。2005年年底，公司固定资产达1.15亿元。

该公司1995年企业设备管理验收达标；1996年现场管理和目标成本管理验收达标；1998年营销管理验收达标；1999年获“江苏省国有大中型企业管理优秀单位”称号；电脑票据产品荣获江苏省优秀新产品“金牛奖”；1999年创国家双优产品116种，进入全国印刷企业前30强。

盐城印刷总厂有限责任公司 原为盐城市印刷(总)厂，成立于1942年2月。战争年代，主要承印党报党刊、党的文件、抗日币等。中华人民共和国成立后，主要为党的宣传、文化、教育、出版事业服务。2002年6月，因实施民营化改制，改为现名。总厂共有两个厂区，西(老)厂区位于老城区中心纯化路29号；东(新)厂区位于老城区东6公里，盐城市亭湖新区希望大道5号。2002年6月，国有企业盐城市印刷厂完成成建制、承债式、民营化改制，新公司盐城印刷总厂有限责任公司共有35名自然人股东，注册资本660万元。2005年3月，占地66亩，总建筑面积23 000多平方米，基建、设备共投资近7 000万元的新厂区建成投产。2006年3月，由原股东增资扩股，注册资本1 056万元，占地面积51 438平方米，建筑面积32 000平方米。2008年，职工人数为543人，固定资产为12 962.19万元，实现工业产值7 945万元，实现利税757.66万元，实现利润521.88万元。

南京爱德印刷有限公司 1988年，由南京爱德发展公司和联合圣经公会合资组建，是一家现代化薄纸印刷企业，是《圣经》在中国印刷的主要基地。2008年，公司投资新建占地100亩的新厂区一期工程投入使用，精装书印刷能力提高至年产2 000万册。

公司拥有2项发明专利、8项实用新型专利、4项软件著作权，实施ERP软件管理系统。公司在业内率先通过了高新技术企业认证、ISO 9001质量体系认证、ISO 14001环境体系认证、GB/T 28001职业健康安全管理体系认证、G7色彩管理国际认证、中国环境标志产品认证、林产品产销监管链(CoC)认证，取得了首批中国印刷行业企业信用“AAA”等级、商品条码印刷资格证，获得“国家印刷示范企业”称号。

徐州市特快特彩色印刷有限公司 公司成立于1992年，系股份制企业。公司位于徐州市铜山新区长兴路26号，现有固定资产8 000余万元，年产值4 000余万元。厂区占地50亩，厂房面积33 300平方米。公司现有职工及实习生180余人，其中大、中专毕业生占60%，高、中级工程人员占20%。公司客户主要分布在鲁南、豫东、皖北、苏北等地区，为徐州市政府采购定点单位、市印刷协会会长单位。

2006年，企业引进德国海德堡六开、四开四色胶印机、英国产直接制版设备(CTP)以及配页机、进口折页机、用于挂历加工的打孔机、压环机等后道加工设备。2008年5月，又引进三菱钻石3000V对开5色印刷机、日本好利用胶装联动线。2008年，订购HP indigo彩色数码印刷机和奥西黑白数码印刷机，实现快速小批量和可变数据印刷，解决广大客户对大量可变数据印刷业务的需求。

公司先后购进德国海德堡全自动模切机、订箱机、卡裱裱糊机、瓦楞裱糊机、过油机、糊盒机、烫金模切机等多台包装设备，逐步发展成为一个拥有一定现代技术装备、分类比较齐全的新型印刷企业。

徐州太平洋印务有限公司 公司位于徐州经济开发区，占地25 000平方米，厂房面积20 000平方米，是淮海经济区大型书刊、纸制品彩色印刷、包装装潢印制和拥有自营进出口权的大型彩色印刷企业，是徐州市政府采购中心指定的市行政事业单位公务印刷定点单位。

公司拥有高宝六色印刷机、高宝四色印刷机、海德堡四色印刷机、小森全张四色印刷机、全自动模切机、全自动糊盒机、烫金机、UV上光机、水性上光机、覆膜机、全自动裱纸机及瓦楞裱糊机等先进的生产设备，可为广大客户提供书刊印刷、纸制品彩色印刷、彩色包装盒(箱)印刷等一条龙服务。主要生产经营书刊印刷、商务印刷、纸品类手提袋，各类彩色包装箱、盒及普通包装箱印制，可满足酒水、食品、饮料、电子、医药保健、农药、农副产品等不同物品的包装需求。

公司于2003年通过ISO 9001质量体系认证，获“国家用户满意指数模型(标准)良好单位”“国家标准合格单位/质量放心品牌”“全国重点保护品牌企业”“全国质量诚信奖”“江苏省优秀企业”“江苏名牌事业促进会常务理事单位”“江苏省环保先进单位”“江苏省信得过企业”“江苏省明星企业”“江苏省质量诚信五星级企业”“江苏省质量诚信标兵单位”“徐州市印刷行业协会会长单位”“质量跟踪重点保护产品”“江苏省‘双优诚信’印刷企业”等多项荣誉称号。

美柯乐制版印务有限责任公司　公司成立于1998年，位于苏州工业园区，是书刊、包装、票据印刷的科技型综合性国家高新技术企业，其高质量印刷产品受到索尼、明基、APP集团、好孩子集团等众多世界500强企业及国内知名企业认可，是APP集团国内第三大综合服务提供商，连续10年获得“国家高新技术企业”称号。公司是江苏省内最早获得欧盟ROSE认证和法国FSE森林认证的企业，并与8家公司及上海绿色认证检测中心签约，共同建设国家级绿色环保实验基地和绿色环保标准服务平台，促进绿色环保相关工艺、材料和产品的研发。2003年，公司自主研发了高清晰度、高保真彩色印刷品技术，填补了国内该领域技术空白。拥有复制高端艺术精品的领先核心技术，获得1项国家发明专利，并被纳入《2007～2008年度国家文化产业重点项目》目录，列为全国“新闻出版类”36项重点项目之一。2004～2009年，公司采用高保真六色技术设计、承印的《苏州年鉴》在中国出版工作者协会主办的第三届和第四届全国年鉴质量评比中连续评为综合特等奖和装帧设计、条目编写、框架设计三个单项特等奖。

南京时代传媒股份有限公司　原南京报业印务有限公司，为南京报业集团的控股公司，位于南京市白下区海福巷901号，占地面积约12 400平方米，固定资产原值为1.43亿元。现有员工150多人。

公司拥有德国曼罗兰公司UNISET60、UNISET75等具有国际先进水平的报纸印刷生产线8条以及日本、美国、丹麦生产的照排制版设备，同时拥有北大方正的电子出报系统，建立5个卫星地面接收站，实现了远程图文版面接收和照排的网络管理。公司承担南京地区和外埠20多种报纸的印刷工作，生产经营能力在江苏地区位居前列。2008年，报纸印刷总量超过11亿对开张，利润总额约1 800万元。

公司十分注重报纸印刷质量管理，着力完善从原辅材料采购、照排制版、报纸印刷直至配套服务的质量管理体系，运用科学的检测手段进行质量检测，使承印的报纸优质品的比例不断提高。2005年，公司承印的《金陵晚报》荣获“南京印刷产品质量评比优质奖”；2007年，公司承印的《南京日报》荣获“第二届南京印刷产品质量评比优质奖”，公司也被市新闻出版局评为“南京市印刷质量管理‘双优诚信’企业”。公司还被江苏省版权局评为“江苏省版权产业正版正货生产销售示范单位”，被江苏省新闻出版局评为“‘双优诚信’印刷企业”。

南京精艺印刷有限公司　公司成立于1994年，注册资金近3 655万元，占地面积近1万平方米，年营业额近4 000万元。公司是南京地区具有较高知名度的大型印刷公司，产品质量、生产规模及服务在同行业中处于领先地位。

公司主要以商务印刷为主，兼做部分高档书刊，在南京、合肥各有一处生产基地。公司倡导在印刷专业上做精、做强，提倡差异化竞争，技术竞争，始终领先半步，坚持走精细化管理之路，建立了完善的市场管理体系和内部管理体系。

公司拥有2套柯达全胜直接制版系统、2台海德堡PrimeScan8200，Nextscan4100电子分色机、2台海德堡大力神输出设备、7台海德堡对开印刷机、3条骑马联动线、3条胶装联动线、4台全自动全进口锁线机、11台折页机等设备。公司优良的设备保证了产品质量。经过十多年的发展，由一个色组的8开单色机发展成共有44个色组的规模性印刷公司。

南京票据证券印刷有限公司　省财政厅和省、市国家税务局、地方税务局常年定点印制发票和行政事业性收据的定点印制公司；中国人民银行江苏省分行指定银行内部会计凭证、非金融类有价证券和债券的定点印制企业；中国防伪技术协会、商业票据印刷专业委员会的会员单位；南京市保密局批准的国家秘密载体复制许可单位。公司是专门从事票据证券印制的专业化公司，有四十多年的生产经营历史。2004年，企业成功改制为有限责任公司，增添了市场竞争活力。公司始终坚持“重质量、守信誉、抓管理、讲服务”的经营宗旨,全心全意地为顾客服务。

公司配备有日本产胶印、轮转印刷设备、德国“海德堡”四色胶印机、卷式电脑发票专用生产流水线、3色、5色、8色、11色、12色轮转票证印刷机和德国产宽幅条码印制机、苹果彩色图形电脑制作系统等各类票证印刷专用设备,公司的生产车间和物品进出实施全方位电视监控的安全保障体系。

2000年,公司通过ISO 9002质量体系认证。2003年7月,公司完成ISO 9001:2000版的换版复评。公司以专业化的名称、专业化的印刷设备、专业化的管理手段、专业化的防伪技术树立“四专”形象;以技术力量雄厚、设计新颖、价格合理、交货迅速确立经营理念;以数字管理、安全可靠为经营特色,赢得税务、财政、金融、保险、交通等部门的信赖和支持。

大雅科技丹阳印务分公司　公司成立于2000年1月,是上市公司大雅科技股份有限公司(股票代码000910)的全资分公司,中国烟草总公司卷烟配套材料重点生产单位,中国知名包装印刷企业,年销售收入33 600万元、利润3 869万元。

公司拥有瑞士博斯特凹印机、法国尚邦凹印机、德国曼罗兰胶印机、日本小森胶印机、美国联合A牌柔印机等印刷机群,瑞士博斯特烫金模切机、台湾财顺烫金模切机等印后机群及海德堡激光照排系统等,具备包装设计、激光照排、印刷、印后加工全方位的年产量约合烟标120万大箱的生产能力。主营中高端包装印刷制品的研发和生产,主要为卷烟行业烟标配套服务。

公司技术力量雄厚,工艺领先。所设计和生产的产品集工艺美术、造型设计和新型材料于一体,能为卷烟和其他著名品牌提供全套包装解决方案,在卷烟行业享有良好的声誉和知名度。公司多次荣膺“中国包装龙头企业”“中国200强先进包装企业”“双优诚信印刷企业”等荣誉称号。2003年,分别通过ISO 14000环境管理体系认证、ISO 9000质量管理体系和GB/T 28001职业健康安全管理体系认证,拥有多项国家专利。设计生产的烟标产品获“第三届亚洲印刷大奖”“烟标设计印制创新金奖”“中国名牌警句烟标设计金奖”“美国印制大奖”等多项国内外奖项。

江苏中彩印务有限公司(镇江)　公司成立于1994年,占地面积18万平方米、建筑面积10万平方米、固定资产3.8亿元、年生产能力16亿元。公司现已发展成为以江苏中彩为核心,下属四川中飞包装有限公司、丹阳富丽包装彩印厂、丹阳鸿彩包装有限公司、朝鲜东白印刷合营会社的集团化管理印刷企业,并与外商合资成立中港包装制品江苏有限公司。公司有员工近1 500人。

公司拥有如下三类设备:爱克发CTP系统、网屏电分机、平台扫描仪等印前设备;高宝胶印机4台(5色、6色、7色)、海德堡胶印机四台(4色、5色、6+1色)、雅加发柔印机、松德9色轮转凹印机、10色塑料包装轮转凹印机全自动丝印机等印刷设备;全自动局部上光机、压光机、有恒全息烫金机、压痕机、模切机、装订机等印后设备。公司主要印制卷烟包装、贺卡、电子电器、日常生活用品、药品、食品、酒类等各类产品的包装及说明书。

公司先后通过BSI的ISO 9001质量体系认证和14000环境体系认证、GB/T 280012001职业健康安全管理体系认证、HACCP食品安全控制体系认证、美国食品安全AIB认证、QS认证以及迪士尼、麦当劳、飞利浦等产品标识认证。公司多次获得“中国印刷行业100强”“江苏省‘双优诚信’印刷企业”“江苏省文明单位”“劳动关系和谐企业”“环境保护先进单位”等荣誉称号。

江阴联通实业有限公司(江阴市装潢彩印厂)　公司始创于1981年,是一家以纸制品印刷、包装为主业的企业集团。公司总资产26.01亿元,控股、参股企业11家。2004年10月,公司在新加坡新交所上市。

公司拥有海德堡胶印机群、博斯特凹印机组,印前、印后实力雄厚,从事纸制品印刷、包装20余年,先后被中国烟草物资公司、中国包装技术协会、中烟安徽工业公司、中烟江苏工业公司评为包装产品定点生产企业及优秀供应方。公司承印的“中华”“南京”“迎客松”烟盒被评定为中国包装行业优质产品。1997年以来,公司连续多年利税超亿元,成为江阴市工业骨干企业,历年荣获“江阴市五星企业”“无锡市优秀企业”等称号。公司荣列中国印刷企业100强第2位(2002年)、第11位(2003年)及第20位(2008年)。

江苏中印印务集团有限公司　公司原名江阴市兰天彩印包装有限公司,成立于2002年3月,注册资金1 320万元，资产4.67亿元，专业从事卷烟条、盒包装纸装潢印刷生产，具备年生产烟标150万大箱、复合纸30 000吨、镭射镀铝膜6 500万米的生产能力。公司设有省级技术中心及多个创新团队，建成可对外运行开发的国家级中心实验室。公司自主研发了63项专利产品，其中已授权发明专利8项。公司拥有先进的德国海德堡胶印生产线4条、9色凹版印刷生产线1条、10色凹版印刷生产线2条、瑞士博斯特、台湾有恒、上海亚华烫金模切机组30余台(套)及凹印、上光、转移等多功能的辅助印刷设备。公司还拥有复合纸生产线5条、模压镭射膜生产线7条，并配备了完善的检测设备及质量控制辅助设备。

公司先后获得"江苏省'双优诚信'印刷企业""江苏省明星企业""江苏省高新技术企业""无锡市3A重合同守信用企业""AAA级银行资信企业""江苏省十佳民营企业"等荣誉称号，是江苏省印刷10强、全国印刷100强企业之一。

江苏彩华包装集团公司 公司成立于1993年，主要从事塑料软包装材料制造。公司位于江苏省昆山市张浦镇垌坵路188号，注册资本13 519.78万元，占地面积104 593.7平方米，建筑面积57 842.16平方米，职工人数1 200人，固定资产68 039万元，生产能力85 000万元，工业产值83 446万元，利税8 429万元、利润6 002万元。1998年，公司在苏州工业园区投资建立"嘉合实业(苏州)有限公司"，引进德国温德默勒和霍尔舍(W&H)的五层吹膜线，成为中国首家进行功能性多层共挤薄膜研发与制造的企业，现为中国塑料加工协会复合膜专业委员会理事长单位。

1993～1997年，公司引进了日本富士6色凹版印刷生产线、日本富士11色多功能印刷涂布生产线、美国OEE电子雕版机、英国克洛斯菲尔德(Crossfield)电子分色机及比利时巴可(Barco)制版软件系统和瑞士MDC激光雕版机。

公司获得药品包装材料生产许可证，1997年获得ISO 9001质量管理体系认证。20世纪90年代，赢得了当时首批进驻中国的达能、纳贝斯克、不凡帝等国际知名品牌跨国企业的软包装业务机会。凭借坚实的技术与创新实力，积极参与国际竞争，成为卡夫美国及澳大利亚、玛氏澳大利亚及JCS(美国)等公司的主要供应商之一。公司重视研发投入并取得多项研发成果，获得3项发明专利授权、7项实用新型专利授权。

公司获得"江苏省优秀民营企业"称号；参与13项国家与行业标准的制定。彩华集团企业技术中心被认定为"江苏省企业技术中心""江苏省高分子软包装材料工程技术研究中心"。

上上集团(江苏)环保包装股份有限公司 公司位于宿迁经济开发区，总投资10.72亿元，总占地面积近500亩，总建筑面积近20万平方米，引入10多条国际先进生产线，集水印、预印、胶印、凹印、UV印刷等现代印刷技术于一体。

公司将规模优势转化为服务客户的仓储代管优势，以寄库或寄售的方式扩大销量、缓解上游供应商仓储压力，首推"产业自选超市"功能，为上游企业提供更多元的先期解决方案，可保证百种产品包装每种库存同时达到5 000～10 000份，助力客户解决产品在旺销期因库存问题而产生的各类包装问题。

公司采纳世界先进设备，德国的海德堡、曼罗兰、高宝印刷设备是胶印生产线中代表机型；胶印、水印、预印设备的各条生产线，与各项后道设备、质检设备全程对接，可满足客户的各类需求，提供质量过硬、品质可控的产品。公司依靠精细化生产、集约化管理，将降低的成本转化为对客户的增值服务，给客户以更多的让利空间。

江苏太平洋印刷集团有限公司 1992年8月成立的中外合资企业，注册资本1 208万美元，总资产5.8亿元，员工1 800人，各类专业技术人员586人。主要经营印刷、纸制品、生物医药等产业。公司拥有世界一流水平的德国海德堡XL1056、海德堡CD102全UV 5色、SM74系列胶印机12台，曼罗兰R9004色超全张胶印机1台。1998年7月通过ISO 9002质量管理体系认证，2002年6月通过ISO 9001质量体系认证，2006年2月通过ISO 14001环境管理体系认证。先后被授予"常州市明星企业""江苏省重合同、守信用企业"等荣誉称号。

江苏省邮电印刷厂 是江苏省邮政公司直属企业，中国邮政集团公司定点印制企业，创建于1970年。占地面积16 040平方米，建筑面积14 926平方米。多年来，企业加大技改投入力度，先后投资近4 000多万元，不断扩大生产经营规模。

2008年,完成工业总产值6 599.67万元,同比增长28.76%;实现销售收入5 678.5万元,同比增长24.12%;实现利税 468.42 万元,同比增长54.99%。

企业拥有富士Luxel Vx9600 CTP直接制版机和方正飞腾印前排版软件、方正写真等硬件、软件共同组成的方正畅流印前生产工作流程。1996年起,承印历年中国邮政贺卡业务,成为中国邮政集团公司邮资封(片)定点印制主力企业,多次受到中国邮政集团公司表彰。2008年,企业开发和承印了600万枚"幸运邮天下"、63.21万枚奥运会金牌运动员个性化邮票等重要业务。

2000年起,先后通过ISO 9002、ISO 9001质量审核第三方认证。具有邮资封(片)、书报刊、特快封套、标准信封、邮简、商标、防伪产品、保密载体、税务监制章印制等印刷资质。企业相继被评为"江苏省邮政系统、常州市文明单位"。2001～2008年,被中国邮政集团公司评为"邮资封(片)印制生产管理达标先进企业";2004年,该企业承印的邮资广告明信片《吉林风光·冬》在第四届中国邮政普通邮资广告明信片评选活动中获得最佳印刷奖;2006年,企业承印的明信片《麦积神韵》在第六届中国邮政邮资明信片评选活动中被评为印刷银奖(此次活动的最高奖项)。

常州市大华印刷有限公司 集印前、印刷、印后加工于一体的印刷专业公司。公司成立于1992年,位于常州市钟楼经济开发区,占地面积33 333平方米,厂房建筑面积16 300平方米。公司注册资本2 000万元,资产总值1亿多元,现有职工270多名。公司拥有国际先进的德国、日本和美国著名品牌的印前、印刷、印后加工设备,从事出版物、期刊、样本、产品说明书、台(挂)历、海报宣传广告等高档产品的印刷。

公司通过ISO 9001∶2000质量管理体系认证,相继获得江苏省、常州市新闻出版系统"双优诚信"先进企业和"常州市商业印刷领军企业"称号。现为江苏省印协常务理事单位和常州市印协副会长单位、江苏省版权局"正版正货"生产销售示范单位、常州市AAA级信用企业和免检企业、常州市慈善总会理事单位。

金坛市古籍印刷厂有限公司 公司创建于1978年,位于江苏省金坛市华城经济开发区,占地面积15 800平方米,厂房建筑面积6 000平方米,绿化面积5 000平方米。主要设备有海德堡4色机、双面BP机等,配有制版设备系统,有年产150万册线装书、50万册精装书及150万册报刊杂志的印装能力。1985年,开始古籍印刷和复制项目,是集古籍珍本、孤本、善本印装,高档精、平装、报刊、彩盒包装为一体的综合性印刷企业。公司将高档精品书作为公司的生产基础,用特色的手工传统工艺与高科技数码印刷相结合,致力于古代文化的传承与产品开发。公司是国家文化工程大型线装书《中华再造善本》和精装书《清史》定点印制企业之一。

公司承制的上海文艺出版社线装书《易中天读史》获上海印刷大奖银奖。公司印装产品连年获得新闻出版署优质产品奖,并获"江苏省'双优诚信'企业"称号。

第三节 雕版印刷

中国雕版印刷技艺被称为印刷史上的"活化石",扬州是中国雕版印刷技艺传承的主要地区,国内唯一完整保存全套古老雕版印刷技艺的城市。中国雕版印刷技艺展示馆展示扬州雕版印刷技艺的历史、技艺和作品,是国内唯一介绍雕版印刷技艺的专业展馆。

成立于1958年的扬州广陵古籍刻印社,是新闻出版署批准成立的以雕版印刷为专业的单位,是中国雕版印刷技艺的世界非遗传承单位。该社藏有近30万片明清以来的古籍版片,并采用雕版印刷出版了大量的古籍线装书籍,成为全国最大的线装书加工基地。"文化大革命"开始后,该社被视为"传播封、资、修的黑工厂",被强令撤销,遣散人员,变卖资产,封存版片,被迫停止一切业务。1972年,《人民日报》一位记者到扬州采访,目睹雕版版片受损情况,遂撰文在"内参"披露。周恩来总理指示国务院文博组过问,务必抢救。江苏省相关部门立即行动起来,拨款1万元作为抢救保护书版的经费,扬州市有关领导亲往高旻寺指导书版保护等工作,并立即组织原刻印社人员对版片进行认真整理,详细登记,同时购木材重制了版架,将版片分部顺序入库上架。

1978年5月，扬州广陵古籍刻印社得以恢复，归扬州古籍书店管理，当年即召回原专业人员，招收、培训青年刻印工作人员，人员增加到150余人，生产、办公、版库、宿舍等各种必要的设备、设施逐步建设到位，雕版印刷的古籍图书品种和数量较前大幅增加。大量新刻古籍和旧版重印古籍发行到全国各地，甚至远销海外。

1986年，《人民日报》等7家报刊组成的记者团至扬州广陵古籍刻印社考察、采访，发表《扬州广陵古籍刻印社呼吁抢救“江苏一宝”》一文，引起有关领导重视。江苏省财政厅一次性拨款10万元资助有关部门将扬州广陵古籍刻印社改为全民所有制事业单位，直属文化局领导。1999年，在中央和省、市领导的关心下，在扬州广陵古籍刻印社基础上筹建广陵书社，主要从事古籍刻印发行。2002年，扬州市获准成立中国雕版印刷博物馆。同年年底，新闻出版署正式批准广陵书社为全民事业性质的出版社。2006年，扬州雕版印刷技艺列入国家级非物质文化遗产保护名录。2008年9月，国家文化部非遗司通知广陵古籍刻印社将“雕版印刷技艺”升级为“中国雕版印刷技艺”，申报“人类非物质文化遗产代表作名录”。2000年10月21日，时任中共中央总书记江泽民莅临扬州广陵古籍刻印社视察，在观看了整套雕版印刷技艺后称赞说：“了不起，你们做了一件了不起的工作!”

该社以雕版印刷技艺为核心技术，以活字印刷技艺为补充，开展中国古籍翻印、古籍修复、传统版画印刷、传统装帧形式的现代书籍印刷以及博物馆珍贵古籍的复制等方面的工作；以线装书加工为主要业务，经营范围包括家谱印刷、地方志印刷、佛经印刷、名人诗词集印刷、名人书法复制、碑帖拓片复制等。该社雕刻的《里堂道听录》、善本《金刚般若波罗密经》《大清摄政王令》《板桥道情》等雕版作品，得到专家、学者、收藏家和社会各界的赞誉。该社还采用活字印刷技艺出版活字本《国学经典》，该书包括铜活字《论语》、木活字《孙子兵法》、瓷活字《周易》、锡活字《老子》、泥活字《毛泽东诗词六十七首》和五种活字合集《唐诗三百首》等精品典籍。该社生产的古籍图书标准高、质量好，拥有“国书”的美誉。多位党和国家领导人曾到该社视察，其知名度和美誉度不断扩大。

第四节　光盘生产

江苏光盘企业从无到有，自20世纪90年代开始发展，至2008年共有7家，其中只读类光盘企业5家，可录类光盘企业2家，拥有复制加工生产线168条(只读类37条、可录类131条)。江苏永兴多媒体有限公司、昆山沪铼光电科技有限公司分列全国可录类产量第一、第二名，产量约为全国的50%。江苏新广联科技股份有限公司、苏州新海博数码科技有限公司分列只读类产量第一、第十名。2007年，全省复制产业资产总额为36.79亿元，销售收入为20.5亿元，增加值5.31亿元，从业人数3 460人，成为全省新闻出版产业的重要组成部分。江苏是继广东、北京之后现今国家最大的光盘产业基地。

江苏新广联科技股份有限公司　1999年8月，由江苏省出版总社、江苏广电厅和中信投资控股有限公司共同投资组建的国家级重点高新技术企业，是经商务部、外交部、文化部等六部委认定的国家文化出口重点企业、全国新闻出版“走出去”先进单位、国家复制示范企业。2006年9月进行股份制改制，有各类只读光盘复制生产线24条，母盘刻录线1条，可年产各类只读光盘3亿片。该企业也是国内唯一一家建有只读半导体存储芯片加密复制线的企业。无论是其复制规模还是经济效益已经连续多年稳居国内光盘复制行业首位，是国内光盘复制行业的龙头及代表性企业。

公司注重以科技创新为手段促进文化产业发展，通过承担多项省文化产业引导资金项目、省(市)国际科技合作项目，力争在科技与文化融合方面做好示范。其中，OTPSD加密复制项目被列入新闻出版总署改革发展项目库。在文化产业领域，共形成专利23项，其中发明专利6项，有力支持了企业的可持续发展。公司十分重视科技创新平台建设和人才创新平台建设，经省科技厅批准成立了江苏省电子出版介质和阅读终端工程技术中心，省人事厅批准成立了博士后工作站。

公司先后获得“全省新闻出版(版权)系统先进集体”“江苏省版权产业‘正版正货’生产销售示范单位”“无锡市十佳高新技术企业”等荣誉称号。

江苏永兴多媒体有限公司 公司位于江苏省南通港闸经济开发区内，由南通市港闸经济开发区总公司与美国运兴科技有限公司（Media Factory, Inc.）共同出资成立，主要开发生产大容量可刻录光盘，月产各类可录光盘近亿片。2001 年 6 月 30 日，国家新闻出版总署批文同意江苏永兴多媒体公司引进 11 条 CDR 生产线（新出音〔2001〕1031 号），公司于 2002 年 2 月 7 日正式举行了奠基典礼，2002 年 4 月底进行净化厂房的安装、6 月底结束基建、7 月正式开始量产。公司注册资本由首期的 1 200 万美元增加到 8 960 万美元，总投资由首期的 2 980 万美元增加到 2.64 亿美元。公司产品是信息类高新技术产品，已被国家计委、国家经贸委、国家外经贸部列入《外商投资产业指导目录》（2002 年 3 月 11 日修订）中鼓励类产业目录。公司拥有 68 条生产线，已达到年产光盘 12 亿片的规模，成为中国最大的单体光盘制造企业。公司 80%以上的产品销往国外，主要出口到欧盟、美国、中东及南美等国际市场，年出口创汇超过 6 000 万美元。

昆山沪铼光电科技有限公司 国内最大的可记录光盘生产企业。成立于 2001 年，是全球最大的光盘制造企业——台湾铼德科技集团在大陆投资的专业光盘生产企业，位于江苏省昆山综合保税区。公司投资总额 20 800 万美元，注册资本 8 200 万美元，员工 1 000 余人，公司建筑面积 67 000 平方米，宿舍建筑面积 16 000 平方米。公司秉持“知识创新，时间竞争，客户满意”的经营理念，以超越母公司为目标，矢志成为全球第一的可刻录光盘制造厂。2003 年获得 ISO 9001 质量管理体系认证，2005 年被日本索尼公司总部认证为索尼绿色合作伙伴，2006 年获得 ISO 14001 环境体系认证。公司产品有光盘、平板显示屏、导光板、射出成型产品、计算机周边衍生消费产品等。公司拥有 63 条可刻录光盘生产线，可记录光盘年产量突破 8 亿片。公司产品 85%销往亚洲、欧盟、非洲、北美、拉美等国家和地区，15%在国内市场销售。公司服从总公司的全球营销策略，在巩固和扩大海外市场占有率的同时，逐步加大国内市场开发力度。

扬州广德信息有限公司 生产经营只读类光盘复制及母盘刻录的专业企业。2002 年，经国家新闻出版总署批准成立，总投资 7 000 万元，拥有 4 条先进的 CD、VCD、DVD 光盘复制生产线，年生产能力在 3 万片以上，每年可为客户复制 CD、VCD、SVCD、CD－ROM、DVDAUDIO、DVD5 等各类光盘 7 000 万片以上。公司拥有先进的光盘质量控制和检测系统以及 2 台五色丝网印刷机、2 台平版印刷机，能够提供图案精美、品质稳定的盘片。公司聘请多名来自台湾和香港地区、具有丰富经验的高级管理人才，以“一流的产品、一流的服务、一流的技术、一流的管理”保证公司产品品质、生产技术及企业管理在同行业中的领先地位。

第五节 出版物印刷物资供应

中华人民共和国成立初期，江苏出版用纸以及印刷装订机械和印装器材由市场供应。1953 年 1 月，江苏人民出版社在出版科内设纸张管理员，专门负责纸张采购、管理和调度。1960 年 3 月，江苏省新闻出版局成立后，出版社和出版物资仓库改由出版局物资处纸张科出版物资仓库负责。1969 年 4 月，出版物资仓库归毛主席著作印制办公室所属江苏省新华书店筹备组的物资组管辖；同年 9 月，省革委会出版发行局成立出版物资仓库革命领导小组。1972 年 1 月 1 日，省革委会出版发行局撤销，成立省革委会文化局，江苏省出版发行物资仓库改为江苏省文化物资仓库。同年，小红山纸库开始筹建。1974 年 2 月，省革委会文化局和江苏人民出版社分开，成立江苏省革委会出版发行局。11 月，物资仓库划归省革委会出版发行局管理。1977 年，小红山物资仓库建成投入使用。1978 年 5 月 15 日，物资仓库改为江苏省出版物资供应站，隶属江苏省出版总社。1984 年 3 月 15 日，江苏省出版印刷公司成立。1992 年 4 月 22 日，江苏省出版印刷公司更名为江苏省出版印刷物资公司。

江苏省出版印刷物资公司承担全省出版印刷物资的供应任务。随着改革开放的不断推进，公司在经营理念、经营策略、经营方法上不断创新思路。20 世纪 90 年代初期，为保证出版物资供应，公司每年从外省调进书刊印刷用纸 1 万吨以上，成为国内部分大纸厂在江苏的代理商，稳定江苏印刷业用纸的货源。90 年代末期，公司确定“第二次创业”，面向市场狠抓销售，面向内部狠抓管理，努力探索和构建适应现代市场经济需要的科学管理机制、决策机制、运行机制和分配机制，实现真正意义上的资本经营。在供应市场上，集中采购数量，争取相对的规模优势，调整进货策略和品种结构，引入竞争机制，开发中型纸厂，增加纸张货源。在木浆市场上，采取灵活手段，积极参与竞争，加大双向贸易合作，并采取代理制，回避价格风险，开发社会直销客户，降低经营费用。公司积极从传统的贸易型企业向现代物流企业转化，主动对出版社的纸张供应价格作降价调整，尽可能与市场接近，顺应了市场，赢得了客户。公司成立采购招标办公室，进行纸张招标采购的尝试，规范了纸张的进货程序，加大了纸张价格的公开透明度，杜绝了暗箱操作，取得了各出版社和印刷厂的信任和支持。公司决策层准确分析市场形势，推进体制机制改革，中层干部改为聘用制；实行目标管理，试行分科二级核算；调整物资品种结构，增加适销对路物资供应；实行工资总额与经济效益挂钩；调整和改革奖励办法和浮动工资制度。

在“中国500家最大服务业企业及行业评价”中，公司曾被评为全国印刷物资业第四名。

第六章　出版物发行

改革开放30年，江苏出版物发行业得到快速发展。经历了三个发展阶段：

1978～1982年为恢复整顿复苏阶段。1978年1月，整顿工作在全省书店铺开，书店开始恢复缺书登记、为读者找书、送书上门等传统服务项目，试行开架售书。开展建章立制、技术练兵、人员培训等工作。

1983～1998年为出版物出版发行体制和市场竞争机制形成阶段。相继推进"一主三多一少"[①]和"三放一联"[②]改革，提出"坚持方向、扩大销售、强化辐射、争取市场最大化"目标。1983年，全省新华书店试行经营承包责任制，市、县新华书店成为自主经营的经济实体，出版物发行业引入竞争机制，民营书店和出版社自办发行的出现，促使出版物发行网点快速发展，购销形式不断改进，发行方式和服务方式更加多样化。

1999～2008年为国有书店集约化规模化经营和非国有书店快速发展并举阶段。1999年，江苏新华发行集团成立，全省新华书店统一改制为江苏新华发行集团的子公司。2004年，遍布全省的图书发行计算机网络形成，自动化物流基地开始运转，省内917个新华书店门店实现连锁经营。2006年，新港自动化物流基地开始运转。2008年，江苏新华发行集团完成转企改制，通过连锁经营和跨地区重组，向上海、浙江、辽宁、贵州和海南发展。2001年起，出版物分销服务逐步放开，民营企业开始快速进入出版物批发和总发行领域。至2008年，全省民营图书发行网点已超过1万家，占全省图书发行网点的85%，约占全国民营发行网点的十分之一。民营书店销售图书约46亿元，占全省图书销售总额的26.14%。全省统一开放、竞争有序、运行规范的出版物市场初步形成。

---

① 1982年6月，文化部召开全国图书发行体制改革座谈会，提出"在全国将组成一个以国营新华书店为主体的，多种经济成分、多条流通渠道、多种购销形式，少流转环节的图书发行网"，简称"一主三多一少"。1983年6月，中共中央、国务院作出《关于加强出版工作的决定》，进一步明确上述改革目标。

② 1988年5月，中央宣传部、新闻出版署联合发出《关于当前图书发行体制改革的意见》，推行"三放一联"，即"放权承包，搞活国营书店；放开批发渠道，搞活图书市场；放开购销形式和发行折扣，搞活购销机制；推行横向联合，发展各种出版发行企业群体和企业集团"。

第一节　发行渠道

一、新华书店系统发行

（一）机构沿革

江苏新华发行集团是全国出版物销售量最大的发行企业，省属重点企业集团。其前身可追溯到1945年12月成立的华中新华书店。1953年1月，苏北、苏南、南京新华书店合并成立新华书店江苏分店。1962年7月，改称江苏省新华书店（以下简称省店）。1999年4月20日，江苏新华发行集团成立。原江苏省新华书店改制为集团有限公司，全省81家新华书店、外文书店、古籍书店为子公司。

1953～2008年，全省新华书店管理体制经历过“下放—上收”的循环往复过程。“文化大革命”期间，市、县新华书店管理权下放地方管理。1979年，为了改变管理混乱局面，省财政厅和省出版事业管理局决定把市、县新华书店的财权上收到省，恢复“文化大革命”前财权由省管理，人权由地方管理的体制。1997年9月，省委组织部规定市、县新华书店经理实行新闻出版部门和地方主管部门双重管理，以新闻出版部门管理为主。1998年12月3日，省政府同意组建江苏新华发行集团，石启忠任董事长，张佩清任副董事长兼集团公司总经理。2001年9月，江苏新华发行集团成建制转为江苏出版集团子集团。2007年11月，张佩清改任董事长，周斌任总经理。1999～2008年，全省新华书店人权、财权统一由省管理。

1978年，省店革委会下设四科一室建制，即办公室、发行科、储运科、计划财务科、调研科。其后，建制屡经变化。2008年，江苏省新华书店集团有限公司设置16个部门，即党委办公室（基层干部部）、工会办公室、总经理办公室、人力资源管理中心、财务审计管理中心、投资管理部、市场中心、信息技术管理中心、物业管理中心、课本公司、图书公司、物流公司、音像公司、期刊公司、南京苏新华业图书有限责任公司、江苏新华文化用品责任有限公司、《七彩语文》杂志社。

省店履行对全省市、县新华书店的业务、财务管理职责。1985年，省店成立基层工作科，各市店相应设立基层工作科，负责对基层书店业务、财务工作的管理、指导。1999年，江苏新华发行集团成立后，集团公司基层管理办公室（基层干部部）负责对市、县新华书店领导班子的管理，其他部门负责对口业务的管理。

（二）发展历程

我国出版业改革中，江苏新华发行集团两次承担全国改革先行试点任务，受到中宣部、新闻出版总署等部门的肯定和表彰。

1. 恢复整顿复苏

1978年，全省新华书店开始恢复缺书登记、为读者找书、送书上门等传统服务项目。10月，南京市中山东路新华书店试行开架售书，读者可直接选购。1979年起，省店陆续制定印发《江苏省新华书店图书批发简章》等相关制度和经理、副经理、进货员、课本发行员、库管员、图书中转人员、农村发行员、门市营业员、城市发行员、财会人员等岗位责任制。为了改变发行队伍不适应出版事业发展的状况，1981～1985年，书店经理、会计、进货人员、仓库管理员、门市主任、农村发行负责人等各类轮训班陆续举办。1984～1988年，全省书店系统70余名员工进入武汉大学、安徽大学、中央文化干部管理学院、江苏商业干部管理学院脱产学习图书发行管理专业知识，这些学员先后成为各级书店的骨干力量。

2. 转换机制，增强活力

1979年，市、县新华书店财权上收至省管理后，市、县新华书店利润上缴省店，亏损亦由省店弥补。1981年起，各级书店开始探索分级承包和联销计酬等经营责任制。1984年，全省书店推行承包经营责任制，劳动人事、工资奖金分配、业务管理等配套改革同步进行。1986年，国家出版局发布《全国新华书店改革试行方案》，包括改革进发业务、发展横向联合、促进图书销售和推行经营责任制四个方面的内容。1987年，江苏全省新华书店的第二轮承包经营开始，承包内容为包死基数、确保上交、超收全留、欠收自补。1984～1987年，省店分三步将财权全部下放到市、县书店，省店只保留计划指标权。上述措施增强了市、县书店的经营活力和市场竞争力。1991年，江苏新华书店图书销售量跃居全国第一。

3. 建立图书批销中心

1992年以前，江苏新华书店销售省外图书须向外省省级新华书店进货。1995年9月,江苏省新华书店图书批销中心建成并投入运营。批销中心打破省店传统的业务分工和运转模式,从方便基层书店出发,重新设计了新的业务流程和规章制度,将期货供应、现货批发、流动供书、推销、零售、储存运输、财务结算、计算机管理等功能有机融合在一个机构里,减少了工作环节,加快了图书流转速度。1996年,批销中心与230家出版社建立购销关系,现货批发7 000万元。次年,批销中心扩建,常年备货品种达到1.5万种,发货额4.8亿元,与华东123家民营书店建立批发关系,与全国2 000家新华书店建立业务关系。5月,苏南成立苏州联合图书批销中心;9月,苏北成立徐州连锁批销中心,形成了以省店批销中心为龙头,以苏州和徐州两个分中心为两翼的"一体两翼"格局。

4. 新华书店集团化

20世纪90年代,各种所有制的书店发展迅猛,1996年,民营网点发展到4 678个,出版社自办发行网点发展到16个,在数量和经营灵活度上,均超过新华书店。江苏图书市场形成新华书店、出版社自办发行机构、民营书业三足鼎立的局面,省店通过制定全省统一的管理规定、实施经营目标管理、开展全省统一的业务活动等措施,为规模化经营奠定了基础。1990～1997年,省店颁发一系列管理规定,规范全省新华书店的经营行为。1997年,省店印发《江苏省新华书店系统业务工作规范》,涉及业务人员的基本条件、业务纪律、业务处理细则、管理考核等十一个方面。

1998年12月3日,省人民政府批复同意将江苏省新华书店改制为江苏省新华书店发行集团有限公司,以其为核心组建江苏新华发行集团。省政府授权江苏新华发行集团有限公司为国有资产投资主体,控股层企业包括各市、县新华书店。省政府为出资者,省新闻出版局代行出资者职能。全省新华书店统一改制为江苏新华发行集团的母公司和子公司,干部人事管理统一划归省新闻出版局和集团公司负责,党群关系由当地党委宣传部门进行属地管理。1999年4月20日,江苏新华发行集团成立。中央电视台和《人民日报》《光明日报》《新闻出版报》等媒体作了报道。集团被列为全国试点发行集团和省重点企业集团。江苏新华发行集团的成立,结束了长期以来江苏全省新华书店人权、财权、经营权分离的状况,标志着全省新华书店系统以产权制度改革为特征,向现代企业制度转变。

5. 连锁经营

集团成立是管理体制的调整,连锁经营是经营机制的调整。连锁经营改变了省和市、县书店之间传统的批发—零售关系,打破了集团内部分散经营的格局和业务信息不能实时共享的局面,建立了总部和门店进、销、存、退统一运营的新型营销关系,形成商流、物流、信息流、资金流"四流贯通"的营销网络,为江苏出版物发行业持续走在全国前列打下了基础。2002年9月11日,江苏新华发行集团连锁总部成立。当年,试行全品种配供的门店150个。2003年,覆盖311个门店。2003年10月,连锁总部开始对无锡市店进行全品种异地配供。2004年,省内917个门店全面实现连锁供应,连锁经营卖场面积达31万平方米。12月,集团与南京大学联合开发的连锁经营信息系统投入运行,计算机网络将集团总部和市、县新华书店连接起来,进行实时数据交换和处理,通过选择模块,实现图书自动配送。计算机广域网和物流自动化设备的使用,为连锁经营的快速扩张提供了条件,江苏全境图书发货速度缩短为1～2天,特殊品种可12小时到达,直接配送到销售柜组。2006年,近10万平方米、配备物流自动化设备的新港物流配送基地和近6 000平方米的淮安物流中心交付使用。2004～2007年,连锁经营扩展到上海、大连、贵阳、六盘水、义乌和湖州。

6. 全国文化体制改革试点

2003年6月,中央文化体制改革试点工作会议确定江苏新华发行集团为全国试点单位之一。2004年9月6日,省委办公厅、省政府办公厅下发《关于印发〈江苏新华发行集团体制改革实施意见〉的通知》,明确改革目标、任务以及十七项配套政策。同年,江苏新华发行集团所属43家事业子公司全部转为企业,82家成员单位完成人员分流安置及劳动关系转换。通过竞争上岗,分流安置员工2 754人,进入转制后企业4 990人。2006年4月,成立江苏新华发行集团股份制改造领导小组。2007年11月,完成资产、业务和人员重组工作,评估后净资产为43.3亿元,全部纳入拟上市公司。2008年,对全省新华书店进行公司制改造和同城整合，将全省81家新华书店改制成66家有限公司和11家分公司。引进弘毅投资产业作为增资股东，引进资金4.8亿元。5月，完成工商变更注册。至此，股份公司筹备工作基本就绪。同年，在中宣部、新闻出版总署和江苏、海南两省省委、省政府推动下，江苏新华发行集团控股海南凤凰新华发行有限公司。此为全国书业跨省重组和资源整合之先例。

（三）经营实绩

1978～1983年，江苏的出版物发行工作在经历十年浩劫的阻滞后出现了飞跃。1978年，全省新华书店图书销售（含省店批发和市、县书店零售）0.91亿元，利润613万元。1983年，图书销售2.2亿元，利润1 373万元，分别比1978年增长141.76%和124%。

1984～1987年，对全省新华书店的管理体制进行改革，生产发展资金由全省新华书店统收统支改为各店自收自支。同时，下放部分财务、业务管理权，各级书店提高了自主经营能力和自我发展能力。1987年，全省新华书店图书销售4.1亿元、利润0.21亿元，比1983年分别增长87.47%和50.9%。

1988～1991年，全省书店抓住承包经营、"放水养鱼"的机遇，加强网点建设，扩大事业规模。各级书店先后出台促销办法，调动员工销售的积极性。1991年，全省新华书店销售比1987年增长128.29%，利润增长82.1%。1991年，全省新华书店图书销售达到9.36亿元，位居全国同行业之首。此后，一直保持全国第一的位置。利润、人均购书及一般图书销售、农村图书销售等指标均居全国前茅。

1992年，人事部、新闻出版署授予江苏省新华书店"全国新闻出版系统先进集体"称号。1992年11月30日，据国务院发展研究中心等联合评价，江苏省新华书店进入中国500家最大服务企业行列，列各省新华书店之首。1995年，全省新华书店图书销售总额达到23.4亿元。"八五"期间，江苏省图书销售平均每年以23.1%的速度增长，在全国同行业中居于领先位置。

1996年，省店被评为"全国新华书店系统1993～1995年度最佳发货店"，受到新闻出版署表彰。1997年，江苏省新华书店被新闻出版署、人事部授予"全国新闻出版系统先进单位"称号，被新闻出版署、中国书刊发行业协会授予"全国新华书店'双优奖'"。1998年，省店被评为"全国文化、科技、卫生'三下乡'活动先进集体"。1999年，省店提出开发农村发行、电子出版物、期刊、教学音带发行以及文化用品市场，扩大代储、代运、代发业务，以此作为新的经济增长点。2000年，全省新华书店图书销售51.7亿元，"九五"期间，年平均增长24.2%。

2002年，集团公司通过ISO 9001：2000国际质量体系认证。2004年，江苏新华发行集团被国家统计局列为中国1 000家最大企业集团，列中国出版业第一位。2005年，集团图书销售达75.08亿元，全省人均供应51.85元。"十五"期间，图书销售年平均增长7.4%。集团有51家子公司被评为"省级文明单位"，17家子公司被评为"中国书刊发行行业双优单位"。"十五"期间，江苏教材教辅发行量由18.5亿册增加到25.5亿册，超过山东、河南、四川等人口大省，进入全国第一位。

2006年，集团公司被新闻出版总署评为"全国新闻出版行业服务社会主义新农村出版发行先进集体"。2007年，集团公司被评为"中国服务企业500强"，列第171位，文化企业第一位；集团公司被评为"全国新华书店系统先进集体"；4月，中宣部等部门表彰江苏新华发行集团为"全国文化体制改革优秀企业"。2008年，集团图书销售93.65亿元。2006～2008年，图书销售年均增长8.23%。

1978～2008年，江苏新华书店快速发展，2008年图书销售册数是1978年的2.43倍，码洋为89.71倍，利润为42.71倍，商品周转次数为1.94倍，劳动生产率为53.7倍，固定资产原值为369.73倍。自1991年起，江苏新华书店图书销售量持续居全国各省、区、市同行业之首。

表 6－1　1978～2008 年部分年份全省新华书店经营数据统计表

项目	1978 年	1988 年	1998 年	2008 年
销售册数(万册)	零售 22 034 批发 19 445	零售 36 716 批发 26 332	零售 54 130 批发 45 527	零售 53 435 批发 55 935
销售(万元)	零售 5 149 批发 3 965	零售 33 602 批发 19 270	零售 269 772 批发 200 120	零售 461 916 批发 474 613
固定资产(万元)	572	5 783	78 908	211 484
利润(万元)	613	2 268	12 397	26 181
销售网点(处)	246	542	877	863
职工人数(人)	2 659	6 524	8 955	6 140

表 6－2　1978～2008 年全省新华书店销售实绩统计表

年度	市县书店销售		省店发货	
	数量(万册)	金额(万元)	数量(万册)	金额(万元)
1978	22 034.71	5 148.83	19 445.44	3 965.22
1979	25 564.26	7 543.83	20 656.74	5 326.17
1980	29 343.75	9 617.69	22 286.25	6 642.31
1981	30 967.77	10 261.76	21 145.23	5 971.24
1982	33 833.50	13 724.34	23 926.50	5 533.66
1983	37 275.35	14 021.67	25 073.65	7 958.33
1984	39 484.79	16 841.81	25 881.21	8 691.19
1985	37 026.71	20 665.15	25 226.43	11 790.70
1986	35 435.54	23 807.73	27 087.55	14 067.04
1987	35 619.63	26 473.40	25 102.24	14 771.52
1988	36 716.03	33 602.20	26 332.48	19 270.26
1989	36 600.93	41 988.27	27 556.53	28 384.08
1990	38 880.49	49 155.60	32 410.28	32 153.75
1991	38 320.15	56 436.20	35 026.60	37 199.97
1992	39 274.68	64 480.69	31 542.43	38 409.15
1993	43 085.11	86 345.77	35 733.98	51 106.22
1994	41 138.20	99 031.98	33 668.53	61 110.61
1995	46 442.08	143 930.15	36 682.28	88 886.61
1996	51 192.12	206 093.14	39 767.35	143 288.68
1997	54 992.96	246 040.91	44 575.15	175 281.49
1998	54 129.60	269 771.98	45 526.73	200 120.39
1999	52 465.16	284 309.86	47 670.09	215 287.17
2000	48 868.93	292 049.58	43 891.76	225 365.04
2001	48 834.97	304 936.37	42 565.03	265 911.63
2002	49 186.10	329 139.66	45 037.81	273 367.90
2003	51 110.78	353 709.16	46 628.22	317 502.84
2004	50 477.21	365 174.00	49 580.30	345 145.68
2005	49 096.20	373 588.55	50 261.66	372 783.17
2006	51 226.25	399 886.33	51 821.89	401 151.14
2007	53 297.99	421 199.89	55 954.31	440 967.74
2008	53 435.37	461 916.94	55 935.14	474 613.23

表 6-3　1978～2008 年全省新华书店经营实绩统计表

年度	利润(万元)		商品周转次数(次)		劳动生产率(万元/人)		固定资产原值(万元)	
	全省	其中省店	全省	其中省店	全省	其中省店	全省	其中省店
1978	613	181	3.10	14.60	1.98	41.30	572	104
1979	1 074	244	4.20	24.90	2.57	44.94	743	102
1980	1 353	330	4.80	33.30	3.01	48.78	1 131	109
1981	1 241	276	4.00	23.80	2.84	41.47	1 470	191
1982	1 282	312	3.60	22.10	2.84	43.68	1 890	201
1983	1 373	348	3.50	18.00	3.00	43.75	2 319	251
1984	1 657	406	3.80	18.80	3.35	45.03	2 967	241
1985	2 013	563	3.60	23.20	3.98	57.80	3 393	268
1986	2 026	589	3.20	23.70	4.26	63.65	4 007	423
1987	2 072	471	3.50	17.10	4.49	65.80	4 938	432
1988	2 268	502	3.50	13.80	5.38	80.73	5 783	554
1989	3 373	1 121	3.50	13.80	6.45	102.78	7 325	800
1990	3 721	1 252	3.70	11.10	7.48	125.36	9 478	828
1991	3 763	1 279	3.60	9.85	8.31	143.64	11 080	892
1992	3 135	802	3.50	8.90	9.04	148.30	12 990	1 531
1993	3 075	860	4.70	12.80	11.53	178.83	16 474	1 563
1994	2 694	980	6.50	22.30	20.41	207.86	22 589	2 204
1995	4 720	1 673	7.60	23.60	28.90	271.82	48 360	8 445
1996	8 079	2 290	6.60	9.80	42.24	388.32	54 571	8 890
1997	11 376	3 540	6.70	10.50	49.53	457.65	65 606	9 999
1998	12 391	4 077	6.30	9.30	53.32	492.90	78 908	12 941
1999	11 775	4 207	6.30	8.50	56.02	523.81	89 454	14 694
2000	10 910	4 410	6.90	11.30	58.81	525.33	92 741	13 321
2001	11 418	3 118	7.40	10.50	48.91	373.40	104 855	12 508
2002	13 979	4 980	8.50	15.00	54.06	390.61	112 542	15 204
2003	17 734	7 020	9.50	22.50	60.01	440.26	131 658	17 681
2004	18 695	7 612	9.20	17.00	65.43	494.77	139 023	17 351
2005	22 516	7 981	10.70	23.90	82.23	555.00	153 047	18 704
2006	24 205	8 003	9.60	15.00	88.10	588.87	184 117	44 903
2007	27 522	8 926	8.50	19.00	99.83	836.36	182 112	44 931
2008	26 181	4 462	6.00	10.40	106.32	852.54	211 484	79 270

说明：2001 年起，劳动生产率由按销售码洋计算改为按销售净收入计算。当年与上年同比增 9.4%。

（四）发行网络

网点建设是出版物发行事业发展的保证。1978～1988 年，是江苏新华书店网点发展最快的时期。全省新华书店网点数由 238 个增加到 542 个。1988～2002 年，网点建设保持稳定的发展趋势。2002 年是网点发展最高峰，网点数达到 948 个，此后，网点建设重心逐步转移到规模和质量上。

1. 网点变化

1986 年，为鼓励各地发展农村集镇门市，省店在更新改造基金内对新建门市拨给 2 万元左右的补助。1989 年，省出版总社建立“江苏省图书发行基金”计 592 万元，由省店负责管理和安排使用，支持基层农村发行网点建设。1991 年，新闻出版署、国家计委、建设部发出《关于图书发行网点建设若干问题的通知》，要求用 5 年左右的时间，改变图书发行网点严重不适应两个文明建设的状况。

1994～1995年，江苏各地在城市改造中拆除新华书店门市近80个。1995年12月，省政府办公厅、省委宣传部转发《关于加强新华书店建设的意见的通知》，要求到"九五"期末，全省要拥有新华书店销售网点858个，每4个乡镇要有1个网点。1995年，全省新华书店发行网点711个，比"七五"期末净增73个。

1997年12月，省委办公厅、省政府办公厅发出《关于转发省委宣传部等9个部门关于进一步加强全省新华书店图书发行网点建设的意见的通知》，将新华书店图书发行网点建设列入"江苏省国民经济和社会发展评估指标体系"，对图书发行网点建设采取优惠政策，其固定资产投资方向调节税按零税率计征，尽可能在立项方面给予优先，在费用方面给予减免，在财政上给予支持。继续按图书销售收入的百分之一提取网点建设资金，在经营费用中列支，专项用于图书发行网点建设。

1998年，省店下拨发行网点专项资金780万元，低息贷款520万元，用于全省网点建设。1999年，省店下拨发行网点专项资金1 555万元，用于23个建设项目。2000年，全省书店网点投资1.87亿元，销售网点达到888个，比"八五"期末净增167个，其中农村网点448个。

2001年，江苏新华发行集团投资近1亿元，新建网点10个，改扩建网点9个。同时与商业部门联合，将书店开进5家超市。统一设计制作便民书报亭，分批投放全省各地社区、校园、车站、码头、商业区等，第一批33个书报亭投放19个市县。

2002～2003年，集团重点扶持建设无锡、泰州等20座书城。2003年，与上海农工商超市合作的超市书店达19家，投入校园书报亭22个。

2008年，集团拥有各类销售网点863个，其中综合门市354个、专业门市43个、农村集镇门市388个、书亭78个，网点总面积约55万平方米。

表6-4　1978年、2008年全省新华书店网点变化对比表

年度	市县店	门市合计	其中			
			综合门市	专业门市	农村集镇门市	书亭
1978	79	238	109	12	117	—
2008	77	863	354	43	388	78

2. 城市发行网点

江苏县级以上城市新华书店的综合书店，1978年为109个，2003年达到378个，此后年份有增有减，2008年为354个。

随着读者对专业图书需求的增加，中等以上城市新华书店先后建立专业书店，包括少儿、教育、交通、财经、军事、工具书、音像、外文、古旧、美术等类型。1978年，全省专业书店为12个；2008年，全省专业书店达43个。南京市有8个专业书店，居全省首位。

为了便利读者购书，在街道、集镇、学校、车站、码头、公园等处设立书亭作为图书零售点。1992年全省有书亭29个，2008年有78个。

3. 农村发行网点

1978年，全省新华书店农村集镇门市部有117个。2008年，全省222个中心乡镇90%以上设有新华书店网点，全省农村集镇门市达388个，书亭为38个。2008年，全省新华书店农村网点为426个(含校园书亭38个)。

(五) 图书储存与运输

1978年，全省新华书店发货19 403万册、3 954万元。2008年，发货55 935万册、47.46亿元。

1. 书库建设

20世纪80年代末，省新华书店书库面积为8 000平方米，市县新华书店书库面积为6.4万平方米。1991年，省店在南京城郊樱驼村投资筹建图书储运基地，总面积为1.78万平方米。2004年，江苏新华发行集团投资3.5亿元，建设新港物流配送基地。该基地是中国出版物流通的标志性工程，具有国际先进的物流信息管理系统(WMS)、自动化分拣系统和传输系统，多层托盘式储位6 000个，单品种储位30万个，可储存图书100万件，日处理10万件。2008年，集团书库总面积达32万平方米，其中总部书库面积为12万平方米，分布在各市县的书库面积达20万平方米。

2. 储运设备

1979年，省店机械设备逐步完善配套，装卸、捆扎、运输初步实现机械化。1986年，江苏省电子计算机研究所设计的调拨单制作软件交付使用。1996年，制票、开单、收款、发货、统计等储运管理工序由手工操作改为电脑操作。2006年，集团总部物流中心拥有总长近1 000米的图书自动化传输系统。引进先进的自动称重复核系统和自动化分拣设备，分拣效率达6 000册/小时，差错率1/10万。实现了无纸化物流作业，配置200多台无线射频手持式终端(RF)，用于图书的添配、上架、转移、播撒等作业。在信息系统的精确控制下，物流作业的每一项任务、每一个批次、每一个人员的作业状况，都实时反映在中央调度控制系统中。仓储信息管理系统(简称WMS系统)与集团ERP系统、自动化传输系统、自动分拣系统、RF拣货作业系统协同工作，实现了集团商流、物流、资金流、信息流的贯通。

3. 发运方式

1978年以后，江苏的图书发运方式主要有三种：直接发运、委托发货和二级分发。2008年，主要采用直接发运和委托发货方式，发货量各半。

二、出版单位发行

出版单位发行图书以批发为主。2008年，全省18家出版社发行图书计5.71亿册、38.68亿元，约占江苏图书销售总额的22%。

20世纪80年代以前，图书由新华书店包销。1982年，国家出版局推行“一主三多一少”的改革举措，允许出版社自办批发。1984年年初，省出版局与江苏人民出版社和江苏科学技术出版社分设，新建美术、古籍、少儿、教育4家出版社。这些出版社分别设立发行科，办理本社发行业务。次年，6家出版社自办发行销售近600万元，占其图书总发行量的7.5%。1986年7月，国家出版局规定：征订经销的图书由出版社负责总发行，出版社可以自行决定补充征订品种并开展对集体、个体书店的批发。各出版社初步形成较为稳定的系统发行网络，系统征订码洋约占本社自办发行总额的40%。同时，逐步扩大集体、个体批销店。此后成立的江苏文艺出版社、译林出版社、南京出版社和各大学出版社亦先后设立自办发行机构。

1991年，新闻出版署、国家工商行政管理局发出《关于出版社自办发行图书的暂行规定》。1992年，省出版总社8家直属出版社在全国设立特约经销处540个，建立或形成进销关系的国营、集体、个体书店达3 100余处。20世纪90年代中期，8家直属社仓储面积共8 000平方米，货车9辆，发行人员222人。自办发行销售量快速上升，1992年为8 124万元，1995年为1.8亿元，1997年达4.18亿元。与新华书店发行相比，出版社自办发行的优势是，对于产品更加熟悉，推销手段和宣传方式更加灵活；同时也存在经营费用高，应收账款多，库存量较大等弊端。1995年，江苏各出版社自办发行销售额为1.8亿元，库存量为1.72亿元，商品年周转仅一次。

2002年，江苏出版集团(后改称江苏凤凰出版传媒集团)成立，省出版总社直属出版社和新华书店进入集团。针对省内图书市场可能出现的变化，河海大学出版社提出组建江苏高校出版社联合体的设想。“江苏高校出版社联合体”在选题开发、编辑制作、市场营销、信息共享等方面进行合作。同年，河海大学出版社调整发行思路，一方面继续与省级新华书店合作，另一方面介入民营图书发行市场，发展一批具有经营实力和信誉度的民营书店，增加发货渠道。南京大学出版社组织召开全国知名民营书店合作联席会议。2006年，东南大学出版社与民营书店合作出版文教类图书。2008年5月，人民教育出版社停止与凤凰出版传媒集团合作，委托南京师范大学出版社代理人教版中小学教材在江苏事宜。当年，南京师范大学出版社印制人教版教材130种2 400万册。凤凰出版传媒集团统一负责江苏省教材供应的格局被打破。

三、民营企业发行

(一) 发展概况

江苏民营发行网点起步早、发展快。1980年，全省民营书店、书摊约200家，民营网点占发行网点总量的6.7%。至2008年，民营图书发行网点超过1万家，占全省图书发行网点的85%，约占全国民营发行网点十分之一。民营书店销售图书约46

亿元，占全省图书销售总额的26.14%。

江苏民营书业的第一次发展机遇出现在20世纪80年代初，文化部决定“适当发展个体书店”“积极发展集体书店”。1980年，江苏发展集体、个体书店200家。1982年，全省有集体书店809个，1983年发展到1 362个。后来由于利润欠佳等原因，关闭了一批，1992年全省尚有集体书店311个。1996年，南京政治学院“昆仑书店”等集体书店获图书二级批发权。

1992年，南京市鼓楼区依托南京军人俱乐部场地，建立南京长三角出版物市场。该市场从书摊市场起家，迅速发展成为华东地区具有一定规模和影响的书报刊市场。1994～1995年，南京经纶文化传播有限公司、可一书店、江苏好孩子书局先后成立，三家书店系国内较早进入教辅合作出版领域的民营企业。1996年，先锋书店成立，专营社科类图书。同年，全省图书发行网点为8 487个，其中新华书店网点732个、供销社等集体网点2 174个、个体网点4 678个。

1997年，南京正祝书屋、萤火虫书店、九歌文化社、青少年读物发行公司入选由中国发协组织评选的“全国信誉良好集体、个体书店”。1998年，先锋书店等9家集体、个体书店第一次正式参加全国书市。20世纪80年代末至90年代末，南京市民营书业快速发展。1987年，南京市有个体书店100余家，次年就翻了一番。1999年，南京民营售书点达到1 370家。这些售书点遍及城乡车站、码头、机场、社区、学校乃至街头巷尾，经营面积逾2万平方米，年销售量约2亿元，成为南京市图书市场不可忽视的发行力量。

至2000年，全省图书发行网点10 776个，其中新华书店网点888个、其他国有书店1 113个、集体书店1 299个、个体书店7 208个、其他经济成分书店268个。民营网点数占网点总数的78.9%。民营企业主要集中在图书零售领域，少数进入图书批发领域，一些民营企业以合作出版方式进入图书出版领域。民营书店介入出版打破了计划体制下形成的出版、发行分割局面，出版产业链开始贯通。

江苏民营书业的第二次发展机遇在21世纪初。2001年，中国加入WTO组织，承诺出版物分销服务逐步放开。次年，江苏省新闻出版管理体制实行政事分离、政企分开，对民营企业的限制逐步放开。2001～2008年，民营企业快速进入图书批发和总发行领域，连锁业态开始布局。一些民营企业在教辅的编写和合作出版上取得快速发展，部分民营企业进入教材编写出版和市场代理领域。

2002年4月，台资合资企业江苏宁谊文化实业有限公司成立。年底，省新闻出版局批准南通少儿书店、南京先锋书店为全省首批享有出版物二级批发资质的民营书店，实现江苏民营书店批发权零的突破。以此为契机，各地民营书店纷纷增资扩股，积极申报出版物二级批发资质。江苏民营出版物发行网点发展到8 367个，占全省发行网点总数的71.2%。同年，大众书局南京书城在南京市中心区开业。全省85家民营书店获得二级批发权。南京长三角出版物市场、南通图书城获批为出版物批发市场。南京先锋书店被评为“中国书刊发行行业双优单位”，南通市少儿书店负责人获中国书刊发行奖。7月，南京民营图书业联合会成立。

江苏民营书店的连锁经营快速发展，南京鸿国连锁书城、南京先锋书店、无锡上书房图书有限公司、苏州健达科教传播有限公司、南通新恒信图书贸易有限公司、常州新时代文化用品有限公司、连云港书店有限公司等民营书店先后拓展连锁经营。各类民营股份制出版物发行公司以年35%的速度增长。南京市民营书业中年销售额超亿元的有春雨公司、可一公司、中少和平公司、龙门书局和大众书局5家。

2005年，省新闻出版局制定《关于加快全省民营出版物发行业发展的意见》，筹组江苏民营书业商会。民营书业的市场开拓、资源整合进一步加快，江苏可一、鸿国集团等相继获得出版物发行全国连锁经营权，民营企业加快推进跨地区联合经营和设立分支机构。6月，大众书局南京书城、先锋书店、万象书坊、可一书店、都市艺术书店等民营书店入选“南京十佳个性书店”。

（二）主要业态选介

1. 民营图书连锁零售书店

鸿国文化集团及江苏大众书局图书连锁有限公司 鸿国文化集团2002年进入图书分销领域，2008年形成从出版到零售的产业链。2003年，投资500万元建成南京书城，经营面积1.2万平方米，经营图书13万种，月均销售码洋400万元，成为华东地区最大的民营书店。2004年，南京书城更名为“大众书局”，实施以大众书局为品牌的连锁经营战略，在江苏建立8家书城和20余家门店，总经营面积逾5万平方米，员工409人，图书品种16.4万种，年均纳税逾千万元。大众书局具有全国连锁经营许可权和书报刊及电子出版物总发行权。

先锋书店 1996年成立，有2名员工，门店面积17平方米，年销售图书30万元。2003年，注册为南京先锋图书文化传播有限责任公司，注册资金200万元。先锋书店有5家直营连锁卖场，经营面积近6 000平方米，陈列人文社科类图书7万余种，文化创意产品5 000种。在五台山、“总统府”“美龄宫”等地设立书店，其中五台山店经营面积4 000平方米(包括物流配送中心)、龙江店经营面积600平方米。

2. 民营图书出版发行机构

南京经纶文化传播有限公司 1994年4月成立，2004年重新注册为南京经纶文化传媒有限公司，涉足教育研究、选题策划、图书发行、数字出版、对外出版等领域，注册资金1 000万元，其全资和控股的子公司注册资金总计约4 000万元；员工近400人，本科以上学历人员达82%。具有出版物总发行权资质，为中国书刊发行业协会副会长单位、全国工商联书业商会副会长单位，获“江苏省出版物发行行业文明店堂”等称号。该公司1994年发行码洋约2 000万元，1999年发行码洋突破亿元。2005年，投资8 000万元，在安徽省建设经纶文化产业园。2008年，发行码洋5亿元，销售收入1亿元，进入全国民营书业前十强。

江苏春雨教育集团 1995年，江苏好孩子教育书局成立，以策划制作作文类图书起家。后改称江苏春雨教育集团，以教育图书策划、研发与发行为主，兼及教育培训、网上书城等。年销售码洋稳定在9亿～10亿元，净销售2亿元。注册资金逾8 000万元，固定资产3亿余元，拥有14家分(子)公司，员工近600人。该集团具有出版物总发行权、出版物全国连锁经营权和互联网出版权。

江苏可一文化产业集团 1995年，可一书店成立，后改称江苏可一文化产业集团。注册资金6 150万元。该集团在全国建有20家直营连锁分公司，图书策划年均千种，以中小学教辅为主，策划投资了中、小学《艺术》教材(18种)。在纸质图书、报刊、数字出版等领域，实现策划、制作、发行全产业链运营。具有出版物全国连锁经营权、出版物总发行权和互联网出版权。

3. 外资及合资图书出版发行机构

江苏宁谊文化实业有限公司 2002年4月，台湾信谊基金出版社与南京师范大学出版社合资成立，以幼儿图书策划销售、幼儿教育研究及师资培训为主，研发幼教理论丛书、幼儿园活动整合课程、早期阅读等产品。

南京康轩文教图书有限公司 2004年12月成立，是台湾康轩文教集团在大陆的全资子公司，为幼儿园、中高职学校提供教材、教具、音像制品和师资培训。该公司在大陆地区率先取得外商独资批发图书许可，与江苏教育出版社合作，研发幼儿园课程及教材。公司下设7家分公司、36个办事处，产品遍及全国30余省市及新加坡、马来西亚，服务数万家幼儿园，年销售码洋数亿元。

4. 出版物批发市场

南京长三角出版物批发市场 由南京市鼓楼区工商局、南京军区军人俱乐部主办，南京市社会文化管理委员会办公室派员管理，以民营网点经营为主，从书摊市场逐步发展成为华东地区具有一定规模和影响的书报刊集散地。1992年成立，进入书店43家。1995年，进入书店74家，营业用房3 500平方米，仓库用房3 400平方米，销售收入1.08亿元。1997年发展到116家，其中国有书店21家、集体书店9家、个体书店86家。常年陈列图书品种1.2万种，年销售1 500万册，码洋1.5亿元。北京、上海、浙江、安徽、河南、福建等地的出版社、书店先后在此设摊开店，较知名的有人民出版社、人民文学出版社、商务印书馆、中华书局、三联书店等。2001年，经营面积达7 500平方米。2003年8月，该市场取得出版物批发市场资质，80余家书店被批准为出版物二级批发企业。2008年，经营图书15万种，销售册数4 500万册，销售码洋近6亿元。

淮安汇通出版物专业市场 2003年7月成立，建筑面积1万平方米。2004年，市场举办淮安市首届读书节，此后每年举办一次。2008年，销售码洋达4亿元。市场集中了26家民营书店，是苏北地区面积最大、辐射能力最强的出版物市场。

常州文化城有限公司 常州文化城图书市场

于2007年7月19日开业。经营单位34家，经营面积1万平方米，仓储面积5 000平方米，经营图书10万余种。2008年，实现销售1.25亿元。

四、兼营出版物机构发行

(一) 农村集镇供销社售书点

1978年，全省供销社售书点2 425个，与新华书店形成代销合作关系。1981年，为鼓励供销社扩大图书发行，新华书店将供销社代销图书的折扣从10%增加到12%。1983年，供销社售书点达到2 832个。1986年，省出版总社和省供销合作联社联合发出通知，进一步加强农村图书发行工作，对供销社的批发折扣调增为17%～18%，经销包退为16%。1992年，全省供销社及其他售书点共销售图书5 831.2万元，占全省县以下图书(不含课本)销售量的31.85%。1989年以后，基层供销社搞承包经营及改制，售书点逐年减少。2005年，全省仅存476个售书点。

(二) 农村集镇文化站售书点

1982年9月，省出版事业管理局、文化局发出《关于农村文化中心销售图书问题的通知》，由新华书店提供货源，批销折扣与供销社同等对待。1982年，全省乡文化站售书点为189个，1984年为265个，1986年为210个。其后，由于盈利少，多数文化站售书点自行撤销，少部分转为集体书店。

(三) 超市、商场、宾馆兼营图书

1989年，南京商厦率先设置图书专柜。中央商场、新街口百货商店、山西路百货商店、雨花路百货商店、中山大厦商场、金鹰商场、乐富来商场、银都商厦等先后与新华书店合办图书专柜。苏州威尼斯商厦图书超市面积达2 000平方米，直接向出版社进货，成为当地国有书店的竞争对手。

面对商场书店风起云涌的浪潮，新华书店开始利用书源、仓储、人员、信誉优势与商场合作，或者提供书源，或者共同投资，或者各出一部分生产要素，共同经营、共同收益。1995年，丹徒县新华书店与镇江华联商厦联营“精品书屋”，通州新华书店与百货一店联营“少儿书屋”。1996年，全省新华书店在商场设置售书点58个，有联办的、有进场直销的、也有建立批代销关系的。1998年，南京市新华书店与江苏商厦联营的书店开业，经营图书逾万种。2001年，江苏新华发行集团和上海农工商集团合作，第一家农工商连锁超市书店在盐城开业。2002年，通州新华书店与上海农工商、千家惠、苏果等超市合作，开设店中店。2003年，江阴市新华书店在多家酒店、宾馆、商场设立图书销售点。

商场、超市、宾馆兼营图书有三种形式：自营、出租场地或与专业书店合营。2008年，全省兼营图书的商业网点1 516个，其中：南京市433家，经营面积5 500平方米，年销售逾亿元；无锡市471家，图书经营面积2.2万平方米，年销售3 125万元；淮安市5家，年销售约4 500万元；苏州市387家，经营面积29 264平方米，年销售11 276万元。

第二节　发行机制

一、购销形式及出版物批发方式

(一) 社店购销形式

1978～2008年，江苏出版物发行业务活动中常用的购销形式有六种：征订包销、征订经销、特约经销、寄销、经销包退及征订包销风险共担。前四种购销形式由国家通过行政规定的形式推行，后两种是根据特定的市场情况，由社店双方共同商定。

征订包销　1986年以前，社店之间业务往来主要采取新华书店负责出版社图书的总发行的征订包销形式。1986年以后，党和国家的政策文件、教材和内部发行图书及控制发行图书仍然采取征订包销形式。征订包销根据销售店需要确定生产数量，是出版社减少图书积压损失的有效方式，但由于缺少试销过程，书店仅凭订单上的二三百字介绍很难准确把握需要数，且有些书的征订介绍与图书内容不符。书店因单方面承担积压损失，初版图书订数往往偏少，由此导致出版社一部分图书亏损或无法出版，造成读者需求满足率低且制约出版社发展。1985～1986年，全国性的图书积压、销售萎缩表明，单一的征订包销形式已不适应新的市场形势。

征订经销　指由出版社负责本社图书总发行的购销形式，适用于国家规定采取征订包销的五类特殊品种以外的图书。出版社可以运用各种渠道组织销售，书店可以选择品种销售，采取订购方式，

不得退货，经济损失由书店负担。其优点在于增加销售渠道，缺点在于没有从根本上解决一般图书书店订数偏少的问题。1986 年开始，实行初期规定为批发店六七折进货，七五折向销售店发货。1990 年开始，为鼓励书店多订货，出版社突破有关折扣的规定，采取批量折扣、浮动折扣方式。20 世纪 90 年代后期，征订经销形式逐步退出市场，为经销包退方式所取代。

特约经销 产销直接挂钩的一种购销形式。这种购销形式不是针对图书品种，而是针对特定的销售商。特约经销店大多是图书销售量较大的大中城市书店，出版社对特约经销店和一般销售店采取差别政策，以调动特约经销店的销售积极性。其特点是减少了中间环节（批发店），加快了图书流转速度，增强了出版单位和市场终端的直接联系。1986 年，江苏各出版社开始发展特约经销店。1992 年，江苏省出版总社 8 家直属出版社在全国设立特约经销店 540 处。

寄销 指出版社通过协商或分配发货，销售店经过约定时间的销售，实销实结，存书退货，经济损失由出版社负担。这种购销形式将承担经营风险的责任由销方转移到了产方。由于手续繁琐，当时的管理水平难以适应，实践中这种办法只在少数品种、少数书店试用，难以全面推开。

经销包退 指出版社负责本版图书总发行，销售店可以选择品种销售，采取订购方式，出版社发货后及时结算，书店销售不完的图书可以退货的一种购销形式。经销包退方式是江苏教育出版社和省店在实践中探索形成的购销形式，为江苏版图书走向全国提供了实践示范。1993 年，该社码洋增加了 44%。1994 年，试验扩展到江苏 10 家出版社，很快推向全国，为多数出版社采用，取代了征订经销和寄销形式。

征订包销风险共担 指对图书采取征订包销，允许退货，积压损失由出版社、批发店、销售店三方按照成本价分摊的购销形式，适用于系统征订的教辅类图书。2000 年，教育系统禁止教辅读物进入学校，征订包销的教辅类图书存在积压风险，销售店承担着巨大压力，导致订货萎缩。江苏的出版社和新华书店达成协议，采取征订包销风险共担方式，保证了教辅类图书的正常供应，很快为其他省仿效。

1978～2008 年，购销形式由销方单独承担经营风险的征订包销制，过渡到由产方单独承担经营风险的寄销制，再过渡到由产销双方共担风险的经销包退制和征订包销风险共担制，购销形式的调整向着社店双方共担风险的方向发展，逐步形成能调动社店双方积极性、较为和谐的市场环境，有力地推动了出版物发行业的发展。经过多年的探索和实践，江苏主要使用的购销形式为三种：征订包销方式（适用于党和国家的政策文件、课本教材、内部发行图书及控制发行图书）、征订包销风险共担形式（适用于系统征订的教辅类图书）、经销包退形式（适用于一般图书）。

（二）出版物批发方式

出版物批发方式指出版社、出版物批发机构和出版物零售店之间的供销业务方式。1978～2008 年，江苏图书批发方式不断变化，常见的批发方式有以下几种：

目录征订 指出版社或图书批发机构根据出版意图、图书内容、读者对象、估价、出书时间等资料编发征订目录，向图书销售店征求订数，以销售店报订的汇总数加上备货，确定每种图书印制数量。目录征订是根据市场需要确定生产数量，以减少图书积压损失的一种有效方式。是 20 世纪 70～80 年代主要的批发方式，常用于教材教辅、政治学习材料、读书活动用书等需求量大、读者对象明晰的图书购销。

看样订货会（书市） 20 世纪 80 年代中期，看样订货会开始出现。通常由出版社或批发商承办。有各类专业图书或专题订货会，也有综合性图书订货会；有地区性的，也有全国性的。订货会提供图书样本，供销售店看样选订，出版社和销售店之间直接交换出版和市场信息，较好地解决了“隔山买牛”问题，受到销售店的欢迎。

推销 指由专人带着图书样本和相关资料有针对性地推广图书的方式。其优势在于可以进行一对一的交流，就图书内容、替代产品、关联产品、进货折扣、促销手段、到货时间及方式等进行较为深入的沟通，使交易方式变得更加灵活，服务更加人性化，从而更容易达成交易。同时，推销员还可以及时反馈销售一线的图书需求信息。推销是对目录征订方式和订货会方式的有效补充，在江苏得到广泛使用。

现货批销 为了解决常年看样订货的问题，20世纪90年代中期，图书批销中心应运而生。图书批销中心采取现货批发方式，改变了新华书店依赖订单或订货会订货，发货周期长的被动局面。图书批销中心一般设置在交通方便的大中城市，储备有大量的图书现货，相当于一个永不闭馆的看样订货会。附近的销售店可以到现场选购直接带走，也可以用电话或添单进货。

连锁经营 现代商业组织形式和经营模式，特指经营同类商品或服务的若干个企业，以一定的形式组成一个联合体，对商品实行统一进货、统一配送。连锁经营改变了传统的批发零售关系，建立总部和门店进、销、存、退统一运营、一体化服务的营销关系，把独立的经营活动组合成整体的规模经营，从而实现规模效益。

二、出版物销售方式

(一) 传统售书方式

传统售书方式有门市售书、流动供应、征订供应、邮购四种。

门市售书 1978年之前，江苏的书店采取闭架售书方式，读者与图书隔着柜台，无法自由选书。1978年10月，南京市新华书店在中山东路门市率先将科技图书开架销售。1992年，全省书店形成了以开架为主的售书方式。

流动供应 流动供应的类型一般有三种：送书上门、设摊供应和会议供应。

征订供应 征订供应的图书品种主要有：1. 教材和其他教学用书。每年春秋两季预订，是保证教材“课前到书、人手一册”的重要方式。2. 学习文献。此类书需求面广量大，通过系统征订，可以按需供应。3. 科技专业图书。此类图书内容专、读者面窄、定价高，采取对口发征订目录征订的办法，作为门市供应的辅助手段。

邮购 是满足异地读者需要的供应形式。1979年，南京新华书店开始邮购销售。1985年后，江苏各出版社均设专人办理邮购业务。

(二) 新型售书方式

20世纪80年代以后，新的售书方式开始出现。

书市 兴起于20世纪80年代中期。其特点是读者集中，参展品种多，陈列规模大，图书销售量大。1986年9月，首届南京书市开幕，全国56家出版社参展，展出图书3万余种，销售图书150万元。2000年10月，第十一届全国书市在南京举办，展出图书12万种，电子产品4 100种；读者250万人次，现场销售图书3 765万元。

营销活动 始于20世纪90年代中期，21世纪初得到推广应用。图书营销主要应用于文艺、少儿、社科三类图书，场地多选择繁华地段的中心门市和中小学校园。作家演讲或签名售书是图书营销的主要形式，在精心营造的环境下，利用名人效应，激发需求、创造商机。90年代中期，央视著名主持人赵忠祥在南京新街口新华书店签售《往事随想》，市民争相前往。

读书活动 20世纪80年代由团中央发起，延续至今，其高峰期在20世纪90年代，江苏参加者逾800万人。读书活动用书最初由中国青年出版社出版在全国发行，90年代起，江苏教育、文艺、少儿、凤凰出版社陆续开始结合江苏特点编写。1983年9月，全省新华书店与共青团、工会配合，开展“全国青年读书活动”“全国红领巾读书活动”和“全省职工读书活动”。读书活动共推荐图书150种，江苏人民出版社《雨花台革命烈士书信选》等8种图书入选推荐书目。全省发行推荐图书121万册。1991年，为纪念中国共产党成立70周年，省教委在全省中小学开展以“爱党、颂党，做党的好儿女”为主题的纪念活动，江苏教育出版社组织编写适合中小学生阅读的《光辉的历程》一书，发行41万册。1993年，省委宣传部牵头在江苏开展“纪念毛泽东同志诞辰一百周年”读书活动，江苏文艺出版社出版由毛岸青、邵华主编的《毛泽东青少年时代读书故事》。1995年，围绕纪念抗日战争和世界反法西斯战争胜利50周年这一主题，省委宣传部、团省委、省教委、省新闻出版局等部门联合举办《人民的胜利》和《爱我中华、爱我江苏》读书活动。1999年，江苏开展庆祝中华人民共和国成立50周年专题读书活动，江苏文艺出版社、江苏少年儿童出版社联合出版《伟大的祖国——共和国50周年礼赞》一书，发行250万册。2005年，为纪念世界反法西斯战争暨中国人民抗日战争胜利60周年，江苏美术出版社出版的《民族的胜利——纪念抗日战争胜利60周年》发行56.7万册，凤凰出版社出版的《不忘历史——纪念中国人民抗日战争胜利60周年》发行 21.9 万册，中国青年出版社、江苏人民出版社联合出版的《民族精神代代传》发行 108 万册。2008 年，纪念中国改革开放 30 周年及北京奥运会举办，江苏少年儿童出版社出版的《辉煌三十年》发行 50 万册、中国青年出版社出版的《奥运精神伴我成长》发行 40.81 万册、首都师范大学出版社出版的《拥抱奥运》发行 15.24 万册。

读者俱乐部 1993 年，武进县成立读者俱乐部，首批会员 700 人，享受 9.5 折购书优惠。1996 年，江苏省新华书店读者俱乐部成立，首批会员 340 人。次年，会员发展到 900 人。1997 年，江苏外文读者俱乐部成立，当年发展会员 4 000 人，次年发展会员 1.1 万人，主要为高校师生、科技工作者、机关干部。2000 年 4 月，江苏新华书缘读者俱乐部成立，当年发展会员 5.2 万人，次年发展会员 8 万人，2004 年会员达 50 万人。

网上书店 网上书店是新兴图书销售形式，兴起于 20 世纪末，以购买方便、到货快速、价格便宜等优势，对实体书店形成强力冲击。1999 年 11 月，当当网开通。2002 年 7 月，镇江市新华书店网上书店开业，图书品种 3.6 万种。2008 年，江苏新华发行集团、江苏人民出版社、译林出版社、江苏教育出版社相继开设网上书店，部分网店年销售额逾千万元。

馆藏加工和图书馆供应 馆藏图书需求具有品种多、复本少、需求量较为稳定的特点。江苏有公共图书馆、大学图书馆 200 余家。2003 年，江苏新华发行集团设立专门为图书馆服务的部门。2004 年 7 月，开始为全省新华书店和周边地区客户提供合乎国家图书馆标准和 CALIS 标准的图书馆马克数据。2004 年，集团参与图书馆采购竞标，先后进入东南大学等 4 家大学图书馆及盐城等 7 个城市公共图书馆供应体系，当年对图书馆销售达 2 000 万元，2008 年达 2 亿元。2005 年 10 月，江苏省图书馆学会和江苏新华发行集团联合举办首届图书馆馆藏图书展销会暨馆藏文献建设交流会，150 家出版社参展，160 家公共图书馆及高校图书馆参会，订购图书 1 500 万元。2006 年 10 月，“中国·南京馆藏图书展销会”举办，全国 27 个省份的 500 家图书馆、400 家出版单位参加。2006～2008 年，展销会订购图书 1.95 亿元。

政府采购 21 世纪初开始出现。2005～2007 年，江苏省政府开始为贫困学生免费提供教科书。免费教科书印制发行单位由省政府采购中心通过招标确定，采取单一来源谈判方式，每年招标一次。2008 年，免费提供教科书工作扩展到全省义务教育阶段的所有中小学生，标的近 10 亿元，须送达全省 7 442 所中小学校，招标方式改为公开竞标。2005～2008 年，凤凰出版传媒集团和江苏新华发行集团连续四年中标。2006 年 9 月，省文化厅招标“送图书下乡工程”项目，标的近 1 000 万元，送达全省 679 个乡镇。12 月，省教育厅招标“江苏省农村初中四项配套工程图书资料采购”项目，标的 3 600 万元。上述两个项目均为江苏新华发行集团中标。

第三节 出版物发行分类

一、江苏图书零售市场总量变化

（一）1978～2008 年

江苏一般图书人均供应水平由 1.9 册增加到 3.96 册；教材由 1.78 册增加到 2.83 册。1985～2008 年，图书销售结构出现较大变化。文化教育类图书销售册数快速增长，由占总销售的 19.13%增长到 45.37%，教材由 34.58%增长到 38.98%。其他图书占总销售的比例下降，哲学、社会科学类图书由 4.31%下降到 2.76%，自然科学与技术类图书由 5.05%下降到 2.32%，文学艺术类图书由 11.01%下降到 3.44%，少儿读物由 9.87%下降到 3.03%。

（二）1978～1984 年

“文化大革命”结束后，出现全国性“书荒”。由于纸张供应紧张，许多图书采取计划分配方式，未及上架便被公共图书馆及单位图书室瓜分一空，读者一书难求。1978 年 3 月，作为批判“四人帮”实行文化禁锢的一项重要措施，国家出版局安排重印一批“文化大革命”前的中外文学名著，共 16 种，“五一”节前分配供应。为扩大影响，江苏分配图书的一半集中在南京供应，以门市零售为主。处于文化饥渴状态的读者，前一天晚上就在书店门口排队等候。20 世纪 80 年代中期，图书供应情况逐渐好转，图书市场逐步由供不应求转向供求平衡。

（三）1985～1992 年

江苏图书市场出现供大于求的现象，一般图书销售册数逐年下降,年均下降3.3%。随着纸张供应的增加、印刷技术设备的升级和出版社数量的增加,图书供应量开始迅速增加,1985年起,图书市场由卖方市场转为买方市场,江苏各地书店普遍出现存货激增、订货萎缩现象。全省图书库存量比上年增加63.2%。一般图书销售量比上年减少2 742万册,下降9.87%,其中江苏版图书销售量减少916万册,下降7.7%。图书积压的主要原因是书价上涨过快,抑制了读者需求。部分类别图书品种激增,雷同品种及粗制滥造品种过多,积压品种主要集中在连环画、文艺类图书和文教类图书上。加之非法出版活动出现,冲击了正版图书的发行。1986年,为了缓解市县书店的经济压力,省出版总社决定对江苏版图书推迟3个月结算书款。年末,全省书店的图书库存情况有所好转,当年江苏版图书销售开始回升。1992年,全省图书销售量逆势回升到13 028万册,比1984年增长1 138万册。1992年,江苏一般图书销售20 454.05万册,比1984年下降26.4%;教材销售18 417.6万册,比1984年增长58.59%。

(四) 1993~1998年

一般图书销售册数出现回升并较快增长,年均增长9.73%。全省人均购书水平达到最高值7.48册。20世纪90年代,江苏家庭藏书渐成风气。1994年,苏州人均购书53.56元,居全国第一。1995年,江阴市"一二三家庭读书工程"启动。同年,《常州日报》开展"十佳"藏书家庭评选活动,274个家庭参赛,藏书近40万册。90年代中期,以图书馈赠亲友或用于公关活动成为时尚。工具书、精装画册、中外名著、儿童读物经过包装,皆成为"礼品书"。1995年,"以书压岁"风气兴起,春节期间书店人流如潮,南京市店正月初一至初五销售图书90万元。新的图书销售形式开始出现。1995年,德国贝塔斯曼集团进入中国,成立书友会。作者签名售书、讲座等图书促销活动开始兴起。从赵忠祥签售《往事随想》开始,出现了"名人"出书热。出书的"名人"大多为电视主持人或影视、相声演员等,签名售书自此成为重要的促销方式。1998年,江苏一般图书销售32 396万册,比1992年增长58.4%;教材销售21 337万册,比1992年增长15.85%。

(五) 1999~2008年

全省一般图书销售册数持平略降,年均下降0.6%。这一时期,图书品种急剧增加,读者的选择面变宽,"多品种,少数量"成为各家书店的进货准则。图书的网络销售和网上阅读、电子阅读,给传统实体书店带来巨大冲击。纸质图书开始配具有文字、声音和图像的光盘。2008年,一般图书销售30 417万册,比1998年下降6.1%;教材销售21 744万册,比1998年增长1.91%。

二、哲学、社会科学类出版物发行

1985年,全省发行哲学、社会科学类图书1 596.5万册,占图书销售总册数的4.31%。2008年,全省发行此类图书1 476.67万册,占图书销售总册数的2.76%。

(一) 马列著作和毛泽东著作

1949~1992年,全省发行马列著作3 400万册。1977年,全省发行《毛泽东选集》(第五卷)1 146.7万册。1986年9月5日,全省发行《毛泽东著作选读》72万册,占全国发行量的五分之一。1991年7月1日,全省发行《毛泽东选集》(第二版)34.5万套。

(二) 党和国家领导人著作

20世纪80年代以前,除毛泽东著作外,其他党和国家领导人著作正式出版发行的不多。1981年起,江苏各地开始发行毛泽东著作以外的其他党和国家领导人的著作。1981~1984年,发行《周恩来选集》55万套。1982年,发行《刘少奇选集》55万套。1983年,发行《朱德选集》26万册。1984年,发行《陈云文选》56万册。1983年,发行《邓小平文选》(1975~1982年)284万册,《〈邓小平文选〉学习提要》220万册。1988年,发行《邓小平同志重要讲话》120万册。1989年,发行《邓小平文选》(1938~1965年)10万册。1993年,发行《邓小平文选》(第三卷)153万册。1994年,发行《邓小平文选》(一、二卷)41.4万册。1997年,发行《敬爱的邓小平同志永远活在我们心中》20万册,邓小平画像26万张,发行邓小平传记、画册、研究著作等100种,11万册。2006年,发行《江泽民文选》(1~3卷)121万册。

(三) 重要文献

重要文献主要指党和国家重要会议文件。20世纪80年代前,因受纸张供应限制,重要文件按照计划分配方式发行。80 年代后，开始按需供应。1978 年，分配供应《五届人大会议文件汇编》60 万册、政府工作报告 140 万册、《中华人民共和国宪法》130 万册。1979 年，分配供应《中国共产党十一届三中全会公报》40 万册。1981 年，发行《关于建国以来党的若干历史问题的决议》335 万册。1982 年，发行《中国共产党十二大政治报告》387 万册、文件汇编 187 万册、《中国共产党章程》285 万册、《新党章讲话》27 万册、《三中全会以来重要文件选编》45 万册。1983 年，配合整党学习需要，发行《党章讲话纲要》72 万册。1984 年，发行《中共中央关于经济体制改革的决定》200 万册。1987 年，发行《建设有中国特色的社会主义》《坚持四项基本原则，反对资产阶级自由化》两书 240 万册；发行中国共产党十三大文件 550 万册。

1991～1992 年，发行党的十四大文件及学习辅导材料 361 万册。1997 年，发行党的十五大文件 96 万册、《中国共产党章程》250 万册、《中国共产党纪律处分条例》《廉政准则和相关条规》20 万册、八届人大文件 18.5 万册。1999 年，发行九届人大文件 10.3 万册、《中华人民共和国宪法》11.5 万册、党的十五届四中全会文件 11.3 万册。2002 年，发行党的十六大报告 118 万册、新《中国共产党章程》280 万册、党的十六大文件汇编和辅导读本 32.5 万册，发行量居全国第一。江苏新华发行集团被新闻出版总署表彰为“十六大文件和辅导读本出版印制发行先进集体”。2003 年，发行《“三个代表”重要思想学习纲要》50 万册，党的十六届三中全会《决定》23 万册。2004 年，发行《中共中央关于加强党的执政能力建设的决定》《中国共产党纪律处分条例》《中国共产党党员权利保障条例》《中国共产党党风监督条例》《中华人民共和国宪法》《政府工作报告》等 158 万册。2007 年，发行党的十七大文件及辅导材料 521 万册，发行新党章 356 万册，发行量居全国首位。

（四）政策、法律类图书

1982 年，发行江苏人民版《农村经济政策五十题》10 万册。1986 年，配合全省普法教育，发行法律版《法律常识读本》492 万册，发行江苏少儿版《小学生法律常识读本》309 万册。1992 年，发行南京版《法律知识读本》20 万册。2005～2008 年，发行学习出版社《理论热点面对面》22.69 万册，发行方正出版社《廉政文化在中国（江苏卷）》等反腐倡廉读物 34.7 万册。

（五）哲学、心理学著作

1981 年，发行江苏人民版《马克思主义哲学》32 万册。1983～1984 年，发行江苏人民版《科学社会主义概论》79.7 万册。2003～2005 年，励志类图书畅销，发行《致加西亚的信》3.7 万册、《细节决定成败》12.16 万册。2006～2008 年，“国学热”兴起，北京师范大学于丹教授到南京新街口新华书店签名售书，全省发行中华书局《于丹〈论语〉心得》等 32.63 万册。

（六）经济学著作

20 世纪 80 年代，我国开始重视经济管理。1984 年，发行江苏人民版《政治经济学入门》20 万册。2007 年，股市火爆，发行南京大学出版社《要做股市赢家》等图书 9 万册。2008 年，美国金融风暴爆发，金融危机成为社会关注热点，发行中信出版社《货币战争》2.65 万册。

（七）历史著作和人物传记

1979 年，发行《周恩来与故乡》6.5 万册。2000 年，发行中央文献出版社《我的父亲邓小平》1.5 万册。2003～2004 年，发行译林版《亲历历史：希拉里回忆录》2.05 万册、《我的生活：克林顿回忆录》1.55 万册。2005 年，《江泽民传》作者罗伯特・劳伦斯・库恩在南京、扬州签名售书，江苏发行《江泽民传》计 5.55 万册，销售量居全国第一。2006～2008 年，中央电视台《百家讲坛》热播，带动相关图书热销。易中天、王立群、阎崇年、钱文忠的历史普及类图书销售 27.4 万册，其中仅易中天图书即销售 21 万册。中央电视台《大国崛起》专题片引起社会广泛关注，同期上市的人民出版社《大国崛起》系列图书发行量达到 8.8 万册。借助网络的传播，中国友谊出版社《明朝那些事儿》发行量达 7.98 万册。

三、自然科学与技术类出版物发行

1979 年，全省发行自然科学与技术类图书 1 741.19 万册，占总销售册数的 6.81%。2008 年为 1 240.38 万册，占总销售册数的 2.32%。

（一）工业技术图书

1978 年后，百业待兴，工业技术类图书发行量日益扩大。工业产品技术标准、质量管理图书、工人技术等级考核图书和应知应会读物、电工自学丛书等畅销。配合建筑业发展的《基本建设工作手册》《中小型民用建筑图集》《农村住房建筑图集》《农村住房设计与施工》等，配合农业机械化发展的各种农机具使用、保养、维修等读物受到读者欢迎。1983年，南京市发行科技书277.6万册，其中科普版《工人技术统编教材》发行14万册，山西人民版《工业与民用建筑工程概预算编制手册》发行5 000册，江苏版《BASIC入门》发行8 000册。《电工手册》《机械工程手册》《实用五金手册》等成为畅销书。20世纪90年代，驾驶员培训教材和机动车维修类图书、家居装潢类图书、电子技术类图书畅销。1990年，七八十元一套的《机械设计手册》在南京市销出8 000套，多为个人购买。随着计算机应用能力列入职称评定考核，计算机应用能力和办公自动化考试用书成为最热销的图书。1992年，南京大学版《微机IBM PC的原理和应用》发行50多万册。

2000年以后，随着信息技术的普及，各种层次的计算机图书成为畅销书。汕头大学出版社《电脑报》(合订本)、电子科技大学出版社《电子报》(合订本)销售量持续居于前列，年发行量过万册。2003～2008年，全省发行信息技术类图书72万册。建筑、技工、驾驶类图书持续畅销。发行中国建筑工业出版社《全国建造师执业资格考试用书》5.62万册、上海科技出版社《实用五金手册》3.27万册、机械工业出版社《机械工人切削手册》1.25万册、人民交通出版社《机动车驾驶员培训教材》1.67万册。2008年，配合汶川抗震救灾，发行江苏科学技术出版社《地震应急防护手册》4.46万册、地震出版社《地震来了怎么办》5 040册。

(二) **农业技术图书**

全省使用的农业技术图书主要为江苏科技版、金盾版和农业版。江苏各出版社根据农民阅读习惯编写了一系列受到农民喜爱的读物。1978年后，江苏农村进入联产承包阶段，随着农民经营路子拓宽，农业技术图书品种开始多样化，县级书店陈列农业技术图书品种由数十种增加到200多种。80年代，有关养鸡、养兔、养蜂、养花的图书销售量增长。1981年，全省发行江苏版《新编家庭副业二百种》58.6万册；发行江苏科技版《农业干部培训教材、农村青年自学丛书》78.27万册，其中水稻等作物栽培8种，养兔、植物保护、土壤肥料、作物育种4种。发行江苏科技版《农村养鱼图册》《家庭副业技术图集》《农村副业丛书》等图书30多万册。1985年，发行江苏科技版《农业技术百科问答丛书》10种，共125.18万册。

1990年，《东风12型手扶拖拉机驾驶读本》《致富经济作物100种》《高产鸡的饲养》《菜篮子工程丛书》《畜禽高效饲养丛书》等农业科技读物深受农民喜爱。1992年，发行《栽桑养蚕问答》3万册。1995年，江苏省出版总社推出《跨世纪农村书库》，收入科技致富类图书23种，能工巧匠类图书10种，首批发行量达66万册。1999年，江苏科技版《金口袋——农民致富丛书》向全国发行182万册，列第十届全国书市订货之最。2000年，江苏科学技术出版社在如皋、丹阳、兴化举办讲座，发行《农民致富新道道》丛书100万册。2004年，禽流感疫情出现，江苏出版《禽流感防治知识手册》，直接送到农民手中，同时发行宣传画《聚焦禽流感 打好阻击战》7 000套。2006～2008年，《“金阳光”新农村丛书》受到农民欢迎，累计出版150种，20万册，加印8次，这套书配有系列视频光盘并提供网络资源服务。2007年，江苏组织“百万农民学科技知识竞赛”活动，江苏科技出版社推出“以售代捐”模式，向农民象征性收取1元钱，为农民提供价值20～40元的实用图书。

(三) **医药卫生图书**

20世纪80年代，江苏科技版《内科学》全省发行112万册；较为著名的医书还有《临床方剂丛书》(14册)、《中医古籍小丛书》《吴中医集》《中国历代医案选》《基层医务人员自学丛书》等。90年代，较有影响的图书有江苏科技版《实用手术图解全书》(10册)、《妙用中药全书》《现代护理学词典》《中华食物疗法大全》《手术前后100问》《小儿常见病家庭自测与自疗》、南京大学版《家庭用药大全》、东南大学版《脚部按摩疗法》等。

进入21世纪以后，中国人口结构逐步老龄化，养身保健热兴起，2000～2001年，江苏科技版《图解按摩治百病丛书》(6册)、《常见病自然疗法丛书》(7册)、《家庭心理医生》、河海大学版《饮食与健康丛书》(20册)、《家常保健食谱丛书》(16册)等有关健康的图书受到读者欢迎。2003年，非典型性肺炎出现，江苏发行防治“非典”图书50种，82万册。

2006年，健康教育专家洪昭光在南京市民学堂举办“感悟健康”讲座，发行《感悟健康》逾万册。发行译林版《YOU身体使用手册》1.4万册。2008年，江苏文艺出版社推出的养生保健图书在全国同类图书中一度处于领先地位，其中最为畅销的是《温度决定生老病死》，销售近80万册。

（四）生活用书

20世纪80年代，人们收入增加，闲暇时间增多，开始追求生活的丰富多彩。上海版的棒针编织、服装裁剪、家用电器类图书，江苏版的家具油漆、制作类图书，读者反映较好。据南京市新华书店统计，《上海棒针编织500种》南京销售8万余册。90年代，江苏科学技术出版社《青年生活大全》《完美化妆与你》《钢琴家教指南》《随身听与卡拉OK伴唱机的使用与维修》《海鲜食谱》《中外最新组合家具荟萃》《庭院住宅及室内装饰设计100例》等图书受到市场欢迎。

2000～2008年，育儿、烹饪、养花、钓鱼、健身、美容、旅游类图书畅销。发行江苏人民版《彩票选号技巧》2万册、《江苏自助旅游手册》1万册。发行青岛版《家有妙招》1.13万册、轻工业出版社《家常菜精选1288例》1.97万册。

四、文化教育类出版物发行

1978年以后，全省文教类图书的发行量占图书销售总额的比例逐年增大，1985～2008年，文教书销售册数由0.74亿册增加到2.4亿册，占总销售的比例由19.1%增加到45.3%。

（一）业余教育读物

1978年，自学之风蔚然兴起，上海版《数理化自学丛书》受到欢迎。80年代，高等教育自学考试开考，《中共党史讲义》《马克思主义哲学》《大学语文》等成为考生必备图书。

（二）工具书

工具书是教师、学生必备书，需求面广、发行量大。商务印书馆《新华字典》《现代汉语词典》和《古汉语常用字字典》是最受读者青睐的工具书，全省发行达数千万册。1981年，江苏科学技术出版社出版《中学生手册》，十余年间多次再版，发行量逾2 000万册。20世纪80～90年代，江苏教育版《小学语文学习手册》《小学数学应用题题解手册》、南京大学版《学生辞海》、江苏古籍版《中小学形音规范手册》发行量均达数百万册。苏版工具书中发行量最大的是江苏少儿版《小学生词语手册》，发行量达数千万册。受到读者关注的江苏版工具书还有江苏教育版《现代汉语方言大字典》《写作辞典》《袖珍字海》《六体书法字典》《作文辞典》、南京大学版《汉语同、反义字典》《新知识词典》、江苏少儿版《儿童图解字典》、中国矿业大学版《新编说文解字》、江苏古籍版《成语词典》等。

（三）教育专著

20世纪90年代，江苏教育版《朱自清全集》(10册)获中国教育图书一等奖。2000～2008年，江苏教育版《中国著名特级教师教学思想录》《教育科学精品译丛》《当代教育新理论丛书》、南京师范大学版《21世纪班主任文库》《中外教育史纲》等受到读者关注。

（四）教学辅助用书

1977年10月，恢复高考。为了满足应试需求，对教材高度浓缩的复习资料应运而生。1978年后，各级教育部门追求升学率，进一步促进了教学辅助用书发行量的增长。是年，发行江苏版《中学数学与逻辑》925.1万册、《数学基础知识丛书》51万册、《小学数学解疑》70万册。20世纪80年代，出现了与教材配套使用的苏版《小学练习册》《中学练习册》以及《寒暑假作业》。同步类教辅的出现，免除了教师和学生抄题环节，减少了出错的可能性，减轻了学生的学习负担。教辅品种不断丰富，新样式、新内容的图书如雨后春笋般出现，受到市场欢迎。1989年，省教委、省新闻出版局决定省编中小学教材、教参、练习册、寒暑假作业一律由省教委负责编写，省有关出版社出版，省新华书店统一发行。

1993年，江苏教育出版社推出中小学各科试卷160种，当年发行量逾2 000万元。次年，出版《中小学各科精讲》51种，订数84.5万册，形成名牌效应。江苏人民版《学习手册》、江苏科技版《题典》、南京大学版《精编每日一刻钟》、河海大学版《AB卷》、南京师范大学版《向40分钟要效益丛书》等成为在全国有影响的图书。在此期间，教辅品种快速增加，平均印数下降，更新淘汰速度加快。1997年，省级教育行政部门编写审定、全省统一使用的同步类教辅通过教材供应渠道进入市场，供学校使用,当年发行 1.2 亿册,这套教辅逐步成为全省的主流教辅。2000 年,全省统一使用的同步类教辅取消,由市县编写的教辅开始出现,民营书业开始快速进入教辅出版发行领域。是年,教育部公布《中学语文教学大纲课外阅读推荐书目》,发行江苏文艺版《语文课程标准课外读物导读丛书》59.04 万册、人民文学版《中学生文学名著阅读书系》42.74 万册。

五、文学艺术类出版物发行

1985 年,文学艺术类图书销售 4 077.38 万册,占当年图书销售总册数的 11%。2008 年,文学艺术类图书销售 1 839.76 万册,占图书销售总册数的 3.44%。文学艺术类图书占总销售的比例总体呈下降趋势。

(一)文学类图书

“文化大革命”时期,大批文学类图书被视为“毒草”,禁止发行,出现了近十年的书荒。1979 年,江苏人民出版社编辑《译林》杂志,在海内外引起强烈反响。20 世纪 80～90 年代是文学类图书出版销售的高峰期,其品种和数量迅速增加,先后出现一波又一波的畅销书热潮:中外名著热、古诗词鉴赏热、抒情诗热、纪实文学热、言情文学热、武侠文学热,此起彼伏。江苏文艺出版社的纪实文学系列、言情系列和武侠系列、译林出版社的《外国名著丛书》、江苏古籍出版社的《唐宋词鉴赏辞典》等在全国畅销。这些图书的发行量每种达几十万册,多的达两三百万册。中长篇小说发行量较大的有《孽债》《炮群》《许三观卖血记》《一九三七年的爱情》等。汪曾祺、冯骥才、苏童、叶兆言、池莉、刘震云、朱苏进、范小青、叶辛、舒婷、铁凝等作家文集产生较大影响,累计销售上百万册。江苏古籍版“中国古典四大名著”系列,累计销售近百万册。发行量较大的江苏版古典文学名著还有《中国话本大系》(21 卷)和“新编三百首”系列。20 世纪 90 年代,江苏古籍版《袁枚全集》(8 册)、《冯梦龙全集》(22 册)、《清诗纪事》,江苏人民版《中国历代演义》(12 册)等大型套书古典文学备受读者瞩目。译林版《世界文学名著丛书》《当代外国文学名著丛书》《当代外国流行小说丛书》,针对不同读者群采取精装、平装、简装 3 种版本发行,自面世至 2008 年畅销不衰。

进入 21 世纪,中外名著仍然稳居销售榜首,反腐文学、官场文学、职场文学、魔幻文学作品先后热销。2000 年以后,签名售书成为文艺书推广的重要形式。在南京举办的全国书市上,吴冠中、张平、池莉、刘墉、林清玄、蔡智恒、席绢、韩寒等参加了签名售书。此后,陆天明、刘震云、毕飞宇、郭敬明、朱军、孟非、陈鲁豫、六小龄童先后在江苏签名售书。余秋雨的《文化苦旅》《千年一叹》《山居笔记》畅销不衰。受到影视播出的影响,译林版《兄弟连》《魔戒》《纳尼亚传奇》《朗读者》《大长今》,江苏文艺版《山楂树之恋》以及《亮剑》《达・芬奇密码》《围城》畅销。受到读者关注的图书还有《尘埃落定》《蛙》《白鹿原》《狼图腾》《中国农民调查》《往事并不如烟》《梦里花落知多少》《幻城》《悲伤逆流成河》等。

(二)艺术类图书

20 世纪 90 年代,江苏美术版《老房子》《老照片》《老城市》系列、《郑板桥书画全集》,古吴轩版《当代名家中国画全集》《林散之书法集》等引起读者关注。受到江泽民同志赞扬的江苏美术版《敦煌石窟艺术》(22 卷)和江苏人民版《中国三峡》获国家图书奖。江苏美术版《中国工艺美术大辞典》《扬州八怪画集》《中国油画》《中国民间秘藏绘画珍品》、江苏教育版《中华文物鉴赏》等在海内外市场享有盛誉。江苏美术版普及类读物《书法家之路》(12 册)、《美术家之路》(12 册)、《美术爱好者之友》(30 册)、《美术技法大全》《外国钢笔画技法》《快速画法造型及应用》《楷书结构字帖》,古吴轩版《中国画技法示范》,南京师范大学版《全国钢琴考级曲目汇编》《中外钢琴曲选》受到读者欢迎。

2000～2008 年,江苏美术版《中国历代书画经典》(5 册)、《老古董养护袖珍手册》《中国画基础入门》(21 册)、《怎样画动物素描》(2 册)、《彩色报头花边设计》《楷书基础训练》,古吴轩版《名师示范系列》《古今书法精粹丛书》(4 种),江苏文艺版《音乐知识五线谱本》《绝妙好歌——中外流行歌曲》,江苏教育版《新编电子琴基础教程》,南京师范大学版《声乐教程》受到读者青睐。

(三)年货(年画、挂历、中堂、春联、历书)

20 世纪 70～80 年代,每逢春节前夕,书店年画柜台前,人头攒动、熙熙攘攘。年货销售有很强的季节性。元旦前一个月,集中在挂历、台历、日历、历画的销售上；元旦到春节前，集中在年画、春联、中堂画、屏条画、历书等销售上。1977 年，全省图片销售 3 825 万张，此后逐年上升，1986 年达到 5 584 万张。20 世纪 90 年代后，销售数逐年下降。1998 年，销售数下降到 1 051 万张，2003 年仅为 550 万张。

（四）年画春联

江苏有春节扫尘、张贴年画和春联的习俗。20 世纪 80 年代，年画品种快速增多，质量也有所提高。1983 年，阜宁县干部下乡调研，走访 98 户农民家庭，发现户户墙上有年画，户均 5 张。张贴年画最多的家庭贴了 17 张。80 年代初期，农民喜欢以“家养大肥猪，水塘游肥鱼”为题材的喜庆年画，城市居民则喜欢摄影画、山水人物画。80 年代后期，因其与住宅装饰不匹配，年画销售量逐步下降。

（五）挂　历

1976 年，江苏开始出版挂历。20 世纪 80 年代，挂历题材逐渐由单一的演员肖像扩展为风景、国画、油画、盆景、动物、城市建筑、室内装饰。随着人们居住空间的变化，挂历开本趋向变大，由四开向长三开、对开、长对开转化。色彩由艳丽渐变为清雅。由于印制技术的提高，画面更为清晰。80 年代，挂历发行量增长迅速。公费购买占挂历销售的 90%，供应对象主要是企事业单位，用于礼尚往来。到 90 年代，挂历出版过多过滥，出现高定价、高回扣，品种雷同和粗制滥造的情况，抑制了需求。随着人们居住条件的改善，挂历开始逐步退出市场。

（六）年历画

以盆景、摄影、动物、风光、明星、娃娃、油画为主，四开、长三开较受欢迎。塑印年历一度因其新颖畅销。年历画以个人购买为主，约占销售量的 70%。

（七）台　历

20 世纪 80～90 年代，流行冰花铁皮板配温度计的台历，历芯每日一张，配有文字且留有空白可以记事。台历以百科知识题材最为畅销，其次为保健养生、养花烹饪、典故轶事等。以单位购买为主，约占销售量的 70%。

（八）轴　画

中堂轴画画面宽、长，题材以寿星、松鹤、神仙、领袖为主，配以宽大对联，悬挂于中式条案之上，吉祥喜气，适合当时的农村居室。1982 年，江苏版中堂轴画《八仙过海》发行量达 102.55 万套，深受农民喜爱。20 世纪 80～90 年代，江苏美术出版社的《松鹤图》《迎客松》《三星图》等销售量较大。

（九）历　书

江苏发行历书有 1 400 多年历史，历书记载农事，曾经是农户的必备书，年发行量一般 200 万册左右。20 世纪 80 年代后，历书发行量下降，1996 年下降至 33 万册。2008 年，江苏科技版《己丑年历书》发行量仅为 5.5 万册。

六、少年儿童读物发行

20 世纪 80 年代初，全省书店门市开始设立少儿读物和连环画专柜，每逢“六一”，学校、公园等场所设摊供应少儿读物，实行九折优惠。1985 年，全省发行少儿读物 3 653.63 万册，占图书销售总册数的 9.8%。从 1986 年起，由于连环画销售急剧下滑，带动少儿读物销售量下降，1992 年下降到谷底，为 1 615.45 万册，销售量不足 1985 年的一半。随着大开本彩色画册等新品种的出现，1993 年销售开始回升。1998 年，全省少儿读物发行量回升到 2 289.81 万册，占图书销售总册数的 4.23%，此为第二次高峰。此后，又出现下滑，2008 年，全省发行少儿读物 1 618.46 万册，占图书销售总量的 3.03%。20 世纪 90 年代中期以后，少儿图书的装帧逐步趋于高档化，1999 年与 1995 年相比，铜版纸使用量从 29.13% 增至 62.07%，彩印比例从 54.85%增至 67.24%，价格随之水涨船高，对读者的选购产生影响。

（一）科普类读物

20 世纪 70 年代末至 80 年代，发行量较大的图书有江苏人民版《盐的故事》《脑的故事》、江苏少儿版《植物奇观》《动物趣谈》《世界之最》《金钥匙》等科普读物。1987 年，江苏少儿版《儿童科学文艺丛书》《少年科学文艺丛书》等 5 套丛书被列入国家教委推荐的《小学生阅读书目》。90 年代，发行量较大的图书有江苏少儿版《高科技战争与当代青少年丛书》（获中宣部“五个一工程”奖）、《少年科学知识大金库》《万象世界》《中华国宝》，江苏科技版《我的第一套科学书》《多多看世界》，江苏教育版《金苹果文库》等。1991 年，浙江教育出版社《中国少年儿童百科全书》出版，成为江苏各地的畅销书。

进入21世纪，针对“伪科学”猖獗，科普方面的出版发行工作开始加强，《新编十万个为什么》全省发行3万套，《中小学讲科学破除迷信读本》《中小学科技知识读本》发行51.5万册。发行量较大的图书还有江苏少年儿童出版社的《读古诗学科学》《猜谜语学科学》《背儿歌学科学》《1 000个神秘现象》《军事迷丛书》等。

（二）德育类读物

20世纪70年代末至80年代，江苏少儿版《特级英雄杨根思》《舍己为人的小英雄韩余娟》发行量达95万册，《小学生国情教育十知道》《小学生德育故事丛书》《雨花台革命烈士教子》等图书畅销。

1990年，发行江苏少儿版《雷锋的故事》140万册、《赖宁》45万册。1994年，发行江苏少儿版《保护明天——未成年人保护法知识问答》103万册。1995～1997年，发行江苏美术版《童规》1 106万册。1999年，发行《图说邓小平理论》60万册。20世纪90年代，发行量较大的图书还有江苏少儿版《德育故事大金库》《中华民族传统美德》，江苏教育版《中、小学生德育故事》，中国矿业大学版《小萝卜头》等。

2000～2008年，发行江苏美术版《中华传统美德成语》1.48万册、《学生日常行为规范学习手册》30万册，江苏少儿版《新童谣》107.3万册，学苑版《未成年人思想道德教育读本》16.2万册。

（三）少儿文学类读物

20世纪70年代末，发行《史前世界旅行记》《小海马的奇遇》各40万册，《圆溜溜的圆》15万册。80年代，发行《奇怪的潜水员》10万册、《儿童古诗词选》16万册、《漫画上的渔翁》《天鹅之死》各4万册。90年代，江苏出版发行一批在全国有影响的图书，包括《山羊不吃天堂草》《少女的红发卡》《我要做好孩子》《草房子》《今天我是升旗手》等。

进入21世纪，儿童文学作家开始走入中小学校园签名售书及举办讲座。作家杨红樱、曹文轩、郑渊洁、黄蓓佳、秦文君、管家琪、郑春华、金波、郁雨君等先后走进江苏校园。以名作家为号召的系列图书开始畅销。全省销售“杨红樱校园小说系列”（作家版）15.95万册，“曹文轩纯美小说系列”（江苏少儿版）36.03万册，郑渊洁的“皮皮鲁总动员系列”（二十一世纪版）等9.47万册，“黄蓓佳倾情小说系列”（江苏少儿版）23.92万册，秦文君的“男生贾里女生贾梅系列”（少儿版）9.61万册，“金波儿童文学精品系列”（江苏少儿版）8.21万册，“淘气包马小跳系列”（接力版）68.69万册，“世界文学名著宝库”系列（上海美术版）55.23万册，“冒险小虎队系列”（浙江少儿版）42.02万册。

其他较有影响的少儿读物还有江苏少年儿童出版社的《芝麻开门》《天棠街3号》《小麻烦人儿》《遥远的风铃》，新蕾出版社的《时代广场的蟋蟀》，明天出版社的《瞧，这帮坏小子》《瞧，这群俏丫头》，浙江少年儿童出版社的《唐诗三百首（注音儿童版）》《幽默三国》，作家出版社的《假小子戴安》，海燕出版社的《金箍棒的秘密》，二十一世纪出版社的《魔法小仙子》《叮当的魔法》，外研出版社的《小鲤鱼历险记》，接力出版社的《大王书》，春风文艺出版社的《小猪唏哩呼噜》《笨笨猪》等。

（四）故事类读物

20世纪80～90年代，发行量较大的故事书有江苏少儿版《中国历代少年儿童故事选》《实用儿童故事大全》《益智趣味故事100则》《世界童话名著精选》《二十五史故事丛书》《世界故事100篇丛书》和《狼外婆讲故事丛书》。

2000～2008年，较为有影响的故事书有江苏少儿版《诚信故事200篇》《神话故事200篇》《邓小平的故事》《诚信故事会》系列、江苏文艺版《成语故事精选》、浙江少儿版《神探马克和鬼怪》、北京大学版《中国童话故事精选》《中国寓言故事精选》、和平版《365夜故事》、上海人美版《200个名人的童年故事（外国卷）》、朝华版《科学家的故事》等。

（五）连环画

20世纪80年代初期，有一批名家参与连环画创作，连环画的出版发行进入高峰期。此时的连环画多为64开，黑白画面，配有文字，读者对象主要是中小学生。1981年，苏版连环画《王熙凤大闹宁国府》发行量108万册。1982年，江苏省出版连环画80种，总销售量达3 200万册。1984年，江苏美术版《神力王》单本发行量达到200万册，为江苏单本连环画销售最高记录。1985年，由于连环画的热销，连环画大量上市，粗制滥造现象出现。同时，电视开始普及，青少年对连环画的兴趣减弱，连环画的需求量下降，而库存量急剧上升。传统的64开黑白连环画开始逐步退出市场，少数精品连环画转化为收藏品。在此期间，江苏独创的、新形式的连环画开始兴起。新品种为彩色，采用大开本(24开)，每页6幅图画，配有简要的文字，每册书可容纳故事20则左右。90年代初，江苏少儿版24开彩色名著连环画系列《成语故事精选》《寓言故事精选》《安徒生童话故事精选》《世界童话名著精选》《中国童话精选》、江苏美术版《动物故事精选》《中外智慧故事精选》等单本发行量达数十万册，由于选题对路、编制质量高、价格稳定在2元左右，受到读者喜爱。根据动画片改编的32开本多幅连环画《七龙珠》《圣斗士》畅销。

2000～2008年，较为有影响的连环画有译林版《三毛流浪记》、江苏美术版《哈皮父子》、童趣版《哪吒传奇》、上海人美版《经典童话系列丛书》、北方妇女版《乌龙院》、吉林美术版《聪明屋——小故事大智慧》、安徽少儿版"虹猫蓝兔"系列等。

(六) 低幼读物

20世纪90年代，江苏少儿版《看图识字学说话》《彩图幼儿认知故事》《看图念唐诗》《霹雳贝贝》《宝贝疙瘩丁呱呱》等畅销。《娃娃认数》《黑猫警长》《变形金刚》等大画面彩图读物受到小朋友喜爱。2000～2008年，江苏出版物市场上较为有影响的低幼读物有江苏少儿版《我看见了》、二十一世纪版《我的第1套学习书》、中国妇女版《巧手宝宝》、华夏版《中国幼儿百科画册》等。

七、中小学教材发行

中小学教材是国家意志的体现，定价由国家核定，出版印制发行单位通过政府指定或招标方式确定，系具有特殊功能的出版物。1978年，江苏中小学教材发行量为1.04亿册，占图书发行总量的39.75%。1978～1997年，教材发行册数保持持续上升趋势，此后由于学生数下降和减轻学生负担政策的影响，教材发行册数出现波动，但基本上保持持平态势。2008年，中小学教材发行量2.08亿册，占图书发行总量的38.98%。江苏从2005年秋季开始向贫困学生提供免费教科书，享受免费教科书的学生达57.4万人。2008年春季，扩展到全省义务教育阶段的所有中小学生，约737万人。

20世纪80年代初，江苏使用人教版统编教材。80年代中期，国家推行"一纲多本"的教科书政策，鼓励教材版本多样化。1984年，江苏开始教科书的开发，陆续编制近20种大纲本教科书。2001年，新一轮课程改革开始，教育部制定新的课程标准。江苏教育、科技、译林、少儿出版社参与国家课程标准实验教科书建设，成功开发23类课标本教材、29种地方课程教材。这些教材在全国28个省(市、区)使用，品种、数量和覆盖面仅次于人民教育出版社，在全国居第二位。江苏成为全国教材研制、开发中心之一。2008年，江苏使用的中小学教材中，以本省编写出版的为主体，约占三分之二；其次为人教版教材，约占五分之一；再次为其他各版。1978～2008年，江苏中小学教材由新华书店发行。教材供应实行学校预订制，同时在门市零售，供学生转学、丢失补充之需。

2002年，新编课标本教材开始使用。省教育厅、省出版总社联合发文规范省内教材的出版、印制、发行。2002年起，省出版总社开始组织新教材的培训工作，年举办培训讲座300场，培训教师约6.5万人。

八、农村出版物发行

江苏农村图书销售量约为图书销售总量的一半。1983年，江苏农村图书销售6 056万元，占销售总额的44.8%。2008年，农村图书销售逾20亿元，占销售总额的46.6%。

20世纪70年代末至80年代，江苏农村经济进入联产承包阶段，农民对农业技术类图书的需求量增加，农技类图书品种开始多样化，涉及种植业、养殖业、副业和汽车、拖拉机驾驶维修、建筑施工等阅读需求，还有生活类图书包括家电、家具、裁剪、棒针编织等图书也很畅销。1985年9月，全省新华书店农村发行工作会议在如皋举行。1986年5月，全省书店农村集镇门市部主任训练班在连云港举办。1991年，《江苏省新华书店系统农村发行工作规范》制定实施。1993年，省店对基层书店下达农村发行销售指标，根据农村图书发行情况给予奖励。1995年，省委宣传部、省新闻出版局、省供销合作总社、省农林厅决定在全省范围组织"送书下乡"竞赛活动，倡导"每家农户购一本好书，学一门技术"。全省新华书店出动27 090人次，深入农村、山区，送书514.79万册，向村级图书室和乡村小学赠书30

万册。12月，江苏省新华书店获中宣部等四部委颁发的“全国送书下乡活动组织奖”。1999年3月4日，《人民日报》报道通州新华书店送书下乡经验。2004年，省新华书店制定下发《关于加强“三农”读物发行工作的实施办法》。2005年，江苏组织开展以“读好书、促和谐”为主题的农民读书征文活动。

九、江苏版出版物发行

1979年12月，全国出版工作座谈会明确地方出版工作方针为“立足本省，面向全国”。1984～1987年，江苏由1家出版社发展成12家出版社，江苏版图书逐步在全国市场崭露头角。1985年，针对国家银根紧缩，基层书店流动资金不足的问题，省出版总社对江苏版图书采取浮动折扣，实行推迟3个月结算货款的办法，促进江苏版图书的销售，使江苏版图书在全国图书市场低迷的情况下出现逆势回升。1986年，省新华书店要求全省书店在主要门市设立江苏版图书专柜，宣传橱窗应有江苏版图书突出地位和明显标志。《江苏图书发行》增设“江苏版图书”栏目，重点宣传苏版图书。1990年，明确基层书店进货“同类品种，江苏版优先”原则。

1990年1月，兴化县开学急需有关雷锋的书籍10万册。省店向江苏少年儿童出版社提供信息，出版社以最快的速度组稿、编辑、印制，全省发行量达140万册。自此，江苏新华书店向出版社提供市场信息的机制逐步形成。在市场竞争激烈的情况下，江苏店社互相支持，形成合力，共同参与市场竞争，探索了一系列协作模式。省店及时向出版社反馈市场信息，与出版社共同研究选题、书名、定价、装帧、内容提要和征订方式，采取协作出版、包销分发、折扣浮动、样书征订等合作方式扩大苏版书销售。

1993年，省店制定苏版图书促销奖励办法，将网点建设基金、一般图书发行奖励基金等奖励政策，同基层店发行苏版书的实绩挂钩，运用经济杠杆激励基层书店销售苏版图书的积极性，江苏版图书发行量有了突飞猛进的发展。1981年为2 874万元，1988年为1.08亿元，1998年为7.53亿元，2008年达到15.1亿元。2008年的发行量是1981年的52.5倍。

第四节　出版物进出口

一、出版物进出口机构

1978～2008年，江苏从事出版物进出口的机构主要有3家：南京市外文书店、江苏省外文书店和江苏省新图进出口公司。

1978～1980年，南京市外文书店从国际书店接受进口图书代办业务，按照国家分配的外汇额度，代办江苏各大专院校、科学研究单位和生产单位所需外文科技图书资料的进口。1980年年末，南京市外文书店进口书刊业务移交江苏省外文书店，专门从事国内版外文图书零售业务。1981年1月，江苏省外文书店成立，负责办理进口外文书刊资料和国内版外文书刊的征订发行，统一经营管理全省图书进口业务，店址在南京市中央路165号。1999年，江苏省外文书店改隶江苏新华发行集团，后与南京市外文书店合并。1988年，江苏省图书进出口公司成立，地址在南京市高云岭56号，主要从事江苏书刊、文化艺术品及印刷器材等进出口业务。经营范围为中外文书刊和报纸、有声读物、音像出版物、缩微出版物，中国字画、美术作品，印刷设备、器材、材料，还承办外商来江苏的各种印刷和补偿贸易等业务。1997年，更名为江苏省新图进出口公司。2006年，并入江苏新华发行集团。

二、出版物进口

1978年，教育、科研、生产单位对国外科技资料需求量猛增，国家逐步放宽进口图书外汇的限额，进口书刊的方针为“广罗精选，又快又好，保证重点，照顾一般”。江苏加强对国外书刊资料的进口工作，主要进口科技图书，适当进口社会科学类、文学艺术类图书和音像读物。是年，进口苏联和东欧版图书6 200册，西方版图书1.5万册。8月，外国科技图书展览会在南京举办，展出国外图书3万余种，接待来自华东地区的读者6万人次。展出期间，订出外文图书3 313册，7.83万美元；销售中外文图书2万余册，人民币6万余元。1979年，进口图书达7.62万册，比1977年的进口册数增长5.5倍。1984年后，国家对进口图书外汇不再实行限额。1985年，图书进口渠道放宽，省内大专院校通过中国教育图书进出口公司订购进口图书。

1988年以前，江苏进口图书须通过国际书店或中国图书进出口公司进行。1988年7月，江苏省图书进出口公司成立，开始直接办理进口图书业务。1992年销售进口图书13.7万美元，2000年为18万美元。2005年，江苏进口出版物964种，4 109套（册），4.97万美元。2006年，进口出版物1 246种，2.13万套（册），11万美元；进口国家和地区为美国、英国、韩国、日本、中国台湾等。2007年，进口出版物3 897种，8.54万套（册），35.75万美元；进口国家和地区为新加坡、韩国、美国、澳大利亚、英国、加拿大、菲律宾、中国香港、中国台湾等。2008年，进口出版物6 356种，13.30万套（册），52.21万美元；进口国家和地区为新加坡、韩国、美国、澳大利亚、英国、法国、德国、中国香港、中国台湾等。

三、出版物出口

1978年后，江苏出版事业蓬勃发展，品种快速增加，出现了不少质量上乘的图书，为图书出口创造了条件。

江苏图书出口有四条渠道。1982年，江苏图书出口取得突破性进展，江苏省新华书店通过香港三联书店、中华书局和商务印书馆驻广州办事处，向香港地区出口图书，并通过香港辐射东南亚。是年，出口江苏版图书和广陵古籍书画碑帖等254种，5.4万册，80万元。1982～1992年，省新华书店累计出口图书35万册。1988年，省图书进出口公司成立，开辟图书出口第二渠道，公司向世界主要公共图书馆和大学图书馆及研究中国的机构出口书刊，每半月定期发目录给有关图书馆和书商。第三条渠道为江苏各出版社通过中国国际图书进出口公司等向国外和境外输出图书。第四条渠道是在国外和境外举办书展，直接向当地读者销售图书。

江苏省图书进出口公司1989～1992年出口图书6 000余种，2万余册。1993年，出口江苏版图书4.1万册，10.2万美元。1998年，出口书刊28万美元，其中苏版图书出口10万美元。

1999年，省图书进出口公司开始办理江苏版中小学教材（语文、数学）出口业务，满足海外华人子女及中文学校的需求。江苏版教材出口量逐年增加。2000年，发往海外的教材达10 660册，澳大利亚悉尼、墨尔本的一些中文学校固定使用苏版教材，美国部分地区也开始试用这些教材。2001年，发往海外教材达12 000册。

2000年，省图书进出口公司与台湾人类文化事业公司及新加坡诺文文化公司签订合作计划，出口图书2万余册，约5万美元。邀请澳大利亚、新加坡、马来西亚和中国台湾等地客户参加在南京举办的书市看样订货，取得较好效果。2000年，书刊出口26.6万美元，苏版图书出口11万美元。2001年，书刊出口26万美元，苏版图书出口约11.5万美元，其中对美国出口近1万册。2002年，通过科学出版社纽约公司对美国销售图书1.3万册（套），码洋30万元人民币。2005年，江苏出口出版物18 410种，5.94万套（册），12.47万美元；出口国家和地区为美国、澳大利亚、英国、法国、西班牙、中国香港。2006年，出口出版物7 628种，2.46万套（册），8.09万美元。2007年，出口出版物17 297种，3.49万套（册），8.15万美元；出口国家和地区为美国、澳大利亚、西班牙、马来西亚、中国香港、中国台湾。2008年，出口出版物13 540种，7.88万套（册），14.01万美元；出口国家为美国、澳大利亚、新加坡等。

四、境外书展

1993年10月，省出版总社与中华书局（香港）有限公司联合在香港中国文物展览馆举办首届“江苏书展”，展出江苏版图书3 000余种，销售21.3万港元。

1994年6月，省图书进出口公司和加拿大星河视听艺术中心、东方文化艺术馆在加拿大多伦多市联合主办“江苏图书展销会”，展出图书和电子音像读物3 000多种，15 400册（盒），总收入5.5万加元。同年，省新华书店参加新加坡世界贸易中心举办的“94世界华文书展”，销售图书3 000册，2.53万元。

1995年6月，“1995台北·江苏书展”在台北市师范大学学生活动中心举办。展出苏版新书3 000余种，台湾出版、教育、文化、新闻界人士参加书展开幕式。台南、台中、高雄等地的读者纷纷驱车赶来。7～8月，省图书进出口公司与澳大利亚中国书店联合举办“’95悉尼华文书展”，展出新书3 200种。

1996年7月，第七届香港书展举行，展出苏版图书893种，销售7.6万港元，在内地参展省中名列第一。1998年5月，在美国洛杉矶举办“中国江苏书展”。1999年，在澳大利亚悉尼、墨尔本、昆士兰举办第五届“江苏书展”，销售图书1.4万册(套)，28万元人民币；在美国新泽西、洛杉矶举办“江苏书展”，销售图书1.9万册(套)，29万元人民币。2000年，在澳大利亚悉尼举办第六届“江苏书展”，销售图书1.4万册，26万元人民币；在美国纽约举行第三届美国“江苏书展”，销售图书1.6万册(套)，27万元人民币。2001年，举办首届西班牙“江苏书展”，销售图书近5 000册，10万元人民币；在澳大利亚悉尼举办第七届“江苏书展”，销售图书1万册，20万元人民币。2002年，举办第八届澳大利亚“江苏书展”，销售图书5 000余册(套)，20万元人民币；举办第二届西班牙“江苏书展”，销售图书5 400多册(套)，10万多元人民币。2006年，举办新加坡、澳大利亚等地的华文书展。2007年，举办“江苏台湾出版论坛暨书展”“澳大利亚江苏书展”“新西兰江苏书展”“西班牙江苏书展”。

第七章　版权服务与版权贸易

版权服务是政府版权行政机关、执法机关及相关社会组织，依据版权法律、法规、规章和社会分工，组织实施的一系列旨在普及法律知识、保护公共利益、维护合法权益的服务活动。版权贸易特指版权所有者依据版权法律、法规、规章，与相关国家的出版单位形成的合作与交流，所体现的版权所有者在国际间以契约形式完成的交换与转让。1978～2008年30年间，江苏的版权服务领域不断拓宽、服务机制不断趋活，版权贸易范围不断扩大、贸易成果不断丰硕。

第一节　版权服务

一、普及《著作权法》

《中华人民共和国著作权法》颁布实施前，江苏进行了多方面的准备工作。1983年起，江苏分批派出40多名干部参加国家出版局、国家版权局等组织的专业培训8次。1985年11月，省出版总社承办国家版权局和世界知识产权组织在南京举办的第二次版权培训班的组织接待工作，全省30余人参加版权培训。1989年4月，举办第一届江苏省版权培训班，省内司法单位、作品使用单位、作协、文联以及各市版权管理干部共120余人接受培训。

1991年5月，省出版工作者协会、省新闻出版局在苏州市举办著作权法培训班，对省内各出版社负责人和版权管理人员及各市新闻出版处（科）干部进行著作权法的系统培训，在苏州市举办著作权法咨询，宣讲《著作权法》近40场，约3 000人听讲。省新闻出版局向作者、作品使用者及有关部门提供著作权法律咨询服务近1 500人次。1991～1992年，省出版学校开设版权知识课。6月1日，《著作权法》颁布施行。版权行政管理范围超越图书、期刊，扩大到工程设计图纸、影视、音像以及计算机软件等诸多领域。省新闻出版局及时发出通知，要求各出版社、期刊社、报社、各市县文化局及所属单位认真组织学习，宣传和执行《著作权法》。同时印发宣传材料，开展街头咨询，并通过广播、电视、报刊等媒体，广泛宣传《著作权法》。

1992～1999年，每年6月1日，即《著作权法》颁布纪念日，省版权局分别和南京、苏州、无锡、常州、南通、镇江、盐城等市的新闻出版（版权）管理部门集中力量开展社会宣传活动，大力普及《著作权法》，增强社会大众对版权保护的关注和了解。

1995年6月，省版权局、省工商局、省专利局与南京师范大学成立江苏省知识产权人才培训中心，并于12月开设江苏省高等学校著作权法研修班。

1996年是《著作权法》颁布实施第五年，省版权局版权管理处在《新华日报》《扬子晚报》《服务导报》以及江苏电视台、江苏有线台和江苏经济台发表宣传文章和案例评析8篇。组织开展《著作权法》知识竞赛和咨询、宣传活动，新闻单位及时报道，扩大影响。苏州市举办40多万人参加的“新华杯”著作权法律知识竞赛活动，其中300名参赛者获奖。

1997年，省版权局发起并会同省知识产权办公室、省高院等部门，于5月28日在南京联合召开《著作权法》颁布实施七周年座谈会，省委、省人大、省政府和省委宣传部领导同志出席会议，高等院校专家学者，有关厅局负责人，司法界、权利人和作品传播者代表等60余人参加座谈，中央和省内新闻媒体记者参加采访报道。座谈会后还在南京市湖南路的图书发行大厦广场举办著作权法宣传咨询服务活动。省版权局为此专门编印《著作权法知识问答》宣传品，9位法官、律师、版权管理干部和知识产权办公室工作人员亮牌服务。10月，配合全国人大常委会副委员长许嘉璐来江苏考察和调研，省版权局受省人大常委会委托，组织著作权法修改征求意见座谈会，省人大、省作协、南京大学法学院、省国画院、省高院、省广电厅、省文化厅、省公安厅、省工商局、省社文办、江苏科技出版社、译林出版社、江苏音像出版社、《警方》杂志社以及《新华日报》社、《扬子晚报》社、江苏电视台等新闻媒体的代表出席座谈会。省版权局副局长曹光福、省高院知识产权庭庭长叶兆伟、南京大学法学院院长范健等分别从各自工作实际出发，发表意见。

2000年10月，世界知识产权组织第三十六届大会确定每年4月26日为“4·26世界知识产权日”。2001年在第一个“4·26世界知识产权日”纪念活动中，省版权局会同省知识产权局、省工商局在南京市鼓楼广场举办大型咨询活动，组织拍摄反映全省知识产权保护的电视专题片，并对全省版权保护先进集体和先进个人予以表彰和奖励。同时，配合国家版权局举办“电影著作权”和“软件著作权保护与软件资产管理”培训班，对涉及著作权管理的公安、工商、新闻出版管理部门以及软件、电子音像出版、生产单位的人员进行培训。全省各地版权管理部门也举办各种知识竞赛、街头咨询等活动。

2002年，省版权局、省反盗版联合会、江苏法制报社联合在南京山西路市民广场举行“反盗版万人签名活动”。

2004年4月，中国确定每年开展“知识产权保护宣传周”活动。省版权局和各地版权行政管理部门，以多渠道、多手段、立体式的方式组织版权宣教活动。当年“4·26世界知识产权日”前后一个月时间内，全省开展大范围、高密度的著作权宣传教育活动和知识竞赛。全国电视著作权知识竞赛中，由省版权局覃阳、苏州市版权局於亚萍、淮安市版权局陈冬梅组成的江苏省代表队，入围决赛并获得团体第二名。

2005年，全省各级版权行政管理部门联合相关部门精心组织“保护知识产权宣传周”活动，精心组织实施全省著作权法律法规知识竞赛，积极参与对新闻出版(版权)从业人员的普法培训，举办多种形式的版权管理与版权保护知识讲座和专题研讨会。常州市局组织“拒绝盗版，从我做起”的万名大学生广场签名活动，集中销毁50万张非法光盘。4月，“拒绝盗版，从我做起——中学生版权保护主题教育活动”启动仪式在南京师范大学附属中学举行。江苏教育出版社向部分中学捐赠该社出版的《版权，我懂——中学生版权保护主题教育读本》，南京师范大学附属中学学生向全省中学生发出反盗版倡议书。

2006～2007年，省版权局会同省广电局、省保护知识产权办公室、省广电总台组织全省著作权知识大赛。《江苏法制报》整版刊登《全省新闻出版(版权)法律法规知识竞赛试题》及“参赛须知”，省新闻出版局(版权局)网站及全省13个省辖市新闻出版局(版权局)门户网站同时公布竞赛试题，通过报纸、网络进行书面有奖知识问答。全省1.2万人参加书面竞答，16支代表队参加电视大赛，江苏卫视和公共频道全程转播比赛实况，受到国内外关注。世界商业软件联盟(BSA)总裁兼首席执行官罗伯特·霍利曼给大赛发来贺电。

2007年，省版权局和南京市版权局组织策划“4·26世界知识产权日”系列宣传活动，通过张贴海报、广场咨询、发放传单、讲解盗版制品识别方法等方式，向公众宣传“使用正版”知识；会同省知识产权局举办“正版正货”授牌行动，在江苏举办“正版正货”承诺行动，为承诺仅销售不侵犯他人知识产权的商户授牌，增强经营者“推行正版”的意识。

2008年，省版权局、团省委按照国家版权局、团中央在全国青少年中开展“创新与未来”版权保护主题教育活动要求，策划大中小学校深入开展该项主题教育活动。省版权局与团省委共同发起组织“七彩夏令营”，100多名中小学生参加著作权保护相关宣传教育活动；参观南京科技园的动漫创作，当场为小作者的动漫作品颁发作品登记证书；通过《著作权法》知识竞赛，生动形象地普及《著作权法》知识，激励青少年从小树立“维护正版，拒绝盗版”观念，积极参加文学艺术科技作品创新活动。

1992～2008年，江苏省版权局和省反盗版联盟、省版权协会先后自办《著作权工作信息》《版权管理与贸易》《江苏版权工作动态》《版权工作》等内部刊物，发行近6万份，宣传、研讨有关著作权问题，不断提高自身理论素养和管理水平，同时对指导全省各地版权管理工作发挥了积极作用。

二、版权公共服务体系

随着著作权服务和管理工作范围的拓宽以及版权产业的繁荣发展，仅仅通过行政管理、司法保护实施著作权保护已远远不够，必须建立版权公共服务体系，发挥社会组织的桥梁和纽带作用，承担政府职能转变后分离出来的社会服务功能，推动版权保护事业的长期发展。

江苏省各类版权服务机构在各级政府和版权行政管理部门的支持下，逐步建立并不断完善，初步形成政府宏观管理、社团自发维权的著作权管理服务局面。

1998年8月，省版权局根据国家版权局提出的建立全国反盗版联盟的要求，向江苏出版总社、省内16家出版社和省新华书店筹措100万元反盗版资金。1999年7月8日，省反盗版联合会成立，这是全国第一家由民政部门批准的反盗版社会团体。《新闻出版报》等中央媒体和省内各大新闻媒体专门报道。联合会的宗旨是保护会员单位的著作权、与著作权相关的权利及其他权利，打击侵权盗版行为，促进正版、合法出版物的出版、发行，繁荣版权产业，促进文学艺术和科学创作的发展，会员单位的合法权益得到有效保护。2002年4月，中国音乐著作权保护协会同意在江苏南京成立中国音乐著作权保护协会江苏办事处。这是江苏省唯一的音乐著作权管理组织，省内8个省辖市同时成立分支机构。2004年，省版权局编印《江苏版权·音乐著作权管理专辑》，就音乐著作权管理中遇到的种种问题作出明确解答，配合音乐著作权收费工作的开展。2003年8月，中国版权保护中心计算机软件著作权登记苏州代办处成立。2006年，省文联、省作协和睢宁县分别成立文艺家、作家、儿童画权益保障委员会等著作权中介服务组织，逐步构建全省版权公共服务体系。2007年，江苏省网络作品版权保护协会在南京成立。

2007年1月，江苏省反盗版联合会更名为江苏省版权协会(英文译名 Copyright Association of Jiangsu，英文简称 JSCA)。这是由全省范围内著作权人和与著作权有关的权利人、版权工作者、法律工作者及其他相应组织等自愿组成的非营利性的社会团体。2007年6月，省版权协会和凤凰版权公司承办的"江苏版权网"(www.jsbq.org/www.jiangsucopyright.org)开通，并得到有效维护和完善，网上定期发布版权登记公告及相关信息，介绍国家有关版权保护的法律法规知识，受理侵权盗版网上举报等业务，短期内网站点击率高达11.39万次。江苏版权网和省新闻出版局网站、中国版权协会、中国版权保护中心以及兄弟省市相关网站链接，成为全省版权管理服务形象的重要窗口和沟通版权信息、进行版权贸易的重要平台。

三、版权登记等服务工作

(一) 作品自愿登记服务

1995年1月，国家版权局颁布实施的《作品自愿登记试行办法》规定："各省、自治区、直辖市版权局负责本辖区的作者或其他著作权人的作品登记工作……应每月将本地区作品登记情况报国家版权局。"7月，省版权局制发《江苏省作品自愿登记暂行办法》，全省作品自愿登记工作从此开始，具体工作由省版权局版权处承担，当年登记10件，其后每年以30%～40%的速度逐年增长。"十五"期间，全省受理各类作品登记11 509件，总量居全国第二，年平均增长46%；受理计算机软件著作权登记3 740件，居全国第五，年均增长18%。

2007年4月，省版权协会成立后，下属凤凰版权公司受省版权局委托，接手著作权登记工作，当年完成著作权登记737件，其中一般作品702件。与前年同期310件相比，增长126.5%，登记费增加906.1%。受理工业设计图纸3个系列共689页、动漫作品共22个系列200集。2008年，共完成著作权登记909件，较2007年大幅增长，其中软件著作权116件，同比增长81.3%，一般著作权登记793件。

表7-1　1996～2008年江苏省各省辖市一般作品自愿登记数统计表

单位：件

年度	总计	南京	无锡	苏州	常州	淮安	徐州	扬州	南通
1996	51	34	0	0	0	0	0	0	17
1997	430	59	0	114	3	1	5	0	248
1998	323	27	0	24	5	0	3	0	264
1999	521	3	0	12	3	0	2	0	501
2000	550	43	0	27	4	0	5	0	471
2001	597	21	0	54	5	0	3	0	514
2002	1 039	69	0	37	7	0	1	0	925
2003	1 296	135	0	57	8	0	0	2	1 094
2004	2 681	222	40	85	50	3	8	3	2 270
2005	4 273	169	14	133	47	19	10	1	3 880
2006	3 603	310	31	174	60	7	3	0	3 018
2007	4 353	284	75	354	38	3	5	4	3 590
2008	4 852	787	51	60	87	0	17	7	3 843
合计	24 569	2 163	211	1 131	317	33	62	17	20 635

说明：同期连云港、盐城、宿迁、镇江、泰州5个省辖市无相关数据。

表 7-2　1996～2008 年江苏省软件著作权登记数统计表

单位:件

年度	1996	1997	1998	1999	2000	2001	2002	2003	2004	2005	2006	2007	2008	合　计
数量	21	30	42	42	127	643	553	671	817	1 056	1 316	1 773	2 935	10 026

表 7-3　1995～2008 年江苏省各类作品登记数统计表

单位:件

年度	文字作品	音乐作品	曲艺舞蹈	美术摄影	影视作品	设计图	地图示意图	其他作品	合计
1995	5	0	0	1	0	0	0	4	10
1996	17	0	1	30	0	0	1	2	51
1997	12	0	6	419	0	2	0	0	439
1998	17	1	0	426	2	1	1	0	448
1999	15	6	0	511	0	3	0	4	539
2000	47	7	0	504	0	1	1	2	562
2001	40	0	0	803	0	0	0	0	843
2002	25	10	0	1 076	2	12	0	2	1 127
2003	63	7	9	1 525	2	1	0	3	1 610
2004	54	12	0	2 585	7	20	0	7	2 685
2005	120	25	5	4 113	0	55	0	35	4 353
2006	83	45	1	3 509	8	13	0	24	3 683
2007	105	57	2	4 230	6	35	19	9	4 463
2008	254	86	53	4 970	14	81	1	6	5 465
合　计	857	256	77	24 702	41	224	23	98	26 278

江苏作品登记工作一直处于全国领先位置。省版权局和凤凰版权公司根据工作实际,建立了一整套版权登记管理制度,从作品受理、审核、批准、发证、公示、扫描,到最后归档,严格执行相关程序。制定《江苏省著作权登记档案管理规定》《江苏省版权综合服务中心数据库管理规定》等内部规章制度,制定《著作权登记受理员工作职责》,明确各前端机构受理人员、审核人员、发证人员的岗位职责。各省辖市版权登记管理机构也制定相应制度。为让作者在著作权登记后便于介绍自己的作品,便于进行作品的财产权转让,全省先后两次修改、完善著作权登记证书。根据国家版权局《作品自愿登记试行办法》要求,省版权局制定《江苏省作品自愿登记暂行办法》,规定"作品登记将逐步实行计算机数据库管理,并许可公众查阅"。2008 年,省版权局、省版权协会、凤凰版权公司共同筹建、研发江苏省版权综合技术服务平台,实现版权登记、版权管理、版权贸易、版权保护技术等信息化管理。

(二) 报刊转载稿酬收转服务

1993 年,国家版权局制定《报刊转载、摘编法定许可付酬标准暂行规定》,省版权局要求各报刊社按《著作权法》和国家版权局规定向作者支付报酬,或向国家版权局著作权使用报酬收转中心付酬(由省版权局收转)。省版权局对各市从事稿酬收转工作的版权行政管理人员进行培训,通过《扬子晚报》加强宣传。10 月,报酬转收工作开始启动。省版权局版权管理处与省印刷科学技术研究所合作,开发著作权使用报酬收转数据库软件。全省稿酬收转由省版权局或各市版权局代收,通过省版权局汇总,上交中国著作权使用报酬收转中心,受到国家版权局和中国著作权使用报酬收转中心的充分肯定。

2000 年,省版权局完成稿酬收转 31 万元,名列全国第一,被国家版权局授予全国先进单位和报刊稿酬收转先进单位,两人分获全国版权工作先进个人和报刊稿酬收转工作先进个人。2004 年,省版权局被中国版权保护中心评为法定许可稿酬收转先进单位。2007 年 6 月,省版权局将稿酬收转服务工作移交省版权协会下属的凤凰版权事务公司,该公司利用"江苏版权网专设稿酬收转栏目”输进稿酬转载信息 7 658 条，其中积压多年未付稿酬信息 7 000 条，2007 年未付稿酬信息 500 余条。

江苏版权网的建立和完善使稿酬收转信息更加丰富，越来越多的作者及报刊社通过凤凰版权公司进行稿酬转收。同时，稿酬收转工作程序日趋合理和完善，凤凰版权公司先后与《雨花》《老年周报》《森林公安》《泰州日报》等报刊杂志社签订稿酬代转业务合同。2007 年，凤凰版权公司帮助 83 位作者取得长期拖欠的稿酬。

表 7－4　1997～2008 年江苏省报刊转载作品稿酬收转统计表

年度	金额（元）	收转单位
1997	68 886	江苏省版权局版权处
1998	81 288	
1999	273 513	
2000	310 000	
2001	330 000	
2002	239 500	中国著作权使用报酬收转中心江苏办事处
2003	230 000	
2004	156 259	
2005	48 810	
2006	40 000	
2007	14 876	
2008	51 739	
合计	1 844 871 元	

（三）音乐作品使用收费服务

1992 年 12 月，国家版权局和中国音乐家协会共同发起成立中国音乐著作权协会，开展发放授权许可和收取版权使用费工作。1993 年，国家版权局制定《录音法定许可付酬标准暂行规定》。根据国家版权局相关规定，江苏自 2003 年起全面启动音乐作品使用收费服务工作。2002 年 4 月，成立中国音乐著作权保护协会江苏办事处。省内 8 个省辖市同时成立分支机构，并组织各市音乐著作权管理干部业务培训，主动开展对个人演唱会征收演唱曲目使用费的工作。省文化传播中心负责人主动前往中国音乐著作权保护协会江苏办事处签订张惠妹南京个人演唱会音乐作品使用合同，此为江苏省对个人演唱会使用音乐作品依法缴纳费用的第一例。

2003 年，中国音乐著作权协会江苏办事处开始全省音乐作品使用收费工作。南京市、苏州市首批开展此项工作。全省全年收取音乐作品使用费 295 113 元，名列全国第四。2004 年，省版权局编印《江苏版权・音乐著作权管理专辑》，就音乐著作权管理中遇到的问题作出明确解答。全年收取音乐作品使用费 275 509 元。

2007 年，中国音乐著作权协会江苏办事处并入省版权协会，全年收取音乐作品著作权使用费 577 315 元，比 2006 年增长 55.7%。2003～2008 年，江苏收取音乐作品著作权使用费逐步上升，全年达到 591 865 元。

第二节　版权贸易

江苏图书版权贸易起始于 1985 年，截至 2008 年年底，全省版权贸易总量为 4 032 种，其中版权输出 1 059 种，版权引进 2 973 种，位列全国前茅，成为名副其实的版权贸易大省。

一、发展概况

1981 年，江苏开始尝试版权贸易，但由于在此期间中国尚未加入国际版权公约，多笔版权贸易洽谈没能成功。1985 年，江苏人民出版社将《实用汉英词典》版权转让给香港三联书店；同年，江苏人民出版社出版《日本散文选》，获第一届全国优秀外国文学图书二等奖，江苏版权贸易自此起步，逐渐扩大，但数量较少，且开展版权交易、版权合作的出版社仅限于省出版总社直属出版社。1992 年《著作权法》实施后，江苏版权贸易进入发展期。

“七五”（1986～1990 年）期间，省出版总社 8 家直属出版社对外合作出版图书 2 种，输出版权 41 种，输入版权 26 种，总计 69 种，平均每年 13.8 种。高校出版社中，东南大学出版社、河海大学出版社亦有版权输出的探索实践。城市出版社因成立较晚，尚无对外版权贸易记录。对外输出版权对象主要是中国港台地区和新加坡、马来西亚等使用华语的国家。同期，江苏人民出版社、江苏科学技术出版社曾有向朝鲜、捷克斯洛伐克等社会主义国家赠书等非版权贸易活动。

“八五”（1991～1995 年）期间，全省版权贸易发展加速，省内各出版社分别与 11 个国家和地区开展合作出版和版权贸易，尤其拓宽了购买美国、英国、德国、加拿大、日本等国家的版权贸易渠道，合作出版、售出版权和购入版权三方面结构日趋合理。全省累计合作出版 38 种，输出版权 289 种，输入版权 105 种，总计 432 种。“八五”期间的版权贸易总数是“七五”期间的 6.26 倍，成交品种大多是具有鲜明民族特色、地方特色的儿童图书、古籍图书、中医中药保健图书、工具书、生活类图书、美术画册等。江苏少年儿童出版社版权贸易发展迅速，总数达 231 种，占全省版权贸易总量的 53.5%，其中合作出版 34 种；译林出版社 47 种，占全省版权贸易总量的 10.9%；江苏文艺出版社 51 种，占全省版权贸易总量的 11.8%；江苏科学技术出版社 46 种，占全省版权贸易总量的 10.6%。

表 7-5 “七五”“八五”期间江苏版权贸易的国家、地区统计表

单位：种

国别(地区)	中国台湾	中国香港	马来西亚	新加坡	美国	俄罗斯	英国	联邦德国	加拿大	日本	法国	乌克兰	合计
“七五”时期(1986～1990 年)	49	14	0	3	1	2	0	0	0	0	0	0	69
占比(%)	71	20.3	0	4.3	1.4	2.9	0	0	0	0	0	0	—
“八五”时期(1991～1995 年)	240	63	66	29	20	0	3	3	3	2	2	1	432
占比(%)	55.6	14.6	15.3	6.7	4.6	0	0.7	0.7	0.7	0.5	0.5	0.2	—

表 7-6 “七五”“八五”期间省出版总社直属出版社版权贸易统计表

单位：种

出版社	“七五”时期(1986～1990 年)					“八五”时期(1991～1995 年)				
	合作	卖出	买入	合计	占比(%)	合作	卖出	买入	合计	占比(%)
江苏人民出版社	0	12	0	12	17.4	1	6	9	16	3.7
江苏科学技术出版社	0	5	0	5	7.2	0	45	1	46	10.6
江苏教育出版社	0	1	0	1	1.4	0	16	0	16	3.7
江苏少年儿童出版社	0	3	0	3	4.3	34	193	4	231	53.5
江苏美术出版社	2	1	0	3	4.3	3	2	0	5	1.2
江苏古籍出版社	0	16	0	16	23.2	0	0	20	20	4.6
江苏文艺出版社	0	0	25	25	36.2	0	14	37	51	11.8
译林出版社	0	3	1	4	5.8	0	13	34	47	10.8
合　计	2	41	26	69	—	38	289	105	432	—
占比(%)	2.9	59.4	37.7	—	—	8.8	66.9	24.3	—	—

1996 年，“九五”规划第一年，江苏版权贸易保持快速增长，同时出现结构性变化。当年合作出版、版权贸易图书比上年增加 19.6%，其中版权输出比上年减少 28.6%，版权输入比上年增长 154%。同年，在合作出版和版权贸易中，与西方发达国家的交易数量第一次超过半数，达到 60 种，占总量的 54.5%。相比前几年，合作、贸易对象主要局限于中国台湾、香港地区和新加坡、马来西亚等国家的状况，江苏版权贸易渠道大大拓展。

1996～2008 年，江苏版权贸易中版权输入超过版权输出的格局保持不变。“九五”(1996～2000 年)期间，全省版权贸易总量为 895 种，其中输出版权 164 种，占总量的 18.32%；引进版权 731 种，占总量的 81.68%。2001～2008 年，全省版权贸易总量 2 599 种，其中输出版权 477 种，占总量的 18.35%；引进版权 2 122 种，占总量的 81.65%。版权贸易对象扩大至西班牙、韩国等国家。

表 7－7　1988～2008 年江苏省版权贸易情况统计表

年度	交易数量(种)	其中	
		输出图书(种)	引进图书(种)
1988	3	3	0
1989	4	4	0
1990	13	13	0
1991	42	42	0
1992	77	69	8
1993	117	112	5
1994	69	50	19
1995	35	35	0
1996	115	26	89
1997	125	9	116
1998	182	16	166
1999	229	28	201
2000	244	85	159
2001	122	28	94
2002	278	82	196
2003	254	72	182
2004	291	38	253
2005	365	44	321
2006	388	47	341
2007	389	77	312
2008	512	89	423
合计	3 854	969	2 885

说明:本表系不完全统计。

2005 年以后,江苏凤凰出版传媒集团与国际大型出版集团的战略合作深入发展,与加拿大灵通集团、美国麦格劳・希尔教育集团、新加坡大众控股集团、美国佩斯大学等建立战略合作关系,与美国出版界共建"中美出版研究中心""中美出版文化交流论坛";与美国教育考试服务中心、法国阿歇特图书集团进行项目和资本合作;成功举办第三届"海外同仁嘉宾招待会",15 个国家和地区的 40 家出版公司到会。译林出版社与联合国教科文组织合作期刊《国际博物馆》,受到业界高度关注。

2006 年 11 月,全国新闻出版业"走出去"工作座谈会在南京举行。全省出版业以此为契机,加大江苏出版"走出去"力度,共同策划"走出去"图书选题。2006 年,全省 43 种图书入选"中国图书对外推广计划"首批推荐目录,名列各省区市前茅。2007 年,全省 54 种图书被列为"中国图书对外推广计划"推荐图书。江苏少年儿童出版社被评为"全国图书版权输出先进单位",省版权局被评为"推动版权输出工作先进单位"。2008 年,全省 20 种图书获得国务院新闻办"中国图书对外推广计划"以及新闻出版总署的翻译出版资助。江苏科学技术出版社的中医中药图书、江苏少年儿童出版社的儿童文学和低幼读物、江苏文艺出版社的当代小说、译林出版社的中国传统文化,成为江苏"走出去"的核心产品。

江苏版权贸易的快速发展离不开与国际、国内出版界的合作,离不开多种交流平台的建立。全省各出版社定期组团参加国内国际大型书展、版权洽谈会,主要有北京国际图书博览会、德国法兰克福书展、芝加哥美国书展、美国 BEA 书展、法国巴黎书展、英国伦敦书展、日本东京书展、意大利博洛尼亚国际儿童书展、新加坡世界华文书展、俄罗斯莫斯科书展等,广泛与外国和港、台地区出版商建立实质性的合作关系。

二、出版社版权贸易

江苏是全国版权贸易大省之一,但省内近 20 家出版社的版权贸易发展并不平衡。1995～2008 年,凤凰出版传媒集团所属出版社架构起全省版权贸易的大格局,占全省交易总数的 86.1%;各高校出版社处于逐步发展期,占交易总数的 13.6%;城市出版社处于发展初期,占交易总数的 0.3%。

表 7－8　1985～2008 年江苏各出版社版权贸易种数一览表

单位:种

出版社	合计	版权输出	版权引进
江苏人民出版社	382	17	365
江苏科学技术出版社	428	169	259
江苏教育出版社	245	94	151
江苏少年儿童出版社	750	607	143
江苏美术出版社	44	3	41
凤凰出版社	29	26	3
江苏文艺出版社	125	30	95
译林出版社	1 305	96	1 209
江苏电子音像出版社	163	0	163
南京大学出版社	287	6	281
东南大学出版社	155	2	153
河海大学出版社	4	4	0
南京师范大学出版社	95	2	93

续表

出版社	合计	版权输出	版权引进
苏州大学出版社	7	0	7
江苏大学出版社	1	0	1
古吴轩出版社	11	2	9
广陵书社	1	1	0
总　　计	4 032	1 059	2 973

说明：本表系不完全统计。

（一）江苏凤凰出版传媒集团所属出版社

江苏人民出版社　1979年，该社创立外国文学丛刊。1980年《译林》创刊后，每年稳定在4～6种左右，当时影响较大的有《尼罗河上的惨案》《珍妮的肖像》《人性的证明》等。

版权输出　1985年，该社转让《实用汉英词典》版权给香港三联书店，版税率为2%，这是第一本真正实现版权贸易的图书。此书后更名为《新汉英词典》，转让给马来西亚和美国的出版社。对外输出版权对象主要是中国港台地区以及新加坡等一些使用华语的国家，如向新加坡智力出版社转让《简明英汉谚语词典》《汉英成语手册》，向香港中华书局转让《江村经济》，向台湾星光出版社转让《京剧脸谱》，向台湾万人出版社转让《德汉常用词用法词典》《〈光与影〉摄影艺丛》等。2006年，《隐形书写》成功输出韩国，实现向非华语国家输出版权新突破。2007年，《中国符号》版权为韩国青于蓝出版社购买；次年，以黄永玉《芥末居杂记》等6种漫话图书为代表的“永玉六记”图书版权被韩国文学村出版社购买。2008年，该社与越南国家政治出版社建立友好合作关系，输出版权的图书有《中国社会变革与基层党建创新》《农村党建工作创新》《为官论》。

版权引进　1988年开始出版的《海外中国研究丛书》，收入几代海外学者研究中国的著作，在中国学术界产生重大影响，如《中国的现代化》《中国传统思想的现代诠释》等。这套丛书成为引进海外社会科学理论读物一个开放的平台。1997年8月推出《野骆驼译丛》，包括《人类征服的故事》《文明的溪流》等。同年，还出版科普读物《剑桥文丛》，共2辑16种，作者包括斯蒂芬·霍金、阿西莫夫等著名科学家和科普大师。1997年，从德意志出版公司购买约翰·拉贝“战时日记”中文版权。该书搜集拉贝于1937年9月至1938年2月所写全部日记，以及当年收集的有关日军南京大屠杀的全部文献资料（包括百余幅照片）。中外评论界一致认为，与日文版、德文版《拉贝日记》相比，中文版《拉贝日记》是最全面、最客观公正的一个版本。之后又引进、出版《魏特琳日记》，为研究南京大屠杀历史提供了珍贵的历史资料。1998年3月，出版《汉译大众精品文库》，所选图书都是在现当代具有影响力的专著和在西方广泛传播的畅销书，如《极端的年代：1914—1991》《记者生涯——目击世界60年》等。

表7-9　江苏人民出版社1985～2008年版权贸易统计表

年度	交易数量（种）	其中	
		输出图书（种）	引进图书（种）
1985	5	3	2
1986	4	0	4
1987	3	0	3
1988	9	0	9
1989	4	0	4
1990	6	0	6
1991	2	0	2
1992	5	0	5
1993	8	0	8
1994	5	0	5
1995	5	0	5
1996	4	0	4
1997	23	0	23
1998	17	0	17
1999	25	0	25
2000	17	0	17
2001	18	0	18
2002	28	0	28
2003	19	0	19
2004	14	0	14
2005	50	0	50
2006	44	1	43
2007	18	1	17
2008	49	12	37
合计	382	17	365

江苏科学技术出版社　版权输出　1988年，该社第一本输出版权的图书是《食物中药与便方》，由台湾星光出版社购买。1988～1996年，共输出图书66种，主要为生活保健、中医中药类图书，输出对象主要是中国港台地区，只有个别图书向非华语

地区及国家授权售出。1996 年，该社第一次向日本输出《中医十大类方》一书版权；1998 年、1999 年分别向韩国授权售出该书版权。2005 年，《中医诊断辨证思路解析》授权日本出版，《中国针灸治疗学》授权韩国出版。2007 年，版权输出对世界非华语范围有所突破，中医保健类图书在美国、法国、日本获得良好的市场反应。随后，又逐步与英国、德国、俄罗斯、澳大利亚、泰国、越南等国家实现版权贸易往来。

该社中医中药类图书成为版权输出的重头戏，《中国针灸治疗学》《中医辨证思路解析》获得国务院新闻办"中国图书对外推广计划"资助，《中医十大类方》《中国农业发展理论与实践》《中医养生 100 讲》列入"中国图书对外推广计划"。《中医十大类方》一书先后输出日本、韩国、美国和中国台湾，出版 4 个语言版本。《饮食治疗指南》输出中国港台地区和新加坡、马来西亚等华语国家。

版权引进　1994 年，该社引进版权的第一本图书是英国 DK 公司的《21 世纪学生学习百科》。2000 年，全社主要注重于英国、美国、德国有关图文科普类图书的引进。2000～2006 年，拓展为对日本生活类图书、英美医学专业类图书、德国数码摄影技术类图书的引进。2006 年后，引进欧美建筑专业类图书以及美国、英国高端人文科普类图书。

表 7－10　江苏科学技术出版社 1988～2008 年版权贸易统计表

年度	交易数量(种)	其中	
		输出图书(种)	引进图书(种)
1988	3	3	0
1989	3	3	0
1990	0	0	0
1991	4	4	0
1992	1	1	0
1993	12	12	0
1994	20	10	10
1995	17	17	0
1996	42	16	26
1997	23	5	18
1998	12	4	8
1999	38	4	34
2000	27	25	2
2001	8	6	2
2002	65	19	46
2003	29	2	27
2004	22	0	22
2005	24	4	20
2006	29	6	23
2007	20	14	6
2008	29	14	15
合计	428	169	259

江苏教育出版社　版权输出　1991 年，该社开始对外版权贸易，将《小学生科学大王》中文繁体版权出售给台湾新雅文化出版公司，以后输出版权一直以中国港台地区为主，品种较为零散。该社出版的《英语搭配大词典》，输出中国港台地区和多个华语国家。2005 年，该社首次实现对韩国的图书版权输出。2006 年，该社又向韩国 Ghil Publisher 出版公司输出《天下体系》版权，得到国务院新闻办出版资助。2007 年，该社与全球最大的教育出版集团——培生教育出版集团合作，成功售出《小学奥数读本(1～6 年级)》全球英文版权，取得教育类图书版权输出里程碑式的突破。2008 年，又与该集团合作，输出《新课标新奥数(1～6 年级)》全球英文版权。

版权引进　2002 年开始，引入《教育科学精品教材译丛》，为中华人民共和国成立以来规模最大、门类最全的教育学科教材译丛，成为版权引进的成功范例。截至 2008 年，该书引入出版《教育管理：基于问题的方法》《教育方法研究导论》《儿童发展》《有效教学方法》《教育心理学》《研究性学习》等 35 种图书。

表 7－11　江苏教育出版社 1991～2008 年版权贸易统计表

年度	交易数量(种)	其中	
		输出图书(种)	引进图书(种)
1991	1	1	0
1992	3	3	0
1993	2	2	0
1994	8	8	0
1995	2	2	0
1996	0	0	0

续表

年度	交易数量（种）	其　中	
		输出图书（种）	引进图书（种）
1997	2	1	1
1998	8	8	0
1999	0	0	0
2000	34	34	0
2001	16	6	10
2002	15	7	8
2003	12	1	11
2004	30	0	30
2005	50	2	48
2006	42	3	39
2007	10	7	3
2008	10	9	1
合计	245	94	151

江苏少年儿童出版社　江苏少年儿童出版社是江苏省版权贸易重点社之一，主要特点是版权输出远远超过版权输入，占全社版权贸易总数的81%，占全省版权贸易输出总数的57.3 %，居全省同业首位。

版权输出　1990年，该社向中国台湾地区输出第一本图书《阿宝的大红花》。其后，又分别向东南亚地区输出《资治通鉴故事》《二十五史故事》《现代汉语用法词典》《中华儿童故事丛书》《中华民间故事大画库》《唐诗三百首》等图书。1990～2006年，版权输出地区主要以中国港澳台地区为主。2006～2008年，逐步输出至墨西哥、法国、英国、德国、越南、韩国、日本、泰国等多个非华语国家。

版权引进　1992年，该社从英国DK公司引进《自然百科图典》，成为第一本输入版权的图书，其后从DK公司引进的《最新世界百科图典》，成为享誉全国的品牌图书。为配合该社刊物《儿童故事画报》（发现号）改版为《自然探秘》，又陆续从DK公司的系列经典科普图书中引进《城市的变迁》《街道的变迁》《大剖面》等图书。同时，从欧美和日本引进优秀儿童图画书。该社与全球15个国家的30多家出版社保持长期友好的合作关系，版权贸易渠道畅通。

表7－12　江苏少年儿童出版社1990～2008年版权贸易统计表

年度	交易数量（种）	其　中	
		输出图书（种）	引进图书（种）
1990	13	13	0
1991	36	36	0
1992	69	65	4
1993	98	98	0
1994	32	32	0
1995	16	16	0
1996	10	9	1
1997	4	3	1
1998	5	4	1
1999	14	14	0
2000	26	20	6
2001	15	15	0
2002	52	44	8
2003	64	61	3
2004	44	34	10
2005	49	25	24
2006	58	33	25
2007	67	42	25
2008	78	43	35
合计	750	607	143

江苏美术出版社　版权输出　1999年8月，江苏美术出版社输出版权的第一本图书是《敦煌石窟艺术》（22卷），由日本国文化学园出版局购买除中国以外的世界范围内日文版版权，2001年以10卷本形式出版，2002年获亚洲太平洋出版联合会奖。该书版税率为4.5%，版税1 300万日元。此为当时江苏出版界获得版税数额最大的一宗版权交易。其后，又分别向日本输出《敦煌鉴赏》和向韩国输出《敦煌》的版权。该社出版的《中国工艺美术大辞典》多次向中国港台地区和东南亚华语国家输出版权。至2008年，版权输出的方向主要是亚洲地区，陆续形成"敦煌""老房子""老城市""老古董"系列品牌图书，在中西文化艺术交流与传播上发挥了积极作用。

版权引进　1999年，江苏美术出版社从美国华森·哥特出版公司购买《野生动物油画》（之一、之二）中文版权，此为该社输入版权的第一本图书。其后，又分别引进有关绘画、艺术设计、视觉文化艺术等方面的图书版权。引进版权地主要是美国、英国、日本、比利时以及中国台湾地区。

表 7－13　江苏美术出版社 1999～2008 年版权贸易统计表

年度	交易数量（种）	其　中	
		输出图书（种）	引进图书（种）
1999	2	1	1
2000	5	0	5
2001	3	0	3
2002	2	0	2
2003	2	1	1
2004	4	1	3
2005	3	0	3
2006	11	0	11
2007	5	0	5
2008	7	0	7
合计	44	3	41

凤凰出版社　版权输出　1987 年，输出《唐刺史考》版权，由香港中华书局以联合出版的形式购买。其后陆续输出《唐宋词鉴赏辞典》《金元明清词鉴赏词典》《奉系军阀档案汇编》《雨花石珍品集》《苏州桃花坞木版年画》等图书版权。版权输出地区主要是中国香港、中国台湾地区以及东南亚国家。2000 年以后，对日本有少量版权输出。输出品种多为中国文化普及类图书，也有一些学术研究类图书。

版权引进　该社最早引进版权的图书是《诗词坊》和《古典小说轩》丛书各 10 种，1991 年由香港中华书局引进。2001 年，从日本引进《战败前夕》版权。

表 7－14　凤凰出版社 1987～2008 年版权贸易统计表

年度	交易数量（种）	其　中	
		输出图书（种）	引进图书（种）
1987	3	3	0
1988	1	1	0
1989	7	7	0
1990	1	1	0
1991	3	1	2
1992～2000	—	—	—
2001	1	0	1
2002	1	1	0
2003	0	0	0
2004	0	0	0

续表

年度	交易数量（种）	其　中	
		输出图书（种）	引进图书（种）
2005	1	1	0
2006	0	0	0
2007	8	8	0
2008	3	3	0
合计	29	26	3

江苏文艺出版社　版权输出　2002 年，该社输出版权的第一本图书是《老北大的故事》，由中国台湾地区的出版社购买。输出版权的主要国家和地区是越南、韩国、法国和中国台湾、香港地区，其中以东南亚为主，输出品种为中国当代小说，并形成品牌效应。

版权引进　1999 年，该社输入版权的第一种图书是中国台湾地区作家席绢的言情小说系列《何妨错到底》《火焰鲜花语》《未曾相识》《红袖招》《爱你的十个理由》等 50 种，在大陆掀起港台“言情热”“席绢热”。该社引进版权的主要地区是中国台湾，占总量的 35%，随后又从美国、日本、英国、法国、韩国、德国等国家引进版权，其中美国占 30%，日本占 13%，英国占 9%。

表 7－15　江苏文艺出版社 1999～2008 年版权贸易统计表

年度	交易数量（种）	其　中	
		输出图书（种）	引进图书（种）
1999	50	0	50
2000	1	0	1
2001	14	0	14
2002	6	5	1
2003	8	7	1
2004	1	0	1
2005	8	5	3
2006	11	2	9
2007	10	5	5
2008	16	6	10
合计	125	30	95

译林出版社　译林出版社版权贸易以输入为主，占全社版权交易总量的 92.6%，占全省版权输入量的 41%。版权贸易量居全省各出版社之首，有上百种图书荣获国家和省级各种奖项。

2006 年，该社与联合国教科文组织合作出版

《国际博物馆》杂志(中文版),为中国遗产保护研究与国际间的交流搭建一座有效平台。2007 年,中日邦交正常化 35 周年和中韩建交 15 周年之际,译林出版社、日本童心出版社和韩国四季出版社采用合作出版方式,在三个国家分别以中文、日文、韩文推出以“回顾二战、祈愿和平”为主题的《祈愿和平》绘本丛书(12 本)。

版权输出　2007 年,该社输出版权的第一本图书是《京剧密码》,由英国的出版社购买。《符号中国》系列丛书于 2008 年 6 月出版,成功输出英文版、韩文版、法文版、俄文版等,成为中国图书输出海外的典范,相继被中央电视台、《中国日报》《环球时报》、新华社、《中华读书报》《中国图书商报》等数十家媒体宣传介绍,被外媒评为“最适合外国人了解中国的十大图书之一”。

版权引进　1992 年,该社引进版权的第一本图书为美国的《沉默的羔羊》。其后从美国引进《麦田里的守望者》一书,成为树立译林品牌的超级畅销书。1992～2008 年,引进版权的国家有英国、美国、法国、德国、俄罗斯、日本、加拿大、韩国等国家。该社重视对国外现当代文学作品的版权引进,截至 2008 年年底,《麦田里的守望者》累计销量 38 万册。该社推出的《当代外国流行小说名篇丛书》,是一套大规模地系统译介外国通俗文学作品的丛书。该社先后引进叶利钦的回忆录《午夜日记》、希拉里·罗德姆·克林顿的回忆录《亲历历史:希拉里回忆录》、比尔·克林顿的回忆录《我的生活》。

表 7-16　译林出版社 1992～2008 年版权贸易统计表

年度	交易数量(种)	其　中	
		输出图书(种)	引进图书(种)
1992	3	0	3
1993	6	1	5
1994	9	0	9
1995	0	0	0
1996	58	0	58
1997	74	3	71
1998	121	1	120
1999	129	8	121
2000	105	2	103
2001	45	2	43
2002	53	10	43

续表

年度	交易数量(种)	其　中	
		输出图书(种)	引进图书(种)
2003	70	4	66
2004	120	10	110
2005	102	7	95
2006	120	6	114
2007	149	13	136
2008	141	29	112
合计	1 305	96	1 209

江苏电子音像出版社　江苏电子音像出版社 2001 年 3 月挂牌,前身为江苏省出版总社电子音像出版部。该社成立后着眼于新技术的广泛应用和广大读者对新媒体日益增长的阅读需求,采取有效措施,积极引进国外思想内容健康、制作技术精湛的优秀产品。1998～2008 年,版权引进数量达 163 种(同期无版权输出记录)。

表 7-17　江苏电子音像出版社 1996～2008 年版权贸易统计表

年度	交易数量(种)	其　中	
		输出图书(种)	引进图书(种)
1996	1	0	1
1997	2	0	2
1998	14	0	14
1999	17	0	17
2000	18	0	18
2001	10	0	10
2002	18	0	18
2003	20	0	20
2004	3	0	3
2005	20	0	20
2006	24	0	24
2007	4	0	4
2008	12	0	12
合计	163	0	163

(二)高校、城市出版社

南京大学出版社　版权输出　2005 年,该社输出版权的第一本图书是中国思想家评传中的《诸葛亮评传》,由韩国 Jihoon Publishing House 购买版权。该社版权输出的主要国家和地区为韩国、日本及中国香港、台湾地区,品种都是《中国思想家评传丛书》中的图书。

版权引进　2000年，该社从法国DENOEL出版社购买波德里亚的《消费社会》一书版权。2000～2005年，引进版权的图书品种集中于人文社科、学术前沿方面。2006年后，逐步涉足大众类图书品种，如诺贝尔奖得主系列经典译丛、流行音乐、电影赏析等，引进数量在2007年、2008年达到高峰，其中2008年高达163种之多。引进版权的主要国家为美国、英国、法国、德国等。

表7-18　南京大学出版社2000～2008年版权贸易统计表

年度	交易数量（种）	其中	
		输出图书（种）	引进图书（种）
2000	16	0	16
2001	1	0	1
2002	15	0	15
2003	2	0	2
2004	17	0	17
2005	5	1	4
2006	12	1	11
2007	54	2	52
2008	165	2	163
合计	287	6	281

东南大学出版社　版权输出　该社输出版权的第一本图书是《城市建设艺术》，由台湾地区的出版公司购买。1989～2008年，输出版权的地区为中国台湾地区，版权输出品种是土木建筑领域的图书，如《土木工程概论》，主要依托东南大学的学科优势，通过专业学术交流、编辑推荐、联系版权代理公司等途径进行。

版权引进　2000年，该社引进版权的第一本图书为美国的《朗文实用英文写作教程》。引进版权的图书品种集中于建筑规划、设计领域，数量较少。2005年以后，引进版权的国家和地区逐渐扩大，主要是美国、英国、德国、韩国及中国台湾地区。2005年，该社获得O'Reilly公司书籍影印的独家授权，可以从O'Reilly公司每年提供最新出版书目中，挑选最新版、最畅销的品种及时出版。东大版O'Reilly高端精品图书形成可持续发展的势头，一些销量较好的品种如《Perl语言入门》连续引进三版。该社还注重引入国外有关口腔、外科、护理类专业的最新丛书。

表7-19　东南大学出版社1989～2008年版权贸易统计表

年度	交易数量（种）	其中	
		输出图书（种）	引进图书（种）
1989	1	1	0
1990	1	1	0
1991～1999	—	—	—
2000	1	0	1
2001	0	0	0
2002	6	0	6
2003	3	0	3
2004	4	0	4
2005	29	0	29
2006	39	0	39
2007	39	0	39
2008	32	0	32
合计	155	2	153

河海大学出版社　1988年，该社输出版权的第一本图书为《英汉奥林匹克词汇大全》，由中国台湾地区的出版社购买。1993年、2003年，该社分别向中国台湾地区输出《古今用人要诀》和《蹲出健康》版权。1994年，向日本输出《中国大豆栽培史》版权。

南京师范大学出版社　版权输出　2004年，该社输出版权的第一本图书是《课堂教学社会学》，由中国台湾地区五南图书出版股份有限公司购买，此后又向其售出《学校生活社会学》一书版权。

版权引进　该社引进版权的第一本图书为《手工实物制作解说——好玩的折纸入门》，1998年从日本购入中文版权。该社引进版权的国家和地区主要是美国、德国、英国、日本、韩国及中国台湾地区。2007年，从哈考特教育出版公司引进幼儿教师成长丛书《幼儿教师专业发展译丛》，获江苏省文化产业引导资金立项扶持。其中《儿童早期游戏规划》《儿童行为管理》《支持特殊需要：理解早期教育中的全纳理念》《儿童工作的全纳、平等和多样性》等品种，被多所大专院校以及特殊教育学校选用为教材，多次印刷。

表 7-20 南京师范大学出版社 1998～2008 年版权贸易统计表

年度	交易数量（种）	其中	
		输出图书（种）	引进图书（种）
1998	6	0	6
1999	0	0	0
2000	0	0	0
2001	1	0	1
2002	14	0	14
2003	20	0	20
2004	27	2	25
2005	13	0	13
2006	4	0	4
2007	9	0	9
2008	1	0	1
合计	95	2	93

苏州大学出版社 2005 年，该社引进版权的第一本图书是中国台湾地区的《新媒体科技论》，以后陆续引进有关传播学、出版学两个板块的图书。输入版权的国家和地区主要为美国、英国、法国和中国台湾地区。至 2008 年，累计输入版权图书 7 种。

江苏大学出版社 2007 年，该社向日本正经出版社购买日本政治家武村正义的《净化日本》一书中文版权，2008 年 8 月出版。

古吴轩出版社 20 世纪 90 年代，古吴轩出版社与香港集古斋合作出版《古吴轩十周年纪念》画册。后与台湾柏室科技艺术出版公司合作出版《古保圣寺》及《丽人行》画册。

2004 年 9 月，该社引进版权的第一本图书是中国台湾地区的《丑陋的中国人》，至 2007 年 4 月第 17 次印刷，累计 22.5 万册。

至 2008 年，该社累计达成版权贸易图书 11 种。其中，版权输出 2 种，版权输入 9 种。

广陵书社 2006 年，该书社向台湾汉珍数位图书股份有限公司售出《国粹学报》一书版权（电子版）。

第八章　出版教育与人才培养

1978～2008年，江苏出版教育和人才培养事业同步推进。先后成立的江苏印刷技工学校、江苏省出版学校(1998年5月更名江苏省新闻出版学校)，为江苏出版事业培养一大批中、高层次的技能型应用人才。出版函授教育、职工教育培训、职业资格考试、职业技能鉴定、职称评审认定以及领军人才选拔培养等工作的有序推进，促进了出版队伍整体素质的提高，提升了广大出版工作者的思想政治素质、专业理论水平和业务技术能力。江苏出版科研涵盖编辑出版、装帧设计、印刷包装、图书发行、电子音像、出版管理等各个方面。省内各出版行业团体在团结广大出版工作者、执行党的出版方针政策、交流业务经验、促进技术进步、维护出版权益等方面，做了大量富有成效的工作。

第一节　出版教育

改革开放前，江苏出版教育工作受客观条件限制，主要是干部职工继续教育工作，不定期举办出版业务培训班，提高干部职工的业务素养和技术水平。"文化大革命"结束后，为解决制约江苏出版业发展的人才瓶颈，省局党组和各出版单位在实践中不断形成优化职工教育的政策环境，推进学校教育、职工教育培训和职业技能考核鉴定等各项工作的有序开展。

一、学校教育

（一）学校概况

1979 年，江苏印刷技工学校获省政府批准建立，校址在南京市六合县（现为南京市六合区）城郊，占地 23 亩。该校 1980 年开始招收高中毕业生（大中技），学制两年，开设排字和铜锌版制版两个专业，首届招生 55 人。1986 年，学校改招初中毕业生（小中技），学制三年，相继开设平版印刷、平版制版、凸版印刷和书刊校对专业。

1984 年 11 月，经省政府批准，江苏省出版学校建立，和江苏印刷技工学校合署办公。该校是江苏唯一一所培养出版、印刷、发行行业中、高等技能型人才的省属全日制中等专业学校。1988 年秋，学校搬迁至南京市雨花东路养回红村 152 号。1998 年 5 月 29 日，经省政府批准，学校更名为江苏省新闻出版学校。学校开设专业有出版、平版印刷、图书发行、印刷装潢设计、出版财会等。由于毕业生一般都分配在新闻出版系统工作，就业岗位较理想，受到初中毕业生和学生家长的青睐，故生源质量一直较好，新生录取的文化成绩相当于当地重点高中的新生录取成绩。随着毕业生分配制度改革和江苏出版事业发展，从 1986 年起学校逐年增加招生计划，在校生人数连年增加，1986 年为 104 人，1991 年为 397 人，1996 年为 588 人，2001 年为 777 人，2006 年为 2 100 人，2008 年为 2 366 人。

（二）办学思路

1996 年，学校办学思路明确为：以教学为中心，狠抓教学质量，加强各项管理，提高办学水平，对学生进行全方位管理和教育，全面提高学生素质。2002 年，学校的办学思路调整为：突出以教学为主，解放思想，抢抓机遇，调整结构，加快发展，努力使学校逐步成为新闻出版事业中、高级人才的摇篮，培训全省新闻出版管理人员、专业技术人员的基地和工学结合、以工补学的印刷实习基地。

（三）办学历程

学校于 1986 年开始招生，第一届招收高中毕业生 40 名，学制两年（大中专）。1987 年，开始改招初中毕业生，学制四年（小中专）。1994 年，学校顺利通过省教委组织的办学水平评估，被省政府确认为江苏省首批合格中专校之一。1995 年，印刷技工学校被省政府确认为江苏省合格技工学校；出版学校被新闻出版署确认为署重点联系的 6 所中专校之一。2002 年，学校被确定为江苏联合职业技术学院办学点，开始举办五年制高等职业（大专）教育。2006 年，学校被新闻出版总署确定为全国新闻出版系统重点职业学校，印刷技术专业被认定为江苏省中等职业教育示范专业。2008 年，学校全面完成高职各专业培养方案和专业课程标准的编制工作并获批准。

（四）办学体制

江苏印刷技工学校和省新闻出版学校（原江苏省出版学校）两块牌子、一套班子，主管部门为省新闻出版局，编制共 110 人。在计划经济时代，两校办学体制有所不同。省出版学校属全日制中专性质，江苏印刷技工学校属全日制中技性质。两校教育教学管理不同要求，不同学制，使用不同教材，毕业生分配机制不同。相同的是均面向全省招收初中毕业生，农业户口的新生可以转为非农业户口。

20 世纪 80 年代，中专校和中技校的办学体制不同，中专校毕业生属干部编制，可分配到国家机关、事业单位工作，享受国家干部待遇；中技校毕业生属技术工人编制，面向企业单位就业。因此文化成绩好的初中毕业生争相报考中专校，文化成绩不达中专线的学生只好报考中技校。2002 年起，由于学校办学硬件条件限制，校领导根据实际情况，侧重于办好中专和高职（隶属于江苏联合职业技术学院的五年制高等职业技术教育，大专学历），中技校逐渐萎缩，中专校规模不断扩大，截至 2008 年，注册技校生数量很少，无法编班上课，不得不编入相同专业的中专班上课。

（五）职业技能培养

学校从1997年开始修改完善教学计划，调整理论教学和实践教学的时间比例，增加实践教学时间。三年制中专安排一半时间进行技能训练，即一年级学习文化基础知识；二年级学习专业理论知识，其中二年级下学期安排一定的教学实习时间；三年级则进入生产实习阶段，直接到生产岗位顶岗实习；五年制高职学生则于四年级下学期到生产实习基地顶岗实习，熟悉生产技能和生产流程，了解企业管理情况，为就业做准备。

由于办学规模不断突破，学生人数不断增长，学生校内实习岗位严重短缺，学生技能训练效果受到限制。为了保证学生实习质量，学校决定校企共建实习基地。学校在省内挑选省、市重点印刷、发行企业作为学生实习基地，双方签订共建协议。学生实习时定岗位、定师傅、定考核内容。学校领导经常到各实习基地拜访企业领导，了解学生实习情况，解决实习中出现的问题。学校实习指导老师长期分赴实习基地，掌握学生实习进程，参与实习管理，和工人师傅一道对实习生进行具体指导，从而保证实习效果。学校每年举行一次学生校企共建工作研讨会（校企合作座谈会），邀请实习基地领导和指导师傅参加，总结交流学生实习工作经验，表彰有贡献的实习指导师傅和优秀实习生。在学生实习基地建设方面走在全国前列。每年学生实习结束参加省劳动厅组织的技术等级考核，均能顺利达到中级工技能等级要求，不少学生还能通过高级工技能等级考核，拿到高级工等级证书。在华东地区五省（市）新闻出版系统职技类学校组织的学生印刷技能历次竞赛活动中，江苏省出版学校代表队均获得较好名次：1996年获团体总分第四名，1998年获团体总分第三名，2000年获团体总分第一名。毕业生有一定的操作技能，提高了就业竞争力，历届毕业生就业率均在95%以上，多个年份出现毕业生供不应求现象。

（六）出版高职教育

2002年，学校获省教育厅批准，成为江苏省联合职业技术学院高职办学点，举办五年制高等职业（大专）教育，培养大专学历的技能型人才，开设图文信息处理和印刷技术两个专业，2003年又增设出版与发行专业。学校根据高职教育教学大纲，对原有的教育教学结构进行大幅度调整，学校高职各专业教学计划顺利通过南京市教育局和江苏省联合职业技术学院审批，学校全日制办学体制进一步完善。

（七）分校建设

江苏省新闻出版学校获准举办五年制高职后，校内教学和生活设施满足不了办学需求，学校决定在校内集中力量办好五年制高职，在校外建立中职分校，一年级新生在分校学习文化基础知识，二、三年级回校本部学习专业理论和专业技能。经局党组批准，2005年首先在江宁区湖熟职业技术学校设江苏省新闻出版学校江宁分校，当年招收中专新生53名。其后相继在淮安文化艺术学校、盐城市委党校、盱眙县教师进修学校举办校外分校和办学点。2006年，设江苏省新闻出版学校淮安分校。中职分校的设立，既满足了学生报考志愿，又方便了学生就近入学，降低了教育成本，同时也缓解了校本部基础设施不足的压力。

（八）基础设施建设

随着办学规模不断扩大，学校急需增加教学和生活设施，改善办学条件。2005年，新教学大楼工程获省发改委批准立项，2006年9月19日启用。新教学大楼的落成，大大地缓解了教学用房不足的困境。

（九）学生就业工作

计划经济时期，学校毕业生全部由省人事和劳动部门分配工作，就业岗位没有选择性。随着大中专毕业生就业制度的改变，中专毕业生全部进入人才市场，中技毕业生全部进入劳动力市场，双向选择，自主就业。1998年开始，每年毕业生毕业前夕学校均召开毕业生供需见面洽谈会，为毕业生就业搭建平台。毕业生直接和用人单位见面，“推销”自己；用人单位通过面对面交谈，挑选本单位需要的毕业生，双方签订用人协议。由于毕业生动手能力强，又有专业理论知识，大多数毕业生在生产实习期间就和用人单位签订就业意向性协议，不少用人单位不得不“空手而归”。

二、职工教育培训

省新闻出版局除举办全日制教育教学外，主要通过开展函授教育和加强干部职工教育培训，支持学校、行业团体以及社会力量参与举办职业技能、政策法规培训班等形式，建立一支素质优良的出版队伍。

(一) **函授教育**

1987年6月，北京印刷学院函授部江苏函授站在南京成立。1991年9月，北京印刷学院函授部改为北京印刷学院成人教育部，江苏函授站相应改为江苏工作站，招生对象为从事印刷行业或有志于印刷业工作、具有高中文化学历或同等学历的人员，教学方式以自学为主，面授为辅。工作站定期寄发教材和参考资料，负责江苏学员的学籍管理和教学管理工作。工作站的经费，从学员所交学费中提成20%～25%，其余上交成人教育部，不足部分由省出版总社拨给。该站除聘请江苏省出版学校教师外，还先后从南京大学、南京师范大学、南京航空学院、南京经济学院、江苏省印刷科学技术研究所、江苏新华印刷厂等单位聘请兼职教师29人，其中副教授7人，讲师11人。学制分设一年制单科班、两年制《专业证书班》、三年半大专班，后又增设四年制本科班。截至2008年，江苏工作站共招收437名学员参加印刷、发行专业大专和本科学历教育和专业证书教育。

1989年10月，武汉大学图书情报学院图书发行专业江苏函授站成立，站址设在江苏省新华书店内，站长由省新华书店经理兼任，由各省辖市新华书店基层工作科科长组成的“函授管理委员会”，按武汉大学图书情报学院的规章制度和教学计划组织实施。日常工作先后由省新华书店人保科、办公室、教育科、宣传科负责。函授招生对象为新华书店在职职工，学制3年，国家承认大专学历。函授班设《图书发行管理学》《发行概论》《国际书业导论》《对外图书贸易》《图书经销学》《图书分类学》等17门课程，由武汉大学图书情报学院派出骨干教师进行面授辅导。函授站邀请武汉大学图书情报学院图书发行管理专业本科毕业生担任辅导老师，首批录取的47名学员，1992年12月8日全部毕业。1990年录取的27名学员于1993年年底毕业。不少学员被评为优秀学员。1994年起，该函授站因故停办。

全省新华书店系统选送干部职工参加安徽大学、中央文化管理干部学院、江苏商业管理干部学院图书发行专修科脱产学习。

(二) **专业培训**

1995年，新闻出版署在南京召开新闻出版行业岗位培训教学会议，推动了全省各类专业培训全面发展。

图书出版培训　省内每年组织2～3期编辑、校对人员岗位培训和编辑室主任业务培训班，开展业务竞赛；对全省35岁以下青年编校人员进行培训、考核，组织参加全国青年编校技能竞赛；组织装帧设计讲座、美术编辑采风、摄影培训等活动，不断提高出版人员业务能力。1995年，新闻出版署在南京召开新闻出版行业岗位培训教学会议，全省出版队伍岗位培训工作全面推开。截至1998年12月，共举办岗位培训班47期，培训出版社编辑室主任等18类人员2 345人，新闻出版署规定的8个重点岗位人员全部实行持证上岗。2005年，相继举办全省图书质量管理等培训班，培训图书质量管理人员1 000余名。

印刷培训　1992年，举办平版印刷新版材技术培训班，全省100人参加培训。1994年，举办轮转印刷机胶印技术培训班，全省60名胶印工参加培训；同年，组织全省印刷行业研讨彩色桌面系统技术，60人参加研讨；2005年，江苏省印刷科学技术研究所联合有关单位共同举办出版物装订质量标准培训班，全省180人参加培训。2008年，组织书刊印制质量标准学习班，全省50人参加。1992～2008年，省局统一协调有关业务处室和相关行业团体组织印刷业务培训45次，其中有印前培训班、胶印机领机培训班、印刷技能培训班、装订培训班、印刷行业技能大赛强化培训班，举办丝网印刷技术、平版印刷技术以及新材料、新设备应用讲座，培训人数累计3 992人次，聘请北京、上海等地知名专家和有实践经验的老师授课。

发行培训　认真组织出版物发行员资格证书培训和鉴定。1996～2000年，先后举办5期市、县新华书店经理岗位培训班，291人接受培训；1996年，在全省新华书店选拔13名技能比赛能手参加北京印刷学院图书发行大专班进修；1998年，举办省内16家出版社31人参加的出版社发行科长岗位培训班；2001年，指导和配合省新华发行集团举办各子公司42位经理参加的经理培训班。1997年和1999年，举办2期出版社发行人员培训班，全省各出版社21位发行科长和50位发行骨干参加学习培训。2008 年 8 月，在南京举办全省出版物批发企业的经理岗位培训班，来自全省 150 家出版物批发企业的法人代表或主要负责人参加培训和考试。

期刊出版培训 1996 年前后，省新闻出版局与省科委联合举办社科期刊主编培训班 2 期，培训 79 人；科技期刊培训班 11 期，培训 660 人。1997 年，全省开展社会团体清理整顿工作，对业内人员进行业务培训，到 2005 年举办各类培训班 8 期。2003 年 3 月，省新闻出版局、省委宣传部、省广电局联合下发《关于做好新闻采编人员资格培训工作的实施意见》。5 月，省新闻出版局印发《关于开展全省新闻采编人员（报社和新闻性期刊社）资格培训工作实施细则》，采取省、市共同负责，统分结合、以市为主，各市集中培训、全省统一考试的方式进行。按照统一计划、统一教学大纲、统一教材、统一命题、统一考试、统一阅卷、统一发证的要求，全省共完成 4 337 名报社、新闻性期刊社新闻采编人员的资格培训工作，以及 797 名符合免培条件人员的资格审核工作。2004 年起，全省新闻性期刊社新闻采编人员的资格培训工作进入常态化，省新闻出版局每年对各期刊社新进新闻采编人员进行资格培训、考核。2006 年至 2007 年举办期刊培训班 4 期，培训期刊编辑 212 名；举办内刊编辑培训班 1 期，培训学员 50 名。2008 年，在南京举办全省期刊编辑业务培训班，培训青年编辑 96 名，期刊主编、社长 67 名。

政策法规培训 2002 年，在全省范围内广泛开展出版政策法规教育，全省先后举办培训班 67 期，接受培训教育的各类管理干部、执法人员、企业主管、从业人员多达 22 000 人次。2003 年，全省举办政策法规培训班 44 期，接受培训教育的行政执法人员、出版从业人员近 3 000 人次。年内，以政策法规为主要培训内容，考核鉴定出版物发行员 3 782 名。2004 年，举办新挂牌的县（市、区）新闻出版（版权）管理干部政策法规培训班，培训管理人员 81 名。

干部培训 全省举办干部岗位培训班 56 期，培训 2 790 人。另有 42 期 141 人派送参加署办干部岗位培训班。2008 年，省委组织部、省新闻出版局（版权局）在南京联合举办全省新闻出版（版权）工作专题研讨班。国家新闻出版总署署长柳斌杰出席开班典礼并作首场报告。全省 13 个省辖市和 106 个县（市、区）分管新闻出版（版权）工作的党政领导和宣传文化系统的负责同志共 129 人参加研讨班。此举在全国新闻出版（版权）系统尚属首次。

（三）职业技能鉴定与职业资格考试

1999 年 6 月，建立江苏省新闻出版国家职业技能鉴定所，由省新闻出版局对全省新闻出版系统在职印刷业职工进行岗位技能培训和鉴定。至 2008 年，共培训鉴定印刷技工 2 100 人。2000 年 11 月，劳动和社会保障部复函新闻出版署，同意江苏等 13 个省（区、市）成立首批新闻出版行业特有工种职业技能鉴定站（编号 007）。2001 年，组织出版物发行员、印刷专业人员培训和职业技能鉴定 1 954 人次。2002 年 4 月，省新闻出版局、省劳动和社会保障厅联合印发《关于对全省出版物发行员实行职业资格证书制度的通知》，明确出版物发行员工种列为新闻出版行业特有工种，实行就业准入控制和职业资格证书制度，决定开展初、中、高三个等级出版物发行员资格鉴定工作。同年 5 月，省新闻出版局、省人事厅联合印发《关于对全省出版物发行员实行技术等级岗位鉴定考核的通知》，明确全省事业单位的出版物发行员工人技术等级岗位升级培训与新闻出版行业特有工种职业技能培训合并进行，省新闻出版行业特有工种职业技能鉴定站按照《新闻出版行业特有工种职业技能鉴定实施办法》和《中华人民共和国职业技能鉴定规范》（图书发行员）的要求，负责培训后的考核鉴定工作。2003 年 2 月，省新闻出版局印发《关于开展全省出版物发行员职业技能培训、鉴定工作的实施意见》，全面部署开展出版物发行员职业技能培训和考核鉴定工作。2005 年，组织非国有书店新申报人员及补考人员职业技能鉴定 2 234 人次。截至 2008 年，全省共鉴定出版物发行员 18 721 人。

2002 年 2 月，省人社厅、省新闻出版局联合转发国家人事部、新闻出版总署《出版专业技术人员职业资格管理暂行规定》和《出版专业技术人员职业资格考试实施办法》，决定自当年起全省不再进行初、中级出版专业技术资格的评审工作，实行以考代评。从 2002 年 9 月组织首次考试到 2008 年，全省共有 1 015 人经考试合格，取得《中华人民共和国出版专业技术人员职业资格证书》。

第二节　人才培养

人才是第一战略资源。1978～2008年，省新闻出版局和出版系统始终把尊重人才、培养人才置于十分突出的位置，采取各种有效手段，不断优化有利于人才成长和有利于人才发挥创造潜能的成长环境，不断扩大人才规模，完善人才结构，培养和造就一支思想觉悟高、道德操守好、业务水平精的出版队伍，推动事业产业的繁荣发展。

一、实施人才兴业战略

“八五”期初，江苏出版工作在“六五”“七五”取得较大较快发展的基础上，谋划再上一个新的台阶。省新闻出版局党组在深入调研、综合分析的基础上，提出了争取更快更好发展的四项工作重点：一靠改革，二靠质量，三靠投入和效益，四靠人才。强调领导者要有爱惜人才的热望和容纳人才的雅量，下决心吸引人才、用好人才、留住人才；要特别重视抓住两头，一是大胆使用干部，二是加大干部流动，重点选拔、加快培养一批30～40岁的中青年人才。

“九五”期间，江苏出版界致力于跨世纪快速发展和推进出版大省建设，将人才培养工作列为各单位、各部门领导干部政绩考核重要指标。1997年初制定出台的《江苏省新闻出版局“九五”时期培养跨世纪人才规划》，提出“九五”时期重点选拔和培养一批年富力强、具有宏观管理思路和能力，具有开拓创新精神，具有参与国际、国内竞争能力，能担当跨世纪重任的各级领导干部和一支以提高整体素质为基础，以名编辑和优秀企业家为核心，以出版家为代表的数量充足、门类齐全、专业配套、结构合理的出版队伍。针对直属单位领导班子和机关处级干部平均年龄明显老化的现状，研究出台《关于进一步加快培养选拔优秀年轻干部的意见》。强调要加大选拔优秀年轻干部工作的力度，按照“德才兼备、任人为贤”的原则和干部队伍“四化”方针，加快后备干部队伍建设。

“十五”期间，江苏出版管理体制机制发生深刻变化，省出版总社与省新闻出版局实行政事（政企）分开和管办分离后，继续将出版专业人员的素质教育和出版人才资源的优化配置摆在重要位置。2001年，省出版总社提出加大三项制度改革力度，做到员工能进能出，职务能上能下，收入能增能减，形成有利于优秀人才成长和发挥作用的机制，形成重实绩、重贡献的分配机制。2002年，省新闻出版局根据新闻出版业发展实际和现代高科技发展要求，着手制定《2001～2005年全省新闻出版系统教育培训规划》。2004年制定并组织实施的《江苏省2004～2010年新闻出版业发展规划》，力争通过7年的努力，把江苏建成导向正确、理念先进、制作精良、精品荟萃的全国重要的新闻出版基地，总量适度、结构优化、布局合理、工艺精湛的全国重要的印刷基地，资信可靠、技术先进、实力雄厚、工贸一体的全国重要的光存盘生产基地，立足江苏、辐射周边、面向全国、统一开放的全国重要的出版物流通基地，专业人才结构合理、优秀人才迅速成长、拔尖人才脱颖而出的新闻出版人才高地，最终实现由新闻出版大省向新闻出版强省的转变。

“十一五”前期（2006～2008年），《江苏省新闻出版（版权）业“十一五”发展规划》提出：实施人才兴业战略，进一步发挥人才在新闻出版业繁荣和发展中的引领和支持作用。继续实施人才培养“素质教育工程”“高技能人才工程”和“领军人才工程”，努力造就一批政治坚定、品德高尚、学贯中西、成就突出的出版家，培养一批思想过硬、业务精湛、心系读者的出版业务骨干和拔尖人才，培养一批熟悉出版工作，懂经营、善管理的优秀经营管理人才，培养一批熟悉国际出版运作手段、掌握新技术新业务的优秀专门人才，培养一批综合素质较高、爱岗敬业的高级技师和复合型技术工人。强调要建立完善人才选拔、评价和激励机制，努力形成有利于人才创造活力竞相迸发、各类人才脱颖而出的体制环境。2008年，首次召开全省新闻出版系统人才人事工作会议，全面部署实施人才工程。

二、完善人才激励机制

1978～2008年，省新闻出版局和省内各出版单位结合各个不同时期的目标、任务，推动事业繁荣和产业发展，着力完善人才培养的各项政策保障措施。

（一）改革职称评审工作

全省出版人员专业技术职务评定始于1956年，后中断。1983年重新启动，当年9月暂停。1985年12月14日，省出版专业职称改革工作领导小组成立，1987年恢复职称评审工作。1987～2008年，全省共评定编审158人，副编审704人。1992年9月，经省职称改革工作领导小组批准，重新组建“江苏省出版专业高级职务任职资格评审委员会”（第一届），负责全省出版专业正、副高级职务任职资格的评审工作。2002年2月，省出版专业职称改革工作领导小组更名为江苏省出版专业职称工作领导小组。2003年4月，省专业技术人员职称工作领导小组印发实施《江苏省出版专业编审、副编审资格条件（试行）》。为切实解决职称评审过程中的论资排辈和过于强调学历的现象，创造有利于人才成长的工作环境，省出版专业职称改革工作领导小组办公室采取了一系列有效措施。一是努力加大选拔中青年的力度。规定各单位在岗位指标范围内，每年申报人员中，中青年必须占一定比例；岗位控制数额已满的单位，只要有优秀中青年同志申报，可以专项申请，经职改领导小组批准，可以不占该单位的比例数额。《“九五”期间培养跨世纪人才规划》实施两年后的1999年，省出版总社具有高级专业技术职务的人员中，36至50岁的有60人，占总数的37.99%。二是既坚持有关学历的规定，又不搞唯“学历”论。一方面，承认和坚持学历要求的政策严肃性，鼓励无学历的同志通过各种渠道提高自身的基本文化素质；另一方面，主动协调评委在评审时既重视基本条件，更要把重点放在看表现、讲贡献、比实绩上，通过评审把确有真才实学的专业人员推举出来。1992～2008年，全省出版专业职称评审获得破格评聘的专业人员约占总申报人数的7%。

（二）健全奖励表彰措施

“八五”期初，提出调动精兵强将壮大发行队伍，对有成绩的发行人员予以重奖。1994年，省出版总社出台《职工参加业余学习的规定》，对在职职工参加各种业余学习从时间、经费上给予充分保障。“九五”期间，围绕实施精品战略，相继落实多项配套保障措施，对组织出版精品图书的单位和个人，在工资、资金、职称、住房以及出国考察、进一步培养深造等方面给予倾斜。1999年，省新闻出版局《关于宣传文化发展基金使用管理办法》作出具体规定，专项资金使用范围包括“专业学术著作、优秀图书、重点图书（包括音像制品）的出版补助以及优秀图书奖励”。为充分体现人才的劳动创造价值，省新闻出版局重视通过先进人物评选树立典型。先后3次组织选荐参选全国新闻出版系统先进集体、先进工作者（劳动模范），6次选荐申报享受国务院政府特殊津贴人员，5次选荐参评全国优秀中青年编辑，5次选荐参评全国“百佳”出版工作者以及“首届中国出版政府奖”“中国出版韬奋奖”“中国出版荣誉纪念章获得者”等评选活动。自1994年起，每年认真组织选荐参评全国“扫黄打非”、版权管理先进（有功）集体和先进个人。会同省人事厅、省公务员局组织开展四年一次的全省新闻出版系统先进单位（集体）和先进工作者评比活动，表彰为江苏新闻出版业发展作出重要贡献的单位和个人。“十一五”期初，设立以省政府名义表彰的“江苏新闻出版奖”，为省内新闻出版最高奖项，计划每三年评选一次，奖励范围涉及图书出版、报纸出版、期刊出版、电子和音像出版物出版、网络出版、出版物印刷、光盘复制、出版物发行等门类。

（三）选荐行业领军人才

根据中宣部、新闻出版总署的统一部署，江苏在持续推进“素质教育工程”“高技能人才工程”的同时，适时启动并实施“领军人才工程”。“领军人才”是行业不同领域内学术理论、经营管理、选题策划、技术应用、市场开发、对外交流等方面的带头人和引领者，对影响和带动业内从业人员创先争优、追求卓越具有重要的影响和示范作用。2007年，在全国首批新闻出版行业领军人才评选中，4人分别入选学术领军人才、管理领军人才、经营领军人才、技术领军人才。2008年，省新闻出版局印发《全省新闻出版行业领军人才选拔与培养实施办法（修订）》，决定每两年选拔一批全省新闻出版行业领军人才。省新闻出版局成立省新闻出版行业人才工作领导小组，按业务、学术、管理、经营、技术五个类别，组织开展首批领军人才推荐选拔工作。省内各出版单位踊跃投入、积极参与，紧密结合本行业、本单位实际推荐参选领军人才。全省新闻出版系统共有32人入选首批全省新闻出版行业领军人才。其中：图书出版12人，报纸出版5人，期刊出版5人，印刷复制4人，出版物发行6人。

第三节　出版科研与行业团体

党的十一届三中全会后，出版系统行业协会和江苏省印刷科学研究所相继成立，开展出版、印刷、发行、出版物资供应等有关课题的研究成为各协会和研究所的主要工作之一。每年各协会和研究所都要召开一次或数次与本行业有关的专题研讨会，进行理论探讨，组织业务交流，开展学术论文评审，编纂出版内部刊物，不定期结集出版具有一定理论水平的学术论文。

一、出版科研

1988 年 1 月，江苏省印刷科学技术研究所在南京成立。事业编制，县处级单位，核定编制 40 名。成立初期，位于南京市高云岭 56 号，2002 年迁至南京市鼓楼区观音里 1 号。2002 年增挂“江苏省出版物质量监督检测中心”牌子，2007 年增挂“江苏省新闻出版局信息中心”牌子。该所主要为全省出版、印刷企业服务，以中小型应用课题为主，注意适当超前，引进和推广国内外的先进科技成果，承担江苏省印刷工业情报站的日常工作。“江苏省新闻出版局信息中心”挂牌后的业务范围是：负责全省新闻出版技术的研究、应用和推广，承担全省出版物及印刷产品质量监督检测；为局机关提供信息技术服务；承担新闻出版行政许可的受理服务工作。

1990 年，该所按照新闻出版署要求研制《软塑立体教学挂图》，以改变过去中、小学课堂教学采用平面教学挂图的状况；与无锡外贸印刷厂共同努力，选择上海教育出版社出版的物理教学左手定则和右手定则两幅挂图，经过技术攻关，于 1991 年秋季学校开学之际，两幅彩色立体教学挂图批量投放市场并多次再版印刷；1991 年，完成新闻出版署下达的无毒上光胶的研制任务，并于次年获得国家新闻出版署科技进步四等奖。1993 年，以微电子技术在出版印刷中的运用为主要科研方向，承接江苏出版系统微机网络工程；引进新闻出版署《图书出版管理软件》并推广到全省各出版社；自主研制的《预算财务管理软件》形成一个以机关局域网为中心、纵向到社、横向到市的互联网络；开发出微机条码管理系统并积极推进条码技术在印刷、发行业的运用。1995 年，配合江苏少年儿童出版社开发研制《图书发印、计价管理系统》；与社会文化市场管理办公室联合开发《社会文化市场管理系统》并和省内 11 个省辖市的新闻出版管理部门联网运行。该软件通过新闻出版署主持的部级鉴定，被认为“功能齐全、技术先进、国内首创”，建议推广使用。1997 年，根据出版印刷管理对办公自动化和书刊质量的要求，配合省新闻出版局有关处室相继开发《版权登记软件》《报刊管理系统软件》《书刊印刷委托书开单软件》《课本发印单软件》和《图书管理软件》；研发《网络书店软件》，为译林出版社在互联网上开设网络书店，完成江苏出版系统编制北京图书博览会和西安全国书市互联网专辑网页工作。1999 年与江苏科学技术出版社合作着手研制开发《出版社业务管理信息系统软件》，对出版社编辑、印刷、发行等环节信息管理水平的提高产生积极作用；完成《江苏省社会文化市场管理系统软件》的升级开发工作；陆续为省内基层市、县新华书店研制、安装计算机网络系统和 POS 销售系统，将服务领域扩大到出版系统全行业，对 AC990 会计软件系统的正常运行提供积极的专业建议和技术支持，帮助 15 家基层新华书店安装调试 MISPOS 系统并提供技术培训。2001 年，该所编制完成《江苏省印刷企业基本情况》录入软件和江苏省报刊出版许可证打印软件并投入使用。2003 年，该所完成机关办公自动化软件的研制和调试，正式开通局机关办公自动化系统以及江苏出版集团局域网、互联网的建设工作。2007 年，和省印刷技术协会共同研究开发《局行政审批管理系统》软件和《新闻出版局图书、期刊印刷委托书电子备案系统》软件，提高了工作效率，促进了出版行政管理的规范化、网络化和信息化，得到出版行政管理部门、出版单位以及印刷企业的充分认可。

根据行政监管和企业监控需求，该所成立书刊印刷产品质量监督检测站、出版物质量监督检测中心，成为全省唯一具有法定资质的权威出版物印制质量检测机构。受新闻出版署、省新闻出版局、省质量技术监督局、出版社和印刷企业的委托，该所每年定期开展抽检、定检、批检、送检等工作，涉及百种报纸、千种期刊、万种图书，先后获得省级“法定质检机构先进质量检验站”“全省新闻出版系统先进集体”“3·15质检活动先进单位”。

2007年，增挂省新闻出版局信息中心的牌子后，进一步完善和运用《局行政审批管理系统》软件和《新闻出版局图书、期刊印刷委托书电子备案系统》软件，承担60余项新闻出版行政许可及管理事项的统一受理和统一送达工作。

二、行业团体

（一）江苏省出版工作者协会

简称“省版协”，1986年5月在南京成立，出版工作者协会挂靠省新闻出版局、省出版总社。该会是省内出版工作者自愿组成的全行业地方性的社会专业团体，协会下设办事机构版协秘书处、图书编辑工作委员会、编务校对工作委员会、数字出版工作委员会和书籍装帧艺术委员会。2006年7月10日，召开第二届会员代表大会进行换届选举，产生了新一届理事会。协会的业务范围和主要任务是：组织学术交流；培训、咨询；承担政府有关部门、中国版协组织的各类评选和评奖工作；完成每年《中国出版年鉴》《江苏出版年鉴》的组稿、编辑及出版发行等工作。2008年，有会员单位33个。

主要活动：重视出版科学理论研究，经常举办或参与组织出版理论研讨活动，鼓励会员撰写科研论文，编纂学术著作，举办图书策划研讨会。1984～1994年，组织公开出版各类论文688篇，结集出版科研论文集12辑。1996～2008年，组织撰写和发表出版科研论文210篇。2008年，该会撰写《江苏数字化出版产业调研报告》和《关于全国电子与网络业务研讨会情况汇报》，与有关处室联合撰写“加快全省数字出版产业发展的专题报告”等。举办出版业务知识培训和举办展览、交流活动，如“杉浦康平杂志设计半个世纪南京展”“江苏书籍设计展”“中国当代书籍设计艺术国际演讲会”等。2007年，在台湾成功举办“江苏—台湾出版论坛暨书展”，与省新闻出版局联合组织“韬奋出版奖”“全国百家出版工作者”“新中国60年百名杰出出版人物”“全国优秀中青年编辑”候选人以及“江苏省优秀中青年编辑”等各类推荐评选活动；参与第三批全省新闻出版行业领军人才的遴选工作，表彰和奖励长期在出版界勤奋工作、作出突出贡献的优秀人物。组织和参与“中华优秀出版物奖”“中国最美的书”“华东书籍设计双年展”等各类全国图书评奖的推荐参评工作。与省新闻出版局共同举办多届“优秀图书奖”评选活动。该会主编的《江苏出版年鉴》2008卷，在“全国地方志系统第二届年鉴评奖”活动中获二等奖，在“首届江苏省年鉴奖”评比中获“省级年鉴综合奖优秀奖”。

（二）江苏省印刷行业协会

简称“省印协”。其前身是1986年1月7日在南京成立的江苏省印刷技术协会。成立之初，受省科学技术协会和省出版总社领导，业务上接受中国印刷技术协会指导。2002年，省民政厅整顿社团重新办理社团登记时，划归省新闻出版局指导。2005年3月21日，更名为江苏省印刷行业协会。至2008年，有团体会员264家，理事133人，下设出版物印刷专业委员会、包装印刷专业委员会、出版社印制管理专业委员会。每五年举行一次全省会员代表大会。协会始终坚持服务宗旨，定位于“桥梁、纽带、服务、发展”八字方针，扎实有效地开展活动，致力于推动全省印刷业科学和谐发展。该会在2007年全省先进民间组织评选中，荣获“江苏省百强行业协会”第三名、“江苏省十佳行业协会”第三名。

主要活动：协助组织印刷复制技能大赛，包括1993年、1994年与北大方正有限公司共同举办两届“教育出版杯”电脑排版书版组版竞赛。2005年，与北大方正有限公司共同举办“方正杯”江苏省新闻出版印刷行业排版职业技能比赛，组织江苏代表队参加全国印刷行业“方正杯”职业技能排版比赛总决赛。2008年，承办首届江苏省印刷行业职业技能大赛，选拔41名选手参加首届全国印刷行业职业技能大赛决赛，取得优异成绩。2008年汶川特大地震发生后，组织号召全省2 925家印刷企业向灾区捐款2 340.738万元，其中通过省印协向灾区捐款的就有340家印刷企业，捐款总额达112万元。协助申报文化产业引导资金，引导优秀印刷企业投资高新技术项目，2008年，省文化产业引导资金首次向印刷企业倾斜，5家印刷企业共获得引导资金1 275万元。协助推进农家书屋建设，组织会员单位为农家书屋捐赠图书和款项累计达37.7万元。2006年，组织优秀印刷企业和出版社捐款、捐设备80万元资助，援助西藏新华印刷厂和拉萨日报印务中心。2008年，组织江苏凤凰出版传媒集团有限公司等5家会员单位捐款26万元支援西藏印刷业发展。组织开展行业诚信建设,2006年推荐22家印刷企业获得首批"全国诚信印刷企业"称号,同年开展首届江苏省"双优诚信"印刷企业评选活动,50家印刷企业榜上有名。支持企业树立品牌形象,推荐优秀印刷企业参加"中国印刷企业100强"排行榜活动,2006年16家企业、2007年8家企业、2008年11家企业进入全国印刷企业100强排行榜。2007年和2008年,先后征集6家印刷企业的22件优秀作品推荐参加美国印制大奖评选,11件作品获奖。组织75家印刷企业参展中国国际封面博览会、香港国际印刷与包装展、北京图书博览会、上海国际印刷包装产品交易会,参观第六届北京国际印刷技术展览会、上海第七至十八届国际印展、首届中国(广东)国际印刷技术展览会等大型展会,总人数达2 722人次。组团分别到德国、韩国、日本等国家学习考察,参观世界著名印刷设备企业。该会内部刊物为《江苏印协简报》。

(三)江苏省出版物发行业协会

简称"省发协",成立于1994年9月15日。原名江苏省书刊发行业协会,2007年7月更名为江苏省书刊发行业协会。第一届会员代表大会选出理事82人。协会秘书处作为常务理事会的办事机构,组织开展日常工作和各项活动。2007年7月10日,更名为江苏省出版物发行业协会,同月召开第二届会员大会并举行换届选举,选出理事142人、常务理事53人。协会共有单位和团体会员103个,其中市县新华书店80家、出版社17家、发行单位5家、团体会员1家。1994年年底,成立出版社发行工作委员会;1995年年初,成立国有书店发行工作委员会;2007年7月,成立非国有书店工作委员会。

主要活动:定期组织会员单位开展各项业务活动,国有书店工委定期组织基层书店开展业务研讨,交流市场信息和网点建设的经验;出版社工委经常带样书下基层举办小型订货会,非国有书店工委积极组织民营书店参加全国图书交易会。组织先进评选推荐工作,1997年、1999年、2001年和2003年,在全省范围内组织新闻出版总署第一、二、三、四届"中国书刊发行奖"参评推荐工作;1995年、1997年分别进行"全国信誉良好集体、个体书店"评选推荐工作,南京九歌文化社等4家公司入选;1999年进行全国农村图书大联展先进发行单位评选推荐工作;2000年、2001年在全省范围内开展"讲信誉,重服务"出版发行单位互评活动。组织理论论文征集和研讨活动,1995年与有关协会举办江苏省出版科学研讨会,应征参加研讨会的发行业方面的论文达86篇,入选40篇;1998年,以"加强农村图书发行"为主题,举行第二届发行科学研讨会,征集论文98篇,入选42篇,向中国发协推荐8篇,6篇被评为优秀论文;2000年,按中发协的要求开展"国有书店改革和发展"为主题的征文活动,征集论文36篇,5篇论文被中国发协选中并结集出版;2003年,开展书刊发行行业"连锁经营"专题研讨,征集论文25篇,经中国发协评选,获优秀论文2篇、良好论文2篇。2007年,中国发协举办"社会主义新农村建设与出版物发行"征文活动,推荐选送论文8篇,4篇论文被评为优秀论文;2008年,在第十八届全国图书交易博览会组委会组织的全国征文评选中,从全省各市投送的1007篇征文中评审126篇报全国参评,获一等奖3名,三等奖9名,获奖数位居全国第三。

(四)江苏省期刊协会

1993年8月3日成立,首届会员代表大会选出第一届理事会理事59人、常务理事18人。2006年12月5日,召开第二届会员代表大会,通过新的章程并按章程进行了换届选举,选出第二届理事会理事102人、常务理事51人。2007年6月～2008年2月,协会先后成立高校学报、自然科学期刊和社会科学期刊专业委员会。

主要活动:组织参与评优评奖,1993年组织江苏期刊参加华东地区六省一市首届优秀期刊评选,33家期刊获奖,其中一等奖10家、二等奖10家、三等奖13家,获奖数居华东六省一市之首;1995年联合举办江苏首届"双十佳期刊"及优秀期刊评选,评出"双十佳期刊"及优秀期刊109家,另有14家期刊获封面设计奖、15家期刊获印刷质量奖;2007年组织开展"江苏期刊明珠奖·优秀个人"评选活动,评出优秀编辑60名、优秀营销人员10名。举办期刊培训班,2007年、2008年举办7期全省期刊编辑业务培训班,全省期刊青年编辑业务培训班,连续性内部资料出版物负责人岗位培训班和第十一、十二期全省期刊主编岗位培训班。组织考察交流和会展活动,先后组织部分期刊社负责人分别到广州、深圳、珠海学习考察，到湖北《知音》杂志社对口交流，到南京、扬州、苏州等地走访《电力系统自动化》《江苏中医药》《现代雷达》《中国家禽》《中国建筑防水》等优秀科技期刊社，组织参观重庆、郑州全国书市，组织参加世界期刊大会，组织赴甘肃专题学习《读者》办刊经验，组织期刊主编考察山西省报刊出版中心，赴京参加中国期刊协会举办的第三届全国期刊创新年会，组织40多种杂志到全国书市参展，参加深圳期刊封面博览会。举办江苏期刊发展论坛，2006年8月，省新闻出版局、省期刊协会在连云港市联合举办江苏期刊发展高层论坛，中国期刊协会会长石峰等专家、学者到会就中国期刊发展面临的环境变化、期刊数字化建设、期刊媒体的品牌之路三个专题作精彩演讲。开展课题研究，2007年组织协调业内有关专家学者完成省哲学社会科学规划办公室下达的研究课题——“做大做强江苏期刊业”。参与农家书屋公益活动，组织会员单位分别向徐州、镇江、无锡等地“农家书屋”捐资、赠书、送刊。2008年，组织江苏期刊参与抗震救灾，全省期刊界共向四川灾区捐款42.25万元，《早期教育》杂志社被评为全国“抗震救灾宣传报道先进期刊”。该会编辑出版《江苏省期刊协会通讯》，刊登介绍期刊出版方面的知识和动态，有关期刊出版的法律法规。

（五）江苏省版权协会

前身为江苏省反盗版联合会，于1999年成立，为全国第一家由民政部门批准的反盗版社会团体。2007年1月更名为江苏省版权协会，同年2月9日在南京举行成立大会暨第一次会员代表大会。该协会由全省著作权人和与著作权有关的权利人、版权工作者、法律工作者及其他相应组织等自愿组成。协会下设音乐影像作品、工业作品、文学作品、艺术作品、文教科研、网络作品、软件工作、广播影视、艺术品防伪保真等专业委员会。

主要活动：为了适应省版权局工作职能的转变，协会下设秘书处和股份制凤凰版权事务有限公司。凤凰版权公司受省版权局委托开展作品登记工作，从事中国音乐著作权协会江苏办事处的工作以及其他版权代理和反盗版维权工作。公司为企业化运作，主要承担省版权局委托办理的作品著作权登记、涉外著作权合同登记、认证、法律咨询等服务职能；承担为作品著作权人和使用人提供交易、维权代理、提供鉴定等社会中介服务职能。2008年，根据江苏省作品著作权登记和版权保护工作的需要，结合先进的信息网络技术的应用，成立“江苏省版权综合技术服务中心”。该会最具代表性的科研项目是建设一个集版权登记、版权维权、版权交易、信息服务的网站和数据库，为著作权人搭建一个涉及作品著作权登记和版权产业、动漫产业、IT产业、多媒体技术产业、互联网产业等信息的应用平台，实现作品登记的网上申请、网上审核和自动网上公示。在这个平台上建立了全国第一个完整的档案管理系统，完善版权登记业务模式，实现作品登记档案一体化管理。平台基于“SaaS云”架构，开通地市代理处，创新省、市两级登记联动的新模式，提高了登记的工作效率。

大事年表

1978年

3月　《钟山》(文艺丛刊)创刊,江苏人民出版社出版。1980年6月,改为大型文学期刊《钟山》。

5月15日　省革委会批复:省出版发行局编制40人,其中行政编制30人,事业编制10人。江苏人民出版社事业编制120人(包括词典翻译编辑部的人员在内)。江苏科学技术出版社事业编制40人。省出版发行局物资仓库改为江苏省出版物资供应站。

5月　设立扬州古籍书店,同时成立扬州广陵古籍刻印社。

6月30日　省革委会出版发行局改为省革委会出版事业管理局,与江苏人民出版社分开。

7月28日　设立江苏科学技术出版社,社号196。8月1日起,江苏人民版科技图书以江苏科学技术出版社名义出书。

11月　江苏人民出版社出版的《三打白骨精》,在联合国教科文组织亚洲文化中心于日本东京举办的"野间儿童图书插图比赛"中获插图奖。

1979年

1月18日　南京市外文书店改为江苏省外文书店,由省出版事业管理局直接领导。

2月26日　苏州市人民政府同意恢复苏州桃花坞木刻年画社和苏州吴门画苑。

3月8日　省委决定:高斯任江苏人民出版社、词典翻译编辑部党委书记,俞洪帆任江苏科学技术出版社党委书记。

6月1日　国家出版事业管理局复函:同意江苏以广陵古籍刻印社的名义复印古籍,正式发行。

8月15日　江苏省《汉语大词典》编纂领导小组成立,戴为然任组长,刘平、陈超、高斯任副组长。

11月　外国文学丛刊《译林》创刊,江苏人民出版社出版。

12月28日　创办江苏省印刷技工学校。

1980年

3月15日　全省发行重印后的刘少奇著作《论共产党员的修养》255万册。

5月26日　国家出版局批复江苏人民出版社同时用金陵书画社的名义出书。金陵书画社作为江苏人民出版社的副牌出书,代号234。

5月31日　省人民政府批复苏州市:同意把苏州桃花坞木刻年画社纳入出版系统,属地方集体所有制企业性质,业务上由省出版事业管理局领导。

7月8日　江苏人民出版社、江苏科学技术出版社制定《图书稿酬暂行实施办法》。

7月　江苏科学技术出版社主办的《祝您健康》杂志创刊,季刊。1981年5月,改为双月刊。

10月8日　经省委批准,同意《钟山》《译林》《江苏画刊》《少年文艺》《江苏儿童》《科普园地》《祝您健康》《垦春泥》等8种刊物公开发行。

11月2日　省出版事业管理局在南京举行省少年儿童文艺创作授奖大会,得奖作品共45件。

1981年

1月5日　江苏省外文书店正式成立。10月1日,门市部开业。

1月6日　省委办公厅转发省出版事业管理局《关于学习中共中央七、九号文件回顾近两年出版工作的汇报》,要求各地参考省出版事业管理局的做法。

4月18日　省人民政府转发南通县人民政府《关于制止滥编滥印书刊和加强出版管理工作的报告》。

6月　江苏人民出版社、江苏科学技术出版社赠送朝鲜民主主义人民共和国新建的人民大学堂本版图书107本。

11月　大型儿童文学期刊《未来》创刊。该刊于1988年12月停刊。

12月　摄影艺丛《光与影》首次由江苏人民出版社出版。该刊于2001年1月停刊。

1982年

3月18日　《钟山》第2期全文刊载叙事吴歌《五姑娘》。新华社发了电讯。专家认为:“这是继民歌《阿诗玛》和《刘三姐》之后,又一部优秀的民间文学巨作。”

4月21日　省出版事业管理局给扬州广陵古籍刻印社以贷款形式支持资金20万元,用于建造雕版库房;对12个归口书刊印刷厂给予贷款扶持151万元。此为省级出版行政管理部门首次对地方雕版保护、书刊印刷事业予以资金扶持。

7月　省出版事业管理局召开全省42家印刷厂印制课本工作座谈会,贯彻中央领导对教科书出版的指示,要求百分百做到“课前到书,人手一册”。

8月　省出版事业管理局制发《关于12家地、市印刷厂归口管理暂行办法》。

9月21～26日　江苏新华印刷厂制版印刷的年画《松鹤长寿》,在全国首届年画制版印刷技术经验交流上获评为“最佳产品”。

是年　扬州古籍书店收购到一部清道光年间刻印的《仙屏书屋诗录》。经专家鉴定,该书为安徽泾县崔金生以泥活字印刷,版本价值甚高,为国内罕见。

1983年

7月2日　省出版事业管理局改为江苏省人民出版社。

7月14日　省委决定:高斯任江苏省人民出版社社长、党组书记;俞洪帆、蒋迪安、王传明任副社长、党组成员。

11月25日　江苏省人民出版社改名为江苏省出版总社。

12月10日　南京市新华书店图书发行大厦落成开业。

12月19日　设立江苏教育出版社,社号351;设立江苏少年儿童出版社,社号352;设立江苏美术出版社,社号355;设立江苏古籍出版社,社号354。1984年1月24日,各社正式挂牌运营。

12月22日　省政府批准:淮阴新华印刷厂、徐州印刷厂划归省出版总社直接领导,思想政治工作由所在地领导部门代管。1984年1月签订《交接协议书》。

1984年

1月9日　省委批准:省出版总社直属各出版社由社长负责制改为总编辑负责制,集体领导为编委会。

2月28日　《钟山》文学期刊编辑部划归中国作家协会江苏分会。

4月　设立江苏音像出版社。为江苏最早成立的音像出版社。

5月　设立南京大学出版社,社号336。

6月13日　江苏人民出版社出版的《阿福》的封面设计,获捷克斯洛伐克国际实用绘画作品展览“图书装帧设计奖”。

9月1日　在江苏人民出版社摄影组的基础上成立江苏图片社。

9月　省出版总社制发《关于三级审稿制的规定》。

11月6日　省出版总社在南京建立江苏省出版学校(全日制中等专业学校),是省内唯一一所培养印刷、发行中高等技能型人才的省属全日制中等专业学校。1998年5月29日,更名为江苏省新闻出版学校。

12月17日　省出版总社决定:从1985年1月1日起,总社和所属各出版社、江苏图片社、总社图书发行部在经济上全部分开,实行独立核算。

1985年

1月17日　设立南京工学院出版社,社号409。后更名为东南大学出版社。

3月7日　设立中国矿业学院出版社,社号443。后更名为中国矿业大学出版社。

5月　江苏省出版工作者协会书籍装帧研究会在南京召开首届年会,总结交流书籍装帧经验,评选出25种封面装帧设计奖。

6月7日　在江苏人民出版社文艺编辑室基础上恢复江苏文艺出版社,社号141。

11月6～22日　世界知识产权组织与国家版权局在南京共同举办国际版权知识讲座,邀请国外版权专家来华讲学。世界知识产权组织总干事鲍格胥出席开幕式，国家版权局局长边春光、副局长刘杲主持会议并讲话。

12月9日　江苏省年画研究会成立。其性质为业余群众性学术研究团体。

是年　江苏人民出版社向香港三联书店转让《实用汉英词典》一书的版权。此为江苏出版界探索对外版权贸易的首次尝试。

1986年

1月4日　江苏古籍出版社创办《民国春秋》(双月刊)，在国内公开发行。

1月7～9日　江苏省印刷技术协会举行成立大会，俞洪帆当选为理事长。2005年3月，更名为江苏省印刷行业协会。

1月　省出版总社在江苏美术馆举办江苏新书展览，共展出图书2 500种，是中华人民共和国成立以来举办的规模最大的江苏版图书展览。

5月　江苏省出版工作者协会召开成立大会。选举高斯为主席，下辖8个工作委员会。

7月23日　省委决定：蒋迪安任省出版总社社长、党组书记。

9月　省出版总社制发《关于江苏版图书购销形式改革的试行方案》。

10月29日　国家出版局、国家教育委员会发出《关于任命〈汉语大词典〉工作委员会、编辑委员会成员的通知》，高斯为工作委员会副主任，陈立人、丁良典、薛正兴等为委员。

11月6日　省编制委员会批复：江苏人民出版社、江苏科学技术出版社为相当于省二级局机构。

11月17日　设立河海大学出版社，社号449。

12月17日　省人民政府发布嘉奖令，嘉奖江苏少年文艺编辑部《少年文艺》杂志封面荣获全国期刊封面设计评奖少儿类一等奖。

12月　江苏美术出版社《中国现代绘画史》出版，为我国第一部系统介绍现代绘画历程的史学专著。

1987年

1月10日　江苏省出版专业高级职务评审委员会成立，负责全省首次出版专业高级职务资格的评审工作。高斯任主任委员，高介子、张焕庭任副主任委员。

2月16日　恢复江苏省出版事业管理局，列入政府序列，负责管理和监督全省书籍报刊出版发行工作。省出版总社仍然保留，与省出版事业管理局两块牌子、一个机构。

5月4日　省委常委会议讨论全省报刊整顿问题并作出4项决议。明确由省委宣传部和省出版事业管理局负责，各市由市委指定一两个部门负责管理工作。

8月10日　省政府决定：撤销省出版事业管理局，恢复省新闻出版局，与省出版总社合署办公。全省各省辖市在市文化局内设置相应管理机构。

△　江苏省出版总社制发《江苏版图书购销形式改革的暂行方案》，对江苏版图书的购销形式作较大改革。由以往单一的征订包销改为征订包销、征订经销、征订寄销的购销形式。

8月10日～9月4日　省新闻出版局、南京市文化市场管委会联合举办"打击非法出版活动展览"。展出非法出版物1 200余种，参观单位1 088个，15 600余人。

12月11日　省委决定：蒋迪安任省新闻出版局局长、省出版总社社长、党组书记。

12月　省新闻出版局委托省新华书店与南京市新华书店签订承包经营责任制合同。

1988年

1月13日　省编制委员会批复：同意建立江苏省印刷科学技术研究所，为县处级事业单位。

3月　设立译林出版社，社号5447。

5月3日　省出版总社直属出版社由1984年以来实行的总编辑负责制改为实行社长负责制。

5月7日　设立南京出版社，社号5533。

6月23日　省七届人大常委会第三次审议通过并颁布实施《江苏省书刊、音像出版发行管理条例》。2003年6月24日废止。为1949年以来江苏制定的有关书刊、音像出版发行管理的第一部地方性法规。

6月25日　全省新华书店发行专业人员技术职务纳入全省经济系列评审。省出版总社制定《关于全省新华书店执行〈经济专业职务条例〉的实施办法》。

7月1～14日　江苏人民、科技、教育、美术、古籍、译林出版社和省外文书店营业部、省物资供应站迁移至南京市湖南路1号“出版大厦”办公，江苏文艺出版社、江苏图片社、金陵书画社、外文书店经理部迁移至中央路165号内办公。江苏少年儿童出版社仍在高云岭56号办公。

7月20日　成立江苏省图书进出口公司。

7月　香港九龙出版文化服务有限公司与江苏古籍出版社洽谈《中国地方志集成》《雨花石》等合作出版及海外发行事宜。江苏美术出版社与苏联阿芙乐尔出版社交换出版艺术图册的意向书，阿芙乐尔出版社出版《中国民间美术》，江苏美术出版社出版《苏联民间美术》。

11月15日　设立古吴轩出版社，社号5546。

是年　江苏古籍出版社与上海古籍出版社、四川巴蜀书社联合发起的大型出版工程《中华大典》，被国务院出版行政管理部门认定为国家最大规模的图书出版工程，其出版规模远超《四库全书》。

1989年

1月3日　江苏省报纸行业经营管理协会正式成立，挂靠在江苏省新闻出版局，办公室设在新华日报社。

2月18日　省出版物资供应站与金陵书画社合并，两块牌子、一套班子。自1989年起实行统一核算。

9月25日　建立江苏省监察厅驻省新闻出版局监察室，与局纪律检查组合署办公。

9月28日～10月6日　省新闻出版局、省出版总社在出版大厦举办“建国40周年江苏图书展览”。

10月11日　省委、省政府主持召开全省压缩、整顿报刊工作会议。决定自1990年1月1日起，停办《东方纪事》《大风》《江南诗词》《湖海》《中学历史》《青春丛刊》《金陵百花》《镇江企业管理》《中学数学文摘》《影剧之声报》10种报刊。

10月　设立南京音像出版社。

11月18日　省新华书店实行经理承包经营责任制。

是年　设立江苏图书发行基金、江苏出版基金、重点科技图书专项出版基金，共1 310万元。

1990年

1月25日　省政府颁发首届文学艺术奖。江苏教育出版社的《朱自清全集》、江苏古籍出版社的《清诗纪事》、江苏美术出版社的《中国油画》、江苏文艺出版社的《中国新诗鉴赏大辞典》获江苏省首届文学艺术奖。

4月　译林出版社出版的[法]普鲁斯特著《追忆似水年华》(1～7卷)，获全国首届优秀外国文学图书奖一等奖。

8月22～24日　省委宣传部、省新闻出版局在南京召开全省压缩整顿内部报刊和清理整顿记者站会议。

9月　“中国古籍读物出版研讨会”在南京举行。该会由14家古籍出版社联合主办，邀请台湾、香港8家出版社参加。会上就古籍图书的出版合作项目和合作形式达成共识，签订了部分图书的合作出版和版权转让协议。

10月22日　成立江苏省出版专业编审任职资格评审委员会和江苏省出版专业副编审任职资格评审委员会。

11月6日　省委常委会议决定：成立江苏省社会文化管理委员会，办公室设在省新闻出版局。撤销省整顿清理书报刊及音像市场工作小组。

1991年

5月　省版权局在南京举办著作权法和版权行政执法培训班。其中，举办版权行政执法培训在省内尚属首次。

6月4日　江苏出版史志编纂委员会召开第一次会议，贯彻江苏省志编纂工作会议精神，落实《江苏省志·出版志》编纂方案。

7月　全省遭受特大洪涝灾害，省新闻出版局紧急部署抗洪救灾工作，采取非常措施，确保了《毛泽东选集》(第二版)和全省中小学秋季课本的印制发行，保证了“课前到书，人手一册”。

9月5日　省新闻出版局发出《关于公布书刊印刷定点企业名单及实行书刊印刷定点制度的通知》。从1991年10月起，在全省范围内实行书刊印刷定点制度。

9月18日　镇江市公安局查获一起非法出版书刊、制黄贩黄的重大犯罪团伙，非法经营额达527万元，涉及全国27个省、市、自治区的86个城市、68家印刷厂、257家书店、370余人。中央和省有关部门认定为“9·18大案”。

11月　江苏美术出版社、江苏电视台与台湾人类文化事业有限公司在南京签署合资兴办南京齐丽华美术动画制作有限公司的协议。

1992 年

1月14日　江苏出版界与首都新闻界新春联欢会在北京举行。江苏省出版总社及本省13家出版社、首都各主要新闻媒体约140多人参会。中宣部副部长翟泰丰、中国图书评论学会会长伍杰到会并讲话，省新闻出版局副局长王建邦介绍江苏出版工作和出书情况。联欢会由中央电视台倪萍、杨澜主持。

4月22日　省出版物资供应站更名为省出版印刷物资公司。

4月28日　江苏牵头在徐州市召开苏、鲁、豫、皖、冀五省“扫黄”“打非”联防协作会议，研究进一步加强联系、相互协作，打击“制黄”“贩黄”和非法出版活动。

7月11日　江苏新华印刷厂与香港麒麟有限公司合资兴办江苏华星印刷有限公司。

9月10日　全国整顿清理书报刊和音像市场工作小组在镇江市召开表彰大会，表彰奖励查处“9·18”非法出版案的有功单位和个人。

10月26日　省委决定：王於良任江苏科学技术出版社社长、总编辑。

10月　设立苏州大学出版社，社号5672。

是年　设立江苏文化音像出版社。

1993 年

2月18日　江苏人民出版社建社40周年纪念大会在南京举行。省委书记沈达人、省长陈焕友、省政协主席孙颔等省领导到会祝贺，省委副书记孙家正致辞。

2月19日　省编制委员会批复：同意成立江苏省出版总社电子音像出版部。

4月19日　省出版总社创办《书与人》季刊。6月，改为双月刊。

4月28日　中港合资江苏华星印刷有限公司举行挂牌开业典礼；江苏图书发行大厦正式营业。

5月　省委宣传部、省新闻出版局、江苏电视台、江苏科学技术出版社、北大方正南京分公司等11个单位，联合举办“方正杯”高科技知识大奖赛。

6月25日　省八届人大常委会第二次会议决定：任命蒋迪安为省新闻出版局局长。

8月3日　江苏省期刊协会成立并召开第一次代表大会。

10月20～26日　首届“江苏书展”在香港举办。全国政协副主席安子介、新华社香港分社常务副社长张浚生和艺术大师刘海粟为书展剪彩。

11月28日　成立新闻出版署条码中心江苏分中心，负责全省书刊制品上的条码技术推广应用工作。

12月6日　由国务院发展研究中心、《管理世界》中国企业评价中心等十部委联合举办的“1993年中国500家最大服务企业”评选活动揭晓，江苏省新华书店列商业企业第19位，居全国新华书店之首。

1994 年

2月1日　省出版系统第一次党代会在南京召开，在宁出版系统18个基层党组织的82名代表参加大会，选举产生第一届直属机关党委会。

2月20日　江泽民总书记为江苏教育出版社建社10周年题词：“多出好书，促进社会主义精神文明建设。”

3月　省版权局协助国家版权局依法查处苏州合资企业宝碟激光电子有限公司严重盗版行为，罚款20万元。此为国家颁布《对侵犯著作权行为行政处罚的实施办法》后，全国首例版权行政处罚案件。

6月18～28日　加拿大“江苏书展”在多伦多市举行。

6月23～28日　南京“台湾书展”在南京江苏省美术馆举办。

8月16日　省委决定：省新闻出版局增挂江苏省版权局的牌子，承担全省著作权管理职能。

8月28日　北京未来实业股份有限公司在北京成立。江苏出版总社参股279万元，成为股东之一。

9月15日　江苏省书刊发行业协会成立。后更名为江苏省出版物发行业协会。

12月3日　省委决定：蒋迪安兼任省版权局局长。

12月12日　江苏知识产权研究会在南京举行

成立大会。

12月29日　成立省出版总社计算机培训中心，设在江苏省印刷科学技术研究所。

1995年

1月26日　设立南京师范大学出版社，社号5651。

5月3日　译林出版社编审韩沪麟获法国文化部翻译奖学金，并应邀赴法国访问。

5月20日　省新闻出版局、省科委、省期刊协会联合召开省首届“双十佳期刊”及优秀期刊颁奖大会，副省长张怀西出席颁奖大会。

6月12～18日　江苏在台湾举办台北·江苏书展。

6月15日　省新闻出版局、省科委联合组织对全省343种期刊进行了评估分级。共评出一级期刊146种、二级期刊178种、三级期刊19种。

9月1日　省出版总社正式启用财务管理电脑操作软件。

9月28日　省新华书店批销中心建成并投入运营，成功举办全国新华书店图书订货会暨批销中心开业发布会。新闻出版署副署长桂晓风，省委常委、宣传部部长王霞林，副省长张怀西等出席发布会。该中心打破传统的业务分工和运转模式，重新设计了新的业务流程和规章制度，减少了工作环节，加快了图书流转。

12月　经对全省新闻出版系统占有的国有土地的清查、估价、申报、修正等工作，核定全系统土地估价升值净额为19 669万元，全部纳入财务决算。

1996年

2月7日　省委批准：胡明琇任江苏科学技术出版社社长、总编辑。

3月29日　省委决定：石启忠任省新闻出版局局长，省出版总社社长、党组书记兼省版权局局长。

4月12日　省第八届人大常委会第二十次会议审议通过并颁布实施《江苏省书报刊市场管理条例》。

6月20日　省新闻出版局制发《机关及直属事业单位实行人事招聘制度的规定》并正式实施。

7月10～24日　省图书进出口公司与澳大利亚中国书店在悉尼联合举办江苏书展。

7月11～17日　江苏出版系统由省新闻出版局、省出版总社组团，参加在北京举办的中国出版成就展。7月15日，时任中共中央总书记江泽民同志参观江苏展区图书和反映江苏出版成就的图表、实物，满意地说：“江苏的书好，尽在不言中。”

7月31日～8月15日　省图书进出口公司与加拿大星河影视文化中心在加拿大多伦多联合举办江苏书展。

9月14日　根据省政府授予的对出版系统国有资产监督管理的职能，省出版总社决定成立国有资产监督管理领导小组，并向省新华书店等7个单位首批派出监事会。

9月16～21日　省委书记陈焕友、省长郑斯林、副省长张怀西等领导同志视察省新闻出版局，参观即将赴京参加少儿读物成就展的江苏展区预展。

10月18～21日　江苏出版成就汇报展在南京展出，同时举行向部分贫困县赠送《跨世纪农村书库》的仪式。

12月25～26日　省新闻出版局和省出版工作者协会联合举办的出版科学研讨会在南京高楼门饭店举行。

1997年

1月17日　根据新闻出版署《电子出版物管理暂行规定》，省新闻出版局下发《关于颁发电子出版物经营许可证的通知》，对全省电子出版物经营活动实行许可证制度。

1月28日　省出版总社与省农林厅签订南京市张王庙72～91号房产土地转让合同，省农林厅转让土地15 674.5平方米，房屋建筑面积19 806.9平方米。该地段用于筹建江苏新华印刷厂新厂。

3月5日　省新闻出版局、省出版总社印发《关于干部管理工作有关问题的通知》《省新闻出版局、省出版总社及直属单位实行干部聘任制的暂行规定》和《关于机关处室试行干部聘任制的实施方案的通知》。

3月20日　南通市通州川港镇志浩村成立版权管理办公室。此为全国第一家镇村级版权管理组织。

5月23日　省图书进出口公司更名为江苏省

新图进出口公司。

7月17日　省委决定：吴源任江苏人民出版社社长、总编辑。

7月27日　省委召开常委扩大会议，研究并原则通过全省报刊业“治散治滥”方案和治理名单。

8月4日　省委办公厅、省政府办公厅联合召开全省新闻出版广播电视业管理工作电视电话会议，部署“治散治滥”工作。

9月3日　由省委宣传部、省新闻出版局联合举办的《拉贝日记》首发式在南京钟山宾馆礼堂举行。

9月3日　盐城市中级人民法院依法对被列为1996年全国非法出版五大案件之一的大丰唐葆春非法出版案进行公开宣判，主犯唐葆春被判有期徒刑十三年。

9月22日　省委组织部发出《关于调整市县新华书店经理管理权限的通知》，规定全省各级新华书店经理实行省新闻出版部门和地方主管部门双重管理、以新闻出版部门为主的管理办法。

10月7日　由省出版总社电子音像出版部与江苏音像出版社联合组建的新广联光盘有限公司成立。

10月27日　省新闻出版局和省教委共同签发《关于规范中小学教学用书管理的意见》，明确由省教委、省新闻出版局对中小学教科书实行归口管理。

10月28日　省出版总社、省教委经过协商达成《关于中小学教学辅导用书编写出版的协议书》，明确中小学教学辅导用书规划编写等印前工作由省教委负责，省新闻出版局负责出版工作，新华书店负责征订发行。

11月12日　省新闻出版局颁布《关于加强内部资料性出版物管理的暂行办法》。

12月20日　新广联光盘有限公司在苏州吴江的两条光盘生产线通过新闻出版署组织的验收，取得音像制品复制经营许可证，正式投入生产。

1998年

3月18～30日　江苏书展代表团一行14人，赴澳大利亚举办中文(江苏)书展。

4月22日　省出版印刷物资公司、金陵书画社与江苏图片社实行资产重组，其管理机构为三块牌子、一套班子。

5月7～20日　江苏书展代表团一行16人，赴美国洛杉矶举办中国江苏书展。

5月29日　江苏省出版学校更名为江苏省新闻出版学校。

7月31日　《南京体育学院学报》等19家地方高校内部出版的学报转为国内统一刊号专门系列。

9月21日　《南大报》等66家高校校报转入国内统一刊号高校校报系列。

10月底　由省版权局发起的全省反盗版联盟组建工作基本完成，省出版总社、省内16家出版社和省新华书店共同筹措的100万元反盗版资金全部到账。

12月3日　省新华书店改制为江苏省新华书店集团有限公司，以其为核心，组建江苏新华发行集团，列入省重点企业集团行列。

12月底　江苏新华印刷厂等13家印刷企业为调整后的书刊印刷国家级定点企业，48家印刷企业为全省第一批书刊印刷省级定点企业。

1999年

1月19日　省社会文化管理委员会在无锡市组织江苏省暨无锡市非法出版物现场销毁活动，集中销毁淫秽、非法出版音像制品和电子出版物近20万张(盘)，有严重政治问题及淫秽色情内容以及其他非法出版的书刊10多万册。

3月1日　经省委同意：石启忠兼任江苏新华发行集团董事长，张佩清任江苏新华发行集团副董事长、江苏省新华书店集团有限公司总经理。

4月20日　江苏新华发行集团在南京举行挂牌成立大会。集团为以改制后的省新华书店集团有限公司为核心层，全省81家新华书店、外文书店、古籍书店为子公司，组成控股层。集团被新闻出版署列为全国三家试点发行集团之一，并被省政府列为省重点企业集团。

7月8日　江苏省反盗版联合会成立。此为全国第一家由民政部门批准的反盗版社会团体。

9月15日　中宣部第七届精神文明建设“五个一工程”评选工作在北京揭晓，江苏少年儿童出版社的《草房子》、南京出版社的《南京百年风云》入选。这是江苏连续三年有两种图书同时获奖。

12月1日　省新闻出版局与省科委联合召开

第三届江苏省期刊评优及质量评估定级活动表彰会,20种期刊获“双十佳”期刊称号,85种期刊获优秀期刊奖。

2000年

5月2～10日 江苏书展代表团赴澳大利亚、新西兰举办2000年江苏书展。

5月23日 设立江苏电子音像出版社,主办单位为省出版总社,主管单位为省新闻出版局,为全民事业单位。

5月29日 省出版总社电子音像出版部出版的《中国书法大典》获第八届莫必斯多媒体光盘国际大奖赛教育鼓励奖。此为江苏电子出版物首次在国际比赛中获奖。

7月18日 经省委宣传部评选,省新闻出版局选送的《科学社会主义:从马克思到邓小平》《金苹果文库》(第三辑)、《秦淮世家》《农民金口袋丛书》《江苏文学50年》《中国革命胜迹画卷》《世界文化与自然遗产》《雨花台忠魂图集》8种图书,获江苏省第四届精神文明建设“五个一工程”入选作品奖。

7月21日 省出版总社与省信息产业厅签订协议书,将《电子电脑报》划归省出版总社主管。

8月9日 省出版总社与省体育局签订协议,将《体育时报》划归省出版总社主管。

9月19日 省新闻出版局党组研究决定,并报省委组织部批准,聘任吴源为江苏人民出版社社长、总编辑;胡明琇为江苏科学技术出版社社长、总编辑。

9月22日 省政府办公厅印发《江苏省新闻出版局(省版权局)职能配置、内设机构和人员编制的规定》。规定“将原省广播电视厅承担的音像制品出版、复制管理职能交给省新闻出版局”“承担由新闻出版署(国家版权局)下放的报纸开版、刊期等项目变更的审批”,省社会文化管理委员会办公室“挂靠省新闻出版局”。

9月26日 新闻出版署决定:江苏凤凰台饭店为“新闻出版署教育培训中心南京基地”。

10月12日 第十一届全国书市在南京国际展览中心开幕。全国人大常委会副委员长王光英、全国政协副主席万国权、省委书记回良玉、省长季允石、新闻出版署署长于友先共同为开幕式剪彩。第一届江苏读书节同日开幕。

10月12～22日 省出版总社电子音像出版部与南京大汉网络公司合作建立中国书市网站。此为江苏网络出版的最初尝试。

2001年

3月 设立江苏电子音像出版社。前身为省出版总社电子音像出版部。

7月18日 江苏省人民政府复文省新闻出版局:省新闻出版局(省版权局)与省出版总社实行政事(政企)分开、管办分离;同意组建省出版集团有限公司,集团公司性质为国有独资公司,出资者为江苏省人民政府。

8月15日 省委发文,决定组建省出版集团有限公司。

9月12日 省委决定:黄文虎任省新闻出版局党组书记、省新闻出版局局长兼省版权局局长;石启忠任省出版总社总编辑;耿乃凡任省出版集团有限公司党委副书记、总经理,省出版总社社长。

9月26日 全省报刊专项治理电视电话会议召开。

9月28日 省委、省政府在南京举行全省四大文化产业集团成立揭牌大会,省人大常委会主任陈焕友、新闻出版总署副署长桂晓风为江苏出版集团揭牌。

2002年

1月12日 省版权局、省反盗版联合会、江苏法制报社联合在南京山西路市民广场举行“反盗版万人签名活动”。

3月11日 省新闻出版局、省版权局、省司法厅、省工商行政管理局在南京市珠江路电子一条街举行授牌仪式,向荣获“全国销售电子出版物信得过单位”称号的南京新高科技有限公司颁发证书、授予牌匾。

4月16日 江苏“扫黄打非”工作成果内部展览在南京开幕。

4月23～24日 全国整顿和规范印刷市场秩序工作座谈会在苏州举行。

4月 全省首家(全国第二家)出版物合资企业宁谊文化实业有限公司成立。该公司由台湾信谊基金出版社与南京师范大学出版社合资成立,以幼儿图书策划销售、幼儿教育研究及师资培训为主，研发幼教理论丛书、幼儿早期阅读等产品。

△ 江苏省文化传播中心主动与中国音乐著作权保护协会江苏办事处签订张惠妹南京个人演唱会音乐作品使用合同，为江苏对个人演唱会使用音乐作品依法缴纳费用的第一例。

6月17日 省教育厅、省出版总社联合发出《关于加强中小学教材编制、出版、发行工作的意见》(苏教基〔2002〕45号)，涉及现行国家中小学教材出版发行政策法规的贯彻执行和新闻出版行政管理部门相关职责。

8月15日 《江苏省“十五”重点图书出版规划》颁布实施，确定全省“十五”重点图书出版规划项目120种。

8月23日 省印刷科学技术研究所增挂“江苏省出版物质量监督检测中心”牌子。

9月20日 省新闻出版学校获准招收五年制高等职业技术班学员。

10月 江苏古籍出版社更名为凤凰出版社。

12月1日 广陵书社升格为正式出版单位，社号5554。

12月11日 第十三届中国图书奖评选结果揭晓，江苏人民出版社的《走进马克思》榜上有名。

12月13日 省财政厅作出《关于省新闻出版局与省出版集团分开后有关问题的处理意见》。至此，局社政事分开、管办分离、资产分割、资金分配工作全部结束。

12月29日 首届江苏期刊方阵入选期刊表彰会在南京举行。246种期刊评定为一级期刊、138种期刊评定为二级期刊、11种期刊评定为三级期刊，110种期刊入选首届江苏期刊方阵。

是年 苏州市全面完成市、区(市)政府部门软件正版化工作，成为第一个完成软件正版化工作的地级市。

2003年

2月14日 省九届人大常委会第三十四次会议审议通过《江苏省音像市场管理条例》，2003年5月1日起正式施行。2004年8月20日，省十届人大常委会第十一次会议作出《关于修改〈江苏省音像市场管理条例〉的决定》。

2月24日 省新闻出版局制发重新修订的《图书选题管理规定》《书号管理规定》《样书管理规定》《图书质量审读管理规定》，2003年3月1日起施行。

4月8日 江苏永兴多媒体有限公司(南通)、昆山沪铼光电科技有限公司通过国家有关部门验收鉴定。

4月22日 省机构编制委员会办公室批文同意创办《祝您健康》《小学生语文学习》杂志，为事业单位。

5月29日 苏州市委批准：古吴轩出版社正式划交苏州日报社管理。

7月 南京市民营图书联合会成立，首届南京书业论坛暨新书展示会在南京举行。

8月22日 省政府批复：同意省出版集团有限公司将所属淮阴、徐州新华印刷厂划归淮安市、徐州市，实行属地管理。两厂的资产、负债及人员一并移交两市。

是年 江苏出版界在2003年全国性重大图书评奖活动中喜获丰收，全省共有8家出版社的11种图书分获国家级图书大奖。

2004年

5月 江苏省使用正版软件工作领导小组成立，张桃林副省长任组长。由省版权局牵头，省信息产业厅、财政厅、省级机关事务管理局、知识产权局组成领导小组办公室。

6月11日 中共中央政治局常委李长春视察江苏新华发行集团及其连锁经营总部。

7月16日 在新闻出版总署、教育部联合举办的第五届“全国优秀教育音像制品奖”评比中，江苏有8种制品分获一、二、三等奖。

7月26日 江苏制定并实施2004年专项重点图书出版规划，共有101种选题分别列入《江苏省纪念邓小平同志诞辰100周年重点图书出版规划》《江苏省庆祝建国55周年献礼重点图书出版规划》和《江苏省2004年服务“三农”重点图书出版规划》。

8月19日 苏州新海博数码科技有限公司引进的两条只读类光盘生产线通过验收并正式投产。

9月6日 省委办公厅、省政府办公厅联合下发《关于印发江苏新华发行集团体制改革实施意见的通知》，确定发行集团体制改革的十七项配套政策。

11月16日　省政府办公厅转发省新闻出版局《关于加快新闻出版业改革与发展意见》。

12月25日　江苏省重点出版规划项目资助工作正式启动，制发《江苏省新闻出版局重点出版规划项目资助办法(试行)》。

12月27日　江苏省优秀期刊表彰大会在南京举行。全省共有140余种期刊分获“双十佳期刊奖”“优秀期刊奖”和“优秀期刊提名奖”

2005年

1月24日　新闻出版总署批复，江苏人民出版社主管单位为省新闻出版局，主办单位变更为江苏凤凰出版传媒集团有限公司；江苏科学技术出版社、江苏教育出版社、江苏少年儿童出版社、江苏美术出版社、凤凰出版社、江苏文艺出版社、译林出版社、江苏电子音像出版社8家出版社的主办、主管单位，由省新闻出版局统一变更为江苏凤凰出版传媒集团有限公司。

2月4日　省委决定：免去黄文虎省新闻出版局党组书记、局长兼省版权局局长职务。陈海燕任省出版集团有限公司党委副书记，省出版总社总编辑，免去石启忠省出版总社总编辑职务。

△　境外独资出版物发行公司——南京康轩文化用品有限公司正式获准成立。该公司是自2004年12月1日出版物批发权对外开放以来，我省首家获得批发资质的外资企业。

2月7日　省出版集团有限公司更名为江苏凤凰出版传媒集团有限公司。

3月22日　江苏凤凰出版传媒集团发文，聘任吴源为江苏人民出版社社长、总编辑，胡明琇为江苏科学技术出版社社长、总编辑。

5月23～26日　国际书商联盟年会在北京举行。江苏新华发行集团公司总经理张佩清应邀作题为《中国国有书店的现状及未来发展》的主题发言。

5月26日　省新闻出版学校被新闻出版总署确定为全国新闻出版系统重点中等职业学校。

7月　南京玄武区法院依法宣判何涛、夏长生侵犯著作权案。此案系国内对销售盗版光盘制品行为以侵犯著作权定罪的第一案。省版权局出具的鉴定意见系首次使用《著作权法》“举证责任倒置原理”，正式鉴定涉嫌侵犯著作权罪的所有侵权复制品。

8月24日　省委决定：徐毅英同志任省新闻出版局党组书记、局长兼省版权局局长，免去省广播电视局党组书记、局长职务。

△　省委决定：谭跃任江苏凤凰出版传媒集团有限公司党委书记、董事长；陈海燕任江苏凤凰出版传媒集团有限公司党委副书记、总经理、江苏省出版总社社长。

△　省委决定：黎雪任江苏科学技术出版社社长、总编辑。

△　江苏新华发行集团应标取得了放权，600万册免费教材按时发放到60万名贫困生手中。

10月　江苏新华发行集团投资3.5亿元建设的新港物流配送基地投入运营。该基地是中国出版物流通的标志性工程，占地214亩，具有国际先进的物流信息管理系统(WMS)、自动分拣系统和传输系统，多层托盘式储位6 000个，单品种储位30万个，可存储图书100万件，日处理10万件。年收发码洋超100亿元。

11月15日　南京市中级人民法院以侵犯著作权罪和非法经营罪，对“9·26”钟山非法出版刑事案作出终审判决。

12月13日　省委决定：刘健屏任江苏人民出版社社长、总编辑。

是年　通州川港镇志浩市场版权管理办公室被评为“全国版权保护示范单位”，成为全国唯一受到表彰的镇村级版权保护单位。

2006年

1月1日　继开辟上海万卷、义乌万卷、大连万卷等省外连锁店之后，江苏新华发行集团最大的跨省合作项目——贵阳万卷书城正式开业。

4月25日　经省新闻出版局党组研究决定，成立江苏“农家书香”工程领导小组及其办公室。

4月26日　省政府研究室所属《江苏经济》杂志社划归省出版总社管理，同时更名为《七彩语文》杂志社。

5月15日　省“扫黄打非”工作领导小组在全省部署开展“扫黄打非”百日“雷霆行动”。

5月31日　省委下发《关于调整省社会文化管理委员会(省“扫黄打非”工作领导小组)成员的通知》。省委常委、宣传部部长孙志军为主任(组长)，省新闻出版局副局长周斌兼任办公室主任。

6月5日　省新闻出版局印发《江苏省"双优诚信"印刷企业评选办法》，启动以"优质产品、优良业绩、诚信经营"为内容的首届江苏省"双优诚信"印刷企业的评选活动。

6月7日　江苏"农家书香"工程建设推进会暨试点"农家书屋"授牌、赠书仪式在淮安市金湖县举行，首批43家由省重点资助的试点"农家书屋"挂牌设立。

6月9日　全省推进使用正版软件总结表彰暨版权工作会议在南京召开。

8月11日　由江苏凤凰出版传媒集团、美国佩斯大学和南京大学联合建立的"中美出版研究中心"在南京举行揭牌仪式。

9月2日　《中国思想家评传丛书》(200部)整体出版座谈会在南京举行。国务委员陈至立出席会议并讲话。

9月16日　根据全国"扫黄打非"工作小组的统一部署，江苏省暨无锡市"反盗版百日行动"盗版音像和计算机软件制品集中销毁现场会在无锡举行。

10月25日　由江苏凤凰出版传媒集团与无锡日报报业集团共同出资组建的无锡凤凰文化发展有限公司在无锡举行成立暨揭牌仪式。

10月25～27日　"2006中国·南京馆藏图书展销会"在江苏新华发行集团新港物流基地举办。

11月　设立江南电子音像出版社。

2007年

1月21日　省人事厅、省新闻出版局联合表彰全省新闻出版系统先进集体、先进工作者和劳动模范。

2月9日　省版权协会成立大会暨第一次会员代表大会在南京召开。

3月29日　省政府调整充实省使用正版软件工作领导小组成员单位。

4月14日　全省"扫黄打非"春季战役盗版、非法出版物集中销毁现场会在南京举行。

4月27日　在北京举行的纪念新华书店创建70周年暨全国新华书店系统先进集体、劳动模范和先进工作者表彰大会上，江苏省新华书店集团有限公司、南京市新华书店、张家港市新华书店荣获"全国新华书店系统先进集体"，苏州市新华书店总经理丁宝联被评为"全国新华书店系统劳动模范"。

5月16～17日　由国家版权局主办的全国版权相关产业发展先进典型经验现场交流会在南通举行。

5月30日　江苏凤凰出版传媒集团成立数字化建设委员会。

6月8日　设立江苏大学出版社有限责任公司，社号5684。

7月10日　省出版物发行业协会第二届会员代表大会在南京召开。经省民政厅批准，原省书刊发行业协会更名为江苏省出版物发行业协会。

△　江苏凤凰出版传媒集团成立凤凰文库出版委员会。

7月23日　江苏凤凰出版传媒集团设立江苏凤凰教育发展公司、江苏凤凰艺术有限公司、江苏凤凰国际图书中心、江苏凤凰置业有限公司，为集团所属全资子公司。

9月18日　江苏新华发行集团股改上市工作会议在南京召开。

11月22日　江苏省网络作品版权保护协会在南京成立。

12月27日　省新华书店集团公司与新成立的海南省新华书店集团公司在海口市正式签订合作约定书，两省合作取得重大突破。

2008年

1月3日　省新闻出版局(版权局)举行政务大厅启动仪式，正式实施行政审批"一站式"服务。张桃林副省长出席启动仪式。

2月26日　江苏省"扫黄打非"工作成果展开幕。

4月3日　省政府在南京召开全省软件正版化工作会议。

4月8日　在中宣部、新闻出版总署和江苏、海南两省省委、省政府的推动下，由江苏新华发行集团公司组建并控股的海南凤凰新华发行有限公司在海口市成立，5月9日举行成立大会暨挂牌仪式。此为全国书业跨界重组和资源整合第一例。

6月23～24日　世界知识产权组织版权保护优秀案例示范点工作会议在南通举行。

7月13日　江苏新华发行集团与陕西新华发

行集团在南京签订战略合作意向书。

8月18～22日　举行首届江苏印刷行业职业技能大赛，选拔41名选手赴京参加全国首届印刷行业职业技能大赛，取得优异成绩。2人进入全国前三名，5人进入全国前二十名，21人获得各种奖项。

8月　金坛古籍印刷厂印制的《水浒传人物图像》获美国印刷最高奖项——Benny奖，开江苏印刷企业海外获印刷大奖之先河。

9月19日　全省"农家书屋"建设经验交流会在东海县举行。

9月24日　第四届中国(南京)国际软件博览会开幕。

9月28日　南京凤凰国际书城举行开业仪式。

10月27日　南通家纺市场荣获世界知识产权组织首次授予我国"版权创意金奖"。世界知识产权组织官员和国家版权局领导表示，"江苏模式"将在全国乃至世界推广。

11月3～6日　省委组织部与省新闻出版局(版权局)联合举办全省新闻出版(版权)工作专题研讨班，全省13个省辖市和106个县(市、区)分管新闻出版(版权)工作的党政领导和省宣传文化系统负责同志共129人参加研讨班。新闻出版总署署长柳斌杰出席开班典礼并作首场报告。此举在全国新闻出版(版权)系统尚属首次。

12月1日　省新闻出版局被江苏省依法行政工作领导小组、省政府法制办授予首批省级机关"依法行政示范点"称号(共10家)。

附　录

一、重要文件题录

1. 江苏省人民政府《关于批转省出版事业管理局〈关于进一步制止滥编滥印和加强出版管理工作意见〉的通知》(苏政发〔1981〕177号),1981年11月10日

2. 江苏省科学技术委员会、江苏省委宣传部、江苏省出版总社、江苏省工商行政管理局《关于执行〈江苏省自然科学技术期刊管理实施办法〉的通知》(苏科条〔1985〕462号),1985年12月12日

3. 中共江苏省委《关于认真整顿报纸和社会科学期刊的通知》(苏发〔1988〕17号),1987年5月11日

4. 江苏省出版总社《关于执行〈江苏版图书购销形式改革的暂行方案〉的通知》(苏出发〔1988〕135号),1987年8月10日

5. 江苏省委宣传部、江苏省科学技术委员会、江苏省新闻出版局《印发〈关于发放内部报刊准印证的若干实施意见〉的通知》(苏出发〔1988〕176号),1987年10月12日

6. 《江苏省书刊、音像出版发行管理条例》(省七届人大常委会第三次会议审议通过并颁布施行),1988年6月23日。2003年6月24日废止。

7. 江苏省人民政府办公厅《转发省新闻出版局等部门〈关于加强印刷管理和书刊发行管理两个意见〉的通知》(苏政办发〔1988〕145号),1988年12月5日

8. 江苏省教育委员会、江苏省新闻出版局《关于进一步做好中小学教材、教参、教学资料出版、发行工作的通知》(苏教普研〔1989〕15号),1989年6月10日

9. 江苏省第七届人大常委会《关于彻底清除反动、淫秽出版物,进一步加强文化市场管理的决议》(省七届人大常委会第十次会议通过),1989年8月21日

10. 江苏省新闻出版局《关于加强出版物进出江苏省印制的暂行规定》(苏新出印字〔1990〕161号),1990年9月24日

11. 江苏省新闻出版局《关于重申加强出版物印刷管理的通知》(苏出发〔1991〕201号),1991年7月18日

12. 江苏省出版总社《关于对省编中小学课本实行集中统一管理的通知》(苏出发〔1991〕212号),1991年8月2日

13. 江苏省新闻出版局《关于公布书刊印刷定点企业名单及实行书刊印刷定点制度的通知》(苏出发〔1991〕225号),1991年9月5日

14. 江苏省委宣传部、江苏省新闻出版局、江苏省商业厅、江苏省供销合作总社、江苏省财政厅、江苏省税务局《转发中宣部等五个部门〈关于加强农村图书发行工作的意见〉的通知》(苏新出发〔1992〕4号),1992年3月13日

15. 江苏省新闻出版局《关于进一步加强各市报刊审读工作的通知》(苏新出报字〔1992〕35号),1992年8月26日

16. 江苏省新闻出版局《关于重申申领印刷许可证审批规定,切实加强出版管理的通知》(苏新出印字〔1993〕17号),1993年7月28日

17. 江苏省新闻出版局《关于重申申领图书期刊发行许可证审批规定切实加强出版管理的通知》(苏新出印字〔1993〕18号),1993年7月28日

18. 江苏省新闻出版局《关于加强我省中小学教材出版管理工作的通知》(苏新出印字〔1993〕24号),1993年9月25日

19. 江苏省新闻出版局《关于印发〈市级新闻出版管理部门的工作职责和任务〉的通知》(苏新出发〔1993〕31号),1993年10月27日

20. 江苏省新闻出版局《出版物鉴定规则》(苏

新出发〔1993〕32号），1993年11月4日

21. 江苏省新闻出版局、江苏省工商行政管理局《关于重申书刊发行单位审批规定切实加强书刊发行管理的通知》（苏新出发〔1994〕22号），1994年10月20日

22. 江苏省人民政府《关于发展宣传文化事业若干经济政策问题的通知》（苏政发〔1995〕22号），1995年3月1日

23. 省政府办公厅、省委宣传部《转发省新闻出版局〈关于加强新华书店建设的意见〉的通知》（苏政办发〔1995〕131号），1995年12月21日

24. 《江苏省书报刊市场管理条例》（省八届人大常委会第二十次会议通过并颁布施行），1996年4月12日

25. 江苏省新闻出版局《关于重申省编中小学教材出版发行管理办法的通知》（苏新出人字〔1996〕128号），1996年11月26日

26. 江苏省新闻出版局《关于加强电子出版物管理的通知》（苏新出发〔1996〕126号），1996年8月30日

27. 江苏省新闻出版局《关于重申固定资产投资管理办法的通知》（苏新出计字〔1996〕112号），1996年7月21日

28. 江苏省新闻出版局《关于加强内部资料性出版物管理的暂行规定》（苏新出印字〔1997〕19号），1997年11月12日

29. 省委办公厅、省政府办公厅《转发省委宣传部、省计经委等九部门〈关于进一步加强全省新华书店图书发行网点建设的意见〉的通知》（苏办发〔1997〕36号），1997年12月16日

30. 江苏省新闻出版局《关于印发〈宣传文化发展资金使用管理办法〉的通知》（苏新出计字〔1999〕31号），1999年1月1日

31. 江苏省新闻出版局《关于外事工作的若干规定》《因公出国（境）暂行管理办法》《办理因公出国（境）手续细则》（苏新外字〔1999〕2号），1999年1月5日

32. 江苏省新闻出版局《江苏省书号管理和使用暂行办法》（苏新出图字〔2000〕1号），2000年1月4日

33. 江苏省人民政府办公厅《江苏省新闻出版局（省版权局）职能配置、内设机构和人员编制规定》（苏政发〔2000〕119号），2000年9月22日

34. 江苏省新闻出版局《关于设立印刷企业的暂行规定》（苏新出印字〔2002〕20号），2002年7月4日

35. 《江苏省音像市场管理条例》（2003年2月14日省九届人大常委会第三十四次会议审议通过，2003年5月1日起正式施行；2004年8月20日根据省十届人大常委会第十一次会议《关于修改〈江苏省音像市场管理条例〉的决定》修正）

36. 江苏省新闻出版局《关于印发〈图书选题管理规定〉〈图书质量审读管理规定〉〈书号管理规定〉〈样书管理规定的通知》（苏新出图字〔2003〕28号），2003年2月24日

37. 江苏省新闻出版局《关于印发〈县（市、区）级新闻出版（版权）管理部门工作职责（试行）〉的通知》（苏新出文字〔2004〕27号），2004年7月30日

38. 江苏省新闻出版局《关于规范设立外商投资印刷企业申报程序的通知》（苏新出印字〔2004〕87号），2004年8月17日

39. 江苏省新闻出版局《关于印发〈委托复制书管理制度〉〈复制单位月报表和样品报备制度〉〈复制内容审查制度〉〈光盘来源识别码制度〉的通知》（苏新出电字〔2004〕36号），2004年9月7日

40. 江苏省人民政府办公厅《转发省新闻出版局〈关于加快新闻出版业改革与发展的意见〉的通知》（苏政办发〔2004〕113号），2004年11月16日

41. 江苏省新闻出版局《关于市、县（市、区）新闻出版行政机关核发一次性内部资料性出版物准印证及加强相关管理的通知》（苏新出印字〔2004〕117号），2004年12月17日

42. 江苏省新闻出版（版权）局《关于进一步加强新闻出版政务信息工作的意见》（苏新出发〔2005〕117号），2005年4月26日

43. 江苏省新闻出版（版权）局《重要政务督查督办工作暂行办法》（苏新出发〔2005〕43号），2005年8月1日

44. 江苏省委宣传部、江苏省新闻出版局《关于规范记者站工作秩序的通知》（苏新出报字〔2005〕45号），2005年8月24日

45. 江苏省新闻出版局《只读类光盘生产厂驻监督员制度》（苏新出电字〔2005〕44号），2005年10月18日

46. 江苏省新闻出版局《关于加强报刊刊载广告管理的通知》(苏新出报字〔2005〕58号),2005年11月1日

47. 江苏省新闻出版(版权)局《关于印发〈行政许可规程〉〈行政执法规程〉〈行政许可行政执法责任制(暂行)〉〈行政许可行政执法过错责任追究暂行办法〉〈行政许可行政执法责任制考核评议暂行办法〉的通知》(苏新出发〔2005〕60号),2005年12月22日。2006年1月1日起施行

48. 江苏省新闻出版(版权)局《关于贯彻落实国务院〈全面推进依法行政实施纲要〉实施意见》(苏新出发〔2005〕65号),2005年12月28日

49. 江苏省新闻出版(版权)局《重大行政处罚案件审理暂行办法》(苏新出〔2006〕19号),2006年3月27日

50. 江苏省新闻出版局《关于规范设立外商投资印刷企业申请材料的通知》(苏新出发〔2006〕29号),2006年8月4日

51. 江苏省新闻出版(版权)局《江苏省新闻出版(版权)行政许可规程(修订)》《江苏省新闻出版(版权)行政执法规程(修订)》(苏新出发〔2006〕83号),2006年11月26日。2007年1月1日起施行

52. 江苏省新闻出版(版权)局《行政规范性文件制定暂行规定》(苏新出发〔2008〕13号),2008年3月2日

53. 江苏省新闻出版(版权)局《政府信息公开暂行办法》(苏新出发〔2008〕64号),2008年6月24日

54. 江苏省新闻出版局《关于委托省辖市新闻出版行政部门代行部分行政许可、行政执法、行政管理事项审批权限的通知》(苏新出发〔2008〕69号),2008年8月7日

二、机构、人员获奖情况

(一)全国新闻出版系统先进集体、先进工作者(劳动模范)

1992年

1. 全国新闻出版系统先进集体:江苏古籍出版社、江苏省新华书店、南京市新华书店、仪征市新华书店、吴县新华书店。

2. 全国新闻出版系统先进工作者:俞洪帆(江苏省新闻出版局、江苏省出版总社)、石启忠(江苏少年儿童出版社)、梁宝侠(江苏新华印刷厂)、张德林(泰县新华书店)、孙淑玲(常州市新华书店)。

1996年

1. 全国新闻出版系统先进集体:江苏教育出版社、江苏科学技术出版社、江苏省印刷物资公司、江苏省新华书店、扬州市新华书店、通州市新华书店。

2. 全国新闻出版系统先进工作者:刘健屏(江苏少年儿童出版社)、薛福顺(江阴市新华书店)、董国强(常州市新闻出版处)。

3. 全国新闻出版系统劳动模范:方锡茂(淮阴新华印刷厂)。

2006年

1. 全国新闻出版系统先进集体:江苏省社会文化管理委员会办公室、江苏省新闻出版局图书出版管理处、淮安市新闻出版局、南京市出版物市场综合执法支队、译林出版社、姜堰市新华书店。

2. 全国新闻出版系统先进工作者:乔景山(徐州市新闻出版局)、金晓春(昆山市新闻出版局)、戴同华(江苏人民出版社)。

3. 全国新闻出版系统劳动模范:张佩清(江苏出版集团)。

(二)全省新闻出版系统先进集体、先进工作者(劳动模范)

1. 全省新闻出版(版权)系统先进集体:苏州市新闻出版局、常州市新闻出版局、南通市新闻出版局、南京市鼓楼区"扫黄打非"工作领导小组办公室、无锡市滨湖区新闻出版管理所、无锡市锡山区新闻出版管理办公室、徐州市新闻出版局新闻出版处、新沂市新闻出版局稽查大队、昆山市新闻出版局、海门市新闻出版局、连云港市新闻出版局新闻出版管理办公室、淮安市新闻出版局文化综合执法支队、淮安市清浦区新闻出版局文化综合执法大队、东台市新闻出版局、大丰市新闻出版局、高邮市新闻出版局、扬州市邗江区新闻出版(版权)局新闻出版管理办公室、丹阳市新闻出版局、兴化市新闻出版局文化市场稽查队、宿迁市宿豫区新闻出版

局、江苏人民出版社、江苏美术出版社、江苏省新华书店集团有限公司、常州新华书店有限责任公司、江阴市新华书店、南京市新华书店新街口店、江都市新华书店、海门市新华书店、江苏省出版物质量监督检测中心、江苏省新闻出版局印刷业管理处。

2. 全省新闻出版(版权)系统先进工作者:朱建平(无锡市新闻出版局)、王亚平(连云港市新闻出版局)、杨健康(南京市新闻出版局)、吴卫泽(南京出版社)、张楠(徐州市新闻出版局检查所)、许春华(苏州市新闻出版局印刷复制业管理处)、徐列(常熟市新闻出版局新闻出版科)、张毅(南通市新闻出版局新闻出版办公室)、周建华(通州市新闻出版局)、左同明(淮安市新闻出版局新闻出版处)、李如坤(滨海县新闻出版管理局)、杜建申(江都市新闻出版局)、郭永乐(句容市新闻出版局新闻出版科)、缪炳辉(泰州市新闻出版局新闻出版处)、朱红兵(宿迁市新闻出版局新闻出版处)、姚卫伟(江苏教育出版社《全国优秀作文选》)、卞岐(凤凰出版社)、沈宁(江苏省新闻出版学校)、黄海宁(江苏省新闻出版局)。

3. 全省新闻出版(版权)系统劳动模范:张明霞(连云港市新华书店)、王万军(姜堰市新华书店)、贲勇(如皋市新华书店)、邓明华(吴江市新华书店)、李洪伟(南京江宁区新华书店)、钟晓明(扬州市新华书店)、饶夕古(江苏新华印刷厂)。

(三) 享受国务院政府特殊津贴人员

1991年:高纪言(江苏古籍出版社)。

1992年:高斯(江苏省出版协会)、张彦平(原江苏少年儿童出版社)、张崇高(原江苏科学技术出版社)、胡明琇(江苏科学技术出版社)、李景端(译林出版社)、程大利(江苏美术出版社)。

1993年:张渭英(原江苏人民出版社)、索菲(原江苏美术出版社)、佘孟仁(原江苏人民出版社)、黄希坚(原江苏古籍出版社)、顾宪谟(江苏少年儿童出版社)、赵所生(江苏教育出版社)。

1995年:薛正兴(江苏古籍出版社)。

1997年:颜煦之(江苏少年儿童出版社)。

1998年:郭廉夫(江苏美术出版社)。

(四) 全国农村图书发行红旗单位、先进单位(1992年)

红旗单位:江阴市人民政府。

先进单位:中共如皋市委、市政府,铜山县新华书店、射阳县新华书店、无锡县供销合作总社。

(五) 全国优秀中青年编辑

第一届(1994年):刘健屏(江苏少年儿童出版社)、卢浩(江苏美术出版社)、王建军(江苏教育出版社)。

第二届(1996年):冯忆南(江苏美术出版社)、翁立平(中国矿业大学出版社)。

第三届(1998年):周方(江苏教育出版社)、吴迪(江苏古籍出版社)、马跃龙(中国矿业大学出版社)。

第四届(2001年):曹富林(江苏人民出版社)、郁宝平(江苏科学技术出版社)、陈玉和(中国矿业大学出版社)。

第五届(2003年):朱建华(江苏文艺出版社)、府建明(江苏古籍出版社)。

(六) 全国"百佳"出版工作者

第一届(1996年):刘健屏(江苏少年儿童出版社)、薛福顺(江阴市新华书店)、黄明(警方杂志社)。

第二届(1998年):蔡玉华(江苏人民出版社)、郭廉夫(江苏美术出版社)、许瑞贞(太仓市新华书店)。

第三届(2000年):竺祖慈(译林出版社)、陈生明(江苏电子音像出版社)、颜煦之(江苏少年儿童出版社)、毕于玲(铜山县新华书店)。

第四届(2002年):朱成梁(江苏美术出版社)、章祖德(译林出版社)、张佩清(江苏新华发行集团)、吴根范(《电力系统自动化》杂志社)。

第五届(2004年):顾华明(江苏美术出版社)、罗时嘉(中国矿业大学出版社)、谢小朋(江苏电子音像出版社)、周洪顺(盐城印刷总厂)、金国华(江苏新华发行集团)、朱剑(《南京大学学报》)。

(七) 第一批全国新闻出版行业领军人才(2007年)

金国华(江苏省新华书店集团有限公司)、周跃敏(新华日报报业集团)、冯超(江苏淮阴新华印刷厂)、吴培华(苏州大学出版社)。

(八) 首届中国出版政府奖(2007年)

先进出版单位奖:江苏凤凰出版传媒集团有限公司。

先进出版人物奖:范平(南通市新闻出版局)。

(九) 中宣部"四个一批"人才

张胜勇(江苏教育出版社)。

(十) 中国出版荣誉纪念章获得者(2008年)

刘健屏(江苏人民出版社)、张佩清(江苏新华发行集团)、吴育之(苏州印刷总厂有限公司)。

（十一）**中国韬奋出版奖**

蒋迪安（江苏省新闻出版局）、吴培华（苏州大学出版社）。

（十二）**全省首批新闻出版行业领军人才（出版部分）**

出版：佘江涛（江苏凤凰出版传媒集团）、杨建平（江苏人民出版社）、周兴安（江苏科学技术出版社）、张胜勇（江苏教育出版社）、顾华明（江苏美术出版社）、姜小青（凤凰出版社）、顾爱彬（译林出版社）、王熙俊（江苏电子音像出版社）、曾学文（广陵书社）、朱嬴椿（南京师范大学出版社）、罗时嘉（中国矿业大学出版社）。

报纸：刘文平（新华日报报业集团）、项晓宁（南京日报报业集团）、马正红（无锡日报报业集团）、刘文洪（苏州日报报业集团）、王建（徐州日报社）。

期刊：李克海（《群众》杂志社）、贾梦玮（《钟山》杂志社）、韩璞庚（《江海学刊》杂志社）、王青（女）（《电力系统自动化》杂志社）、朱剑（《南京大学学报》杂志社）。

印刷复制：吉如标（盐城印刷总厂有限责任公司）、黄国平（苏州印刷总厂有限公司）、尤小虎（江苏新广联科技股份有限公司）。

发行：徐云祥（江苏省新华发行集团）、何志峰（常州新华书店有限责任公司）、王万军（姜堰新华书店有限责任公司）、胡晓东（江苏凤凰教育发展有限公司）、缪炳文（江苏大众书局图书连锁有限公司）、李朝东（南京经纶文化传播有限公司）。

编纂始末

盛世修志是中华民族的优秀文化传统。改革开放30年,江苏各行各业发生了翻天覆地的变化,全面、客观、真实、准确地记载历史,就是为了发挥志书存史资政、教化风气的积极作用。

根据第二轮江苏省志编纂工作方案,《江苏省志(1978～2008)·出版 报业志》中的“出版”部分由江苏省新闻出版局、江苏凤凰出版传媒集团负责编纂。编纂工作于2011年开始筹备,2013年初正式组织人员编写。在各级领导的关心支持下,在全体编纂人员的辛勤努力下,历经五年,终于完成。

回顾志书编纂过程,主要有这样几个阶段:

一、制定编纂方案

根据省政府的部署,2011年10月,省新闻出版局成立了主要负责人为主任和总编的编纂委员会及编辑部,明确了编委会和编辑部的工作任务和职责;在局办公室的支持下,落实了办公地点和经费预算。2012年5月,组织专家制定编纂方案和志书编写大纲,并经全体编委会成员审阅确认后报省地方志办公室。

二、资料收集和试写

改革开放30年,江苏出版业发展很快,详实记述江苏出版业改革开放的过程和成果是本志书的主旨。在局党组的支持下,志书编辑部聘请具有志书编纂经验的同志参加本志书的编纂工作,他们是李贞强、张东甫、王政红、钱兴奇、孔远、马清江、王金国。局领导沈建国、黄海宁在志书编写过程的不同阶段担任组织领导工作。特别是退休副局长王於良同志不顾年老体弱,倾心参与志书编写工作的组织和指导。志书编写过程中,编写人员到安徽省新闻出版局取经,分期分批参加省地方志办公室举办的编纂业务培训班,熟悉志书体例和要求。编辑部安排编纂人员每个月集中一次汇报资料收集情况,讨论解决资料收集过程中出现的问题。大家集思广益,群策群力,围绕志书编写思路和志书内容需要寻觅资料。编纂人员不顾严寒酷暑,到图书馆、档案馆和有关单位,查找原始材料,访谈当事人员,弄清事实真相;更多的时候是通过电话、电邮、网络等途径,获取第一手资料和最准确的数据。据统计,一年多的时间里,大家收集文字资料数百万字,图片资料数百幅。

编写人员按照各自的分工,根据资料收集情况,进行志稿试写。其间,编辑部请省地方志办公室的专家和编写首轮《江苏省志·出版志》的同志来面对面指导。编纂人员之间经常互相评稿,通过讨论,甚至争论,形成共识,按计划完成80多万字的试写稿。

三、审稿、统稿

志稿形成初样后,编辑部排印40本送编委会有关人员审阅。审阅人员主要是出版系统熟悉改革开放过程的老领导、老编辑和有关专业人员。根据审阅意见,编纂人员再次进行认真修改。2015年10月,编辑部聘请张辉冠同志负责统稿。该同志长期在新闻出版部门工作,具有较好的文字功底和较强的敬业精神,比较了解江苏出版业改革和发展情况。统稿工作中,他严格遵循志稿规范,积极沟通文稿作者,认真查询资料出处,逐一核对重要数据。2018年5月17日,《出版志》通过终审。后根据终审意见进行修改,并于当年通过验收。

《出版志》的编纂出版是江苏出版界的一件大事。此项工作自始至终得到了各级领导的关心,系统内各单位各部门的大力支持以及业界同仁们的悉心帮助,在这里一并表示感谢。因受篇幅限制,江苏出版业改革开放的全景表述不尽完美。加之编纂人员水平有限,志书内容表述多有词不达意的地方,敬请读者批评指正。

《出版志》编辑部

报业志

1. 中华人民共和国成立后的《新华日报》办公楼（南京市中山路55号）

2. 1989年春天启用的新华日报社办公楼（南京市管家桥65号）

3. 2004年，新华日报社搬迁至原址重建的新华大厦（南京市中山路55号）。52层的新华大厦是当时中国报业第一高楼，记录下新华报业迈向现代化的足迹

1. 2014年，新华报业传媒集团整体搬迁至南京市江东中路369号新址。这是一个现代化的传媒建筑群，既满足了集团事业发展的需求，也预留了未来全媒体融合发展的空间

2. 2008年1月12日，新华日报报业集团举行纪念《新华日报》创刊70周年暨在南京出版59周年庆典

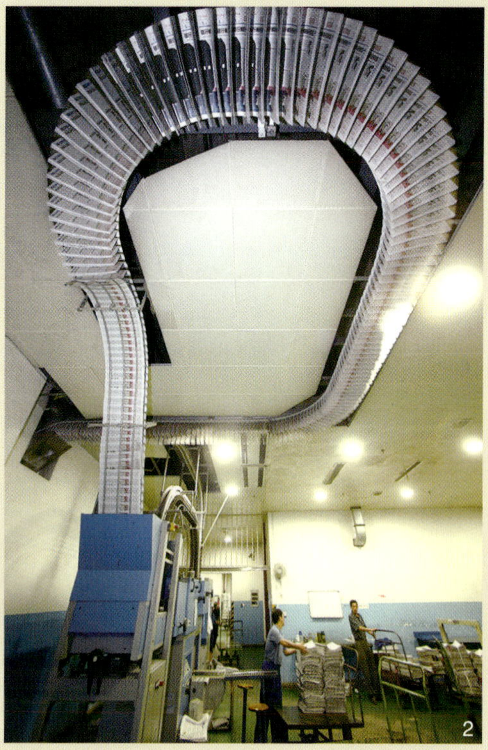

1. 新华日报报业集团注重思想、业务、作风建设。图为集团召开“转变作风、改进文风、创新新闻报道”座谈会

2. 2003年4月8日，新华日报报业集团南京新印务基地落成。图为正在运行的报纸传送带

3. 1986年1月1日创刊的《扬子晚报》不断发展壮大。图为1998年《扬子晚报》举办的首届读者节

4. 新华日报报业集团下属的部分报纸、刊物

新华日报
XINHUA RIBAO
邓小平王震同志来宁视察工作
亲切会见科研人员、老同志和军队、地方负责干部
常州建成一条商业街
我省13年少生1300万人
希望在四化建设中做出更大贡献

1

2

3

4

1. 1985年2月8日，《新华日报》刊发邓小平同志到江苏视察的消息

2. 2004年9月，出席全国首届公民道德论坛的航天英雄杨利伟接受中国江苏网记者采访并合影

3. 2006年，《新华日报》与韩国《全北道民日报》继续开展“中国江苏”专版合作。图为协议签字仪式现场

4. 2007年12月6日，新华日报报业集团苏州办事处成立

1. 2002年，南京日报报业集团成立大会现场

2. 1999年12月20日澳门回归当夜，苏州日报社领导商量版面情景

3 1996年9月24日，中共泰州市委机关报《泰州日报》正式创刊

4. 2004年5月6日，靖江日报社加入新华日报报业集团，图为揭牌仪式现场

5. 2005年10月28日，淮安日报社举办的首届房地产博览会会场

6. 2007年3月，南京日报报业集团组建全国首家民工艺术团

1. 1985年10月19日，无锡钱桥中心小学与巴金通信谈“寻找理想”的少先队员代表，和《无锡日报》记者一起，专程前往上海探望巴金。图为巴金与大家在上海寓所庭院合影

2. 2007年11月12日，“雪龙”号科考船正式启航，执行第24次南极科考任务。11日上午，《宜兴日报》记者前往上海浦东五号沟极地考察国内基地欢送宜兴小伙曹硕伟，并请他带上《宜兴日报》社旗

3. 2008年2月28日～3月17日，《姑苏晚报》特派记者出征北极，报道大学生的北极考察活动

4. 《宿迁日报》记者到农村田间地头采访

5. 2006年10月，徐州广播电视报社员工参加扶贫济困一日捐活动

1. 无锡日报报业集团的《华东信息日报》于2007年更名为《无锡商报》。图为在无锡市中心大楼悬挂的创刊号广告

2. 南京报业竞争孕育了庞大的发行市场，报刊亭、零售摊点比比皆是，部分超市、奶站等也参与售报。图为2005年《金陵晚报》进入超市销售

3. 清晨，乘坐地铁的南京市民争阅当天的《东方卫报》，出现“万人一报”的壮观景象。图为2008年的一天早上，地铁乘客阅读报纸的情景

4.《江苏科技报》的特色版面

5. 为更好地为读者、投资者服务，《大众证券报》出版了《走在涨跌前面》《散户实战手册》《股市实战手册》等投资理财书籍

《报业志》编纂委员会

顾　问　许洪祥　周跃敏　刘守华　张　艾
主　任　双传学　顾雷鸣
副主任　屈志坚　钱丽萍　王文坚　赵　准　陆　峰
　　　　　庄传伟　王洪俊　李　扬　黄建伟

《报业志》编辑部

主　编　王洪俊　赵剑波
联　络　刘志斌　章　宁
编　辑　王　荧　吴　燕　孟亚生

本分志责任副总纂　周世康
本分志责任协纂　李　文

序

欲知大道，必先知史。根据江苏省人民政府的统一部署，《江苏省志（1978～2008）·出版 报业志》中的"报业"部分由新华报业传媒集团组织编纂。历经数载春秋，几易其稿，《报业志》今天终于付之梨枣，值得庆幸。该志出版，对全面了解改革开放30年来江苏报业发展状况，深刻总结30年来江苏报业发展经验，把握报业发展历史规律，认清报业发展历史趋势，有着重要的现实意义和深远的历史意义。

"三十年来寻剑客，几回落叶又抽枝"。1978～2008年，是江苏不断深化改革、扩大对外开放的30年，也是江苏报业快速发展、取得长足进步的30年。1978年，全省仅有4种公开发行的报纸，从业人员525人，报纸期总发行量89.9万份，营业收入约100万元。而至2008年，全省拥有编入国内统一连续出版物号的报纸143种，其中公开发行的报纸92种，内部发行的高校校报51种，从业人员9 987人，报纸期总发行量1 274万份，营业收入约54亿元。

本志记载了江苏报业30年间从封闭到开放，从弱到强，从小到大，从计划到市场，从品种单一到百花齐放的历程。"删繁就简三秋树，领异标新二月花"。翻看本志，有这样几个给人印象深刻的鲜明特点。第一，层次清晰，脉络分明。全志将江苏报业纳入到江苏改革开放大环境中建构体系，分报业出版管理、省级党委机关报与省级报业集团、市县级党委机关报、晚报都市类报、行业专业类报、教育研究及社团组织等六章十七节，并根据江苏报业发展的党报复刊、晚报都市报的创刊、行业报专业报的复刊与创刊、县（市）报的复刊创刊与停刊、报纸的改版与扩版、报业集团的组建与成立、网站与电子版的兴起等时期，搭建志书框架，分层得当，条理合适。第二，纵横捭阖，详略得当。30年间，江苏报业发展丰富多彩、繁花似锦，本志既注重时间纵向的线索，关注报业与江苏社会经济发展的互为促进，互为提高；又通过横向对比彰显江苏报业党报与其他报纸之间、地区与地区报业之间的联系。全志详略相宜，对发生在江苏报业发展中的大事，江苏报业宣传报道的重大典型、人物、事件，如江苏报业的新闻改革、江苏报业的人事改革、江苏报业重点宣传的"苏南模式""张家港精神文明建设经验""昆山经验"等，都作了详细记载。第三，内容丰满，客观实在。本志对发生在江苏报业史上的重大典型、人物、事件作了生动、形象的记述，尤其是概述总结出的江苏报业各大特色，每一大特色都是通过客观发生的重大新闻事实、新闻故事展开，生动活泼，引人入胜。第四，严谨公允，去伪存真。本志实事求是地记述了江苏报业30年发展历史的成果和成功经验。参加编纂的同志不计名利，不辞劳苦，多方寻找资料、证人，多次询问参与者、经历者，力求内容全面，记述准确，表述规范，反映客观。

“求木之长者，必固其根本；欲流之远者，必浚其泉源”。2013年6月25日，习近平总书记在主持中央政治局第七次集体学习时强调，历史是最好的教科书。经过改革开放40年的发展、壮大，如今江苏报业已进入新时代，站在新的起跑线上，将要面对新问题，开拓新视野，熟悉新领域，接受新课题，迎接新挑战，需要践行和书写江苏报业的历史新篇章。相信本志的出版，能让我们对今后江苏报业的发展看得更深、更远、更透，为江苏报业继续开拓前进提供智慧和力量，为创造江苏报业更加辉煌的明天提供历史借鉴。

双传学

概 述

1978～2008年，是江苏报业大繁荣、大发展的30年。全省报业发展由弱到强、由小到大，报刊品种不断丰富，办报质量不断提升。江苏报业不但是江苏经济飞速发展、社会全面进步的见证者、记录者、报道者，也是建设者、参与者、推动者。江苏报业为宣传促进全省综合实力大提升、人民生活大改善、发展活力大增强、对外开放大突破、城乡面貌大变化、社会事业大发展、民主法制建设大推进，都作出了历史性的突出贡献。

一、发展历程

30年来，江苏报业走过一段快速发展历程。按特点大致分为五个阶段：省、市、县三级党委机关报复刊的恢复期；晚报、都市报、专业报的兴办期；各类报纸增版扩版的报纸“厚报”期；建立报刊网站和电子版的新媒体探索期；省、市级党报组建成为报业集团的壮大期。

（一）1978年开始，江苏省及省辖地市级党报复刊迎来高潮。1978年1月1日，江苏省委机关报《新华日报》取消省革委会机关报的期号（3581号），报纸的编号重新改编（10409号，为几次编号之和），首开先河。1979年1月1日，地市级党报《无锡报》（后恢复原名《无锡日报》）复刊；4月27日，《苏州报》正式出版。1983年，随着江苏地市合并，实行市管县后，复刊后的地市级党报纷纷成为新的市委机关报，地市级党报发展进入新的历史阶段。1983年3月10日，淮阴市委宣布恢复出版停刊达12年之久的《淮海报》，全省地市级党报全部复刊。1996年，国务院批准设立地级泰州市、宿迁市。当年8月13日，原县级泰州市委机关报《泰州市报》闭刊，地级泰州市委机关报《泰州市报》正式试刊；9月20日，经国家新闻出版署批准，地级宿迁市委机关报《宿迁日报》正式试刊。全省13个省辖市都有了自己的党报。

（二）为了满足不同层次读者，尤其是城市读者阅读需求，1986年1月1日，中华人民共和国成立后江苏省第一张晚报——由新华日报社主管主办的《扬子晚报》正式创刊，开创了江苏兴办晚报的先河。时隔7年后，全省各省辖市党报纷纷办起晚报。1993年1月1日，《金陵时报》（1994年1月1日更名为《金陵晚报》）、《江南晚报》《盐城晚报》正式创刊。截至2003年7月1日，随着《泰州晚报》正式创刊，全省13个省辖市党报全部办起了晚报。

在创办晚报的同时，省级和市级党报还陆续创办了都市报。1993年1月1日，新华日报社主管主办的《服务导报》在南京创刊；2000年7月，《沿海经济信息报》更名为《生活晓报》出版，由盐阜大众报社主管主办；2001年5月8日，由《经济新闻报》改刊的《都市晨报》在徐州市创刊；2006年1月1日，扬州日报社创办《扬州时报》。

行业报、专业报、生活类报也纷纷复刊、创刊。1979年5月1日，停刊多年的《徐州矿工报》正式复刊；同年6月30日，《江苏广播电视报》复刊；1984年11月7日，停刊31年的《江苏工人报》复刊。1982年1月2日，新中国第一张周末类报纸——《周末》在南京创刊。1983年10月，《江苏科技报》创刊。20世纪80年代，随着幼教、小教家教市场的兴起，《小学生数学报》《关心下一代周报》《家教周报》《成才导报》先后问世。

（三）20世纪90年代，江苏的报刊纷纷增版、扩版，迎来了“厚报”新阶段。1993年1月1日起，《新华日报》由对开4版扩为对开8版。1999年3月，《新华日报》改版，出版A版、B版在全省发行，同时在南京地区出版、发行C版。同年8月起，C版同A版、B版一样在全省发行。

1994年1月，《南京日报》每周二、四、六由对开4版扩为对开8版。1996年12月1日始，《南京日报》增出对开4版《双休特刊》。2002年1月1日起，《苏州日报》采用国际流行版式，每个新闻版面由三大版块组成。

《扬子晚报》版面也由1985年最初的四开4版增至后来的四开16版、20版、48版、64版。2002年，《扬子晚报》在南京地区发行的报纸最多时超过200版。

（四）随着互联网的兴起，江苏报刊业也紧跟技术发展的步伐，开创了报刊创办网站、电子版的新领域。1998年6月8日，《扬子晚报》推出“扬子晚报网”，这是江苏省首家获得国务院新闻办批准的新闻网站。1998年6月9日，《扬子晚报》电子版在网上发布。1999年6月22日，《无锡日报》在全省地市级党报中率先开办网站，当天报纸电子版在网上发布。此外，2001年7月30日，《扬子晚报》开通基于短信服务的“扬子随身看”，成为中国报业最早一批手机媒体的践行者。2005年4月，《扬子晚报》与江苏移动合作推出江苏第一个彩信手机报——“江苏手机报·扬子晚报”。2008年年初，《盐阜大众报》《盐城晚报》数字报上线。至此，全省13个省辖市党报都构建了“纸质媒体＋手机报、数字报”的传媒新格局。

（五）省、市级党报先后组建报业集团。2001年7月18日，江苏省人民政府经研究并报省委同意，作出《省政府关于同意组建江苏省新华日报报业集团有限公司的批复》。2001年9月28日，新华日报报业集团正式挂牌，自此揭开了江苏省市级党报组建、成立报业集团的帷幕。2002年12月17日，南京日报报业集团挂牌组建。2003年7月1日，盐阜大众报报业集团组建成立。2003年9月28日，苏州日报报业集团揭牌。2003年11月28日，无锡日报报业集团组建成立。至2008年12月10日，第五家市级报业集团——徐州报业传媒集团揭牌成立。

二、发展成果

1978～2008年，江苏报业发展成果集中反映在五个方面：江苏报业不断进行新闻改革，提升办报质量，走上“质量立报”的精品化发展之路；江苏报业市场规模扩大，公开发行的报纸由1978年的4种扩大到2008年的92种；江苏报纸印刷告别“铅与火”，跨进了“光与电”时代，报纸出版进入了“数与网”时代；江苏报业不断增加发行量，开拓广告市场，积极探索报业的多元化经营，经济效益大幅增长；江苏报业通过大专院校培养和向社会公开招聘，逐步建立起一支专业化的新闻人才队伍。

（一）江苏报业从20世纪80年代起，不断加强新闻改革，数次改版，提升办报质量。1978年，江苏报纸开始复刊或创刊时，质量不够高，“不管读者看不看，报纸只管办”，读者意见比较大，因而“质量立报”提上了议程。1984年，新华日报社根据读者调查首次开始新闻改革，提出新闻（消息）要“新、广、短、实、活”，同时加大舆论监督的力度，设立专版增加社会新闻的报道量。2002年，新华日报社再次进行新闻改革。各省辖市党报、晚报也不甘落后，“质量立报”形成共识。

“质量立报”使江苏报业在全国声名鹊起。1991年，在中国新闻奖首届评奖中，《新华日报》言论《舍孔雀而取凤尾》、通讯《老台胞寻女奇遇记》分获一等奖。1992年，《常州日报》消息《溧阳兴办开发区，杜绝盲目乱圈地》获中国新闻奖一等奖。截至2008年，新华日报社（新华日报报业集团）共有44件作品获中国新闻奖。

（二）江苏报业在提升办报质量的同时，也注重扩大报业规模。《新华日报》于1986年1月创办《扬子晚报》，后又新办《服务导报》《每日桥报》（后更名为《南京晨报》）。21世纪初，按照国家报刊整合有关要求，新华日报报业集团成立后，陆续吸收《江苏法制报》《江苏经济报》等报刊，创办《精品》等刊物，对报业内部资源进行有效配置整合，创造出更好的社会效益和经济效益。截至2007年8月，新华日报报业集团由2001年9月成立时的六报一刊，扩展为十二报六刊两网站的规模。

各省辖市党报也不断壮大报业规模。截至2008年年底，南京日报报业集团拥有十报一刊三网站。无锡日报报业集团组建后，强化整合功能，突出各报特色，发挥规模效应。2008年6月20日，“扬州新闻网”和市委宣传部主办的“今日扬州网”合为“扬州网”开通，扬州日报社三报一网格局形成。2008年12月10日，徐州报业传媒集团（徐州日报社）揭牌成立，形成以《徐州日报》为龙头，《彭城晚报》《都市晨报》为两翼，中国徐州网和《都市圈》杂志等为对外窗口，手机报、数字报为新媒体的传媒新格局。

（三）率先进行印刷技术革命，报纸印刷告别

"铅与火"。20世纪80年代,江苏报纸出版印刷还停留在"铅与火"的时代,拣字、接引、拼版、刻字、铸字、轮机、印刷,工序复杂繁琐,又浪费大量人力物力。为改变这一落后状况,新华日报社对报社印刷厂进行更新改造,新建厂房,引进联邦德国罗兰公司的3台高速轮转胶印机,购进"华光"汉字激光照排系统,于1989年1月1日印出第一张彩报,率先在全国省报中进行印刷技术革命,从计算机汉字输入、拼版、激光打样到激光胶片输出,跨进了"光与电"时代,工作流程大大缩短,印刷能力和质量大大提高。从1989年开始,在"华东九报"印刷质量友谊竞赛中,《新华日报》连续七年获得第一。从2003年1月1日起,《徐州日报》《彭城晚报》《都市晨报》全部实现天天出彩报。2005年5月,徐州日报社印务中心在全国地市报印刷厂中率先通过ISO 9001—2000质量管理体系认证,成为按现代管理模式运行的专业化报纸印刷企业。

1998年6月9日,随着《扬子晚报》在省级报纸中率先创办电子版网上发布,江苏报业出版进入了"数与网"时代,许多报社也开始购进新闻采编管理网络系统,实现采编人员无纸化操作。2000年11月,镇江日报社新闻采编网络系统、扬州日报社新闻综合网络系统分别荣获1999～2000年度中国报业电子技术一等奖。从2004年3月开始,新华日报社(新华日报报业集团)及其所属报刊和部门陆续搬迁至被称为"中国报业第一高楼"的新华大厦办公,信息化和智能化是这座大厦最大的亮点,入驻大厦的新华日报社员工每人都有一个身份,根据各自角色定位,进入被授权的系统工作。2007年4月5～7日,《连云港日报》《苍梧晚报》采编自动化办公系统建设与新闻中心建设同步设计、同步施工、同步使用,实现了全数字化网络出版流程。

(四)在努力办报的同时,江苏报业逐渐开展广告经营,积极探索报业的多元化发展。1978年党的十一届三中全会以后,广告的功能开始受到重视,广告在报纸上所占的版面逐渐增多。经省委批复同意,1980年1月1日,《新华日报》开始刊登广告。1992年,《新华日报》又尝试在一版位置刊登广告。2001年新华日报报业集团成立后,积极整合各类经营资源,多次举办新华日报报业集团招商年会。《扬子晚报》《南京晨报》《江苏法制报》《江苏经济报》也都发挥各自优势,在以广告为主营收入的经营中创造了新的业绩。

报业发展不能仅仅依靠广告、发行,必须走多元化发展之路。为此,一些报社尝试打破单一经营格局,筹办各类经营性公司。20世纪80年代,新华日报社成立经营部,新办招待所、餐厅。90年代,组建新华贸易公司、新华房地产公司,与香港客商合资建立华柏彩色印刷公司,形成以报纸传统经营为主,各类经济实体为辅,新闻网站、手机报、电子报等多种新闻产品并存的共同发展新格局。

各市级党报在多元化经营上各显神通,充分发挥地方特色。一是举办多种活动,拓宽经营渠道。1988年3月,《南京日报》联合有关部门举办"国际时装节";2005年10月起,《淮安日报》每年举办房地产博览会、汽车文化节、家装文化节等系列展会活动。二是纷纷开办各类经济实体,增加营业收入。《南京日报》1992年创办南京金陵新闻开发公司,先后拓展烟草、商贸、加油站、旅游、出租汽车等经营业务。三是涉足房产开发,以房养报。《南通日报》2006年合股组建江苏天健置业有限公司,开发了永兴花苑、海安天健花苑、南通天健国际大厦等一批工程。

(五)为满足办报和经营对人才的需求,江苏报业大力培养、培训人才,并推进人事制度改革,调动报社人员的积极性。1978年,江苏报业人才青黄不接,随着一大批报纸复刊、创刊,人员缺口很大。为此,各报社采取许多切实可行的措施:一是培养人才。新华日报社先后与南京师范学院(1984年更名为南京师范大学)、南京育才职业大学联合培养了一批人才;二是选调人才。1979～1983年,连云港日报社从全市各行业调入17人。1984年,该报又从北京引进3名资深编辑、记者和3名印刷技术人员;三是公开招聘人才。扬州日报社1999年在人才公开招聘中,首次增加计算机人才测评分析,对应聘人员人际交往、工作表现、自我意识、情绪状态等方面作出判断,并提出综合评价和建议。江苏报业通过培、选、聘,逐步建立了一支专业的新闻人才队伍。

为了充分调动人才的积极性,实现人尽其才,不少报社推行人事制度改革。一是推行职称评审。新华日报社1982年5月开始评定编辑、记者业务职称试点工作,1986年3月开始职称改革试点工作,并首先进行新闻系列专业技术职务的评定。1987年11月,《新华日报》第一批评聘高级编辑2

名,主任编辑、主任记者31名。二是试行干部聘任。常州日报社于1984年试行干部聘任制,由总编辑聘任部门主任、由部门主任选聘记者编辑。三是引入竞争上岗。盐阜大众报社1988年对中层干部和一般干部实行公开、平等竞争,择优聘任。部门主任产生以后,再由部门主任聘任副主任和本部门编辑、记者。

三、发展特色

江苏报业在改革开放30年的历程中,恪守党报政治家办报理念;发扬党报"全党办报、群众办报"优良传统;不断改版创新提升办报质量;规范南京地区晚报、都市报竞争,建立竞争促发展新格局;开创业界、学界联合培养新闻人才新模式,形成在全国颇具影响的江苏报业发展特色。

(一)江苏报业在发展过程中,始终将政治家办报要求贯穿始终,坚定政治方向,围绕中心,服务大局。特别是对江苏改革开放30年重大典型的报道,浓墨重彩,宣传到位。

1978年5月12日,《新华日报》刊载新华社播发的《光明日报》特约评论员文章《实践是检验真理的唯一标准》,随后报社对江苏开展真理标准问题的学习和讨论作了较为充分的宣传,报纸也从根本上冲破长期"左"倾思想的束缚,开始走上健康发展的道路。

20世纪80年代,著名社会学家费孝通率先提出"苏南模式"。《新华日报》《无锡日报》派出记者深入现场,重点报道"苏南模式"。此外,1984年关于堰桥乡"一包三改"经验的报道,1986年反映江阴乡镇企业规模化、集约化经营的报道,20世纪90年代对江阴阳光集团、锡山红豆集团、宜兴远东集团等新型乡镇企业的报道,尤其是对江阴华西村和带头人吴仁宝的重大典型报道,均在全省乃至全国产生了较大影响。1995年,为配合中宣部、国务院办公厅联合在张家港市召开全国精神文明建设经验交流会,《新华日报》派出记者奔赴张家港市城乡进行全方位采访,开设《张家港精神文明建设新视角》专栏,从宏观、微观诸方面介绍张家港精神文明建设新风貌。

昆山在改革开放快速发展的基础上,走出了一条全面建设小康社会的新时期"昆山之路"。2006年1月6日,《新华日报》在一版刊登了省委政策研究室的文章《走在全面建设小康社会的前列——昆山经验的调查与总结》。1月7日,该报又在一版显著位置,发表省委主要领导在昆山经验报告会上的讲话全文,同时配发社论。从1月8日起,《新华日报》开辟专栏,连续刊登报社记者赴昆山采访组采写的报道。

(二)发扬党报"全党办报、群众办报"的优良传统,加强通联工作。

《新华日报》成为江苏省委机关报后不久,就在南京召开全省通讯员工作会议,明确提出报纸继承革命传统,在新的历史条件下贯彻"全党办报、群众办报"的方针,要求编辑部每一部门都要做通联工作。1989年、1990年、1993年报社编委会又三次发出通知,要求发挥全省通讯员积极参与办报的作用。1993年2月,《新华日报》全省通讯员作品荟萃《群蜂集》一书由南京大学出版社出版,全书34万字,收录96位新老通讯员的130余篇作品,发行近万册。这是江苏报业坚持全党办报、群众办报的成果之一。1995～2001年,《新华日报》经历两次较大的改版。改版中,报社编委会发动全省广大通讯员献计献策,并开展大规模征询读者建议活动。

《泰州日报》在贯彻"全党办报、群众办报"方针中,提出"小编辑部,大通联"的思路,努力建立起覆盖全市各地、各阶层,且相对稳定的通联队伍。《江苏石油报》培养、锻炼了一支素质较好的通讯员队伍,有600多名通讯员遍布油田各个单位,来稿量、用稿量逐年提高。

(三)不断更新和深化办报理念,积极改版创新、提升办报质量。

1993年,《新华日报》由对开4版改为8版,结束了1952年以来对开4版的历史。这次改革改版的理念是:前四个版按照党报的要求来办,扬党报所长;后四个版更多地吸取晚报的经验,办专版,力求引人入胜。1995年12月1日,《新华日报》再次改革改版,建立新闻宣传"顶天立地"的总体格局。所谓"顶天",即强化对党中央、国务院和省委、省政府重大决策的报道,对党委和政府的重大决策力求"报深、报透、报活、报到位";所谓"立地",即强化与人民群众切身利益密切相关的各类新闻的报道。2007年3月,《新华日报》又以"高度、贴近、开放"为理念进行改革改版,对版面内容格局进行调整,对版容版式进行创新。

各市级党报、晚报也不断创新办报理念。21世纪初,《常州日报》与《常州晚报》分别明确“权威主流媒体”和“市民服务生活手册”差异化办报定位和理念,并逐渐形成各自办报特色。《无锡日报》2003年明确“大报品位、大众口味”办报理念,2008年进一步强化党报姓“党”与“三贴近”的办报理念,提炼出“权威、高度、贴近、服务”八字方针。《连云港日报》自1986～2008年的22年间,实践和深化办报理念,组织《新西游记》《陆桥行》《沿海万里行》和《八千里路走连霍》4次大型异地采访活动。

(四)对南京地区晚报、都市报激烈竞争加以规范,促成江苏报业生态和谐和竞争有序的发展新格局。

1999年5月9日,《江苏商报》在南京创刊,并在当时四角一份的报业市场上率先打出“两角”牌,搅动了南京报业市场。此后,《现代经济报》更名为《现代快报》,推出“一角”报价,日发行量从几千份冲上10万份。1999年年底,《每日桥报》改版为双面彩对开大报,也跟进“一角”报价,日发行量从5万份冲到20万份。2000年年初,江苏报业主管部门介入南京报业“价格战”,协调、制定出晚报、都市报协议最低限价3角的政策。虽然各报恢复到正常报价,但报业竞争一直没有停止。各报社为了在激烈的竞争中立于不败之地,纷纷创新,改版、改版、再改版。《扬子晚报》发挥晚报优势,强化当日新闻、夜间新闻和独家新闻,加强新闻报道的创新策划。2000年年底,《每日桥报》改版并更名为《南京晨报》。虽然这次各家报社没对报纸降价,但报刊亭纷纷搞起捆绑销售,五角两份,一元四份,使各家晚报都市报的发行量都很快突破30万份。

2001年,新生代市场监测机构曾选取中国有代表性的20个大型城市,对15～64岁的居民进行每日接触媒体状况调查。1999年,20个城市报纸日平均到达率为71.7%,日到达率最高的城市是南京,为85%;1999年和2000年两年平均报纸阅读率最高的5个城市中,南京又居首位,为83.6%。南京地区日报纸到达率、阅读率之所以双双蝉联榜首,与在全国独树一帜的报业市场竞争不无关系。

南京报业竞争孕育了庞大的发行市场。据统计,2001年,南京有报刊亭540个、零售摊点1 500多个,加上流动的售报点和部分奶站、超市等参与售报,一度达到近4 000个报纸零售终端,全国少有。这在报纸发行渠道上促进了南京报业的繁荣。另外,一些报社还建起了自己的发行队伍。《扬子晚报》出资组建江苏九九递送有限公司,《南京晨报》《金陵晚报》也组建专业的报纸征订、投递队伍。

南京报业竞争,还带动了江苏省内和邻近省市报刊市场的繁荣。《现代快报》《南京晨报》分别在无锡、常州、镇江、盐城及安徽马鞍山市等地分印,《扬子晚报》《服务导报》在上海设立记者站、分印点,将报纸卖到了上海市的大小报摊。

(五)大力培养、培训新闻人才,开创业界、学界联合培养新闻人才先河。

1977年下半年,全国恢复高考。新华日报社与南京师范学院(1984年更名为南京师范大学)合办中文系新闻班,招生41人,学制4年。联合办班由省委宣传部直接领导,新华日报社和南京师范学院联办共管,理论课程由学校承担,实践课程由新华日报社负责,报社派3名干部负责班级工作。1982年2月,41名同学毕业后,其中15人分配到新华日报社工作,其他同学或分配至省内各新闻媒体、宣传部门、研究机构等,或考取研究生、从事教育等工作,成了新闻宣传战线的骨干。1984年,新华日报社与南京育才职业大学签订协议书,报社出资支持办学,并派人到校授课,培养新闻、企业管理专业人才。1987年,育才职业大学第一届毕业生中有新闻专业10人、企业管理专业4人分配到新华日报社工作。

在地市级党报中,1985年,无锡日报社和无锡电视大学联合创办电大新闻班,学制三年,定向培养出64名大专生;1986～1988年,连云港日报社争取市电大支持,专门在报社开办电大新闻班,有22人取得大专学历;2003年盐阜大众报报业集团、2007年淮安日报社分别与南京大学新闻学院联办在职研究生班,学员获得南京大学新闻研究生课程班结业证书,有部分人员获得新闻硕士学位。

除了与高校联合培养人才外,一些报社还自我办学培养人才。南京日报社兴办的业余新闻学校,1985～1998年共开办20期,培养2 000多名学员。2008年,新华日报报业集团为加强对中青年干部的培养,专门设立“新华传媒管理学院”,并举办中青年干部高级管理培训班,邀请全国一流专家、学者授课。

第一章　报业出版管理

党的十一届三中全会以后，江苏省报纸出版品种越来越多，报业规模越来越大。为促进报业的发展与繁荣，规范报纸出版活动，全省不断理顺管理体制，加强报纸出版管理。直到20世纪90年代中期，形成省新闻出版局、省版权局、省出版总社三位一体的报纸出版管理体制。

各省辖市结合自身实际，成立新闻出版管理部门，负责报纸出版管理。

除了报纸出版常规管理外，江苏省在1978～2008年的30年间，先后对报业市场进行三轮专项治理整顿，优化报业结构，提高报业质量，规范报业竞争，促进报业健康发展。

30年间，中共江苏省委、省委宣传部对全省的新闻宣传、报刊管理工作，作过许多重要的指示、批示，下发管理文件，召开专门会议。有关这些指示、批示、文件、会议精神均通过全省各级报刊管理机构、报刊社传达、落实，转化为指导日常工作的实际行动。详细内容参见《江苏省志（1978～2008）·中共志》。

第一节　管理机构

省级报纸出版管理机构变动多次。1978 年 6 月，由江苏省革命委员会出版事业管理局负责全省出版发行管理工作。后经历多次改革、变动，至 2000 年 9 月，在省政府机构改革中，保留江苏省新闻出版局(与江苏省版权局一个机构、两块牌子)，为省政府主管全省新闻出版事业和著作权管理的直属机构。江苏省新闻出版局内设“报纸期刊出版管理处”，专门负责报纸出版管理工作。

市级报业出版管理机构起始于 1987 年 10 月，各地级市在文化局内设置相应的管理部门。1996 年地级泰州市、宿迁市成立后，两市文化局分别增挂新闻出版局、版权局牌子。2001 年，在全省省辖市政府机构改革中，13 个省辖市的新闻出版、版权管理机构进行相应调整和重组。

一、省级机构

1978 年 6 月，省革委会出版发行局改为江苏省革命委员会出版事业管理局，负责全省出版发行管理工作。1980 年 4 月，江苏省人民政府批准成立江苏省出版事业管理局，作为全省出版管理机构。1983 年 7 月，经省委研究决定，江苏省出版事业管理局更名为江苏人民出版社(事业性质)；同年 11 月，经省委批准，再次更名为江苏省出版总社，承担原先的出版管理行政职能和工作任务。1987 年 2 月，根据国务院〔1987〕3 号文件精神，省政府决定恢复成立江苏省出版事业管理局，列入政府序列(保留江苏省出版总社，与江苏省出版事业管理局两块牌子、一个机构)，负责管理和监督全省图书报刊出版发行工作；8 月，根据中共中央〔1987〕10 号文件精神，省政府决定，撤销江苏省出版事业管理局，成立江苏省新闻出版局(列为省政府工作部门序列)，与江苏省出版总社合署办公，负责全省新闻出版事业管理工作；10 月，江苏省编制委员会批复同意省新闻出版局内设报刊管理处，负责全省报纸、期刊的审批(核)、审读、记者证发放和记者站、进口报刊审批(检)及报刊的日常管理工作。1994 年 8 月，省政府决定，江苏省新闻出版局增挂江苏省版权局牌子，承担全省著作权管理工作。

2000 年 9 月，在省政府机构改革中，保留江苏省新闻出版局(与江苏省版权局一个机构、两块牌子)，为省政府主管全省新闻出版事业和著作权管理的直属机构，内设“报纸期刊出版管理处”，负责“拟订报刊总量、结构、布局规划；承办新办报刊和建立报(刊)业集团、分支机构及报刊更名的审核、报批工作；负责报社、期刊社年检和报刊质量监督，组织对报刊的审读，组织查处违禁报刊和报社、期刊社的违规行为；承担与有关部门共同审核驻江苏记者站设立方面的工作；承担核发新闻记者证的有关工作”。

二、市级机构

1987 年 10 月，江苏省编制委员会批复同意省新闻出版局内设机构的同时，同意全省 11 个省辖市可在市文化局内设置相应的管理机构，负责新闻出版工作。按照这一原则，此后一个时期，各省辖市相继设置新闻出版管理机构。南京成立市新闻出版局，列为市政府直属事业局；苏州、无锡、常州、徐州、连云港 5 市成立新闻出版处，扬州、淮阴、盐城、南通、镇江 5 市在文化局内设立新闻出版科。1996 年地级泰州市、宿迁市成立后，两市文化局分别增挂新闻出版局、版权局牌子。

2001 年，在全省省辖市政府机构改革中，13 个省辖市的新闻出版、版权管理机构进行相应调整和重组。南京市新闻出版局由市政府直属事业局升格为市政府工作部门。苏州市新闻出版局由行政二级局升格为一级局，列为市政府工作部门。常州市新闻出版局明确为行政二级局。其他各市的新闻出版局、版权局与市文化局实行三块牌子、一套机构，并设有承担新闻出版、版权管理职能的相关处室。

为规范和加强省辖市新闻出版行政部门的管理职能，1988 年 5 月，省新闻出版局制定市一级新闻出版管理机构的职责、任务，其中明确：做好报刊的日常管理工作，包括建立报刊档案，有选择地审读报刊，做好内部报刊和非正式出版物的申报工作等。2001 年 3 月在省辖市政府机构改革工作完成后，省新闻出版局又专门制定下发《省辖市新闻出版(版权)管理部门工作职责(试行)》，其中明确：各省辖市新闻出版（版权）管理部门负责本地区报刊创办、年审和日常项目变更的审核、申报工作；负责审读本地区的报纸、社科类期刊；负责对驻地记者站的审核、申报、指导、监督和管理。

第二节　治理整顿

1978～2008年的30年间，江苏报业在改革发展进程中，先后经历了三轮专项治理整顿。

一、第一轮报刊治理整顿（1984～1990年）

1984年7月，根据中共中央、国务院《关于加强出版工作的决定》中所作出的开展报刊整顿的方针、政策和部署，省委办公厅印发省委宣传部《关于整顿报刊和加强出版管理工作的意见》，部署开展报刊整顿工作，明确提出要切实加强对公开发行报纸、期刊的领导，各种报纸、期刊都要明确主管部门；创办公开发行的报纸、期刊，必须严格履行审批手续。同时出台《关于内部发行报刊审批登记的实施办法》，建立对内部发行的报纸、期刊的报批、登记制度。根据中央确定的清理整顿任务，各省报刊压缩指标为10%～20%。此次报刊整顿前，全省共有公开发行报纸33种、期刊120种，其他未经批准登记的各类小报170余种、刊物200余种。

1987年5月4日，根据中央有关文件精神和报刊要"减少数量、提高质量、合理布局"的原则，省委常委会专题研究报刊整顿问题并形成决议：一是原则同意省委宣传部关于认真整顿报纸和社会科学期刊的意见。二是报刊太多，要下决心减掉一部分。要做好重新登记、换证工作，条件不具备的、重复的和没有必要的报刊要坚决停掉。市一级原则上只能办一种报纸，有条件的市办一种期刊，市里局一级不办报纸刊物。三是所有报刊按照谁主办谁负责的原则，主办报刊的单位党委要负完全政治责任。要下功夫提高采编人员的政治、业务素质。四是切实加强对报刊的管理。省由省委宣传部和省出版事业管理局负责；各市由市委指定一两个部门负责报刊管理工作。5月26日，省出版事业管理局转发新闻出版署《关于报纸、期刊和出版社重新登记注册的通知》，在报刊整顿基础上，首次全面开展报刊登记注册和重新发证工作，对报刊名称、主办单位、主管单位、地址、办报宗旨、编辑方针、审批单位意见等项目进行登记。全省共登记发放正式报纸登记证62种、临时报纸登记证5种，正式期刊登记证105种、临时期刊登记证180种。8月17～19日，省委宣传部、省文化厅会同新成立的省新闻出版局，联合召开全省报刊整顿、打击非法出版活动工作会议，对开展全省报刊整顿、打击非法出版活动进行部署。10月12日，省委宣传部、省科学技术委员会、省新闻出版局联合印发《关于发放内部报刊准印证的若干实施意见》，对全省的内部报刊进行全面清理、检查，重新核发内部报刊准印证。规定凡没有准印证的内部报刊，限于1987年年底前停办。

1989年10月，根据中央办公厅、国务院办公厅《关于压缩整顿报刊和出版社的通知》精神，省委宣传部、省政府办公厅、省新闻出版局联合召开全省整顿、压缩报刊和出版社工作会议，并提出《关于全省报纸和社会科学期刊压缩整顿的实施意见》，再次对存在的180种正式报刊（其中正式报纸68种、正式期刊112种）清理、整顿、压缩，共停办《影剧之声报》《小学生数学报》《南京广播电视报》《苏州广播电视报》《无锡广播电视报》《常州广播电视报》《镇江广播电视报》《南通广播电视报》《徐州广播电视报》《书法艺术报》10种报纸，《东方纪事》等社科类期刊11种，压缩比例达11%。

在全省正式报刊压缩整顿工作完成后，1990年继续开展内部报刊压缩整顿工作。按照中宣部和新闻出版署《关于压缩整顿内部报刊的通知》要求，8月22日，省委宣传部、省新闻出版局联合召开全省压缩整顿内部报刊和清理整顿记者站工作会议；8月29日，又联合印发《关于压缩整顿内部报刊的实施意见》，明确提出压缩整顿内部报刊的意见，确定对全省869种内部报刊（其中内部报纸367种，内部期刊502种）按30%左右的比例压缩整顿。

二、第二轮报刊治理整顿（1996～1998年）

1996年，中央办公厅、国务院办公厅印发《关于加强新闻出版广播影视业管理的通知》，部署开展报刊治理工作。为贯彻落实中央要求，省委宣传部、省新闻出版局对全省 1 352 种报刊进行排查摸底，重点对公开发行的 102 种报纸、140 种社科期刊和 864 种内部报刊进行全面调查。在此轮报刊治理中，全省共压缩报纸 8 种（《小学生语文导报》《科技汇报》《扬子报》《金陵石化报》《连云港港报》《南通港口报》《仪化集团报》《影剧文摘报》），转系列 2 种（《小学生数学报》《人民前线》），更名 1 种（《消费文摘报》更名为《京江晚报》），合并 9 种（苏州、镇江、常州、南通、扬州、徐州、淮阴、盐城、连云港、无锡 10 家广播电视报合并后更名为《江苏声屏》，各地市出版分版，统一使用原《无锡广播电视报》的国内统一刊号）。对原有的 864 种省内报刊，停办 218 种，转为内部资料性出版物 489 种，暂予保留 157 种。1998 年 9 月，经新闻出版署批复同意，《南大报》等 66 种高校校报转为国内统一刊号单独系列。1998 年 10 月，由中宣部、新闻出版署、国家广电总局组成的中央检查组对江苏报刊治理情况进行检查验收。

三、第三轮报刊治理整顿（2000～2003 年）

2000 年 4 月，根据中办发〔1999〕30 号《关于调整中央国家机关和省自治区直辖市厅局报刊结构的通知》精神，省委宣传部、省新闻出版局召开全省报刊结构调整大会，部署开展全省报刊结构调整工作。经省领导小组审定，并报新闻出版署批准，省各委办厅局不再办报，只保留一份工作指导性期刊。此次报刊调整共停办报纸 1 种，划转党报、出版社报纸 9 种、期刊 6 种。

2001 年，省委、省政府把开展报刊专项治理列为年度重点工作。省委常委会专题研究部署，成立由省委副书记、省纪委书记曹克明，省委副书记、宣传部长任彦申挂帅，省委宣传部、省新闻出版局、省廉政办三部门参加的报刊专项治理领导小组。6 月 10 日，省委常委会扩大会听取领导小组办公室关于报刊专项治理工作的专题汇报，会议强调要从讲政治、讲党性、讲全局、讲纪律的高度，充分认识报刊治理工作的重要性、紧迫性和必要性，省委书记回良玉对全面推进报刊治理工作作出重要批示。6 月 20 日，省报刊专项治理工作领导小组召开全省报刊专项治理工作通气会。9 月 26 日，召开全省报刊专项治理电视电话会议，进行动员部署，并就贯彻省委办公厅、省政府办公厅转发省报刊专项治理工作领导小组办公室《〈关于停办省内刊号报刊或转为内部资料性出版物的请示〉的通知》精神提出具体要求。围绕“确保导向、控制总量、优化结构、规范竞争、健全制度、促进发展”的指导思想，省报刊专项治理工作领导小组从六个方面开展治理工作：一是根据“调整结构、减少重复、提高质量、控制总量”的原则，停办 100 家省内刊号报刊，其中报纸 35 家（含 28 家县市报），期刊 65 家。下发《关于停办、划转市辖区报纸的通知》，对 1 家区办报纸、6 家县改区的报纸予以停办或划转。二是制止强行摊派征订报刊。下发《关于整顿报刊发行秩序，切实做好减轻基层负担工作的通知》，对报刊发行总的原则、范围、比例、种类、监督等都作了明确规定。三是加强管理，规范竞争。下发《关于对报社记者站及其他派出机构进行清理整顿和重新登记的通知》《关于对内部资料性出版物准印证重新核验、换证的通知》《关于进一步规范南京地区报纸价格的紧急通知》。四是加强队伍建设，健全相关制度。五是查处违纪违规报刊。对违规刊发政治导向错误文章的《经济早报》《外经导报》给予停业整顿处罚。六是调整结构，遏止同质化竞争。根据“区不办报”的精神，将县改区后原县（市）报刊号划转给市级党报办子报。

2002 年，围绕继续做好报刊专项治理工作，省委宣传部、省纪委、省新闻出版局组织开展对部分地区省内刊号县报停办或被市级党报吸纳情况调研检查，制定下发《关于进一步规范市级党报吸纳县市级党报有关工作的通知》《关于规范全省机关报刊发行秩序的通知》，督促落实省两办〔2001〕90 号文件精神。

2003 年，中央作出开展治理党政部门报刊散滥和利用职权发行、减轻基层和农民负担的重大决策后，省委、省政府高度重视。8 月 3 日，省委召开治理党政部门报刊散滥电视电话会议，传达中央报刊治理工作领导小组要求，部署开展全省报刊治理工作。9 月 29 日，中央报刊治理工作领导小组办公室批复同意江苏报刊治理工作方案。10 月 8 日，江苏省报刊治理工作领导小组召开电视电话会议进行动员部署，制定下发《关于贯彻落实我省报刊治理工作方案的实施办法》。11 月，针对报刊治理工作中存在的问题，又分别召开省级党政部门报刊治理和县（市、区）党报治理工作会议，下发《关于进一步做好省级党政部门报刊治理工作的通知》《关于进一步做好县（市、区）党报治理工作的通知》。此次报刊治理，全省共停办省级党政部门期刊23种，县级党报50种，划转期刊14种，管办分离期刊11种，有偿兼并县级党报12种。报刊治理中需要分流安置人员近3 000人，处置资产约2.4亿元，省编办、省财政厅、省人事厅、省新闻出版局等部门专门下发《关于做好报刊治理中有关机构编制调整工作的通知》《关于江苏省报刊治理工作中人员分流安置和资产处置有关问题的通知》，保证报刊治理工作平稳有序推进。

第三节　常规管理

省、市新闻出版行政部门的报刊常规管理，主要是报刊审读管理、报纸年度核验、新闻记者证管理、新闻采编职业资格管理、报刊记者站管理。

一、报刊审读管理

报刊审读是江苏新闻出版行政部门的一项重要任务和职责，是加强报刊管理的重要手段。江苏报刊审读工作起步较早，1988年11月，根据新闻出版署《关于加强对报纸、期刊、图书审读工作的通知》精神，省新闻出版局起草制定《江苏省报纸、期刊审读办法》《报纸审读人员职责和工作条例》《关于市一级新闻出版管理部门报刊审读的补充意见》等审读制度，指导各市根据本地实际，制订加强报刊审读工作的实施细则，逐步开展报纸审读工作。省新闻出版局设立审读室，创办《江苏报刊审读与管理》，不定期编发报刊审读报告。

为保证报刊审读工作正常开展，省、市两级逐步建立相对稳定的报纸审读队伍。自1989年起，省新闻出版局开始聘请有报刊从业经历、有较高水平的离退休老干部为报刊审读员，并根据人员年龄状况和工作需要，及时调整补充审读员队伍。1992年8月，省新闻出版局下发《关于进一步加强各市报刊审读工作的通知》，对报刊审读的范围与重点、审读队伍建设、审读制度的建立健全等提出要求，指导促进各市新闻出版管理机构和各报社相应建立审读队伍，建立省、市、报社三级审读网络，审读工作逐步走向经常化、制度化、规范化。

在报纸审读工作中，省、市两级采取书面审读与面对面审读相结合，宏观审读和微观审读相结合，个人审读与集体审读相结合，一般审读与重点审读相结合，纵向审读与横向审读相结合，以及审读与调查研究、总结交流、评优、报刊检查相结合等，配合报刊治理整顿和报刊评优、评估分级工作同步推进，及时反映各报刊宣传报道中的情况和问题，为推动改进宣传报道、加强报刊管理提供重要依据。

二、报纸年度核验

1993年10月，根据新闻出版署《关于更换报纸登记证并实行验证制度的通知》要求，省新闻出版局首次实行报纸登记证年检制度，对全省所有编入国内统一刊号的正式报纸在年底前统一更换由新闻出版署重新印制的“报纸登记证”。新更换的报纸登记证增加年检审核部分，每年进行审核。

为进一步规范和加强对报刊出版活动的监管，2006年2月，新闻出版总署颁布实施《报纸期刊年度核验办法》，规定凡已履行登记注册手续，编入“国内统一连续出版物号”的报纸、期刊，均按年度对登记项目审核查验。根据该办法的规定，省新闻出版局于每年2～3月，组织开展对省内报刊的年度核验，并根据核验情况，对报纸分别作出通过年度核验、暂缓年度核验和不通过年度核验的处理。

三、新闻记者证管理

新闻记者证是新闻记者从事新闻采编活动的唯一合法证件。20世纪90年代以前，全国报刊管理比较松散，记者证管理也相对较为混乱。

1989年4月，新闻出版署下发《关于重新核发记者证的通知》，部署开展记者证重新核发工作；7月，省新闻出版局制定下发《关于重新核发记者证的实施意见》。因记者证核发工作与当年报刊整顿工作冲突，核发工作暂停。1990年9月，新闻出版署再次下发《关于继续进行重新核发记者证工作的通知》，要求各新闻机构按照规定严格审核本单位记者资格，并对核发具体事项作详细说明：一是发证单位为编入“国内统一刊号”的报社及通讯社、广播电台、电视台、新闻电影制片厂；二是发证人员为“新闻机构编制内具有新闻专业技术职务并从事编采工作的正式工作人员”，即在编人员；三是党务、行政、后勤、经营、广告等非采编部门的人员，一律不发记者证；四是采取统一编号，即报社记者证的编号为十位阿拉伯数字，前六位数字与该报的“国内统一刊号”相同，后四位数字为报社记者证的流水编号。本次核发记者证时，对于有本职工作而兼为报刊社采编新闻稿件的人员，可按不超过本单位10％～15％的比例，发放特约记者证。

1998年，根据新闻出版署统一部署，省新闻出版局组织开展新闻记者证的换发工作，全省报刊、电台电视台新闻采编人员近万人于当年9月1日起启用新版记者证。

2003年，结合开展新闻采编人员资格培训工作，新闻出版总署下发《关于全国统一换发新闻记者证的通知》，部署开展新闻记者证改版换证工作，全省报刊单位的4 230名新闻采编人员参加资格培训并换发新闻记者证。此次换证首次在网上公布所有记者证信息，新闻单位通过“中国记者网”可随时申请新记者证，随时注销老记者证，新闻出版行政部门可随时审核申请、随时发放新证，从而实现对流动性越来越大的新闻采编队伍的记者证进行有效管理。此次记者证发放还突破过去只给正式在编采编人员发证的政策，允许向新闻机构正式聘用从事新闻采编工作且连续聘用时间达一年以上的人员发放记者证。新版记者证由新闻出版总署统一印制、编号、核发，每五年换发一次，每年对新闻记者证进行年度核验。

四、新闻采编职业资格管理

为加强新闻工作的监督管理，提高新闻采编人员队伍整体素质，逐步建立新闻从业人员资格管理，结合换发新闻记者证，中宣部、新闻出版总署和国家广电总局于2002年11月联合发出《关于开展新闻采编人员资格培训工作的通知》，决定在换发新闻记者证之前，对全国新闻单位的新闻采编人员开展资格培训。根据规定，参加培训的新闻采编人员经过考核合格后，可获得新闻出版总署统一印制的新闻采编人员资格培训合格证书，作为换发新闻记者证的必备条件之一。

省委宣传部、省新闻出版局、省广电局专门成立江苏省新闻采编人员资格培训工作领导小组，联合制定下发《关于做好新闻采编人员资格培训工作的实施意见》，省新闻出版局配套下发《关于开展全省新闻采编人员（报社和新闻性期刊社）资格培训工作实施细则》，共完成5 134名报刊新闻采编人员的资格培训。

此后，省新闻出版局每年均举办全省报刊新闻采编人员资格培训班，对报刊出版单位中新录用的新闻采编人员进行资格培训。截至2008年，全省共有6 578名报刊新闻采编人员通过培训取得新闻采编人员资格培训合格证书。

五、报刊记者站管理

记者站是报刊社根据新闻采访需要常驻编辑部以外地区的派出机构。20世纪80年代，全省记者站（包括中央新闻单位驻苏记者站以及省市级新闻单位驻地方记者站）设立过多、过滥，记者站人员较为混杂，管理较为混乱。

1989年11月，根据新闻出版署《关于对各地报刊记者站进行调查统计的通知》精神，省委宣传部、省新闻出版局部署开展对全省各地报刊记者站的调查统计工作。据初步了解，是年全省共有记者站、办事处、信息站296家（其中驻省19家，驻南京市47家，驻苏州市28家，驻无锡市37家，驻常州市16家，驻镇江市12家，驻南通市23家，驻盐城市23家，驻淮阴市18家，驻徐州市23家，驻连云港市25家，驻扬州市25家），这些派出机构存在多头审批或不经审批的情况。1990年8月，根据中宣部和新闻出版署《关于对报（刊）社记者站进行清理整顿和重新登记的通知》要求，省委宣传部、省新闻出版局专门制定《关于记者站重新登记的具体办法》，对报刊社记者站进行清理整顿和重新登记。

1992年4月，省新闻出版局转发新闻出版署《关于印发〈报社记者站管理暂行办法〉的通知》，进一步规范加强对报社记者站的管理。通过重新登记，全省压缩记者站30％。

1998 年，省新闻出版局开展记者站清理工作，共登记保留驻苏记者站 157 家，撤销 14 家。

2001 年 7 月，为贯彻落实新闻出版总署《关于进一步加强对报社记者站管理的通知》精神，省委宣传部、省新闻出版局印发《关于对报社记者站及其他派出机构进行清理整顿和重新登记的通知》，并在新闻媒体发布《关于开展报（刊）社记者站及其他派出机构清理整顿工作的通告》，部署开展清理整顿工作，重新登记报刊社驻苏记者站 170 家，撤销 21 家。

2004 年，根据新闻出版总署文件精神，省委宣传部、省新闻出版局联合开展报刊社驻苏记者站清理整顿，对 218 家符合建站条件的驻苏记者站予以重新登记并公告。

2007 年，根据新闻出版总署《关于进一步规范报刊记者站的通知》精神，省委宣传部、省新闻出版局组织开展记者站清理整顿工作，对 207 家报刊社驻苏记者站重新登记。

第二章　省级党委机关报与省级报业集团

江苏省委机关报——《新华日报》，是一张具有光荣历史和优良传统的党报。改革开放以后，《新华日报》紧紧围绕中央决策部署，省委、省政府中心工作和群众关注关切，积极开展宣传报道，充分发挥主流媒体的引领作用。

2001年6月22日，国家新闻出版总署做出"关于同意组建新华日报报业集团的批复"。同年7月18日，江苏省人民政府经研究并报省委同意，作出《省政府关于同意组建江苏省新华日报报业集团有限公司的批复》。2001年9月28日，省委、省政府为新华日报报业集团揭牌、颁牌。

考虑到本志市县级党报章节的完整性，纳入到新华日报报业集团管理的《宿迁日报》《昆山日报》《海门日报》《靖江日报》《东台日报》，不列入本章记述范围，见第三章。

第一节 《新华日报》·新华日报报业集团

《新华日报》作为江苏省委机关报，始终坚持全党办报、群众办报，不断进行新闻改版和改革，以提高党报的新闻宣传质量。分别于1984年、1993年、1995年、1999年、2002年、2007年进行6次重要改革改版，其中1984年，提出新闻（消息）要“新、广、短、实、活”，对充斥版面的会议报道，提出了八条具体改进意见；1993年1月1日起，报纸由对开4版扩为对开8版；2002年，推出以“五个突破”为主要内容的改版方案；2007年，对版面内容格局进行调整，对版容版式进行创新，使报纸版式端庄大气，读者阅读更加方便。

《新华日报》在提升办报质量的同时，也注重扩大报业规模。1983年至1993年，新华日报社先后兴办了不少报刊，并逐渐形成《扬子晚报》《服务导报》《新闻通讯》在内的三报一刊的报业格局。1996年至2000年，根据江苏省报刊治理整顿的统一部署，新华日报社接收省机械工业厅主办的《江苏机械报》（后更名为《南京晨报》）、省计经委主办的《江苏经济报》、省外经贸委主办的《经贸导报》，形成了六报一刊的报业发展格局。2001年，组建新华日报报业集团。至2007年8月，新华日报报业集团由2001年9月成立时的六报一刊七家子公司扩展为十二报六刊两网站十一家子公司。

一、发展改革历程

党的十一届三中全会前后，《新华日报》两次集中宣传真理标准问题。1978年5月12日刊载新华社播发的《光明日报》特约评论员文章《实践是检验真理的唯一标准》，随后对江苏开展真理标准问题的学习和讨论作了较为充分的“补课”宣传。报纸也从根本上冲破长期“左”倾思想的束缚，开始走上健康发展的道路。

1983年上半年开始，《新华日报》关注并推进报业的发展。1983年5月2日与省供销合作社联合创办《致富报》，由《新华日报》农村处承办。1989年1月《致富报》改为《新华日报》农村版。1985年1月1日同时创办《新华青年报》（《新华日报》和共青团江苏省委共同领导）、《江苏市场报》，分别由《新华日报》政治处和工商处承办。1984年1月创办《新闻通讯》杂志。1986年1月1日创办《扬子晚报》（省二级局建制），同时停办《新华青年报》和《江苏市场报》。1993年1月1日《致富报》（《新华日报》农村版）改名《服务导报》。新华日报社形成三报一刊的报业格局。

1996年，根据江苏省报刊治理整顿的统一部署，由省机械工业厅主办的《江苏机械报》改为新华日报社主办并主管。同年1月18日，根据国家新闻出版署批复，由《江苏机械报》更名后的《每日桥报》创刊。2000年11月15日《每日桥报》更名《南京晨报》。2000年6月29日，原由省计经委主管、主办的《江苏经济报》，改由新华日报社主管、主办。2000年7月，原由省外经贸委主管、主办的《经贸导报》划转为新华日报社主管、主办。新华日报社形成《新华日报》《扬子晚报》《服务导报》《南京晨报》《江苏经济报》《经贸导报》《新闻通讯》六报一刊的集团化格局。

2001年6月22日，新闻出版总署作出“关于同意组建新华日报报业集团的批复”。2001年7月18日，省政府经研究并报省委同意，作出《省政府关于同意组建江苏省新华日报报业集团有限公司的批复》。批复指出：“同意组建江苏省新华日报报业集团有限公司。集团公司性质为国有独资公司，出资者为江苏省人民政府。注册资本为2 000万元人民币。”“江苏省新华日报报业集团有限公司建立后，要进一步发挥宣传舆论中的主导作用，优化报业结构，合理配置资源，发挥集团的整体优势，发展壮大报业经济，有效实现国有资产效益最大化，更好地为江苏两个文明建设服务。”2001年9月28日，省委、省政府为新华日报报业集团揭牌、颁牌。9月29日，新华日报报业集团召开员工大会，举行挂牌仪式。

新华日报报业集团成立后，所属子报、子刊、子公司、网站发生许多新变化。2002年5月16日，新华日报报业集团新华报业网举行开播仪式，标志着新华日报报业集团从此拥有了自己的新闻网站。10月17日，《宿迁日报》加盟新华日报报业集团，加盟协议签字仪式在南京举行。省级报业集团和市级机关报实行报业资源整合，在中国报业是一个创举。

2003年1月,《新闻通讯》杂志更名《传媒观察》,并跻身全国新闻核心期刊行列。4月,《经贸导报》更名《扬子经济时报》,主要随《扬子晚报》在苏南地区发行。12月,原省委组织部和宣传部主管、主办的《党的生活》杂志划归新华日报报业集团主管、主办。12月26日,经新闻出版总署批准,《江苏法制报》主管、主办单位由省政法委变更为新华日报报业集团;《昆山日报》由昆山市委主管、主办变更为新华日报报业集团主管、昆山日报社主办;《海门日报》由海门市委主管、主办变更为新华日报报业集团主管、海门日报社主办;《靖江日报》由靖江市委主管、主办变更为新华日报报业集团主管、靖江日报社主办;《东台日报》由东台市委主管、主办变更为新华日报报业集团主管、东台日报社主办。与此同时,经省新闻出版局批准,原省物价局主管、主办的《江苏物价》,省统计局主管、主办的《江苏统计》,省政府外事办公室主管、主办的《江苏外事》等三份刊物均划归新华日报报业集团主管、主办。

2004年3月2日,经新闻出版总署批准,新华日报报业集团创办全国第一份新闻性健康周刊《精品·健康导刊》。5月,新华日报报业集团实行的"一报四刊"资源整合工作中,《党的生活》刊名和办刊宗旨不变;《江苏物价》《江苏统计》《江苏外事》三份刊物更名《培训》《动漫界》《车秀》;《服务导报》重新定位,更名《扬子体育报》。

至2007年8月,新华日报报业集团由2001年9月成立时的六报一刊七家子公司扩展为十二报六刊两网站十二家子公司,即:《新华日报》《扬子晚报》《南京晨报》《江苏经济报》《江苏法制报》《扬子经济时报》《扬子体育报》《宿迁日报》《昆山日报》《海门日报》《靖江日报》《东台日报》;《传媒观察》《党的生活》《精品》《培训》《动漫界》《车秀》;新华报业网、扬子网;新华报业印务公司、新华柏印务有限公司、新东印务公司、新华传媒投资公司、江苏华汇新闻实业公司、新华广告公司、扬子广告公司、九九递送有限责任公司、新华房地产开发公司、扬子信息公司、图书编辑出版中心(筹)。

自1949年《新华日报》在南京恢复出版至2008年,新华日报办公地址经历了3次搬迁。1949年开始,办公地址在南京市中山路55号。1989年春天,启用管家桥65号新办公楼。2004年,搬迁至中山路55号原址重建的新华大厦。这座被称为"中国报业第一高楼"的智能大厦,矗立在繁华的新街口闹市区,高52层、182米,总建筑面积约9万平方米,是当时南京市第三高楼。它集办公、会议、宾馆、餐饮等功能为一体,信息化和智能化是其最大亮点。新华日报报业集团信息化系统,是国内媒体中功能最完备、技术最先进的系统之一。集团员工根据各自角色,进入被授权的系统工作,写稿、发稿、编辑、组版全部网上完成,实现办公无纸化。

二、机构人员

(一)领导体制与人员

从1978年至2008年,新华日报社的领导体制有几次较大变化。1978年10月9日,新华日报社恢复总编辑建制,建党组,不设编委会。1983年下半年报社机构改革,省委机构改革领导小组派出4人工作组,到报社协助机构改革。11月21日,省委任命编委会委员和编委会领导,从此恢复编委会领导下的总编辑负责制。1988年1月15日,新华日报社领导机构实行编委会领导下的社长、总编辑分设制。1989年3月9日,不再设社长,再次恢复编委会领导下的总编辑负责制。

报业集团成立后,进一步深化干部人事制度改革和分配制度改革。干部的任命制改革为聘用制。除纪委、人事部门负责人仍由上级任命,机关党委、工会负责人实行选举制,其余处、科级干部均实行有一定聘期的聘任制。而且,在一些重要岗位实行竞聘上岗制。

1. 1978年10月至1983年11月,恢复总编辑,建党组,党组设正、副组长,不设编委会

总编辑、党组书记　樊发源(1978年10月～1983年11月)

副总编辑、党组副书记　金靖中(1978年10月～1983年11月)

副总编辑、党组副书记　王淼(1978年10月～1983年11月)

副总编辑　卢敬(1978年10月～1983年11月)

副总编辑　王霞林(1978年10月～1981年2月)

副总编辑　李明(1978年10月～1983年11月)

2. 1983年11月机构体制改革至1988年1月,恢复编委会领导下总编辑负责制

总编辑(缺额)

副总编辑(主持工作)　金靖中(1983年11月～1988年1月)

副总编辑　刘向东(1983年11月～1988年1月)

副总编辑　钱协寅(1983年11月～1988年1月)

副总编辑　王建邦(1983年11月～1988年1月)

副总编辑　黄生甫(1985年11月～1988年1月)

副总编辑　李贵梁(1987年8月～1988年1月)

3. 1988年1月至1989年3月,设社长、总编辑,1989年3月恢复总编辑负责制

社　长　金靖中(1988年1月～1989年3月)

总编辑　刘向东(1988年1月～1995年7月)

副总编辑　钱协寅(1988年1月～1992年1月)

副总编辑　黄生甫(1988年1月～1995年7月)

副总编辑　李贵梁(1988年1月～1995年7月)

纪检组长　纪广盛(1991年5月～1995年7月)

副总编辑　周世康(1992年1月～1995年7月)

副总编辑　赵绍龙(1992年1月～1995年7月)

副总编辑　吴鹓�(1993年10月～1995年7月)

4. 1995年8月至2001年9月27日,建立党委领导下的社长、总编辑负责制

党委书记、社长　刘向东(1995年8月～1997年7月)

党委副书记、总编辑　周正荣(1995年8月～1997年7月)

党委书记、总编辑　周正荣(1997年8月～2006年6月)

党委委员、副总编辑　黄生甫(1995年8月～2000年5月)

党委委员、副总编辑　李贵梁(1995年8月～1998年8月)

党委委员、副总编辑　周世康(1995年8月～1996年1月)

党委委员、副总编辑　赵绍龙(1995年8月～2001年12月)

党委委员、副总编辑　吴鹓筠(1995年8月～2000年5月)

党委委员、纪委书记　纪广盛(1995年8月～1998年8月)

党委委员、副社长　刘文平(1996年9月～)

党委委员　朱铭佐(1996年9月～2007年12月)

党委委员、副总编辑　杨步才(1997年6月～2007年12月)

党委委员、副总编辑　朱铭佐(2001年8月～2007年12月)

党委委员、秘书长　陈钢(1998年～2007年5月)

5. 2001年9月28日起,新华日报报业集团成立后,集团领导体制为党委领导下的董事长、总经理负责制,新华日报社的领导体制为党委领导下的总编、社长负责制

党委书记、总编辑、董事长　周正荣(2001年8月～2006年6月)

党委副书记、社长、总经理　许洪祥(2001年8月～2006年6月)

党委书记、社长、董事长　许洪祥(2006年6月～)

党委副书记、总编辑　周跃敏(2006年6月～)

党委委员、副总编辑　杨步才(2001年7月～2007年12月)

党委委员、副总编辑　朱铭佐(2001年8月～2007年12月)

党委委员、副总编辑　周跃敏(2001年8月～2006年6月)

党委委员、副社长、副总经理　刘文平(2001年8月～)

党委委员、副总编辑　缪小星(2003年6

月～），

党委委员、副社长、副总经理　张艾（2003 年 6 月～）

党委委员　刘守华（2006 年 6 月～）

党委委员、副总编辑　陈钢（2007 年 5 月～）

党委委员、副总编辑　张晓东（2007 年 5 月～）

党委委员、纪委书记　施培萍（2007 年 5 月～）

党委委员、秘书长　陈钢（2001 年 8 月～2007 年 5 月）

（二）机构与部门设置

1978 年 11 月 21 日，经省委组织部下文，新华日报社设 9 处 1 室，分别为总编办公室、群工处、工商处、理论处、党群处、评论处、科教处、农村处、政治工作处、行政出版处，并一次任命 25 名正、副处级干部，从而结束新华日报社中层机构以"组"定名的历史。

1994 年下半年，新华日报社编委会下设《扬子晚报》《服务导报》、江苏新闻研究所、纪检组、机关党委、人事处、经理部、基建处、总编办公室、出版处、群工处、工商处、理论处、农村处、科教处、政治处、社会生活处、记者处、文艺处、外宣处。其中经理部下设印刷厂、广告处、计财处、发行处、行政部、供应部、房管部、经营部。

1996 年，《省委办公厅关于印发新华日报社机构改革方案的通知》中进一步明确：新华日报社为省委直属正厅级事业单位。内设机构有：扬子晚报（副厅级）、纪律检查委员会、报社办公室、总编办公室、出版处、经济一处、经济二处、评论处、科教卫处、城市生活处、文艺处、记者处、政法处、群工处、外宣处、来稿编辑室、新闻信息交换中心、计划财务处、基建房管处、广告处、经营开发处、机关党委、人事处、工会、服务导报、老干部办公室（副处级）、无锡办事处（副处级）、徐州办事处（副处级）、苏州办事处（副处级）。下属单位有新华日报社印务中心、新华日报社后勤服务中心、江苏新闻研究所。

2002 年，根据苏编委《关于新华日报社内设机构和人员编制的批复》，新华日报社为省委直属正厅级事业单位。管理机构有：党委办公室、社长办公室、总编办公室、人力资源部、计划财务部（资金结算中心）、技术装备部（信息网络中心）、法律事务部、广告管理中心，均相当于正处级；老干部服务中心（相当于副处级）。另按有关规定设机关党委、纪检（监察）机构和工会组织。业务机构包括：编辑出版部、经济一部、经济二部、评论部、科教卫部、城市生活部、副刊部、综合新闻部、记者部、政法部、群工部、外宣部、来稿编辑室、新闻信息交换中心、广告部，均相当于正处级。集团子报为《扬子晚报》（相当于副厅级）《服务导报》《南京晨报》，另有《新闻通讯》杂志（江苏新闻研究所）、新华报业网站。下设 5 个直属事业单位，分别为新华日报社印务中心、新华日报社物业管理中心、江苏经济报社、经贸导报社、《党的生活》杂志社。新华日报社还在无锡、徐州、苏州、扬州、南通设有 5 个分社，在镇江、常州、泰州、盐城、连云港、淮安、宿迁设有 7 个办事处。

2002 年底，省编办同意新华日报社部分新闻业务机构调整：城市生活部更名为省城新闻部，副刊部更名为文体部，记者部更名为驻外记者部，综合新闻部更名为特派记者部，来稿编辑室与新闻信息交换中心合并为新闻编辑部，设立专刊部。

2006 年 12 月 15 日，省编办发文《关于同意调整新华日报新闻业务机构的批复》：将编辑出版部更名为出版部；撤销来稿编辑室、新闻信息交换中心、副刊部、综合新闻部；将记者部与群工部合并，成立记者通联部；增设文体部、专刊部、新闻编辑中心、国际国内新闻部、焦点新闻部；成立摄影部，相当于副处级。

（三）队伍建设

1. 人才队伍

1982 年 5 月开始评定编辑、记者业务职称试点工作。1983 年 3 月和 6 月两批分别授予 59 人编辑、记者职称，这是《新华日报》第一次通过评委会评定新闻专业职称。1986 年 3 月开始职称改革试点工作，首先进行新闻系列专业技术职务的评定。1987 年 11 月第一批评聘高级编辑 2 名，主任编辑、主任记者 31 名，这是《新华日报》新闻干部第一次有了高级（正高、副高）专业技术职务。截至 2008 年 12 月，新华日报报业集团共有员工 2 342 人，其中正式在编职工 782 人，集团聘用 153 人，部门聘用 707 人，租赁 464 人，协议用工 212 人。包括研究生 118 人，大学本科 702 人，大学专科 443 人，中专 119 人；正高级职称 21 人，副高级职称 158 人，中级职称 283 人，初级职称 160 人。

2. 人才选聘

从大学和中专毕业生中选配。1984～1994 年共选配 118 人,其中研究生 6 人,本科生 68 人,大专生 26 人,中专生 18 人。1995 年至 2001 年 12 月,面向社会和高校招录 43 人,其中研究生 3 人,本科生 31 人,大专生 7 人,中专生 2 人。

从基层选调。1984～1994 年共调进 130 人,其中研究生 1 人,本科生 36 人,大专生 74 人,中专生 17 人,其他 2 人。1985 年上半年报社总编辑带领工作人员,到各市考察选调驻市记者,一次调进 10 人。

公开招聘。1984 年 11 月至 1985 年 2 月,经初试、复试、口试、政审,共招聘采编人员 15 人,经营管理人员 10 人。2002 年 1 月至 2007 年 7 月,通过数次公开发布招聘启事,面向社会招聘大学本科以上毕业生和实用型人才,最后共招聘 89 人,其中研究生 11 人,本科生 76 人,大专生 2 人。

2008 年集团面向全国统一招聘,经过筹备、发布招聘信息及收取报名材料、审核招聘材料,确定 1 244 人参加笔试,最终通过体检并入职 70 人,其中研究生 22 人,本科生 38 人,大专生 6 人,中专 4 人;采编人员 42 人,经营和印刷人员 16 人,综合管理人员 12 人。

3. 人才培训

1977 年下半年,经省委同意在高考生中招收一个新闻班,学员 41 名。经省委宣传部批准,由南京师范学院和新华日报社合办,定名南师中文系新闻班,学习年限 4 年,教学工作前两年由南师负责,后两年新华日报社主要负责,报社派 3 名干部负责班级工作。1982 年 2 月该班毕业生中挑选 15 人到《新华日报》工作,至 1994 年底,其中有 1 人担任报社副总编,3 人担任副处长。

1984 年 9 月,南京育才职业大学经省教育局同意,由省陶行知教育思想研究会筹办,新华日报社参与办学,与育才职业大学签订协议书,报社出钱支持办学,派人到校讲课。1987 年第一届毕业生中有新闻专业 10 人、企业管理专业 4 人分配到报社工作。

1985 年上半年,对当年招聘的采编人员和前几年分配、选调到报社而未经过新闻专业训练的 45 人,集中进行 3 个月培训,从政治与业务两方面补课。

1984 年至 1994 年,先后参加中央党校、省委党校、省级机关党校培训的干部 33 人,参加省委宣传部、省委党校、省记协合办的新闻研修班的干部 18 人,下派到贫困县扶贫的干部 19 人。

2002 年 12 月,《新华日报》在国内党报中首开先河,大规模向基层一线派驻中青年记者,首批向全省各地派出特派记者共 48 名,其中既有新招聘的大学毕业生,也有从编辑部各处室抽调的部主任和中青年编辑。报社党委会和编委会还决定,将派遣特派记者作为一项制度坚持下去,半年轮换一次,先后有四批共 80 多名中青年记者到一线锻炼。其中有高级职称记者,有各个部门的负责人,更多的是新记者。

2008 年起,依托集团"新华传媒管理学院",举办第一期中青年干部高级管理培训班。课程以管理学的各项理论为主线,结合传媒经营的特点,帮助集团中青年干部全面了解企业管理运作机制,掌握管理精要,提高管理能力,实现部门间的有效沟通。培训班还培养学员的全局观,使之更好地理解并执行集团的政策与战略。

新记者刚进新华日报社,一般都要到各市记者站锻炼一年,期满视业务能力和思想表现,再分配至编辑部处室。

三、办报宗旨与改革改版

《新华日报》作为中共江苏省委的机关报,始终坚持正确的办报方向,紧紧围绕省委中心工作展开新闻舆论宣传,努力为党和人民的事业鼓与呼,提供强大的舆论支持。特别是进入改革开放历史时期,《新华日报》在省委、省政府的正确领导下,坚持"围绕中心,服务大局,面向基层,服务群众"办报宗旨,生动反映江苏改革发展,"两个率先"和"全面达小康、建设新江苏"的伟大历史进程。

1976 年"文化大革命"结束后,《新华日报》致力拨乱反正,恢复被林彪和江青反革命集团破坏的党报传统。1979 年 4 月 23 日,南京解放 30 周年时,《新华日报》在一版创办《今日快讯》,这在当时为全国省报上第一个短新闻专栏。进入 20 世纪 80 年代,在改革开放春风的吹拂下,新闻改革呼声又起,大小改革举措迭出。《新华日报》始终与时俱进,围绕省委、省政府各个时期工作中心,不断调整办报理念,先后于 1984 年、1993 年、1995 年、1999 年进行四次大规模改革、改版、扩版。2001 年新华日报报业集团成立后不久，党委为实施做大做强《新华日报》的发展战略，开始酝酿新一轮改革。2007年3月，《新华日报》在继承优良传统和前期办报成果基础上，对版面内容格局再次进行调整，对版容版式进行创新。

多年来，《新华日报》先后实施了六次有计划有目的全局性的重要改革改版，进一步确立"高度、贴近、开放"的办报理念，坚持"思想立报、精品立报"，力争办一张具有全国影响力的精品党报。

（一）1984年的改革改版

1984年年初，报社组织52名记者、编辑进行读者调查。读者意见集中概括为五个不够，即"提出问题的新闻，震撼人心的典型，切中时弊的言论，旗帜鲜明的批评，生动活泼的版面等五个方面，做得不够，应大力加强"。5月，编委会拟定《改进报纸宣传工作的初步意见》上报省委。《改进意见》确定《新华日报》改革的任务和目标是："坚持党性原则，密切联系群众，遵从新闻规律，提高宣传效益，办成一张既具有坚强党性又有鲜明地方特色的群众喜闻乐见的综合性省报。"6月25日下午，省委召开常委会讨论，原则上同意报社意见，并作了进一步的阐述和指示。

这次新闻改革有以下几个主要动作：

一是改进新闻（消息）。《改进报纸宣传工作的初步意见》说："必须对那种不像新闻的新闻、有名无实的'冒牌新闻'、长而空的'裹脚布'新闻等进行大刀阔斧的改革。"新闻（消息）要"新、广、短、实、活"。报社从1984年开始，组织《今日快讯》竞赛月、"激动人心的一页"征文、短新闻竞赛以及"抓问题"新闻竞赛，以激励记者、编辑研究实际问题，改进新闻写作，提高报道质量。经过以上工作，报纸的新闻报道面貌有很大改变，出现了文章短、内容新、信息多、版面活的新气象。根据1985年第一季度一版的统计，共刊登地方消息709条，平均每天11条，其中600字以下的短新闻占90%。

二是防止新闻失实。经过揭批江青反革命集团在新闻宣传方面的"假、大、空"以后，报纸上失实新闻减少，但失实现象仍有发生。为了扭转报道失实状况，报社编委会采取多方面措施：（1）编辑、记者都把真实性问题作为一个重要问题来检查改正。（2）向通讯员进行广泛的新闻真实性教育，《新闻通讯》连续发表有关文章。（3）对典型的失实报道开展批评。（4）严格稿件的送审和报社内部的把关制度。自此以后，新闻真实性情况有了很大好转。

三是加强《今日快讯》。《今日快讯》是纪念南京解放30周年时创办的一个短新闻专栏。1984年，报社把加强《今日快讯》专栏作为推进新闻改革的重要措施之一，建立快讯组，加强力量。为庆祝中华人民共和国成立35周年，于1984年9月10日至10月10日开展《今日快讯》竞赛月。当时《人民日报》设有"首都和各地报纸的目录新闻"，《今日快讯》稿上了19条。1984年11月，《今日快讯》编辑组作为全国先进集体，出席在北京召开的全国优秀新闻工作者表彰大会。1986年7月，又被评选为"江苏省新闻先进集体"。1987年，被评为全省1986年度好专栏一等奖。

四是改进会议报道。会议报道过多这个"老大难"问题一直困扰着报纸的新闻改革。1984年年初，报社编委会决定把改进会议报道作为这次新闻改革的一个重要方面来抓，于1984年5月向省委递交了《关于改进会议报道的请示报告》，提出改进会议报道的八条具体意见。省委常委会讨论同意，省委办公厅转发该请示报告。省委同意改进会议报道的批复在《新华日报》发表后，《人民日报》《光明日报》《南方日报》《辽宁日报》《大众日报》等全国十余家省以上报纸先后转载这条消息，可见改进会议报道已是当时新闻改革中一个带普遍性的重要问题。北京出版的《新闻业务》为此约请《新华日报》编委会撰写《切实改进会议报道 努力提高宣传效益》的文章，刊于1984年第八期。

此后，报纸上一般会议报道大大减少，会议报道写作形式也有所创新。改进以前，《新华日报》每周刊登会议新闻40条左右。改进以后，正常月份仅刊登会议新闻七八条，而其他短新闻和地方新闻有了明显增加。

五是创办《新华论坛》。1985年1月7日创办的《新华论坛》，原来是以《新华日报》理论版《80年代》的一个栏目出现的，自1986年1月6日起移至一版，成为《新华日报》重头署名评论专栏。移至一版后刊出的第一篇评论是金靖中撰写的《正人·正己》。到1994年年底持续刊出10年，基本上每周一篇，周一刊出。专栏主要特色是抓住改革开放和两个文明建设中的重点、热点问题，或理论和实践中的重大问题,紧密结合江苏实际命题立意,运用马列主义、毛泽东思想和邓小平关于建设有中国特色的社会主义理论加以剖析,具有较强的针对性,有些篇目还有一定的震撼力。在分析、说理方面具有理论色彩,刻意求新,有较强的思想性和较大的信息量。文风清新活泼,文字准确严密。《新华论坛》刊出的500多篇作品中,获省二等奖以上奖项的作品30多篇次,其中获全国一、二等奖和省一等奖的作品有《"对策"也可当镜子》《"桔"变为"枳"的启示》《以权谋私与以私谋权》《抛弃一种僵化的思维方式》《见红灯未可一概绕道走》《舍孔雀而取凤尾》《用足这项大政策》《用足理论》等。《新华论坛》是同期所有专版专栏中得奖最多的专栏。

六是加强舆论监督。突出的报道有:1984年2月5日,在一版刊发《张林山卖板鸭的遭遇——从一件事看懂全局的重要性》,同时配以评论员文章《本行工作要服从党的总目标——兼论一定要保护专业户的积极性》。张林山是东海县一个养鸭专业户,将近年关,将15 000只板鸭运来南京销售。南京玄武区税务分局却因与东海县税务局税收管理的争执,扣留了张林山的外销证明和销货发票,使其将板鸭堆在马路边近一个月,无法销售。报社记者根据当时中央强调的"议大事,懂全局,管本行"的精神,联系中央1984年"一号文件",写了批评稿。

此稿发表后,反响强烈。东海县委在收到报纸当天晚上,召开常委会讨论,决定运用张林山这一典型,在全县深入宣传贯彻中央"一号文件",促进商品生产发展。2月16日,报纸发表连云港市委政策研究室关于张林山的调查报告《一个发展商品生产的带头人》。2月19日,省委、省政府专门召开专业户座谈会,张林山汇报了他在南京卖板鸭的种种困难,并且提出还有12 000多元钱未收回。省委副书记周泽立即请分管的副省长帮他解决。3月1日,张林山收回欠款,报纸对这些均作了报道。

在1984年的改革之后,又有若干小的局部性的改革,其中影响较大的是从1989年春节起新辟"社会生活"版。"社会生活"版以"服务社会生活,引导社会生活,提高社会生活"作为办刊指导思想,报道贴近社会,贴近生活,具有较强的思想性、知识性和趣味性,吸引读者,起到宣传政策、传播知识、移风易俗、丰富生活的作用。社会新闻从此成为报纸新闻报道的一项重要内容。

(二)1993年的扩版改版

从1993年1月1日起,《新华日报》由对开4版改为8版,结束了1952年以来对开4版的历史。

编委会确定的改版方针是:前4个版按照党报的规律来办,扬党报所长,后4个版更多地吸取晚报经验,办得引人入胜。根据这个方针,5～8版办了《思想界》《时代与人》《青春》《党建》《国防园》《人与法》《企业大舞台》《经济长廊》《市场与消费》《希望的田野》等27个专版。这次改版的特点是:(1)强化专版个性。《环球一览》与新闻版互为补充,创出了国际副刊的特色,在全国报纸副刊研讨会上受到好评。(2)服务性。《生活服务》专版开设《流行色》《择业参谋》《换新装》《梳妆台》等服务性栏目。(3)增强知识性。《党的建设》专版根据党建特点,介绍相关知识。(4)抓住社会热点问题,说人们要说的话。《大文化》专版发表的《轰动效应带来的思考》《警惕高档舞厅的"灰"与"黄"》等十多篇文章,抓住人们议论的文化现象进行报道和分析。(5)让读者直接参与。《教育广角》专版辟出《传统美德大家谈》栏目,读者投稿踊跃。

1994年又进行了一次改版,将第五版辟为国内新闻版,增加一个版的消息,专版减少一个版面。同时对原有专版调整,个别内容相近的合并,有的专版由整版改为半版,但专版数目没有减少。

(三)1995年的改版

1995年12月1日改版,《新华日报》报头开始套红印刷。

这次改版的基本思路是:强化两方面报道,一是强化党中央、国务院、省委、省政府重大决策的报道,所谓"顶天";二是强化与人民群众切身利益密切相关的各类新闻报道,所谓"立地"。抓住这两头,形成《新华日报》新闻宣传"顶天立地"的总体格局。

实施过程中,中央、国务院的重大决策,省委、省政府涉及全面工作的重大部署,以及改革开放的最新进展、经济建设和社会发展的重大举措、重大成就安排在一版,形成宣传舆论强势。改版后的第二年即1996年2月,全国学习张家港市两个文明一起抓的活动向纵深发展,编委会组织精干力量及时到学习张家港的典型之一海门市采访,在一版用整版篇幅推出《海门一年大变样》《开局之年话落实》等通讯、消息、评论、照片。与此同时，大量增加贴近群众、贴近生活的新闻报道。各级党委、政府关心人民群众生活中的难点并设法解决，把米袋子、菜篮子、环境卫生、城市交通、教师工资、就业、物业、看病、住房等问题作为工作重点，做了大量艰苦的协调工作，化解大量棘手的矛盾。改版后的《新华日报》特别注重组织策划这类报道，把党和政府的努力告诉人民群众。例如，通过一个侧面反映人们生活向上的《从邮寄包裹变化看形势》；促进政府和群众双向理解的《南京市拓路，喜鹊仍可闹枝》《市民出行如坐春风》《万名旅客滞留南京，省市政府疏导分流》；热情讴歌下岗职工自强不息精神的《追访下乡创业的城里人》《顽强不屈写人生》，从细微处解剖城市拆迁安置、农民工问题的《南京，我们的家园》等。

1997 年，报社编委会研究决定为适应当代读者求知、求乐、求美的需要，每周增出对开 4 版《新华周末》。10 月 1 日，《新华日报》国庆节出版彩报试刊，第一、四版彩色印刷。1998 年年初，报社编委会将《新华日报》三版的内容分流到二版和四版，腾出三版版面开辟每天一个整版的《焦点》。《焦点》版在坚持正确舆论导向的前提下，贴近时代脉搏，紧贴社会公众视线，洞察性与动态性相结合，追求思想观念的前导性和强烈的可读性。并在南京地区增辟《华采》专刊，扩展党报功能，丰富报纸内容。

（四）1999 年的改版

《新华日报》1999 年 1 月起实施新一轮改版，主要是对 A、B 版面宣传报道内容进行调整。

A1 版要闻版；A2 版江苏地方新闻版，报道江苏各市、县党委和政府的工作新闻；A3 版：从星期一到星期五，上半版国内要闻版，下半版江苏地方新闻版，星期六为《思想界》理论版，星期天为《新潮》副刊；A4 版省城新闻、宏观视野版，报道南京市和省委、省政府各部门的重要新闻。

B1 版焦点新闻，B2 版江苏新闻，B3 版国内新闻，B4 版国际新闻。

A 版、B 版报头一样，区别在于报头下面分别标明“A 版”和“B 版”。

这次改版使《新华日报》对主旋律的宣传更集中、更突出、更强烈。1999 年，《新华日报》的《本报观察家》专栏还与《人民日报》的《人民论坛》、中央电视台《焦点访谈》一起，被评为“中国新闻名专栏”。2001 年的《深度报道》专栏又被中国记协评选为“中国新闻名专栏”。

（五）2002 年的改版

新华日报报业集团成立后不久，党委开始酝酿《新华日报》的新一轮改版。《新华日报》编委会多次召开以改版为主题的研讨会和座谈会，动员全体编辑、记者参与改版方案设计，先后访问 30 多位县（市）委书记和厅局长，20 多位大型企业集团管理者和高等院校专家学者，认真听取他们对《新华日报》改版的意见和建议。在此基础上形成以“五个突破”为主要内容的改版方案。一是在要闻报道上要突破以往基本上以会议新闻和工作新闻为主体的单一格局，强调在坚持正确舆论导向的同时，尊重新闻规律，以报纸核心读者群的全方位需求为视角选稿编稿；二是在语言表达方式上要突破以往“文件化”“领导化”的习惯，强调用新闻的语言、群众的语言、记者的语言，讲党和政府要讲的话；三是在宣传内容上要突破以往采用新华社提供的稿件相对较多，采用江苏地方新闻相对较少的现象，强调做大做活江苏新闻，努力形成以江苏地方新闻为主体的新格局；四是在版面版式上要突破以往“重文字、轻图片”“重内容、轻标题”的偏向，强调对读者普遍关注的报道不仅版面安排上要突出，而且要“浓眉大眼”（标题放大）、“图文并茂”；五是在记者工作方式上要突破以往以电话采访、网上下载的习惯，强调记者必须深入基层，在新闻发生第一现场采写新闻。这一方案在报请省委批准后于 2002 年年底开始实施。

改版后的《新华日报》分 A、B、C、D 四大印张。星期一至星期五出 16 个版，星期六和星期日出 8 个版。对开大报，彩色印刷。A 版要闻版，设有宏观视野、深度报道、中国新闻、焦点新闻等版块；B 版是江苏新闻，分要闻、经济、社会、民生四个版块；C 版是国际新闻、文化娱乐新闻、体育新闻和理论、文化副刊；D 版是消费资讯类，刊登汽车、房地产、旅游、教育、保健等消费领域最新资讯和服务信息。改版主要对要闻版作较大调整，增加江苏地方新闻版、文化版、体育版和消费时尚版。新辟《学习贯彻十六大精神专访》《江苏特快》《新华连线》《读者热线》《新华箴言》等专栏。以《新华连线》专栏为例，采取由编辑部出题预约地方党政领导和省级机关有关部门领导以及有关专家通话形式，用口语化即时回答编辑部的提问，内容包括相关市、县和部门采取的令全省读者关注的改革发展重大举措、新鲜经验，本地区发生的新闻事件的最新进展等，由编辑部整理成文发表，给读者以更直觉、更真实、更亲近的感觉。

（六）2007年改版

2007年年初，为贯彻落实省委指示，报社党委和集团领导班子决定对《新华日报》进行新一轮大规模改版，并为改版确定“高度、贴近、开放”的办报理念。在制订改版方案前，进行了大量调研和准备工作：一是以报社党委和编委成员为主，分赴各省、市党报学习考察，南方片主要到《南方日报》《广州日报》《浙江日报》《解放日报》，北方片主要到《大众日报》《河北日报》《天津日报》；二是组织大规模读者调查，特别注重在厅局级干部、市县领导等党报核心读者中的调查，并将调查表在新华报业网上发布，鼓励网民积极参与，之后委托高校新闻传播专业的学者对调查数据进行分析研究，形成详实的分析报告；三是先后召开国内新闻界专家和资深人士、报社编辑部中层干部及部分离退休人员系列座谈会，广泛听取意见和建议；四是对报纸版式设计作反复尝试，形成一套详细完备的版面操作手册。

该方案于2007年3月实施。新一轮改版对版面内容格局作了调整，对版容版式进行了创新，取消以ABCD叠的方式划分版面，将16个版分为AB两叠，改用书本次序排列版序，使读者阅读更加方便。改版后的版面布局为A1要闻（综合新闻）、A2要闻（省内要闻）、A3焦点新闻（含新华服务区）、A4广告、A5江苏新闻·经济、A6江苏新闻·社会、A7江苏新闻·区域、A8国内新闻、B1国际新闻、B2财经、B3文化、B4广告、B5体育、B6健康、B7周刊专刊、B8广告。版面编排采用模块化结构，留白自然生动，疏密有致，正文横行文，标题横排，不套色。新闻版以黑白色为主调和基本色，整体用色简洁、清雅素净。每版打造一个视觉中心。

改版后报纸特色鲜明。一是新闻报道的“高度”得到强化。如2007年年初，省委将大力发展服务外包确定为提高江苏省新一轮发展竞争力的战略目标之一，《新华日报》在3月18～22日的一版对这一重大决策进行连续报道，引导读者正确理解服务外包的内涵，动员全省各地及时抢抓这一机遇。二是新闻报道的“贴近性”增强。改版后的《新华日报》注意以平民角度把握选题，使关注民生的报道大量增加。如在一版开设《百姓故事》专栏，让寻常百姓作为新闻主人公，让读者感到亲切、温馨、可信。《焦点新闻》版内容定位为“追踪重大新闻，关注热门话题，解读新政新知，讲述传奇故事，介绍风云人物，组织独家调查”。三是改进会议新闻和领导人活动报道。对会议新闻除特别重大的以外，一般的都跳出会议寻找新闻点，尽量选择既能体现会议精神又能引起读者普遍关注的视角，语言也力争生动活泼，避免“文件化”“公式化”。如在2007年3月报道全国“两会”时，记者以《“白沙枇杷”，激动了你们，感动了我！》为题，记述中共中央政治局常委、国家副主席曾庆红在江苏代表团审议《政府工作报告》时的一段插曲，很好地把握住了这段话所具有的新闻价值，把这件小事中体现的党和国家领导人对中西部发展的关注和江苏对贵州发展的支持挖掘出来，成为一篇思想性和可读性都很强的新闻。四是言论分量显著增强。改版后在许多版块设置言论栏目，如《新华时评》《经济走笔》《民生话题》《记者感言》等，这些栏目一般都是紧贴相关报道及时推出，从而进一步升华新闻报道的主题，增强党报的思想性和对社会舆论的引导力度。五是江苏特色更加明显。江苏是我国东部经济发达地区之一，同时又有数千年的深厚文化底蕴，江苏新闻区域版的设置及在该版发表的各类报道，既反映全省各地在贯彻落实省委、省政府各项战略部署上的新思维、新举措，又彰显浓郁的地方特色。六是周刊特色浓郁，内容格局更趋合理。改版后保留原有的《新潮》和《思想界》（更名为《思想》）两个专刊，新设《讲坛》《人文》《网评》三个周刊，周一至周五每天一刊。《网评》版名暂定为《新华网眼CN》，其宗旨是要将该版办成“引导读者正确了解网络世界的一个窗口，帮助党政机关和职能部门正确了解舆情的一个途径”。七是重视图片运用和版式创新。改版后包括各新闻版和周刊在内，均紧贴报道主题，配发高质量图片，有时成组编发。同时在标题制作和版式上也进行一系列创新，力求每版打造一个“视角中心”，使报纸从内容、格局到版式全部为之一新。

四、宣传报道

1978年12月党的十一届三中全会召开后，全党全国工作的重点转移到社会主义现代化建设上来。这个时期的宣传报道，充分反映在邓小平理论、"三个代表"重要思想指引下，深化改革、扩大开放、经济社会发展所发生的历史性巨变，充分展示在新的历史阶段江苏经济社会发展的新进展、新业绩、新面貌，具有重大影响或比较重大影响的报道源源涌现。

2001年新华日报报业集团成立以后，始终牢牢把握正确导向，准确、及时地宣传中央和省委的各项重大决策，全面、系统地反映江苏各地改革发展的新举措、新经验、新成果，较好地发挥引领全省舆论的"主阵地"功能，许多报道受到省委和省政府主要领导的赞扬。

（一）对中央重要会议和重大决策及中央领导重要讲话的宣传

1. 宣传党的十一届三中全会

1978年12月18～22日，党的十一届三中全会在北京召开，大会决定把全党的工作重点转移到社会主义现代化建设上来，《新华日报》作了大量报道。12月24日，刊登三中全会公报；12月25日，报道南京市干部群众收听三中全会公报广播，热烈议论全会重大意义的新闻；12月26日，《新华日报》报道全省干部和群众热烈拥护党的十一届三中全会各项决定，决心把工作重点转移到社会主义现代化建设上来的新闻，同时报道省委于12月25日发出通知，要求各级党委组织干部群众，深入学习贯彻党的十一届三中全会精神。

2. 宣传中央"一号文件"精神

1984年第一季度，《新华日报》重点宣传贯彻执行中央1984年"一号文件"即《关于1984年农村工作的通知》。1月2日，报纸在头版发表综合新闻《我省专业户、联合体蓬勃发展》。1月13日，发表社论《正确对待先富起来的农民》。同一天，发表综合新闻《联产承包制全面落实，经济体制改革广泛进行，我省农村开始形成多业经济结构》。1月20日，发表评论员文章《认真修订完善联产承包合同》。自1月25日开始，报纸开始挂牌"继续发挥政策威力，发展农村大好形势"，报道各地贯彻落实中央"一号文件"情况。2月5日，发表通讯《张林山卖板鸭的遭遇——从一件事看懂全局的重要性》，并配以评论员文章《本行工作要服从党的总目标——兼论一定要保护专业户的积极性》。2月15日，发表新闻《东海县委运用专业户张林山这个典型，深入宣传中央今年"一号文件"精神》。2月20日，发表新闻《学习中央"一号文件"，交流发展商品生产经验，省委、省政府召开专业户代表座谈会》，并配有社论《为专业户撑腰壮胆》。

3. 宣传党的十三届四中、五中全会精神

1989年6月25日，党的十三届四中全会在北京召开。会议之后，《新华日报》发表5篇社论宣传会议精神。6月30日，一版发表省委举行全委扩大会，传达学习四中全会精神的消息。7月2日，发表社论《学习文件是统一认识的前提——论认真贯彻十三届四中全会精神》。7月18日，发表社论《毫不放松地抓好经济工作——再论认真贯彻十三届四中全会精神》。7月23日，发表社论《两手都要硬——三论认真贯彻十三届四中全会精神》。8月6日，发表社论《坚决惩治腐败，推进廉政建设——四论认真贯彻党的十三届四中全会精神》。8月20日，发表社论《再论坚决惩治腐败，推进廉政建设》。11月下旬，党的十三届五中全会召开之后，《新华日报》又连续发表5篇社论，分别为《用五中全会精神统一认识、统一政策、统一行动》《坚持稳定协调地发展国民经济——再论用五中全会精神统一认识、统一政策、统一行动》《重视农业、支援农业、发展农业——三论用五中全会精神统一认识、统一政策、统一行动》《稳定是人民的根本利益所在——四论用五中全会精神统一认识、统一政策、统一行动》《治理整顿是统一的方针——五论用五中全会精神统一认识、统一政策、统一行动》。配合上述10篇社论，报道一批典型单位和个人。

4. 宣传邓小平视察南方谈话精神

1992年，邓小平视察南方谈话发表，《新华日报》对谈话精神的宣传非常重视，决定把宣传贯彻谈话精神作为全年宣传工作的中心。从3月初起，报纸连续在一版报道省委、省政府贯彻小平谈话精神，解放思想、大胆探索的一系列重大决策。3月2日，发表省政府部署全省经济体制改革工作的消息，提出解放思想、大胆探索、加快建立计划经济与市场调节相结合的经济运行体制。3月19日，发表署名文章《改革也是解放生产力》，接着发表省委、省政府一系列重大决策的报道，其中有省政府采取若干政策措施，加快南通、连云港、昆山开发区建设；树立大开放、大流通、大商品经济观念，江苏四路大军齐上推进对外经贸发展；加快江苏经济发展又一重要措施——苏南、苏北互派干部对口协作；省政府召开沿江地区经济发展规划座谈会，确定加快沿江经济开发开放；江苏乡镇企业战略大转移——解放思想，开拓思路，发展规模经济；省委在苏州召开市委书记、市长座谈会提出：解放思想，抓住机遇。与此同时，报纸开辟《解放思想漫谈》专栏，先后发表文章21篇，内容涉及稳定观、发展观、实践观、用人观、政策观等方面。4月，由编委带队，报道各市委、市政府根据解放思想的要求，对于实际工作的反思。其中《大江隔断了什么?》《警醒吧，南京！奋飞吧，南京!》等产生较大影响，对邓小平视察南方谈话精神在全省的贯彻落实起到舆论推动作用。

5. 宣传党的十四大精神

党的十四大于1992年10月12～18日在北京举行。《新华日报》关于十四大精神的宣传，主要围绕邓小平建设有中国特色社会主义理论、建立社会主义市场经济体制与加强党的建设和精神文明建设三个方面来进行。首先，报道全省各级干部和群众学习邓小平建设有中国特色社会主义理论，发表《学习伟大理论、掌握思想武器》等2篇座谈会纪要，撰写《一面伟大的旗帜》《抓住一个中心不动摇》《一个宏伟的目标》《结合新的实际建设坚强的领导核心》《解放思想，乘胜前进》5篇社论，同时围绕贯彻十四大精神发表一批署名评论，并在《十四大代表谈十四大》专栏中发表20篇专访。其次，在报道经济体制改革的目标是建立社会主义市场经济体制时，除发表理论文章外，还注意围绕“转换经营体制，把企业推向市场，从计划经济向市场经济转移”这个大主题，发表《我省沿江经济带开发开放巡礼》《建立繁荣富庶的沿江经济带》《在改革中前进》《加快基础设施建设步伐》4组系列报道。

6. 宣传党的十四届四中、五中、六中全会精神

1994年9月29日四中全会公报发表，《新华日报》开始有计划地宣传《中共中央关于加强党的建设几个重大问题的决定》的重大意义，系统宣传邓小平党建理论，大力宣传《决定》提出的党建总体目标和加强党的建设的三大任务：坚持和健全民主集中制，加强党的基层组织建设，培养和选拔德才兼备的领导干部。报纸及时发表《加强县委民主集中制建设》《县级党委应积极改进管党方式》《农村要进步关键在支部》3篇理论文章，还发表评论文章《学习小平建党理论，自觉贯彻决定精神》《越是改革开放，越要加强党的建设》等。10月以后，陆续报道党建典型，其中有展示泗阳县委书记魏前美优良作风的长篇通讯《公仆与孔雀》，有反映党的领导干部廉政勤政事迹的通讯《公仆的风采》等。

党的十四届五中全会通过《中共中央关于制定国民经济和社会发展“九五”计划和2010年远景目标的建议》，提出“两个根本性转变”。会议公报一发表，《新华日报》编委会随即安排学习贯彻五中全会精神的宣传报道计划，1995年10月13日在《思想界》专版推出《平等竞争共同发展》理论文章，强调解放思想，更新观念，为非公有制经济与公有制经济平等竞争创造良好的舆论环境。

1996年10月7～10日召开的十四届六中全会通过《关于加强社会主义精神文明建设若干重要问题的决议》，《新华日报》在会前策划了加强社会主义精神文明建设的报道。9月6日起，开设《精神文明建设新视野》专栏，陆续发表10篇通讯、新闻、纪实稿件，在《时代大潮中的共产党员》《文明大步走向生活》《当代英模追踪》等栏目中发表一系列报道，展示大江南北精神文明建设新人新事新风貌。六中全会召开后，10月16日，《新华日报》开辟学习六中全会《决议》访谈录新栏目，第一篇访谈是全国精神文明建设先进典型张家港市委书记秦振华的《满怀豪情再上新台阶》；10月24～30日，连续发表学习六中全会《决议》系列评论5篇。

7. 宣传党的十五大精神

迎接十五大，宣传十五大，是《新华日报》1997年下半年宣传报道的头等大事和重中之重。首先为迎接十五大召开，突出宣传十四大以来江苏在改革开放、经济建设、党的建设及精神文明建设方面取得的巨大成就。1997年9月4日，《新华日报》就省里举行的江苏十四大以来两个文明建设成就图片展进行宣传，使其深入人心；9月6日，就江苏干部队伍建设编发新闻《干部队伍，江苏跃向发展前沿的组织保证》；9月8日，刊登《小平的嘱托和江苏的实践》整版照片；同时以“优秀共产党员风采录”

征文活动为载体，突出宣传江苏站在改革开放和两个文明建设前沿的优秀共产党员典型形象，共发稿30多篇。

1997年9月12日，党的十五大召开，《新华日报》报道全省党员和群众欢庆十五大胜利召开及学习贯彻十五大精神的情况。9月23日，编辑部举行“学习十五大文件系列座谈”，连续发表理论文章《高举邓小平理论的伟大旗帜》《牢牢把握初级阶段这个“最大实际”》《推动第三次思想解放调整完善所有制结构》等。从9月29日起，学习十五大精神系列评论见报，主要篇目是《凝聚在邓小平理论的伟大旗帜下》《掌握精髓才能高举旗帜》《坚持初级阶段不动摇》《迎接第三次思想解放》《寻求公有制的多样化实现形式》等。10月2日起，在13个省辖市市委书记学习十五大精神笔谈专栏，陆续发表《消除疑虑、解放思想》《再创规模经济新优势》《解放思想、大胆探索》《紧紧抓住改革新机遇》《改革要有新突破》《对公有制实现形式多样化的三点思考》等一系列报道。

8. 宣传党的十五届四中、五中、六中全会精神

1999年9月19～22日召开的党的十五届四中全会作出《关于国有企业改革和发展若干重大问题的决定》，这一决定具有重大现实意义和深远历史意义。为帮助干部群众在学习中加深理解，提高认识，《新华日报》发表系列评论，首篇以《树立正确的“进退观”》为题，指出《决定》中把从战略上调整国有企业布局作为一条重要的指导方针，提出“有进有退”是非常正确的决策，并从理论上阐明“善退亦为进”的道理；第二篇《“抓大放小”新发展》，指出无论改革还是发展，都要从实际出发，不能用一个模式去套，不能一锅煮、一刀切，这样才能少走弯路，取得实效；第三篇《积极发展股权多元化》，着重强调发展股权多元化是推进国有企业实行战略性改组的重要途径；《体现“管理科学”的内涵》强调不能离开改革抓管理，同时强调不能以改革代替管理，要坚持改革和管理的辩证统一；《让企业成为技术创新的主体》主张形成激励和约束的制衡关系，让企业成为创新主体，既享受技术进步和产业升级的利益，同时也要承担失败的风险。

2000年10月9～11日，党的十五届五中全会上通过的《中共中央关于制定国民经济和社会发展第十个五年计划的建议》，是全国21世纪伟大进军的行动纲领。省委九届第十二次全体(扩大)会议召开，以党的十五届五中全会精神为指导，在总结经验、分析形势、前瞻未来的基础上，对江苏21世纪之初的经济和社会发展作出新的战略部署，《新华日报》随即发挥党报理论宣传优势，从11月6日起开设专栏连续发表以《迎接江苏发展新阶段》《突破“思维瓶颈”强化四个意识》《始终坚持以加快发展为主题》等为题的系列评论。

2001年，党的十五届六中全会公报和《中共中央关于加强和改进党的作风建设的决定》发表后，《新华日报》开辟专栏，发表以《实践“三个代表”加强党风建设》《把思想作风建设摆在第一位》《核心是保持党同人民群众的血肉联系》等为题的系列评论；10月10日，又发表由《新华日报》编辑部召集的领导干部学习贯彻六中全会精神的座谈纪要《深入理解八个坚持、八个反对》；同时，在10月6日和10月20日《新华日报》头版头条发表新闻《淮安：改进干部作风，为民多办实事》，介绍淮安市各级干部从群众最盼望的事做起，从群众最不满意的事做起的经验。同日，还刊登扬州市下大力气开展机关作风整顿的消息，引导全省党员干部和群众把学习贯彻落实党的六中全会精神推向深入。

9. 宣传“科学技术是第一生产力”

1978年，邓小平在全国科学大会上提出“科学技术是生产力”的科学论断，1988年阐述为“科学技术是第一生产力”。多年来，《新华日报》遵照党中央部署和省委指示精神，对贯彻这一科学论断持续宣传。

1995年4月召开的全国科学技术大会是中国科技发展史上的又一次重要会议，对全国科技、经济和社会发展产生重大影响。《新华日报》在会后发表江苏科技进步的3条新闻和3篇短评，即5月23日《海门崛起新材料支柱产业》的新闻及《支柱产业的“支柱”》短评；《省农药研究所实行自我开发自我发展，重大科研成果全转化为商品》的新闻及《第一生产力的自我体现》短评；《源自“含技量”、江阴双良集团依托高新技术转化，成为中国制冷设备制造行业的龙头》的新闻及《技术开发的主体》短评。5月29日，发表省委书记陈焕友在全国科学技术大会上题为《坚定不移地实施“科教兴省”战略，大力推进江苏现代化建设》的发言，为全面落实科技大会精神，推进全省科技进步积极发挥舆论引导

作用。

1996年6月13日，省委、省政府召开全省科学技术大会，全面落实"科学技术是第一生产力"的思想，坚持科教兴省必须先兴科教的指导原则，把科学和教育摆在经济社会发展的战略位置，《新华日报》6月14日在头版刊发新闻。为配合省科技大会宣传，6月15日以《"三龄童"早进青春期》为题，报道江宁经济技术开发区三周年回眸通讯；6月16日发表社论《推进江苏现代化建设的主体战略》。这些报道有力地促进了中央《关于加速科学技术进步的决定》和全国及省科技大会精神的全面贯彻落实。

2000年3月26日，省委、省政府召开全省技术创新会议，提出加快技术创新和体制创新，增创江苏跨世纪发展新优势，《新华日报》于3月26日作了报道。3月27日，发表社论《突出两大主题，赢得新的发展》。3月28日、30日和4月1日，连续发表无锡、南京、苏州三市市长的文章，分别为《技术创新跨世纪发展的主动力》《综合推进技术创新、增创发展新优势》《抢占高新技术产业先机》；4月17日、19日、28日，又连续发表系列评论《创新：江苏经济发展新动力》《创新需要解放思想》《人才是创新之本》。

10. 宣传江泽民在庆祝中国共产党诞生80周年大会上的重要讲话

2001年7月1日，中共中央总书记江泽民在庆祝中国共产党诞生80周年大会上发表重要讲话。《新华日报》立即将宣传贯彻"七一"讲话列入重要议事日程。7月2日，头版发表省委理论学习小组集中学习"七一"讲话的新闻，同时将省纪委常委、省委宣传部、组织部、省级机关工委、省总工会、团省委、省妇联及省级机关各单位学习讲话的新闻分别刊登；7月3日，又发表《新华日报》编辑部邀请各界人士座谈的发言；7月4日，刊登省委关于认真学习江泽民"七一"讲话的通知，要求各级党委和党员干部领会和把握党的历史和基本经验，以及"三个代表"重要思想的科学内涵和重大意义。从7月5日至9月的近三个月里，在A4版右上角辟出《县市委书记笔谈江泽民"七一"讲话》专栏，共发表报道达60多篇；在《思想界》专栏设《学习"七一"讲话实践三个代表》栏目，邀请专家学者撰写系列论文。

为了帮助党员学习领会"七一"讲话的精神实质，从8月1日起，开设"学习讲话"信箱，刊登诸如《怎样理解中国共产党始终代表中国先进文化的前进方向》《为什么说在当代中国，发展先进文化就是发展中国特色社会主义文化》等文章22篇，为干部群众学习"七一"讲话进行辅导。

11. 宣传江泽民在中央党校省部级干部进修班毕业典礼上的重要讲话

2002年5月31日，中共中央总书记江泽民在中央党校省部级干部进修班毕业典礼上发表重要讲话。《新华日报》及时在6月1日头版发表讲话全文。6月2日，省委常委集体学习江泽民讲话，一致认为讲话对党和国家在21世纪面临的重要理论和现实问题，作出符合实际情况和时代要求的科学回答。《新华日报》6月3日一版报道省委常委集体学习讲话的新闻。紧接着，在连续报道全省各地认真学习讲话收获体会的同时，又在《思想界》专版开辟《学习江泽民"5·31"讲话迎接党的十六大》专栏，陆续发表专家学者撰写的《"三个代表"重要理论的最新发展》《推进所有制结构的进一步市场化》《改革是贯穿党的建设的生命线》等论文，从各个不同侧面阐述讲话的精神实质及其现实意义与历史意义。

12. 宣传党的十六大精神

2002年8月31日，报纸发表社论《以实际行动迎接党的十六大》。9月初，在一版开辟《身体力行"三个代表"以实际行动迎接党的十六大》《"三个代表"实践在江苏》《实践"三个代表"迎接十六大召开》等专栏，发表《建设大城市 构筑大通道 营造大港口——南通以开放思维打"环境牌"》《聚焦富有创新开放精神的江苏干部队伍》《高位推进看江苏》等系列报道。十六大闭幕后，《新华日报》于11月18日、19日、23日连续刊发省委常委扩大会议认真传达学习党的十六大精神、研究贯彻意见，省委召开干部大会传达贯彻十六大精神，全省十三个省辖市学习贯彻十六大精神的动态等新闻。11月22日，发表社论《贯彻落实十六大精神 实现新世纪新阶段的壮丽蓝图》，并在11月21～30日连续发表5篇学习十六大报告，全面贯彻"三个代表"系列评论。

为便于干部群众在学习中深刻领会，把握好精神实质，省委宣传部、《新华日报》组织专家学者进行专题座谈。11月22日和12月11日，报纸分别刊登题为《抓住灵魂 把握精髓》《经济建设和经济体制改革新思路》的座谈纪要。12月2日起，又连续刊登评论员系列评论。2002年12月初，报纸再次辟出《学习十六大报告贯彻十六大精神》专栏，发表对专家学者和领导干部的系列专访：12月1日，发表《准确理解“全面建设小康社会”》；12月3日，发表《走出一条中国特色的新型工业化道路》；12月5日，发表《“全面小康”首先要维护农民合法权益》；12月6日，发表《让一切创造社会财富的源泉充分涌流》；12月7日，发表《在更高平台上提高开放型经济竞争力》。

13. 宣传《中共中央关于完善社会主义市场经济体制若干问题的决定》

党的十六届三中全会通过的《中共中央关于完善社会主义市场经济体制若干问题的决定》，是一份纲领性文件。《新华日报》2003年11月7日一版头条发表《扬州市属企业改革“回炉”》的新闻，作为贯彻《决定》精神的开篇之作。紧接着报纸又连续发表3篇学习贯彻十六届三中全会精神札记：11月7日，发表《利用股份制发展多种经济》；11月13日，发表《拓宽非公有制经济发展空间》；11月17日，发表《政府管理的新任务》。同时在《思想界》专版辟出《学习宣传十六届三中全会〈决定〉精神笔谈》专栏，约请专家学者撰文发表。

在宣传《决定》精神中，按照省委“现在制约江苏加快发展的最大障碍仍然是思想障碍，推动江苏发展最紧迫的任务还是进一步解放思想”的指示精神，《新华日报》于2004年1月30日起连续发表3篇推动新一轮思想解放的社论：1月30日，发表《解放思想与“两个率先”》；2月1日，发表《求真务实建设服务型机关》；2月6日，发表《建设新时期江苏人文精神》。在这期间，2月17日《新华日报》推出2篇解放思想发展民营经济的典型报道：《南通：打造江苏民营经济第一大市》和《省级机关，走在解放思想的前列》，并配发评论员文章《把思想解放落实到机关作风改进上》。

为进一步帮助干部群众深刻理解和贯彻落实科学发展观，报纸于2004年3月连续发表4篇树立和落实科学发展观的评论：3月16日，发表《率先贯彻科学发展观》；3月17日，发表《走统筹发展的“率先”之路》；3月25日，发表《关键是树立正确的政绩观》；3月27日，发表《让更多的老百姓分享改革发展成果》。

14. 宣传中共中央《关于促进农民增收若干政策的意见》

2004年2月，中央下发《关于促进农民增收若干政策的意见》的“一号文件”。《新华日报》2月9日发表“一号文件”全文后，紧接着又于11日、13日、16日和20日，连续在一版发表由编委会组织力量撰写的《坚持把农民增收作为农村工作的中心任务》《把统筹城乡发展作为农民增收的根本出路》《多予、少取、放活》《千方百计拓宽农民增收渠道》等系列评论，为全省各地切实把握“一号文件”的精神实质，并联系实际抓好贯彻落实，起到了良好的推动和促进作用。5月初，报社又通过及时掌握收集全省各地在贯彻落实“一号文件”上的新举措、新进展，组织记者采写《贯彻“一号文件”实践在江苏》和《六合：技能培训助农离土增收》2篇通讯，分别发表在5月5日和5月6日《新华日报》一版上，受到全省农业战线和各地农村工作部门的普遍好评。

15. 对胡锦涛在江苏重要讲话的宣传

2004年4月30日～5月6日，中共中央总书记胡锦涛先后到南京、扬州、淮安、宿迁、苏州等地，深入企业车间、农村地头、社区商场、科研院所等基层单位，就落实科学发展观、加强党的建设等问题进行考察调研，并在考察调研结束时发表重要讲话。《新华日报》5月7日一版头条报道胡锦涛到江苏考察调研的消息，并配发图片。5月8日，又在一版头条发表长篇通讯《心系科学发展 情牵百姓利益》。5月9日，报纸在一版头条报道省委于8日召开领导干部会议，传达学习胡锦涛考察江苏时的重要讲话，要求全省上下要以学习贯彻讲话精神为动力，把落实科学发展观与树立正确的政绩观紧密结合起来，更好地为江苏人民造福谋利的新闻。

报纸紧扣“科学发展观”这一主题，在5月26～30日的一版连续发表《增强落实科学发展观的自觉性》《“两个率先”的新动力》等系列评论。6月6日，《思想界》专版发表专家学者就如何树立和落实科学发展观撰写的《统筹城乡增加“农民致富资本”》《科学发展与江苏发展道路选择》《科学发展条件下地方政府理念建设》等论文。6月中旬，报纸推出《贯彻落实胡锦涛重要讲话精神，把科学发展观贯穿于“两个率先”全过程》专栏，发表来自各地改革一线的报道，集中反映江苏各地学习贯彻胡锦涛重要讲话精神的新成果。

16. 宣传党的十六届四中全会精神

2004年9月16～19日，党的十六届四中全会在北京召开，会议审议通过《中共中央关于加强党的执政能力建设的决定》。鉴于《决定》的基本观点涉及一些重大理论和实践问题，为便于读者准确领会《决定》精神实质，从10月8日起，报纸在一版开设《学习贯彻十六届四中全会精神评论》专栏，陆续发表8篇评论。与此同时，报纸还在《思想界》专版辟出《贯彻十六届四中全会精神》专栏，约请部分专家、学者及领导干部撰写论文，谈认识，讲体会。此后连续刊登的《党的执政使命与执政能力建设的主要任务》《加强党的执政能力建设的几点思考》等系列论文，均采取事理结合手法，阐述《决定》中各项决策的现实意义和历史意义。这组报道被许多党务工作者和基层党组织作为学习四中全会精神的辅导材料。

17. 对保持共产党员先进性教育活动的宣传

2005年年初，中央决定在全党广泛开展保持共产党员先进性教育活动。1月10日，《新华日报》刊登《中共中央关于在全党开展以实践"三个代表"重要思想为主要内容的保持共产党员先进性教育活动的意见》。1月11日，省委召开全省保持共产党员先进性教育活动工作会议暨先进典型事迹报告会，《新华日报》及时在一版作报道。同时，根据省委部署，报社对全省开展先进性教育的宣传进行策划和安排，抽调编辑、记者前往各地采访，连续发表大量消息、通讯、评论，有力地推动教育活动深入开展。1月12日，发表社论《围绕"两个率先"增强党员先进性》，并在同一天A2版刊登泰州市政府副秘书长、信访局局长张云泉在优秀共产党员事迹报告会上的报告《党的干部是人民的儿子》。1月14日起，《新华日报》辟出《开展共产党员先进性教育实践"三个代表"推进"两个率先"》专栏，首篇刊登反映试点单位常州市农村保持共产党员先进性教育活动的通讯《执政为民谋发展 春风化雨润心田》；1月16日，发表特写《昨天，南京西康路33号礼堂里650个座位座无虚席，一堂特殊的警示教育会在这里进行——"内助"同听"警示钟"》。此后，又陆续发表《镇江万名党员帮扶万户困难家庭》《无锡数万党员竞相开展志愿活动》《宿迁万余机关党员进万家送温暖》等系列报道。

18. 对树立社会主义荣辱观的宣传

2006年3月4日，中共中央总书记胡锦涛在看望出席全国政协十四届四次会议委员并参加讨论时，要求引导干部群众特别是青少年树立社会主义荣辱观，坚持以热爱祖国为荣、以危害祖国为耻，以服务人民为荣、以背离人民为耻，以崇尚科学为荣、以愚昧无知为耻，以辛勤劳动为荣、以好逸恶劳为耻，以团结互助为荣、以损人利己为耻，以诚实守信为荣、以见利忘义为耻，以遵纪守法为荣、以违法乱纪为耻，以艰苦奋斗为荣、以骄奢淫逸为耻。胡锦涛关于树立以"八荣八耻"为主要内容的社会主义荣辱观的要求，在全社会引起强烈反响，江苏省委党校学员热烈讨论胡锦涛这一重要论述。3月22日，省委书记李源潮参加讨论，要求党员干部要做树立和实践社会主义荣辱观的表率。3月24日，《新华日报》刊发新闻，并在3月26日刊登《知荣辱方能创和谐 明是非才能塑美德》的新闻综述，摘要报道省委党校学员学习讨论时的发言。3月28日起，报纸推出《荣辱议事坛》，刊登《知道更要做到》《500万元的回答》等系列稿件，引导干部群众从点滴做起，树立以"八荣八耻"为主要内容的社会主义荣辱观。

19. 宣传胡锦涛在庆祝建党85周年暨总结保持共产党员先进性教育活动大会上的重要讲话

2006年7月1日，中共中央总书记胡锦涛在庆祝建党85周年暨总结保持共产党员先进性教育活动大会上发表重要讲话。7月2日，《新华日报》在全文发表胡锦涛"七一"重要讲话的同时，报道省委召开座谈会，认真学习讲话，研究用讲话精神指导党的先进性实践的新闻，并发表省社科联联合省中共党史、党建等10个学会以讲话精神为指导，共同在南京举办纪念建党85周年理论研讨会的消息。报社及时派记者参加研讨会，对会议研讨成果连续报道。8月初，《求是》杂志在2006年第13期发表江苏省委学习贯彻胡锦涛重要讲话精神的长篇文章《党的先进性建设的成功探索》，《新华日报》于8月2日及时转载。报纸从7月21日起在《思想界》专版刊登5篇文章。整个宣传循序渐进，逐步深化，从各个不同侧面阐述讲话的精神实质以及对新时期党的建设所具有的重大现实意义和深远历史意义。

20. 对《江泽民文选》的宣传

2006年8月，《江泽民文选》第一卷、第二卷、第三卷出版发行，中共中央总书记胡锦涛在发行仪式上作重要讲话。报纸及时把报道《江泽民文选》在江苏的发行情况以及全省干部群众认真学习《江泽民文选》情况摆在重要位置。报纸首先在8月上旬发表《江泽民文选》出版发行消息和胡锦涛总书记在发行仪式上重要讲话全文；8月11日，又以《展现马克思主义中国化的重大理论成果推动江苏新时期发展的强大思想武器》为题，报道省委中心组认真学习《江泽民文选》的新闻。紧接着，又综合报道全省干部群众认真学习《江泽民文选》的主要收获体会。8月下旬，报社约请省马克思主义中国化研究中心，撰写5篇帮助干部群众掌握《江泽民文选》基本观点和精神实质的辅导性文章，陆续发表在《思想界》专版。与此同时，报纸还在一版和江苏新闻版陆续发表一批报道，引导读者把学习《江泽民文选》与学习《邓小平文选》、学习胡锦涛一系列重要讲话紧密结合起来，并运用学习成果指导和改进当前各项工作，推动学习活动的深入。

21. 宣传胡锦涛在中央党校的重要讲话

2007年6月25日，中共中央总书记胡锦涛在中央党校发表重要讲话，省委要求《新华日报》把宣传学习贯彻胡锦涛重要讲话精神，作为一项政治任务切实抓好落实。《新华日报》从2007年6月28日起，陆续转载《人民日报》发表的关于认真学习胡锦涛重要讲话的系列评论《进一步统一全党的思想认识》《坚定不移地走中国特色社会主义伟大道路》《“四个坚定不移”对党和国家发展大局至关重要》《增强深入贯彻落实科学发展观的自觉性和坚定性》《牢记社会主义初级阶段基本国情》《推进我国经济政治文化社会建设全面发展》和《关键是抓好党的自身建设》。7月29日起，转载《人民日报》关于深入学习胡锦涛重要讲话的一组评论。

2007年8月15～19日，省委、省政府在南京举办领导干部学习会，深入学习胡锦涛重要讲话精神。省委书记李源潮依据胡锦涛重要讲话精神，结合实际，在学习会上作了题为《环保优先是江苏科学发展的必然选择》的讲话。《新华日报》对这次领导干部学习会的成果以及李源潮的重要讲话，在8月20日一版作了详细报道。

22. 宣传学习贯彻十七大精神

党的第十七次代表会议，是在我国经济社会发展进入关键阶段召开的一次重要会议。《新华日报》遵照省委要求，在深入宣传胡锦涛总书记2007年6月25日在中央党校重要讲话的同时，于2007年8月6日开设《科学发展共建和谐迎接党的十七大胜利召开》专栏，通过报道各地“亮点”，引导全省各地党组织带领党员和干部群众以落实科学发展观、又好又快推进“两个率先”的优异成果，向党的十七大献礼。

2007年10月15日至21日十七大会议期间，《新华日报》除正常报道会议内容外，还专门增加“聚焦十七大”特刊，每天四个版宣传学习贯彻十七大精神。胡锦涛作了题为《高举中国特色社会主义伟大旗帜，为夺取全面建设小康社会新胜利而奋斗》的大会报告，《新华日报》及时报道了江苏代表热议“率先科学发展”、省级机关认真学习讨论胡总书记报告、省社科理论界学习十七大报告等。10月16日，胡锦涛来到江苏代表团，与代表一起讨论十七大报告，10月18日《新华日报》特刊推出《无上的光荣 莫大的鼓舞》两个版文字加图片，详述江苏党代表温馨回忆胡锦涛同志的真情关怀殷殷嘱托。

大会闭幕，《新华日报》紧接着推出了“关注民生 改善民生”、“江苏创造”、“推动科学发展 建设美好江苏”、“破解新难题 培育增长点”等一批系列报道，并在头版开设了“学习实践科学发展观特别报道”、“深入推进思想解放 增创新优势 实现新发展”等重点专栏，为全省深入学习贯彻十七大精神，营造了良好的舆论氛围，提供了有力的思想指导。

（二）对中央领导同志在江苏考察调研活动的报道

1. 报道胡耀邦视察江苏

1984年3月17日，《新华日报》发表长篇通讯《胡耀邦同志南行视察记》，文章提要说：“在江苏视察时，他说，今后七年，江苏的经济工作如果能够继续走在各省的前面，对自己可以早翻身，对全国可以大鼓劲，意义是很大的。他希望江苏的同志要像解放战争期间华东野战军创造‘七战七捷’战绩那样，在今后七年的经济工作中，再来一个‘七战七捷’。”

2. 报道邓小平、王震到南京视察

1985年2月，邓小平、王震到南京视察工作，亲切会见科研人员、老同志和军队、地方负责干部。《新华日报》2月8日一版报道。

3. 报道李先念在江苏视察

1986年1月13日，发表新闻《李先念主席在江苏视察》。

4. 报道胡耀邦考察江苏城乡

1986年11月20日，报道《胡耀邦总书记考察我省城乡时殷切期望：江苏同志继续努力，实现“三个领先”》。“三个领先”即在经济持续稳定协调发展中领先，在科学技术的发展上、在精神文明建设上也要争取在全国领先。

5. 报道江泽民考察苏浙沪

1995年5月24日，报纸在头版发表江泽民先后在江苏、浙江、上海重点就搞好企业特别是国有大中型企业的改革和发展问题进行考察的新闻，并在当天一版以1/3版刊登新华社记者采写的通讯《江总书记在苏南》。

6. 报道乔石考察苏州

1996年1月8～9日，中共中央政治局常委、全国人大常委会委员长乔石到苏州考察。《新华日报》1月10日报道。

7. 报道李鹏考察南通、苏州

1996年1月14～15日，中共中央政治局常委、国务院总理李鹏考察南通、苏州的工厂和农村，发表许多重要意见。《新华日报》1月18日报道。

8. 报道李鹏在江苏考察

1996年4月11～15日，中共中央政治局常委、国务院总理李鹏考察江苏工作。《新华日报》4月16日报道。4月28日、29日，李鹏又在徐州考察。《新华日报》5月1日报道。

9. 报道朱镕基考察苏州

1996年6月4～6日，中共中央政治局常委、国务院副总理朱镕基在苏州考察中指出，深化国有企业改革，还是要靠全面贯彻落实江泽民提出的“三改一加强”的要求，即改制、改造、改组和加强企业管理，以逐步建立现代企业制度。《新华日报》6月7日报道。

10. 报道胡锦涛考察江苏

1996年10月25日～11月3日，中共中央政治局常委、书记处书记胡锦涛在江苏考察期间强调，把推进两个文明建设同加强党的建设紧密结合起来。《新华日报》11月5日和11月6日报道。

11. 报道江泽民考察苏南乡镇企业

1998年4月20～21日，中共中央总书记江泽民在苏南考察江阴双良集团和阳光集团时说：“多年来，乡镇企业一直是乡办、村办、联户办、户办，只要坚持公有制为主体、多种经济成分共同发展，就能充分调动亿万农民和社会各方面的积极性。”《新华日报》4月25日报道。

12. 报道李鹏考察无锡、苏州

2000年2月22～25日，中共中央政治局常委、全国人大常委会委员长李鹏来无锡、苏州考察工作，在张家港市就开展“三讲”教育情况进行调研，并在市领导干部“三讲”教育会上发表讲话。《新华日报》2月27日报道。

13. 报道朱镕基考察江苏

中共中央政治局常委、国务院总理朱镕基于2000年4月12～19日在徐州、淮阴、扬州、南京等地召开座谈会，就地方金融改革和防范金融风险、粮食流通体制改革、农村稳定和发展问题进行调研。《新华日报》4月21日报道。

14. 报道江泽民考察盐城、南京

2000年“五一”劳动节后，中共中央总书记江泽民在盐城、南京考察并对党建工作进行调研。《新华日报》5月16日报道。

15. 报道丁关根考察江苏

2000年9月4～9日，中共中央政治局委员、书记处书记、中央宣传部部长丁关根在南京、无锡、苏州等地进行为期6天的考察。报纸分别于9月7日、11日报道，9月26日刊登丁关根在南京全国创建文明社区工作座谈会上发表题为《创建文明社区服务人民群众》的讲话。9月4日，丁关根在省委书记回良玉等领导陪同下，到新华日报社考察。

16. 报道荣毅仁考察江苏

2000年10月16～26日，国家副主席荣毅仁在无锡、扬州两市进行考察。《新华日报》10月27日报道。

17. 报道李岚清在南京调研

2002年8月中旬，中共中央政治局常委、国务院副总理李岚清就推行行政审批和综合执法工作到南京调研。李岚清在南京召开省市有关部门负责人座谈会，并在座谈会上强调积极推行行政审批制度改革，加大综合执法试点力度的重要意义。《新华日报》8月20日报道。

18. 报道曾庆红考察江苏

2002年11月21～25日，中共中央政治局常委、国家副主席曾庆红就贯彻落实十六届四中全会精神到江苏进行调研。《新华日报》11月26日报道。

19. 报道温家宝检查指导苏北抗洪

2003年入梅以后，江苏大部分地区连降大到暴雨，淮河流域发生1954年以来最大洪水，里下河地区和沿江部分地区发生1991年以来最严重的内涝。7月13日上午，中共中央政治局常委、国务院总理温家宝专程来到江苏，实地察看淮河和里下河地区水情，向抗洪一线的干部群众致以亲切慰问。他要求水利部门合理调度，科学管理，最大限度地发挥防范工程在抗洪排涝中的作用。《新华日报》7月15日报道。

20. 报道贾庆林考察苏州

2003年8月30～31日，中共中央政治局常委、全国政协主席贾庆林到苏州的企业、社区、科研机构了解基层工作特别是企业发展有关情况。《新华日报》9月1日报道。

21. 报道黄菊考察苏南

2004年1月23～25日，中共中央政治局常委、国务院副总理黄菊到苏州等地考察京杭运河苏南段整治及沿江港口开发利用情况。《新华日报》1月29日报道。

22. 报道温家宝考察苏南

2004年3月25～27日，中共中央政治局常委、国务院总理温家宝先后到苏州和无锡市的农村、社区、企业、党校考察，与干部群众座谈，详细了解经济发展、市场供应和群众生活情况。《新华日报》3月28日报道。

23. 报道吴仪考察苏州工业园区

2004年5月16日，中共中央政治局候补委员、国务院副总理吴仪和新加坡共和国副总理李显龙考察开办10年的苏州工业园区。《新华日报》5月18日报道。6月7～10日，吴仪到南京、无锡、苏州三市实地考察。《新华日报》6月12日报道。

24. 报道李长春考察江苏

2004年6月10～15日，中共中央政治局常委李长春到南京、扬州、常州、无锡、苏州等地，前往高等院校、城市中小学、文化团体、城市社区和工厂企业，就加强和改进高校学生思想政治工作、推进未成年人思想道德建设、深化文化体制改革等问题进行调研。《新华日报》6月16日报道。

25. 报道罗干考察江苏

2004年12月23～26日，中共中央政治局常委、中央政法委书记罗干到南通、苏州、无锡、南京等地考察，要求按照党的十六届六中全会精神，认真落实科学发展观，深入开展平安创建活动，切实提高执政能力，加快构建和谐稳定社会。《新华日报》12月27日报道。

26. 报道贺国强在江苏调研

2005年4月6～12日，中共中央政治局委员、书记处书记、中央组织部部长贺国强到苏州、泰州、扬州、淮安、南京等市，对江苏各地开展保持共产党员先进性教育情况进行调研，并对健康深入开展这一活动发表指导性意见。《新华日报》4月9日、13日报道。

27. 报道吴邦国考察江苏

2005年4月28～30日，中共中央政治局常委、全国人大常委会委员长吴邦国先后到南京、扬州、镇江等地，深入工厂、社区、学校和科研院所考察调研，并于4月30日出席润扬大桥通车典礼。《新华日报》5月1日、2日报道。

28. 报道刘云山考察江苏

2005年6月5～8日，中共中央政治局委员、书记处书记、中央宣传部部长刘云山先后到南京、扬州、南通、江阴、张家港等地的宣传文化单位和社区、企业、学校、乡村等基层单位实地考察，并听取省演艺集团、广播电视总台、新华日报报业集团等单位汇报。《新华日报》6月10日报道。

29. 报道王兆国考察江苏

2005年10月1～6日，中共中央政治局委员、全国人大副委员长、中华全国总工会主席王兆国到江苏考察。《新华日报》10月7日报道。

30. 报道胡锦涛考察江苏

2005年10月12～14日，中共中央总书记、国家主席、中央军委主席胡锦涛在出席“十运会”开幕式后，到南京、镇江、常州等市考察。他充分肯定江苏改革开放和现代化建设取得的显著成就，希望江苏干部群众认清形势，抓住机遇，努力实现率先全面建成小康社会、率先基本实现现代化的目标。《新华日报》10月15日一版报道。

31. 报道温家宝考察南京

2005年10月22～24日，出席“十运会”闭幕式的中共中央政治局常委、国务院总理温家宝到南京的企业、学校、社区考察。《新华日报》10月25日报道。

32. 报道曾培炎考察南水北调江苏段工程建设

2005年10月29～31日，中共中央政治局委员、国务院副总理曾培炎重点考察南水北调东线一期工程江苏段建设情况。《新华日报》11月1日报道。

33. 报道温家宝给睢宁小学生的回信

2006年9月21日，睢宁县实验小学五(3)班小朋友王孝文给温家宝总理写信，并寄上了自己的儿童画获奖作品，信中盼望有一天能来北京办画展。温家宝于2007年6月28日给王孝文小朋友回信，希望她和全县小朋友努力学习做一个全面发展的人。《新华日报》7月13日报道，并将温家宝的回信全文发表在报纸上。

34. 报道温家宝考察苏北

2007年1月1～2日，中共中央政治局常委、国务院总理温家宝到连云港市，代表党中央、国务院看望、慰问苏北革命老区的干部群众。《新华日报》1月4日、5日报道。

35. 报道唐家璇考察江苏

2007年4月11～15日，国务委员唐家璇到江苏，先后赴南京、镇江、扬州、泰州、盐城、淮安等地，就地方外事工作进行考察。《新华日报》4月16日报道。

36. 报道曾培炎考察节能工作

2007年6月10日，中共中央政治局委员、国务院副总理曾培炎出席在南京召开的节能宣传周活动，并对节能工作进行考察。《新华日报》7月3日报道。

37. 报道温家宝考察太湖治污

2007年6月29～30日，中共中央政治局常委、国务院总理温家宝专程到无锡考察太湖水污染防治工作，考察中发表一系列指示和意见。他说："太湖治理作为国家工程，一定要放在更加紧迫更加突出更加重要的位置""我们有能力把太湖治理好，用实际行动让老百姓放心""太湖、巢湖、滇池这三个湖都是蓝藻爆发的湖泊，但我还是最关心太湖……希望你们把污染减排工作做得更好。"《新华日报》7月3日报道。

（三）对省委重要会议和重大决策的宣传

1. 宣传拨乱反正、平反冤假错案

1978年党的十一届三中全会后，省委按照中央指示，在批判"两个凡是"、拨乱反正，平反纠正"文化大革命"中冤假错案，落实干部政策中，取得很大成绩，《新华日报》1982年4月12日报道：全省各级党组织对"文化大革命"中审查的近10万名脱产干部和近20万名基层不脱产干部、党员的案件都已复查复议，冤假错案基本上得到平反纠正，被错定为敌我矛盾性质的都已得到纠正；被错误开除党籍和公职的也都已恢复党籍、恢复公职。复查前，全省有7 000多名干部没有分配工作，复查后，对基本能坚持工作的绝大多数已安排适当工作。对"文化大革命"中被迫害致死人员，平反昭雪，恢复名誉，并按照有关规定清理销毁了"文化大革命"中形成的审查材料。

2. 关于真理标准讨论"补课"的宣传

省委在1979年转发省委宣传部提出的在全省继续深入开展真理标准问题讨论的意见，要求前一阶段未能很好开展讨论的地方认真补课。《新华日报》对"补课"进行了较为充分的宣传。从1979年8～10月3个月时间，发表各方面的新闻、文章30多篇，其中辟了一个专栏《关于真理标准问题的通信——答读者的8封信》，介绍真理标准问题讨论的由来，回答干部群众联系实际开展讨论提出的许多重要问题。同时连续报道省委对各级领导干部和群众关于端正思想路线、深入开展真理标准问题讨论的要求，省委机关和全省综合消息以及全省工交战线、高校教职工、省干校、省委学习中心小组，省社联、省级机关党委和各分党委深入讨论真理标准的情况，并报道南京、镇江、无锡等地市委和阜宁、东台等县领导干部及群众联系实际，讨论真理标准，解决工作重点转移和四个现代化建设中的思想路线问题。

3. 宣传贯彻"调整、改革、整顿、提高"八字方针

1979年4月5～28日，党中央在北京召开由各省、市、自治区和中央党政军机关主要负责人参加的工作会议，讨论经济形势和对策，确定对国民经济实行"调整、整顿、改革、提高"的方针。《新华日报》按照中央部署和省委指示，加强对贯彻落实八字方针的宣传报道。

首先，加强对农业和农村改革的宣传。1979年6月10日，报道省委常委和有关部委办同志率领9个调查组，分赴各地围绕调整国民经济比例关系这个中心进行调研。6月12日，头版报道全省农民千方百计夺取当年棉花丰收时配发社论《增产更

多的棉花是棉区人民的光荣任务》。从1979～1980年上半年，大量报道党和政府采取加快发展农业的若干政策措施。从1980年下半年起，较为集中地报道全省各地农村因地制宜建立和健全生产责任制的工作。1985年3月24日，发表新闻《省委、省政府召开农村工作会议，确定今年农村工作任务：积极稳妥搞好改革调整，巩固发展农村大好形势》，同时发表社论《扩大市场调节，发展农村商品经济——论如何活跃我省农村经济》。1991年，《新华日报》再次加强稳定农业、重视农业的宣传报道，《工业越发达越要重视农业》《充满活力的“百千万工程”》《常州市持续稳定发展农业》等评论陆续见报。同时，对全省乡镇骨干企业进行专题调查，以“农村现代化的希望”为主题，刊登一组报道，重点介绍吴江县铜罗镇、无锡县东亭镇办好乡镇企业支持农业发展典型。

其次，加强对工业、交通运输业、电力工业和现代旅游业等的宣传。1981年10月20日，中国最大的洗衣粉原料生产厂——南京烷基苯厂建成投产，设计能力为年产烷基苯5万吨，相当于全国生产合成洗涤剂(洗衣粉)所需原料的3/5，该厂投产后可使中国洗衣粉原料基本自给，《新华日报》以较大篇幅报道。第六个五年计划期间，国家在江苏兴建投资1亿元以上的大中型项目24个(不含已竣工项目)，其中有仪征大化纤、扬子乙烯、淮海水泥厂、镇江谏壁电厂、徐州电厂、连云港碱厂、南水北调工程、京杭运河工程、宝钢配套项目等，《新华日报》自1983年8月17日起陆续报道。同年，主楼37层、高达110.73米、总建筑面积6万平方米、拥有客房804间的南京金陵饭店举行开业典礼，塔楼顶层设有直升飞机停机坪，为“中国第一高楼”，《新华日报》用较大篇幅作了报道。宁六公路即南京至六合的一级公路，总投资2 950万元，1976年11月24日动工，1979年10月13日通车，建设过程中，《新华日报》连续报道。但通车后不久，路面严重损伤，群众意见很大。《新华日报》组织专门力量对此进行系统深入的调查采访，在半年多时间里，发表14组、40多篇批评报道，并发表社论《清除经济工作中“左”的指导思想的影响——吸取宁六公路质量事故的严重教训》，这组报道从一个侧面宣传了中央关于国民经济实行“调整、整顿、改革、提高”的八字方针精神，对全省基本建设起到舆论引导作用。

第三是加大对发展教育事业、增加中小学教育经费投入的宣传。省委、省政府对教育事业的投入从1980年的3.62亿元增加到4.08亿元，增长12.9%，着重用于改善中小学办学条件。《新华日报》对此作了大量报道。

1983年1月18日，经国务院批准，江苏省实行市领导县新体制，并调整部分行政区划，报纸在一版报道。

4. 报道加强知识分子工作

为了贯彻落实中共中央和省委关于加强知识分子工作的指示精神，1982年8月4日，《新华日报》在头版头条报道省委知识分子工作联系小组举行第一次会议的新闻。报道说，省委决定为知识分子办14件实事，在知识分子队伍中产生较大反响。此后，县以上党委建立有关具体办事机构，复议知识分子中的4 008个案件，腾退私房和清理在“文化大革命”中被查抄的物资，给国家机关和教育、卫生、科学研究等单位的知识分子增加工资，同时在全省知识分子中发展党员5 000多名，并有5 000多名优秀中青年知识分子被选拔担任各级领导职务。

在《工程院士之路》栏目，分别采访报道江苏的5位工程院士，写出人物的特色，并采取题图加照片形式。这组报道被《人民日报》海外版全部转载。

5. 宣传小城镇建设

1984年2月28日起，为贯彻省委、省政府关于加快小城镇建设的部署，报纸开辟《小城镇建设探讨》专栏，组织许多理论工作者和实际工作者参加讨论。从3月1日至12月30日共刊出45期，发表文章140多篇。其中有不少名篇，如费孝通《小城镇，新探索》，韩培信《小城镇建设要更上一层楼》等。专栏结束后，由人民日报出版社结集出版，书名仍为《小城镇建设探讨》，金靖中作序。

6. 宣传批判资产阶级自由化

1986年12月26日，发表新闻《南京各界群众向上街游行的学生提出殷切希望：不要做有损安定团结大局的事，不要忘记自己为中华腾飞刻苦学习的责任》。12月27日，报道《就最近南京部分大学生游行事，江苏省人民政府发言人发表谈话》，报道中用黑体字摘发谈话要点：“尽管大部分学生的愿望是好的，但客观上已妨碍了公共秩序，损害了他人的合法自由和权利，并给少数不法分子造成破坏捣乱的机会，因此，我们认为，这种做法显然是不对的。"12月28日，报道《南京市人民政府发言人就部分大学生游行发表谈话：希望全市人民团结一致共同努力，巩固和发展安定团结的政治局面》。

1987年1月9日起，《新华论坛》连续发表文章《全盘西化行不通》《资产阶级自由化不得人心》《学会正确反思》《名人与党员》《要有一股浩然正气》等，批判资产阶级自由化。

7. 宣传稳定江苏、稳定大局

1989年4～6月，在波及全国的政治风波中，《新华日报》坚决遵行中央和省委指示，立场坚定，旗帜鲜明地作了反对风波、维护稳定的宣传。6月8日起，在一版头条推出《稳定江苏稳定大局 共同维护正常生产秩序》的通栏标题，报道一批典型单位，其中有《克服交通受阻的严重困难 南京蔬菜供应正常》《徐州产业工人为稳定局势作贡献》等。

8. 宣传建设社会主义精神文明

社会主义精神文明是建设有中国特色社会主义重要内容，改革开放以来，《新华日报》遵照中央和省委指示，加大了精神文明建设的宣传力度。

20世纪80年代初，报纸开始广泛宣传开展"五讲(讲文明、讲礼貌、讲卫生、讲道德、讲秩序)四美(心灵美、语言美、行为美、环境美)"活动；1982年2月，报纸又大量报道全省团组织开展的几次大规模活动：在"为您服务"的口号下，全省上百万团员青年走上社会，开展多种活动；全省评选出青年文明单位14 800多个，文明村1万多个。1983年起，"五讲四美"报道又增加"三热爱"(热爱祖国、热爱社会主义、热爱中国共产党)的内容。与此同时，报纸开始报道各地广泛开展创建文明单位、文明村镇、文明城市和多种形式的"共建"活动。1983年11月，全国文明村镇建设座谈会在苏州召开，《新华日报》根据座谈会精神加强对全省文明村镇建设活动宣传。全省开展文明村镇建设活动的村镇达3.3万多个，经省、市、县命名的文明村镇3 889个，《新华日报》重点报道其中富有特色的常熟市碧溪镇、张家港市欧桥村、泗阳县平安村、江阴县华西村和东台县嵇东村。

1993年，侧重报道一大批富有时代气息的先进典型，其中影响较大的有高邮市曹庄小学校长陈普山，灌南县民办教师潘祥明，丹阳市见义勇为英雄高新大，镇江市浴血斗歹徒的青年法警周忠，隐姓埋名几十年、长期无私奉献的志愿军英雄曹银山，舍己救人的宝应建筑工人陈玉祥，追求高尚的泰州春兰集团公司总经理陶建幸等。《邓小平文选》三卷出版后，发表总编辑刘向东撰写的长篇文章《没有精神文明就建不成社会主义》，联系实际阐述邓小平理论关于精神文明建设的一贯性、战斗性、科学性和建设性。

1994年，《新华日报》突出宣传江苏"五个一工程"(以每年推出一部好书、一台好戏、一部好影片、一部好电视剧/片、一篇或几篇有创见有说服力的文章为内容的精神文明建设)、"文化先进县"、'94曲艺影人雅集、中国电视集会暨飞天奖颁奖，纪念梅兰芳、周信芳诞生100周年活动，配发社论《弘扬民族优秀文化 振兴我国京剧艺术》。同时对全省各地"扫黄打非"活动作了报道。

1995年10月18日，中宣部、国务院办公厅联合在张家港市召开全国精神文明建设经验交流会，贯彻党的十四届五中全会精神，总结推广张家港市先进典型，交流全国各地经验，研究新形势下如何进一步加强精神文明建设。会议召开前夕，《新华日报》总编辑周正荣、副总编辑周世康就"张家港成就张家港经验张家港效应"采访省委书记陈焕友。10月12日，《新华日报》一版突出报道。会议开幕当天，《新华日报》开设《张家港精神文明建设新视角》专栏，以通讯形式，从宏观、微观诸方面介绍张家港精神文明建设新风貌。10月23日，发表中共中央政治局委员、书记处书记、中宣部部长丁关根《关于认真贯彻五中全会精神，进一步加强社会主义精神文明建设》的重要讲话，并在当天报纸二版刊发评论员文章《把精神文明建设提到更加突出的位置》。

为了推进社会主义精神文明建设，1996年下半年起，报纸又推出一批典型单位和先进人物：1996年9月5日见报的《船头教师阎成米》配发短评《树立正确的人生观》；9月6日见报的《人民的好儿子袁汉英》配发短评《位卑未敢忘忧国》；9月7日见报的《南通有个"莫文隋"》配发短评《"莫文隋"现象的思索》；10月4日，还以《以苦为乐写人生》为题，记录徐州市政工程养护处下水道四班的先进事迹，配发短评《敬业者，受人敬》。1996年11月6日，发表胡锦涛来江苏徐州视察看望模范集体徐州下水道四班的新闻，胡锦涛说："你们宁肯一人脏，换来万人净的精神，充分体现工人阶级的高尚品德和崇高的思想情操……”。11月12日，省委、省政府发出通知，号召全省各条战线各行各业开展向徐州市下水道四班学习活动，11月14日《新华日报》作了报道。随后，中宣部、建设部、全国妇联、全国总工会等五部委联合发出号召，全国各行各业开展向徐州下水道四班学习。1996年11月17日刊发新闻，对全省深入开展精神文明建设起到推动作用。1996年12月5日、12日，《新华日报》的《思想界》专版分两次刊登省委常委、省委宣传部部长王霞林的长篇文章《社会主义精神文明建设在跨世纪发展的战略地位》，以指导全省精神文明建设。

9. 宣传深化改革、扩大开放

1992年4月中旬，省委召开工作会议，贯彻邓小平视察南方谈话精神，提出加快改革开放的重要措施：20世纪90年代，江苏经济发展要以市场调节为主，以外向型经济为主，以高新技术为主导；深化改革，当前重点抓好金融、流通和企业改革；全方位大开放，重点加快沿江经济带的对外开放；科技进步的重点是高新技术产业化，努力促进科技与经济紧密结合，对贡献突出的技术人员实行重奖。报纸以一个整版篇幅作了报道，接着对11个省辖市进行“全景扫描”报道。对苏州市，连续在一版发表《加快开放在苏州》10余组系列报道，并为这组报道配发3篇评论《江苏发展快一点，完全可能》《三分机遇七分人事》《坚定明确的回答》。《人民日报》全文转载评论《坚定明确的回答》及通讯《苏州外向型经济姓社不姓资》，香港两家报纸也转载了这篇评论。

5月初，省委、省政府领导率队前往海南、广东、福建、山东考察，《新华日报》报道上述各省改革开放发展经济的形势与经验。从年初开始，还在一版新辟《海天揽萃》专栏，逢双日刊登首都和沿海各省、市改革开放的信息，为江苏干部群众解放思想、拓宽思路提供借鉴。

1994年2月27日，报道中国和新加坡合作开发建设苏州工业园区，紧接着对此作连续报道。这组报道是多侧面、多角度、行进式展开的。3月1日，发表社论《开发开放的重大战略举措》，同时发表长篇通讯《再造辉煌的创举》。接着，在一版开辟《加快苏州工业园区开发》专栏，陆续报道有关方面支持苏州工业园区开发的信息。园区建设正式启动后，又陆续组织多篇报道，反映园区建设进展。

从1994年3月10日到3月18日，系统报道扬州规模经济。这组报道分《扬州规模经济迅猛发展》《昂起称雄的龙头》《实现最佳组合、释放最大能量》等5篇，各篇主题新颖，经验独到，写法灵活。江苏理论界把这组报道概括为“扬州现象”。“扬州现象”不仅深刻影响江苏经济发展的全局，而且以其区域经济迅猛发展的新鲜经验辐射全国。为这组报道配发的评论《扬州经验的特殊导向意义》，分别获得全省好新闻一等奖、全国省区党报好新闻一等奖、华东九报言论竞赛一等奖以及全国新闻界最高奖——中国新闻奖一等奖。

从4月下旬开始，先后在一版就稳定问题、深化大中型企业改革问题、亏损企业职工生产生活问题、农村脱贫致富、教育改革问题、乡镇企业提高与发展问题、青少年理想问题等读者普遍关注的热点、难点，组织《着眼大局，心系稳定》组合报道，先后刊出《苏北农民致富经》《记者来到困难户家中》《深化改革、再造优势、重现辉煌》《关于乡镇企业的南北对话》等系列报道。

1994年10月下旬，《新华日报》发表访问省委书记陈焕友的长篇专访《开放的江苏必将更加开放》。以这篇专访为龙头的“开放的江苏必将更加开放”报道从11月起陆续见报，社论、述评、综合新闻共10多篇，其中有：11月20日，陈焕友在全省对外开放工作会议上提出，精心规划实施对外开放总体战略，积极推进江苏经济国际化、现代化。同一天，发表社论《跨世纪发展的重大战略》。

10. 宣传省第九次党代会精神

1994年12月25日闭幕的省第九次党代会提出新的奋斗目标，即到20世纪末全面实现小康，到2010年基本实现现代化。《新华日报》围绕省第九次党代会精神和省委、省政府提出的经济国际化、科教兴省、区域共同发展三大战略，组织宣传报道。4月6日，由总编挂帅的采访组采写的新闻《农字起飞，整体推进》在一版头条见报，并配发评论员文章《盐城何以展翅飞》，拉开《区域经济发展看盐城》系列报道的序幕。之后陆续在一版见报的系列通讯《展开绿色的翅膀》定向篇、固本篇、强身篇、起飞篇、搏击篇，从深度和广度揭示区域经济落后地区加快发展的内在规律，探寻盐城由苏北中游跃为苏北上游的新鲜经验，在苏北乃至全省产生较大影响。

1995年9月5日，省委、省政府在徐州召开全省奔小康经验交流会，这是贯彻落实省第九次党代会精神的再动员，《新华日报》在会议当天发表长篇通讯《希望之星从“裂变”中升起》，剖析铜山县奋起奔小康的发展轨迹；9月6日，在头版用大半个版篇幅以《一个贫困县是怎样崛起的》为题，介绍阜宁县干部群众脱贫致富的经历；9月7日，又刊登题为《靠市场农业实现经济跨越发展——东台市奔小康之路的调查》。

加快“经济体制从传统的计划经济体制向社会主义市场经济体制转变、经济增长方式从粗放型向集约型转变”是省委1996年的工作中心，加快实现“两个根本性转变”的宣传是《新华日报》策划和组织的报道重点。4月初，省委在扬州召开实现“两个根本性转变”经验交流大会，《新华日报》在会前、会中、会后组织强有力的报道班子到各地采访，作专题报道。4月1日，推出《追求速度与效益并进——扬州规模经济发展的新态势》；4月3日，刊登《为台柱子再添风采》《构筑现代化大流通格局——苏州市加强市场培育建设扫描》。4月25日，“本报观察家”文章《推进两个转变仍要提倡大胆地试》见报。6月21日，《新华日报》转载省委书记陈焕友6月20日发表在《人民日报》上的《加快实现两个根本性转变》的文章。7月下旬，省委、省政府在无锡召开全省企业工作会议，《新华日报》派记者在无锡采访，采写长篇报道《搞好国企实践在无锡》刊登在7月22日的《新华日报》头版上。按照省委部署，《新华日报》派出两组记者赴泰州、无锡参加省委调查组采访，写出《振兴国有企业的一面旗帜》和《“小天鹅”腾飞之路》两篇调查报告分别刊登在12月21日和12月22日头版头条；12月23日，又发表评论《弘扬伟大的创业精神》，进一步宣传“春兰”“小天鹅”改革经验。

1997年，省委作出关于抓住第三次机遇，推动经济结构调整的部署。为帮助干部群众深刻领会“第三次机遇”的内涵，《新华日报》连续发表2篇评论员文章，题为《怎样理解“第三次机遇”》于4月3日见报，4月7日发表题为《调整结构与调整观念》的文章。5月3日，《新华日报》在头版头条刊登以《中国最大的“工程电器岛”》为题的通讯，介绍扬中市在结构调整中收拢五指培育特色，打开市场的做法。

1998年3月下旬，省委常委扩大会和全省经济增长工作会议对拉动经济增长作了部署。《新华日报》根据省委要求迅速制订宣传报道计划，展开一场促进江苏经济加快发展的大规模的报道。3月23日，发表“本报观察家”文章《“芦蒿经济”引出的思考》及《南京酝酿“盐水鸭革命”》的报道；3月27日，又在头版刊登“本报观察家”文章《在挑战中抓机遇》等。6月下旬，江苏展馆参加’98中国哈尔滨经济贸易洽谈会，以30多亿元成交额的显赫业绩满载而归。7月10日和11日的《新华日报》发表2篇“哈洽会”启示录，其中刊登在7月10日头版头条的《省外市场呼唤苏货》的稿子，省委书记陈焕友读后作重要批示。为进一步推动各地经济增长，下半年起，《新华日报》又组织特派记者组，采写“拉动经济增长南北行”系列深度报道，其中《扬州包子：买方市场的亮丽风景》《用140万吨钢换一个“强”字》《旅游经济何以热透连云港》《专家评说森达大名牌战略》等多篇报道，受到省委书记陈焕友批示赞扬。《扬州包子：买方市场的亮丽风景》2月7日见报后，陈焕友还写了读后感，全文刊登在《新华日报》2月9日一版报眼位置。

1999年3～4月，《新华日报》围绕省委重要决策，在A1版推出《奋战’99——市委书记访谈录》系列报道，起到凝聚人气、营造发展氛围的作用；以《本报观察家》和《深度报道》两个专栏，抓住改革开放、经济和社会生活中干部群众普遍关心的热点、难点，刊发大量富有见地，针对性、指导性较强的文章。

2000年11月10日，省委九届十二次全体（扩大）会在南京召开，对江苏在21世纪之初的经济和社会发展作出战略部署，通过《中共江苏省委关于制定江苏省国民经济和社会发展第十个五年计划的建议》。11月12日，《新华日报》发表《阔步迈向现代化建设新征途》社论；从11月6日起，就学习贯彻省委九届十二次全会精神连续发表6篇评论员系列评论。

11. 报道彻查无锡新兴公司特大非法集资案

无锡新兴实业总公司32亿元非法集资案被司法机关查处，罪犯被依法严惩，同时严肃查处一批违反党纪、政纪的党员、干部，清退挽回10多亿元经济损失。1995年11月22日，省委、省政府在无锡举行表彰大会，表彰在查处新兴公司投机倒把案中立功受奖的单位和个人，29个集体、446名个人分别受到记功和嘉奖。《新华日报》于23日一版头条刊发大会新闻，并发表中央纪委副书记侯宗宾、省委书记陈焕友在表彰大会上的讲话。

12. 报道建设文化大省

1996年12月23日，省委、省政府召开全省文化工作会议，省委书记陈焕友提出建设与经济建设相适应的文化大省的奋斗目标。《新华日报》于24日发表会议新闻，并发表社论《肩负起繁荣文化的历史使命》，指出：会议确立今后一个时期文化工作的指导思想、主要任务和加强文化建设政策措施，为全省文化建设揭开了新的一页。

1997年9月2日，《新华日报》发表记者就省委宣传部召开的“跨世纪发展战略研讨会”专题采访的新闻，并将研讨会后收到的有关建设文化大省的论文集中刊发，以引起各级党委、政府及文化工作部门的重视和思考。9月8日，《新华日报》又以半个版面就“文化大省，路怎么走”刊登专家学者发言，提出文化与经济协调发展、人才战略、塑造城市化形象和文化的现代化等具体设想。

13. 报道防汛抗洪

1991年江苏发生特大洪涝灾害，《新华日报》把报道抗洪救灾作为中心任务。5月下旬，省委、省政府防汛排涝紧急电话会议后，第二天，《新华日报》即以头版头条刊登消息，报道全省自北向南进入全面防汛状态，并配评论员文章，拉开抗洪报道的序幕。之后，报社领导分别带领记者奔赴防洪排涝现场采访，连续7天，在一版刊登60多篇相关新闻、通讯、评论、照片等。整个抗洪抢险过程中，《新华日报》共发表相关消息、通讯、特写1 600多篇，言论40多篇，文字量约130万字，照片170多幅。有两篇报道获全国抗洪救灾优秀新闻作品，一篇是通讯《洪泽湖不会忘记》，另一篇是评论《人定胜天》。为弘扬抗洪精神，报社编委会将有关报道选编成《大博斗——'91江苏抗洪斗争实录》一书。沈达人、陈焕友、江渭清、韩培信、孙颔、固辉、史玉孝等省和军区领导题词。

1998年，长江发生自1954年以来的又一次全流域大洪水，江苏的干部群众在6月25日至9月10日的78天中战胜八次大的洪峰，全省1 550公里江港洲堤无一决口、无一破圩，水利工程无一失事，也无一人因洪水死亡。《新华日报》按照省委、省政府部署，围绕防汛抗洪作了大量宣传报道。7月29日，发表评论员文章《克服麻痹思想 迎战长江洪峰》。8月5日头版转发省委、省政府紧急通知：百倍警惕，从难从严，再接再厉，牢牢掌握防汛抗洪主动权；同时发布每天汛情和各地抗洪抢险信息，并派出大批记者前往抗洪第一线采访。8月30日一版刊登记者拍摄的反映下关水情照片，其说明为“南京下关沿江路，只见堤外江水滔滔、堤内安然无恙”，省委书记陈焕友批示，称赞这幅照片不用多少文字说明，就一目了然。8月8日起，开辟《来自抗洪前线的报道》专栏，刊登记者从抗洪第一线发回的新闻、抗洪先进事迹、各地抗洪救灾新举措。9月12～14日，《新华日报》连续三天发表江苏抗洪胜利回眸的系列通讯《有洪无灾：称誉中外的动人篇章》《江堤：一颗耀眼的“明星”》《严防死守：百万军民谱壮歌》。9月21日，又发表省委书记陈焕友的文章《大洪水后进一步反思 反思后进一步大干》，鼓舞全省干部群众继续发扬抗洪精神，把洪灾造成的损失夺回来，争取大灾之年大丰收。

14. 宣传揭批邪教“法轮功”

1999年7月23日起，根据中央和省委的统一部署，《新华日报》等四报一刊展开声势浩大、深入持久的揭批邪教“法轮功”的宣传，除按照统一计划在重点版面刊登新华社、人民日报的各类消息、通讯、评论之外，还组织精干力量采写江苏各界人士揭露“法轮功”的危害、批驳“法轮功”错误本质及“法轮功”练习者与“法轮功”彻底决裂的大量报道和文章。

7月24日，《新华日报》编辑部组织召开部分专家学者座谈，发表题为《认清“法轮大法”的政治本质和严重危害》的座谈纪要；7月27～30日，连续四天分别以《马列主义与“法轮大法”根本对立》《科学与迷信水火不容》《揭露李洪志的政治野心》《让科学理性的光芒照亮人生》为题的系列评论；在《思想界》开设《弘扬科学精神 破除迷信思想》专栏，充分揭露“法轮大法”的反马克思主义本质；同时开设《受害者控诉“法轮功”》专栏，现身说法，揭露“法轮功”是害人之功、毁人之功。

15. 宣传加快城市化进程

1996年1月22日，《新华日报》发表“本报观察家”文章《市长，您有城市概念吗?》，针对当时因缺乏城市概念而形不成整体布局的“鸡窝式”开发等问题发表见解，强调城市的负责人应具备规划意识、整体意识、生态意识、环境意识、文化意识（含文物古迹保护意识）、人本意识、现代意识、城市交通意识以及可持续发展意识等。1月25日的《思想界》专版刊登南京大学城市研究中心主任张鸿雁教授《21世纪：苏南城市化前景如何》的文章，其基本论点是：苏南仍是初级城市化状态；让苏南成为世界第六大城市群；小城镇的历史使命行将完成；不能仅注重城市化而忽略城市现代化。1996年下半年，《新华日报》编委会就城市化建设问题派记者到苏州采访，9月8日发表《苏州新城在崛起》的记者见闻，推出苏州城市建设的经验、做法。

2000年7月12日，全省城市工作会议在南京召开，主题是加快推进城市化进程，率先基本实现现代化。省委书记回良玉作重要讲话，7月13日《新华日报》头版头条报道，并配发社论《一项重大的战略选择》。7月16日、20日、23日，分别发表《徐州构筑现代交通新格局》《苏州经济何以持续高质运行》《城市管理看徐州》等通讯；8月1日，又刊发交通专家建言南京城市化发展的新闻；11月11日，《新华日报》派记者采写的南京着力推进郊县城镇化稿件见报，其中提及的加快近郊城市化、远郊城镇化，促进城市基础设施和城乡经济一体化，实现农村城镇化、城市现代化等经验在全省推广。

2000年7月17日，中国中小城市综合开发研讨会在南京召开。会上，日本国际协力事业团国土规划研究专家周牧之就城市化建设提出很好的见解，诸如重视城市间的功能分担、建设有特色的城市空间、制定城市圈政策、保护环境、创造环境等，对当前城市化建设很有借鉴作用。7月18日，《新华日报》作了详细报道。接着，又陆续推出城市化建设的一些先进典型。此外，报纸还于2001年8月3日、8日、12日三天发表以《时代呼唤大城市》《创新是灵魂》《农民的福音》为题“本报观察家”系列评论，就城市功能、城市管理等问题发表意见，特别就城市化与解决“三农”问题的密切关联进行探讨，明确指出，实施积极的城市化战略，正是从根本上寻求解决农业农村农民问题的有效途径。这些报道，从多层次、多角度反映全省城市化建设新进展。

16. 宣传省第十次党代会

2001年11月8日，省第十次党代会召开。这是进入21世纪后江苏省的第一次党代表大会。报社对组织好会议的宣传报道极为重视，提前3个月研究策划。10月13日，报纸发表评论员文章《以实际行动迎接省第十次党代会召开》，同时辟出《迎接第十次党代会党建成果巡礼》《迎接第十次党代会，实践“三个代表”的优秀共产党员》《以实际行动迎接第十次党代会》等专栏进行先期宣传。10月中下旬，报纸以“本报观察家”名义，发表省九次党代会以来思想解放的回顾与思考系列文章：10月17日发表《从“跳出江苏看江苏”说起》、10月23日发表《突破思维瓶颈开启创新闸门》、10月26日发表《区域发展的第一推动力》、10月30日发表《文化大省建设的一次观念飞跃》、10月31日发表《新形象讨论：推进思想大解放的成功探索》。11月7日，会议开幕前一天，又以《团结奋进的大会，开拓创新的大会》为题发表社论，揭示大会的重要意义并预祝大会获得成功。

党代会召开期间，《新华日报》集中版面对会议报告以及与会代表分组讨论的情况及时充分报道。11月10日晚，世界贸易组织通过中国加入世贸组织（WTO）的决定。代表们联系这个充满机遇和挑战的新起点，围绕党代会报告中关于“当务之急是转变政府职能”“推动开放型经济跃上新水平”“加快培育核心竞争力”等问题展开讨论，一致表示要抓住机遇，迎接挑战，为落实党代会精神作出新贡献。《新华日报》对此详细报道。

17. 宣传江苏“两个率先”

省第十次党代会提出富民强省、率先基本实现现代化的宏伟目标。为了展示全省干部和群众贯彻落实党代会精神和省委决策的坚定信念和坚强决心，《新华日报》一改以往此类报道的习惯做法，决定让13个省辖市“一把手”轮番在报纸上“亮相”。报纸于2002年2月开设《奋发有为 富民强省 市委书记谈率先基本实现现代化》专栏，组织记者分赴各省辖市采访，并从3月1日起，陆续在该专栏发表记者对13个省辖市“一把手”的专访。

2003年全国“两会”期间，胡锦涛、江泽民在参加江苏代表团讨论时，明确要求江苏“率先全面建成小康社会、率先基本实现现代化”。省委、省政府坚决贯彻，决定把“两个率先”作为全省人民的共同理想和宏伟目标。《新华日报》放开版面，大力报道“两个率先”。4月初，报纸开辟《两会归来话率先》

专栏，约请省辖市市委书记、市长及省级机关部分厅、局长撰文并陆续发表。4 月 25 日，还在一版发表社论《把实现“两个率先”在全省喊响》，并从 4 月 26 日起，连续四天发表被省委、省政府树为全省先进典型的昆山市的系列通讯，并配发评论员文章《“两个率先”的排头兵》。为便于全省各地学习借鉴昆山先进经验，加快“两个率先”进程，报社又组织力量对昆山发展进程及经验全面调查总结，并于 8 月 28 日发表题为《高扬率先发展的旗帜》的调查报告。

2003 年 4～5 月，报纸还相继开辟《学习“三个代表”，力争“两个率先”》和《实践“三个代表”，力争“两个率先”》专栏，陆续发表《南京市谋划率先之策》《无锡争创“两个率先”先导区》《苏州立足率先致力率先》等数十篇通讯。据粗略统计，2003 年 4～5 月，《新华日报》对“两个率先”的宣传报道达 50 多个版。

18. 宣传沿江开发

江苏拥有 400 公里长江深水和中深水岸线，13 个省辖市有 8 个分布在长江下游沿岸。2003 年 6 月，省委、省政府为推进“两个率先”，作出加快沿江开发的战略决策。《新华日报》紧密配合省委、省政府的这一战略部署，及时对沿江开发宣传研究策划。6 月 14 日，报社派记者采访中科院地理研究所专家，他们根据遥感卫星影像系统采集的沿江岸线资源的最新数据，对沿江开发提出许多建议和构想，报纸在 15 日详细报道。当天的《思想界》专版刊登经济学家洪银兴撰写的论文《江苏沿江新一轮开发开放的内涵》，该文就建设“沿江国际制造业基地”“沿江现代化城市群”“沿江开放型经济的提升”等问题进行深刻透彻的论述。紧接着，由编辑部统一策划的 13 篇系列通讯，从 6 月 18 日起陆续在报纸上推出。

6 月 25～26 日，省委、省政府召开沿江开发工作会议，明确沿江开发总体规划、目标任务、指导原则和配套政策，《新华日报》在 27 日一版报道，并配发社论《新一轮沿江开发的进军号角》。28 日，报纸用半个版篇幅刊登会议侧记《“率先”的动力源发展的增长极》。29 日，报纸发表通讯《聚焦两江联动》，详细报道位于江阴长江大桥两端的江阴、靖江两市共建靖江园区，推进两市联动发展的情况。这篇通讯见报后两个月，两地首批合作的 8 个经济项目签约，总投资超过 40 亿元，预计投产后可新增销售收入 230 亿元。《新华日报》又在 8 月 30 日一版头条作了报道。

此外，在省沿江开发工作会议召开前夕的 6 月 22 日，《新华日报》发表省人大常委会主任陈焕友撰写的文章《沿江开发大有可为》。在会议结束后的 7 月 26 日，发表《人民日报》记者采写的长篇通讯《八百里江岸起宏图》，展示沿江八市迅速贯彻落实省委、省政府战略决策，掀起沿江开发热潮的动人场景。8 月 4 日，刊登介绍南通构筑两条黄金岸线经济带的通讯《从“江河时代”迈向“江海时代”》；8 月 7 日和 8 日，连续发表由省有关部门联合组织的“江苏沿江开发推介会”亮相香港，并首次以沿江开发为主题对外招商引资，打造开放型经济“新名片”的一系列新闻。

19. 报道全省党政机关改进作风、转变职能

2002 年和 2003 年，省委、省政府根据中央指示精神，为适应“两个率先”的要求和中国加入 WTO 后的新形势，要求全省各级党政机关改进作风，转变职能，树立廉洁、勤政、务实、高效的新形象。《新华日报》及时按照省委要求，在宣传报道上快速反应。2002 年 1 月 17 日，报纸一版头条发表《灌云：转变作风从“实招”抓起》的通讯；3 月 8 日一版发表反映南京市改进机关作风的通讯《请人民评判 让人民满意》，并配发评论员文章《人民心中有杆秤》；5 月 9 日，发表反映淮安市党政机关构筑为民解忧“高速公路”的通讯《民有所盼 我有所应》。

2002 年 5 月，省政府大规模组织清理了有悖于“世贸组织规则和法规统一原则”的地方性法规，大幅度削减行政审批事项，推进政企、政事分开，为推进各级政府转变职能树立样板。《新华日报》5 月 6 日一版报道。随后又相继在一版和区域新闻版上陆续报道全省各地在推进政府职能转变上采取的一系列新举措、新经验、新成果。

20. 对全省抗击“非典”的宣传

2003 年春，一场波及全球的重大灾害——非典型性肺炎突然袭来。在这场特殊的战斗中，《新华日报》按照省委指示和要求，充分发挥省委机关报在引领舆论中的“龙头”功能，以沉着、冷静、严肃、认真的科学态度，正确地、及时地报道全省各地抗“非”斗争。4 月 21 日，省和南京市召开南京地区预防“非典”工作会议，《新华日报》在次日发表新

闻，对省和南京市为防控“非典”采取的主要措施报道。针对社会上流言四起，部分群众对“非典”产生恐惧心理的实际情况，报社按照省委、省政府统一部署，每天在报纸上发表疾控中心发布的疫情报告，同时开辟《新华连线》专栏，由编辑部与防治一线的医护人员和有关负责人直接通话，再将通话内容整理成稿件在专栏内发表，并根据报道内容适时配发《同舟共济渡难关》《高扬伟大的民族精神抗击非典》《守望相助 降伏非典》等系列社论和评论员文章，引导全省人民正确看待“非典”疫情，按照各级党委和政府的统一部署，以科学的态度、严谨的作风、扎实的工作，抗击“非典”。在疫情得到有效控制后，报社又发表《全力抗击非典 合力谋求发展》《迎难而上保持经济发展好势头》等系列社论和评论员文章，引导全省各地全面贯彻省委、省政府提出的“两手抓”方针，努力保持经济社会发展的良好势头。

21. 对全省干部人事制度改革的宣传

2003年5月，省委作出推进全省干部人事制度改革的重要决策。省委书记李源潮多次强调指出：实现“两个率先”，关键在人，关键在领导干部。要为人民的事业、“两个率先”的实现，大胆起用政治上靠得住、发展有本事、人民信得过的干部。《新华日报》按照省委指示精神，紧密配合省委决策的贯彻落实，组织相关报道。6月3日，发表题为《围绕“两个率先”目标，深化干部人事制度改革》的访谈录；6月4日，发表反映各地精心选配“一把手”的通讯《率先发展论英雄》；6月5日，发表《不拘一格选英才》人物访问记；6月6日，发表题为《干部的“下”渐成寻常事》的概貌通讯；6月7日，发表《凝聚民意，给干部“画准像”》的一组集纳信息；6月9日和10日，分别发表《得风气之先》《从官到职业经理人的一跃》两篇典型报道。这组系统报道凭借鲜活的新闻事实、新颖的写作手法和具有深度的思考，全方位报道全省干部人事制度改革的主要举措及其成果。

22. 对维护失地农民合法权益的宣传

随着各地经济的发展和开放开发力量的加大，部分失去土地的农民权益受到影响，省委、省政府对此高度重视，责成有关部门认真调查研究，尽快拿出解决措施。《新华日报》按照省委指示精神，组织对保障失地农民权益的宣传。2003年6月27日，报纸首先发表记者采访省国土资源厅厅长陶培荣的访谈录《一定要保障失地农民长久收益》。紧接着，编委会又派记者到市、县农村实地调查采访，并根据调查采访获得的信息，针对面上普遍存在的问题，选择昆山、吴江两市和南通开发区三个在保障失地农民权益方面做得较好的单位，于7月7～10日分别发表调查报告《跳出土地反哺农民》《决不在土地问题上“亏待农民”》《解决被征地农民生计的有益探索》，详细介绍这三个单位的具体做法和经验，同时配发评论员文章。8月6日，报纸又针对面上存在的问题发表评论《农村土地流转必须规范操作》，呼吁各级必须迅速建立和健全相关法规制度，纠正农村土地流转过程中的不规范行为，切实保障农民的合法权益。8月15日，《新华日报》刊登苏州市吴中区初步建立失地农民保障机制的调查《构筑失地农民保护防线》，同时配发评论《从实处做好失地农民的补偿安置工作》，引导全省各级党委、政府和相关职能部门高度重视并妥善解决这一问题。

23. 宣传苏北地区干部群众奋力奔小康

省委、省政府确立的“两个率先”的宏伟目标，给经济相对落后的苏北加大了压力。为帮助苏北地区干部群众化压力为动力，鼓足干劲奋力奔小康，报纸于2003年9月开辟《实现两个率先加快苏北发展系列报道》专栏，在9月10日～10月29日陆续发表多篇通讯：9月10日发表《淮安：向全民创业要得实惠的小康》、9月18日发表《“摸黑赶路 天亮进城”抢先机——听宿迁人说追赶型、超常规发展》、9月21日发表《追踪“百名教授兴百村”》、10月11日发表《连云港：港口与工业互动》、10月23日发表《徐州：“领头羊”蓄势待发》、10月29日发表《农民收入中要有干部的工作含量——连云港破解农民增收难题的调查》。

24. 对建设平安江苏的宣传

2003年8月1日，省委、省政府召开电视电话会议，对全省开展“建设平安江苏、创建最安全地区”活动进行动员部署。《新华日报》8月2日一版头条发表会议新闻，摘要报道开展这一活动的重大意义、实施办法、具体部署等，同时发表评论员文章《“建设平安江苏” 保障“两个率先”》；8月3日，在一版发表记者采访省委常委、省政法委书记孙安华的访谈录《打出“平安江苏”品牌 保障促进“两个率先”》；9月5日，《新华日报》一版发表通讯《南通构建社会矛盾纠纷大调解机制》，引导各地通过建立调解机制和细致的思想工作，将社会矛盾消灭在萌芽状态；9月16日，发表通讯《创建“平安江苏”第一仗——全省公安机关夏季治安整治回眸》，为创建活动的开展营造良好舆论氛围。

25. 宣传全省推进“强基工程”

2003年年底，省委下发全省党的基层建设五年规划，大力实施以“增强凝聚力战斗力影响力”为主要目标的“强基工程”。报纸于2004年6月20日发表评论员文章《实施“强基工程”推进两个率先》，拉开“强基工程”宣传的序幕。6月24日起，报纸陆续推出《扎扎实实推进“强基工程”》系列报道：6月24日发表通讯《战斗力是怎样增强的》、6月27日发表消息《江苏社区党组织实现全覆盖党组织在社区的凝聚力显著增强》、6月29日发表消息《非公企业党组织应建已建率和党建工作指导员覆盖率实现“双百”》和《党组织在非公经济领域影响力全面提升》、7月5日发表通讯《锻造永葆先进性的党员队伍》。

2006年，省委、省政府先后召开全省农村工作会议、领导干部学习会和新农村建设工作会，部署在全省全面培训县乡村干部，开展“乡村学华西，农村干部学吴仁宝”的“双学”活动，并把这一活动同扎实推进“强基工程”紧密结合起来，《新华日报》又适时推出《乡村学华西 农村干部学吴仁宝 扎实推进“强基工程”》专栏，发表大量报道，将“双学”活动和“强基工程”建设引向深入。

2007年年初，省委书记李源潮在全省首期农村党组织书记培训班上讲话时指出：建设社会主义新农村，上要有好目标，下要有好典型；上要有好政策，下要有好带头人。华西及许多先进乡村发展的实践证明，农村富不富，关键看支部。《新华日报》据此精神，组织记者采写聚焦江苏275名乡村党组织书记大培训的通讯，并配发评论《关键要有好的带头人》，展示全省开展“双学”活动和“强基工程”建设的成果及经验。

26. 对建设法制江苏的宣传

2004年7月15日，省委、省政府召开建设法制江苏电视电话会议，对全省建设法制江苏进行动员和部署。《新华日报》于7月16日发表会议新闻，同时配发社论《积极投身建设法制江苏的伟大实践》。为引导全省各级抓好会议精神的贯彻落实，报纸又从7月17日开始，连续发表5篇评论：7月17日发表《“两个率先”的政治目标和法制保障》、7月19日发表《江苏人民的政治理想和现实要求》、7月22日发表《建设法制江苏 推进依法治省》、7月25日发表《大胆实践 积极创新》、7月26日发表《齐心协力 坚持不懈》。

27. 对“三创”为核心的江苏精神的宣传

大力弘扬以“创业、创新、创优”为核心的江苏精神，是省委、省政府为推进“两个率先”作出的重大战略决策之一。《新华日报》为叫响和弘扬这一精神，在较长时间里围绕这一主题反复宣传，在报道各地推进“两个率先”进程的具体实践时，也坚持把弘扬“三创”精神贯穿其中，让“三创”精神在全省干部群众头脑中深深扎根并开花结果。其中，比较重要的宣传有两次：一是2005年6月2日和3日，报纸连续两天在二版用整版篇幅，以《大力弘扬“三创”精神 全力推进“两个率先”》为题，报道全省“三创”精神理论研讨会上与会代表的发言，并在6月8日一版刊登由专家学者根据研讨会成果撰写的论文《弘扬“三创”精神与推进“两个率先”》；二是从2005年6月开始至2005年年底，报纸开设《三创之星》专栏，陆续推出数十篇通讯，着力宣传报道各地涌现的“三创”典型，为全省干部群众弘扬“三创”精神树立榜样。

28. 对大力发展现代服务业的宣传

2005年7月19日，省委、省政府在无锡召开全省加快发展现代服务业工作会议，会议决定把加快发展现代服务业，作为全省落实科学发展观，增创发展新优势，又快又好推进“两个率先”的一个战略举措。《新华日报》于7月20日一版发表会议消息的同时，配发社论《以新的思想解放推动现代服务业加速发展》，并在当日二版发表通讯《现代服务业，江苏加快发展的战略新选择》和《从数字看江苏服务业》。7月21日，又发表记者依据在全省加快发展现代服务业工作会议上的见闻采写的侧记《引领江苏发展全局的战略决策》。

为了开拓各地在加快发展服务业上的工作思路，报社派记者赴广东、上海等省市采访，并从7月22日起，在一版推出《广东、上海发展服务业启示》专栏，连续发表4篇通讯。8月5日，报纸针对各地在发展现代服务业中出现的一些问题，在一版发表评论文章《服务业提速：重在提升》，主张对服务业认真梳理，防止低层次竞争。接着又于8月9日和9月21日推出两篇江苏发展现代服务业的先进典型报道，分别为《无锡：百年工商滋养现代服务高地》和《常州打造现代服务业新旗舰》。

2007年2月8日，省委书记李源潮在会见印度萨蒂扬软件公司首席执行官时说，网络技术和设施的充分发展为服务的全球化提供载体和平台，商务服务、技术服务、管理服务、研发服务、教育服务通过外包形式而实现全球化生产已成大势所趋。江苏要继续走在中国对外开放的前列，抢抓服务外包全球化的机遇，像抓加工贸易那样抓外包服务，像招外资工业企业那样招软件外包服务供应商。报社马上派记者围绕这一主题采访，并迅速在报纸上发表《抢搭服务外包"头班车"》系列报道：3月18日南京篇《创建中国的班加罗尔》、3月19日苏州篇《外包"试验区"的试水效应》、3月20日无锡篇《从"制造业思维"到"服务外包思维"》、3月21日常州篇《西太湖畔崛起一个"梦工场"》、3月22日思考篇《把江苏建成国际服务外包重要承接地》。

29. 宣传昆山经验，推进"两个率先"

2005年12月，省委、省政府为加快全省"两个率先"进程，决定在全省推广普及昆山经验。2006年1月6日，省委、省政府在南京召开昆山经验报告会。

1月6日报告会召开之日，报纸在一版刊登省委政策研究室撰写的长篇文章《走在全面建设小康社会的前列——昆山经验的调查与总结》。1月7日，在一版头条刊登报告会消息，并在一版以《学习昆山经验推进"两个率先"》为题，发表省委书记李源潮在报告会上的讲话全文，同时配发社论《为开启"两个率先"新征程注入强大精神动力》。从1月8日起，报纸开辟《昆山系列报道》专栏，连续发表报社赴昆山采访组采写的6篇系列报道。

30. 对"百名海外高层次人才江苏行"的宣传

2006年6月29日～7月3日，省委、省政府组织百名海外高层次人才到南京、无锡、苏州等地参观考察，这是江苏为实现科技创新面向全球融智而采取的创造性举措，引起全国各省市瞩目。《新华日报》为做好此次宣传报道，特地派记者与"洋博士"们同行，几天中，完成4篇质量较高的通讯。报社编委会特地在一版辟出《百名海外高层次人才江苏行》专栏，于7月7日起连续发表系列报道：7月7日发表《在全球范围内为江苏的经济发展融智》、7月8日发表《"海归"创业潮涌江苏》、7月9日发表《海外英才激情回应江苏召唤》、7月11日发表《人才国际化，实现"两个率先"的必然选择》。

31. 对坚持环保优先建设"生态江苏"的宣传

2006年7月13～14日，省委、省政府召开全省环保大会，会议的主题是全面落实科学发展观和国务院关于加强环境保护的决定，坚持环保优先，建设"生态江苏"。报社6月下旬制订报道计划，并在一版开设《聚焦沿江保护性开发新路径》专栏，从7月11日起陆续推出记者发回的系列报道：7月11日的开篇报道《经济发展上来了 生态建设也上来》，同时配发评论《沿江"双赢"的说服力》；7月12日发表题为《绿水青山抒写生态沿江》的通讯，并配发评论《生态环境重在建设》；7月14日发表题为《机制一变"环保优先"落地生根》的通讯，并配发评论《让制度防止"共有地悲剧"》。

7月15～24日，报纸侧重对省环保大会精神以及大会经验介绍进行报道；7月15日，报纸一版头条发表省环保大会新闻，同时配发社论《以环保优先促发展率先》。7月25日以后，为进一步推动会议精神的贯彻落实，报纸在一版开辟《落实环保优先推动科学发展》专栏，连续发表反映全省各地贯彻落实会议精神的系列报道。

32. 对社会主义新农村建设的宣传

2006年8月2～6日，省委、省政府举办领导干部学习会，以《中共中央、国务院关于推进社会主义新农村建设的若干意见》为指导，专题研讨全省新农村建设问题。省委书记李源潮在学习会上作《走"三化"发展道路建设社会主义新农村》讲话。《新华日报》8月7日一版头条发表《走"三化"发展道路建设社会主义新农村》，详细报道领导干部学习会的成果及李源潮讲话主要精神。当天报纸发表通讯《农村建设的"石佛版本"》。

为推进新农村建设在全省迅速展开，8月11～26日，报纸相继在一版和二版开辟《新农村建设在江苏》和《高效农业规模化实践在江苏》2个专栏，连续发表反映各地新农村建设新进展、新风貌的系列报道。在第一个专栏内，陆续发表《郊县工业，培育社会主义新农民的摇篮——来自南京郊县农村的报告》《连云港多元投入建"新农村服务中心"》等系列通讯；在后一个专栏内，先后发表特写《一棵小草绿了大江南北》《追赶寿光，叫响全国》《魅力·活力·带动力》《“龙头”高昂起鸭业“呱呱叫”》《花儿为什么这样红》等和评论《更大力度地干起来》。

根据全省领导干部学习会上确定的要在新农村建设中切实抓好“十大工程”的决策，报纸在8月22日一版发表新闻，详细报道“十大工程”具体内容。从8月28日起，报纸又在一版辟出《江苏新农村建设十大工程解读》专栏，8月28日首篇推出通讯《高起点做得到——“高效农业规模化工程”目标、思路和重点前瞻》，并配发评论《走出一条建设新农村的率先之路》。

33. 宣传省第十一次党代会

2006年11月，江苏省第十一次党代会在南京召开，《新华日报》提前制订详细、周密的报道计划。为充分展示省十次党代会以来全省各地取得的新成就、新业绩、新风貌，10月初，报社安排记者赴各地采访，从10月21日起，在一版辟出《以实际行动迎接省第十一次党代会召开》专栏，陆续发表记者发回的报道：《把党旗和国旗插上世界最高塔顶——苏通大桥现场党建工作巡礼》《基层党员无职也有为——镇江市为4万无职党员“设岗定职”》《扬州：“新党建”领航新农村建设》《在较高平台上保持稳定快速增长 点击江苏经济新格局关键词》等。会议召开前夕，《新华日报》开辟《迎接省第十一次党代会特别报道》专栏，10月25日《“决策篇”：科学发展观引领“两个率先”壮丽征程》见报，紧接着连续6天发表“成就篇”。

会议期间，除充分报道党代会工作报告、党代表讨论情况外，又推出“让党旗更鲜艳”3篇特别报道：11月8日发表《制度创新：为实现“两个率先”选好人用好人》、11月10日发表《文化拉动助推“两个率先”》、11月11日发表《“三化”建设：开创多党合作事业新局面》。会议闭幕后的11月13日，报纸还发表社论《向着全面达小康建设新江苏的目标迈进》。为了让省十一次党代会精神深入人心，并抓好会议精神的贯彻落实，11月14日还辟出《认真学习贯彻省第十一次党代会精神》专栏，连续发表13个省辖市贯彻落实党代会精神新举措。

34. 对发展农村合作组织、壮大村级经济基础的宣传

2007年1月12～13日，省委书记李源潮在盐城考察调研时，提出要大力发展农村合作组织，壮大村级经济基础。报社根据省委指示精神，及时派记者采访，形成《发展农村合作组织壮大集体经济》系列报道。2月4日，首发介绍泗洪县西南岗村《互助合作尝试解决农民贷款难》的新闻；2月5日，发表介绍江都超过1/3的土地股份合作社，积极投身高效规模农业取得显著成效的述评《土地股份合作是发展现代农业的有效载体》；2月6日，发表通讯《“闲钱合作”昆山农民合作投资的首创》；2月7日，发表通讯《经济能人带头，合作致富一方》，介绍铜山县杨庄村致富能人杨永久历经挫折和艰辛，终于引导村民走上合作致富之路的生动事迹。

35. 对新一轮沿海开发的宣传

2007年4月21日，省委、省政府在盐城召开沿海开发工作会议，对新一轮沿海开发工作进行部署。4月22日，《新华日报》一版头条发表会议消息，并配发社论《把科学发展观贯穿沿海开发全过程》，二版以整版篇幅刊登与会记者的见闻《为江苏发展再造新的增长极》。4月23日，《思想》专版刊登专家、学者的论文《以沿海开发带动苏北崛起》和《沿海开发：机遇、约束和切入思路》；当天，《焦点新闻》版刊登记者的赶海“手记”《难忘那期盼的眼神》。此后，报纸分别在一版、二版、《焦点新闻》版上开设《科学规划加快推进新一轮沿海开发系列报道》《行走海岸线》《又快又好推进新一轮沿海开发系列评论》及《沿海开发省外纪行》4个专栏，调集精兵强将组成若干个报道小组，到沿海各地调查采访，于会后一段时间在相关专栏连续发表。其中，在《科学规划加快推进新一轮沿海开发系列报道》专栏，连续发表4篇通讯。5月6日，为反映沿海开发会议精神的落实情况，报纸又推出《加快推进新一轮沿海开发反响》系列报道。此外，还在5月22日《新华日报》的《区域观察》栏目，刊登通讯《钦佩的目光，探究的目光，越来越多地投向海安老坝镇——8公里海岸线做出科学用海好文章》。

36. 对“铁腕治污、科学治太”的宣传

2007年7月7日，省委、省政府在无锡召开太湖水污染治理工作会议，贯彻落实科学发展观和国务院关于“太湖”治理的相关指示精神，部署彻底治理太湖。7月8日，《新华日报》在发表会议消息的同时，发表社论《彻底治理太湖：江苏落实科学发展观的重大任务》。

全省太湖水污染治理工作会议召开之后，为加

速会议精神的贯彻落实,《新华日报》又组织采访组,对无锡践行"铁腕治污、科学治太"的情况跟踪报道。8月14日,报纸发表首篇通讯《保护太湖,宜兴"利剑出鞘"》;8月15日,发表第二篇通讯《创新机制,给太湖注入"源头活水"》;8月16日,发表第三篇通讯《关爱太湖,是我们的使命》。

(四)对江苏经济社会建设重大成就的宣传

1. 南京禄口机场

南京禄口国际机场于1995年2月28日举行动工典礼,3月1日《新华日报》头版发表新闻及《建好空港 促进腾飞》评论员文章。其后三年持续进行宣传报道。1997年5月29日起,开辟《南京禄口国际机场系列报道》专栏,首篇是省委书记陈焕友关于南京禄口国际机场建设的访谈《打开江苏通向世界的"空中大门"》;5月30日、6月1日、6月2日分别发表《一流空港在南京崛起》《建设者的风采》《追求投资效益最大化》系列报道。6月29日上午10时,南京禄口国际机场举行首航典礼,结束了江苏没有现代空港的历史。6月30日,《新华日报》一版报道典礼场面,就机场建成发表社论《奋发图强开拓前进的新胜利》,并刊登通讯《新机场带来新希望》,全国政协常委、香港中华总商会副会长张永珍谈南京禄口机场建成通航对于促进苏港经济合作具有重要作用。

2. 沪宁高速公路

1996年9月15日建成通车的沪宁高速公路全长274公里,其中江苏段248公里,是江苏第一条高速公路。在沪宁高速公路建设处于决战阶段的1995年10月,《新华日报》派记者实地采访,10月27日在头版头条刊登以《架设"金三角"的生命线》为题的沪宁高速公路建设巡礼长篇通讯。1996年3月10日起,连续10余天发表记者见闻。9月初,专家组对沪宁高速公路全面验收,赞誉沪宁高速公路"是一条技术含量相当高的公路",对工程中软土地基的处理、桥头伸缩缝的跳水防治给予高度评价,《新华日报》记者随专家组采访,采写的新闻于9月11日在一版发表。《新华日报》组织报道组对沪宁高速公路江苏段进行系统、集中、多侧面、多角度的系列报道,包括消息、通讯、特写、文章、评论达350多篇。报社负责报道的经济一处因此被评为"沪宁高速公路江苏段建设先进集体"。

3. 南京长江二桥

2001年3月26日建成通车的南京长江第二大桥是国家重点建设项目,全长21.33公里,其中南汊大桥为钢箱梁斜拉桥,桥长2938米,主跨628米,该跨径居同类桥梁中"国内第一、世界第三"。1997年10月6日开工,10月7日《新华日报》头版刊发江泽民题写的"南京长江第二桥"桥名和开工典礼新闻,当天报纸下方发表写在二桥开工之日的通讯《跨世纪的宏伟工程》。在工程建设中,中央领导人多次亲临现场,对工程建设质量、进度、投资控制和建设管理给予高度评价,《新华日报》不间断宣传报道。2000年10月19日,江泽民来到建设中的南京长江二桥视察,并称赞:"这么大的工程,做得多漂亮啊!"。2000年4月17日,朱镕基在视察中亲切慰问建桥工人,并于2001年二桥开通前夕专门批示:功在国家、利在人民,谨至祝贺。2001年3月22日起,《新华日报》连续发表南京长江二桥4篇通讯。

4. 江阴长江公路大桥

投资33.7亿元、总长1385米的江阴长江公路大桥是"中国悬索第一桥",也是江苏长江公路第一桥。1994年11月22日开工。1998年4月21日,中共中央总书记江泽民亲临建设中的大桥工地视察,并在工地上题写桥名,叮嘱道:"这桥投资大,规模大,作用大,一定要把好质量关,一定要坚持质量第一。"《新华日报》对此进行报道。1999年9月28日建成通车,江泽民出席通车典礼,并对大桥建设工程进行考察。他代表党中央、国务院对大桥的通车表示热烈祝贺,并向大桥建设者包括外国工程技术人员致意。他说:"我看过了这座大桥,除了高兴,还是高兴。"《新华日报》在第二天的报纸头版以整版报道。9月20日,《新华日报》派记者就江阴长江公路大桥访问省委书记陈焕友,并在9月21日发表以《架设飞越天堑的彩虹》为题的访谈新闻。陈焕友在谈话中指出,江阴长江公路大桥是国家公路主骨架重要的枢纽,对于构建江苏现代化交通网络体系,缩短苏北特别是淮北与苏南和上海的时空距离,促进区域经济共同发展,实现长三角乃至中国东部地区的腾飞起着巨大的支撑作用。

5. 田湾核电站

1999年10月20日,中俄合作建设工程、位于连云港市连云区的"江苏田湾核电站"举行开工典礼,江泽民、叶利钦就工程开工互致贺电,吴邦国出席典礼仪式并揿下开工信号按钮。《新华日报》于

10月21日在一版头条报道。

6. 润扬长江公路大桥

润扬长江公路大桥北起扬州市，跨江连接对岸镇江市，全长23.56公里，是中国公路史上工程规模最大、建设标准最高、技术最复杂的悬索、斜拉、预应力混凝土连续梁组合特大型桥梁工程。南汊悬索桥主跨达1 490米，为中国第一。2000年10月20日上午在扬州市举行开工典礼，中共中央总书记江泽民出席典礼仪式，并为大桥奠基培土。《新华日报》10月21日头版刊发新闻及照片。2005年4月30日，润扬大桥举行通车典礼。正在江苏调研的中共中央政治局常委、全国人大常委会委员长吴邦国，出席通车典礼仪式。《新华日报》5月1日一版对此进行报道，同时发表通讯，介绍大桥建设过程及大桥通车后对镇江、扬州两地乃至全省经济和社会发展的重要作用。

7. 文明城市创建活动成果

2002年4月22日，全省文明城市创建工作会议在南京召开。《新华日报》按省委指示和要求，及时在报纸上辟出《全省文明城市创建巡礼》专栏，集中报道全省开展文明城市创建活动4年来取得的丰硕成果。4月15日推出首篇报道《喜看张家港城乡文明新对接》；4月17日发表《"沭阳板块"崛起的背后风景》；4月19日刊登展示昆山市城市建设日新月异、人们精神面貌发生巨大变化的通讯《换个角度看昆山》；4月21日发表全省文明城市创建工作综述《为城市现代化注入强大动力》；4月23日和4月25日，报纸又分别以《推进城市两个文明建设的有效载体》和《把文明城市创建工作推向新水平》为题，发表两篇评论员文章。10月25日，省文明委召开第十次全体会议，听取省文明办关于江苏省文明城市、文明社区考核验收情况的报告，提出下一步工作意见。报纸又于10月下旬开设专栏，宣传省文明委表彰的一批创建活动先进典型。

8.《江苏省文化大省建设规划纲要》的实施

2002年9、10月间，由省委宣传部牵头，省有关部门组成联合调查组，就2001年省文化工作会议上通过的《江苏省文化大省建设规划纲要》的实施情况进行调查。《新华日报》派记者参与此次调查，并采写系列报道，分别发表在11月24日、25日、28日的报纸上，主要篇目是《经济文化共谋互动比翼齐飞》《新兴文化产业显示巨大发展潜力》《创新：为文化建设注入强大活力》。

9. 苏通大桥建设

2003年6月27日，苏通大桥开工。《新华日报》对这一重点工程的开工仪式、大桥设计创造的四个世界之最（最大主跨、最深基础、最高桥塔、最长拉索）、大桥建成后对拉动经济增长的重要作用，以及大桥开工后的建设进程，均作详细报道。2007年6月18日，苏通大桥胜利合龙，省和国务院相关部门领导出席合龙仪式，《新华日报》在6月19日一版报道，同时配发反映大桥巍峨雄姿的图片。

10. 宁启铁路南京至扬州段开通

2004年5月1日，宁启铁路南京至扬州段开通仪式在扬州举行，标志着江苏又一交通重点工程正式投入运营。江泽民为扬州站题写站名。正在江苏考察工作的中共中央总书记胡锦涛从南京赶到扬州，出席开通仪式。《新华日报》5月2日一版头条新闻中报道开通仪式，同时发表长篇通讯《汽笛长鸣：扬州从新起点出发》。

11. 南京建设"五个中心"

2005年8月22日，省委常委集体调研南京工作，省委书记李源潮代表省委希望南京进一步确立"五个中心"的城市定位：长江国际航运物流中心，长三角先进制造业中心，全省现代服务业中心，全国重要科教中心，东部城市特色中心。这是省委对南京加快发展确定的阶段性战略目标，南京市委、市政府立即着手进行全面规划和实施，短短一年中取得重大进展。《新华日报》于2006年8月派记者进行采访，及时推出反映"五个中心"建设情况的系列报道：2006年8月18日《从"枪炮车间"到"创意工场"——南京新一轮产业结构调整向"高、新、优"迈进》、8月19日《从长三角"末梢"到全国创新高地——南京立足比较优势　寻求特色发展路径》、8月20日《从"绿化中心"到"绿色中心"——南京构建人与自然和谐相处的发展环境》。

12. 构建和谐社会新进展

构建社会主义和谐社会，是党的十六届六中全会作出的重要决定，也是省委、省政府制定的"两个率先"目标的重要内容之一。《新华日报》于2006年9月下旬至10月中旬，集中报道一批在构建和谐社会中成果突出的先进群体和典型案例，主要是：9月27日《民生，写进"法制南京"主菜单》；9月30日《刘老庄文化站开放第一天》；10月3日《徐州:让百姓早日享受碧水蓝天》;10月4日《江宁谷里街道搭钢架大棚"贴本"租给农民》;10月7日《常州把20座公园还给350万市民》,并配发评论《让公共产品真正普惠于民》;10月16日《泗洪县1836名残疾人走进苏南成为工薪一族——残疾农民高输出率背后的故事》;10月17日《江阴,幸福指标老百姓说了算》。

13. 区域经济发展成果

2006年10月下旬,《新华日报》推出《区域发展看苏北起飞》专栏,展示经济相对落后的苏北地区,贯彻落实科学发展观,围绕省委、省政府"两个率先"决策部署,在经济发展中取得的喜人成就。专栏报道采取成果展示与嘉宾点评相结合的方式,增强耐读性和感染力。

14. 江苏城市精神

2006年12月,《新华日报》以跨版式图文并茂,集中展示江苏13个省辖市在加速"两个率先"进程中形成的城市精神。12月7日南京篇《博爱之都创新之城》,12月8日常州篇《千载读出现代创新城》,12月9日镇江篇《创业创新开放文明务实诚信》,12月10日扬州篇《和谐人居看扬州》,12月11日泰州篇《创新之城祥泰之州》,12月12日南通篇《腾江越海新南通》,12月13日淮安篇《团结创新实干自强》,12月14日徐州篇《有情有义古彭城开明开放新徐州》,12月15日连云港篇《连天碧云新港城》,12月16日苏州篇《苏州和她的城市精神》,12月17日无锡篇《尚德务实和谐奋进》,12月18日盐城篇《生态魅力和谐盐城》,12月19日宿迁篇《生态为归宿创业求变迁》,12月20日综合篇《创业创新创优江苏人的精气神》。

15. "全面达小康建设新江苏"新业绩

"全面达小康 建设新江苏"是省第十一次党代会对全省提出的新要求,得到全省各级党组织和群众的拥护和支持。为展示全省各地贯彻落实省第十一次党代会精神,在改革和发展中取得的新进展、新成果、新业绩,《新华日报》于2007年5月下旬起,在焦点新闻版上辟出《全面达小康建设新江苏——贯彻省第十一次党代会精神半年回顾与检阅》专栏,组织记者采写《江苏全面小康建设"进行时"》《又好又快,我省经济发展绽放新表情》《改革开放:"双引擎"助推新江苏》等10多篇通讯,分别在5月28日至30日三天内连续发表。

(五)对重大纪念活动和重要文体活动的宣传

1. 全国第三届城市运动会

1995年10月22～30日在南京召开的全国第三届城市运动会,是中华人民共和国成立以来江苏承办的规模最大的综合性运动会。《新华日报》对城运会宣传报道极为重视,成立以一位副总编为组长的报道组,负责《新华日报》及大会会刊《城运快报》的报道。10月8日,发表以《喜看南京创三优迎城运》为题的新闻特写,反映城运会主会场——南京市民迎接城运会做好各项准备工作的实况;10月23日,刊登城运会开幕式大型文体表演《世纪之光》剪影,其热烈场面给人以"神州尽辉煌"的深刻印象;10月31日,以整版竞技照片让人们留下"城运健儿展英姿"的美好记忆,达到"精彩热烈、圆满成功"的预期效果。

2. 第六届中国艺术节

2000年秋,第六届中国艺术节在江苏南京举办。海内外3万名宾客和100多台精品剧目、节目齐聚南京。9月28日开幕当天,《新华日报》在一版头条刊登特写《喜看南京"借东风"》,反映规模空前的"六艺节"推动省城文化中心建设上台阶的实况,并发表社论《继往开来 繁荣创新》,热烈祝贺"六艺节"开幕;还发表江苏各地群众热情参与艺术节,500多场次群众文化活动陆续推出的新闻。此间,《新华日报》记者现场采访,编发多篇"六艺节"感慨回望稿件。

3. 纪念建党80周年

2001年7月1日是中国共产党诞辰80周年。6月13日起,《新华日报》陆续发表记者对原南京市委副书记刘峰、梅园新村原中共代表团警卫王德宝、老党员省高教局副局长李钟英、丁行烈士(曾在国民党军队中从事地下情报工作,1948年10月19日在南京江东门国民党军人监狱英勇就义)之女丁奂吾专访。6月25日起,《新华日报》连续4天发表《我们党永远年轻》《中华民族伟大复兴的希望》《先进文化:永葆党的先进性的思想源泉》《共产党好:人民的心声》评论员文章。同时,开设纪念建党80周年《身体力行"三个代表"》《新世纪共产党员风采征文》《喜庆中国共产党建党80周年各地新闻特写》等专栏,在《思想界》专版约请专家学者撰写《80年的历史启迪》纪念文章和《回眸历史看辉煌》特稿。7月1日,在《思想界》专版刊登省委副书记任彦申《大力开拓党的建设新境界》文章。以省委副书记任彦申的讲话精神为基本观点撰写的评论员文章《满腔热情、理直气壮唱响主旋律》,在一版发表。文章发表后,中央宣传部"新闻阅评"摘录了文章的基本内容。后由中宣部安排,新华社向全国播发了这篇文章的全文,《人民日报》《光明日报》《经济日报》等各大报纸转载这篇文章。

4. 北京获2008年奥运会主办权

2001年7月13日,在国际奥委会第112次全会决定2008年奥运会主办城市的第二轮投票中,中国北京市以过半优势赢得奥运会主办权。7月14日,《新华日报》向全省人民传达这一喜讯,在一版刊登省委、省政府向中国奥委会、北京申奥委发的贺电,同时,刊发江苏体育工作者及全省各地人民欢庆申奥成功的新闻。

5. 世界华商大会

2001年9月17～19日,第六届世界华商大会在南京召开,这是世界华人了解江苏、江苏走向世界的一大机遇,省委、省政府极为重视。2000年11月23日,省委、省政府召开专门会议,要求抓紧做好大会的各项筹备工作,进一步推进改革开放和两个文明建设,11月24日《新华日报》作了详细报道;2001年下半年,成立《新华日报》华商大会报道组,就大会准备工作发表大量稿件。9月5日,发表《南京城建再写华章——迎接华商大会看南京》的记者见闻;9月7日,发表通讯《为先进生产力发展提供服务和保障》,介绍南京工商系统大步融入改革与发展主流的情况。9月17日大会开幕时,国家主席江泽民发来贺信,全国政协主席李瑞环在大会致词,国务院总理朱镕基出席华商大会举行的《中国经济论坛》并作精彩演讲。《新华日报》均作了详细报道。

6. 全省人民深切缅怀邓小平

1997年2月19日,党和国家的第二代领导核心、一代伟人邓小平逝世。报社按照上级有关精神,连夜起草《邓小平同志悼念活动的宣传报道计划》。同时,迅速调整版面、撤换内容不合适的稿件和广告,并果断决定暂停出版当天即将印刷的彩色《新华周末》。此后《新华日报》除刊发新华社电讯稿和照片外,于2月20日刊发省委常委扩大会学习《告全党全军全国各族人民书》、缅怀邓小平丰功伟绩的新闻,放开版面充分反映江苏干部群众缅怀小平丰功伟绩、深情悼念的沉痛心情和悲痛化作千钧力、铭记嘱托向未来的坚强决心。

改革开放以来,邓小平曾于1982年、1983年、1992年、1994年四次视察江苏,每次都作了重要指示,嘱托江苏应该发展快一点。2月25日,《新华日报》刊发以《亲爱的小平同志江苏人民牢记您的嘱托》为题的近5 000字的长篇通讯,追忆邓小平生前视察江苏的感人场景。同一天,还以《哀思化作千钧力 重振雄风会有时》为题刊发江苏国有大中型企业职工深切缅怀小平的新闻。2月27日,《新华日报》发表理论文章《当代中华民族的精神支柱》,阐述邓小平建设有中国特色社会主义理论的哲学内涵;3月6日的《思想界》专版发表署名文章《沿着邓小平特色理论指引的道路永远前进》。

7. 香港、澳门胜利回归

从1997年4月1日到7月1日香港回归期间,《新华日报》共发表理论文章30余篇。4月24日起,开辟《新华日报》与《群众》杂志、省国际招标公司联办征文专栏,连续发表《香港回归后的苏港经贸合作》《香港回归给江苏科技发展带来良机》《苏港合作要实现优势互补》的专论,结合江苏特点,系统论述苏港经济合作;6月12日,《思想界》专版整版以苏港合作为主题,约请学者撰写以《香港回归给江苏带来什么》为题的理论文章,约请专家就苏港在金融、贸易、科技、海运、农业诸方面合作发表意见,并以图表形式介绍改革开放以来江苏与香港贸易情况以及江苏利用香港直接投资情况;6月2日和6月18日,发表省委副书记顾浩和省委书记陈焕友署名文章,题目分别是《洗雪百年耻辱 喜迎香港回归》和《苏港合作前途广阔》,阐述邓小平"一国两制"伟大构想,弘扬爱国主义精神,以香港回归为契机,推动江苏经济社会全面发展。为庆贺香港特别行政区成立,江苏省向香港特别行政区赠送大型苏绣《归程》作为贺礼,千针万线寄托了江苏人民的深情厚意。《新华日报》也在香港回归前夕作了宣传。

1999年12月20日,《新华日报》对江苏省暨南京市各界群众举行庆祝澳门回归大会和《中华龙腾》的大型文艺演出作了报道,并在当天B2版、B3版刊发两个整版的彩色照片,反映江苏人民庆祝中华民族这一历史盛事的欢乐场面。其中安装在澳门综艺馆旁广场上的高六米,由花体、花托和花基座三部分组成的“盛世莲花”为中央人民政府赠送的世纪贺礼，“盛世莲花”由南京晨光集团铸造、南京金箔集团贴金。《新华日报》12月21日A4版以“盛世莲花永驻濠江”为题作了详细宣传报道。

8. 纪念党的十一届三中全会召开20周年

1998年12月是党的十一届三中全会召开20周年，全省举行纪念活动，《新华日报》及时宣传报道。《江苏辉煌二十年成就展》是八项系列活动中的一项重要活动，《新华日报》于12月11日详细报道；12月13日，发表新闻特写《辉煌·信心·希望》。从12月10日起，《思想界》专版开辟《邓小平理论在江苏》专栏，邀请专家、学者、企业负责人撰写理论文章，进一步宣传邓小平关于建设有中国特色社会主义理论的指导作用，讴歌江苏改革开放20年的伟大成就；紧接着，连续发表改革开放20周年回眸的通讯，反映江苏各地改革开放以来的新业绩、新风貌。

《新华日报》自1998年3月23日起开辟《锦绣江苏》专版，以60多个彩色整版篇幅，充分展示全省60多个县市改革开放以来的巨大变化与成就；还在《新华周末》开辟《二十年巨变话家常》，让群众以自己切身感受畅谈体会，歌颂党的改革开放好政策；还推出《20年巨变看江苏》专版，选择有江苏特色的举世公认的精彩之作，展示江苏经济和社会发展的成果。

9. 中央领导同志为《新华日报》在南京出版50周年题词

1949年4月30日在中国人民解放军解放南京的历史性时刻，党中央决定《新华日报》在原国民党政治中心的南京恢复出版。到1999年4月30日，《新华日报》履行党和人民赋予的神圣使命，与党和人民命运相连，休戚与共，度过50个春秋。党和国家领导人江泽民、李鹏、李瑞环分别为《新华日报》在南京出版50周年题词，江泽民的题词“紧跟时代步伐 传播党的声音 服务人民群众”，李鹏的题词“解放思想，实事求是，联系群众，办好《新华日报》”，李瑞环的题词“传播真理 弘扬正气 服务群众”，发表在1999年7月6日《新华日报》一版；同日，在一版刊登7月5日江苏省暨南京市各界人士纪念《新华日报》在南京出版50周年座谈会新闻和省委书记陈焕友在座谈会上的重要讲话。

10. 纪念邓小平诞辰100周年

2004年8月22日是邓小平诞辰100周年纪念日。8月5日，江苏召开全省纪念邓小平百年诞辰理论研讨会，省委书记李源潮在大会上作题为《邓小平小康社会思想与江苏率先全面建设小康社会的实践探索》的发言。《新华日报》8月7日一版发表会议新闻并刊登李源潮发言全文，在二版以《解放思想 实事求是 树立和落实科学发展观》为通栏大标题，摘要发表研讨会特邀代表发言。8月8日，《思想界》专版发表题为《论邓小平对马克思主义的突破性发展》的长篇理论文章。8月9日起，报纸开设《纪念邓小平百年诞辰特稿》专栏，作了系列报道：8月9日，发表由省邓小平理论研究会课题组撰写的论文《邓小平理论在苏南的成功实践》；8月12日，发表江苏省委原书记韩培信撰写的长篇文章《引领时代潮流的历史伟人》；8月18日，发表南京军区原司令员向守志撰写的回忆录《风范长存 永留人间》；8月25日，发表省委副书记、省纪委书记王寿亭撰写的论文《邓小平的反腐倡廉思想和江苏的探索实践》。

11. 纪念郑和下西洋600周年

2005年是伟大航海家郑和下西洋600周年。江苏是郑和下西洋的发源地、起锚地，在南京、太仓等地保存着许多当年郑和下西洋的遗迹和史料。2005年年初开始，《新华日报》陆续进行一系列报道。5月23日，发表大型报道《静海寺，见证郑和七下西洋伟业》。7月4日，由国家纪念郑和下西洋600周年活动筹备小组和江苏省人民政府共同举办的郑和下西洋600周年国际学术论坛在南京开幕，省委书记李源潮在开幕式上致词，郑和七下西洋的珍贵遗产——龙江宝船厂遗址公园经过保护性开发和整修，也于当天开园。《新华日报》对上述系列活动均作了报道。

12. 纪念抗日战争胜利60周年

2005年8月15日，是中国人民抗日战争暨世界反法西斯战争胜利60周年。《新华日报》对纪念活动的宣传报道十分重视。8月15日，《人民的胜利——江苏纪念抗日战争胜利60周年大型史料展》举行开幕式。报纸于次日发表开幕式新闻的同时，刊登题为《让历史告诉未来》的展览侧记。在同一天报纸上还发表海峡两岸暨港澳道教界纪念中国人民抗日战争胜利60周年祈祷世界和平法会在镇江召开的消息。8月17日，报纸刊登特稿《见证中国人民战争的悲壮史诗——重读1938～1945〈新华日报〉》。

9月1日，江苏省统一战线各界人士举行抗日战争胜利60周年座谈会，报社及时派记者赴会采访，并在次日的要闻版刊登题为《缅怀为民族正义牺牲的先烈 弘扬中华民族伟大的抗战精神》的发言摘要。9月2日，省委、省政府在南京召开江苏各界纪念中国人民抗日战争胜利60周年座谈会，报纸于9月3日发表会议消息，并以《牢记历史 开创未来》为题，刊登李源潮讲话全文。同一天的要闻版还以大半版篇幅发表抗战时期周恩来与叶挺、陈毅、粟裕等新四军领导人的合影，刘少奇、陈毅与奥地利友人在盐城新四军军部的合影等历史图片。9月4日，报纸又在《思想界》专版发表2篇纪念特稿《抗日民族统一战线与华中抗日根据地》和《鲜为人知的"抗日最后一仗"》。

13. 纪念红军长征胜利70周年

2006年10月，是中国工农红军长征胜利70周年。9月初起，报纸在二版先后辟出《铁骨雄风·老红军烽火忆当年》《长征胜利·特稿》等专栏，先后发表《我也走不动，就是咬牙坚持……》《我们唱得最多的是"三大纪律八项注意"》《李先念让我骑他的骡子》《朝南的树皮香一点，朝北的树皮厚一点》等人物专访和特写。

10月20日，报纸推出版式设计新颖、内容编排独特的8个特刊版，随报赠送。其中发表在特刊版首页报眼位置的毛泽东长征诗的手写影印件，"毛泽东、邓小平、江泽民、胡锦涛论长征""诞生于江苏、浴血于江苏、长眠于江苏、任职于江苏的长征英雄谱"等，以及江苏部分健在老红军近影和长征路线图等尤为引人注目。

14. 纪念建军80周年

2007年8月1日，是中国共产党缔造和领导的中国人民解放军建军80周年纪念日。《新华日报》当天推出纪念建军80周年特刊——《我们的子弟兵》。特刊共8个版，特一版刊登署名为青松的长篇文章《光辉的历程》，该文对解放军80年成长历程进行全景式扫描；特二版刊登由《人民前线》记者与《新华日报》记者联合采写的通讯《从"小米加步枪"到空中"倚天剑"》，展示人民军队武器装备的重大更新和发展；特三版为"红色经典"版，主要介绍黄桥、车桥、淮海、渡江四大战役的发生经过和辉煌成果；特四、特五版则以跨版方式刊登长篇通讯《六千里追寻南京战区"军旅之星"》；特六版刊登淮海战役和苏中"七战七捷"花絮；特七版刊登"江苏英烈辑录"；特八版是由多组照片组合而成的彩色画刊，主题是《我是一个兵》。与此同时，为纪念建军80周年，缅怀先烈的英雄壮举，弘扬伟大的"八一"精神，省委宣传部和省记协还联合组织江苏媒体赴江西采访活动，《新华日报》派记者参加这一活动，并于8月6日起，在报纸上开辟《相聚在军旗升起的地方——纪念建军80周年江苏媒体江西纪行》专栏，陆续发表记者发回的系列报道。

此外，为纪念建军80周年，《新华日报》在7月下旬开辟《军旗下的风采》《不朽的军魂》等专栏，进行大量宣传报道。其中《不朽的军魂》专栏先后发表记者赴江苏著名战场遗址采写的10多篇寻访录，主要篇目是《苏北惊雷震江南》《一战成名天下知》《"舟桥奇兵"：惊涛骇浪写忠诚》《芦荡火种点燃苏南抗日烽火》等。《军旗下的风采》专栏主要报道有《永不褪色"军事训练模范连"》《海防尖兵："军民联防模范连"》等，展示驻苏部队的精神风貌。

15. 全国第六届残疾人运动会

2003年9月16日，全国第六届残疾人运动会在南京五台山体育馆开幕，来自全国31个省市自治区和新疆生产建设兵团以及香港、澳门特别行政区共35个代表团近3 200名残疾人运动员参加了运动会。16日晚举行开幕仪式，全国残疾人联合会名誉主席、全国第六届残运会名誉主席李瑞环宣布开幕。《新华日报》17日刊发新闻，并发表社论《虎踞龙盘地 龙腾虎跃时》，热烈祝贺第六届残运会开幕。残运会进行期间，《新华日报》在体育专版开设专栏，每天报道重要比赛及奖牌榜，并发表对一些成绩优异的运动员的特写或专访。9月24日，第六届残运会闭幕，《新华日报》在发表闭幕消息的同时，又发表评论员文章《战地黄花分外香》。

16. 中华人民共和国第十届运动会

2005年10月12日晚，中华人民共和国第十届运动会在南京奥体中心开幕。中共中央总书记、国家主席、中央军委主席胡锦涛出席开幕式并宣布"十运会"开幕。《新华日报》于10月13日刊发开幕新闻，还在当日《十运特刊》刊登开幕式大型文艺晚会《铸造辉煌》《锦绣江苏》《力量神州》《和谐交响》等乐章的精美新闻照片。

"十运会"期间，《新华日报》开辟《我与"十运会"征文》《冲刺十运迎战篇》《喜乘"十运会"东风》《举省一致迎十运系列评论》《十运观象》《今日看点》《十运跟踪》等一批专栏，连续不断地刊发新闻、消息、通讯、评论。

10月23日晚，"十运会"闭幕式在南京奥林匹克中心体育馆举行，中共中央政治局常委、国务院总理温家宝出席仪式并宣布"十运会"闭幕。《新华日报》10月24日刊发新闻，并发表社论《乘"十运"东风进军"十一五"》。此后，《新华日报》又连续发表"十运启示录"和"弘扬十运精神"系列评论。

（六）对先进模范人物的宣传

1. 舍生取义的革命烈士周光裕

2001年11月12日傍晚，3名持刀歹徒在南京火车站附近拦路抢劫1名中年妇女钱财时，途径案发现场的南京市民周光裕，毫不犹豫冲上去与歹徒搏斗，不幸英勇牺牲。12月8日，经省政府批准，追认周光裕为革命烈士。省委书记回良玉在一份报告上写道："周光裕的高尚人格值得赞美和学习。周光裕的先进事迹很感人，令人敬佩。人们应赞美这典型，学习这典型，弘扬好的社会风尚。"省委副书记、南京市委书记李源潮在给周光裕亲属亲笔复信中说："我认为周光裕是南京市民的一个光荣代表。他的行为应该受到社会的尊敬，他的精神应该受到社会的赞颂……"《新华日报》全文刊登李源潮"我含泪看完正气歌"的复信。2001年12月28日，《新华日报》率先于一版刊登报道周光裕的长篇通讯《平凡铸就的高尚人格》，并连续发表3篇评论员文章。《新华日报》又于4月12日发表南京市学习周光裕加强公民道德建设综述性通讯《以道德的力量教育人鼓舞人》。

2. 身残志坚、自强不息的博士生侯晶晶

南京师范大学教育科学学院在读女博士生侯晶晶，9岁时因患病下肢完全瘫痪，但她以坚强的毅力，边与疾病作斗争，边坚持自学成才，先后以优异成绩取得南师大大专、本科毕业文凭，又先后被录取为硕士生、博士生。在攻读硕士、博士期间，她先后完成11篇论文，其中4篇被国内外权威期刊发表。她的顽强毅力和感人事迹感动了南师大，也感动了中国。她先后被评为"江苏省自强模范"和"全国自强模范"。《新华日报》于2003年9月17日发表通讯《残缺中追求完美》，详细报道她的感人事迹及其在教学科研中取得的丰硕成果。

3. 以富民为己任的好支书李元龙

2002年8月27日，南京市六合区竹镇镇大泉村47岁的党支部书记李元龙逝世，大泉村干部群众深切哀悼。李元龙始终以富裕父老乡亲为己任，带领全村干部艰苦创业，千方百计帮助群众寻找致富路子的感人事迹，引起省委常委、市委书记罗志军的重视。9月8日，市委追授李元龙为"农民的好支书"称号，号召全市党员干部向李元龙学习。9月15日，《新华日报》发表追记李元龙生前事迹的通讯《"他是最好的村支书"》。9月16日，发表评论员文章《时代呼唤李元龙式的好干部》，引导全省党员干部尤其是各级领导干部向李元龙学习。10月1日，省委书记李源潮来到大泉村，说："他把共产党的形象印在老百姓的心坎上。"10月2日，《新华日报》对此详细报道。10月1日晚，省委作出《中共江苏省委关于开展向李元龙同志学习的决定》，10月3日《新华日报》全文刊登，并在一版发表省委书记李源潮撰写的文章《把人民群众放在心坎上》。根据省委决定精神，报社再次派记者到竹镇镇及大泉村采访，于10月10日发表题为《你活在人民心中——追记南京市六合区竹镇镇大泉村党支部书记李元龙》的长篇通讯。

4. 嫉恶如仇的英雄民警杨松林

2003年11月3日，邳州市民警杨松林值勤时与5名持枪持刀暴徒殊死搏斗，壮烈牺牲。省委书记李源潮得知后说："杨松林的事迹感人至深。他十三年如一日，公正执法、真诚为民、嫉恶如仇、一身正气。他是和平年代了不起的英雄，是我们学习的好榜样。"《新华日报》于2004年4月20日、21日以《热血英雄杨松林》为题发表上、下两篇通讯；4月23日，又报道全省公安机关开展向杨松林学习活动，在服务"两个率先"、建设"平安江苏"的伟大实践中建功立业的新闻。4月30日，省委宣传部、省公安厅联合举办杨松林英勇事迹报告会，省委副书记王寿亭代表省委号召全省党员干部向杨松林学习，《新华日报》作详细报道。

5. 甘做人民好儿子的优秀领导干部张云泉

泰州市人民政府副秘书长、信访局局长张云泉，20多年来，在每天一上班"看到的是一张张怒气冲冲的脸，碰到的是一个个令人头痛的问题，听到的是哭声、骂声、埋怨声"的特殊环境中，坚持视上访群众为亲人，尽心尽职帮助上访群众解决大量实际问题，忠实地履行了一个党员领导干部应尽的职责和义务，使群众从心底感到“共产党好”。他因此先后获得“江苏省优秀共产党员”“江苏省劳动模范”“全国人民满意的公务员”等荣誉。《新华日报》2005年1月12日二版以《党的干部是人民的儿子》为题，详细报道他的先进事迹，同时发表记者在张云泉先进事迹报告会上的侧记《掌声，为优秀共产党员的无私奉献而鸣》。

6. 用生命谱写师德颂歌的模范教师殷雪梅

2005年7月31日中午12时许，金坛市城南小学教师殷雪梅在护送学生过马路时，一辆违章行驶的小轿车突然横冲过来，她奋不顾身张开双臂将学生推向路边，把生的希望留给孩子们，自己却以身殉职。她牺牲后，金坛市城区十万人洒泪为她送行，原因不仅是因为她舍己护学生的英雄壮举，还因为其生前大量事迹光彩照人。《新华日报》于2005年9月8日刊发长篇通讯《用生命谱写的师德颂歌》，并配发评论员文章《“雪梅精神”永驻人心》。9月8日，追授殷雪梅全国模范教师仪式暨事迹报告会在南京召开，9月9日《新华日报》在发表新闻的同时，又进一步报道。

7. 航天飞行英雄费俊龙、聂海胜

2005年10月12日，费俊龙、聂海胜乘坐“神舟六号”飞船进入太空。“神舟六号”飞船航天飞行的成功，标志着中国航天科技水平进入一个新的更高的层次，极大地鼓舞和激发了全国人民以航天英雄为榜样，献身现代化建设的热情。《新华日报》从10月13日起，对“神舟六号”飞船的研制、“神舟六号”航天飞行计划的制订、航天飞行员的选拔和培训，执行此次飞行任务的英雄航天员费俊龙、聂海胜的背景资料等进行大量报道。鉴于费俊龙是江苏昆山市人，报社还派记者赶赴昆山，对其父母、邻居、中学时期老师等进行采访，并在报纸上作追踪报道。12月12日，“神舟六号”载人航天飞行先进事迹报告团抵达南京，省领导李源潮、梁保华、许仲林等会见了报告团全体成员，《新华日报》于13日一版发表消息和照片。12月14日，江苏省在南京举行“神舟六号”载人飞行先进事迹报告会，《新华日报》于15日刊发报告会新闻，同时发表题为《航天丰碑，镌刻着江苏儿女的英名》的通讯和题为《65次掌声，献给英雄航天人》的现场特写，并配发评论员文章《为实现“两个率先”注入新动力》。

8. “扎根土地的旗帜”吴仁宝

无锡江阴市华西村原党委书记吴仁宝，从20世纪80年代起，就是《新华日报》多次宣传的一位先进模范人物。20世纪90年代初，吴仁宝退休后，仍然保持一名共产党员的政治本色，继续为华西村的改革和发展倾注大量心血，赢得全村干部群众的衷心拥戴。《新华日报》2005年12月22日一版刊登省委书记李源潮撰写的题为《学习吴仁宝》的文章，并于同月24日、25日、26日连续3天在一版发表学习吴仁宝的系列评论《做发展致富的带头人》《做文明乡风的倡导人》和《做困难群众的贴心人》。2006年1月12日，报纸发表由新华社记者采写的反映吴仁宝先进事迹的长篇通讯《扎根土地的旗帜》。2006年春，在省委作出在全省广泛开展“乡村学华西，农村干部学吴仁宝”的“双学”活动后，报纸又对吴仁宝在长期工作实践中积累的一系列经验体会进行系列报道。

9. 用一辈子兑现入党誓言的老红军刘应启

刘应启，扬州军分区干休一所正军职离休干部。他参加过长征，三次过草地，历经国内革命战争、抗日战争、解放战争和抗美援朝，参加大小战斗150多次，荣获二级“八一”勋章、二级独立自由勋章、二级解放勋章、二级红星功勋荣誉章。1965年离休后，他以“人离休，党员的义务和责任不离休”的高尚境界和“用一辈子兑现入党誓言”的感人情操，继续书写人生辉煌。《新华日报》8月3～5日以《百岁老红军刘应启人生写照》为总标题，连续发表记者和通讯员联合采写的系列报道。8月3日发表系列报道时，发表评论员文章《党同群众永保血肉联系的好榜样》。2006年8月8日，省委宣传部和省军区政治部联合举行学习老红军刘应启先进事迹座谈会，省委书记李源潮接见刘应启。《新华日报》8月9日刊登座谈会新闻，并在一版发表李源潮撰写的《共产党人的优良传统永不丢》的文章。

（七）加强舆论监督的报道

加强舆论监督是党的十一届三中全会以来党中央和省委对党报宣传工作的一贯要求，也是党报的一大功能，《新华日报》一直认真积极履行。报社为实施舆论监督，一直设有《读者来信》《批评与回音》《记者追踪》等相关专版或栏目，内容涉及廉政建设、干部作风、生活服务、环境改善、交通管理、产品质量、国有资产保护以及教育、卫生等多个领域。

南京到六合的宁六公路，是1976年11月24日动工、1979年10月13日通车的一级公路，投资2 950万元。通车不久，路面出现严重损坏现象，群众意见很大。1980年7月下旬，《新华日报》一版刊登群众来信，迅即在社会上引起强烈反响。报社请示省委得到支持后，组织专门力量对此连续报道，从1980年7月到1981年3月初结束，共发稿14组，计40多篇，并发表社论《清除经济工作中"左"的指导思想的影响——认真吸取宁六公路质量事故的严重教训》。省政府为此作出处理宁六公路质量事故的决定，《新华日报》刊登被批评单位所作的自我批评。被批评单位认真吸取教训，迅速采取大修措施进行修复，使这条公路真正成为符合质量标准的一级公路。

1995年3月，《新华日报》一版辟出《综合治理脏、乱、差，加速城市文明化》专栏，陆续发表记者赴各地采写的反映综合治理工作中存在问题的报道，开篇为《经济大省需要好好美容——7 000万江苏人必须正视的现实》；5月13日，《新华日报》发表社论《树立起江苏城市的良好形象》，从强化以人为本教育，强化以法治城，加大管理力度，强化卫生基础设施建设和强化组织领导等方面进行论述。

1996年5月10日，针对国企改革中出现的问题，报纸刊登评论《国有资产流失不容忽视》，文中就国有资产流失的几个主要形式进行论述：(1) 开办中外合资合作企业时，国有资产不评估或低估造成流失；(2) 企业引进设备以及对外投资决策失误造成流失；(3) 企业举办"三产"时国有资产和产权转让过程中不评估或低价处置和转让造成流失，引起企业领导和领导机关的主管部门高度重视，赞扬"这篇评论问题抓得准，发表及时"。

1999年暮春时节，南京市中山门外的月牙湖湖水一度混浊、发绿，靠岸的水面上漂浮着不少脏物和死鱼，严重影响周围居民的日常生活。接到群众来电后，《新华日报》随即派记者前往现场采访，经调查，每天排入月牙湖的生活污水超过4 000吨，排入湖水的耗氧物质约0.31吨。4月5日，《新华日报》发表题为《向环保部门提个醒：月牙湖水质恶化》的新闻，引起南京市政府高度重视。4月7日，南京市长办公会议专题研究，邀请《新华日报》记者参加，现场办公，制订出切实可行的治理方案，《新华日报》随即刊发《月牙湖变清指日可待》的新闻，得到群众好评。

舆论监督的报道引起各级党委的关注和支持。1998年5月14日，《新华日报》在一版刊登盐城市委书记林祥国鼓励新闻单位揭短揭丑强化监督并点题写批评稿的新闻，他点了三个方面的题：一是少数地方不文明办婚事现象回潮，污染社会空气；二是一些地方经济诈骗案有所上升，影响投资环境；三是一些官僚主义严重渎职失职，造成重大不良影响的人和事应曝光等。新闻发表后，收到许多读者反映类似上述三方面的稿件，经核实后陆续发表，促进了全省两个文明建设。

为了让舆论监督形成常态，并让群众广泛参与，还注重信息反馈和监督效果。1998年1月，《新华日报》与华东其他八报开展舆论监督竞赛活动。1月3日，刊发首篇《宁通一级公路管理差 险象环生》的稿件。该公路管理部门随即制定整改措施，狠抓落实。2月2日，《新华日报》以《加大管理力度，宁通一级公路交通秩序改观》为题发表新闻，起到良好的监督效应。

五、记者工作和群众工作

新华报业的记者和通讯员是为报纸采集信息、提供报道的两支队伍。一支是报社内的专业采访团队，一支是社会上受报社选聘的非职业新闻采访力量。两者相辅相成，缺一不可。编辑部业务人员一般在内为编辑，出外为记者。此目所述记者，专指报社派在全省各地、市的驻外记者。群众工作，也叫通联工作，是党报的传统。《新华日报》创刊初期，设有地方工作组，有专司联系通讯员和各县的通联干事，同时负责联系报社派驻外地的记者。

（一）记者工作

党的十一届三中全会以后，报纸工作逐步走上正轨，驻外记者站也得到不断加强和充实。1980年，《新华日报》编辑部成立记者处，负责驻外记者及其稿件的管理，体制逐步理顺。泰州、宿迁两市建立后，《新华日报》驻省辖市记者站共13个，各站成员1至4人不等。在省外，一度设立驻北京、上海、广州记者站，人员均从南京派出，其中北京、广州记者站开办一两年后撤回，上海站则一直保留。

2001年报业集团成立后，报社对《新华日报》驻外记者的组织架构进行多次调整。2002年10

月,《新华日报》面向全省公开招聘36名年轻记者,加上原有的驻外记者,使报社驻外记者一度达70多人,在《新华日报》历史上首次出现驻外记者总数超过编辑部一线记者人数的状况。12月,为强化党报新闻宣传"三贴近"原则,进一步锻炼、改进记者的作风,提高记者的政治和业务素质,报社在继续发挥各省辖市原有记者站作用的基础上,向全省各地大量派遣特派记者。同年年底,集团决定增设特派记者部,分别管理驻各省辖市的记者站和特派组。首批特派记者共48名,有新招聘的大学毕业生,也有从编辑部各处室抽调出来的部主任和中青年编辑。半年后,党委又决定:30名年轻的特派记者常驻当地,从编辑部抽调的中青年记者编辑和部主任则实行轮流下派驻点,每半年轮换一次,每批次15人。2003年6月,又将驻外记者部和特派记者部合并为记者部,统一管理各记者站和特派组。2006年底,报社将《新华日报》编辑部的记者部、群工部合并重组为记者通联部,与此同时,驻各省辖市记者站和特派组也合二为一,各记者站可以统一管理、协调和使用所属人员,但原有的分工和记者站的功能基本未变。

记者处单独建立党支部,坚持正确的政治方向,坚持正常的组织生活,培养良好采访作风。记者处党支部几乎年年被报社机关党委评为先进党支部,并在1984年、1989年、1990年、1992年先后4次被省级机关工委评为先进党支部。为此,1989年9月,江苏省委向《新华日报》记者处颁发了奖状。

各市记者站记者坚持"深入一线采访、掌握一线材料、努力写出一流稿件"的优良传统,为《新华日报》各个版面增色添彩,提升报纸的影响力和美誉度。1996年10月4日,《新华日报》驻徐州记者站采写的通讯《以苦为乐写人生》发表,介绍徐州市政工程养护处下水道四班工人的先进事迹。11月6日,在江苏考察工作的中共中央政治局常委、书记处书记胡锦涛专程看望"四班"工人,号召向他们学习。中宣部、建设部、全国妇联、全国总工会等五部委联合发出号召,江苏省委、省政府下发学习通知,在全省乃至全国掀起学习热潮。2003年春夏之交,非典型性肺炎暴发期间,驻外记者克服困难,投入这场特殊战斗。4月21日,江苏首例疑似病人被送入苏大附一院,苏州记者站主动请战,进入紧靠隔离病房的半污染区采访,当晚发回表现医务人员忘我工作的组照《他们战斗在抗非斗争第一线》。镇江记者站每天到被隔离的村庄边和专门安排疫区来人的"非典饭店"里采访,及时发回大量报道。40多天中,记者部先后发回稿件400余篇。当年,记者部被评为江苏省和全国新闻界"抗击非典"斗争先进集体。2006年9月,报社编委会组织10个南北挂钩城市记者易地采访,撰写《南北记者访南北挂钩》5组系列报道。同年,常州记者站深入采访,连续发表《204封求助信激活常州慈善事业》《做大慈善事业离不开机制创新》等一系列报道,宣传企业家爱心捐赠行为,对和谐社会构建起到导向作用。

2001年前,《新华日报》每年采用各地记者发回的稿件约1 000篇,头版头条约100篇,年度好稿评选约100篇。2002~2006年间,驻外记者年均发稿量约13 000篇,见报量4 000~5 000篇。其中,1997年驻苏州、无锡、常州三市记者参与采写的系列报道《苏锡常:关于结构调整的对话》,1998年和2001年记者处组织采写的《用140万吨钢换一个"强"字》《一座历史名城的世纪章回》,分别获得江苏新闻奖。2000年,记者处组织采写的《农民卖粮不用愁,粮站一年收到头》,获该年度中国新闻奖二等奖。

(二)群众工作

1. 通联工作

《新华日报》成为江苏省委机关报后不久,就在南京召开全省通讯员工作会议,明确提出报纸继承革命传统,在新的历史条件下贯彻"全党办报、群众办报"的方针,要求编辑部每一部门都要做通联工作。编辑部设有地方工作组,主管通联工作。1978年后,报社成立群众工作处,主管通讯员和人民来信来访工作。2001年报业集团组建后,党委将群工处更名为群工部,2006年底又将群工部与记者部合并重组为记者通联部,要求该部通过进一步加强通讯员队伍建设和做好群众来信、来访、来电工作,继续发扬《新华日报》密切联系群众、依靠群众办好报纸的优良传统。

报社将通联工作作为联系群众的重要一环,并做好通讯员培训工作。1978年,开办"七二一"工大文科班"新闻讲座",培养业余通讯员和专业新闻工作者,开学时有400多人听讲。80年代,通过办"今日快讯"吸收一大批通讯员。1990年起,通讯员培训工作有较大发展。当年报社举办2期培训班，全省县级以上骨干通讯员80多人受训一遍。1991年，又举办2期骨干通讯员培训班。1989～1994年，报社重点办班6次；与邳州、建湖、启东、灌云、赣榆、淮安等地合办7次；派老师支持市、县办班50多次，最多的是1994年，共派老师13批36人，参加听课的通讯员有千余人。报社还通过开办跟班式培训，让全省64个县（市）的骨干通讯员都有机会到报社来学习。跟班式培训共举办5期，每期一个月，全省有62名通讯员跟班培训。1996年6月开始，报社以镇江市为试点建立通讯联络会制度，组织该市与县（市）区的通讯员开展定期联络活动，加强记者站、报社与通讯员的沟通和联系。

报社将培训中发现的素质好、能写稿的通讯员，聘为特约通讯员。1985年首批聘请特约通讯员169名，分布在全省各市县、各条战线，聘期2年。1989年调整为100名。1990年续聘、新聘特约通讯员151名。1992年6月公布《新华日报》特约通讯员管理守则14条，规定坚持标准，两年调整一次。1992年续聘137人，新聘44人。1994年又作一次调整，续聘112名，新聘68名。1996年续聘92人，新聘90人。1998年，续聘102人，新聘69人。2000年，续聘137人，新聘48人。2003年和2005年，报社又对通讯员队伍进行较大规模调整，其中2003年调整幅度为43%（续聘90人，新聘67人，共157人），2005年调整幅度为50%（续聘和新聘各78人）。

评选优秀通讯员活动，是《新华日报》优良传统，也是加强通讯员队伍建设的重要举措。报社每年在全省进行一次评选活动，按通讯员个人被报纸采用稿、征订报纸数和组织广告创收等逐项细化量化，分项计分得出总积分，从高分中择良评优，分别按“十佳”“十佳提名”“优秀”“先进”四个档次表彰奖励。1995年至2001年，获奖通讯员达821人。1993年起，通讯员的好稿开始参加报社月度和年度评奖，同时还单独为通讯员设年度好稿奖。1989年度通讯员获《新华日报》年度好稿奖6篇。1990年度增加到64篇。1991年度45篇，其中2篇作品获全省好新闻奖。1992年采用通讯员稿件7 300多篇，54篇获年度好稿奖。1993年采用通讯员稿件8 000多篇，73篇获年度好稿奖。1994年，江阴市通讯员与《新华日报》记者合写的通讯《他为什么决意让贤》获1994年全省报纸好新闻一等奖。1995年至1999年，分别评出年度好稿奖59篇、61篇、86篇、87篇和84篇。

为加强与通讯员的往来、交流，1990年7月，群工处主办第一期《通联往来》，省内3 000多名通讯员人手一份。《通联往来》主要内容有中央、省委、宣传部门和本报编委会的宣传报道精神、要求和重要信息，通讯员的收获体会，编辑部与通讯员的采编交流，通报各地读报用报情况和考核通讯员的实绩等。每月定期出版，2002～2006年，共印发60余期。2006年3月起，该报由原四开2版扩充至对开4版，由黑白印刷升级为彩色印刷，同时在内容上更注重沟通性、服务性、实用性和可读性，受到通讯员的欢迎和好评。

报社在做好通讯员工作的同时，还组织做好读者评报工作。1978年，报社组织南通地区的县委领导、基层干部和群众对《新华日报》进行评议。1981年11月，群工处组织镇江地区通讯报道工作座谈会，与通讯员、工人、农民交流情况听取意见。20世纪80年代，省政协社会法制委员会对《新华日报》举行8次评报会，其中1988年8月16日，邀请评报组18名成员（老报人、老专家、老同志）就《读者来信》专版面向社会实际、充分发挥其功能、有效处理读者来信、建立报纸和读者之间密切联系等问题发表意见。1990年11月，在常州柴油机厂召开常州各条战线20多位评报员参加的评报会，最集中的意见是把《新华日报》办得更加贴近群众。1991年到1994年，报社每年都举行小型座谈会听取意见。1995年至2001年，《新华日报》两次较大改版中，报社党委、编委会都发动全省广大通讯员献计献策，开展大规模读者建议征询活动。

《新华日报》注重抓好通联等群众工作的经验，两次在全国党报群工研讨会上介绍。1992年，群工处以《党报生命和活力的源泉——谈加强通联工作是创报纸一流水平的重要途径》为题，在首次全国党报群工研讨会上交流。后又以题为《我们是怎样组织培养通讯员队伍的》再次参加全国交流。报社加强通联工作的做法，两次在《中华新闻报》宣传推广，十几家兄弟报社前来取经。

2. 人民来信来访

1978年12月至1988年，群工处平均每年处理人民来信64 700多件，接待群众来访1 500多人次，发表以批评、建议为主要内容的读者来信500多篇，还不定期向上级领导提供《来信摘编》12期200多篇、12万多字，直接为群众排忧解难二三百件次，转信5万多件。编排《读者来信》专栏，从1987年1月至1988年6月，共出版67期，用稿622篇。

1989年到1994年，群工处平均每年处理人民来信12 000多件，接待人民来访多人次（1989年来信达到16 500多件、来访560多人次）。开设《读者来信》专版，每年刊出50期上下、600篇左右。《来信摘编》每年出12期，刊用来信180多篇。转信近万件。

1996年新改版的《新华日报》开设《读者来信》《舆情聚焦》两个栏目，及时对社会不良现象提出尖锐批评。1996年5月5日，根据读者反映的一些地方经济发展走进"靠山吃山、靠水吃水"的误区，滥伐森林、竭泽而渔、挖田制砖、毁坏自然资源和耕地的行为，《新华日报》在《舆情聚焦》栏目发表短评《"吃山""吃水"有讲究》，提醒人们注意合理开发资源，保护生态环境，以利于可持续发展。1996年，《新华日报》刊用批评性读者来电来信410篇，多数产生积极效果；《舆情聚焦》短评近300篇，三分之一是富有建设性、批评性的，诸如《莫名惊诧说奶浴》《不要误导乡下孩子》《庸俗化容易误导》等见报后，不但引起有关部门重视并改进工作，还被中宣部新闻局撰文推荐，在全国新闻界产生影响。

报业集团组建后，2002年至2006年群工部平均每年收到读者来信7 000余封，来电1万余个，接待上访群众近千批次。对有新闻价值的来信、来电，经调查核实后，在报纸的《读者来电》专栏发表，凡涉及群众切身利益的实际问题和政府机关工作作风问题，则按国家有关规定，分级对口转请各地相关部门调查处理。仅2006年，向各地转发来信5 000余封。

2007年初，为进一步加强群众来访接待工作，集团专门在综合楼设置群众来访接待室，并安排专人在每周二、四下午到接待室接待来访群众。3月，改版后的《新华日报》新设《焦点新闻》版，刊登涉及民生的人和事，以期引起社会和政府有关部门关注。

六、联合办报

20世纪90年代初，《新华日报》根据省委、省政府加快改革开放、推进经济发展的决策精神，在《香港商报》创办《江苏专版》。1994年，成立对外宣传部。1996年，在美国《侨报》和法国《欧洲时报》创办《今日江苏》和《中国江苏》专版，逐步在港澳地区和欧美地区形成华人读者群。2006年10月，报社又与交往十年的韩国《全北道民日报》合作，定期在韩国媒体上以韩文出版《中国江苏》专版，在全国省级党报中率先实现江苏新闻的外语传播。多年来，外宣专版坚持"正面宣传为主，以事实为主，以我为主"的原则，从海外读者的需要和习惯出发，坚持事实取向，在海量信息中选取重大事实、读者最关心的事实、海外人士亲身经历的事实进行适时发布、传播。

（一）与《香港商报》合作

1992年，报社决定与《香港商报》合作，在《香港商报》刊出《江苏专版》，旨在拓展江苏向港澳台地区输送信息的渠道，开通境外读者了解江苏的一个窗口，吸引境外人士关注江苏、向往江苏，来江苏投资开发、旅游观光，进而开展经贸、科技、文化等多方合作。这是党报通过境外传媒开展定期对外宣传的一个尝试。

省委、省政府领导对此十分重视。在《香港商报》社长罗志雄、总编马力带队来江苏交流时，江苏省省长陈焕友和省委副书记孙家正会见他们。1992年6月，在新华日报社递交的专版开办报告上，省长陈焕友批示：尽力支持，并委托副省长高德正参加创刊会议，给予关心。

自1992年8月8日起，《香港商报》每周提供两个版面（1994年起每周改为一个版面），内容稿件均由《新华日报》编辑提供。新华日报社专门成立《香港商报》专版编辑室。开始两三年，没有电子版，传送手段十分原始。编辑好的图文稿件，要专人送至省国际旅行社，再带至香港付印出版。出版后的报纸，还要联系香港机场货运，南京专人取件，容不得丝毫大意和疏忽。

《香港商报·江苏专版》报道内容以经济报道为主，着力宣传省委、省政府重大战略决定，宣传以上海浦东开发开放为龙头、开发长江黄金水道和沿江经济带情况。宣传江苏大力发展外向型经济的情况，介绍南通、连云港、昆山三个开发区上规模、上档次、上水平的情况和经验；介绍全省开办的经济技术开发区、高新技术开发区和开发带、外向型工业区、投资区、加工区；宣传在江苏成功的"三资"企业典型，正在建设中的张家港保税区；实事求是地介绍江苏的投资软、硬环境和稳定的社会环境。突出大开放、大开发、大建设，兼顾科技、文化、教育、旅游、风土人情、社会生活等多个方面。既重文字报道，又重图片新闻。

在省、市、开发区每年赴香港招商、经贸洽谈时，《江苏专版》都提前进行整版策划和专题新闻报道。如南京高新区、苏州新区、新加坡工业园区等都不止一次被《江苏专版》浓墨重彩地进行过推介和报道。

2006年年底，《香港商报》在南京成立综合运营办事处，2007年《新华日报》与其专版合作中止。

（二）在美国《侨报》开设《今日江苏》专版

1995年夏天，省政府新闻办和《新华日报》商定，参照广东、福建两侨乡的做法，筹备在美国《侨报》定期开设《今日江苏》专版。美国《侨报》是北美地区发展最快、最具权威、最有影响力的大型华文日报。在美国纽约、旧金山、洛杉矶三大城市出版发行。

1996年1月4日起，《今日江苏》专版在美国《侨报》刊发。开始每周出三期，其中一期为南京版。开设当年，专版即对重大题材采取突出报道，如沪宁高速建成通车、新亚欧大陆桥开通、连云港经济技术开发区建设、苏州新区建设成就等。《今日江苏》刊登的经贸新闻当即给江苏不少地方带来直接的效益。连云港市招商项目在《侨报》发表后，先后有5家美国公司给该市发来20多份传真，接洽合作事宜。美国纽约华人社团联合会前主席杨功德看到南京金秋恳谈会消息后，主动联系南京贸促会，带领78人考察江浦和江宁开发区，达成合作意向。

一年后，南京版由南京市外宣办独立编辑，《新华日报》外宣部每周两期刊发《今日江苏》，多年不辍。

（三）在《欧洲时报》开设《中国江苏》专版

1996年秋，《新华日报》接受省侨办的委托，《欧洲时报》每周一期开设《中国江苏》专版。《欧洲时报》是旅欧华人华侨创办的一份中文日报，总部设在法国，在巴黎出版印刷，并发行到欧洲各国。还在荷兰、西班牙、意大利、比利时、奥地利、葡萄牙等国设有办事处，读者覆盖全欧及亚非一些国家和地区。

《新华日报》与《欧洲时报》建立合作关系后，两家报社交流学习，有数批人员往来，也为地市级新闻办公室出访交流创造了条件。在省、市赴欧招商活动中，专版都通过预先策划，突出招商主题、介绍投资环境，在新闻发布会现场发挥积极作用。

2005年后，《欧洲时报·中国江苏》配合省侨办，集中对13个省辖市的开放性经济作了专版宣传，内容丰富，题材多样，受到各地好评。当省和一些省辖市到欧洲招商时，《新华日报》外宣部尽早与《欧洲时报》牵手合作，除及时发布新闻消息外，还借助《欧洲时报》的力量帮助邀请海外媒体作跟踪报道。这种独特的新闻服务方式为海外版的定制合作奠定了基础。

（四）与韩国《全北道民日报》开展多项合作

1994年10月，江苏省与全罗北道结为友好省道。江苏赴韩活动大都在韩国全州进行。省委书记沈达人率代表团赴韩国全州时，《全北道民日报》数次表达要和江苏主流媒体结好的愿望，希望加强人文交流，活跃两地青年交往，推动双方合作。

1995年5月，在韩国全州拥有较好读者基础的《全北道民日报》与《新华日报》建立交流关系。结好当年，省政府新闻办负责人率团访问韩国《全北道民日报》。下半年，《新华日报》邀请《全北道民日报》社长率团访问江苏。两报社间人员互访不断。双方长期保持密切交往。

2006年，《新华日报》受省政府新闻办委托，与韩国道厅、报社等有关方面达成在《全北道民日报》定期开设江苏专版的协议。2006年10月，韩文《中国江苏》专版在《全北道民日报》试刊，2007年1月起，每月两期出版。合作专版刊出后随报在韩国出版发行。

在与《全北道民日报》的版面合作中，《新华日报》与《全北道民日报》之间的合作交流也不断深化。2008年1月，在《新华日报》创刊70周年之际，韩方社长前来参加庆典。同年5月，新华日报报业集团派出6名记者组成的采访团赴韩国和以色列采访，得到全罗北道道厅、《全北道民日报》协助。"5·12"汶川特大地震后，全罗北道迅速赈灾，《全北道民日报》捐赠100顶帐篷及时运抵灾区。对此，《新华日报》及时报道。

在江苏连云港、盐城、无锡、常州等地市赴韩进行招商交流活动时，作为合作媒体，《全北道民日报》为上述城市做了很多新闻联络工作，不仅通知韩国重要纸媒和电视媒体报道采访，而且还帮助联系韩国代表性的客户参加招商。

定期刊发的外语专版不仅得到江苏省内外经、外事、外宣等有关部门领导的高度认可，还多次得到韩国读者的积极反馈。《全北道民日报·中国江苏》专版还被当成馈赠江苏的外事礼物。

（五）利用多种渠道进行外宣尝试

1996年，通过华人徐坚牵线并帮助翻译新闻稿件，外宣部与日本《中部经济新闻报》进行了两年多的新闻合作。每月两次在其《今日江苏》版面上用1/4篇幅刊载江苏新闻，《新华日报》也按此规格对等刊发，费用互免。

2000年，加拿大华人华侨创办的《今日中国·江苏》寻求与《新华日报》外宣部合作。在免费前提下，不定期出版。由于没有经费保障，此项合作进行20多期后中止。

七、事业发展

（一）资产规模

1978～1992年，报社执行事业单位会计核算，每年度编制资金平衡表反映报社资金、资产状况，1978年、1979年因资料不齐，无法查证，总资产（即为净资产）规模在800万元左右，1980年为990万元，至1992年为9 593万元。

1993年开始会计核算制度改革，完全按企业会计核算报表进行报社总资产、净资产等概念进行反映，1993年年底总资产为12 009万元、净资产为9 800万元。至2001年年底（新华日报报业集团2001年9月成立），总资产为56 341.95万元、净资产为52 096.23万元。

2008年年底，总资产为139 453.34万元、净资产为117 539.73万元，较集团成立时总资产增加83 111.39万元，增长147.51%；净资产额增加65 443.5万元，增长125.62%。其中2001年及以前是新华日报社（《新华日报》《扬子晚报》、印务中心等二级核算单位），2001年成立新华日报报业集团，2002年开始总资产、净资产数据包含下属独立法人公司数据。

（二）广告

1978年党的十一届三中全会以后，经过拨乱反正，并随着改革开放大气候的逐步形成，报纸广告的功能开始受到重视，广告在报纸上所占的版面逐渐增多。进入20世纪80年代，广告版面崭露头角，1983年全年广告收入达98万多元。这时广告版面不仅数量多了，而且连过去禁止刊登的遗失、租售房屋、招聘等项广告也开禁了，整版广告也随之出现。1992年以后，一版报眼开始刊登广告，一版右下角也刊登广告。随着国内广告业的兴起，国内有一些大的广告公司代理外商广告业务，《新华日报》同样给予刊登。1984年，广告收入突破百万元，以后年年有较大增加。1994年，全年广告收入达3 100多万元（不包括《扬子晚报》《服务导报》广告收入）。

1995年后，《新华日报》广告成了《新华日报》事业发展的重要经济支柱。报社党委更加重视广告工作，陆续从采编部门抽调大量骨干充实广告部，并多次公开向社会招聘广告人才。报社先后在苏州、无锡、常州、徐州、扬州等市设立广告分公司。《新华日报》广告收入不断增加。

珍惜机遇，紧抓机遇，是集团主报《新华日报》广告额逐年增长的一条重要经验。1998年，《新华日报》广告部策划“改革开放20周年成就展示”，增加数百万元广告收入。1999年，策划《新华日报》在南京出版50周年祝贺广告，策划开辟《汽车广告》专版、《医疗医药广告》专版，这些策划活动促进广告增收近千万元。随后的几年里，广告部先后策划出《世界华商大会专版》《“六艺节”特刊》等。

2005年，中华人民共和国第十届运动会（简称“十运会”）在南京举行。广告部提前两年介入，提前一年策划，于“十运会”开幕当天——2005年10月12日推出124版《迎十运大型特刊》，在当年创下《新华日报》版面最多，广告收入最高的纪录，也是截至2005年江苏省新闻出版史上一天出版版面最多的报纸。

广告是报业发展的重要经济支柱。集团成立后，报业集团的年广告总额分别为：2002年5.16亿元，2003年5.75亿元，2004年6.32亿元，2005年6.1亿元，2006年5.94亿元。

（三）发行

1976年粉碎江青反革命集团以后，报纸发行数上升到66万份。进入20世纪80年代，报纸发行数达71万多份,以后多年一直稳定在73万份左右。1993年,报纸由对开4版扩为对开8版,加上全国、全省各类报纸的创办,《新华日报》发行量回落,但仍有42.5万份。1994年下降为38万多份。1995年为33万份左右。

1995年后,报纸发行市场竞争更为激烈,特别是1998年,由于90%以上的乡镇企业改制,党报发行面临滑坡。在严峻的形势面前,报社党委在报社进行总动员,抽调得力人员充实发行部门,发动全体员工走上发行第一线,调动了全体员工的积极性,在困难形势下,不但没让《新华日报》发行量下降,而且超额完成任务。

报业集团组建之后,2002年确定《新华日报》发行在继续依靠邮局的同时,推行自主发行。报社为此在全省各市县建立起50多个发行站,建立一支拥有自主权的专职发行队伍。2004年,《新华日报》发行又推行浙江“私订公助”和山东“集订分送”经验,以提高发行效率。

2007年度,《新华日报》发行在坚持自主发行基础上,继续巩固“邮报一家”友好合作关系,鼓励和支持邮政部门采取积极措施,做好《新华日报》征订发行工作。继续加强省城南京的发行征订工作,尤其加大对省级机关部、委、办、厅、局的发行力度,加大对南京市大企业、大宾馆、饭店、大专院校和机场、车站、码头的发行开拓力度。继续鼓励集团各部门对有业务联系的事业单位、机关、学校和社区,利用协作关系上门服务、上门收订。

2008年,报纸发行数35万份左右。

(四)印务

进入20世纪80年代,报社编委会着眼于机器设备更新换代,成立更新改造领导小组,向省委报告建印刷大楼、进口先进的胶印设备。1984年6月15日,省委常委会同意报社“建厂房、买进口设备”要求。

1988年,总面积1.1万平方米的10层印刷(综合)大楼落成,引进德国具有印刷彩报功能、高速运转能力的3台罗兰胶印轮转机也在当年安装投产。

1989年1月1日,《新华日报》试印彩报,同时先进的成套的北大电子照排设备也安装完毕投入使用。印刷厂技术改造,为提高报纸印刷质量创造了条件。从1989年开始,在华东九报印刷质量友谊竞赛中,《新华日报》连续7年获得第一。自1991年起,中国报业协会举办的全国中央、省市报纸印刷质量评比中,连续4年名列前茅。印刷设备更新改造也为印刷厂多做外来业务创造了条件。1993年,印刷厂年创利润768万元,比1988年年利润翻了两番。

1996年,为适应《扬子晚报》日发行量突破百万份的发展,新华日报社党委决定再添置印刷设备。经过市场考察比较,于3月与德国罗兰公司签订购买2台GEOMAN大型胶印轮转机的合同意向书。1997年,先期安装一台,为扩大印刷能力提供设备保障。1998年,顺利实现全部彩色印刷,对外承接印刷业务量大增,营业收入过亿元。

20世纪90年代初,为让外地读者与南京读者同时看到报纸,报社应用电脑新技术,开创异地代印业务。90年代中期,由新华日报社主办的《扬子晚报》《服务导报》,开通省内外15个代印点,《扬子晚报》自1992年设立12个代印点后,发行量由原先的不足50万份猛增到1995年的91万份,广告收入也直线上升。

2000年年初,新华日报社引进瑞士维发公司OF370彩印机,投资5 200万元。

2001年9月30日,新华日报社在东杨坊纸库开始建设印务新基地,2003年4月8日一期工程建成交付使用。印务基地总建筑面积22 120平方米。其中,华柏彩色印刷公司的1 920平方米于2002年6月4日前竣工,安装好新购的M600商业轮转机试车成功。2002年1月,维发OF370所有部件到达南京。同年8月开始安装,年底开始投入使用。到2007年6月,该机运行约1.6万小时,印刷报纸40.5亿对开张,产生直接效益6 500万元(不含折旧)。全国印刷百强上榜报业共计10家,新华日报报业集团印务中心人均创利居10家榜首。同时,维发OF370印刷的《新华日报》在全国报业质量评比中,连续五年被评为精品报纸。2007年上半年,《新华日报》在参加全国报业质量评比中印刷质量又一次登顶。其代印的《南方周末》《21世纪经济报道》也多次跨入前三甲。

2006年上半年,为适应《扬子晚报》进入早报市场,在新印务基地进行二期印报厂房的规划,订购及安装国产北京人民机器厂生产的小型胶印轮转机。该工程于2006年3月25日破土动工,新建1 280平方米新厂房,经过7个月基本建设,10月新机器安装调试投入生产。

（五）财务

新华日报社自1978年开始为自收自支事业单位，实行企业化管理，财务会计执行《国营报社会计核算制度》，2002年成立新华日报报业集团后，仍实行上述管理方式。

1997年前，报社在经理部下设科级机构计划财务部，下未分设业务科室。1997年，开始设置副处级建制计划财务处。2002年，升格正处级建制。2007年，计划财务处更名为财务投资部，内部审计功能从2006年下半年开始划归集团监察室，2007年后划归集团法务审计部，财务投资部下设综合管理室、预算统计室、资金结算中心（投资理财室）、会计一室、会计二室共5个科室，强化预算、统计、投资等功能。1978～1985年，财务人员有5～6人；1986～1990年，有10人左右，后逐渐增加，至2008年财务人员队伍达60人左右。

2001年报业集团组建后，财务管理有所改进。

规范产权关系。在报社内部建立较为规范的母子公司体系，计财部会同相关单位、部门对集团各类公司和单位建立以资本为纽带的产权关系，形成以集团为母公司（含11家二级核算单位），16家子公司、1家控股60%的印务公司的规范母子公司体系。

集中资金管理。报社1997年1月成立资金结算中心，集中、统一报社资金管理，将报社及各单位40多个银行账号整合收缩到少数几家银行外部户，统一由结算中心对外办理结算手续，同时给每个法人单位留一个外部结算户，也接受资金结算中心的掌控，由报社规定其存款限额，只能进账，出账应经审批。结算中心成立以来，每年资金效益都在200～300万元左右，2000年后每年效益1 000万元以上。

预算管理。2001年集团成立后，财务收支预算起步由粗到细、由概算到相对精算。2003年开始，进行财务收支预算的同时进行投资预算。刚开始只是对全年总收入、总支出、总利润作简单估算。到2007年，财务部门专门成立预算统计室，专门对预算进行协调、编制、分析、管理工作，从下属各单位到集团每年都有预算，一切开支、收入均在预算范围内，严重超预算的严格按程序进行审核、审批后方可开支，形成较为完善的预算工作体系。

目标责任制管理。2003年，集团开始稳步推行目标责任制管理，先是《扬子晚报》、印务中心两家单位，以后每年增加目标管理单位，最终集团所有经营单位均实行目标责任制管理，单位职工工资总额和主要责任人年收入与本单位利润总额等经济指标挂钩浮动，也与单位工资总额挂钩。集团每年基本按目标责任制合同进行考核、兑现，充分调动各单位经营创收积极性。

加强财务分析。财务部门每月均对报社及下属单位进行财务分析，详细分析各报刊发行量、印刷量、版面数量、新闻纸用量、广告版面数量及所占比重、每版广告量营业额和到账款；对经营管理成本费用按料、工、费三大项进行对比分析，通过经济指标详细统计、认真分析，指导并督促各单位提出财务意见和建议。每月集团和下属各单位均提供一份财务分析报告供集团及各单位领导、业务经营部门参考，为各部门、单位经营决策提供充分的财务依据并提出财务意见和建议。

建立健全制度。2002年以后，集团陆续制定并颁发《关于明确集团二级核算部门和所属单位（公司）财务管理基本原则的通知》《关于规范有关财务事项的通知》《关于规范集团各报（刊）广告经营中有关问题的规定》《关于日常财务报销事项的规定》等多项管理制度。2005年和2006年，又先后下发《关于加强应收债权管理的通知》《关于欠款按规定加收利息的通知》，对集团各单位欠款按欠款年限和催欠难易程度进行分类，对不同类型的欠款采取不同的欠款催缴方式和政策，清理催欠工作成效显著。2006年，计财部与各业务部门通力协作，共收回2005年及以前年度广告欠款3 775万元，收回2005年前印刷欠款320多万元。2007年、2008年，欠款率下降较明显。

（六）多元经济

20世纪80年代，《新华日报》开始筹办经营性的劳动服务公司（集体所有制，自负盈亏）。1989年成立经营部，办招待所、地下餐厅（利用原大楼地下室装修）。1992年，成立新华贸易公司、江苏新华房地产开发公司，与他人合作开办新贝珠宝商店，经营黄金、珠宝首饰。新华贸易公司还在俄罗斯开办贸易商行。

20世纪90年代，印刷厂和香港柏然有限公司合资建立江苏华柏彩色印刷有限公司。公司注册资本50万美元，新华日报社印刷厂占76%，香港柏然有限公司占24%。在业务订单上实施“三三三一”，即30%杂志、30%超市DM、30%教辅材、10%其他印刷品类，客户遍布江苏、上海、北京等地，市场份额不断攀升。合资的十多年里，为报社创造纯利润及设备折旧3 400多万元，还缴纳税收2 500多万元。

2004年年底，华柏彩印公司经营期满后与港商解除合约，组建起新华柏印务有限公司，同时加大投入，引进海德堡公司M600生产线。该生产线为当时江苏市场上唯一一条高配置、高速度、高品质的全商业轮转生产线，产能及印品质量将新华柏印务推上一个新的发展平台，市场订单不断攀升，品种日益增多。超市类DM单有麦德龙、易初莲花、家乐福、沃尔玛、北京华联、屈臣氏等，期刊杂志类有《东方文化周刊》《歌迷大世界》《南风窗》《中国新闻周刊》等，报纸类有《扬子苏果》《电脑报》等，时尚类刊物也开始涉及。2006年，集团又投资3 200万元为公司新购一台M600生产线，投入运营后业务量翻番。

新华日报报业集团与江苏吴中公司合作组建苏州新东印务公司，2003年10月投产运行。该公司作为报业集团在苏南的印刷基地，为集团既增加了经济效益，又赢得了社会效益。原来在南京印刷的《新华日报》，苏州只能看隔日报，改为在新东公司印刷后，全市城乡都能在当天看到《新华日报》，深受苏州市县领导机关和读者好评。《扬子晚报》在此设印点后，报纸也提前与读者见面，且因印刷质量明显提高，报纸发行量也得到提升。

2002年年初，集团将材料供应部更名为物资采购中心，其主要任务是向全国20多家新闻纸生产厂采购集团所需新闻纸。2003年3月，由新华传媒投资公司运作，2004年营业额达2 726万元，利润104万元；2005年、2006年两年步入稳定发展期，营业额突破3 000万元；四年总毛利超过400万元。

2002年12月，组建扬子信息发展有限公司。该公司依托报业集团十二报六刊两网的综合优势，为江苏数百万手机用户提供包括短信、彩信、WAP、语言等信息服务，并与江苏移动、联通、电信及网通四大运营商建立合作伙伴关系，成为江苏最大的电信增值业务运营商之一，其业务收入连续四年以年均50%的速度提升，累计创收突破2 500万元，考核利润超过1 250万元，业绩在江苏地区SP中名列前茅。

2003年12月4日，组建江苏九九递送有限责任公司。该公司以巩固《扬子晚报》在江苏发行市场上的主导地位为己任，以建立“布局合理、层次分明、统一管理、高效有序”的发行网络和控制书报刊发行终端为目的。公司2006年度为集团创利136万元。

至2008年，新华日报报业集团共成立11家经营性公司，包括新华报业印务公司、新华柏印务有限公司、新东印务公司、新华传媒投资公司、江苏华汇新闻实业公司、新华广告公司、扬子广告公司、九九递送有限责任公司、新华房地产开发公司、江苏新华传媒信息发展有限公司（前身为扬子信息发展公司）、图书编辑出版中心（筹）。

第二节 新华日报报业集团子报

1983年5月2日，《新华日报》与省供销合作社联合创办《致富报》，由《新华日报》农村处承办。1985年1月1日，同时创办《新华青年报》（《新华日报》和共青团江苏省委共同领导）、《江苏市场报》，分别由《新华日报》政治处和工商处承办。1986年1月1日，创办《扬子晚报》（省二级局建制），同时停办《新华青年报》和《江苏市场报》。1989年1月，《致富报》改为《新华日报》农村版。1993年1月1日，改名为《服务导报》。

1996年，根据江苏省报刊治理整顿的统一部署，由省机械工业厅主办的《江苏机械报》改为新华日报社主办并主管。同年1月18日，《江苏机械报》更名为《每日桥报》创刊，2000年11月28日，更名为《南京晨报》。2000年6月29日，原由省计经委主管、主办的《江苏经济报》正式改由新华日报社主管、主办。7月，原由省外经贸委主管、主办的《经贸导报》划转为新华日报社主管、主办。2003年4月底，《经贸导报》更名为《扬子经济时报》，主要随《扬子晚报》在苏南地区发行。12月26日，经新闻出版总署批准，《江苏法制报》主管、主办单位由江苏省政法委变更为新华日报报业集团。2005年8月8日，《服务导报》重新定位并更名为《扬子体育报》创刊。

到2008年，新华日报报业集团下属6家子报，分别是《扬子晚报》《南京晨报》《江苏法制报》《江苏经济报》《扬子经济时报》《扬子体育报》，有晚报、都市报、专业报，门类比较齐全。

一、《扬子晚报》

（一）发展概况

1985年8月17日，《新华日报》编委会上报《关于请求批准创办〈扬子晚报〉和停刊〈新华青年报〉〈江苏市场报〉的报告》。9月7日，省委下文同意，从1986年1月1日起创刊，在国内公开发行。12月14日，《扬子晚报》第一次试刊，四开4版，报头由著名书法家武中奇题写。12月20日，第二次试刊，启用胡耀邦题写的报头。1986年1月1日，《扬子晚报》创刊，是全国第25家晚报。国内统一刊号为CN 32-0055。

1998年6月8日，《扬子晚报》创办"扬子晚报网"，这是江苏省首家获得国务院新闻办批准的新闻网站。6月9日，《扬子晚报》电子版上网发行。

2001年7月30日，在全国平面媒体中首先开通"扬子新闻服务点点通——手机短信息"，使《扬子晚报》率先进入继报纸、广播、电视、网站之后的第五媒体，业务包括扬子随身听、扬子随身发、扬子随身查、扬子手机版、游戏、彩信、远程视频等。这是全国首家由新闻媒体主办的短信新闻服务品牌。

2002年，《扬子晚报》在江苏报界率先推出24小时读者服务呼叫平台——96096。4月17日，"扬子晚报""YANGTSE""扬子江"商标注册成功。

2006年12月，《扬子晚报》编委会决定，加大投入实现网站的视频直播功能。2007年年初，"扬子直播室"开通。2007年1～10月，网络新闻部与新闻部门通过报网联动做了500多场视频节目。

（二）组织机构与人才队伍

1985年11月4日，由黄生甫、周正荣、李大容、高羽、张泾德5人组成《扬子晚报》编委会，黄生甫为总编辑，周正荣为副总编辑。1987年9月20日，顾培棠任《扬子晚报》编委。

1988年6月6日，黄生甫不再兼任《扬子晚报》总编辑，周正荣任《新华日报》编辑委员会委员、《扬子晚报》总编辑。不久，周正荣到北京人民日报社工作。赵绍龙任《扬子晚报》副总编辑，主持工作。1991年3月20日，朱铭佐、杨步才任《扬子晚报》副总编辑，顾培棠任《扬子晚报》秘书长。

1996年11月2日，朱铭佐任《扬子晚报》总编辑、新华日报社党委委员。

2006年6月13日，刘守华任《扬子晚报》总编辑、新华日报社党委委员。

《扬子晚报》不断优化组织架构。创刊初期只有四个编辑部和一个办公室，即新闻采访部、编辑出版部、文体部、文摘部和总编办公室。1985年10月，编辑部人员26人，一部分来自新华日报社内部，一部分是新分配的高校毕业生。随着事业的发展，采编部门条口逐步细分，经营部门单列，组织架构扩展到"十七部一室"。至2008年，报社工作人员增加到400多人。

（三）新闻业务

1. 办报宗旨与改革改版

《扬子晚报》以"宣传政策、反映生活、倡导文明、传播知识"为办报宗旨，以"提升报纸公信力、影响力和引导力"为己任。

1986年1月2日，《扬子晚报》发表记者采写的"新闻特写"《卖报记》报道了1月1日下午2时许，南京街头响起了人们多年久违的卖报声。从下午2时到5时的短短三个小时，《扬子晚报》的编辑、记者和总编辑在6个卖报点把14 000多份晚报出售一空。

1988年8月20日，由大运会组委会主办、《扬子晚报》承办的《中华人民共和国第三届全国大学生运动会会讯》，以新颖活泼的格调和图文并茂的版面，与5 000名大运会参加者及广大读者见面，这是《扬子晚报》创刊后第一次办专版。

1992年11月10日，《市民茶座》专栏第一次和读者见面，话题为《职工"跳槽"，原单位收费对不对?》

1993年4月，拓展为读者服务领域，《大市场》和《扬子广角》《家庭服务广告》专版首次与读者见面，彩色印刷，发行南京、镇江地区。同年5月31日，尝试刊登当日上海股市最新行情获得成功。此后在每个交易日刊登前一天和当天上午10时股市行情。同年8月28日，增设《当代人生启示录》专栏。这是语录体的短章，百字以内，反映当代人积极健康、奋发进取的人生观。

1994年1月10日，《扬子晚报》推出《本报观察家》专栏。该专栏以邓小平理论为观察指南，以发展市场经济大背景下的社会与人生为观察对象，以街谈巷议的热门话题为重点议题，集专家学者之智慧，汇人民群众之心声。《本报观察家》专栏的第一篇文章题为《写在抢购落潮时》。同年2月15日，《扬子晚报》开辟特别专栏《拜年》，让读者通过《扬子晚报》给亲朋好友送上新春的祝愿。同年2月22日，增辟《上海国内新闻选萃》版，成立"上海新闻编辑室"。

1998年5月11日，为强化晚报的时效优势，在一版开辟《当日新闻》《夜间新闻》基础上，再增设一个新栏目《24小时热线》。同年5月21日，开辟《每周暗访》栏目，把舆论监督贯穿于常年。

1999年6月28日，为增强快速反应能力，加大服务读者力度，开通"新闻110"热线并专配采访车。这辆为依维柯车型的采访车上，配置车载电话、传真机、电脑、打印机、电视机、冰箱、办公桌，车顶还专门为摄影记者设计了围栏式摄影平台。同年9月24日，"扬子文库·作文园地丛书"《高考作文指要及示例》《面批作文与专家指路》(中学版)、《面批作文与专家指路》(小学版)，由江苏教育出版社出版发行。

2003年12月10日，《扬子晚报》开辟《昨夜今晨》版面。

2006年12月起，《扬子晚报》与南京市民政局、南京市慈善总会联手发起"2006扬子暖冬大行动"。

2. 宣传报道

为推动新闻宣传工作做得更精准有力，《扬子晚报》在好栏目、好策划上进行多种尝试，以多维创新为动力，着力提升引导力。

1997年6月25日，为庆贺香港回归，《扬子晚报》编委会决定6月30日和7月1日推出8个精美的彩色图片专版，同时特别印制1 997份7月1日出版的《扬子晚报》珍藏版。珍藏版共28版，与原报纸同样大小，选用90克铜版纸特别印制而成，双面粘贴哑光薄膜，防水、防潮、防霉，便于长期收藏。报头下方有红底烫金字的特别标志："庆香港回归珍藏版　编号＊＊＊＊"。

1998年法国世界杯，《扬子晚报》成为江苏唯一一家派出特派记者赴现场采访的媒体，轰动一时，一个月间发行量上涨10多万份。同年10月31日，《扬子晚报》在南京莫愁湖公园举办"《扬子晚报》首届读者节"。此后，《扬子晚报》五次举办读者节，通过活动让新闻从业者与读者面对面，加深读者与报纸的互动。2007年9月8日，以"新城市新扬子"为主题的《扬子晚报》第五届读者节在南京新城市广场盛大开幕，上万名读者从四面八方赶来，享用《扬子晚报》为他们精心准备的"服务盛宴"。

2000年9月21日，绝版编号发行2 000套反映艺术节开幕盛况的《扬子晚报·艺术节特刊》丝绸珍藏版。

2001年1月1日，为了纪念新千年和《扬子晚报》创刊15周年，《扬子晚报》和南京金线金箔总厂联合推出112个版的"世纪金版"，有报贩卖到2～3元/份，出现一份难求的情况。同年12月15日，《扬子晚报》推出图片栏目《新闻目击》，以图片新闻的形式直截了当还原新闻事件。

2002年3月29日，国家足球队主教练米卢为《扬子晚报·世界杯特刊》揭牌，并到《扬子晚报》参观、题词。同年9～11月，《扬子晚报》举办热心读者调查问卷活动，两个多月里共收到读者来信41 722封。同年10月18日，组织策划"百名医学专家大义诊"活动。2002年12月25日～2003年2月14日，《扬子晚报》在显要版位，推出"富民强省看江苏《扬子晚报》记者环省行"共20篇系列报道，展现全省人民贯彻落实十六大精神的崭新风貌，这是《扬子晚报》对重大报道、农村题材的一次重要尝试。

2003年起，《扬子晚报》联手企业在江苏开展利群阳光助学行动，向当年高考本科录取的贫困学生提供每人5 000元资助。同年1月19日，"《扬子晚报》杯"全国少儿书画大赛书画展在江苏省美术馆开幕，来自全省各个县市的少儿书画参赛者、爱好者及其家长千余人齐聚南京观摩。

2007年6月11日，《扬子晚报》推出大型纪念特刊《高考30年》。特刊以《时代拐点》《解密当年》《大学梦圆》《青葱岁月》《别样风景》《高考之变》《资料珍藏》等版块组成。同年，《扬子晚报》与《北京晚报》《新民晚报》《今晚报》《重庆晚报》等全国重点城市和地区的40余家晚报结成全国晚报奥运报道联盟。同年8月8日，推出《冲刺2008》倒计时一周年奥运特刊，吹响奥运报道号角。同年7月，《扬子晚报》与南京博物院共同举办甄选"镇院之宝"活动。

经过专家和观众评选，最终选出18件文物作为“镇院之宝”。11月19日下午，南京博物院举行“镇院之宝”特展，18件稀世珍宝首次集体亮相。同年12月8日，《扬子晚报》启动“欢乐社区行”活动，通过社区活动回报读者，加强报纸与读者的互动交流。

2008年3月24日，《扬子晚报》联合全国15家主流报网媒体推出“改革开放30年：那些人，那些事”纪念改革开放30年大型系列报道。12月13日上午，“改革开放30年：那些人，那些事”大型联动系列报道的全国15家报网主流媒体，在上海举办“改革开放30周年媒体联合报道论坛”。同年5月12日，四川汶川地震发生后，《扬子晚报》迅速组织报道。地震当天下午，特派记者赶赴成都，此后十多天里，《扬子晚报》对抗震救灾进行及时、准确、全方位的报道。6月12日，汶川特大地震发生一个月之际，《扬子晚报》重磅推出《汶川一月》纪念特刊，以“殇”“救”“爱”“悼”“生”五大主题，通过32版全画刊的形式，刊载将近300幅极具冲击力的照片和精心撰写的文字，成为读者争相购买珍藏的特刊。2008年北京奥运会前夕，《扬子晚报》策划读者、记者搭档自驾追踪圣火的活动。5月4日起，《扬子晚报》记者和海选产生的10位读者搭档驾驶汽车厂商提供的专用采访车，从海南三亚开始，全程追踪采访圣火在中华大地上的足迹，直到8月8日点燃国家体育场鸟巢的主火炬。在97天的传递过程中，《扬子晚报》推出《与圣火同行》大型系列报道。同年8月1日，在奥运会即将开幕之际，奥运报道团队13名记者陆续出征北京主赛场和沈阳、秦皇岛、天津、青岛、上海等分赛场。8月7日，由《扬子晚报》与中国移动江苏公司、江苏广电总台共同征集的50名“中国移动情系奥运江苏助威团”团员出征，他们分三批前往北京观看奥运赛事。8月8日，《扬子晚报·08奥运风》特刊登场，随报刊登的《北京奥运观战指南》将赛事囊括无遗。

（四）广告　发行

1. 广告

1996年12月29日，举行广告联谊洽谈会，南京46家广告代理商和几家企业代表洽谈竞价，春节前第四版27条20行高通栏广告被安徽双轮池集团以90万元高价买断。

1999年12月19日，在南京举行2000年1月1日前28版广告版位竞价活动，经过激烈竞争，南京银都商务广告公司以108万元整盘买断中标。

2001年7月18日，《扬子晚报》与盱眙县政府合办“中国龙虾节”，5天共举办山地广场大型文艺演出、广场龙虾宴、水上婚礼等20余项活动，促进了“盱眙龙虾”品牌的形成和龙虾产业的快速成长。

2001年，《扬子晚报》年度广告营业额继续增长，超过3.5亿元，名列全国前列，遥遥领先于省内其他平面媒体。

2002年5月，《扬子晚报》成功包装“领略江海美景，品尝吕四海鲜，欣赏渔家风情”的第三届中国启东海鲜节。

2002年5月13日，《扬子晚报》在30个苏果超市实行分类广告连锁代办。6月1日，《扬子晚报》又把零售点设在南京市区的150家苏果超市和便利店。

2006年5月2日、3日，《扬子晚报》驾车节在南京奥体中心盛大开幕。

2006年年底，《扬子晚报》牵头举办“荣耀2006——南京地产总评榜”活动。为使《扬子晚报》总评榜能够让人眼前一亮，房地产部打出“百名业界精英联手推介”的响亮口号，并在中心大酒店接连举办三场《扬子楼市》职业经理人研讨会，就“回眸2006，南京楼市年度总结”“南京楼市岁末热销推动力分析”“2007，南京楼市走势预测”三个主题展开精彩辩论，使总评榜活动迅速在业内打开局面。2006年12月22日，《扬子晚报》推出《金榜题名》特刊，对获得提名的楼盘进行充分报道。

2006年9月至年底，《扬子晚报》利用权威主流媒体的品牌优势和资源优势，联合省、市、区有关部门开展“特色小镇巡礼”活动，通过实地探访、智库研讨、峰会论坛、专栏推介、特别会刊等形式，发现和提炼各地“特色小镇”的定位和模式，寻找更适合当地发展的“特色之路”。

2007年5月1～3日，《扬子晚报》“五一”绿博园车展暨乡村美景自驾休闲游成功举办。

2007年1月11日，《扬子晚报》2007年新年答谢会在上海波特曼大酒店举行，来自博睿传媒、群邑中国、电通传媒等30多家全国大广告公司，上海通用、上汽、东风雪铁龙等一线汽车厂家，莱美国际化妆品、LVMH集团等时尚行业顶尖品牌，新加坡旅游局、歌诗达邮轮等国际企事业机构近200名代表济济一堂，共同分享《扬子晚报》改版后的成果和喜悦。

2. 发行

1987年5月19日，《扬子晚报》在安徽省马鞍山市零售；1987年9月1日，《扬子晚报》在安徽蚌埠和滁州两市开辟40多个零售点。

1990年10月，创刊五年的《扬子晚报》日发行量突破39万份。1993年1月13日，日发行量突破60万份。1993年9月2日，日发行量突破70万份。

1993年12月28日，在扬州发行的《扬子晚报》改由《扬州日报》印刷厂代印。至此，全省11个省辖市都建起代印点，使当地读者都能读到当日晚报。

1994年10月13日，《扬子晚报》发行量突破80万份，在全国120多家晚报中位居第三，在全国2 000多家公开发行的日报中位居第七，在全国自办发行的报纸中位居第一。

1995年9月7日，《扬子晚报》日发行量突破100万份，成为江苏报业发展史上第一份日发行量超过100万份的日刊报纸，也是江苏发行量最大的晚报，在全国2 000多家公开发行的日报中名列前茅。

1998年6月12日，世界杯足球赛吸引众多读者，《扬子晚报》发行量超过126万份。

2002年9月26日，《扬子晚报》版面达到120版，超过千禧年112版的"世纪金版"，日发行量再创新高，突破200万份，成为中国发行量最大的晚报。

2003年6月，第56届世界报业大会在爱尔兰都柏林召开，会上发布"世界日报发行量前100强名单"，其中《扬子晚报》位列第24位，中国晚报第一，全国第三。

2004年10月15日，《扬子晚报》日发行量突破210万份。

2004年9月22日，在南京报业激烈竞争、早报冲击晚报市场的背景下，《扬子晚报》全新改版，在南京实行"滚动出报，一报两投"，每天上午、下午两次投递。早晨7:30以前拿到夜间印出的《扬子晚报》，下午拿到中午开印的刊登当日新闻的《扬子晚报》。

2006年8月29日，《扬子晚报》全新改版，这次改版顺应国内外报纸出报时间的总体趋势，变"一报两投"为"一报一投"，并由晚投改为早投。

2008年，世界报业协会公布世界日报发行百强，《扬子晚报》再次位居全球发行第21位，连续六年成为江苏发行量最大的日报和中国发行量最大的晚报、都市报。

二、《南京晨报》

（一）发展概况

《南京晨报》是新华日报报业集团主管、主办的一张综合类都市类报纸，国内统一刊号为CN 32－0095。《南京晨报》于1996年1月18日创刊，时名《每日桥报》(由《江苏机械报》改刊)，四开4版，套红印刷，"每日桥报"红色报头为毛体集字。

2000年11月28日，《每日桥报》更名为《南京晨报》，下设新闻采编、广告、发行、办公室四大部门，为四开32版，彩色印刷。"南京晨报"四字是魏碑体集拼而成，为蓝底反白印刷黑体字。

2008年，《南京晨报》共有人员267人，本科以上102人，中、高级职称14人。

（二）新闻业务

1996～1998年，《每日桥报》时期定位为生活服务类报刊，以文摘和民生服务为主。设置的品牌栏目如《乔医生》，帮读者寻医问药。

2000年11月28日改名《南京晨报》后，以推动和服务社会发展为办报宗旨，以"说南京的事，写南京的人，传南京的情，为南京人提供实实在在的服务"为鲜明特色，旨在强化南京地域概念。

《南京晨报》重视舆论监督报道。其中《关注紫金山观景台》跟踪报道持续3个月，在南京、江苏乃至全国产生重大影响，最后相关部门炸掉该观景台。还有《揭开医药代表的暗箱黑幕》《黄牛与交通纠察勾结拦路收费》《假管桩惊现楼盘工地》《黑作坊月饼进了星级宾馆》等一批报道，发挥新闻媒体的舆论监督作用。

2004年8月9日，《南京晨报》发表采访南京城建专家陆玉龙的稿件《江浙联手繁荣宁杭城市带》，建议把宁杭城市带作为江浙两省全面合作的主要平台。稿件引起时任浙江省委书记习近平的关注，并批示："有关专家建议苏浙联手繁荣宁杭城市带应引起注意，可作为融入'长三角'的新举措。"

2006年，《南京晨报》推行记者街区挂钩制，每个记者划分一二个街区基层单位，了解民情，捕捉新闻。同时，《南京晨报》组织大量便民活动，如征婚、义诊、创业座谈、教育咨询、股市论坛、法律援助等。

2007年，《南京晨报》推出两大系列栏目《新江苏，新南京》和《凡人善举》，展现江苏省和南京市在“两个率先”“全面达小康，建设新江苏”过程中的新举措、新思路、新发展、新成果，宣传具有传统美德和主流价值观的人和事。

2008年12月，《南京晨报》记者前往浦口区石桥镇，用两天时间对“小康电话调查”严重造假一事展开调查走访，确定这是一起从镇政府到村委会全面参与的造假行为。2008年12月22日，《南京晨报》以《石桥镇变了味的小康调查》整版报道此事后，时任国家副主席习近平给予批示，浦口区随即对石桥镇镇长全区通报批评并让其作出检查。

2008年，《南京晨报》在加大版面、继续强化南京本土新闻的基础上，大幅度增加文摘、特稿的版面，每周在C叠拿出四个整叠共64版，推出超大容量的《特别阅读》特刊。

遇到重大突发新闻，《南京晨报》也给予及时报道。2008年，在汶川特大地震发生后的一小时内，《南京晨报》作出具体的报道安排：第一时间派出文字记者、摄影记者赶赴前方。此后，《南京晨报》又先后派出4名记者前往四川地震重灾区采访。在前后18天里，6名特派记者共发回文字稿件70多篇，新闻照片50多幅。

（三）发行

2000年，《南京晨报》通过“1毛钱促销”，并辅之以完善的售后服务，南京地区发行量以每周增加2万份的速度增长。

2002年，《南京晨报》先后出版过40版、48版、64版、80版，最多达160版，发行量一度超过70万份。

2008年，《南京晨报》发行量50万份。在新一轮版面调整中，《南京晨报》进一步强化“基本版面”的观念，科学、合理地确定在周一至周五、双休日、节假日等广告投放淡季和旺季，分别出版40～72不同数量的基本版面，有效提高广告含金量。

三、《江苏经济报》

（一）发展概况

《江苏经济报》原名《江苏经济信息报》，1985年1月1日由江苏省经济信息中心与南京日报社创办。副总理李鹏为之题词，江苏省省长顾秀莲题写发刊词，陈慕华、江渭清、惠浴宇、薛暮桥等老领导、著名经济学家题词。1986年7月1日起，《江苏经济信息报》主管、主办单位变更为省计划经济委员会。《江苏经济报》名称启用于1992年1月1日。更名之际，省委书记沈达人、省长陈焕友题词。2000年6月29日，划转新华日报社主管、主办，国内统一刊号为CN 32－0016。

1995年，《江苏经济报》开始拥有第一处物业，位于南京市虎踞路77号的3层楼面。2000年，位于南京市虎踞南路90号的报社办公大楼落成。

1985年7月，发行突破10万份，发行范围涉及全国28个省、市、自治区。2002年广告收入超1 000万元，2007年广告收入超2 000万元，跻身全国经济报刊十强行列。

截至2008年，《江苏经济报》员工中的82.2%具有大、中专学历，其中拥有正高级职称人员1名，副高级职称人员5名，中级职称人员32名，技师职称人员2名。

（二）新闻业务

《江苏经济报》创刊初期以“立足江苏、服务全国、沟通产销、推进协作、扶助致富”为办报宗旨。进入21世纪后，随着改革开放的深入推进，《江苏经济报》确立了“从经济现象中观察社会，在社会发展中关注经济”的办报理念和“立足江苏、报道经济、服务企业”的办报宗旨。

《江苏经济报》除要闻版、新闻版外，辟有《信息集锦》《市场大观》等专版。苏南乡镇企业一枝独秀时，1991年2月始开办《半壁江山》版。资本市场初露端倪时，1993年6月开办证券专栏《上周股市述评》，次年扩展成《投资理财（证券）》版。1998年8月，《证券市场》专刊创办，在上海市场零售。电脑、网络走进经济生活时，2000年9月创办《新网友》周刊。“苏商”崛起时，办《金周刊》，打造“苏商”概念。

《江苏经济报》创刊初为四开4版，每周两刊，黑白铅印。1993年1月1日起，改为对开4版，周三刊。此后，逐年增加，1998年1月1日起改为每周六刊，扩至8版。2003年1月1日，《江苏经济报》由黑白报改为彩色瘦型报，并于2005年12月1日起全彩印刷。

四、《江苏法制报》

（一）发展概况

《江苏法制报》由江苏省司法厅于1985年1月25日创办，国内统一刊号为CN 32－0005。创办初期为旬报，1986年改为四开4版周报。1995年起改为大报，对开4版，周三刊。2000年，《江苏法制报》改由省委政法委主管、主办。2003年12月26日，主管、主办单位变更为新华日报报业集团，整建制划归新华日报报业集团管理。2006年，刊期改为周五刊，对开8版。

《江苏法制报》下设新闻部、政法部、警界周刊部、江苏法苑部、副刊部、策划部、经济部、出版部、总编办公室、行政办公室。

2003年1月18日，《江苏法制报》从原司法厅大楼迁至南京市草场门大街101号文荟大厦办公。至2008年年底，报社共有员工75人，其中，初级职称人员21人，中级职称人员20人，高级职称人员7人。

（二）新闻业务

《江苏法制报》以宣传法律知识，反映全省政法系统工作及报道省内重大案件为主。读者定位为各级党政机关干部、政法干警、行政执法机关工作人员、人大代表、政协委员、法律工作者、高等院校法律专业师生、企事业单位领导及员工、社会各界热心民主与法制建设的人员。

20世纪90年代以后，《江苏法制报》开始增加舆论监督的力度，并开办《周末版》推向市场，内容以披露全国大要案和舆论监督为主，在全国各地都有零售。1999年起，与省政法机关合作推出《警界》《检方》《天平》《司法》等专版，强化对各政法系统的宣传力度。此后陆续推出《江苏法苑》《警界周刊》等专刊，并与工商、税务、质监、环保等行政执法部门合作推出《红盾》《税务》《质监》《环境与法》等专版，此外还有《维权》《法学纵横》等体现专业特色的版面。这些专刊专版既有全社会关注的法制新闻报道，又有发人深省的热点问题剖析；既有专业的法学理论探讨，又有贴近百姓的法律咨询解答。

1987年，《江苏法制报》成为中华全国法制新闻工作者协会团体会员。1994年，《江苏法制报》被评为“全国十佳法制报”“全国百家优秀报刊”。

（三）广告　发行

《江苏法制报》创刊时发行量达10万多份。随着版数增加和周期缩短，至2000年前后，发行量下降到5万份左右。后经过与政法机关合作，发行量开始逐渐回升，至2008年年底，《江苏法制报》发行量达9.5万份。

《江苏法制报》的经营状况从2004年开始有所好转，2006年广告经营额首次突破1 000万元，到2008年年底，广告收入达2 200万元。

五、《扬子体育报》

（一）发展概况

《扬子体育报》创刊于2005年8月8日，由新华日报报业集团所属《服务导报》变更而来，国内统一刊号为CN 32－0054。《扬子体育报》为四开32版，周三刊。

2005～2008年，是《扬子体育报》创业发展期，主要业务分为四大版块：一是《扬子体育报》平面产品的印刷和发行业务；二是《扬子体育报》系列产品的采访和编辑，以及《扬子体育报》手机报等新媒体内容制作业务；三是《扬子体育报》广告、专版经营业务；四是以大型体育赛事活动经营开发为核心的体育营销商业平台业务。

2005年，《扬子体育报》创刊时，发行量20万份，发行收入及广告创收达250万元，赛事运营收入达300万元。至2008年，报纸发行量15万份，全年营业收入达1 000万元。《扬子体育报》员工约120人，其中本科以上学历92人。

《扬子体育报》是新华日报报业集团的改革试点单位。《扬子体育报》在编辑业务外，还成立专门的报业运营公司“江苏扬狮体育传媒有限公司”。该公司由江苏省体育产业指导中心、新华日报报业集团、参与投资的民营企业和《扬子体育报》编辑团队共同组建。

（二）新闻业务

《扬子体育报》以“运动、生活、时尚”为办报宗旨，坚持走体育专业化、生活化、时尚化路线，贴近年轻人对于体育新闻的诉求与追求，把体育新闻做到有料、有趣。报纸内容分国内体育、国际体育、新运动三大版块，以记者第一视角直击采访国内、省内、国际重要赛事，并长期特约境外记者采写关注度高的国际焦点体育赛事，邀请运动达人分享时尚新生活点滴。

2005年，《扬子体育报》以宣传“十运会”为契机，出版《“十运会”特刊》15期，以日报形式深度参与报道“十运”盛事，全程宣传在南京奥体中心举办的“中塞足球赛”。

2006年，《扬子体育报》参与报道苏州第三届全国体育大会。

2008年，在“奥运城市行”活动期间，《扬子体育报》全程参与该活动南通站和连云港站的跟踪采访与宣传。该采编活动创造了以承办大型体育赛事和重大体育活动为新闻主导，通过承办权独家垄断体育新闻热点资源报道的新闻策划模式，既为初创的《扬子体育报》开创全新的新闻报道方式，又为报社创造了经营效益。

六、《扬子经济时报》

（一）发展概况

《扬子经济时报》创刊于2003年4月28日，由《经贸导报》更名而来，主管、主办单位由江苏省经贸委转为新华日报报业集团。《扬子经济时报》于2003年5月27日在苏州出版，国内统一刊号为CN 32-0105。

（二）新闻业务

《扬子经济时报》依托《扬子晚报》的品牌效应，办报定位为《扬子晚报》的地方版。《扬子经济时报》的《苏州新闻》最早出版，《无锡新闻》和《常州新闻》也先后问世。后《苏州新闻》《无锡新闻》《常州新闻》均更名为《苏州城事》《无锡城事》《常州城事》，为苏锡常当地新闻专版，重点关注当地民生社会以及经济等方面的新闻，随《扬子晚报》一起发行。随着事业的发展，《扬子经济时报》版面不断增加，由最初的4个版，最多扩充至日出64个版。

《扬子经济时报》在苏州、无锡、常州地区设有记者站，并于每周二至周五出版（节假日除外）。《扬子经济时报》的稿件由当地记者站提供，由南京编辑部负责统一编发。

第三节　新华日报报业集团新媒体

随着互联网的兴起，新华日报报业集团紧跟新媒体技术发展的步伐，开创了报刊网站、电子版的新领域。

1998年6月8日，《扬子晚报》创办“扬子晚报网”，2001年6月，成为江苏省首家获得国务院新闻办批准的新闻网站。2001年7月30日，《扬子晚报》开通基于短信服务的“扬子随身看”，成为中国报业最早一批手机媒体的践行者。

2002年，新华日报报业集团组建集团门户网站——新华报业网。

2006年6月，扬子信息发展有限公司改为江苏新华传媒信息发展有限公司，运营江苏手机报业务。

2008年7月1日，由江苏省委、省政府组建的省级综合性门户网站——中国江苏网迁入新华日报报业传媒集团内办公，并由该集团参加运营管理。[①] 到2008年年底，新华日报报业集团管理四家新媒体，分别是中国江苏网、新华报业网、扬子晚报网、江苏手机报。

一、中国江苏网

（一）发展概况

中国江苏网是由江苏省委、省政府组建的省级综合性门户网站，是国务院新闻办确定的地方重点新闻网站。

2001年9月，省委宣传部筹备建设中国江苏网，12月27日中国江苏网开通上线，设新闻中心、管理中心、频道中心和技术中心，共有员工48人，其中本科学历近70%，硕士学历占4%。2001年，

---

① 2009年7月8日，省委宣传部下发《关于成立中江网股份有限公司筹备工作组的通知》，明确由新华日报报业集团等六家省属文化单位作为发起单位筹组中江网股份有限公司，筹备工作组由新华日报报业集团副总经理刘文平任组长，新华日报社黄秉生等任副组长。2016年，根据《江苏省政府办公厅关于调整江苏中江网传媒股份有限公司股权结构的复函》《江苏省财政厅关于无偿划转江苏中江网传媒股份有限公司股份的通知》，上述部分文化单位所持中江网传媒股份有限公司股份无偿划转给新华报业传媒集团（2011年10月，由新华日报报业集团更名而来）。考虑本志内容的系统性、完整性，特将“中国江苏网”条目记述于本节。

中国江苏网列入中宣部舆情直报点，每天向中宣部舆情局报送境内外各类舆情。2002年5月，江苏省机构编制委员会发文，同意成立江苏省互联网新闻中心，确定为事业单位，人员编制50名。10月28日，江苏省互联网新闻中心挂牌，设管理中心、信息中心、技术中心、市场中心。姚晓东任新闻中心主任。中国江苏网与江苏省互联网新闻中心为两块牌子、一套班子。2008年，中国江苏网发展至75人，本科学历占81%，硕士以上学历占13%。同年7月1日，中国江苏网迁址《新华日报》老大楼办公，新华日报报业集团参加运营管理。

（二）新闻业务

2001年，网站上线，设新闻、娱乐、教育、职业、房产、健康、汽车、旅游等16个频道。

2003年，中国江苏网首次对江苏省"两会"开幕式进行文字、图片、音视频实时直播，引起传统媒体广泛关注和报道。2005年，中国江苏网列入江苏参加全国"两会"的新闻报道队伍。

2003年3～4月，中国江苏网联合上海东方网、浙江在线开展"点击长三角"大型新闻采访活动。分别在上海东方明珠广场、南京中山陵博爱坊广场、杭州西湖雷峰塔广场举行启动仪式，开创国内省级重点新闻网站间首次联合异地采访活动之先河。

2003年7月，由中国江苏网策划主办的《点击扬子江——全国十大网络媒体看江苏》大型采访活动在南京港码头举行，省委副书记任彦申出席启动仪式并授旗，开创国内网络媒体异地集中采风活动先例，为首次国内主要网络媒体组团赴江苏集中采访大型活动。

同年，在宣传江苏省抗击"非典"工作中，中国江苏网成为江苏省内信息量最大、更新最快、内容最全的抗"非典"网络新闻媒体。

2004年3月22日，中国江苏网首次举办"图说江苏"大型全国网络媒体新闻摄影采访活动，邀请中央和各省主流网络媒体参加。通过采风，记者用客观、鲜活的图片展示江苏小康社会经济建设和文化成就及亮点。

2005年，作为中国国民党、亲民党两党三次大陆参访团主要访问城市的南京，成为海内外媒体关注的焦点。中国江苏网作为唯一的网络媒体全程参与报道活动。

2005年，江苏省启动一年一次的网络好新闻评选。中国江苏网在当年的评选中以"第十届全国运动会新闻及综合资讯发布平台（集体创作）"获得一等奖。2006～2008年，中国江苏网在此项评选中再获得一等奖3个、二等奖4个、三等奖4个。

2007年，中国江苏网报送的《网上浓墨重彩纪念长征胜利70周年》获中宣部2006年度好信息奖；撰写的《关于手机报发展状况的调查与思考》被评为2006年度江苏省宣传思想工作调研报告一等奖。

（三）合作与活动

2003年12月，南京大学与江苏省互联网新闻中心（与中国江苏网一套工作班子）合作成立"南京大学、江苏省互联网新闻中心网络传播研究所"。该所在南京大学注册备案，由南京大学负责研究所日常管理、科研开发、课题研究、人才培养等事务，省互联网新闻中心负责为研究所提供技术支持、网络设备及适当的科研经费，并为南京大学开展网络新闻教学提供实习、研究等保障。2004年5月22～23日，由中国江苏网和南京大学新闻传播学院主办，南京大学网络传播研究中心承办中国网络传播学年会（南京·2004）活动。

2004年，中国江苏网和北京、上海等8家省级新闻网站同列为全国互联网新闻信息服务工作委员会成员单位。2006年8月29日，江苏省互联网新闻中心开展网络编辑员培训教育项目获批。

二、新华报业网

（一）发展概况

新华报业网是由江苏省委宣传部主管、新华日报报业集团主办的省级新闻门户网站，最早由《新华日报》出版部、技术装备部筹备，于2000年8月3日提交网站企划书，并于当天成功注册 www.xhby.net 域名。

新华日报报业集团于2001年决定建设新华报业网，定位为新华日报报业集团门户网站。网站于2002年4月11日试运行，当年5月16日正式运营，发布服务器托管于江苏电信多媒体局机房。

2003年7月8日，国务院新闻办公室发函，根据《互联网站从事登载新闻业务管理暂行规定》，批准新华报业网从事登载新闻业务。

2006年11月1日，新华日报报业集团发文，授权新华报业网按照国家有关法律、法规、政策，根据网络宣传特点转载集团下辖报刊的有关稿件；统一扎口与各商业网站谈判并签约供稿。

新华报业网被列入国务院新闻办公室第三批可供网站转载新闻的新闻单位名单。

2008年，网站交换稿件收入有所减少，在TOM退出新闻领域致使减收10万元的情况下，网站共实现收入562 700元，与2007年相比增长16%。在广告方面，收入37.37万元，比上年同期的23.8万元增加约57%。

至2008年，新华报业网有新闻采编业务人员6人，其中正高职称1人、中级职称2人。

（二）新闻业务

2006年，新华报业网在省党代会宣传和“两会”报道中加强报网互动，开设博客，收到很好反响。2006年5月，建设开通《新华日报》电子版，成为继《人民日报》《浙江日报》等之后最早的几家党报电子版之一。

2008年前后，新华报业网开始与《新华日报》展开全新报网融合，每周为报纸制作一期《网眼》专刊，供母报刊出。《网眼》专刊运用网络语言，以登载报业网的原创评论为主，以“网页”的形式呈现，同时摘取其他报纸、网站内容，成为引导读者正确了解网络世界和帮助党政部门了解舆情的窗口，成为《新华日报》更新理念、开放办报的象征性品牌。

2008年，新华报业网重点做好北京奥运会报道和纪念改革开放30周年报道。在预热阶段，刊发稿件600多篇/幅，对江苏省内5个城市火炬传递接力进行几乎实时的全程图文直播。网站在只有不到10名新闻采编人员的情况下，还实行大夜班制度，每天专人紧盯奥运会的各种新闻，直到当天比赛全部结束为止。整个奥运专题，新华报业网共发布稿件近2万篇，图片3 000多张。

2008年的另一个报道重点是纪念改革开放30周年，网站在年初开设相关专题在首页推出。网站注意及时转发《人民日报》、新华社等中央主要媒体的新闻稿件以及《新华日报》等省内媒体的相关报道，网站还参与由省委宣传部举行的30年巨变网络媒体看江苏活动，原创大量鲜活的稿件。专题开设后，共发布新闻2 000多篇，图片400多幅，视频15个小时。新华报业网开展的“30年：那些难忘的瞬间”等征文活动，得到众多网友的投稿和肯定。

2008年5月12日汶川特大地震发生后，新闻值班编辑们坚守岗位分头搜索相关信息，一方面迅速与省市地震局联系，一方面密切关注国家地震局、国家官方新闻网站播发的权威报道。地震于14:28发生，约14:35波及南京。新华网播报第一条快讯时间为14:46:29，新华报业网迅即组合本地相关动态，于14:48:00滚动刊播出报道震中、震级、影响范围及南京相关情况等主要新闻事实的第一条消息，这在江苏所有网络媒体中是第一家。

2008年，网站还努力为集团做好服务工作，制作《新华日报》成立70周年专题网站，综合利用文字、图片、音视频等形式展示《新华日报》70周年的成就、历程，发布文字近300篇，图片500多幅，视频内容6小时。

网络评论一向是新华报业网工作的亮点，网站有一支比较固定的网络评论员队伍，在业内也有一定影响，每天收到近百篇网络评论。新华报业网承担的《新华日报·网眼》专版至2008年年底出版80余期，获得社内外好评。在2008年进行的江苏省好新闻评比中，新华报业网送选评论分获二、三等奖，下半年又有2篇评论入选国新办网络局《网络阅评》。

新华报业网的原创评论和专题多次获得中国新闻奖、江苏网络好新闻奖一、二、三等奖。2006年4月14日，在2005年江苏首届网络好新闻评选中，新华报业网原创评论《“免费”为“反恐” 卢总经理在忽悠谁?》获得一等奖。同年，上述评论又获得第16届中国新闻奖网络评论三等奖，新华报业网成为第一家获得网络新闻作品中国新闻奖的江苏新闻网站。

2008年，《网眼》专刊与《党员干部岂能“不问苍生问鬼神”》分别获得江苏网络好新闻一等奖。

三、扬子晚报网

（一）发展概况

扬子晚报网是依托《扬子晚报》建设的以新闻为主的大型网上信息发布平台，创办于1998年6

月8日。经营许可证为苏ICP证-030123。

2001年6月，扬子晚报网被国务院新闻办批准为江苏首家具有刊载新闻业务资质的网站。2001年6月18日开通英文频道，2001年7月30日开通短信版“扬子随身看”，后又推出彩信版“扬子随身看”。

为了追踪新技术的发展，打造一个除纸质媒体和互联网之外的新的《扬子晚报》——手机版报纸，2003年9月1日，《扬子晚报》手机版在移动和联通两个平台同时率先开通。从这一天开始，江苏省内开通GPRS功能的移动手机用户和联通CDMA手机用户，通过手机就可以订制和阅读《扬子晚报》新闻。新闻开始以报纸的方式登陆手机。

2005年7月，与江苏通信商合作，推出全国第一家手机语音“扬子随身听”。2006年4月，与江苏移动合作，推出江苏系列手机彩信报刊。2006年8月29日，开通“扬子博客”频道。

2007年3月27日起，《扬子晚报》手机报率先升级到中国移动集团公司全网平台，全国开通GPRS业务的移动用户均可订阅。随着扬子晚报网的合作方——江苏移动和江苏联通服务范围的扩大，《扬子晚报》手机版逐渐从江苏走向全国各地。

（二）新闻业务

扬子晚报网立足江苏，报道全国，辐射全球。从新闻报道到事件聚焦，从互动答疑到沟通平台，从横向信息的广角传播到纵向实用信息的深度解析，新闻和信息更新快、新颖、及时。设有《快新闻》《慢生活》《论天下》三大版块，20多个频道，30多种分类新闻，200多个栏目。其中《时尚消费》《餐饮休闲》频道分别开设时尚读者俱乐部、扬子美食团，组织网民参与免费体验优质的美容、美发、美食品尝以及大力度的优惠活动；“理财”频道有专家为网民提供有针对性的理财方案；“旅游”频道有各大旅行社最新推出的旅游线路，还提供网上酒店预订服务。

扬子晚报网为方便网民浏览、查询和反馈信息，推出网上投稿、资料库检索、在线调查等多种功能性服务，并开通互动平台，最多时开设60多个论坛，每天发帖量几千篇，并设立编辑人员管理、版主对论坛内容负责、在线交流的维护方式。

扬子晚报网与全国多家重点网站建立长期合作关系，所发布的信息被人民网、中华网、新浪网、搜狐网大量转载，转载量一直在江苏省名列第一，成为google、百度、新浪等著名搜索网站为网民提供服务的主要信息来源之一。

扬子晚报网设有管理层，包括网站、短信运营部、呼叫中心运营部、市场营销部、技术部等，以公司化模式运营。

四、江苏手机报

（一）发展概况

2006年6月，成立近4年的扬子信息发展有限公司，改名为江苏新华传媒信息发展有限公司，公司独立运营江苏手机报等新媒体业务，从此拉开江苏手机报的发展序幕。

2007年开始，江苏手机报启动统一服务品牌、统一资讯内容、统一收费标准、统一发送频次的发展战略，品种包括《江苏手机报·扬子晚报》《江苏手机报·新华日报》《江苏手机报·财经版》《江苏手机报·体育版》等行业手机报。刊发频次一天两刊，收费标准按照包月方式收取3元信息服务费。产品形态以彩信为主，每刊涵盖文字6 000余字，图片5张。

2007年，江苏手机报迎来快速发展期，当年实现收入657万元，实现利润305万元。2008年，实现收入942万元，实现利润670万元。

截至2008年年底，江苏手机报是江苏第一个用户过百万的手机报，累计用户108万，用户规模位居全国省级媒体前列。江苏手机报获“2008年度中国手机媒体十强”称号，是江苏地区唯一入选的手机新媒体。

（二）新闻业务

江苏手机报的业务形式主要有短信、彩信、WAP、3G和IVR等版本。

“短信版手机报”主要是提供新闻短信。但由于一条短信只能容纳70个字，一般只能编发一条，最多是编发几条新闻，信息容量较小。

“WAP版手机报”类似于手机上的互联网新闻门户，读者通过手机登录指定网站，便可阅读当天报纸。相对于短信版，WAP版内容更丰富，可以称为全文型的手机报纸。

“IVR版手机报”用户只要拨打指定号码，就可根据操作提示收听、点送所需语音信息或者参与聊天、交友等互动式服务。

“彩信版手机报”类似于短信新闻定制，就是报纸内容通过电信运营商以彩信方式发送到手机终端上，用户可以离线观看。国内开通服务的“手机报”大多采用这种模式。流量费用均由运营商免费提供，用户只需要支付包月信息费。

第四节　新华日报报业集团期刊

新华日报社 1984 年创办新闻传播类学术期刊——《新闻通讯》，2003 年 1 月更名为《传媒观察》。

新华日报报业集团成立后，按照国家报刊治理整顿要求，原省物价局主管、主办的《江苏物价》，省统计局主管、主办的《江苏统计》，省政府外事办公室主管、主办的《江苏外事》三份刊物均划归新华日报报业集团主管、主办。2003 年 12 月，经原省委组织部和宣传部主管、主办的《党的生活》杂志划归新华日报报业集团主管、主办。2004 年 1 月，经国家新闻出版总署批准，江苏省哲学社会科学界联合会主管、主办的《健报》杂志更名为《精品》杂志，并改为新华日报报业集团主管、主办。5 月，新华日报报业集团实行资源整合，《党的生活》刊名和办刊宗旨不变；《江苏物价》《江苏统计》《江苏外事》分别更名为《培训》《动漫界》《车秀》。

到 2008 年，新华日报报业集团下属六家期刊，分别是《传媒观察》《党的生活》《精品》《培训》《动漫界》《车秀》。

一、《传媒观察》

（一）发展概况

《传媒观察》为新华日报报业集团主办的新闻传播类学术期刊，前身是创办于 1984 年的《新闻通讯》月刊，国内统一刊号为 CN 32－1712/G2。

2003 年 1 月，《新闻通讯》更名为《传媒观察》。

新闻研究期刊发行量较小，难以吸引广告。但因《传媒观察》高质量、品牌效应大，“波司登”等企业开始支持其发展，这在全国新闻类期刊中比较罕见。随着杂志影响力逐渐提高，很多媒体和高校开始关注，《传媒观察》又适时成立理事会寻求更多资金支持。

2008 年，《传媒观察》编辑部共有 3 名工作人员，其中博士 1 人、硕士 1 人、本科 1 人；总发行量近万份。

（二）新闻业务

《传媒观察》的办刊宗旨是“关注新闻前沿，追踪新闻发展，透视新闻热点”。这也是该刊物的三大追求：研究新闻传播实践和理论中的前沿性课题，研究新闻传播业发展中的现实性问题，研究业界和学界广为关注的焦点话题。

《传媒观察》开设《本刊专访》《专家论坛》《传媒视点》《学术园地》《观察与思考》等栏目，选登有见解、有分析、质量高的学理性文章，既有著名专家学者的真知灼见，也有新闻院系师生的新锐观点。而来自业界的《记者视点》《业务探讨》等栏目，也努力提升理论层次和思考深度。在对研究对象加以观照时，则注意将狭义“新闻”拓展为广义的“新闻与传播”，针对报纸、广播、电视、网络等不同媒介设置栏目版块，并从新闻传播研究的传统核心领域，延伸至传媒经营管理、资本运作、广告评估等被传统观点视作“外围”然而日显其重要性的领域。

《传媒观察》针对理论研究或新闻实践领域出现的重要现实问题，及时策划，整合各家言论形成先发之势（体现前瞻性）、聚焦之态（体现侧重点）。如 2003 年春发生在广州地区的“非典”疫情，使广州乃至中国的新闻媒体在应对突发性灾难事件方面的严重弊端在短时间内暴露无遗。《传媒观察》迅速作出反应，在第 4 期特约刊发《危机干预与媒体失语》《透视危机事件传播链的断裂》《突发事件中报道机制的科学调控》等一组重头文章，对涉及突发事件新闻报道的一些主要环节和问题进行透视。不仅阐述大众传媒在监测环境、干预社会生活方面应有的作为，而且提请政府有关部门在突发性事件过后对相应机制加以改进。2003 年 9 月，媒体 11 名新闻记者因在山西繁峙“6·22”矿难中收受贿赂而受到处分。《传媒观察》抓住这一严重败坏新闻工作者声誉和形象、震惊社会的重大媒介事件，在第 11 期集中发表《我们需要健全而有效的新闻自律机制》《重构专业理念 完善监督机制》《新闻工作者的自律和他律》《新闻失语对传媒文化功能的颠覆》等文章，引导关于建立“个人自律、单位管理、社会监督”相结合的新机制和新措施的探索，以期对新形势下有效加强新闻职业道德建设有所推动。

《传媒观察》自出版以来，获得学业两界的普遍认可。2004年后，连续两届入选北大全国新闻核心期刊目录。2007年，入选教育部全国新闻传播专业核心期刊名录，入选江苏省第六届“双十佳期刊”等。

二、《党的生活》

（一）发展概况

《党的生活》由新华日报报业集团主办、主管，月刊，国内统一刊号为CN 32－1022/D。

《党的生活》原名《江苏支部生活》，创刊于1965年，省委宣传部主办、主管，刊名为时任中共中央宣传部部长陆定一所题。“文化大革命”期间停刊。1980年复刊，易名《党的生活》，省委组织部、宣传部主办和主管。1993年，江泽民为《党的生活》杂志题写刊名。

2003年，因国家进行报刊治理整顿，《党的生活》停刊，部分人员划归新华日报报业集团。2005年再度复刊，当年发行量达到近10万册。此后，进入平稳发展时期，发行量节节攀升，社会效益和经济效益显现。

2006年，省纪委内刊《倡廉》并入《党的生活》杂志。杂志分为组织版和反腐倡廉版。组织版和反腐倡廉版每月各出一期，后改为每半月出一期。至2008年，《党的生活》“一刊两版”的总发行量约18万份。

（二）新闻业务

坚持“政治家办刊”，重视舆论引导，体现党刊本色。对于中央提出的新观点、新论断以及中央和省委作出的重大决策，在第一时间作出宣传解读；对相关理论、现实问题的阐释，做到有思想深度、有全局视野和有战略眼光；对各种错误理论观点、社会思潮，敢于“亮剑”，帮助党员群众解疑释惑、明辨是非、增强信心。推出的特别策划《ISO9000悄然闯进党建领域》，被全国企业党建会议作为会议材料印发给全体代表；《党建事务能否服务外包》被《南方周末》《21世纪经济报道》等20多家报刊转载，新浪网、人民网、中国共产党新闻网等重点门户网站开辟专题网页进行讨论。

遵循新闻规律，注重经验报道，注重凸显专业视角。针对基层来稿新闻价值不突出的问题，《党的生活》突破传统约稿、组稿模式，通过与作者充分沟通，对报道线索重新采访，发掘亮点、深化内涵、重新组稿，力求内容鲜活。开设《党务新探》栏目，对涉及非公企业党建、村级治理、干部考核、干部监督等一些难点、热点问题，挖掘全省各地具有推广价值的创新做法进行报道。每篇报道提纲挈领提出难题所在，再回答各地的探索解决了什么问题，实践效果如何，最后再配上相关部门、专家的点评意见，指出探索创新的意义及需要努力的方向。自2006年江苏组织系统开展创新创优成果评比以来，每年评出的十大成果中，《党的生活》提前报道过的达90%以上。

重构话语体系，侧重典型宣传，饱含人文情怀。开设《支书故事》《党员轶事》《社区新鲜事》《党日活动》等栏目，注重挖掘基层一线党员群众的真实故事。《党的生活》曾报道援疆干部苏建明的先进事迹，文章跳出一般人物典型报道的常规做法，以一封写给逝去父亲的信的形式，娓娓道出事情的来龙去脉，对人物心理描写细致入微，故事情节真实感人。文章刊出后，新疆《党员之友》《援疆工作》《伊犁党建》先后转载。苏建明的事迹后来还被改编成戏剧在新疆巡演。

1987年全国党刊开始评好稿，当年该刊评出的好稿一等奖有《一个副市长的沦落》《亲友情与原则性》《铁人精神在他们身上的闪光》《冬天里的一把火》《淬火炉与人才库》《搞活流通应破无窗不好偏见》《老山石》《让良种在沃土中发芽（对话）》《不把附加社会主义的东西当“传统”》《浪花映现寸草心》。

三、《精品》

（一）发展概况

2004年1月，经新闻出版总署批准，江苏省哲学社会科学界联合会主管、主办的《健报》杂志更名为《精品》杂志，并改由新华日报报业集团主管、主办。

《精品》杂志社成立之初，下设办公室、新闻部、编辑部、广告发行部。2007 年 5 月后，杂志社办刊人员 9 人。截至 2008 年年底，《精品》杂志社拥有新闻高级职称 1 人、新闻中级职称 4 人、新闻初级职称 1 人。

（二）**新闻业务**

2004 年 3 月，《精品》杂志创刊之际，主要编辑出版《精品·健康导刊》（周刊），以“健康比财富更重要”作为办刊理念，帮助大众了解医疗资讯，掌握卫生保健知识，树立健康生活理念，追求健康生活方式。同时沟通医疗卫生部门和消费者之间的关系，当好卫生医药行政部门的参谋、助手，批评监督健康产业中的“不健康”行为，引导扩大健康消费需求，为推动中国健康产业健康发展提供全方位服务。

2006 年 12 月，《精品》杂志社出版的《精品·健康导刊》获卫生部精神文明活动委员会相约健康社区行“社会公益奖”。

2007 年 1 月，《精品·健康导刊》改版为《精品·健康》（月刊）出版。2008 年 1 月，《精品·健康》改版为《精品·健康生活》（半月刊）出版，办刊宗旨调整为以传播现代健康生活理念和方式为主旨，以“做最好的家庭健康生活顾问”为办刊理念，突破以往以求医问药为主要内容的思维局限，追求“以人为本”的“大健康”概念。内容栏目设置以提供最新、实用的医疗、健康服务资讯为“主餐”，为健康需求人群和医药商家提供最直接、最实在的沟通服务平台；同时，广涉现代家庭生活的方方面面，诸如情感婚姻、住房、教育、投资理财、时尚购物、艺术欣赏、休闲旅游、美食料理、健身美容等，为读者提供最贴近、最细致的家庭生活服务指南。

2008 年 10 月，《精品》杂志与江苏手机报合作出版《江苏手机报·健康版》，于每天上午 9 点左右利用移动发射平台，向订购《江苏手机报·健康版》的手机用户发送健康生活新闻和信息。

（三）**发行**

《精品》杂志社开办资金 30 万元，经过几年积累，资产规模不断扩大。

2007 年 5 月起，变“杂志经营”为“经营杂志”，确定“半定向、半市场”发行方针，一方面确保邮局发行稳步上升，并加大杂志社自办发行力度，在有效发行上下功夫；另一方面，强化与集团性大客户的策划性合作，强力撬动发行市场。与此同时，拿出较大的精力用于市场经营，使广告和活动策划成为重要的经济增长点。另外，还积极开拓新业务，合作出版《江苏手机报·健康版》，使其成为经济效益新增长点。

2007 年年底，扬子江药业集团与《精品》杂志社达成战略合作协议，成为《精品》杂志的联办单位，为杂志发行和市场经营提供雄厚的资金支持。至 2008 年年底，《精品·健康生活》杂志月发行量 4 万多份，经营总收入 160 多万元。

四、《培训》

（一）**发展概况**

《培训》杂志于 2005 年 6 月创刊，由《江苏物价》更名而来，月刊，新华日报报业集团主管、主办，国内统一刊号为 CN 32－1757/G4。

2008 年，《培训》杂志有 30 多人，设立编辑部、销售部、广告部、综合部、讲师合作部 5 个部门，年净利润达 53 万元。

（二）**新闻业务**

《培训》杂志以“关注企业培训与人才发展”为宗旨，立足“成就卓有成效的管理者”的使命，是致力于关注中国企业培训发展的实战期刊。

杂志核心读者为组织中的中高层管理人员、人力资源总监、培训总监、企业大学校长、学习与发展专员以及各类培训从业人士。杂志采编注重培训与人才发展的最新案例、实用方法的报道与分析，以及中国企业高素质人才培养与发展的方法和途径。

2005 年，杂志针对德鲁克管理思维进行系统介绍，对牛根生、唐骏、余世维、迈克尔·斯宾塞等热点人物进行报道。2006 年，杂志重点关注 e-Learning、教练技术、学习型组织等培训领域的新热点，同时邀请台湾国学教授曾仕强开设专栏，撰写“中国式管理”系列文章。

2007 年，杂志对企业大学、导师制等引起企业热议的话题进行深度报道，并专门为核心读者开设《高层必修 12 堂课》《中层研修 10 堂课》等栏目。2008 年，杂志邀请华南理工大学工商管理学院教授陈春花，就“微利时代的企业经营模式”进行连续报道，同时，为国内企业带来大量人才培养与发展的实战案例。

（三）**培训活动**

2005年，《培训》杂志举办第一届中国企业培训与发展年会，主题为“企业培训的组织与管理”。2006年，《培训》杂志举办第二届中国企业培训与发展年会，主题为“培训与发展，领导力，绩效管理”。2007年，《培训》杂志举办第三届中国企业培训与发展年会，主题为“组织与管理、优才战略、组织能力发展”。2008年，由《培训》杂志举办的中国企业培训与发展年会达到1 500人的参会规模，成为一年一度培训界盛会。

2005～2008年，《培训》杂志还举办“培训中国行”、培训产业论坛等一系列活动。2008年，“培训中国行”走出长三角，进入乌鲁木齐、西安、杭州、广州等全国省会城市。

五、《动漫界》

《动漫界》杂志于2005年创办，由《江苏统计》杂志更名而来，旬刊，新华日报报业集团主管、主办，国内统一刊号为CN 32－1756/J。该刊创办后，与外单位经历了一个短暂的合作办刊期。后处于休刊状态。

六、《车秀》

《车秀》杂志于2005年创办，由《江苏外事》杂志更名而来，新华日报报业集团主管、主办，国内统一刊号为CN 32－1829/C。《车秀》杂志为汽车行业信息、广告刊物，由新华日报社广告部编辑，不定期出版。

第三章　市县级党委机关报及报业集团

1978 年，改革开放之初，各地市党报陆续复刊。最早复刊的是《南京日报》(1978 年 1 月 1 日)。1996 年，随着国务院批准设立地级泰州市、宿迁市，江苏省 13 个省辖市党报全部复刊或者创刊。

2002～2008 年，《南京日报》《盐阜大众报》《苏州日报》《无锡日报》《徐州日报》先后组建报业传媒集团。

1980 年 3 月 10 日，县级党委机关报《宜兴报》最先复刊。此后，全省大多数县(市、区)都复刊或新办党委机关报。2003 年，根据治理党政部门报刊散滥的要求，江苏省原持有国内统一刊号的 29 种县(市、区)报中，保留《昆山日报》《海门日报》等 12 种，停办 17 种。

第一节 市级党委机关报及报业集团

1978年，江苏省辖地市级党报开始复刊。最早复刊的是《南京日报》。1978年1月1日，《南京日报》以《南京通讯》之名复刊，同年7月改名《南京报》，1979年7月1日恢复《南京日报》名称。

1983年3月10日，淮阴市委宣布恢复出版停刊达12年之久的《淮海报》，全省地市级党报全部复刊。

1996年，国务院批准设立地级泰州市、宿迁市。当年8月13日，原县级泰州市委机关报《泰州市报》闭刊，地级泰州市委机关报《泰州市报》正式试刊；9月20日，经新闻出版署批准，地级宿迁市委机关报《宿迁日报》正式试刊。至此，全省13个省辖市都有了自己的党报。

2002年12月17日，南京日报报业集团率先挂牌组建。此后，盐阜大众报报业集团、苏州日报报业集团、无锡日报报业集团陆续组建成立，2008年12月10日，江苏第五家报业集团——徐州报业传媒集团正式揭牌成立。

一、《南京日报》·南京日报报业集团

(一) 发展改革历程

1978年1月1日复刊，复刊时名《南京通讯》，为周二刊，四开4版。1978年7月2日～1979年6月30日，更名为《南京报》，为隔日刊，四开4版。1979年7月1日恢复《南京日报》原名，初为周六刊，后改成日报，仍为四开4版。1981年1月起，《南京日报》被列入全国七大城市市报之一，一起纳入国家计划供应。《南京日报》从1981年1月1日起，由周六刊改为周七刊。1982年1月开始，逢周六出一期增刊，四开4版。1985年10月23日，《南京日报》成为中共南京市委机关报。

1986年1月1日，《南京日报》改版，版面设置形成都市大报雏形。1991年，《南京日报》倡议，并于1992年承办全国计划单列市党报总编辑首届联席会议暨头条新闻竞赛总评会。由此，全国计划单列市(后改为14城市)党报总编辑联席会形成制度，每年召开一次，与好新闻竞赛总评同时举行，由各报轮流举办。1994年3月，南京日报社经市委主要领导批示，在市区各主要繁华街道、居委会门口及居民住宅区，设置100个正规的铝合金玻璃橱窗式阅报栏，每天由报社派专人张贴当日《南京日报》《金陵晚报》和《周末》。1998年，《南京日报》采编中心投入使用。

1999年下半年，《南京日报》进行新一轮改版。2000年推出21世纪特刊，共116版，全方位反映百年来南京发生的巨变，创下了全省大报日出版版面数、彩版数、文字图片数等多个之“最”。

2002年12月17日，经新闻出版总署批准，南京日报报业集团挂牌组建。2007年5月，《现代家庭报》划归集团。此时，南京日报报业集团拥有十报一刊三网站，即《南京日报》《金陵晚报》《周末》《大众证券报》《东方卫报》《江苏商报》《现代家庭报》《家教周报》《都市文化报》《南京手机报》《金陵瞭望》杂志和龙虎网、南京报业网、中国家教网。2008年，集团出台《2008～2010年发展规划纲要》，对未来三年发展方向做出规划。

(二) 组织机构与人才队伍

1978年，《南京日报》恢复初期，编辑部设1室4组。1979年恢复《南京日报》原名时，扩大为1室7组。1986年1月，《南京日报》设置13个处室。1992年5月26日，报社内设机构调整，将人事保卫工作从总编办公室划出，单独建立人事处；政法文教处分设为政法处和文教处；增设电脑新闻处，主要负责鼓楼广场电脑屏的新闻编发和经济信息的组织工作。另有总编办公室、经济处、社会生活处、评论处、文艺处、群工处、《周末》编辑处、新闻研究室、经理部等。内设机构由原来的11个增加到14个。1993年，经报社编委会研究决定，将内设机构由处改为部，报社共设18个部室。1998年年底，《南京日报》设19个部室和1个单位，为编委办、人事处、机关党委和工会、编辑出版部、经济部、政教部、文体部、社会新闻部、评论部、副刊部、电脑新闻部、新闻研究室、广告部、发行部、财务部、行政部、印刷厂、新闻开发公司、《周末》编辑部和金陵晚报社。

2002年12月，南京日报报业集团组建后，实行党委领导下的社委会负责制。集团党委会为集团最高决策机构，全面领导集团工作，掌握对重大事

项决策权、对资产配置控制权、对新闻宣传审核权、对主要干部任免权。社委会下设编辑出版委员会和经营管理委员会。党委书记兼任社长。南京日报报业集团公司由市政府授权经营集团所有的国有资产，对公司所属企业国有资产享有包括资产重组、投资收益、选派产权代表等一系列产权主体权利。公司设董事会，董事长由社长担任。

集团编辑出版委员会对整个集团新闻出版工作负责，是报业集团采编指挥中心，统筹集团各报刊社、网站的采编业务工作。总编辑由集团党委副书记兼任，部分子报子刊的主要负责人担任集团编委会委员。集团经营管理委员会对整个集团的生产经营负责。总经理由副社长兼任。部分经营实体主要负责人担任经管会委员。集团党委会、社委会设直属机构有党委办公室、社委办公室（合署）、政治部、计财部、研究室。集团编委会设编委办，集团经管会设经管办，处理日常事务。

1979 年 7 月，报社实行企业核算，企业编制 70 人。《南京日报》最早一批编辑、记者大多是从《新华日报》等新闻单位调转过来的。《南京日报》复刊后，又从全市企事业单位调来一批人员补充到编辑、记者岗位。自 1980 年 1 月 1 日起，编辑部对完成任务好的工作人员实行按月评奖。

1984 年 4 月 28 日，《南京日报》面向社会公开招聘编辑、记者。1985 年，报社又进行第二次公开招聘活动。

1985 年 3 月，南京日报社业余新闻学校经南京市第二教育局批准创办。学校由报社群工处具体负责。在办学形式上，采取同各区县委宣传部轮流联办，每期间隔半年，坚持业余学习为主，利用晚间授课。课程设置参照大学新闻系专科课程。师资配备上，聘约总编辑和骨干编辑、记者以及其他新闻单位老报人授课。开办业余新闻学校，造就了报社通讯员队伍更新换代的梯队结构。至 1998 年，共开办 20 期，培养 2 000 多名学员。

1992 年，《南京日报》成为南京市首批 20 家事业单位实行劳动人事、工资分配、社会保险三项制度综合改革的试点单位之一。1993 年，报社开始实施干部人事和分配“三项制度综合改革”，在新闻单位率先实行“内部职称评聘”，一大批因学历不能满足职称评定的中青年骨干，被评聘为中级和副高级职称。

1994 年，《南京日报》派年轻记者到《经济日报》《文汇报》和《新华日报》进修，一个季度轮换一次。安排记者到基层锻炼，带着题目沉下去搞调查研究。1998 年、1999 年，《南京日报》通过两次竞争上岗，聘用 98 名中层干部，其中 20 多人被提拔使用。1998 年，报社中层干部实行竞争上岗，员工则实行“双向选择”。当年有 13 人待岗，5 位中层干部试聘，其中 1 人因不胜任工作被提前解聘。

2007 年 7 月 26 日，《南京日报报业集团关于深化干部人事和分配制度改革的实施意见》出台，还相继出台集团《员工管理试行办法》《劳动合同管理实施意见》等。

至 2008 年，报社共有职工 764 人，其中采编人员 373 人。有研究生 29 人，本科 357 人，大专 245 人。

（三）新闻业务

1. 办报宗旨与编辑方针

1978 年 1 月 1 日复刊时，《南京通讯》的任务是：宣传马列主义、毛泽东思想，宣传党中央的指示和战略部署，围绕市委各个时期的中心工作，报道各条战线贯彻执行毛主席革命路线、方针、政策，抓纲治国，大干快上的新成就和新经验，及时反映干部、群众的意见和要求，从而发挥“组织、鼓舞、激励、批判、推动”作用。

更名《南京报》后，宣传报道的方针是：完整地、准确地宣传马列主义、毛泽东思想，宣传党的路线、方针、政策，宣传社会主义革命和建设的新成就、新经验、新人新事与科学文化知识，反映群众的愿望和要求，为实现新时期的总任务作贡献。

1979 年 7 月 1 日恢复《南京日报》后，继续贯彻《南京日报》是“市委的喉舌，群众的代言人，三大斗争的工具，科学文化的传播者”的办报方针，继续坚持小报小办，保持文章短小、版面活泼、报道面广的特点。

1986 年 1 月 1 日，《南京日报》改版，版面设置形成都市大报雏形。这次改版紧密配合市委、市政府的中心工作，在宣传党的路线、方针和政策，推动经济改革，促进两个文明建设中下功夫，努力当好党、政府和人民的喉舌。在加强指导性的同时努力提高可读性，采用群众喜闻乐见的形式。

1996 年 12 月 1 日始，《南京日报》增出对开 4 版双休特刊。双休特刊以独特的眼光发现和挖掘群众普遍关心的社会新闻，以满腔热情传递南京人的生活需求和情感需求。1997年年初，《南京日报》通过改版，进一步体现办报宗旨，力争把《南京日报》办成与南京城市地位相适应的、党和人民都满意的一流省会城市党报。

进入21世纪，《南京日报》新闻宣传坚持正确舆论导向，舆论引导水平进一步提高；坚持“三贴近”，服务读者水平进一步提高；坚持从严管理，新闻自律能力进一步提高。

2007年5月15日，以“责任铸就形象”为理念的新版《南京日报》面世。总编辑卜宇在撰写的《增强责任意识 提升报刊水平》的文章中，提出“用‘责任’塑造南京第一主流媒体品牌形象”的鲜明观点。

2. 新闻改革改版

1979年7月1日恢复《南京日报》原名后，以南京地方新闻为主，电讯及《祖国各地》《国际知识》《报刊摘登》等各地消息约占22%。电讯重要消息摘登放在一版，一般消息选择对全市有借鉴的刊用。1980年以后，《南京日报》广泛开辟多种群众喜闻乐见的专栏，如《读者来信》《花与刺》两个以批评为主的栏目。

1986年1月1日《南京日报》改为大报后，各版内容均为“一主多副”，既加强针对性，又提倡新鲜性，根据各自不同的宣传报道内容，形成独特的版面风格。同年，报社组建社会新闻组，关注社会新闻的改革。

自1994年1月起，《南京日报》每周二、四、六由对开4版扩为对开8版，并撤销原周三的扩大版。1995年5月1日起，《南京日报》扩版后，增加1个《文教卫体》版，增设3个专刊版。同年12月1日，再度改版。1996年12月1日始，增出对开4版双休特刊。

2007年6月11日，《南京日报》向集团提交《关于发展数字报业的情况汇报》：面对新媒体的挑战，强力推进数字报业建设，实现传统媒体与新兴媒体的融合，是增强报业核心竞争力的重要途径和有效手段。在此前提下，《南京日报》以春季改版为契机，在构建和发展数字报业方面进行有益探索和实践。

3. 宣传报道

1979年，安徽等地提出保护生产队的自主权，但因长期受“左”的思想束缚，南京市一些农村干部对此疑虑重重。1980年，《南京日报》在一版刊登《一个生产队长的苦恼》一文，并就江浦县这位队长在推行包产到户责任制过程中所遇到的阻力展开讨论。

1980年，《南京日报》刊登《马大富真的富起来了》报道，介绍主人公发展多种经营致富的经验，推动农村经营发展，《人民日报》《中国农民报》先后转载。同年，《这家亲属的眼光和胸襟》《全国药交会开幕式成了“闭幕式”》获中国新闻奖。

1986年6月4日，《南京日报》发表的消息《发生在下关区工商局的咄咄怪事 严重官僚主义导致惊人浪费》，是新闻发挥舆论监督作用的一例。该消息获得省好新闻一等奖、全国好新闻三等奖。

1988年4月，《南京日报》发表反映乘客时光在公共汽车上冒死勇斗歹徒的消息《打死我也要管这“闲事”》，以及反映时光平日高尚思想境界的通讯《热血时光》，是一曲饱含激情的正气歌。《热血时光》获江苏省好新闻一等奖。

1990年7月24日，通讯《“雪碧”的震荡》获全国改革好新闻鼓励奖。

1990年10月起，社会新闻组记者策划“乡镇风情录”采访活动，先后有10多位记者骑着自行车走村串乡，采写一大批反映农村改革和农民新生活的稿件，如《田家村的黄梅调》《摔掉“穷帽”的九塘村》《老山脚下烧炭村》《竹镇老兵新传》《民歌王李云龙》《粒粒鞭炮皆辛苦》《渔村行》等四五十篇。

1991年抗洪救灾中，《南京日报》从6月14日至7月8日共发稿185条，其中头版92条。在报道中，注重消息、特写、通讯、图片并重，还配以有关防汛知识的介绍。1992年11月20日，“首届全国计划单列市党报头条新闻赛”评选揭晓，记者陈正的新闻作品《“功臣楼”的风波》获一等奖。1993年11月，全国14城市党报经济要闻竞赛评奖揭晓，记者丁辉宇采写、程瑞生编辑的消息《中央大厦工程盖章竟逾千枚》，记者陆蔚东采写的通讯《“小”租“大”的冲击波》获一等奖。1994年，《南京日报》在华东六省一市报纸编校质量评比和江苏省报纸质量评比中均获一等奖。

在1992年“7·31”南京空难、1993年“12·20”南京炼油厂万吨储油罐爆燃、1998年抗洪救灾以及2002年“3·14”汤山食物中毒事件、2003年抗击

“非典”等报道中，各报记者克服困难，勇敢地冲在最前线，及时发回报道，受到读者广泛好评。

2001年，“见义勇为英雄”周光裕英勇献身后，报社刊发文字见报稿40多篇、照片10多幅，同时组织宣传平凡岗位上的先进人物事迹，如乡村教师杨瑞清、扶助残疾人的邵建波、农家女陈小凤等。

2001年，全国报纸副刊研究会第二届会员代表大会，记者秦德成的论文《在主动适应中寻求拓展——新世纪报纸副刊面临的挑战及对策》获一等奖。同年10月23日，全国城市报纸群工会议，《南京日报》送评的6篇舆论监督新闻，分获一、二、三等奖。其中，记者王彩云采写的《不着边际的弯弯绕太多——电话查询火车时刻记》获一等奖。10月30日，全国《崇尚科学、清除邪教漫画展》开展，记者蒋维才创作的《找不到天国了》漫画作品获金奖。

2002年7月，记者李忠武等人采写的作品《感动千万人的平凡》在第十二届中国新闻奖(2001年度)评选中获通讯三等奖；记者樊小世采写的《皮尔·卡丹当场揭假》在“中国城市党报研究会2001年度新闻评选”中获消息类一等奖。2002年9月16日，记者田涛、刘宇庆撰写的论文《走资源大配置之路》在“中国报业协会城市党报分会第七届新闻论文评选”中获一等奖。

2004年3月，《南京日报》围绕曾在电影《冰山上的来客》中饰演“古兰丹姆”的阿依夏木，迫于生活压力来到南京打工的系列独家报道，在宁举办“《冰山上的来客》主创人员与读者面对面”的大型联谊活动，推动主旋律艺术创作，加深艺术家与读者的交流。2004年9月，《南京日报》举办“黄一鹤张明敏20年后聚首南京”大型读者见面会，再次唱响《我的中国心》。

2006年12月，记者梁平采写的《我市启动“守望工程”——“留守儿童”将得到社区援助》，获共青团中央颁发的年度好新闻奖。2007年5月15日，以“责任铸就形象”为理念的新版《南京日报》面世。2007年，通讯《烈火中写就警察忠诚》获第十八届江苏新闻奖。2008年，申赋渔采写、杨静编辑的《回到荒原》获中国新闻奖三等奖。

2008年5月27日，《南京日报》对“5.12汶川特大地震”抗震救灾报道进行阶段性总结。据统计，从13日到27日，《南京日报》关于抗震救灾的报道共刊出54版，1 000余篇稿件，图片200余幅。

(四)广告　发行　印刷

1. 广告

《南京日报》1979年9月开始经营广告业务时，并无专门机构，仅在报社印刷厂指定一人附带承接，一年广告收入不过几万元。1980年下半年，设广告发行组，工作人员3名，兼管报纸发行工作，广告内容大多是小面积的商业和挂失之类。1985年，广告收入73万元，1986年上升至117万元，1995年近4 000万元。1999年，《南京日报》广告经营收入首次突破4 800万元，利润1 742万元，较上年增长31.5%。

2. 发行

《南京日报》在1978年复刊时发行量约1.8万份。1985年年底，发行25万多份。自1989年1月1日起，实行自办发行，并组建发行部。

1995年以后，报社发行部在全市15个区县先后建立发行站，有480余名投递人员和12台送报车辆。另在全市开辟8条发行路线，170余个发行网点，发行网络覆盖全市城乡各个角落。此外，在句容、仪征胥浦等地亦有发行点。

1998年8月底开始，《南京日报》创建南京第一家报刊发行专业公司——南京报兴达报刊发行公司。公司内设三科一室及一个报刊零售分公司，并在南京市六城四郊设立9个分公司。公司招聘发行管理人员、投递人员共300余人，另招聘季节发行员数百名。县城的投递、发行工作委托各县邮局代理。与此同时，从南京市邮局收回《金陵晚报》发行权，统一归公司发行，形成以自办发行为主，多渠道发行的新格局。

3. 印刷

复刊后，报社陆续增添10多台设备，其中轮转机5台，铸字机12台，胶印机1台，另有浇版机、压板机、对开机等4台。1991年4月，《南京日报》投资近700万元，购置由电脑激光照排系统、照相制版系统和胶印轮转机组成的全套设备。1995年，报社投资1 400万元引进德国产尤尼赛特印报机，继而又购进扫描仪和日本产照排机，日印刷量达80万对开张。2003年9月5日，印务中心落成典礼暨引进德国曼罗兰公司设备现场观摩演示会在新址海福巷90－1号召开。

二、《无锡日报》· 无锡日报报业集团

(一) 发展改革历程

1979年1月1日,《无锡报》复刊。1981年起,恢复原名《无锡日报》,国内统一刊号为CN 32-0011。1984年创办《无锡信息报》,1988年创办《江南旅游报》。1993年,《无锡日报》创办省内首家地市级晚报《江南晚报》,1999年开办网站,2002年创办《江南保健报》,2001年成建制接收原《锡山日报》《郊区报》。2003年11月28日,无锡日报报业集团组建成立,《江阴日报》《宜兴日报》加盟。

(二) 组织机构与人才队伍

1980年5月,恢复无锡日报社建制,成立党组,设立编辑委员会。1981年建立编辑部,1983年建立经理部。1984年7月,撤销党组,改为编辑委员会,原负责新闻业务的编委会撤销,实行编委会领导下的总编辑负责制。1985年,《无锡日报》编委会下设编辑部、经理部、华东信息报。此后,编辑部、经理部所属部门有所扩展、调整、更名,陆续创办的三家子报及一刊一网一社均由《无锡日报》主管、主办。

2003年11月,无锡日报报业集团成立,实行党委领导下的社长、总编辑、总经理负责制。下设新闻采编委员会和经营管理委员会以及办公室、政治部、计划财务部等职能部室。

2008年,建立无锡日报报业集团理事会、无锡报业发展有限公司及董事会与监事会。无锡日报报业集团实施机构分设,构建一体两翼管理新格局。一体为党委统一领导,两翼为新闻编辑委员会、报业发展有限公司。新闻编辑委员会下辖《无锡日报》《江南晚报》《无锡商报》《华东旅游报》《江南保健报》《江阴日报》《宜兴日报》《城市党报研究》杂志、无锡新传媒网;下设编委办(新闻研究所)。报业发展有限公司下辖广告、发行、印务、纸张4家分公司和凤凰文化发展公司、大洋文化传播公司、新传媒网络咨询公司。集团管理层内设党政办、组织人事处、党群工作部、纪检监察室、计财处、经管办以及后勤保障部(含保卫、技术、物业管理)。

1979年1月开始的《无锡报》时期,报社人员由6人逐步增至18人。1980年恢复无锡日报社建制时,编辑部定员52人。1981年,无锡日报社党组打破惯例,面向社会公开招聘记者、编辑。1983年、1984年又进行社会招聘,初步实现采编队伍年轻化和梯次结构。

《无锡日报》1987年首次实行职称改革,新闻系列共评聘副高级人员18人、中级30人、初级51人。会计、经济、工程、档案、医务职称评聘同时进行。1993年开始评聘政工专业职称,1996年开始评聘美术专业职称,1995年开始工人技术等级岗位培训考评。

至2008年年底,无锡日报报业集团职工总数791人。其中高中及以下275人,专科226人,本科277人,研究生13人。职称结构为:新闻系列初级107人,中级124人,副高级30人,正高级3人;经济(工程)系列初级22人,中级25人,高级2人;会计师系列初级25人,中级6人,高级2人;政工师系列初级5人,中级11人,高级7人;工艺美术师等其他系列中高级16人。

(三) 新闻业务

1. 办报宗旨与编辑方针

1981年,《无锡日报》恢复出版,明确"要成为党和人民的喉舌,全市消息的汇总,社会舆论的向导,以活跃思想、发扬民主、促进改革、推动四化"的办报方针。1985年,改为对开大报时强调:"《无锡日报》是党、政府和人民的喉舌,要围绕四化建设并服务于这个中心,及时、准确、生动地宣传党的路线、方针、政策",体现为"加强党性,突出中心;城乡一体,地方特色;增重加深,抓好评论;短多快新,消息总汇;面向群众,丰富多彩"的办报路径。2003年,《无锡日报》明确总体新目标:坚持"大报品位、大众口味"办报理念,唱响主旋律,打好主动仗,充分发挥综合性主流媒体的优势和功能。2005年,在新一轮改版中细化工作重点:"坚持正确导向、优化办报质量、整合新闻资源、拓展发展空间",强调品牌意识、整合意识、互动意识、责任主体意识,在丰富信息内容和增强视觉吸引力上下功夫,以进一步增强报纸的新闻性、权威性、可读性。2008年,《无锡日报》进一步强化党报姓"党"与"三贴近"的办报理念,提炼"权威、高度、贴近、服务"八字方针。

2. 新闻改革改版

1979年恢复出版的《无锡报》,四开4版,周三刊。1981年,启用《无锡日报》报名时为四开4版,一版要闻版,二版综合新闻版,三版副刊,四版时事

版。1983 年 5 月 7 日,《无锡日报》与无锡团市委联合创办《周末青年》。1984 年 11 月 2 日,创办《无锡信息报》,为全国地市党报中首家创办的子报,此后先后更名为《华东信息报》《华东信息日报》《无锡商报》。

1985 年 1 月 1 日,《无锡日报》在全省地市党报中率先改出对开大报,至 1999 年扩为每周 5 天 8 版,2 天 12 版。1988 年 3 月 22 日,创办《江南旅游报》,1991 年更名为《华东旅游报》。1993 年 1 月 1 日,创办《江南晚报》,为全省第一家地市级晚报。1993 年 7 月 21 日起,《无锡日报》出版《乡镇企业》周刊,为期 5 年多,共刊出 231 期。出刊百期时汇集精品,由中国农业出版社出版《XQ 案卷》一书。1999 年 6 月 22 日,《无锡日报》互联网站暨电子版网上发布。2001 年 1 月 1 日,"无锡新闻网"更名为"无锡新传媒"。2002 年 1 月 1 日,创办《江南保健报》。

2003 年,《无锡日报》版面设置改进为 ABC 三叠,以适应多方面的读者需求。2004 年,《无锡日报》派遣记者远赴雅典奥运会,开始境外自主采访。2005 年 8 月,"无锡新传媒"与新华网合作建成新华网无锡频道,至年底点击量突破 1 亿人次;翌年与中国联通联手推出"无锡手机报"。2006 年,《无锡日报》扩大社会新闻版,突出党报民生新闻强势。2008 年,《无锡日报》确立突发事件报道机制、重大新闻"1+N"组合报道形式。为顺应网络时代互动需求,增设《报网编读》版以更新读者来信版。

3. 宣传报道

1984 年《中共中央关于经济体制改革的决定》公布,以城市为重点的经济体制改革开局。《无锡日报》抓准无锡无线电厂这一典型,推出"实行厂长(经理)负责制,给企业带来新活力"报道。无锡市委通知要求各企业学习该厂"梅花道路"改革经验,推进自身改革。

改革开放促使无锡农村面貌巨变,闻名全国的"苏南模式"闯出发展新路。《无锡日报》有关宣传报道形成特色,持续出彩。1983 年反映无锡乡镇企业加强管理、争创名牌产品的报道,1984 年关于堰桥乡"一包三改"经验的报道,1986 年反映江阴乡镇企业规模化、集约化经营的报道,以及持续到 20 世纪 90 年代对江阴阳光集团、锡山红豆集团、宜兴远东集团等新型乡企的重点报道,尤其是江阴华西村和带头人吴仁宝的典型报道,在全省乃至全国产生较大影响。

1992 年春,邓小平视察南方谈话催发改革开放新潮。1995 年,无锡市总结宣传华西村和小天鹅洗衣机厂两大典型,《无锡日报》组织报道,推进全局的改革发展。1998 年是改革开放 20 周年,《无锡日报》的"辉煌二十年"专栏报道全市各条战线业绩,组织"全国百家报社老总看无锡"采访活动,向全国宣传无锡,产生较大影响。

进入 21 世纪以来,《无锡日报》历年的典型报道有:

2001 年,"十五计划"实施;庆祝建党 80 周年;"9·11"事件;中国加入世界贸易组织;无锡的特大城市建设;改革开放颂——沿海开放城市巡礼;解放思想,创新发展——新世纪无锡形象大讨论。

2002 年,学习贯彻十六大精神;"奋力促'双增'开创新局面"专栏;"无锡思想解放十年轨迹"系列报道。

2003 年,无锡争创全省"两个率先"先导区、示范区;首届中国无锡太湖博览会;抗击"非典"。

2004 年,"弘扬城市精神,推进两个率先"专栏;城市精神表述用语讨论征集活动和"尚德务实,和谐奋进"无锡城市精神。

2005 年,"以创新为动力,建设和谐宜人新无锡"专栏;华西村、一汽锡柴、尚德光伏先进典型报道;围绕全面小康 18 项指标,连续 18 天整版报道无锡的实践与业绩。

2006 年,"展望'十一五',再创新辉煌"一把手系列访谈;海力士项目、法尔胜科技创新典型报道。

2007 年,学习贯彻十七大精神;企业创新创业;创建国家历史文化名城;应对太湖供水危机,"铁腕治污、科学治太"专栏;策划组织"行霞客路,沐奥运风"大型采访活动。

2008 年,"无锡还少什么"与"环保优先、共建生态"大讨论;"扩大内需保增长、优化转型促发展"专栏;汶川特大地震;北京奥运会;"跟潘多重走神奇天路"采访活动;纪念改革开放 30 周年。

在全省乃至全国产生影响的重要报道有:

1982 年 11 月 30 日,《无锡日报》评论《"渺茫"与"渺小"》一文得到在无锡视察的中央政治局委员、书记处书记胡乔木的赞赏,亲撰编者按推荐给《人民日报》。《人民日报》于 12 月 13 日全文转载。

1983年4月11日,《无锡日报》报道发生在无锡东门的“陨冰”事件,引起国内专家普遍关注。次日,新华社播发了这一消息。

1984年4月13日起,《无锡日报》刊发关于无锡县堰桥乡首创“一包三改”经验的系列报道共17篇。这一经验被江苏省委在全省推广,闻名全国,标志着农村经济改革的又一次突破。《人民日报》、中央电台等全国20多家媒体发表百余篇报道。

1985年10月15日,《无锡日报》刊发独家新闻《寻找理想——著名作家巴金给钱桥小学十位少先队员亲笔回信谈寻找理想的问题》,并进行连续报道,引起《人民日报》以及沪宁等地报刊关注。

2000年7月21日,新华社播发由新华社与《无锡日报》记者共同采写的通讯《以生命传播文明——记援藏干部任国庆》。

2007年春夏之交,无锡太湖水域蓝藻暴发引发供水危机,影响巨大,无锡日报报业集团积极应对这一突发大事的报道,于第一线发挥本地主流媒体的舆论引领作用。

至2008年,《无锡日报》及集团所属《江阴日报》等四次获中国新闻奖;《无锡日报》三次获江苏新闻奖,采编人才七次获戈公振新闻奖(含两次提名奖)。

(四) 广告 发行 印刷

《无锡日报》自1982年实行事业单位企业化管理后,办报经营自收自支,创收能力与资产规模不断拓展,进入20世纪90年代后加快增长。到2008年度,集团所属七报一刊一网一社、报业发展公司及经营企业等总资产近7.8亿元,总营业收入达3.86亿元。

1. 广告

《无锡日报》1985年成立广告部。1992年,报社广告营业收入在全国地市报中率先突破千万元,2003年率先超亿元。

2003年,无锡日报报业集团成立后,广告经营加强创新力度。2004年,《无锡日报》与《沈阳日报》《大连日报》《宁波日报》《厦门日报》组建“中国·日报广告五强联盟”,拓展广告运作平台。

2005年,无锡日报报业集团成立广告中心,将《无锡日报》《江南晚报》两家主力报广告整合资源,提升绩效。在“2007~2008中国报刊广告投放价值百强榜”上,《无锡日报》跻身“日报十强”。

2008年,集团筹建广告分公司,组建多个事业部,变分报经营为分行业统一经营,转换运作机制,拓展多元业务,打造现代广告传媒企业。

2008年,广告总收入达2.85亿元。

2. 发行

《无锡日报》1986年10月成立发行部,1987年起自办发行,1988年起组建发行车队,形成运输网络,报纸及时送达、上门收订。《无锡日报》1989年被评为“全国发行管理优秀单位”,1992年发行量突破10万份。

2004年,集团报刊亭进入报刊零售市场。2005年,集团成立发行中心,组建拥有350多名员工、日均发行20多万份报纸的专业化发行队伍,发行业务扩展到集团所属的城区五报。从2005年至2007年,发行中心三次获“全国自办发行先进集体”称号。

2008年,报纸总日均发行量近42万份。

3. 印刷

《无锡日报》印刷厂创办于1958年,1989年在扬名乡建成新厂,安装2台双色轮转胶印机。同年8月1日,《无锡日报》创刊40周年时印出第一张胶印《无锡日报》。1991年,报社电脑激光照排系统投入使用。《无锡日报》从1993年3月19日第一张彩报诞生,到1998年起天天印刷彩报。2000年,报社印刷厂在无锡新区选址新建,规模大增。

2005年,集团成立印务中心,原华东信息日报社印刷厂并入成为分部。2006年,集团购置从欧洲进口的全国第一台全开CTP(电脑直接制版),实现印前技术的升级换代。2008年,集团筹建印务分公司,承印报纸主要有集团城区五报,代印《扬子晚报》《解放日报》《新民晚报》。

三、《徐州日报》·徐州报业传媒集团

(一) 发展改革历程

1979年5月1日,《徐州报》恢复出版。1983年3月1日,徐州地、市合并,实行市管县新体制。当天,《徐州报》改为《徐州日报》,周六刊,延用《徐州报》期号,国内统一刊号为CN 32-0051。

1985年2月1日,由徐州日报社负责编辑出版的《经济新闻报》创刊,每逢周五出版,四开6版,面向苏鲁豫皖接壤地区发行。

1988年7月1日,《徐州日报》重新启用郭沫若题写的报头。1992年1月1日,激光照排胶版印刷的《徐州日报》与读者见面。1993年1月1日,报头改成印刷体。

1993年8月28日,《徐州日报》印出第一张彩色报纸。1994年1月,由徐州市社科联与徐州日报社联合主办的社科文化刊物《淮海文汇》出版发行。1994年1月1日,《彭城晚报》创刊。

2001年1月1日,"徐州日报新闻网"开通(2003年6月18日更名为"中国徐州网")。2001年5月8日,由《经济新闻报》改刊的《都市晨报》创刊,四开16版,周七刊,属综合性市民生活类报纸。

2003年1月1日起,《徐州日报》《彭城晚报》《都市晨报》全面扩版增容,徐州日报社印务中心在金山桥经济技术开发区投产运营。

2006年12月18日,由徐州日报社和江苏移动徐州分公司联合打造的《徐州手机报》开通,于每天早上8:30对订制用户进行及时传讯和更新。

2008年12月10日,徐州报业传媒集团(徐州日报社)揭牌成立,形成以《徐州日报》为龙头,《彭城晚报》《都市晨报》为两翼,中国徐州网和《都市圈》杂志等为对外窗口,手机报、数字报为新媒体的传媒新格局。

(二)组织机构与人才队伍

1979年5月报纸复刊至2008年12月,徐州日报社实行总编辑负责制。1980年3月7日,市委批准成立徐州报社编辑委员会。1980年6月,市委批复设立报社党组。1983年8月,报社党组改为报社党委,党委书记由总编辑担任,实行党委领导下的总编辑负责制。

2007年12月29日,报社党委决定实施社、报分离新体制,把《徐州日报》与报社管理部门分离开来,实行独立核算,使《徐州日报》成为目标考核主体。为此,成立《徐州日报》管理委员会,负责《徐州日报》的编辑出版、发行和广告经营工作。另设《彭城晚报》《都市晨报》管委会。

徐州报业传媒集团(徐州日报社)成立后,徐州日报社党委更名为徐州报业传媒集团(徐州日报社)党委,社长担任党委书记。

报社领导干部实行市委任命制,中层干部由任命制到聘任制,一般干部由调配制到竞争上岗、双向选择制,报社职工全面实行事业单位人员聘用制度,报社招聘人员和临时用工统一实行合同制管理。

截至2008年12月,报社在册正式员工578人,其中在岗员工338人,退养、内退、不在岗112人,离退休128人;另有聘用员工287人。至2008年,报社先后有13人被评为主任编辑(副高级职称),51人被评为编辑(中级职称);有14人被评为主任记者(副高级职称),48人被评为记者(中级职称);与此同时,报社内聘高级编辑5人(正高级职称),主任编辑8人,编辑9人。报社内聘高级记者1人,主任记者12人,记者7人。

(三)新闻业务

1. 办报宗旨与编辑方针

1979~1985年,《徐州日报》紧紧围绕党的十一届三中全会制定的路线、方针和政策以及经济体制改革的重大主题开展宣传报道工作,并将坚持"四项基本原则"的宣传放在突出地位。

进入20世纪90年代,中国的改革开放和社会主义现代化建设进入新的历史时期,建设和完善社会主义市场体系的伟大工程全面启动。徐州日报社所属各媒体根据各自定位,开展了各具特色的宣传报道。

21世纪,中国进入全面建设小康社会、加快推进社会主义现代化建设的新阶段。2000~2007年,徐州日报社所属媒体坚持与时俱进,开拓创新,努力践行贴近实际、贴近生活、贴近群众的"三贴近"报道思想,在经济、民生、先进典型、精神文明等诸多方面,做了大量宣传报道。

2008年10月28日,《徐州日报》提出"贴近铸就主流"的口号,定位为"淮海经济区最具权威性最有影响力的新型城市党报,整合型政经大报"。在强调更民生、更贴近、更权威、更主流的前提下,进一步细分读者市场,彰显版面特色,用高度影响社会,靠深度参与生活。

2. 新闻改革改版

1979年5月1日,《徐州报》恢复出版时为周报,四开4版,周三出版。1979年7月1日~1980年12月底,为周二刊,每周三、六出版。1981年1~12月底为周三刊。1982年1月1日~1983年2月底为周六刊。

1983年改为《徐州日报》后,增加了农村方面的内容,使报纸成为沟通城乡联系的桥梁和纽带。1985年1月起,由周六刊改为周七刊,即增加一期农村版，周一刊出，四开4版。1988年7月1日，版面内容重新调整。1989年10月，创办《徐州日报·周末版》，一周一期。从1990年1月1日起，由周七刊改为周八刊，其中有一张为面向农村的《徐州日报·农村版》。

1993年1月1日，《徐州日报》由四开改为对开大报。1997年5月2日起，刊出《徐州日报·周末特刊》，周五出刊。1999年7月7日，《徐州日报·经济周刊》创刊，对开4版，周三出刊。2000年4月初，由每周三、五各8个版增至每周一、三、五各8个版，形成每周四天对开4个版、三天对开8个版的格局。《周末特刊》《经济周刊》停刊。

2002年1月1日起，《徐州日报》改版、扩容，每周一、六、日为对开4版，周二、三、五为对开8版，取消AB版，实行一至八版制；同时推出《徐州日报·徐州警方》新闻周刊，周四出版，对开4版。

2003年10月1日起，《徐州日报》出版印刷彩报。11月5日，《徐州日报·财经周刊》与读者见面。至此，《徐州日报》每周一至周五实现对开12版彩色大报的格局。2005年11月16日，版面重新调整。原《今周刊》更名为《周刊》，从周一至周五分别为《教育周刊》《健康周刊》《警方周刊》《房地产周刊》《财富周刊》。

2008年10月28日，《徐州日报》实施全新改版，由对开8版扩至对开12版，由单面彩报变成全彩报，并采用国际流行的“瘦身”版型。

3. 宣传报道

1979年5月16日～6月27日，陆续刊发6篇《坚持四项基本原则 实现中国式现代化》讲话材料；发表“思想评论”——《坚持四项原则 继续解放思想》等。1979年8月、9月、10月三个月，连续刊发《中共徐州市委发出通知——继续开展真理标准问题的讨论》《十分必要的一课》《实践是检验真理的唯一标准》等。1982年，宣传报道内容主要有精神文明及先进典型的报道；前四个月，《徐州报》刊登先进人物和先进集体及学先进、赶先进的报道200余篇。

1983年是徐州实行市管县新体制的头一年。从3月2日至3月20日，在二版连续推出6个专版，反映党的十一届三中全会以来六县发生的巨大变化。1984年，国家出台的经济改革政策措施较多，如年初《中共中央关于一九八四年农村工作的通知》即“一号文件”，10月20日《中共中央关于经济体制改革的决定》等，这些都成为《徐州日报》着重关注和报道的内容。

1986年，加强部门和地区间的横向联合是年度经济工作的重点。从6月开始到年底，《徐州日报》较多关注跨地区横向联合的进展情况。其间，在一版头条刊登的关于横向联合的报道有10多篇。1987年，经济报道较为突出，一是增收节支，二是深化企业内部改革，三是扭亏增盈。

1988年，突出宣传“双拥城”建设和淮海战役胜利40周年，12月1日，《徐州日报》一版采用套红印刷，头条是社论《以淮海决战精神建设徐州——庆祝徐州解放40周年》，四版为画刊，刊登7幅记录徐州解放场景的照片。此后，回顾和纪念性报道陆续刊发。11月6日至次年1月底，一版重点推出《血染淮海四十年——淮海战役纪行》系列报道，先后刊登报道30余篇。《徐州日报》记者历时两个半月，行程4 250多公里，走访几十个市、县、地区和城镇、乡村，访问一批当年参战人员、支前民工和战区群众，收集大量资料，才形成这些报道。

1989年是中国实行改革开放10周年。从年初开始，《徐州日报》推出一系列专栏式报道：1月2日分别开设《当代农民》《改革十年巨变》2个征文专栏；8月29日开辟《国庆抒怀》征文专栏；9～10月，连续刊出以《在社会主义道路上前进》为主题的9个国庆专版。

1991年，徐州市委、市政府从“破三铁”（铁饭碗、铁工资、铁交椅）入手，深化企业内部经营机制改革，这一做法受到中央领导肯定，在全国产生积极反响。《徐州日报》围绕这一主题，策划、推出“徐州市转换企业内部经营机制”系列报道。

1992年1月22日，中共中央总书记江泽民来徐州考察，此后，报社紧紧围绕江泽民在江苏考察时强调“全面贯彻党的基本路线要真抓实干，力戒形式主义”的讲话，报道全市传达学习江泽民讲话，继续深化改革，扩大开放，提高效益，加快经济建设步伐。

1994年，徐州市开展向张家港学习活动。3月17～20日，《徐州日报》一版连续刊登部分区、局、公司领导和企业厂长学习张家港座谈摘要。3月22～31日，《徐州日报》一版连续推出《学习张家港系列报道》专栏，集中刊发记者赴张家港采访的9

组报道，反映张家港深化改革、扩大开放、加快发展等方面的基本经验，对张家港市的机遇意识、挑战精神等作了解读，发稿31篇。1995年，配合小康建设，《徐州日报》开辟《在奔小康的路上》专栏，刊登36篇通讯，再现徐州农村小康建设带来的新变化和新面貌，将农村经济体制改革和农村经济发展具体化、形象化。

1996年，新闻报道了党和国家领导人到徐州考察。4月28日下午，国务院总理李鹏到徐州考察；10月26～27日，中共中央政治局常委、书记处书记胡锦涛到徐州考察。

徐州市政工程养护管理处下水道四班是全国典型，也是《徐州日报》精神文明建设报道的重头戏。10月3日，《徐州日报》一版头条刊登长篇通讯《平凡的岗位 光荣的群体——记全国"五一"劳动奖状获得者、徐州市政工程养护管理处下水道四班的先进事迹》，同时配发评论员文章《爱岗敬业 无私奉献》，由此拉开对下水道四班集中报道的序幕，并一直持续至次年5月。

2000年，改善投资软环境是徐州经济工作的一项重要内容。3月23日，《徐州日报》一版报道全市改善投资软环境动员大会召开的消息，同时刊登徐州市改善投资软环境监督投诉电话。从次日起至4月5日，陆续在一版刊发5篇评论员文章，即"改善投资软环境 再树徐州新形象"一至五论。3月28日起，一版开辟《改善软环境 促进大发展》专栏，先后刊登稿件50余篇。

2001年，为纪念中国共产党成立80周年，《徐州日报》于3月和5月分别开辟《共产党员的风采》《展现典型精神风貌 讴歌党的丰功伟绩》专栏。2002年年初，《徐州日报》一版要闻版开辟《加快发展 富民强市》系列专栏，分时段推出不同版块。2004年，徐州实现市委、市政府年初确定的"双超"目标。《徐州日报》围绕"双超"目标的报道贯穿全年，其中12月30日出版一期对开4版《"双超"特刊》。

2006年，新农村建设是《徐州日报》报道的重头戏。从9月20日起至11月13日，《徐州日报》《彭城晚报》《都市晨报》和《中国徐州网》分别推出《全面奔小康 建设新徐州》专栏。2007年，《徐州日报》陆续开辟《温情徐州·扶贫济困手拉手》《温情徐州·慈善博爱》等专栏。

2008年，振兴徐州老工业基地是省委、省政府推进江苏经济发展的战略决策之一。《徐州日报》将其作为报道重点，全年发表有关报道50余篇。2008年是改革开放30周年，也是淮海战役胜利暨徐州解放60周年，《徐州日报》对此进行周密策划和重点报道。

（四）广告　发行　印刷

截至2008年年底，徐州日报社总资产达到2.622亿元，其中固定资产达到9 430万元。

1. 广告

1979年报纸复刊以来，报社广告收入逐年增加。1979年，《徐州报》广告收入只有5 000元。1980年以后，广告收入逐年增加。1988年完成80万元任务指标，1989年广告收入首次突破100万元。

1991年广告收入280万元，1993年达820万元，2004年一跃逼近2 000万元。2006年起，晚报、晨报统一成立广告中心。当年，三报实现广告收入1.005亿元，首次突破亿元。2008年，三报广告总收入1.34亿元。

2. 发行

1979年复刊后的《徐州报》，由邮电局发行。1979年发行量4万份，以后逐年上升，到1982年达到4.8万份。1983年，《徐州报》改为《徐州日报》，发行范围扩大到徐州地区6县，发行量达到6.7万份。

从1988年1月1日起，报社实行自办发行。报社成立发行总部，市区和6县(市)也都在1987年年底建立发行分站。2006年，《徐州日报》发行模式改革，即由城乡全部自办发行改变为"市区自办发行，县(市)征订依托当地宣传部，运输投递交邮局或宣传部"的新模式。

3. 印刷

1979年5月1日，《徐州报》复刊，市轻工局所属徐州印刷三厂移交给徐州报社，为徐州报印刷厂。1981年和1983年，印刷厂添置2台203小高速轮转印刷机。1991年12月，购置潍坊华光计算机排版系统和北京人民机器厂胶版印刷轮转机。1992年，激光照排、胶版印刷启用。1993年，报社投资185万元购置北京人民机器厂PJ2787－03型卷筒纸四色胶印机。1997年，报社投资325万元购买上海高斯产YP4787卷筒纸胶印机。同年，又投入近百万元，购买北大方正彩色照排系统。2000

年12月,报社投入2 500万元购置德国高宝科美特70型无轴卷筒纸胶印机两个单元。2001年,报社投资1 000余万元,在徐州市金山桥经济开发区金桥路19号购买30亩地,兴建7 000平方米的现代化办公及生产设施。2002年8月,新设备在新厂区安装调试完毕。2002年10月,徐州日报社印刷厂更名为徐州日报社印务中心。2003年1月1日起,《徐州日报》《彭城晚报》《都市晨报》全部实现天天出彩报。

2005年5月,印务中心在全国地市报印刷厂中率先通过ISO9001—2000质量管理认证,成为按现代管理模式运行的专业化报纸印刷企业。2007年,产品印刷总量30 600万对开张,产值5 596万元,利税1 150万元,用纸量近7 000吨。2008年,实现产值5 730万元。2008年8月,报社印务中心与上海高斯印刷设备公司签订4个印刷塔的印刷机合同,报社决定建设新的生产厂房和生产线。

四、《常州日报》

(一)发展改革历程

1979年,《学大庆战报》改名为《常州报》,为周二刊。1980年7月2日,恢复《常州报》为市委机关报后,编辑部从广播事业局迁出,成立常州报社,直属常州市委领导。《常州报》改为周三刊。

1983年年初,《常州报》改为周四刊,其中一期为套红的星期日版。1983年7月1日起,《常州报》恢复为《常州日报》,周六刊。此时,《常州日报》在武进、金坛、溧阳设立记者站,版面内容调整,并恢复收录电讯。1984年,市政府同意报社实行经费自收自支,告别财政供养,获得经营发展自主权。1986年起,每周增出一期套红"周末版",由周六刊改为周七刊。

1994年1月,创办《常州晚报》,隶属常州日报社管理。

1997年10月,常州日报社常州新闻大厦落成启用,《常州日报》《常州晚报》编辑部搬迁至新闻大厦集中办公。

2002年11月,《常州晚报》结束星期天没有报纸的历史。《常州日报》与《常州晚报》分别明确"权威主流媒体"和"市民服务生活手册"差异化办报定位和理念,并逐渐形成各自办报特色。2003年12月,经新闻出版总署批准,《武进日报》加盟常州日报社。

2004年12月,常州报业网"龙网"开通。2006年7月,报社与常州移动联合主办的常州"手机报"创刊,次年面向全国发行。手机报最高峰时订阅量超过30万户。2008年,《常州日报》《常州晚报》"多媒体数字报"在常州龙网上线,同年6月,常州市互联网新闻中心划归常州日报社管理,中心主办的中国常州网与常州龙网整合组建新的"中国常州网",担当常州新闻门户网站职责。

(二)组织机构与人才队伍

1977年8月,复刊初期,由常州市广播事业局、常州人民广播电台革委会建立编辑部,负责报纸编辑出版工作。1980年7月,市委决定《常州报》为市委机关报。1983年,常州报社更名为常州日报社。报社下设办公室、综合出版科、经济科、政文科、群工科、副刊科、美术摄影科等部门。1986年,调整为总编办公室、报社办公室、新闻部、专刊部、群工部、经济部、新闻研究室等。

1989年8月,报社实行总编辑负责制。1997年6月,常州日报社设立党委,实行党委领导下的社长、总编辑负责制。1997年8月,报社社直机构有办公室、政工处、纪检监察室、新闻研究室、财务处、经营管理处、新闻大厦管理处。《常州日报》成立编委会,设总编办公室、工商部、农村部、政教部、专刊部、周末部、群工部、理论部、美摄部、广告部、发行部。《常州晚报》成立编委会,设总编办公室、新闻一部、新闻二部、文体部、通联部、副刊部、广告部。

1993年年底,为创办《常州晚报》,报社公开招聘记者、编辑和校对。第一次录取6名记者、编辑。2004年7月,报社向社会公开招聘12名记者、编辑。

至2008年年底,报社共有职工248人,高中及以下59人,专科60人,本科123人,硕士研究生5人,博士研究生1人;初级职称50人,中级职称74人,副高职称18人,正高职称1人。

(三)新闻业务

1. 办报宗旨与编辑方针

1980年7月,复刊后的《常州报》确定办报宗旨为"宣传党的路线方针政策,反映群众意见,当好党的喉舌、舆论的向导、新长征的号角、科学文化知识的传播者,为激励全市人民把常州建设成为社会主义现代化城市而奋斗”，编辑方针为“党性鲜明，生动活泼，丰富多彩，富有地方特色”。

1983年7月，《常州报》复名《常州日报》。确定办报宗旨为“宣传政策，围绕中心，反映民意，传播知识，促进社会主义物质文明和精神文明建设”，编辑方针为“小报精办，图文并茂，言论带头，消息为主，城乡并重，创具特色”。

1994年，常州日报社创办《常州晚报》后，报社党委确定两报定位为：《常州日报》为“常州权威的主流媒体”，《常州晚报》为“市民的生活手册”。

《常州日报》随着时代变化，办报宗旨也在不断调整和丰富，并逐渐形成“忠实传播党的声音，树立权威的主流形象，认真记录时代变迁，公正守望群众利益”的办报宗旨。

2. 新闻改革改版

《常州日报》的新闻改革从经济新闻领域率先展开。1984年，《常州日报》以《新兴的企业群体在崛起》为主题，8天内连续发表8篇报道、7篇评论和6篇经验介绍。20世纪90年代，随着社会主义市场经济的确立，《常州日报》转变观念，多方面改革经济报道。

1990年起，《常州日报》开辟以报道社会新闻为主的《大千世界》专栏，并逐渐发展为专版。

1992年1月1日起，《常州日报》每周六的《周末版》改为《延陵周末》，由4版扩为8版，成为《常州日报》副刊改革的标志。《延陵周末》除保持副刊的文学性，更强化对社会生活的关注，主动围绕中心工作唱好“主旋律”。20世纪90年代，《延陵周末》围绕“延陵东路改造”“大运河整治”等一系列改革开放中的热点，形成议题，尤以大特写、长篇通讯影响一时。

1993年1月1日起，《常州日报》由四开4版扩为四开8版。1993年9月，由市委主管、常州日报社主办的《常州晚报》试刊，为四开4版、周六刊，全年共试刊4期。1994年1月1日起，《常州日报》由四开8版小报改为对开4版大报，为周七刊。

2000年后，《常州日报》数次改扩版，努力提高新闻的可读性和服务性。2004年，《常州日报》完成历史上最大一次改扩版，每周版面扩至108个，并分设AB叠。

3. 宣传报道

1978～1989年，《常州日报》围绕常州改革报道常州一系列改革举措与探索实践，如《依靠群众加快经济体制改革步伐》(1982年12月21日)、《谈我市实行“利改税”和利润递增包干有关问题》(1983年3月5日)、《我市撤销6个局，组建11个工业公司》(1983年4月12日)、《我市首批13家工厂试行厂长负责制》(1984年6月5日)。

1987年8月18日起，《常州日报》头版开辟《常州改革撷英》《常州在改革开放中前进》专栏，展示常州在改革开放中取得的历史性成就，大力宣传改革中涌现的先进集体和先进个人，如《改革，没有现成的路可走——记我市第一个不要国家事业费的化工研究所所长王杰》(1987年8月18日)、《虎虎生气搞改革——访我市农村率先推行联产承包的李道平》(1987年8月24日)、《承包经营给他们插上了翅膀——访最早实行承包经营的常州飞机制造厂厂长樊明正》(1987年8月27日)、《8年工农业总产值比前30年的累计总产值还多58.26%》《我市8年来出口商品收购值超过49亿元》(1987年10月6日)等文章。对常州产权制度、管理体制和运行机制改革创新的典型做法，《常州日报》给予重点关注，如《六户小型国营企业试行以税代利——职工努力搞好生产经济效益明显提高》(1983年1月6日)、《我市工业企业发展生产力的新趋势——以名优新产品为中心结成企业群体》(1984年8月21日)等。

《常州日报》诞生了一批优秀的新闻作品。1981年，《兰陵漫笔》专栏发表徐惠卿写的《调整“三发”》，被评为“全国好新闻作品”。《小小手帕做大文章，漂洋过海为国作贡献》(1981年)、《工厂管理干部要做企业家》(1983年)、《关于金融改革的深度报道》(系列报道，1986年)等作品，先后获得江苏省好新闻一、二等奖。

《常州日报》捕捉的细节报道，客观记录了市场经济体制变化的历史。20世纪90年代初报道《我市个体工商业稳步发展——全市已有个体工商户4万多户》《我市已成立40多家私营企业》，90年代末报道《我市民营经济和民营企业家已经卓然崛起》《红星家具集团捐资100万元，设立常州市光彩助困基金》《我市个私经济长势喜人 突破十万户从业廿八万》等。

1992年，邓超、李金堂、陈建共采写的消息《溧阳兴办开发区，杜绝盲目乱圈地》被评为年度“中国新闻奖”一等奖。以社会新闻为主体的《大千世界》专栏获得当年江苏省好新闻奖,《“小草帽”奈何不了“大盖帽”》《八岁的“纤夫”》等一系列社会新闻、民生新闻也先后获奖。农村报道也多次获评好新闻,如《武进市21位农民驾“洋马”抱“金娃”》(1995年)、《武进稻种撒遍大江南北》(1996年)、《金坛八名优秀学生下乡当“村官”》(1997年)等。

2003年“非典”袭来,《常州日报》及时向市民通报信息,传授知识,共同树立抗击“非典”的决心,常州日报社荣获常州市委、市政府命名的“防治非典工作先进集体”称号;2008年年初大雪压城,《常州日报》全方位报道雪情灾情,参与抗雪救灾;5月12日,汶川特大地震,《常州日报》满怀爱心,开设“赈灾大行动”等专版、专刊。

2000年后,《常州日报》在全省好新闻评选中全面开花。其中,2005年《常州创出“节约建设”新模式》(消息)获“中国新闻奖”三等奖,2000年《新科抛彩球,组建双赢联盟》(消息)、2004年《扯皮让36万公斤稻谷变成废渣》(消息)、2005年《“蓝领精英”邓建军事迹》(系列报道)获得江苏新闻奖。2006年起,常州日报社还获江苏省新闻论文奖:2006年《让报纸广告产生更大的效益》获一等奖,2007年《公共需求和报业发展》《项目责任制:报业管理新模式》获二等奖。

(四) 广告　发行　印刷

1978～2008年30年间,《常州日报》资产规模不断扩大。至2008年,报社总资产达1.87亿元。

1. 广告

1983年,成立常州日报社经理部,负责报社广告、发行等经营。1987年,成立经济信息部,独立开展广告经营,当年广告突破百万元。至1993年,广告额突破千万元。经济信息部于1993年改名为广告部,同时成立常州报业广告公司,两块牌子、一套班子。

1995年,《常州日报》《常州晚报》广告经营和财务分开,实行独立核算。1999年,撤销两报广告部,成立常州日报社广告部,实行两报合并经营。广告公司于2005年注销,另行注册常州报业广告中心,实行公司化运作。

1999年,报社全年广告收入首次超过4 000万元。到2006年,广告到账额首次突破亿元,达1.1亿元。至2008年,报社广告经营收入达1.38亿元。

2. 发行

1989年7月,常州日报社成立报刊发行部,并在全市四区三县(市)建立7个发行站,聘用发行投递人员240人,先后购置9辆发行专车,建立自办发行投递网络。市郊收到报纸比原来邮局发行提早2小时以上。报纸发行量逐年增加,至1993年年底,达7.5万份,比邮发增加1万多份。

2000年7月,成立常州每日送报刊发行网络有限公司,将事业体制下的经营性部门实行企业化管理,开展报刊零售、代订代投、DM夹报等多种经营业务。2001年7月,成立常州海航每日送快递有限公司,与麦考琳、卓越、当当等电商合作配送业务,年产值近200万元。2002年起,设立报刊亭并逐年增加到200个,零售量大幅提升。

2008年,《常州日报》《常州晚报》发行量双双超过8万份。

3. 印刷

1990年,常州日报社印刷厂投资100万元,购置2套华光Ⅳ型激光照排系统,从3月起担负市内28家企事业报和部分书刊排版任务。1991年5月,印刷厂203轮转改装胶印机安装完成,《常州日报》采用电脑组版激光照排出片和晒PS版上机印刷。同年8月,印刷厂新增设备PJ2787－02型轮转胶印机投入生产,印出常州报业史上第一张彩色报纸。

1998年,印刷厂投资100万元添置北大方正彩色桌面出版系统,具备每天制作彩报能力。1999年4月,印刷厂购买美国兄弟公司和印度合作生产的东方牌高速轮转胶印机,实现印刷双面彩报。该印刷机投资500余万元,是报社引进的第一台进口印报机。

2005年,进口高斯环球45型机。8月底,占地41亩的新印务中心全面投入使用。2008年9月,印刷厂全面实施ERP管理,印刷能力达到日均150万对开张,成为常州地区最大的报纸印刷基地。

在更新设备的同时,印刷厂狠抓报纸印刷质量,1993年,在江苏省报协组织的印刷质量评比中,首次摘得桂冠。至2008年,《常州日报》印刷质量获“十六连冠”殊荣。

五、《苏州日报》·苏州日报报业集团

(一) 发展改革历程

1979年4月27日,《苏州报》出版,四开4版,

周三刊。1982 年 1 月改为周四刊，1983 年 7 月 1 日改为周六刊，1986 年 1 月 1 日改为周七刊。

1987 年 1 月 1 日，《苏州报》更名为《苏州日报》。1993 年 1 月 1 日改出对开 4 版大报。1996 年 1 月 1 日改为彩报。

1994 年 1 月 1 日，苏州日报社主办的彩色晚报《姑苏晚报》创刊，四开 4 版，日刊，1995 年扩大为四开 8 版。

1997 年 1 月 3 日，《苏州日报》周末专页扩版为《周末特刊》，每期对开 4 版；7 月 2 日，《吴中大地》专页扩为《吴中大地》周刊，对开 4 版。1998 年 1 月 1 日，《苏州日报》扩至对开 8 版，《姑苏晚报》扩至四开 12 版。

1999 年 1 月 1 日，《苏州日报》专刊《周末特刊》更名为《太湖周末》，同时扩至对开 8 版；10 月 1 日，《苏州日报》扩至对开 12 版，每天增加 6 个新闻版。

2001 年 1 月，苏州市科学技术委员会、苏州市乡镇企业管理局主办的《苏南乡镇企业》杂志（月刊）划归苏州日报社主办，2003 年 1 月更名为《苏南科技开发》。

2001 年 2 月 1 日，苏州新闻网开通。2001 年 5 月 17 日，苏州日报社接收《吴县日报》，9 月 20 日更名为《城市商报》；11 月 20 日，《城市商报》创刊，四开 16 版，日刊。

至此，苏州日报社形成三报一刊一网的基本格局。

2002 年 1 月，苏州日报社与中共青海省委政策研究室联合主办《西部发展》杂志（月刊）（至 2003 年年底终止，共联合出版 25 期）。2003 年 1 月 1 日，《苏州日报》由对开 12 版扩至对开 16 版，每天再增加 4 个新闻版。

2003 年 9 月，苏州日报社兼并《张家港日报》《常熟日报》《太仓日报》《吴江日报》，组建苏州日报报业集团，9 月 28 日集团揭牌。

2005 年 8 月，苏州日报社成立江南音像出版社，2007 年 7 月更名为江南电子音像出版社。2008 年 1 月，由报社主管、主办的综合类期刊《现代苏州》杂志创刊（沿用《苏南科技开发》刊号），半月刊，大 16 开 120 页，全彩印刷，面向全国发行。

到 2008 年，苏州日报社拥有《苏州日报》《姑苏晚报》《城市商报》三份彩色日报；拥有古吴轩出版社、江南电子音像出版社、苏州新闻网、《现代苏州》杂志以及苏州报业广告公司、苏州新城市广告有限公司、苏州日报社印刷中心、苏州报业发行中心、新文宾馆、古吴轩艺术有限公司。

（二）组织机构与人才队伍

1979 年 4 月，报社实行党组领导下的总编辑负责制，总编辑、党组书记由 1 人担任。

1996 年 8 月 31 日，中共苏州市委常委会议决定：苏州日报社实行社长负责制，并设副社长，对《苏州日报》《姑苏晚报》实施行政领导。两报各设总编辑 1 名、副总编辑若干名，分别成立编辑委员会，总编辑为编委会主任。报社仍设党组，社长兼任党组书记，两报总编辑、副社长均为党组副书记，其他副总编辑为党组成员。

苏州日报报业集团成立后，2003 年 11 月 17 日，市委常委会研究决定，集团实行党委领导下的社长负责制，党委书记兼任社长。

苏州日报社内设机构随形势变化不断调整。1984 年 9 月，报社内设机构由原来的“组”改为“部”。2008 年，报社内常设机构共有 34 个，其中报纸采编部门 16 个、出版部门 6 个、行政部门 12 个。

2008 年，苏州日报社内设机构如下：

集团：社长办公室（党委办公室）、纪检监察室、经营管理办公室、新闻研究室（资料室）、财务处、工会、网络中心、报业广告公司（广告一部、二部、三部、四部）、发行中心、《现代苏州》杂志社、印刷中心、社志编纂室（临时）。

《苏州日报》：总编室、时政部、经济部（张家港、常熟、昆山、太仓、吴江记者站）、社会生活部、评论部、副刊部。

《姑苏晚报》：总编室（常熟编辑部）、时政财经部、民生热线部、文体社区部、专刊副刊部。

《城市商报》：总编室、新闻部、财经部、专题部、县区部（昆山编辑部）。

古吴轩出版社：办公室、编辑部、出版发行部、财务部、策划开发部。

江南电子音像出版社：由古吴轩出版社代管。

1979 年 3 月 1 日，苏州报社暂定编制 97 人，其中干部编制 41 人，工人编制 56 人。1985 年年底，报社干部职工总数 181 人，其中干部 86 人。2000 年，报社共有干部职工 369 人，在编人员 312 人。

2008 年年底，报业集团共有干部职工 525 人，其中在编 341 人，临时工 89 人，人事代理 95 人。

有大专 129 人，本科 252 人，研究生 19 人。有高级职称 33 人，中级职称 114 人，初级职称 125 人。

（三）新闻业务

1. 办报宗旨与编辑方针

《苏州日报》办报宗旨与编辑方针紧随政治、经济形势的发展而变化，并跟随报纸的改版而不断演化，充分体现党报的优良传统，同时反映时代特点。

1979 年 4 月 27 日，《苏州报》复刊，市委明确规定：《苏州报》是中共苏州市委机关报，也是全市人民的喉舌；以刊用地方消息为主，结合苏州实际，宣传马列主义、毛泽东思想，宣传党的路线、方针和政策，反映全市人民胸怀全局、献身“四化”的先进思想、先进经验，反映党员、群众的意见与要求，活跃党内外民主生活，搞好党风民风建设。要扩大报道面，增加知识宣传，以丰富群众的科学、文化生活，更好地为四个现代化服务。

1987 年 1 月 1 日，《苏州报》更名为《苏州日报》。当天刊出的《进一步改进报纸致读者》表明：《苏州日报》将继续坚持四项基本原则，坚持以经济建设为中心，坚定不移地宣传政治体制改革，坚定不移地加强精神文明建设。坚持党性，当好喉舌，生动活泼，地方特色，既有指导性，更有可读性，力争成为城乡人民可读、可信、可亲、可爱的报纸。

1993 年 1 月 1 日起，《苏州日报》由四开改为对开大报，改版方针为：认真宣传邓小平建设有中国特色社会主义理论和党的十四大精神，继续坚持党的“一个中心，两个基本点”的基本路线，突出宣传社会主义市场经济，促进两个文明建设；继续坚持为社会主义服务、为人民服务和正面宣传为主的方针，把握团结、稳定、鼓劲的基调；继续坚持市委批准的办报方针，坚持党性，当好喉舌，地方特色，生动活泼，既有指导性，又有可读性，可读、可信、可亲，力争成为城乡人民都爱看的报纸。

2003 年 12 月 21 日，在《一切因你而变——2004 年改版致读者》中再次明确：《苏州日报》作为市委机关报，将一如既往地围绕市委、市政府的中心工作，用生动的内容和生动的版面快捷、准确地传递各种有价值的信息；将积极地按照“三贴近”的要求，让党报更好地贴近实际、贴近群众、贴近生活。

2007 年 10 月 8 日，《苏州日报》改版，改版的指导思想为：“正确导向，保持一流，不断创新。强化新闻，整合资源，降本增效。”

2. 新闻改革改版

1979 年《苏州报》复刊时，为四开 4 版，周三刊，周二、四、六出版，以刊登市区地方消息为主。版面安排为：一版要闻，专栏辟有《国内外大事》《姑苏新貌》等；二版经济新闻，辟有《读者来信》《班组生活》《财贸战线》（后改为《市场》）等专栏；三版政法文教新闻，除新闻报道和《新风尚》《友谊传四方》等特色专栏外，还有《党的生活》《思想战线》两个专刊和《外国朋友在苏州》《访问记》等特色专栏；四版《沧浪》综合性文艺副刊，主要栏目有《杂文》《随笔》《漫话苏州》等。1983 年 7 月 1 日，改出周六刊，周一无报。报道面由市区扩展到县乡农村。1986 年 1 月 1 日，《苏州报》由周六刊增为日刊。

1993 年 1 月 1 日，《苏州日报》由四开 4 版小报改为对开 4 版大报。版面也有较大调整：一版要闻版，二版综合新闻版，三版国际新闻版，四版《沧浪》副刊和专刊，设有《社会新闻》《星期特稿专稿》《读者来信》《苏州市场》《吴中大地》《经济透视》《开放之窗》等专刊专栏。

1996 年 1 月 1 日起，《苏州日报》开始出彩报。2002 年 1 月 1 日起采用国际流行版式，每个新闻版面由三大版块组成，中间是从上到下三栏宽的大版块，两侧是两个上下相通一栏左右宽的狭长版块，每日基本固定，文、题均为横排。

2003 年 1 月 1 日，《苏州日报》由对开 10 版扩至对开 16 版，每天增加 4 个新闻版（周六仍为 8 版，周日仍为 4 版）。

到 2008 年，《苏州日报》的版面如下：A01、A02 版为要闻新闻专版；A09 版为《声音》新闻评论专版；其他 A 版安排《关注》《热线》《民生》《国内》《国际》《时事》《竞技》《证券》《文娱》等新闻专版，偶设《教育》《文化》《经济》新闻专版；A08 版每周日固定为《一周》新闻专版；A12 版每周一固定为《英语新闻》专版。B01、B02 版为《视点》《新农村》新闻专版；B03 版轮流安排《银发世界》《新视界》《新论》《红盾》《女性之窗》《建言》《城管》《今日党建》《青春跑道》《职工之家》《新苏州人》《廉石》《环保》《供电心桥》等专版；B04 版安排《沧浪》《城市笔记》《古玩收藏》《茶馆》《老苏州》《书摘》等副刊专版。C01～C04 版，周一至周四分别为《教育》（中学生版，另外每两周一次加出一期四开 16 版无页码的《教育》小学生版专刊，暑假寒假停刊)、《今园区》《苏州警方》《楼市》专刊。周五 C01～C32 版出《苏周刊》周刊。

3. 宣传报道

1979 年 4 月复刊后，实现“四化”目标成为报道重点，《苏州报》先后开设《为四化献智慧争贡献的人》专栏和《一心为四化，新年新贡献》专题报道。

1992 年起，围绕党中央提出的深化农村改革，建设社会主义新农村的重大战略目标，《苏州日报》先后开设《建设社会主义新农村》专栏，全方位开展专题报道和深度报道，介绍村镇建设社会主义新农村的成就与经验。

经济报道一直是重点。1988 年，《苏州报》一版对中央及市委、市政府有关发展外向型经济的决策，对发展外向型经济的先进典型及时报道，全年刊出有关报道 1 200 多篇。而以苏州工业园区、苏州高新技术开发区、昆山经济技术开发区等国家级开发区为主要内容的开放型经济宣传，又成为报道的重中之重。《苏州日报》接连推出《十年辉煌看园区》《苏州工业园区“亲商服务理念”》《苏州工业园区十年篇章》等报道。

围绕市委决策，配合市政府重点工程展开报道。1993 年，苏州重大工程干将路拓建工程全面启动，《苏州日报》展开跟踪报道，至年末共刊出相关报道 43 篇。2003 年 3 月，围绕苏州“两个率先”主题，开设《两个率先在苏州》专栏，到年底刊出 30 篇重头报道。2008 年 5 月，围绕苏州创建全国文明城市活动，先后开辟《创文明城市，做文明市民》等专栏，基本上天天刊发重头稿，

注重宣传报道典型。从 1979 年复刊到 2008 年，报道宣传的典型有 100 多个，如闻名全国的上缴 10 万元遗产的杜芸芸、乡镇企业第一镇吴江盛泽镇、两个文明建设的典范张家港市、“昆山之路”、园区亲商理念、常熟蒋巷村党支部书记常德盛等。

2004 年 6 月 28 日第 28 届世界遗产大会在苏州召开，《苏州日报》当天出版 100 个版面的《文明之光》特刊，报道大会盛况和议程议题。2004 年 8 月 22 日邓小平百年诞辰，《苏州日报》开辟《伟大理论的成功实践·纪念邓小平百年诞辰特别报道》专栏，先后刊出《苏州实践：小康概念的萌生与验证——邓小平宏大战略构想与苏州发展轨迹》等长篇通讯 12 篇；其理论专刊《新论》8 月 7 日刊登《发展是硬道理，创新是关键词——邓小平理论指引下的“苏州之路”》理论文章；随后《新论》又刊登 3 个纪念特别版，开设“春天的故事”征文。2008 年，为纪念改革开放 30 周年，开展系列报道，相关专栏专版一直持续到 12 月 18 日，编辑出版《改革开放 30 年之苏州历程》《凡人 30 年》等纪念特刊、特辑。

《苏州日报》每年都推出 10 组以上的系列报道、连续报道、组合报道，如太湖风情录、关于提升苏州城市化水平的思考、沿江沿线天天行、行走太湖聚焦民生等。

(四) 广告　发行　印刷

2003 年 9 月，苏州日报社总资产达 3.04 亿元，其中固定资产达 2.3 亿元。到 2008 年年底，报社总资产达 6.65 亿元，其中固定资产达 2.25 亿元。

1. 广告

1979 年 4 月《苏州报》复刊，除在中缝和版面上陆续刊登影剧、启事广告外，逐年增加工商产品的介绍。1981 年 11 月 3 日，配合国家经委、计委在苏州召开的全国小商品、中小农具生产供应座谈会，《苏州报》从 11 月 3 日到 10 日连续增刊广告，共刊出广告版 18.5 个版，这是《苏州报》历史上第一次大面积增刊广告。1988 年 12 月 10 日，报社投资 30 万元的大型电子显示屏试播，除发布广告外，还具有传播信息、报道新闻功能。

1993 年，《苏州日报》推出广告专刊《经济生活版》，与社会力量合资组建苏州城市报业广告有限公司，经营发展平面广告之外的广告业务。1998 年，广告收入达 3 160 万元，比 1997 年增长 10.9%。2008 年，报业集团广告总收入超过 3 亿元。

2. 发行

1979 年，《苏州报》发行由邮电局负责，起初发行量为 1.5 万份，后迅速上升，当年日均发行量达 26 231 份。1985 年为 70 203 份。《苏州日报》自 1991 年起发行范围扩大到华东地区，并实行破月破季收订。

2001 年 1 月 1 日起，《苏州日报》和《姑苏晚报》市区发行改为报社自办发行，当年自办发行 48 922 份。

到 2008 年，《苏州日报》《姑苏晚报》《城市商报》自办发行总量共 24.65 万份。

3. 印刷

1979 年 3 月，为《苏州报》复刊而重建苏州报社印刷厂。1991 年 6 月 1 日，实行排版电脑化，印刷

胶印化。1994年1月1日，印刷厂承印企业报纸和代印外地在苏州发行的报纸30多种，先后有《扬子晚报》《新民晚报》《解放日报》《新华日报》《文汇报》《参考消息》《人民日报》等。

2008年，印刷中心产值达6 447.13万元（含平版），实现利润1 448.51万元（含平版）。

六、《南通日报》

（一）发展改革历程

1977年6月25日，《学大庆战报》创刊，四开4版，不定期出版。1978年12月易名为《南通报》，四开4版，周二刊。1980年7月1日，《南通市报》复刊。复刊后为周三刊，四开4版，逢周二、四、六出版。1982年1月1日，改为周四刊，每周增加一期"周末版"。1983年，南通市实行市管县新体制，《南通市报》开始面向六县二区发行。

1983年7月1日，《南通市报》更名为《南通日报》，刊期由周四刊改为周六刊。1985年1月，《南通日报》编辑出版《星期版》，刊期增至周七刊。1985年二季度，《南通日报》获准在全国发行。1986年8月，出版《南通日报·个体工商业专刊》，四开2版，周刊。1993年7月，《江海晚报》创刊，四开4版，周六刊。

1994年1月起，《南通日报》由四开小报改版为对开大报。1996年引进彩色印刷设备，于7月1日印出彩色报纸。

2002年1月1日，南通日报社在更俗剧院召开创刊60周年纪念大会，将《南通日报》的历史追溯到抗日战争时期出版的《江海报》，创刊纪念日确定为1942年1月1日。2003年，南通日报社创办《南通星期三》，为报纸走向市场作了有益探索。

2008年4月，报社创办DM时尚杂志《南大街》。同年7月，报社与江苏移动南通分公司联手创办南通首份《手机报》，尝试向新媒体领域进军。

（二）组织机构与人才队伍

1980年7月《南通市报》复刊后，报社部门有总编室、办公室、经济科、政文科、副刊科、群工科、出版组，下属企业有印刷厂。

1984年改科室为部，有编辑部、采通部、经理部、生产部、事务部等。部内再分工有关科、组。1985年，如东、海安等五县建立记者站。

1997年，设有社长室、总编室；办公室下设人秘科、资料科、行政科；经管部（财务）；采编部门有编辑部、副刊部、工交部、政文部、农财部、新闻评论部、群工部、摄影部、出版部；新闻研究室；经营部门有广告部、发行部，三县（市）记者站。

2008年，报社综合部门有办公室、政治工作办公室、经营管理办公室、网络信息部、发行部、广告部。日报部门有总编办公室、政文部、经济一部、经济二部、社会生活部、专副刊部、编辑出版部。派出机构有驻海安、如东、如皋、通州、海门、启东记者站。

1980年7月，《南通市报》复刊时，记者、编辑和行政人员一部分为原《南通报》采编人员，一部分从南通市工交、财贸、文教等单位优秀通讯员中选调，还有一部分是报社印刷厂的借用人员。

1983年地市合并以后，《南通日报》开始面向六县发行，报社人员编制不断添加，并向社会公开招聘人员。

到2008年年底，南通日报社共有在职职工225人，其中编辑部门100人，经营部门58人，政工后勤部门67人。编辑部门在职人员中，大学本科81人，大专17人；正高职称3人，副高职称24人，中级职称59人，初级职称11人。

（三）新闻业务

1. 办报宗旨与编辑方针

1980年7月1日，《南通市报》创刊号上全文刊登中共南通市委关于"认真办好《南通市报》的决定"，确定办报宗旨与编辑方针："《南通市报》是中共南通市委机关报，要以四项基本原则为指针，紧密联系南通市实际，宣传马列主义、毛泽东思想，宣传党的路线、方针、政策，着重报道南通市的经济建设、党的建设以及各条战线上的新成就、新经验，努力反映在'四化'建设中的新人、新事、新风尚。要加强报纸的思想性、指导性、战斗性、群众性和知识性，努力把它办成一张有高度党性，又具有鲜明地方特色的报纸。"

1994年1月1日，《南通日报》改版为对开4版大报，强调"坚持新闻宣传'为人民服务，为社会主义服务'的方向，把握'团结、稳定、鼓劲'的宣传基调，努力当好党、政府和人民的喉舌"。

2. 新闻改革改版

1994年3月8日，《南通日报》首次双面套红印刷，同年4月18日开始出版对开8版。1995年，《南通日报》出版"双休专刊"，随报发行，亦可单独订阅。

2000年起，《南通日报》的8版由每周2天逐步发展到每周5天，由正版+特刊架构改版为A、B版架构，并逐步实现由B版彩印到A、B版全部彩印。

2007年12月，《南通日报》再次改版，周一至周五扩为对开12版，增加信息量和可读性，强化权威性和服务性。

3. 宣传报道

1982年，围绕发展经济的大众热门话题，在报纸上开展"提高经济效益的潜力在哪里"大讨论。1983年，南通市实行市管县新体制，从城乡一体化的高度，弘扬城乡结合的优势，扩大城乡经济报道面，加大了六县的报道量，如各县推行多种形式的农业生产责任制。1984年4月，南通市被国务院列为全国沿海14个进一步对外开放的港口城市之一，《南通市报》对外开放的报道显著增加。

复刊以后，报道一大批先进人物和集体的典型，如一心为公的老模范马明生、情操高尚的女青年朱庆华等12个先进典型。1988年11月，如东建筑青年工人黄金泉奋勇救火身负重伤，人们纷纷伸出援手，帮助治疗和整容。报纸连续采访编发数十篇专访、通讯、消息、评论。

1995年年初，抓住海门市连续四年经济高速发展的典型，采写发表《紧紧抓住牛鼻子不放》等系列报道。1995年，南通纺织工学院两名特困学生受到一位化名"莫文隋"的好心人资助。《江海晚报》《南通日报》先后对这个隐姓埋名、奉献爱心的典型，进行大量报道。1996年2月，市委发出通知，号召全市人民弘扬"莫文隋"精神，推动两个文明建设。

1996年，根据市委、市政府市属企业改革的部署，组织记者到基层调研采访，以系列、专题、专版等多种形式，报道市属国有企业改制的进展和经验。1997年，就经济体制改革和结构调整、坚持对外开放的基本国策等重大专题，先后召开一系列座谈会，发表纪要和有关评述；同时，采写50多篇反映各条战线成就的典型报道，为全市干部群众迎接党的十五大召开，提供思想理论准备。

2001年，就开展学习"三个代表"重要思想，进行舆论引导。开设《展望"十五"话发展》《世纪新起步 力创开门红》等专栏，报道各县（市）区和重点骨干企业集团的发展思路和举措。2004年，围绕落实科学发展观、实现跨越发展、争创民营经济全省第一大市、"五城同创"等，开展宣传报道。根据市委要求，辖县（市）报停办后，《南通日报》开办县（市）专版，加强基层工作宣传报道。

2007年12月，《南通日报》与市民政局共同策划大型公益活动——"暖冬行动"。6名党组成员和1名编委分别带领记者，与民政局干部一起前往六县（市）三区有关镇村，慰问和采访150户困难家庭，体验困难群众生活现状，倾听他们的心声，并做了全面深入的报道。

2008年7月、8月两个月，《南通日报》围绕市委、市政府召开的经济工作推进会的精神，推出"紧环境下抓机遇、好中求快争一流"系列调研报道。市领导作出批示，对系列调研报道给予充分肯定。当年，为纪念改革开放30周年，《南通日报》推出"与改革开放同行"专栏和《为南通喝彩——南通改革开放30年30件大事解读》特刊。报社与市委宣传部合作编著长篇纪实文学《英雄中国·南通卷——扬子第一窗口：南通》，由中国青年出版社出版。

1978～2008年，《南通日报》优秀新闻作品迭出。1984年，刘宁的通讯《深情》获"全国好新闻"二等奖；1986年，孙怡新、倪国冲的系列报道《海涂纪行》获"全国好新闻"三等奖；1997年，吴盈的《红井冈绿井冈》获"中国新闻奖"三等奖；2000年，丁邦文的《乡里乡亲》获"中国新闻奖"二等奖。此外，从李浍清、陈毅贤、明红本获得1981年江苏省报纸优秀作品奖始，到2008年，《南通日报》每年都有多篇作品获一、二、三等奖。

（四）广告　发行　印刷

2008年，南通日报社总资产达1.16亿元。

1. 广告

1980年7月复刊后的《南通市报》，在中缝刊登影剧、遗失启事一类广告的同时，开始在二、三版下部刊登企业广告。当时没有职能工作部门，广告业务由群工部工作人员兼管。1986年，南通日报社建立广告部，广告收入逐年增加，1995年达到800万元，1997年突破1 000万元。

2002年，报社对两报广告部实行合并运营，进一步增强对外竞争合力。从2005年1月至2006

年12月，南通日报社广告部代理泰州日报社广告经营业务，开了全国地市报代理广告经营的先河。2007年，南通日报社广告营业额突破1亿元，全年上缴税费突破1 000万元。2008年，报社广告营业额在上年突破1亿元的基础上增长10%以上。

2. 发行

1980～1989年，从《南通市报》到《南通日报》一直实行邮发合一，由邮局统一收订，统一发行，报纸发行总数从2万多份逐步增加到8万份左右。

南通日报社1989年开始自办发行，建立报刊发行公司，主要承担《南通日报》投递任务，也投送南通市和外地的其他报刊。到当年11月底，各县(市)都抽调专人，在宣传部内建立发行站，全市组建近400人的投递队伍，在市汽车客运总公司配合下，开通96条投递线路，经过培训和投递演练，终于在1990年1月1日取得《南通日报》自办发行的成功，发行量达7.7万份，日报最高期发量超过9万份。1993年10月，《南通日报》走上市区由报社自办发行，县(市)由邮局发行的新路子，取得报社和邮局的双赢。

2005年，《南通日报》获得"全国报纸自办发行工作先进单位"称号。2008年，两报发行紧紧依靠各级党委和宣传部门，《南通日报》完成10万份的征订指标，达10.1万份。

3. 印刷

1980年7月复刊后的一段时期，《南通市报》印刷采用铅字排版、照相制版。1985年，报社投入40万元，新建1 500平方米的三层印刷大楼。1988年6月，新购置胶印轮转机印刷报纸成功，投入使用。1988年秋，投入30万元从北京购入5台"华光"汉字电脑照排设备。1992年，投入近100万元购置美国产激光照排设备和丹麦产冲片机。1993年，投资100万元添置1台高速胶印轮转机，投资150万元升级电脑照排系统。

1996年上半年，投资300万元，分别购入电脑彩色照排系统和1台彩色胶印轮转印刷机组，于当年7月1日印刷出版彩色报纸。1998年7月，筹集资金700万元，购置德国制造曼罗兰高速彩色胶印轮转机1套。2002年，报社投入400多万元从德国曼罗兰公司新购置1组彩印设备，从而实现两报全部版面彩印的目标。2002年，根据南通市政府对部分事业单位改制的意见，《南通日报》印刷厂由事业单位编制改制为民营企业，组建江海印务有限公司。

七、《连云港日报》

（一）发展改革历程

1979年3月28日，《连云港报》复刊，四开4版，周二刊，版面以地方新闻为主，地方新闻又以经济报道为主。1980年1月，改为周三刊。1984年7月1日，改为周六刊。1988年1月1日，开始自办发行。1990年5月18日，《连云港报》采用胶版印刷。同年6月30日，实现激光照排和胶印。

1991年1月1日，《连云港报》改出周七刊，更名为《连云港日报》，周一到周六四开4版，星期天出《星期刊》，对开4版。1992年，撤销《星期刊》，改出《周末》报。

1979～1992年，报纸宣传重点为：清除"左"的影响，拨乱反正，解放思想的宣传；农村改革和发展农业经济的宣传；改革经济管理体制，加快经济全面健康发展的宣传；对外开放的宣传；社会主义精神文明建设的宣传。坚持走开放型办报之路，开始组织大型系列报道。

1993年1月1日，《连云港日报》从四开4版改为对开4版，进入大报时代。

2004年1月1日，报纸实现8版双面彩色印刷，同时推出瘦身高报版式。在版面安排上，实行双要闻版模式：A1版集中报道涉及全市大局，市委、市政府中心工作，江苏省及国际国内的重要新闻；B1版立足深度报道、典型报道以及关于时事的分析报道。

1993～2008年，《连云港日报》的宣传主要有以下几个特点：坚持策划、创新，把政务新闻做强、做活、做出彩；服务党的中心工作，组织重大报道；唱响时代主旋律，做亮做精深度报道；认真总结、不断创新，在深刻性、同构性上提升系列报道的启迪效应；创新典型报道的内容和形式，增强主题宣传的感染力和震撼力；关注民生，服务社会，关心弱势群体，彰显党报亲和力；加强新闻舆论监督，促进矛盾转化，引导社会舆论；及时准确完整报道突发事件，展现主流媒体权威性；开门办报与办一张开放型报纸。

（二）组织机构与人才队伍

1979年，中共连云港市委决定恢复《连云港报》，实行总编负责制，并任命2位副总编辑。

2000年2月，经市委批准，连云港日报社实行社长负责制，设报社社长1名，总编辑1名，副总编辑4名。

1979～1983年，从全市各行业调入17人，组织分配2人，从印刷厂选拔4人；1984年，从北京引进3名资深编辑、记者和3名印刷技术人员，同年，通过公开考试，在全市选拔10名编采人员。

到2008年，报社职工总数260人。其中，专科94人，大学本科115人，硕士研究生7人；助理记者（编辑）56人，记者（编辑）64人，主任记者（编辑）16人，高级记者（编辑）2人。

（三）**新闻业务**

1. 办报宗旨与编辑方针

坚持政治家办报的方针，保持和发扬党的新闻工作的优良传统和作风，坚持正确的办报方向，围绕党的工作大局，全面准确地宣传马列主义、毛泽东思想、邓小平理论、“三个代表”重要思想和科学发展观，大力宣传党在各个时期的路线、方针、政策，深入宣传市委、市政府的重大决策和部署，热情讴歌时代典型和先进人物，忠实反映群众的呼声和要求，为振兴经济，增进团结，推动社会的进步、繁荣和稳定作出贡献。

2. 新闻改革改版

复刊以来，《连云港日报》积极投身改革，用改革的精神报道改革。改革报道从联产承包开始，《连云港日报》对实行联产承包制的典型采取消息＋通讯＋评论，进行多角度、全方位的深度报道。例如，1982年11月4日一版《大包干一年优越性明显：王富大队真富了》消息见报以后，接着连续刊发《咱庄户人可有奔头了》《蓬勃发展的家庭副业》《科学之春到王富》3篇关于王富大队的通讯，并配发评论《包干到户好》。

《连云港日报》不断推出多角度、多体裁、不惜版面、集中连续式的重点报道手法。1995年连续拿出6个头版的整版宣传连云港市六大经济改革典型，1997年开始连续十年的“雷锋车”报道，2000年3月开始牵动苏滇两省地方和部队的云南前线烈士之女吉云云的报道，2000年夏秋两季引起苏鲁两省领导重视的《石梁河发生特大污染事故》系列报道（其首篇《石梁河在哭泣》获省好新闻一等奖），均产生积极的影响。

21世纪以来，《连云港日报》坚持舆论监督报道要以解决问题为落脚点，并改进报道方法，涌现出一批优秀报道。如，2000年7月10日《石梁河在哭泣》系列报道，2003年10月《谁为这片蓝天绿林负责》系列报道等。

自2003年起，《连云港日报》先后创立新闻策划、激励、质量评估三个工作机制，并在实践中加以总结、完善，形成具有该报特点的、行之有效的采编工作机制。

一是策划工作机制。每月召开一次编委会策划会议，研究确定一个月的报道重点；每周六上午召开采编部门策划会议，确保重点报道的责任人、实施方案、报道要求三落实；每日早会策划，值班总编主持，谋划当天的重点报道，对当天报纸进行考评打分。

二是激励机制。从2004年开始，每月从采编人员工资中拿出600元，计入奖金部分，加大绩效工资考核比重。从2007年4月起，实行岗位管理，采编人员设定为10个级别，计分向策划创新稿件和可读性、有用性的稿件倾斜；每月评选一次好稿并给予奖励；设立总编辑奖励基金，对社会效果好的策划报道分等级给予奖励；对获得省和中国地市报好新闻一等奖的新闻作品，每篇增加奖励2 000元。

三是报纸质量评估机制。2005年起成立以编委会成员为主的报纸质量评估小组，以“每日质评”的书面形式提出评报意见，经值班总编审签后下发各采编部门，并在报社新闻网站的内网和评报栏上公布。

3. 宣传报道

1986～2008年，《连云港日报》实践和深化办报理念，组织4次大型异地采访活动，“新西游记”“陆桥行”“沿海万里行”和“八千里路走连霍”。

作为新亚欧大陆桥东桥头堡的城市党报，为推进陇兰经济带的横向经济联合，促进连云港的对外开放，1986年4～12月，连云港日报社开展“新西游记”大型采访活动。活动期间，5批共12名记者沿陇海、兰新铁路，采访苏北、皖北、河南、陕西、甘肃、青海、宁夏、新疆8个省（区）40多个城市，历时7个月，行程4万多公里，发表系列通讯85篇、专电专讯12篇、专版5个、照片110幅。《人民日报》海外版、《新华日报》《新闻战线》《中国记者》和国内多家报刊对这一活动作了报道。这一大型报道，被评为1986年度江苏省报纸好新闻一等奖。其做法和经验载入《中国新闻年鉴》。

在大陆桥经济逐渐被人们重视的时刻，连云港日报社适时推出“陆桥行”大型采访活动。1995年3月28日，首批“陆桥行”采访记者启程。这次活动，报社派出5批记者，沿新亚欧大陆桥西行采访，经苏、皖、豫、陕、甘、宁、新等省（区），历时半年，写出100多篇通讯。当年9月23日起，在新华社的大力支持下，连云港日报社邀请新华社驻外记者完成国外段的采访报道，开创地方报纸与国家通讯社联手进行跨国采访的先例。

2006年3～9月，连云港日报社实施“沿海万里行”大型系列报道。采访活动由5个采访组20名记者接力，总行程3万余公里，采访沿海11个省（区）的37个港口城市，共发稿83篇计13万字，发新闻照片73幅，为连云港市沿海开发和港口建设提供大量的有用信息及可供借鉴的先进经验，同时向沿海各港口宣传连云港。

2008年夏秋之交，国家发改委等20个部委来连云港，专题调研江苏沿海地区综合开发，连云港被赋予服务中部崛起和西部大开发的重要战略任务。在此背景之下，《连云港日报》决定实施“八千里路走连霍”大型系列采访活动。活动自9月3日启程，到当年11月14日截稿，沿连霍高速公路一路西行至霍尔果斯，沿线采访江苏、安徽、河南、陕西、甘肃、新疆等省区的18个城市，总行程4 395千米，采写34篇深度报道，深入探讨连云港市与沿途各城市在港口、旅游、产业等互动合作中存在的“短板”，并提出切实可行的意见。

（四）广告　发行　印刷

2008年年底，连云港日报社资产规模为9 969万元。

1. 广告

1983年，《连云港日报》恢复广告经营，当年收入2万多元。1984年7月，成立发行广告部，当年广告收入11万元。1987年，成立广告部。1988年，广告收入88万元。1989～1991年，广告年创利100万元左右。1992年起，报社在广告经营队伍建设上引入竞争机制，1992～2007年开展6次竞争上岗。到2007年，广告经营纯利润达988.9万元。

2. 发行

1988年以前，《连云港日报》发行一直采用邮发模式。1988年1月1日，改为自办发行，并在新浦区、海州区、云台区、连云区成立发行站，招聘70多名投递员。赣榆县、东海县、灌云县委托县委宣传部发行，当年10月底，三县同时挂牌成立《连云港日报》发行站。

2002年，报社收回三县《连云港日报》发行权，成立驻县记者站负责发行工作。自办发行以后，《连云港日报》发行量逐年提升，由2002年年底的3.9万份提升到2008年的4.8万份。发行队伍由2002年的70多人增加到2008年的460多人。

2005年7月，报社多渠道、多形式、分批建设《连云港日报》村级阅报栏，解决农民读报、用报和党报终端发行问题。当年，首批建设农村阅报栏318个。到2007年年底，全市建设村级阅报栏800多个。

3. 印刷

1979年3月，随着《连云港报》复刊，印刷厂由“机关印刷厂”重新更名为“连云港报印刷厂”。1991年，《连云港报》更名为《连云港日报》，印刷厂也随之更名为“连云港日报印刷厂”。印刷厂进行股份制改造，股份比例为社会股（国有股权）70%、职工股30%，于2007年1月完成改制转企工作，更名为连云港报业印务有限公司。

八、《淮安日报》

（一）发展改革历程

1983年3月10日，在地级淮阴市成立大会上，市委宣布恢复出版停刊12年的《淮海报》，为中共淮阴市委机关报。1983年5月12日，《淮海报》（试刊一号）面世。1984年1月1日起，第五次复刊的《淮海报》公开出版发行。报纸为四开4版，采用将军书法家舒同题写的报名。上半年为周二刊，下半年改为周三刊。1985年7月1日起，增为周六刊。

1987年1月1日起，《淮海报》更名为《淮阴日报》，仍为四开4版，周六刊。报名由著名书法家启功题写。

1990年1月1日开始，《淮阴日报》使用新闻卫星地面接收站，接收新华社播发的新闻稿件。1991年1月1日起，由周六刊增为周七刊。1993年10月1日，淮阴日报社主办的《淮海晚报》创刊。报纸为四开4版，周六刊，套红印刷。

1995年1月1日起，《淮阴日报》由四开“小报”扩为对开“大报”，周七刊。1999年11月19日起，《淮阴日报》实现彩色印刷。

2001年年初，淮阴市更名为淮安市，从当年2月10日起，《淮阴日报》更名为《淮安日报》，为中共淮安市委机关报。报名为周恩来总理1958年9月为家乡县级《淮安日报》亲笔题写。原县级《淮安日报》同时停办。当年8月18日，《淮安日报》电子版问世。2002年1月1日，淮安日报社主办的第二张子报——《淮海商报》创刊。报纸为四开4版，周二刊，彩色印刷。当年9月1日起，淮安新闻网开通。

从2003年1月1日起，《淮安日报》由原来的对开4版扩为对开8版，报纸由此分为A、B两叠形式出版。2004年3月，报社新闻采编系统软硬件投入使用。2005年3月4日，淮安新闻网推出《淮安日报》《淮海晚报》PDF电子版，而且是淮安唯一一家有新闻发布资质的重点网站。2007年8月8日，《淮安日报》《淮海晚报》数字报上线。

（二）组织机构与人才队伍

《淮海报》1983年复刊后实行党组领导下的总编辑负责制，设总编办公室、编辑部、经理部。1984年11月，设总编办公室、政文组、农村组、城市组、通联组、经理部。1985年7月1日起，报社内部机构调整为总编办公室、经济科、政治科、文艺科、群众工作科、人秘科、经理部（下设广告、财务两科）、印刷厂。

为适应报纸由四开“小报”扩为对开“大报”的需要，1994年年底，报社对内部机构进行调整，设总编办公室、要闻部、经济部、时政部、副刊部、评论部、记者部、群众工作部、新闻研究室、广告信息部、人秘科、工会、行政发行部、印刷厂14个正科级部门。

1997年8月，市委决定成立淮阴日报社党委会，撤销党组建制。1998年9月，报社实行党委领导下的社长负责制。

2008年，报社内设机构为监察室、党委办公室、总编办公室、编辑一部、编辑二部、编辑三部、政文部、经济部、外宣部、摄影部、群众工作部、网络部、新闻研究室、工会、行政部、财务部、广告中心、发行中心、楚州在线、印刷厂等正科级部门。

《淮海报》复刊时，市委决定建立处级规格的淮海报社，暂定编制20人。创刊初期，有人员13人。1984年上半年，增加事业编制为50人。到1994年年底，报社总人数为89人。1998年，淮阴日报社有职工241人，其中副高级职称6人、中级职称43人。2008年，淮安日报社共有职工289人，其中副高级职称11人、中级职称51人。

（三）新闻业务

1. 办报宗旨与编辑方针

《淮安日报》是一张有着光荣革命传统的党报，坚持政治家办报的原则，办报宗旨与编辑方针紧跟时代前进而调整和变化，充分体现党报的优良传统，反映淮安改革开放的历史进程和辉煌成就。

1983年5月12日，《淮海报》（试刊一号）发表《致读者》文章，阐明《淮海报》的办报方针和任务：为了适应“市管县”的新体制，《淮海报》坚持城乡兼顾，以农村为重点，积极生动地宣传党的路线、方针、政策，贯彻市委的决议和工作部署，报道全市各条战线在两个文明建设中的新人、新事、新成就，反映群众的建议和要求，推广农业新技术和传递经济信息。努力将报纸办成具有强烈时代特色和浓郁地方特色的报纸。

1987年1月1日，更名后的《淮阴日报》发表编辑部文章《求实创新，开拓前进》，阐明办报宗旨：进一步坚持四项基本原则，提高新闻工作者的素质，大胆探索新闻改革，不断求实创新，开拓前进。进一步当好党的喉舌与耳目，准确地、创造性地宣传党的方针、政策，及时发布市委的决策和市政府的政令，报道两个文明建设的成就，反映群众的愿望、呼声，传播商品生产的信息，增强知识性、趣味性，为读者提供多方面服务。

2001年2月10日，更名后的《淮安日报》发表编辑部文章《致读者》，阐明办报宗旨：继续高举邓小平理论伟大旗帜，坚持政治家办报的原则，增强全局观念、大局意识；坚持为社会主义服务、为人民服务的方针，在思想上、政治上始终与党中央保持高度一致。继续紧紧围绕市委、市政府的战略部署、重大决策、工作重点，突出经济建设这个中心不动摇，紧扣加快发展这个主题不含糊，弘扬主旋律，打好主动仗。

2. 新闻改革改版

1983年5月，《淮海报》复刊时为四开4版，周刊，以刊登市区和农业新闻为主。版面安排为一版要闻，二版经济新闻，三版精神文明建设，四版国内外新闻及广告。

1985年,报纸改为周六刊,版面安排为一版要闻,专栏有《淮阴各地》《今日语丝》;二版经济新闻,专栏有《农村服务台》《工交战线》《淮阴市场》;三版主要是副刊,专版有《洪泽湖》《大千世界》《学习》等;四版是时政、文教新闻、广告等。

1990年7月起,报社采取三项改革措施:一是在调查研究基础上下功夫,总编辑轮流下基层调查研究,半月轮换一次,以带动记者形成深入基层采写好新闻的风气;二是调整版面,多刊登短新闻,压缩会议报道,增加信息量,增强可读性;三是加强新闻职业道德建设,向社会重申报社的行为规范,提请社会和读者监督。

1995年1月1日起,《淮阴日报》由四开"小报"扩为对开"大报"后,报社于1月下旬连续召开三次扩版座谈会,征求社会和读者建议和意见。报社确定1996年为《淮阴日报》"精品年",其中最显著的特点是加强言论和舆论监督工作,彰显党报性质。

从2003年1月1日起,《淮安日报》由对开4版扩为对开8版,报纸同时分为A、B两叠形式出版。A叠4个版为新闻版,主要是本地新闻和国内外新闻;B叠是本地新闻聚焦版和各类专刊、文艺副刊等。为配合报纸扩版,从2002年下半年开始,进行人事制度改革和全新改版。改版后的《淮安日报》呈现明显的特点和变化:一是加大宣传党和国家大政方针及市委、市政府中心工作的力度和深度;二是贯彻"三贴近",报纸的可读性大为增强;三是报纸初步形成清新秀丽、重点突出的版面风格。

3. 宣传报道

从创刊之初到1985年,《淮海报》以市委、市政府提出的"富民兴淮"战略作为报道重点。农业报道以农村经济结构调整和改革为重点,推介走"一种、二养、三加工"的路子,重点报道淮阴全力建成全国重点商品粮基地等新闻。在城市,重点报道新建淮宁一级公路、沂淮铁路、杨庄电厂、三线船闸等重大决策及实施情况。

作为周恩来总理故乡的党报,宣传、学习、传承周恩来精神一直是《淮安日报》宣传报道的重点。1985年7月2日,《淮海报》刊登胡耀邦在淮安瞻仰周恩来故居时的题词"全党楷模",报道市委关于开展"学全党楷模,做合格党员"活动的决定,并配发《重大的决策,巨大的动力》社论。此后,报纸连续推出专版宣传。从此开始,连续两年开辟每周一期的"学楷模,学新旅,学先进"(简称"三学")专栏,专题报道全市开展"三学"活动的做法、经验和成效。

从1986年7月起,《淮海报》全面展开"第二次赶江南"报道。发表评论员文章《一个振奋人心的口号》,开辟《二赶江南》专栏。

1987年年初,由两位总编辑带队,分别到宿迁、洪泽两县调研采访,报道宿迁农村改革经验和洪泽经济体制改革做法。介绍洪泽县经济体制改革的《形象之战》《改革呼唤企业家》等深度报道,引起省内外多方关注。为此,淮阴日报社与洪泽县委、县政府联合举办首届"洪泽湖之秋"联谊会。华东地区及江苏省的30多家新闻单位负责人和记者到洪泽采访,宣传洪泽和洪泽湖开发。报社总编、记者在宿迁县耿车乡调查采访中,总结耿车乡发展乡镇企业"四轮驱动,双轨并进"的经验,在各级媒体中首家连续报道"耿车经验"。《解放日报》后来在头版头条发表耿车乡的报道,并将其誉为是与"温州模式""泉州模式""苏南模式"并称的"耿车模式"。《人民日报》也作了报道。

1995年2月23日,《淮阴日报》发表读者冯家生的来信《我的忧虑》,配发编辑部文章《淮阴人,振奋起来!》。报社为此组织开展"淮阴人,振奋起来"大讨论。3月起,《淮阴日报》开辟《淮阴人,振奋起来》专栏,连续报道全市"树形象,兴淮阴"活动和"大讨论"开展的情况。一个月内,报纸共发稿65篇,报道55个单位开展"树形象,兴淮阴"和"大讨论"活动情况。

1995年7月,市委决定,把发展"两专一基"(专业村、专业户、基地乡镇)作为全市农村工作的重点。《淮阴日报》报道这一重大决策的同时,发表系列评论员文章。紧接着分别由3位总编辑带队,到11个县(市、区)采访,推出重点系列报道。报社推出《两专一基纵深行》专栏,报道"两专一基"活动向纵深推进的现状和趋势。淮阴日报社还把开展新闻扶贫作为农村报道的重点之一。开辟《全力以赴扶贫攻坚》专栏,连续两年全年刊出扶贫报道200多篇,推出脱贫致富先进典型10多个。

1998年是周恩来总理百年诞辰。从年初起,

《淮阴日报》开辟“纪念周恩来百年诞辰”专栏。2月中旬，报道周恩来铜像揭幕暨周恩来遗物陈列馆落成典礼在淮安举行；报社发起并组织“纪念周恩来百年诞辰”签名宣誓活动。3月1日，淮阴日报社以《百年丰碑颂》为题，报道中央电视台在淮安举办的“纪念周恩来诞辰一百周年心连心大型广场演出纪实”。3月3日，发表编辑部文章《千里长淮展宏图》。3月5日，报道纪念周恩来百年诞辰大会举行的消息，并发表社论《建设恩来家乡，振兴淮阴经济》。“纪念周恩来百年诞辰”专栏共出23期，刊登稿件100余篇。

2003年春，面对突如其来的“非典”，开辟《众志成城抗非典》《全力做好防控工作》等专栏。2005年3月29日晚，京沪高速公路淮安境内发生震惊海内外的特大氯气泄漏事故。《淮安日报》《淮海晚报》第一时间报道事故消息，正面引导舆论，有力配合与推动善后工作有序进行，受到中央外宣办和省委主要负责人的肯定。

为纪念周恩来总理诞辰110周年，报社从2007年年初起组织“沿着周总理的足迹”大型系列报道，采访组历时一年时间，沿着周总理曾经学习、生活、战斗和工作过的地方采访。这组系列报道以图文并茂的形式，用整版的规模，每周一篇的进度刊发，共发表39篇文章，约14万字。

2008年，开辟《推进五大建设，造福淮安人民》《五大建设交响曲》《携手共筑新高地》等专栏，突出经济转型升级、城乡一体化、现代农业产业化、打造淮安台资新高地等重点报道。

1983～2008年，淮安日报社共有34件作品获得江苏省年度好新闻一等奖，其中消息12篇、通讯10篇、评论4篇、系列报道2组等。为纪念周恩来诞辰110周年，淮安日报社集体采写的大型系列报道《沿着周总理的足迹》，获得2007年度江苏省好新闻最高奖——“江苏新闻奖”。

（四）广告　发行　印刷

据2008年的数据显示，淮安日报社总资产达4 315万元，其中固定资产达1 352万元。

1. 广告

《淮海报》1983年复刊以后，广告业务起步。1984年7月起，开始刊登整版广告。1985年，报社编制出版彩印广告画册《淮阴产品大观》，1989年编纂《淮阴人才咨询名录》。1992年，报社广告创收100万元。1999年，报社广告创收首次突破1 000万元。到2008年，报社全年广告创收5 200万元。

2. 发行

《淮海报》1983年试刊期间，报纸都是赠阅。1984年创刊并公开发行，当年发行2万余份。1986年，发行7万份。1989年是报社自办发行第一年，《淮阴日报》发行数达到9.1万份。1990年，报纸发行数达到10.334 6万份。

由于区划调整，淮阴市域范围缩小，《淮阴日报》1997年发行4万～5万份。1999年发行5万份。此后几年基本保持该发行量。

3. 印刷

复刊初期，《淮海报》由淮海印刷厂承印。1984年，市政府拨款20万元支持办厂，购置印刷设备和机械。1984年6月18日开始，报社自办的印刷厂印刷《淮海报》。淮阴日报社自筹资金137万元，购置高速204胶轮印刷机和北大方正华光Ⅴ型电子照排系统。1991年7月1日起，《淮阴日报》激光照排、胶版印刷系统投产，结束铅印的历史。

1999年11月19日，报纸彩色印刷设备投入使用，《淮阴日报》从此进入“彩报”行列。2005年12月，报社泰华印务有限公司在淮阴区工业园区奠基开工。新厂区占地2.67公顷，建成2幢2 000平方米的厂房。

九、《盐阜大众报》·盐阜大众报报业集团

（一）发展改革历程

1980年1月1日，《盐阜大众报》复刊，为四开4版，周三刊。1992年1月起为四开4版，日刊，另增《周末》版。1985年1月1日，盐阜印刷厂印报车间划归盐阜大众报社，成立报社印刷厂。1992年，报社从全额拨款事业单位转为自收自支事业单位。

1993年，盐阜大众报社创办《盐城晚报》。1993年3月1日，由老区开发促进会主办，《盐阜大众报》新闻编辑部出版的《农家报》出版。1994年6月18日，《盐阜大众报》第一张彩报出刊。1995年1月1日，《盐阜大众报》出版对开大报。1997年1月，《盐阜大众报》主办的32开月刊《盐阜大众报通讯》，改刊为面向全市新闻界的16开月刊《盐阜通讯》。2000年7月，原《沿海经济信息报》更名为《生

活晓报》，主管、主办单位由盐城市人民政府变更为盐阜大众报社。

2003年1月，《生活晓报》更名为《东方生活报》；2月，《盐城警方》周刊出版，《盐阜大众报》每周版面达对开56版。2003年7月1日，盐阜大众报报业集团组建成立。以此为起点，盐阜报业不断拓展新闻宣传的内容和服务领域，提升办报质量和经营业绩。

2007年，《盐城晚报》改扩版，成为日均32版的都市新闻报。2008年，《盐阜大众报》改版后，报纸实现全彩化。2007年，盐城新闻网由市委宣传部移交给集团主办，集团数字报纸在方正《爱读爱看网》上线。2008年年初，《盐阜大众报》《盐城晚报》数字报上线。

(二) 组织机构与人才队伍

复刊初期的《盐阜大众报》设有出版部、政文部、经济部、群工部、机动报道部，负责采访、编辑工作，设办公室负责后勤工作，设印刷厂负责报纸印刷。1991年，报社将经济部、政文部合并为新闻部，其余部室职能不变。1994年，盐阜大众报社在各县(市、区)委通讯站的基础上组建《盐阜大众报》记者站。

1999年，报社内部机构设置调整为编辑出版部、专刊部、采访一部、采访二部、机动记者部、《农村周刊》编辑部、《法制周刊》编辑部、《周末特刊》编辑部、摄影美术部、群工部、新闻研究所、办公室、政工部、工会、计财部、广告部、印刷厂、经济发展公司。

2003年，报社组建集团，设立集团综合管理部门和广告中心，设立行政办公室、党委办公室、计划财务部、新闻研究所，统一管理三报的行政、人事、财务和新闻评审工作，广告中心统一协调三报的广告策划、组织和发布管理。

至2005年，盐阜大众报报业集团设置行政办公室、党委办公室、计划财务部、新闻研究所、三报编辑部、记者站、广告中心、发行公司、印务公司。

《盐阜大众报》复刊时，一批原编辑部人员陆续调回，并通过公开招聘逐步壮大新队伍，人员从复刊时的20多人迅速增至近百人。至2008年年底，集团职工总数340人，其中专科109人，大学本科143人，研究生8人。职称结构为新闻系列中级59人，副高级20人，正高级1人；经济(工程)系列中级10人，高级1人；财会系列中级7人，高级2人；政工师系列中级3人，高级4人；工艺美术师等其他系列中高级2人。

(三) 新闻业务

1. 办报宗旨与编辑方针

1980年，《盐阜大众报》复刊后，提出“努力做好党的助手和工具，准确地宣传党的路线、方针和政策；同时做好人民的喉舌，忠实地反映人民的意志、愿望和要求”的办报方针，这与《盐阜大众报》创刊时提出的“从大众中来 到大众中去”的办报宗旨一脉相承。

1992年，《盐阜大众报》改日刊后，提出继续深化新闻改革，着力改进提高新闻宣传的艺术和效果，向读者奉献更多更好的“精神食粮”。

2003年，报业集团成立后，提出“解放思想，创新思维，整合优势，加快发展做大、做强、做活、做优报业经济”的办报思想。

2. 新闻改革改版

1980年复刊的《盐阜大众报》，为四开4版，周三刊。1983～1991年，保持为四开4版，刊期逐渐从周三刊增至周六刊。1986年1月4日，出刊《周末》版。1992年1月起，为四开4版，日刊，另增《周末》版。1994年6月18日，《盐阜大众报》第一张彩报出刊，当年10月，对开大报试刊7天。1995年1月起，出版对开4版的大报。此后十多年从增设专版开始，发展到增设周刊。2001年1月～2008年，除报纸正刊外，每周还设有《农村周刊》《法制周刊》《教育周刊》《经济周刊》等7个周刊。

《盐阜大众报》把开设特色栏目作为提高办报水平的重要手段。如复刊之初在一版开设《盐阜短讯》专栏，1989～1995年开设《盐阜快讯》专栏，1986～1993年在一版要闻版开设言论专栏《串场絮语》。1988年年初，《盐阜大众报》在《政法战线》专版开设《大家断案》专栏，在1989年全省报纸好新闻评比中被评为一等奖。1989年，《盐阜大众报》在《读者来信》专版开设《监督岗》专栏，1991年创办《慢镜头》专栏，2000～2005年在《法制周刊》开设《议论风生》专栏，2004年开设《农家行》专栏，2005年开设《解放思想一百例》专栏。

3. 宣传报道

1983年1月起，在二版专门开辟《专业户、重点户介绍》专栏，向群众传播“两户”致富经验，突出宣传全面发展农村商品经济这一主题，推动各地改革单一化的农村经济结构。1984 年春季，《盐阜大众报》系统宣传发展商品经济先进单位之一的郊区潘黄乡的经验，共刊登 6 篇通讯，配发 6 篇评论。

1984 年 2 月 12 日起，《盐阜大众报》开辟《来自小集镇的报告》专版，选择年工业产值 1 000 万元以上，人均纯收入高于全市水平的乡镇，不定期地加以宣传。到 1989 年年底，该专版共介绍 56 个集镇，所载文章最后编辑成《来自小城镇的报告》一书，1991 年由江苏人民出版社出版。

1986 年年底，报社派出记者，骑自行车采访响水陈港镇到东台新港闸的滩涂，为时一个多月，发表 36 篇通讯。1990 年 10 月，报社再次组织 13 名记者参加滩涂采访团，从响水陈港镇起，进行第二次滩涂采访。采访团采访沿途 35 个乡镇(场)、200 多个村组和企事业单位，到 12 月 9 日结束，历时 55 天，行程 1 000 多公里，发表通讯 45 篇。归来后，采访团又写出 4 篇专题调查报告和 8 篇探讨性深度报道。

1989 年 12 月，记者从一封要求“赎回”村民组长的读者来信中得到线索，追踪采访写出通讯《“赎”组长引出的报道》，反映射阳县四明乡上坎村原三组组长顾宝斋一心为群众做好事、办实事，深受群众爱戴的情况。文章见报后，新华社播发。

1991 年夏季特大洪涝灾害期间，报社先后派 5 批 25 名记者参加抗洪救灾现场报道，累计用稿 600 多篇，约 50 万字，新闻图片近百幅，刊出《战洪图》《齐心曲》《抗天歌》《同心干》等画刊。自 8 月初到 10 月中旬，又在二版开辟《大灾后的思考》专栏，发动全市干群总结抗洪救灾的经验教训。

1994 年，先后刊发 200 余篇扶贫稿件，介绍各部门、各单位的经验、措施和成效。1995 年，《盐阜大众报》相继推出《百村扶贫工程见闻》《小康示范村风采》《奔向小康的步伐》三组重头系列报道，宣传农村奔小康。

1996 年 11 月 25 日，《盐阜大众报》长篇通讯《田野上奏响生命壮歌——记射阳县农技推广中心副主任姜德明》以及随后的全方位跟踪报道，把姜德明这个农技铁人的重大典型推向全省乃至全国。

1998 年 6 月，为密切配合市委、市政府有关发展乡镇企业的部署，《盐阜大众报》刊登 3 篇评论：《20%，一项严肃的政治任务》《20%，一个科学而实效的速度》《20%，关键要有一个推动力》。同时，推出一组系列报道《头灶镇加快乡镇企业发展启示录》、通讯《重振虎威，以改制促发展》。

2003 年，“非典”疫情特殊时期，报社党委选派 4 名记者成立抗击“非典”特别采访组，在报纸开设《来自本报“抗非”特别采访组的报道》专栏。从 5 月 10 日至 29 日，历时 20 天，特别采访组刊发 39 篇(幅)稿件。

2003 年，市委、市政府把“以工兴市”作为发展的第一方略，报纸 2 月发表社论《论盐城精神》，6 月就“以工兴市”推出系列评论，年底推出通讯《以工兴市：第一方略凸显第一效应》。2005 年，又开设《解放思想一百例》专栏，对推动工业化进程进行进一步舆论引导。2008 年 4 月 18 日，刊发言论《只有解放思想 才能超常发展》；4 月 23 日，刊发消息《走一条追赶型超常规跨越式发展之路》。

2007 年 6 月，在西安创业有成的阜宁籍人士戴俊见义勇为遇害，《盐阜大众报》对这一典型进行全方位报道。7 月 2 日刊发消息《英雄戴俊昨魂归故里》，5 日刊发消息《怀仁秉义树楷模 凛然正气留人间 英雄戴俊事迹报告会昨在阜宁举行》，6 日刊发消息《阜宁籍见义勇为英雄戴俊遇害案在西安告破》；7 月 12～14 日刊发题为《“富商英雄”的壮美人生》系列报道，对他的事迹作详细报道；同时，刊发言论《谱写在三秦大地上的英雄壮歌》和《英雄，给我们上了怎样一课》，进行舆论引导。

(四)广告　发行　印刷

《盐阜大众报》1980 年复刊时，报社实行“以厂养报”(盐阜印刷厂)，仅有财政拨款 5 万元作流动资金。到 2008 年年底，报业集团各项总收入达 8 400 万元，固定资产达 1.72 亿元。

1. 广告

1980 年复刊初期，《盐阜大众报》几乎不刊登商业广告。1984 年 7 月，建立盐城市广告公司(对内为广告科)。20 世纪 90 年代末，报社广告每年以 40%左右的幅度上升。2002 年，又增加《盐城教育》《经济特刊》两个周刊，当年广告发布 1 060 万元。2003 年 4 月 25 日，《盐阜大众报》出版珍藏版 60 版，实现广告发布 106 万元。2004 年，全年广告突破 4 000 万元。

2. 发行

1983～1987 年，《盐阜大众报》均由邮局发行。

1988 年，实行自办发行，报社建立发行部，各县建立发行站，各乡镇建立投递组，按发行份数配备投递员。1992 年，《盐阜大众报》突破 15 万份。

1993～2001 年，报纸发行渠道又改为邮发。2002 年 1 月 1 日起，市区、盐都、城区、射阳 4 个地方的《盐阜大众报》《盐城晚报》《东方生活报》实行自办发行，“三报”合股注册组建《盐阜大众报》发行有限公司。2003 年 1 月 1 日起，“三报”在全市自办发行。到 2005 年年底，发行公司拥有 700 多人的代理发行投递队伍，除承担“三报”投递任务外，还承担《新华日报》《群众》杂志和县报的发行投递。

2008 年，集团三报总发行量超达 18 万份。

3. 印刷

1983 年、1984 年，报纸由盐阜印刷厂代印。1985 年 1 月起，组建盐阜大众报社印刷厂。1990～1992 年，先后将两台铅轮转机改造成胶印机，引进一套轻印刷系统，实现激光照排胶版印刷。还先后接洽《盐城工作》《盐城宣传》《盐阜卫生》等 10 多种市级机关杂志、报纸的排版印刷业务。

1993～2002 年，报社多次购置印刷设备，《盐阜大众报》《盐城晚报》一周出五期彩报。印刷厂还代印《经济早报》《服务导报》《家教周刊》等省级报纸。到 2005 年年底，形成年印刷量 1 亿对开张的生产能力。

2005 年始，印刷厂实行转企改制，集团出资买断企业债权债务，实行零资产改制，由集团出资 316 万元，控股 52%，企业经营层和部分员工代表出资 288 万元，占股 48%。企业原有人员身份转换后重新聘用上岗，人员由 108 人减少至 48 人。盐阜大众报报业集团印务有限公司挂牌后，除承印集团三报一刊外，还代印数十家报刊。

十、《扬州日报》

（一）发展改革历程

《扬州日报》为中共扬州市委机关报，创刊于 1956 年 9 月 1 日，创刊时名为《扬州市报》。1982 年 4 月，中共扬州市委决定恢复市委机关报，12 月 25 日试刊。1983 年 3 月实行市管县体制，成为地级扬州市委机关报。1983 年 7 月 1 日复刊，为四开 4 版，周三刊。

1986 年 10 月 1 日，《扬州市报》改名为《扬州日报》，四开 4 版，周六刊（星期一无报）。1993 年 1 月 1 日，《扬州日报》改为周七刊。1994 年 1 月 1 日，出版对开大报。

1996 年 1 月 1 日，《扬州晚报》创刊。1996 年 3 月，《少女之春》杂志首期出刊。1996 年 9～12 月，《扬州日报》驻宝应、江都、仪征记者站相继成立。1999 年，《扬州日报》局部扩版，2000 年扩为对开 8 版，分为 A 版、B 版。

2001 年 10 月，邗江日报社并入扬州日报社。《邗江日报》和所办《生活周刊》分别改为《扬州日报・邗江新闻》和《扬州日报・生活周刊》。

2002 年 4 月 18 日，《扬州日报》封面、封底改为彩色印刷。2003 年，改为“瘦报”，版幅由原来宽 39 厘米改成 35 厘米，每周有四天由 8 版扩为 12 版，分为 A 版、B 版、C 版，彩版由两个版扩为 6 个版，并设置版式总监。2004 年 4 月 18 日，出版的《扬州日报》大型纪念特刊《扬州百年铁路梦》创下《扬州日报》多个纪录：第一次出版 88 版，第一次实现双面彩印，创一次广告刊发量之最。

2004 年 5 月 1 日，市委宣传部和扬州日报社联合创建“扬州新闻网”。

2005 年 1 月 1 日，《扬州日报》推出报徽。报徽由红色圆点与两条蓝色波浪线构成，形似跃动的人体，又为“扬”拼音首字母“Y”图案，寓意《扬州日报》事业如旭日东升，飞腾于江河之上。《扬州日报》1 月 4 日起增加 D 版，扩至对开 16 版彩报。

2006 年 1 月 1 日，《扬州时报》创刊。4 月，《扬州日报》实现报网联动。8 月 18 日，《扬州日报》《扬州晚报》《扬州时报》数字报上线。11 月 10 日，扬州手机报（彩信版）开通。

2008 年 6 月 20 日，“扬州新闻网”和市委宣传部主办的“今日扬州”网合为“扬州网”开通。扬州日报社三报一网格局形成。

（二）组织机构与人才队伍

《扬州日报》的机构设置一般根据报纸版面调整而调整。报社 1987 年下半年实行采编分开体制。1988 年，报社采编机构为编辑部、记者部（下设工交部、农财部、政教部）、副刊部、专刊部、采通部、美影部、新闻研究室、信息部。1994 年 1 月 17 日，中共扬州日报社党组成立，报社实行党组领导下的总编辑负责制。

2000 年，设要闻部、经济部、政文部、农村部、群工部、周刊部、图片部、出版部、新闻研究室、广告部。2001年1月15日，成立中共扬州日报社委员会，实行党委领导下的社长负责制。

2002年6月，报社内设机构为办公室、采编质量检验考核部(群工部和新闻研究室合并而成)、网络管理中心、财务结算中心、广告中心、发行中心、新闻编辑部、记者部、邗江新闻部(均为正科级)；新闻周刊部、教育周刊部、生活周刊部、夜班编辑室(均为副科级)。2006年，设立人力资源部、审计部。2007年5月，设立文化产业部。同年10月，日报、晚报、时报各自设立总编办公室，撤销采编质量考核部，设立新闻办公室。

复刊之初，报社采编人员主要从机关部门和各单位抽调，1983年确定编制40人。1984年7月，第一次通过招聘方式录用6名采编人员。1986年，采编人员编制增加到70人。1993年，报社新调进和向社会公开招聘大学生9名，至1997年共引进50多名大学生。

1994年下半年，报社实行中级职称内部评聘。当年有12名编辑、记者取得中级职称并及时聘用。至1998年年底，共有22人被内聘为中级职称，并享受待遇。2001年10月，扬州日报社吸纳《邗江日报》，有14名采编人员调入报社。

截至2008年年底，扬州日报社有在职签约人员432人。其中，在职高级技术职称人员13人；本科以上学历183人，其中硕士研究生5人。

(三) 新闻业务

1. 办报宗旨与编辑方针

1982年年底，试复刊的《扬州市报》编辑方针是：宣传党的主张，振奋人们精神，活跃群众生活，推动四化建设。

1988～1991年，总编室提出坚持“一个中心、两个基本点”的基本路线，围绕“稳定、鼓劲、发展”开展新闻宣传，围绕党委、政府中心工作，注重反映民意，发挥党和政府喉舌作用，不断增强受众观念，切实加强舆论引导，使宣传更加贴近实际、贴近生活、贴近群众。

1992～1996年，总编室提出“坚持基本路线，服务经济工作，宣传改革开放，增加新闻信息，版面活泼多样”的编辑方针。

1997～2001年，总编室提出在坚持党报性质、保持地方特色的前提下，着力改进报道内容，适度改扩版面，及时刊发新闻。运用新闻的特有形式，准确、鲜明、生动地宣传党的路线、方针、政策和各级政府的中心工作。

2002～2005年，总编室提出以“会议新闻改进、民生报道可亲、舆论监督更硬、突发事件要拼、专刊副刊创新、版面文字求精”为编辑方针。

2006～2008年，总编室提出增强“五个意识”(政治意识、大局意识、责任意识、创新意识、群众意识)，把讲政治、政治家办报作为第一要求，把不断创新作为提高报纸质量和报业发展的关键环节。

2. 新闻改革改版

1983年复刊后，不断进行新闻改革尝试，使报纸内容更加贴近现实、贴近生活、贴近群众。如物价问题、菜篮子问题、市区行路难乘车难问题、环境污染问题、自来水问题、农用物资供应问题。1985年开始，先后在报纸上开辟《商品生产信息》《法律服务台》《人才信息》《帮您致富》等一批服务性栏目。不断优化新闻版面设置，推出《周末》《法制周刊》《生活周刊》《梅岭文学副刊》等专刊、副刊版面。

2002年3月，《扬州日报》采用重、轻新闻区分设的新版式，努力使8个版面风格相对统一和协调。新的版面风格使新闻模块化，强化对重头报道、热点新闻的处理，增强新闻性。2003年，《扬州日报》全面改版扩版，改以新闻归类设置版面，以专题新闻统领版面，增强版面冲击力。在报纸开本上出新，改为“瘦报”。设置版式总监，统筹版面风格。2005年，《扬州日报》继续扩版，每周两天出16个版，实行双报头B版包A版，B版作为封面版，成了整个报纸的视觉中心。

2006年，《扬州晚报》记者走进人民大会堂，参加全国“两会”报道，成为全国地市级报纸的唯一代表。2006年5月20日，《扬州日报》特派记者在“世界第一坝”——三峡大坝工程工地，见证了大坝最后一方混凝土浇筑完毕的历史性时刻。当年10月，《扬州日报》派记者随市党政代表团赴俄罗斯喀山，现场报道扬州领取“联合国人居奖”奖牌。10月下旬，“嫦娥一号”卫星发射，扬州日报社三派记者赴西昌卫星发射中心现场报道。

2007年8月，扬州日报社与市委宣传部、《人民文学》杂志社、新浪网联合举行纪念欧阳修诞辰1000周年暨“千年欧阳修”全国征文大赛。同年8月8日，在北京奥运会开幕倒计时一周年之际，《扬州日报》举办“2008奥运奇迹古筝演奏会”,2008人同奏扬州市歌《茉莉花》,海内外60多家媒体报道。2008年,为纪念朱自清诞辰110周年,《人民文学》杂志社、江苏省作家协会和扬州市委宣传部主办,扬州日报社与扬州市作家协会等单位承办全国“背影”同题征文活动,共收到国内外应征作品6 700余篇。2008年11月12日,《扬州日报》受邀参加绕月探测工程全月球影像图发布会,向探月中心赠送《奔向月球》光盘和金钻版“嫦娥一号”模型,历时一年的大型策划“《奔向月球》献歌嫦娥探月工程”活动画上句号。

3. 宣传报道

1987年11月,《扬州日报》组织由副总编辑严丽芳率队的“运河两岸百里行”采访活动,年轻记者骑自行车分两路沿运河两岸采访,走田头、进农家。

1991年6~7月,扬州遭受百年未遇的洪涝灾害,报社先后组织5批记者分10个小组前往灾区。消息《凶悍洪水昨夜被我军民制服》、通讯《青春的颂歌》、评论《大水冲不掉责任制》等报道,受到社会好评。《凶悍洪水昨夜被我军民制服》获1991年度省报纸好新闻一等奖。

1992~1997年,围绕市委、市政府经济工作中心和全市经济要过千亿的目标,《扬州日报》刊发系列评论员文章,推出发展外向型经济、实施重点工程项目建设等典型报道,推出《半壁江山的辉煌》《菜篮子变奏曲》等系列报道和《新跨越的呼唤·扬州交通面面观》等深度报道以及“青啤”兼并“扬啤”和汽车行业产权制度改革的报道,开辟《扭亏纪事》《两个转变纵深行》专栏,刊发60多篇文章。特别是1994年,《扬州日报》与《新华日报》《经济日报》《人民日报》等媒体同步采写规模经济在扬州崛起的系列报道。《扬州日报》推出的《全国“单打冠军”成功之路》专栏,发表文章近60篇,把扬州发展规模经济的经验推向全省和全国。

1998年,为纪念改革开放20周年,《扬州日报》开设“纪念真理标准讨论20周年笔谈”栏目,发表《把思想解放贯彻于改革全过程》等6篇言论,开辟《往事今提》《当年新闻追踪》《百姓话说春天的故事》《我这二十年》等专栏,计发文章近60篇。

1999年,《扬州日报》开辟《扬州50年大事辑录》《扬州50年喜看巨变》栏目,以图表、数字、照片、专访等形式,反映中华人民共和国成立后扬州的巨大成就、新人新事。

1999年,重点报道援疆医生吴登云、老红军刘应启两位重大典型。“白衣圣人”吴登云作为全国重大典型登上中央媒体。《扬州日报》派出采访组飞赴新疆乌恰县实地采访,在头版开设“追寻吴登云的足迹”专栏,发回《热血凝聚民族情》等10多篇鲜活报道。为报道老红军刘应启事迹,记者前往邗江、仪征等地采访,推出长篇通讯《漫漫长征路 拳拳赤子心》《桑榆为霞红满天》等系列文章。2006年“七一”之际,《扬州日报》再次推出刘应启为典型的长篇通讯《一生的长征》,获省报纸好新闻一等奖。2006年年底,刘应启成为全国重大典型。

2000年,《扬州日报》及时报道江泽民10月18日题写润扬长江公路大桥桥名、10月20日莅临开工典礼现场为大桥培土奠基的消息。10月25日,刊发长篇通讯《百年梦圆》。大桥2005年4月30日剪彩通车,《扬州日报》推出《千年跨越》纪念特刊,次日刊发通讯《千年跨越——写在润扬长江公路大桥通车之际》。通讯《百年梦圆》《千年跨越》分别获2000年度、2005年度省报纸好新闻一等奖。

2004年4月,推出大型系列报道《扬州百年铁路梦》。2004年5月1日,宁启铁路南京至扬州段开通,《扬州日报》报道正在江苏考察工作的胡锦涛总书记乘火车从南京抵达扬州出席开通仪式和江泽民主席为扬州站题写站名的消息。系列报道《扬州百年铁路梦》获2004年度省报纸好新闻一等奖。

2006年开辟“沿江产业带建设纵深行”栏目,报道诚德钢管、川奇光电等企业典型。2007年一季度,推出杭集镇典型,刊发《产业巨龙成就“苏中第一镇”》《这里,创业已成一种风气和文化》等“强镇富民看杭集”系列报道。2008年10月,开辟“发展科技创新型经济·企业新蓝海”专栏,报道亚普汽车部件公司等一批科技型企业典型。

在2008年汶川特大地震报道中,《扬州日报》除头版外,还拿出A2、B1两个整版刊发抗震救灾报道。启动扬州日报社对口联线德阳日报社行动,刊发记者在救灾一线的所见所闻所思,报道扬州救灾医疗队、消防救援队、防疫小分队和扬州籍战士、志愿者的感人事迹。118名灾区伤员抵达扬州后,开辟“大爱之城”专栏报道。

2008年,在新一轮思想解放和纪念改革开放30周年报道中,《扬州日报》开辟“思想解放南方行/苏中行/苏北行”专栏，选派骨干记者下江南、走苏中、奔苏北，采写编发10多篇有分量的稿件。刊发《解放思想 百业兴旺》《“第一方略”演绎精彩跨越》等特稿，展示扬州工业、农业、党建、交通等30年发展全貌。12月28日，发行大型纪念特刊《变——扬州，我们的三十年》。

自1983年复刊起，《扬州日报》即组织参加全省报纸优秀作品评选，截至2008年，《扬州日报》有约40件作品获得江苏新闻奖、省报纸优秀作品一等奖。

（四）广告　发行　印刷

截至2008年年底，扬州日报社资产总额达1.44亿元，其中流动资产达1.06亿元，固定资产净值达0.18亿元。

1. 广告

1983年复刊后，报社成立经理部，配有广告人员。1987年，成立信息部，从事广告经营。1987年，报社广告收入57.43万元，此后每年以30%左右的幅度递增。1996年，《扬州晚报》创刊，当年两报广告经营收入首次突破千万元。2001年12月底，组建扬州日报社广告中心，下设日报广告部、晚报广告部、日报对外广告部。2004年，报社广告经营收入5 605万元。2008年，扬州日报社广告总收入达1.07亿元，首次突破亿元。

2. 发行

《扬州日报》复刊初期由邮局发行，至1988年每期发行4.16万份。1990年起自办发行，在县(市)建立发行站，乡镇配备专(兼)职发行员，市区建立专职发行投递队伍。1992年，又改由邮局发行。2000年，《扬州日报》期发行3.8万份左右。2003年，再次改为自办发行。至2005年年底，《扬州日报》期发行量为5.6万份。2006～2008年，《扬州日报》发行数量保持在6万份左右。

3. 印刷

1986年10月1日，《扬州日报》印刷厂重建并实现自印。1991年3月12日，报社启用电脑编排系统，实行胶印。1997年，《扬州日报》印刷厂投资70多万元用于技术改造和配套，实现彩报双机印刷。

2002年，《扬州日报》印刷厂更名为《扬州日报》印务中心。当年9月18日，印务中心在邗江工业园区奠基。2003年7月18日，总投资2 500万元、占地40亩的印务中心建成并投入运营。2008年，印务中心改制为报社控股的《扬州日报》印刷有限责任公司。

十一、《镇江日报》

（一）发展改革历程

1982年3月1日，《镇江市报》复刊，四开4版，周三刊，随后改为周四刊，为中共镇江市委机关报。镇江印刷厂重新划给报社，承印《镇江市报》。经费来源于地方财政补贴和营业收入。

1985年1月1日，《镇江市报》改名为《镇江日报》，改周四刊为周六刊(星期一无报，周末版为《星期天》，单独发行)。1990年10月，镇江日报社出资250万元，迁入中山东路338号中山大厦二楼、十三楼和十四楼办公。1993年1月1日，《镇江日报》由四开4版扩为四开8版。

1996年8月30日，高19层、建筑面积1.2万平方米、位于市区中山东路4号的镇江日报综合楼落成。9月，报社搬入该址办公，全部采用电脑编排流程。

1998年1月1日，《镇江日报》由四开小报改版为对开大报。

1998年9月，经市委批准，设镇江日报社党委和纪委。2002年9月，报社实行党委领导下的社务委员会负责制。

1999年3月，《镇江日报》在省内率先建立新闻宣传质量评估指标体系，并于2000年施行。1999年5月，省委宣传部向全省推介该质量评估指标体系。

2006年8月1日，《镇江日报》电子报开通。2006年12月1日，由镇江日报社与镇江移动公司合作开发的彩信镇江手机报开始试发送，12月26日开通。

（二）组织机构与人才队伍

1983年3月，镇江日报社成立。1983年7月，内设机构为办公室、城市报道科、农村报道科、群众工作科、编辑科、文艺副刊科、经理部、出版科。1987年7月，建立报社党组。1988年3月，内部机构调整为一室七部，即总编办公室、编辑部、记者部、专刊部、群工部、文艺副刊部、新闻研究部、摄影部。1990～1995年，内设机构做过多次调整。

1996年7月，市委决定镇江日报社为市委直属事业单位。1998年9月，设立报社党委。1998年9月，在丹阳、句容、扬中各设立一个工作站。

2002年9月，报社实行党委领导下的社务委员会负责制。社委会为报社行政决策机构，社长为报社法定代表人；《京江晚报》的编制、人员、资产整体并入报社；报社内部实行统一领导、分类管理。镇江日报社社委会下辖《镇江日报》编务委员会、《京江晚报》编务委员会、经营管理委员会、行政管理委员会。

2005年3月，内设机构重新调整，社直机构8个，分别是新闻摄影中心、技术部、金山网站、广告中心、发行中心、办公室、财务部、行政管理部（挂“保卫科”的牌子）。日报采编机构11个，分别是总编办公室、评论部、新闻采访中心、群众工作部、联办专版编辑部、周末副刊编辑部、法制专刊编辑部、新闻研究室、扬中工作站、句容工作站、丹阳工作站。

2005年11月，镇江日报社下属单位镇江印刷厂和镇江扬子新闻服务公司合并转企改制，完成产权转让。

截至2008年年底，镇江日报社职工总数335人。专业技术职称结构为新闻系列初级45人，中级80人，副高级4人，正高级1人；经济（工程）系列初级15人，中级9人，副高级2人；政工师系列初级2人，中级1人，副高级5人；工艺美术师等其他系列初、中、高级33人。

（三）新闻业务

1. 办报宗旨与编辑方针

报纸复刊以来，始终遵循1956年创刊伊始提出的“大家动手，办好镇江市报”的优良传统，秉承“生于这个时代，属于这个时代，记录这个时代，影响这个时代”这一“精神源头”，努力当好党的喉舌和主流媒体的责任担当，用今天的新闻成就明天的历史。

2. 新闻改革改版

《镇江市报》为四开4版，周三刊。1985年1月1日，《镇江市报》改名为《镇江日报》。1991年11月17日，《镇江日报》试刊《星期天》版。版式为四开4版单面双色。报社引进当时具有先进水平的电子排版系统，开始激光照排、胶版印刷。1992年，将“星期天”作为报头。1992年12月，《星期天》从4版扩为8版。1993年1月1日，《镇江日报》由四开4版扩为四开8版。

1994年10月1日，《镇江日报》第一张彩报问世。1997年1月1日，《镇江日报》对版面格局作较大调整，将原来综合新闻版扩为城市新闻和县市新闻两个版。1998年1月1日，首次出版对开大报，报纸容量、办报手段和办报思想都在不断发展。同时，子报《京江晚报》创刊，迈入“一社两报”时代。2000年1月1日，分设A、B版，《镇江日报》成为每天8版的全彩报纸。

2002年12月31日，报社旗下的新闻类门户网站金山网开通，标志着镇江日报社的媒体形态由单一平面迈进了平面、网媒兼而并有的立体时代。

2004年，《镇江日报》增加地方新闻比重，每周拿出两个专版，报道辖市新闻，开设《辖市走笔》《围绕三农》《人物写真》《辖市观察》《百姓素描》等小栏目。

2006年，镇江日报社与镇江移动联手打造出《镇江手机报》。2008年，报社主办的《镇江画报》与读者见面。

3. 宣传报道

20世纪80年代，镇江处于急遽转型变革中。复刊后的《镇江日报》，对此及时记录和深刻观照。1984年7月24日～9月4日，《镇江日报》头版陆续刊发5篇系列报道，“综述”大市口商业区。

20世纪90年代，《镇江日报》报道的周宜顺等舍生忘死、为抗洪而献身的英雄；因为帮助别人而受伤致残的原镇江船艇学院雷锋式的好战士王彦波先进事迹系列报道，在全国引发一场“王彦波现象大讨论”；关于驻镇某部干休所政委林正书“人到哪里，就把红旗扛到哪里”的报道从镇江推向全国，后被中央级权威媒体“两报一社”联合报道为“军中孔繁森”。

1998年，《镇江日报》在头版头条推出重要报道《“我有一个梦想”——记赵亚夫和他的农科试验园》。2007年6月18日，《镇江日报》又在头版头条推出介绍赵亚夫的长篇通讯《万山红遍》。《镇江日报》长达10余年“聚集”赵亚夫把论文写在大地上，和农民真心交朋友，以及他对“三农”的深情厚谊与执着信念，有效弘扬了“亚夫精神”。

2001年，《镇江日报》通讯《激活“细胞”应对入世》首获“江苏新闻奖”。

2002年年底，《镇江日报》报道七旬拾荒老人杨兆英罹患重症后贫病交加，忧心和自己并无血缘关系的孙女（拾荒时捡到的弃婴）杨路未来生活的感人故事，引起广泛关注，短短1个多月收到捐款6万多元。受此触发，2003年《镇江日报》与镇江市妇联联手开启“社会妈妈”公益活动，众多善良母亲、爱心家庭、公益团体陆续参与进来，对陷入困境的少年儿童给予物质、生活和精神上的多重关爱，最终成为一个品牌爱心群体，被誉为“大爱之星”。

2003年上半年，组织抗击非典型肺炎报道。在主要新闻版面开辟“抗非”报道专栏，安排记者夜以继日到一线，采写数百篇鲜活报道，生动及时地反映医护人员、公安民警和交通卡口、乡镇村组、街道社区的“抗非”斗争。报社还紧随“抗非”形势的发展变化，不断推出评论员文章。这些评论有针对性地适时引导，对于稳定社会情绪，坚定“抗非”信心产生重要影响。2003年8月，《镇江日报》报道“镇江市第一例、江苏省首例女性志愿者”戚熙娟奔赴北京，为一名河南白血病患者捐献造血干细胞的事迹。该报道催生了镇江全市捐献造血干细胞的“爱心接力”。

2003～2004年，《镇江日报》开展“镇江精神”大讨论，引导全市人民奋力实现“两个率先”。2004年，推出《践行“镇江精神”，推进“两个率先”》专栏，刊发系列评论及相关典型报道，组织有关方面主要负责人的专访及有关专家学者的署名文章，诠释和注解“镇江精神”，报道各界人士座谈“镇江精神”的动态。

2005年4月30日，润扬大桥建成通车，《镇江日报》与扬州日报采访中心互动，在大桥通车前后，推出《大桥两岸高端谈》和《感受大桥状态》两组系列报道、长篇主题通讯“梦想与跨越”和通车典礼报道，取得比较理想的社会效果。2005年8～9月，开展“三小车”（残疾人车、正三轮摩托车和人力三轮客车）整治宣传。开辟《整治三小车，共创文明城》专栏，以消息、通讯、特写、评论、访谈、图片等形式，营造舆论强势，为整治行动顺利推进、提前完成提供有力支持。

2008年，再度开启“新一轮解放思想大讨论”，从推进公民道德教育，到倡导社会主义荣辱观，再到弘扬社会主义核心价值观，《镇江日报》用一篇篇文章，提升城市文明、引领道德风尚、助力时代前行。从《车匪路霸谁来管》《晓光村违反夏粮收购政策农民不满》到《谷阳镇莱村8个月20宗违建》《润州花园毁绿建停车场?》，一大批舆论监督报道推出，产生极大社会反响，并最终促成问题解决。

至2008年，镇江日报社两件作品获“全国好新闻”三等奖，两件作品获“江苏新闻奖”，1人获“江苏戈公振新闻奖”，获省报纸优秀作品一等奖15篇。

（四）广告　发行　印刷

《镇江日报》自1982年复刊以来，实行事业单位企业化管理后，办报经营自收自支，创收能力与资产规模不断拓展，进入90年代后加快增长。1995年，突破1 000万元。截至2008年年底，日报社资产总额达6 677万元。

1. 广告

1982年《镇江日报》复刊，广告工作开始恢复。1982年，报业经营总收入10万元。1983年9月，设立广告发行科，几年后成立广告部，之后广告营业收入逐年递增。1988年，落实两级经营承包责任制，同年实现广告收入89.79万元。2005年，《镇江日报》广告收入1 560.18万元。

2. 发行

《镇江市报》复刊后由镇江邮电局发行。从1989年实行自办发行，使发行35万份增加到1991年42万份。

3. 印刷

1983年，复刊后的《镇江市报》采用上海人民机器厂生产的203型铅版卷筒轮转机印刷。1991年4月，投资近300万元，购置北大方正电脑激光照排系统和北人产JJ-204卷筒胶印机，报纸印刷彻底告别“铅与火”时代。

1994年8月，投资150万元，购置2787-02胶印轮转机，实现报纸单面套彩印刷，迎来彩报时代。

1999年9月，投资410万元，购置北人4784轮转胶印机。2002年1月，投资284万元，购置上海P19机4个印刷单元；9月，投资540万元，购置高斯SCC型印刷机开机，首次实现双面彩报印刷。

2004年4月，投入1 390万元，购置上海高斯机4个半塔。其间，激光照排、发排、接收主机、厂房改造、电力增容累计投入300余万元。

十二、《泰州日报》

(一) 发展改革历程

1996年7月19日,国务院批准设立地级泰州市。8月13日,地级泰州市委机关报《泰州市报》(试刊)第一期问世。《泰州市报》为四开4版,周六刊。1996年9月24日,《泰州日报》创刊,改为对开4版,报头由江苏省国画院院长赵绪成题写。9月26日,《泰州市报·周末》更名为《泰州日报·双休特刊》,四开8版;10月,改为对开4版。

1997年1月25日,泰州日报社创立《新闻立交》内刊,全刊16开本48页,封面、封底彩色印刷。1997年6月16日,报社迁至泰州市青年南路98号新址办公,共有用地5 300平方米,其中主体办公楼1 460平方米。

1999年12月,《泰州日报》进行新闻采编体制、干部人事管理制度、经营机制改革,实行"以版设部、中层干部竞争上岗、一般人员双向选岗"的改革办法。

2003年7月1日,《泰州晚报》创刊,四开16版,部分彩印。2003年11月18日,泰州日报社新闻大楼投入使用。

2005年7月13日,由报社宣传处负责编辑出版的《报社动态》创刊,每月1期。2007年5月25日,《泰州日报》《泰州晚报》数字报上线。9月,借助两报资源优势,与泰州移动公司合作创办《泰州手机报》。

2008年2月,泰州日报社创办《泰州晚报》增刊——《名城》期刊,成为泰州市区具有一定竞争力的休闲时尚类月刊。2008年12月22日,泰州日报社与人民文学出版社合作,联合主办《中华文学选刊》杂志。

(二) 组织机构与人才队伍

地级泰州市委机关报《泰州市报》问世后,实行编委会领导下的总编辑负责制,编委会为报社最高领导机构。1996年9月18日,报社人员划分为三大组:第一组为新闻采编组,负责一、二、四版;第二组为专副特刊组,负责专刊、副刊以及特刊的组稿编辑工作;第三组为广告、发行、后勤组,负责人兼管印刷厂全面工作。1996年12月16日,调整部门设置,分设办公室、编辑出版部、新闻采访部、专刊副刊部、理论部、通联部、广告信息部以及印刷厂,印刷厂下设铅印分厂。

1998年7月起,报社实行党委领导下的社长、总编负责制,增设社务办公室,原办公室改为总编办公室。部门设置为社务办公室、总编办公室、编辑出版部、经济部、专副刊部、社会部、广告信息部、通联发行部、理论评论部、印刷厂以及办公室老干部科。1999年10月13日,增设监察室,与社纪委合署办公。

2000年1月1日,部门设置调整为:党群口分设社务办公室、财务科、监察室;采编口设总编办公室、要闻部、综合新闻部、社会新闻部、周末特刊部、服务导刊部、新闻周刊部、群众工作部8个部门;经营口设广告部日报分部、广告部周刊分部、发行部。2000年4月18日,为加强新闻版(一、二版)采编力量,成立重点报道组,新闻周刊部并入周末特刊部。2001年,增设党委办公室,分管监察室。

2002年10月,《泰州日报》采编部门重新调整,设置总编办、编辑部、出版部、记者部、专刊部、社会新闻部、群众工作部、教育导刊部、政法部以及三报编辑部。广告部分设策划室、制作管理室和4个广告分部。2003年4月30日,部门设置微调:编辑部并入出版部,社会新闻部与群众工作部合并为社会群工部,记者部改为新闻部,增设热点要闻部、新闻研究室。2004年1月1日,撤销教育导刊部、热点要闻部。2005年,报社增设宣传处。

2006年8月,日报采编改"采编分开"为"采编合一",部门设置为总编办、出版处、要闻处、经济处、社会处、副刊处、理论处、特稿处8个部门。

2008年8月,党委、社委部门设置有党委办公室(下设监察室、群团办)、社务办公室(下设财务科、车队、资料室)、宣传处;日报采编部门设置为总编办、政经处、出版处、民生处、专刊处、社会处、理论处、农村处;其他还有晚报采编部门(下设9个子部门)、发行处、后勤处以及印务公司、广告中心。

2008年,泰州日报社有职工398人(事业编制144人),含领导班子7人(正处2人、副处5人)。其中,硕士研究生2人,大学本科90人,大学专科154人;高级职称5人,中级职称50人,初级职称81人。

(三) 新闻业务

1. 办报宗旨与编辑方针

《泰州日报》始终坚持"党报姓党",紧紧围绕市委、市政府的中心工作，服从服务于经济建设中心，以深入务实的作风抓新闻宣传，为全市经济社会和谐发展营造良好的舆论氛围。1996 年 9 月 24 日，《泰州日报》创刊词提出："高品位、高格调、高质量，是本报奋斗的目标；庄重、稳健、开放、大气，是本报追求的风格。"

办报宗旨为坚持正确的舆论导向，坚持正面报道为主的方针，坚持新闻"三贴近"基本原则，服务于改革、稳定、发展大局。始终把公信力放在首位，体现主流媒体本色、市委机关报权威性，提高党报核心竞争力。同时，找准服务中心与服务群众的结合点，努力提高新闻的可读性。

2. 新闻改革改版

1996 年创刊之初为对开 4 版，一版要闻，二版当地新闻，三版专刊副刊。1999 年 1 月 1 日起，每周五增设《周末》刊，形成"6＋1"版面格局。2000 年，增加《服务导刊》《新闻周刊》，形成"6＋3"格局。2001 年 1 月 7 日，由周六刊改为周七刊，撤《新闻周刊》，内容调整为周日报纸正常版面，形成"7＋2"格局。2001 年 12 月 18 日，增加《教育导刊》，形成"7＋3"格局。

2002 年 8 月 12 日，每周扩至 48 版，撤《服务导刊》《周末》，保留周五的《教育导刊》。版面内容分别为 A1 要闻、A2 国内新闻、A3 国际新闻、A4 地方新闻，B1 热点要闻、B2 专刊、B3 文体新闻、B4 社会新闻。

2005 年 1 月起，每周增至 64 版，周一至周五 8 个版：一版要闻，二、三版泰州新闻，四版国内新闻，五、六版国际新闻，间以"学习"等专版，七版体育新闻，八版娱乐新闻。周二加《泰州警方》4 个版，周三加《居家・理财》4 个版，周四加《车潮・健康》4 个版，周五推出文化周刊《品周刊》，每周一期，设《品・城脉》《品・文谭》《品・文苑》《品・城味》4 个版。周六、周日共 4 个版面，分为要闻、国内、国际、体育或娱乐。

2008 年 8 月 1 日，《泰州日报》再度改版，增加本地新闻，增设民生、新农村、读书、讲座等栏目。

3. 宣传报道

重大活动一般以专栏、专版形式，进行阶段性宣传。对全市党代会、人代会、政协会以及市委、市政府重要决策、重大举措等，均作新闻报道或信息发布，并用专访、解读等形式作深度报道。对中华人民共和国成立 50 周年、中国共产党成立 80 周年、泰州解放 50 周年、地级泰州市组建 10 周年等重大庆祝、纪念活动以及中央电视台"心连心"艺术团赴兴化慰问演出、中央新闻采访团来泰州采访信访局局长张云泉、防治"非典"等重要事件均进行阶段性重点宣传。1999 年，江阴长江大桥通车，开辟"抢抓大桥通车机遇大讨论"专栏，组织 64 篇稿件，编发 26 期专栏。2005 年 7 月 1 日，泰州火车站通车，通车前一个月内共编发 40 多个专版，刊发相关新闻 142 篇。7 月 1 日当天，《泰州日报》推出 52 版纪念特刊，编发《开辟泰州发展新纪元》等系列深度报道和专家学者撰稿的《百年火车梦》《走进铿锵时代》等 6 篇特稿。

2007 年 1 月 17 日，胡锦涛对泰州工作作出重要批示。《泰州日报》在传达学习胡锦涛重要指示的动态报道同时，发表系列评论员文章《可喜的成绩 历史的起点》《坚持科学发展走又好又快的发展道路》《着力改善民生 构建和谐社会》《为实现"全面达小康"目标而团结奋斗》等。同时，开辟"干大事、干实事、干让老百姓满意的事"专栏，推出访谈、解读、理论宣传、深度报道、图片专版等。

重视对典型人物的宣传。1997～2008 年，先后对市信访局局长张云泉、泰兴市邮政局江平路支局局长何建忠、首届全国道德模范提名奖获得者刘绍安等全国性模范人物作典型宣传。2005 年 3 月 19～25 日，中宣部、中央先进性教育办公室率中央新闻采访团来泰州集中采访张云泉。活动前，《泰州日报》编发 1.2 万字的长篇通讯《"连心桥"上的贴心人》，并配发系列评论，同时为采访团采集 46 篇典型素材稿件；活动中，报道动态消息；活动后，转发中央新闻媒体的相关报道，并开辟"学习张云泉 争做贴心人"专栏，跟踪报道全市学习张云泉的情况。日报还先后开辟《创业典型》《80 年 80 人》《时代先锋》《劳模风采》《先锋礼赞》等专栏，集中报道全市各条战线上的先进人物。

1997～2008 年，按照"帮忙而不添乱"的原则，把握好尺度，每年都针对社会热点问题进行舆论监督，其中社会反响较大的稿件有《中小学生进网吧有禁不止》《"小餐桌"卫生状况堪忧》《农民工就餐卫生条件差》《一些企业拖欠农民工工资》《小区业主状告规划局》《小区机关干部乱搭违章建筑》等。对披露的问题进行追踪采访，甚至多次追踪，并以

"续闻"形式公布解决问题的结果。

紧扣特点,开展讨论,规模较大、影响较广的宣传报道有5次:1996年的"塑造新形象 建设新泰州"大讨论,1999年的"抢抓大桥通车机遇 推进泰州改革开放"大讨论,2001年的"新世纪泰州精神泰州人"大讨论,2003年的"沿江开发与泰州的跨越式发展"大讨论,2005年的"保持共产党员先进性与建设和谐美好新泰州"大讨论。每次大讨论,都历时半年左右,开辟专栏或专版选登来稿。其中"沿江开发与泰州的跨越式发展"大讨论,选用来稿300多篇,编发专版29个,约16万字,为市委、市政府研究沿江开发的决策提供重要参考意见。

为庆祝中华人民共和国成立50周年,《泰州日报》举行《与共和国同行》征文;为纪念邓小平诞辰100周年,举办《百姓话说春天的故事》《我的小康生活》征文;为庆贺建市10周年,举办《十年感怀》《老照片 新照片》征文、征稿。2006年,开展"八荣八耻"宣传报道时,《泰州日报》设《荣辱观大家谈》《知荣辱 树新风》专栏征稿,让普通百姓提笔报道身边的真人真事,褒扬高尚,鞭挞丑恶。

《泰州日报》创刊12年来,共有159件作品在江苏省报纸好新闻评选中获奖。其中,一等奖25件、二等奖58件、三等奖66件,不分等奖项10件。此外,泰州日报社还参与中国地市报协、华东报纸副刊好作品、江苏省报纸副刊好作品等评选。

(四)广告　发行　印刷

截至2008年12月底,泰州日报社有固定资产约1亿元。

1. 广告

1996年8月28日至年底,报社实现广告收入198万元。1997年,成立广告中心。2003年,《泰州晚报》创刊后,晚报广告由广告中心负责运营。2005年,广告净收入达2 300万元。2008年,"两报"广告经营收入达5 600万元。

2. 发行

1996~2003年,由报社与市邮政局联合开展征订,通过邮政系统投递发行。2004年,实行自办发行,在各市(区)设立发行工作站,有发行员360多人,运输车辆7辆。2005年,不再自办发行,仍然实行邮发。2008年,"两报"发行量接近10万份。

3. 印刷

报社先后投入上千万元,对印刷设备升级换代,4组印刷机可每小时印刷15万张彩报和15万张套红报。印刷厂在保证"两报"印刷需要的同时,还先后代印《扬子晚报》《现代快报》等10多家报刊。2008年,印刷收入超过2 000万元。

十三、《宿迁日报》

(一)发展改革历程

1996年8月,伴随着地级宿迁市的设立,中共宿迁市委决定成立宿迁日报社,为市委直属正处级事业单位。9月20日,经新闻出版署批准,《宿迁日报》正式试刊,周三刊,对开6版,国内统一刊号为CN 32-0071,由著名书法家欧阳中石题写报头。1997年年初,报社创办印刷厂开始自印《宿迁日报》。同年11月,自建4层办公楼。1998年1月1日,《宿迁日报》扩版为周六刊。2001年,开始筹建宿迁新闻中心综合楼,在市区发展大道与洪泽湖路交叉处建设主楼12层的新闻中心,占地1.33公顷,建筑面积23 000平方米,于2004年9月20落成并启用。

2001年9月,全国报刊整顿,原《沭阳报》《泗阳报》《泗洪日报》《宿豫报》4家县报撤销,人、财、物并入宿迁日报社。

2002年10月17日,宿迁日报社加盟新华日报报业集团,通过加盟联动,进一步巩固和加强党的新闻宣传舆论主阵地,使省、市两级党报资源优势互补、效益放大。

(二)组织机构与人才队伍

2001年9月,宿迁日报社对内设机构进行改革。报社内设日报编委会、日报社经营开发管理中心。报社内设4个部室和5个记者站,编委会和经营开发管理中心分别设立多个部室。11月9日,《宿迁日报》成立沭阳、泗阳、泗洪、宿豫、宿城(区)记者站,均为正科级建制。

2008年,报社部门设办公室、人力资源部、纪检监察室、工会、财务部、新闻研究室、网络部、日报采访中心、日报社编辑中心、新闻图片中心,另外还有晚报办公室、晚报采访一部、晚报采访二部、晚报编辑一部、晚报编辑二部、晚报编辑三部以及沭阳记者站、泗阳记者站、泗洪记者站、宿豫记者站、宿城记者站。

至2008年,报社有在岗员工314人,其中具有硕士研究生学历6人、本科学历107人,正高级职称1人、副高级职称14人。

(三) **新闻业务**

1. 办报宗旨与编辑方针

创刊之初,《宿迁日报》牢牢把握正确的舆论导向,以传播信息、服务经济、促进宿迁两个文明建设为己任,紧紧围绕宿迁市委、市政府的中心工作和工作部署,充分发挥党报鼓舞、教育、引导、激励作用。

2. 新闻改革改版

1997年1月,《宿迁日报》创刊时一版为要闻,二版为经济,三版为专版,四版为时政。一版开设《改革第一线》《宿迁论坛》《走进个体私营企业》《廉政标兵》《创建之窗》《热线电话》等栏目;二版开设《经济漫谈》《村支书访谈录》《小城镇建设巡礼》《重点工程报道》等栏目;三版开设《马陵山》(文艺专版)、《党的建设》《法制长廊》《教育园地》《理论与实践》5个专版;四版开设《友好往来》《文体大观》《迷宫求解》《异域风采》等栏目。

1998年,编委会对版面进行调整,一版增设《走进普通人的生活》新栏目,原《热线电话》栏目由于开办《读者来信》专版不再放一版;二版增设《便民桥》和《市场写真》两个栏目;四版新增栏目有《神州纵横》《环球聚焦》。2000年1月1日,《宿迁日报》由周六刊增为周七刊。2001年6月,针对经济报道难写的问题,总编辑带领记者边采访边总结,归纳出写好经济报道的四点经验:深入采访,选好角度,精做标题,写出人的活动并有现场感。

2001年9月,报纸由对开4版扩大为对开6版,实行A、B两版制。A版为要闻,B版为县区新闻。

2003年4月,编委会着手对会议新闻进行改革。首先是从量上控制。重要会议刊发800~1 000字文稿,一般会议则抓住重点,几个会议整合在一起发。其次是将会议写成述评或现场短新闻,使会议新闻既简短又有可读性。如2003年4月,采访全市杨树栽植督查会议,记者跳出会议写新闻,重点报道市领导给群众算栽杨树的经济账。

2005年5月,报纸再次改版,采用A、B、C三叠形式出报。A1版要闻版不变,A2版也辟作要闻版,A3版报道国内外重大新闻,A4版刊登本地新闻写真和新闻时评。B版辟为周刊,C版为县区新闻。这种出报模式延续至2008年12月。

2006年8月,《宿迁日报》又对如何搞好深度报道进行探索。编委会以通讯《绿色探访录》为案例,组织记者研讨。一个月后,刊发《万船空呼声声急》系列报道,国务委员、国务院秘书长华建敏作出批示,责成有关部门认真调查,给予解决。该报道获江苏省报纸好新闻一等奖。

3. 宣传报道

1997年5月,《宿迁日报》策划推出《百名乡镇党委书记访谈录》专栏,《江苏新闻舆论动态》向全省新闻界介绍该栏目。6月,报纸开展"学邯钢、春兰集团和小天鹅公司"主题宣传,刊发《风雨市场路》《箭鹿跨越之路》等通讯,报道分金亭酒厂和箭鹿集团的典型做法和经验。1999年3月,《宿迁日报》"洋河杯99环宿行"采访活动启动,记者分四路对宿迁与外省市接壤乡镇进行采访,发稿219篇。

2001年1月,为纪念中国共产党成立80周年,《宿迁日报》推出《八十名党员与八十年》专栏。至年底,刊发通讯80篇,报道在宿迁奋斗过和正在宿迁奋斗的80名优秀共产党员事迹,其中有彭雪枫、江上青等革命烈士。

2002年5月,《宿迁日报》在原A1版《三个代表在基层》专栏基础上,又推出《实践三个代表 喜迎十六大》新专栏。十六大胜利闭幕后,又分别开辟《学习十六大 贯彻十六大》及《十六大精神在基层》两个专栏,并在《理论与实践》版和《党建》版,推出《学习十六大笔谈》和《学习十六大精神 加强和改进党的建设》两个专版。《中华新闻报》以《扎根基层沃土 展示一线风貌》为题,向全国介绍《宿迁日报》的做法。2003~2005年,《宿迁日报》策划和实施《众志成城 抗击非典》《呼应两个率先 力争后发快进》等10多个专栏。2008年1月,《宿迁日报》开辟《30个春天的故事》专栏,采写通讯《上塘今昔——探访中国大包干发源地泗洪县上塘镇》《沂涛新歌始末》等。同年10月,"神舟七号"发射成功。在获悉宿迁人张道昶参与发射后,记者联系并采写通讯《张道昶:参与"神七"发射的宿迁人》。

1997~2002年,《宿迁日报》宣传孙明芝、阎成米、王希、熊翠花、刘金侠、刘芳、蔡艳红等一批典型人物。2002年下半年,蔡艳红被江苏省妇联评为"好军嫂"。此外,《宿迁日报》还报道了经验典型单位沭阳县。20世纪90年代,沭阳县比较贫困,宿迁市委调整沭阳县领导班子后，经济取得较快发展。报纸连续刊发《体制机制大创新》《强力推进人气升》等文章。时任省委副书记顾浩批示：省内新闻单位对沭阳经验再作深入报道。

2003年7月，报纸推出两个人物典型，一个是为杨树产业而献身的泗阳果树站工程师周士林，另一个是因工作而累倒的好交警鲍彬。2006年7月，刊发《秦淮河畔的青春之歌》，报道泗洪县舍己救人的平民英雄朱柱。

2007～2008年，《宿迁日报》推出《秀强天下》系列通讯，报道秀强工艺玻璃有限公司董事长卢秀强，把一个作坊式玻璃门市创办成现代化的家电玻璃深加工企业。两个月后，记者又采写《中国名牌宿迁造》，详尽解析绿陵集团勇创宿迁“中国名牌”的突出业绩。

（四）广告　发行　印刷

到2008年年底，宿迁日报社资产总额为6 958万元。

1. 广告

1997年成立广告部，实行基数招标承包，人员聘任制，当年实现广告收入80万元。2005年，广告部一分为三，并根据每个部门的不同情况，下达相应创收任务。2006～2008年，广告经营人员与客户加强合作，广告收入连年递增。2008年，“两报”广告实现收入3 293万元。

2. 发行

1996年，《宿迁日报》刚创刊时，发行3万份。1997～2001年，《宿迁日报》开始邮发，每期发行4.8万份左右。2001年9月，报社自办发行。2002年，《宿迁日报》发行5.6万份，《宿迁晚报》发行1.3万份。从2008年开始，“两报”改为邮发，征订数量增加至9.3万份，其中《宿迁日报》发行6.1万份，《宿迁晚报》发行3.2万份。

3. 印刷

1996～1997年，《宿迁日报》由淮阴日报社印刷厂代印。1997年年底，报社投入400多万元创办的印刷厂竣工，并购进高斯P19胶印机1台和美国ECM照排机系统，实现报纸自印。2002年，印刷厂除承印《宿迁日报》和《宿迁晚报》外，还代印《江苏法制报》、苏北地区《江苏广播电视报》《洋河酒报》以及《双沟酒报》。

2006～2008年，报社投入330多万元，购买无锡宝南塔式高速印刷机，每小时可印报纸4万张。印刷厂承接《睢宁报》印刷任务，并代印10多种企业报和校报。

第二节　县（市）级党委机关报

县（市）级党委机关报是江苏报业的重要组成部分，作为我国县（市）报较为发达的省份之一，江苏自20世纪80年代初陆续恢复、新办县（市）报。

1980年3月10日，停刊20年的《宜兴报》复刊，成为全国试办的100家县报之一。此后，全省大多数县（市、区）都复刊或新办党委机关报。

2003年10月8日，江苏省报刊治理工作领导小组根据中央有关文件精神，制定下发《关于贯彻落实我省报刊治理工作方案的实施办法》。在这次清理整顿中，全省原持有国内统一刊号的29家县（市）报，只保留《江阴日报》《宜兴日报》《武进日报》《昆山日报》《常熟日报》《张家港日报》《吴江日报》《太仓日报》《海门日报》《东台日报》《丹阳日报》《靖江日报》12家，且这12家全部变更由省或市报业集团（市委机关报）主管主办。这12家县（市）报中，《昆山日报》《海门日报》《靖江日报》《东台日报》4家改由新华日报报业集团主管。

为了较全面、完整地反映全省县（市）报的情况，已停办的17家县（市）报，本节也列出条目记述。

一、《江阴日报》

（一）发展概况

1989年1月1日，《江阴报》复刊，有在编人员12人。1993年，向社会招聘10名采编人员。1993年12月1日，《江阴报》更名为《江阴日报》。国内统一刊号为CN 32－0069。1995年，选派4名骨干记者到《扬子晚报》挂职学习数月。2002～2003年，采编人员分批参加北京中报联新闻出版培训中心举办的业务培训。报社鼓励支持职工参加多种形式的学习培训，要求采编人员达到本科学历。2003年11月28日，《江阴日报》整体加入无锡日报报业集团。2004年，《江阴日报》公开招聘合同制记者。

《江阴日报》恢复筹建时，报社借房办公，报纸由江阴印刷厂代印。1989年,发行量为1.8万份,广告收入达32万元。1990年,报社新建印刷厂。1991年10月,实现报纸自印,首次使用激光照排技术。1993年,报纸发行量为3万份,广告创收超200万元。2002年,广告创收突破千万元。2007～2008年,报社整合社会资源,建立120多个户外阅报栏和10块城市形象展示大屏,宣传经营双获益。《江阴日报》还与瑞士荣格出版集团和《新民晚报》联合创办《风尚地带》杂志月刊。2008年,报社广告网络化管理系统投入运营。

(二) 新闻业务

《江阴日报》秉持"党报性质、晚报风格"办报宗旨,全面发掘本土题材,在权威性、本土性和可读性上发挥地方主流媒体的影响力。《江阴日报》在全国县(市)报中第一家获"中国新闻奖",第一家采用新华社电讯稿、彩色照片。

1995年2～6月,《江阴日报》持续刊出11篇特别报道,寻找一位9年不留真名、以"炎黄"名义向敬老院等捐款的好心人,使"炎黄精神"成为江阴精神文明建设的一大品牌。

1995年,《江阴日报》消息《华西村为陕甘宁晋培训100多名乡村干部》获"中国新闻奖"二等奖,在全国县(市)报中首开先河;翌年,刊发消息《跨省兴建华西村 就地移民六千人》又获"中国新闻奖"三等奖。

1996年,《赵新忠 赵忠惠甘愿赴贫困的吕梁地区执教》获江苏省报纸优秀新闻作品一等奖。

1999年江阴长江大桥竣工通车的重点工程报道和2006年以来持续推进"幸福江阴"建设的报道,均浓墨重彩,策划创新。

2007年8月,《江阴日报》推出《夏令热线》栏目,成为沟通政务、惠及民生的互动型新闻平台。

《江阴日报》初为四开4版,周六刊。1997年12月1日,改为四开8版,周七刊。2003年1月1日,改版为对开8版,周七刊,成为全省县(市)报第一张对开党报。

2004年12月28日,《江阴日报》开通网络电子版、数字报,2006年采用窄幅版式,2007年1月1日由周七刊改为周六刊。

2008年9月中旬,《江阴日报》改版,A版为政经新闻,B版为民生新闻,设有要闻、综合、副刊、文体、城事现场、时评、人文、服务等版面,每周还出版《名家特刊》《房产周刊》。

二、《宜兴日报》

(一) 发展概况

1980年3月10日,《宜兴报》复刊,成为全国试办的100家县报之一。当时的4名从业人员只有2人拥有新闻专业职称。1982年8月成立《宜兴报》编委会后,下设经济组、政文组、副刊组、出版组和群工组。1985年2月,报社机构调整为要闻科、政文科、副刊科、记者科、群工科、广告信息公司。1994年1月1日,《宜兴报》更名为《宜兴日报》,国内统一刊号为CN 32－0009。2003年夏,《宜兴日报》由市委机关报转为面向市场的报纸。2003年11月28日,《宜兴日报》加盟无锡日报报业集团。2008年,编委会下设编辑部、采访部、副刊部、网络新闻部、夜班编辑部、专版部、发行部、广告部、行政办公室、财务科10个主要职能科室。截至2008年年底,报社职工人数64人,其中副高职称2名、中级职称10名、初级职称20名。

1984年9月,《宜兴日报》成立专业广告公司——宜兴县图片广告信息服务公司,报纸广告和报业经营收入从复刊初期的几万元到1991年首次突破100万元。截至2008年年底,报纸广告和报业经营收入达2 000多万元。

1980年3月～1981年12月复刊初期,《宜兴日报》暂借县委宣传部两个房间办公。1982年1月～1988年12月,报社投资70万元在宜城镇解放东路新建宜兴报社3层办公楼,建筑面积700多平方米。2005年7月,《宜兴日报》投资8 000多万元建设报业大厦,总建筑面积20 200平方米,层高19层(含地下层)。该大厦于2008年1月竣工并投入使用。

(二) 新闻业务

《宜兴报》在1980年1月26日试刊第一号《见面话》中说:"复刊后的《宜兴报》,要在县委领导下,努力做好党的助手和工具。它要成为'四化'的促进派,鼓舞群众大干'四化'的雄心壮志,反映群众献身'四化'的英雄业绩,激励群众为'四化'而忘我劳动。"复刊初期,《宜兴报》宣传重点为大力宣传党在农村的第一步改革,宣传党的富民政策,宣传乡镇企业发展典型。

2003年1月起，首次分设A、B、C三类版面。A版设市内要闻版、综合新闻版、副刊版、广告版；B版设时政要闻版、文化娱乐版、体育新闻版、特别报道版；C版设《缤纷校园》专刊、教育要闻版、学生习作小学版、学生习作中学版、第二课堂。同时，长年设置《陶都风情》《卫生健康》《法制周刊》《宜兴房市》《影视综艺》《新周末》等专刊。2005年1月起，分设A、B、C、D四类版面。A版设重点报道新闻，B版设国际国内新闻和文体新闻，C版设休闲娱乐类报道，D版为各类周刊。新增《真情故事》《休闲时空》《连载》《经济视点》《警方周刊》等专刊，同时撤销《生活周刊》《收藏》《摄影》等专刊。

2006～2008年，《宜兴日报》围绕纪念改革开放30周年，重点策划，推出《感受改革开放30年》征文专栏，围绕经济、文化、工业、农业等九大题材刊发系列综述10篇；还策划图文并茂的"见证变迁"7个通版，宣传宜兴改革开放30年的巨大变化。与市委宣传部联合策划市（县）区联动纪念改革开放30周年特别报道，在《新华日报》刊出。同时，紧扣"深入学习实践科学发展观，保增长、快转型、促发展"主题，围绕"企业服务年"活动，宣传政府新举措，刊登评论员文章《特殊年景的非常之举》，刊发《我市出台"一揽子"扶持政策》等报道。

1994年1月1日更名为《宜兴日报》后，突出宣传贯彻邓小平理论、"三个代表"重要思想和党的十六大及十六届三中、四中全会精神的宣传。结合全市工作中心，突出争创"两个率先""三创建"、腾飞发展等主题报道。1992年，率先在全国县（市）报中采用卫星收讯系统和报纸胶版印刷，结束单纯靠采编人员采写和通讯员来稿的模式。配合扩版改版，首次增设国际、国内时事要闻版。

2007年10月，开通宜兴网。2008年7月，创办《宜兴日报》书画院和《宜兴日报》美术馆。2008年8月，宜兴网阳羡论坛开通。2008年9月，先后与中国移动和中国联通合作开发《宜兴日报》手机报和《宜兴手机早报》。

三、《武进日报》

（一）发展概况

1994年1月1日，《武进报》复刊，新闻从业人员仅有25人。1995年7月，获准公开出版发行，国内统一刊号为CN 32－0116。同年，更名为《武进日报》。2002年9月，《武进日报》新闻网站开通，主要栏目有《武进新闻》和各类周刊，成为《武进日报》扩大传播渠道的有益补充。2003年12月，《武进日报》变更为常州日报社主管、武进日报社主办。2008年年底，共有在册职工53人，其中高中及以下6人、专科20人、大学本科25人、硕士研究生2人；副高级职称1人、中级职称6人、初级职称33人。

1994～2008年，《武进日报》主要以邮政局代理发放至全区各部门、乡镇、村、重点企业。2004年，在中心区人口密集场所，设特约阅读点50个；在大型超市、小商品市场等地段设报刊亭9个，采取以邮发为主、自办发行试点发行的策略。至2008年，《武进日报》日发行量达3.6万份。

《武进日报》1994年开始开展广告经营，当年收入82万元，固定资产总额112万元。至2008年，报社广告收入2 000万元，报纸发行收入543万元，固定资产1 074万元。

2000年7月，《武进日报》迁至武进行政中心5号楼三楼办公。2005年5月，报社迁至武进中心区广电中路168号，办公用房面积约4 000平方米，报社筹资100万元建立新的采编一体化系统。

（二）新闻业务

《武进日报》复刊以来，坚持以传递武进党委、政府工作部署，传递经济信息，普及科技知识为办报宗旨，遵循"客观、公正、全面、真实"的办报原则，以"党报性质、晚报风格，突出经济、传递信息，贴近生活、服务群众"为办报方针，以"突出要闻版、深化经济版、丰富政文版、搞活副刊版"为总体战略，致力把复刊后的报纸办出特色，真正成为党委、政府的喉舌，干部群众的精神食粮。

始终坚持党性原则。1999年春，"法轮功"活动猖獗时，《武进日报》及时揭露"法轮功"反人类、反科学、反社会的伪善面目，遭到围攻也不退缩。同年7月22日，中央电视台播出揭露"法轮功"反动本质的重要新闻，列出受"法轮功"围攻的党政机关和新闻单位名单，《武进日报》名列其中。随后，报社组织力量专人采写，编发《较量》一稿，将报社与"法轮功"较量的过程予以披露，成为揭批"法轮功"的一枚重磅炸弹。北京、上海和江苏的多家报刊登载《武进日报》与"法轮功"较量的事迹。

彰显报纸个性和特色。武进电机厂不懈创业的动人故事、新科硅谷创办实验室的鲜活经验、好支书李介华一心为民的感人事迹、大树王戴锁方带富群众的务实创举等一大批重大典型报道，成为武进奋进的真实见证，发展的忠实记录。1997 年，《武进日报》周末版推出《我是武进人》专栏，陆续介绍在外地工作的武进籍优秀人士的情况，他们中有“两院”院士、博士研究生导师，多位科技、教育、文化、艺术、医学等领域的著名学者教授。2000 年年底，报社将在该专栏发布的所有报道编辑成书。2006 年，报社组织“武报记者百村行”，到全区 100 个行政村，用新闻语言生动解读其现状与愿景，并结集出版《阳湖春潮》一书。2008 年，启动“武报记者环湖行”，兵分三路挺进西太湖，行程上千公里，刊发图文报道 160 多篇。

推行精品战略。1998 年 9 月，在江苏省第五届报纸质量评比中，《武进日报》获二等奖；2006～2007 年度，报社被评为“江苏省精神文明建设先进单位”；1994～2008 年，《这是一棵叫人知道的小草》（消息）、《较量》（通讯）、《江村农民向生活污水开战尝甜头》（消息）、《农民售粮当“股东” 领到粮款再“分红”》（消息）获江苏省报纸优秀作品一等奖。

《武进日报》初为四开 4 版，周二刊。2002 年 9 月，《武进日报》新闻网站开通，主要栏目有《武进新闻》和各类周刊，成为《武进日报》扩大传播渠道的有益补充。2003 年 12 月，《武进日报》完成四开 12 版向四开 16 版的转变，本地新闻扩容为《要闻》《综合》《社情》《民生》《纵横武进》5 个版，并设有《时代周刊》《生活周刊》《今日农村》《警视周刊》4 个周刊，全部实现彩色印刷。2007 年，实现四开 16 版，部分 24 版，周六刊，彩色印刷。7 月 31 日起，推出《武进日报》数字报，实现在互联网上直接看《武进日报》的新突破。2008 年，《武进日报》下设总编办公室、记者部、广告部、专版部、通联发行部、综合办公室 6 个部门。

四、《昆山日报》

（一）发展概况

1993 年 4 月 2 日，省新闻出版局批准出版《昆山报》并于 9 月 28 日复刊。1995 年 1 月 14 日，《昆山报》公开出版发行，国内统一刊号为 CN 32－0113。1999 年 4 月 14 日，《昆山报》更名为《昆山日报》，7 月 1 日起启用新报名。《昆山日报》于 2003 年 12 月加盟新华日报报业集团。

1993 年复刊时，《昆山日报》内设总编办公室、行政办公室、经济部、政文部、副刊部、摄影部、广告部。以后又先后设置过编辑部、记者部、新闻部、专刊部、社会新闻部等采编部门建制。2008 年，报社内设办公室、总编办、采访一部、采访二部、副刊部、网络出版部、广告部、财务部。

报社职工总数从 1993 年的 29 人增至 2008 年的 76 人；大学本科以上学历人数从 1993 年的 7 人增至 2008 年的 33 人；具有中、高级职称人数从 1993 年的 6 人增至 2008 年的 20 人。

《昆山日报》复刊初期，报业经营收入有限，1993 年经营总收入为 73.92 万元（包括财政拨款 20 万元）。从 1994 年起，报社经营收入逐年递增。2008 年，经营总收入达到 2 246.42 万元，其中广告收入 1 821.66 万元。

《昆山日报》以邮发为主，复刊初发行量为 1.8 万份，基本上达到全市每 30 人拥有 1 份报纸的要求。以后逐年递增，2008 年发行量达到 2.5 万份。

1997 年 9 月 25 日，位于昆山市前进中路 387 号的昆山报社大楼落成，建筑面积 5 800 平方米。2004 年 8 月，报社搬迁到前进西路 148 号新的办公大楼。同时，投入近 150 万元，建立以采编系统为核心的报社信息化网络系统，实现内部计算机联网、信息资源共享。至 2008 年，报社固定资产总值为 1 292.21 万元。

（二）新闻业务

复刊初期，《昆山日报》以发展外向型经济为报道重点，大力宣传投资环境新变化、产业集聚新优势、招商引资新成就。

2002 年起，《昆山日报》较大幅度地增加社会新闻、百姓故事和读者来信等内容，并通过《读者热线》《回音壁》等栏目，及时反馈群众的意见、呼声。2003 年，开设每周五期的社会新闻版。2004 年，推出“行风热线”，推进行风建设。2005 年，通过《热点聚焦》《社会看台》《现场见闻》等栏目，报道人们关心的热点、难点问题。2006 年 7 月，报社与市纪委、监察局联合推出《民声 110》专栏，真实反映民声、民意、民求。2008 年，推出《新闻会客厅》《关注民生》《百姓故事》等版面和栏目。

复刊以来，《昆山日报》对一些重大事件、重要会议作了充分报道。

1999年6月下旬至7月上旬，昆山遭受严重汛情。从6月31日至7月5日，《昆山日报》采写、编发防汛救灾的消息、通讯、特写、见闻、专访、评论等共116篇，刊发新闻照片30余幅，增出抗灾专刊1期。

2001年6月6日，APEC贸易部长非正式会议在昆山周庄召开。《昆山日报》从5月开始，开设《迎APEC会议，树昆山形象》栏目，连续报道有关部门为迎接这次会议所作的各项准备工作。会议当天以两个整版篇幅推出《周庄情未了》《周庄舫：将昆山与世界相连》《聚焦古镇周庄》等消息、通讯、侧记、专访和图片，详细报道APEC会议在周庄召开的情况和中外人士的反响。《昆山日报》在这次APEC贸易部长非正式会议报道中，共发文字稿30余篇、图片25幅。

2003年抗击“非典”期间，《昆山日报》从4月中旬起，开设《预防非典、保障健康》《关注非典》《来自抗非一线的报道》等专栏，共采写编发报道和散文、诗歌等300余篇，刊发照片百余幅。

昆山是“神舟六号”航天员费俊龙的家乡。2005年10月，《昆山日报》推出长篇通讯《飞龙在天鹿城欢腾》《淡泊费俊龙》《夸夸咱们的好俊龙》等报道，全方位报道发生在费俊龙身上和费家的新闻。在“神舟六号”顺利返回时，《昆山日报》推出历史上第一个《号外》。

2008年汶川特大地震发生后，《昆山日报》在抗震救灾报道中，共采写编发稿件、图片200余篇幅。为报道好昆山对口支援四川广济镇的援建情况，《昆山日报》派出记者赴广济采访，刊发连续报道6篇。

此外，从2001年1月起，《昆山日报》推出每周一期的《外企之声》专版；2002年，推出《海纳百川》版；2004～2007年，推出《新昆山人》专版，开设《人在他乡》《寻梦昆山》《倾诉频道》《服务在线》等栏目。

《昆山日报》复刊初期为四开4版，周二刊（周三、周六出版）。一版为要闻版，二版为综合经济版，三版为政文、社会生活版，四版为副刊（刊名定为《玉峰》）。2003年1月起，《昆山日报》为四开12版。9月，改出对开8版，分为A、B两大版块，其中新闻版面主要有《要闻》《综合新闻》《社会新闻》《时政新闻》等，专、副刊版主要有每周一期的《时尚》《视点》《健康》《楼市》《新昆山人》《教育周刊》《玉峰》副刊等。

2007年5月，昆山日报网站建成并试运行。

五、《常熟日报》

（一）发展概况

1984年1月1日，《常熟市报》出版创刊号，职工总数33人。当时所设机构为总编办公室、行政科、工商科、农村科、政文科、文艺科、采通科、科技科、印刷厂。1994年名称由“科”改为“部”，以后又先后设置过新闻研究室、招商版编辑室、周末编辑室、社会生活部、影视广场编辑室、摄影部、网络部、经理部、发行部，采通科更名为通联部。

1995年6月15日，《常熟市报》更名为《常熟日报》，国内统一刊号为CN 32－0037。2003年夏，《常熟日报》由市委机关报转为面向市场的报纸。9月28日，《常熟日报》加入苏州日报报业集团并由该集团主管。

2005年下半年，《常熟日报》机构调整为总编办公室、党政办公室、经济一部、经济二部、政文社会生活一部、政文社会生活二部、文艺部、摄影部、网络部（2008年又改为“新闻网·杂志部”）、广告部、财务部、发行部、印务中心。总编办公室下面设校对组、电讯组，一度还设划版组。2008年12月，《常熟日报》新闻网站——常熟新闻网开通。至2008年，职工总数103人，其中高级职称8人、中级职称23人。

1985年起，《常熟日报》有零星广告发布，以后每年有所增加，至2008年，广告收入达3 202万元。

1984年，《常熟日报》发行1.4万份，2008年发行5万份，城乡各约占一半。

1998年，《常熟日报》于枫泾路建设新编辑大楼，大楼共6层，建筑面积3 200多平方米。2006年，在新世纪大道兴建报业大楼和辅楼，报业大楼高21层，辅楼高6层，建筑面积3.4万平方米。2007年9月，报社印务中心迁至通林路新址。2008年10月，《常熟日报》整体搬迁至位于新世纪大道和淮河路交叉处的新报业大楼，并于12月28日举行复刊25周年暨报业大楼落成庆典。至2008年，报社固定资产总值达 6 936 万元。

(二) **新闻业务**

1996 年,《常熟日报》立足于市委、市政府提出的“以港兴市”等五大战略,围绕常熟港被批准为国家一类对外开放口岸和“常熟港开港暨’96 常熟经贸洽谈会”,刊出 50 多个版面,宣传常熟投资环境和工业经济发展状况。1998 年,为纪念党的十一届三中全会召开 20 周年,开设《辉煌的 20 年》《邓小平理论在常熟的成功实践》等栏目,从不同侧面展示常熟各行各业改革开放成果。1999 年,开展“共话辉煌 50 年”“与共和国一起成长”等征文活动。2000 年 10 月,中国江苏(常熟)首届服装服饰博览会举行,《常熟日报》重点报道开幕式盛况,经贸合作与投资项目签约等,并出刊专页宣传重点服装企业。2001 年,全文刊发常熟“十五计划”,之后推出 10 个整版、连续报道 48 篇。2003 年,开设《喜迎建市二十年,率先发展铸辉煌》等栏目,反映干部群众实践“三个代表”、贯彻发展战略取得的成果。2004～2005 年,围绕常熟发展新目标,推出 18 组系列报道。2006 年,先后策划推出《回眸“十五”感受巨变》《新起点上新谋划》《科学发展新实践》等 20 多组专题报道。2007 年,在强化原有社会新闻报道的基础上,开设《百姓 365》栏目。2008 年,开辟《我这三十年》征文专栏,同时策划推出《风云 30 年——纪念改革开放 30 周年》特别报道,以每期半个版面篇幅,配以图片,共刊发 50 多篇。

《常熟日报》复刊时为四开 4 版,一版为重要新闻,二版为经济新闻,三版为政文新闻,四版为《虞山》副刊、《科技之窗》或其他新闻或文章。自 1993 年起至 2005 年年底,《常熟日报》先后出过《影视广场》《桃李苑》《公安特刊》《教育特刊》等专版,设置过《海虞春秋》《乐苑》等多个专栏。2006 年,《常熟日报》改出对开 8 版的 A、B 版。A 版四版,B 版四版,A1 版为要闻,A2 版为综合新闻,A3 版为社会新闻;B1 版为国内国际要闻,B2 版为国内新闻,B3 版为国际新闻,其余版面交叉安排副刊、特稿、特刊、各类专版和广告。

六、《张家港日报》

(一) **发展概况**

1992 年 9 月 16 日,《张家港市报》创刊,并明确由中共张家港市委主办。报社设总编办公室、人秘科、工交科、农商科、副刊科和政文科 6 个职能科室。1994 年 7 月 30 日,《张家港市报》公开出版发行,国内统一刊号为 CN 32－0109。1995 年,共有采编人员 29 人,其中中级职称 4 人,初级职称 16 人。《张家港市报》于 1997 年 7 月 1 日更名为《张家港日报》。

2002 年,创办《张家港日报》网络版。2003 年 4 月,网络版全新改版,新增《张家港政务》栏目。6 月,加盟“东方网苏州频道”,点击率达 17.5 万人次。2003 年 9 月 28 日,张家港日报社加盟苏州日报报业集团。2007 年,建立《张家港日报》多媒体数字报刊,每天将报纸新闻同步更新到数字报刊。2008 年,建办“张家港新闻网”,并顺利通过省政府新闻办公室备案。

2008 年 12 月,《张家港日报》内设总编办公室、新闻部、专刊部、社会生活部、经济生活部、周末副刊部、财务部、广告部、市报发行中心、网络新闻部。到 2008 年,报社有采编人员 79 人,其中高级职称 2 人,中级职称 10 人,初级职称 41 人,并拥有由 50 多人组成的通讯员队伍。

张家港日报社先后创办华闻广告公司、印刷厂、中美合资超纯水公司、票务中心、网络信息公司等经济实体。2003 年,报社实现经营收入 1 500 多万元。2008 年,广告收入达到 2 000 多万元。

《张家港日报》从 2004 年开始,实行征订和投递相分离的办法,即由报社负责征订,由邮局负责投递。这一时期,报社先后在全市组建 10 个发行站、20 个发行分站,发行网络覆盖全市,形成以发行站为主、多方参与、多渠道发行的格局。2005 年度,《张家港日报》发行总量超过 3.3 万份,至 2008 年达到 3.8 万份。

报社成立初期,租用市委党校宿舍作为办公用房。1993 年 6 月,搬迁到新建成的位于人民路、建筑面积 2 800 多平方米的新闻大楼。2000 年,投资 150 万元完成新闻大楼改造,办公区铺设电脑网络线路,为每位编辑、记者配置电脑,基本实现采编无纸化;投资 180 万元添置照排机、彩色扫描仪等彩色照排设备,并试出彩报成功。2003 年,《张家港日报》由单面彩报改为双面彩报。

(二) **新闻业务**

1992 年 9 月～1994 年 7 月为初创阶段。《张家港市报》设有要闻版、综合经济版、社会生活版、副刊版，主要栏目有《星座》《外向之路》《工业小区建设》《三产之花》《社会写真》《党的建设》《梁丰园》等，初步形成“期期版版发言论，期期版版有照片”的办报特色。这一阶段的宣传报道重点主要有：宣传报道张家港保税区建设和国家卫生城市的创建；对经济建设的宣传，开设《“710”工程》《快嘴婶逛市场》等栏目，报道全市加强农业基础设施建设，发展“三高一创”农业情况，报道促进第三产业发展动态新闻和典型经验。

1994年8月～1997年6月，是《张家港市报》探索发展阶段，形成“坚持党性、立足港城、贴近群众、办出特色”的办报路子，围绕全市经济建设、精神文明建设加大宣传力度。这一阶段开设的主要栏目有《港城论坛》《观察家》《群言堂》《东渡夜话》以及《三外天地》《三产之花》《企业园区》《党的生活》《文明礼赞》等。这一时期，《张家港市报》共有64件作品获得苏州市以上各类好新闻奖，其中《扎实搞好一把手工程》《一封信引出的故事》《秦振华书记四年批阅人民来信一万五千件》3篇作品同时获得1996年度中国县(市)报新闻奖一等奖。随着采编人员能力素质的提升，这一阶段，《张家港市报》办报水平不断得到提高，宣传内容日益丰富，可读性大大增强，受到读者的肯定和欢迎。

1997年以后，通过多轮改版，《张家港日报》分设新闻、专刊、特写三大版块，初步形成由可读性、娱乐性、实用性组成的媒介信息体系。专刊、副刊、周末刊向晚报、生活类报纸学习，突出知识性、服务性、趣味性、实用性。在版面设计上，按照标题新、新闻短、版式美、照片亮的要求实施，增强视觉冲击力。采、编、校、印质量也明显提高。

按照“扩充新闻容量，增设新的版面，打造更多看点，创新运作机制”的要求，报社进一步推动新闻改革，确定党报和都市报相结合的新定位，不断增强贴近性、可读性和服务性。至2008年，《张家港日报》形成《健康》《楼市》《教育》《生活》《周末》《法制》六大周刊。

《张家港日报》初为四开4版，周二刊，黑白报，逢周三、周六出版。1997年1月改出周六刊。1998年1月扩版为四开8版，至2003年扩版至四开20版(周末24版)。

七、《吴江日报》

(一) 发展概况

《吴江日报》的前身是1995年1月16日复刊的《吴江报》，当年有工作人员24人。1999年1月15日，《吴江报》更名为《吴江日报》。2000年12月28日，《吴江日报》获准全国公开发行，国内统一刊号为CN 32－0124。2003年9月28日，《吴江日报》加盟苏州日报报业集团。

至2005年，职工总数72人。其中，初级职称21人，中级职称15人，高级职称3人。2006年9月，《吴江日报》设办公室、总编室、时政新闻部、社会新闻部、专副刊部、广告经营中心、网络部、出版部、发行部、读者服务部、新闻研究室和盛泽办事处12个科室。

《吴江日报》1995年发行2.3万份，2004年发行2.4万份。1995年，《吴江日报》经营总收入为162万元。到2008年，经营总收入达到2 873万元，其中广告收入2 250万元。至2008年，报社固定资产总值达1 147万元。

《吴江日报》于1996年1月搬入流虹路原市国土局办公楼。1999年12月18日，报社迁入市区江陵南路30号(现笠泽路150号)新址，吴江报业大楼启用。新大楼基本建设总投入超过1 000万元，占地14亩，建筑面积4 420平方米。

(二) 新闻业务

《吴江日报》坚持正确舆论导向，强化对市委、市政府重大决策、重大活动，全市的重大成就、重大典型的宣传报道。

复刊初期的《吴江报》为四开4版，一版为重要新闻，二版为经济新闻，三版为政文新闻，四版为《垂虹》副刊或其他专栏新闻文章。

2001年5月，《吴江日报》成立首家驻乡镇记者站——盛泽站，出版《盛泽周报》。2002年，又分别在平望、芦墟、七都设记者站。2003年起，先后增加刊出周末版《百姓之星》《防治“非典”服务手册》《我为球狂》特刊、《奥运》特刊以及各种专栏。从2004年开始，报纸分出A版、B版和C版三大类别。

《吴江日报》策划推出领导干部“三讲”和“双思”教育活动宣传报道、费孝通《心系事业、志在富民》栏目报道、《辉煌20年》系列报道等紧扣中心工作的新闻报道。策划推出《新闻沙龙》主题版面，关注民生事业发展；发起设立“吴江市新闻助学基金”，成为爱心公益的品牌活动；组建成立《吴江日报》小记者团、《吴江日报》市民读者健康顾问团，成功举办吴江市网络歌手大赛、吴江市“年画宝宝”评选活动。

1995～2005年，《吴江日报》共获得江苏省报纸优秀作品奖11个、各类一等奖17个；最高等级为江苏省报纸优秀作品奖二等奖，共4个。

2007年12月24日，《吴江日报》数字报开通，实现纸质媒体数字化传播。2008年8月6日，吴江新闻网、《吴江手机报》开通运行，《吴江日报》开始新媒体发展的探索。

八、《太仓日报》

（一）发展概况

1996年7月1日，《太仓市报》创刊。创刊初期，报社共有20名工作人员。至1998年12月16日，《太仓市报》内设总编办公室、行政办公室、广告部、编辑出版部、新闻记者部5个科室。

1999年1月3日起，更名为《太仓日报》。2000年12月28日，《太仓日报》获准公开出版发行，国内统一刊号为CN 32－0131。2002年10月8日起，内设机构调整为总编办公室、行政办公室、新闻编辑部、新闻采访部、副刊编辑部、专刊编辑部、电脑出版部、广告发行部8个科室。

2003年9月28日，《太仓日报》加盟苏州日报报业集团。2008年，《太仓日报》引进2名研究生专业人才，职工总数增至60人。

1996～2008年，《太仓日报》报业经营收入主要为报纸广告收入。1996年7月1日报纸创刊，半年广告收入仅43万元；1997年跃至300万元，此后至2000年，每年一直徘徊在300万元左右。2008年，《太仓日报》广告收入达1 400万元。

1996年《太仓市报》创建之初，出资60万元购买原太仓市经贸公司办公大楼（位于人民北路42号）约1 000平方米，并重新装修，作为报社办公用房。2002年，《太仓日报》对位于向阳路16号的报社新址大楼改造装修，进行设备更新，内部建立局域网，实现无纸化办公。同年9月28日，《太仓日报》搬迁至新址办公。新大楼占地2 127平方米，主体建筑为一幢四层大楼，坐北朝南，另有一辅楼，为二层，办公总面积约3 000平方米。

（二）新闻业务

《太仓市报》创刊时，明确为市委机关报，是党、政府和人民的“耳目喉舌”，是党的整体工作的重要组成部分。

1997年1月18日，太仓市举行太仓港开港典礼，《太仓市报》出版太仓历史上第一张彩色报纸。报纸一版刊登李鹏、李岚清、迟浩田、费孝通等党和国家原领导人为太仓港开港所作的题词。《太仓市报》为此发表社论，刊发长篇通讯——《春闹太仓港》，全面报道港口的开发建设盛况。

2001年，《太仓日报》开设经济宣传专栏、专题20多个，宣传太仓的“三大发展战略”，“十五”计划总体思路、主要目标和基本任务。

2003年，“非典”袭来，《太仓日报》大力宣传抗击“非典”的先进事迹和经验。同年起，太仓每年举办一届郑和航海节，报纸围绕这一特色纪念日展开宣传报道。

2005年，是郑和下西洋600周年，围绕这一重大纪念日，《太仓日报》进行多方面宣传报道，当天出版56版彩报，对外展示提升太仓形象。8月8日，《太仓日报》大型新闻报道行动“记者百村行”拉开序幕。随后，记者进村入户，对全市126个建制村作了全方位报道，共发稿件近百篇。

2008年，《太仓日报》大力宣传报道新一轮思想大解放，为太仓经济发展注入强劲动力；高频度报道招商引资活动，为引进更多外资与内资，推动太仓经济发展呐喊助威。

《太仓日报》于2000年8月1日实施改版。改版后的太仓新闻版更加注重新闻性、可读性、服务性，栏目设置新，报道视角新，版式制作新。一版围绕市委、市政府中心工作，及时报道太仓市的重大新闻，宣传贯彻党的方针政策，抓好头条新闻，做好典型宣传；二版常年开设《弇山絮语》《新闻观察》《要闻简报》等栏目，充分体现“准、稳、快、短”的特点；三版着力增加经济深度报道和市场经济信息，为领导提供决策参考，为群众提供各种服务需求。

1996～2008年，《太仓日报》在苏州市级以上新闻作品评比中，共获224次奖项。

九、《海门日报》

（一）发展概况

1994年1月4日，《海门报》复刊，设办公室、编辑部、采通部、广告部。1999年1月，《海门报》改名为《海门日报》。2001年2月，《海门日报》获准公开出版发行，国内统一刊号为CN 32－0125。2003年12月，《海门日报》变更为新华日报报业集团主管、海门日报社主办。

2008年，《海门日报》内设机构为办公室、编辑部、记者部、副刊部、广告部、广告公司（与广告部一套班子、两块牌子）、发行部、发行公司（与发行部一套班子、两块牌子）、网络部、社区部、印务中心。职工总数从1994年的16人增至2008年的73人；具有中、高级职称人数从1994年的5人增至2008年的17人。

复刊以来，《海门日报》一直通过邮局向部门、乡镇和个人发行。2002年10月，报社组建发行部，建设自己的发行队伍，市区实行报社自己发行。

自1995年起，《海门日报》创办专版专刊，拥有十大专刊、50多个专版，每月出版版面数达180多版，是报社经营创收的重要渠道。

1994年年底，报社购置设备，组建《海门报》印务中心。1995年，自行电脑激光照排。1996年，报社成立新闻印刷厂。2004年年初，印务中心全面接管排版印刷。2007年8月28日，《海门日报》步入了双面彩印的新阶段。

1999年1月，《海门日报》自筹300多万元，购置人民西路1号新世纪广场西半楼房屋，面积1 641平方米。3月8日，报社迁址新办公楼。

（二）新闻业务

复刊后的《海门报》以"面向社会，面向基层，面向群众，尽心为民"为宗旨，服务地方两个文明建设。

1998年1月起，《海门报》创办周末刊，以增强可读性。周末刊每期8版，第一年的版面安排为《要闻版》《五彩生活》《荧屏消息》《春江水》《文化娱乐》《天南海北》《时事》《体育场》。2000年，《天南海北》改为《影视窗》。周末刊至2000年12月底停刊，共出150期。2001年起，周末刊改出《生活专刊》（星期一出版4版）和《文化专刊》（星期四出版4版）。

1999年1月起，为提高报道的时效性，报社编辑部在头版开设《昨夜新闻》栏目，记者部每天组织1～2名记者在晚上7点至9点半，前往城区及周边乡镇采访，当夜写稿，第二天见报。

2004年7月1日起，报社对本地新闻版块进行大力度改革。改革从改进版式、调整栏目设置、明确稿件取向和时效、规范常规用稿等方面入手，力争上版的每篇新闻是真新闻、硬新闻、活新闻，上版稿件新闻体裁多样；做到每天版面有策划新闻、服务类新闻、事件新闻；尽力做到天天有精品、篇篇有分量、句句非空话。为此，报社组建专门的改革工作班子，明确改革要点，形成改革工作机制，健全供稿体系，加强责任考核，改进评分体系，开展优稿评选。为增加新闻源，提高新闻时效，报社首次实施新闻报料制度，编辑部设报料电话，号码为82119110。该电话保留近十年。

《海门日报》版数从少到多，增加的版面主要用来做社会新闻、民生新闻、财经新闻和焦点新闻等，让受众能从报媒中了解到即时发生的新闻事件，能深度解读事件的发生、发展和处理全过程。同时，社会新闻还能更好地服务受众，让受众不出门全知天下事。增加的版面还加大了副刊的内容，包括《春江水》《书画影》《影视版》等，能为读者提供浓厚的阅读兴趣。

2004年7月1日，海门日报社创建海门日报网。2006年5月，海门日报网经过改版，改名为海门新闻网。2007年3月28日，《海门日报》多媒体开通。2008年11月28日，历经半年多策划和3个月试运行的《海门手机报》开通。

十、《东台日报》

（一）发展概况

1988年12月17日，《东台报》复刊，国内统一刊号为CN 32－0072。周一刊，四开4版。一版为要闻版，二版为经济版，三版为政文版，四版为副刊。1998年6月2日，《东台报》更名为《东台日报》，同年7月1日《东台日报》出版。

2003年12月，《东台日报》加盟新华日报报业集团。2006年2月5日，《东台日报》开通新华社电讯稿。2007年1月1日，《东台日报》改为四开8

版，周六刊，全面实施彩色印刷。

报社在编人数稳定在37人之内，其中采编人员最多时23人。报纸复刊至2008年，先后有35人获得自学考试、函授大专或本科文凭，5人获得副高级职称，18人获中级职称，6人被评为初级职称。

1989～1994年，《东台日报》广告创收额从16万元增至73万元，1995年首次超过100万元。2008年，广告收入达450万元。

复刊初期的1989年和1990年，《东台日报》发行量分别为1.2万份和1.3万份。到2008年，报纸年发行量达2.8万份。

1993年9月9日，《东台日报》从市政府第二招待所搬迁至望海东路47号九九商厦五楼办公。2002年，报社投入55万元，从当时的市建设局名下购买九九商厦四楼，办公面积1 348平方米。

（二）新闻业务

为增强报纸的吸引力和可读性，《东台日报》各个时期的宣传除重视版面效果外，还讲究报道艺术：一是对重大新闻事件的宣传，报纸及时“挂牌”，评论开篇，事件进程报道中及时配发言论，强化主题，推动宣传步步深入；二是对中心工作和重点工作的宣传，通常是辟出专版，开设栏目，做到集中报道与系列报道相结合，营造舆论氛围，实施正确引导；三是对典型人和事的宣传，着眼社会反响，多方位连续报道，使典型深入人心；四是对急需引导读者统一认识或树立某种精神的宣传，在报纸上开宗明义，提出问题，辟出阵地，展开讨论，以期形成共识，实现思想上的飞跃与升华。

1991年7月，东台遭受特大洪涝灾害。从7月初到8月中旬，历时45天，《东台日报》共发表反映抗洪救灾稿件400多篇。

1993年，《东台日报》一版开设栏目，以“90年代东台精神”为专题展开讨论。这一讨论从3月刊出启事开始，至9月结束，为期6个月，内容涉及多个方面。

1994年，为迎接和庆祝中华人民共和国成立45周年，报纸从7月中旬开始，至1995年1月上旬结束，在一版开辟《看今朝》系列报道专栏，系统介绍东台在改革开放和市场经济大潮中，各地各条战线的新经验、新成就、新变化，热情讴歌为创造辉煌业绩而无私奉献的先进人物。

1996年3月，作为江苏省“海上苏东”战略百万亩滩涂开发工程中最大的启动工程——东台市笆斗垦区开发工程拉开帷幕。当一条全长12.3公里的拦海大堤巨龙般地屹立在海滩上时，《东台日报》用二三合版篇幅，发表笆斗片滩涂围垦纪实《迎接新世纪的献礼》。

1997年年初，《东台报》推出市十一届人大代表、安丰敬老院院长王均高这一先进典型人物。王均高从一个领导300多人的村党支部书记，被调任到由17名孤寡老人组成的敬老院院长，无怨无悔，恪尽敬老之职，甘当孤寡老人的“孝子”。长篇通讯《情似春风爱似雨》和东台市委《关于开展向王均高同志学习的决定》于1月8日在报纸上同时发表后，王均高成了人们心中尊老、敬老、爱老和助人为乐的一面旗帜。

2005年3月16日开始，在报纸上开辟《走近城乡百姓》专栏，激励记者进农家、到社区中体验、感受民情民意，写出更多更好“三贴近”的新闻作品。当年11月下旬至12月，总编辑带头到农家采访。

2008年，《东台日报》出版《奥运特刊》，每天开辟《直通北京奥运》专版，集中报道各国运动员夺取金牌消息、奥运赛事进程、看点和奥运奖牌榜。东台女选手汤红霞残奥夺金后，报纸及时报道消息，组织系列评论，引导全市上下将“残奥夺冠”的精神转化为“发展夺冠”的动力。与此同时，我国改革开放步入整整30个年头。从5月开始，报纸副刊开展“三十年，我们共同走过”的征文活动，先后刊登征文60多篇。进入10月以后，报纸以《精彩三十年》为栏目主题，列出全市工业、农业、商贸、教育、改革、改制等10多个专题，组织记者分类采访、回顾，在一、二版连续刊出。

《东台日报》从1989年首次参加年度好新闻奖评选至2008年的20年中，先后获中国县市（区域）报、江苏省县（市）报、江苏省报纸及副刊（不含各种征文竞赛奖）共417件。2004～2008年，《东台日报》同时参加新华日报报业集团组织的《新华日报》好新闻年度评选，共获好新闻一等奖25篇（二、三等奖未列入统计）。

十一、《丹阳日报》

（一）发展概况

《丹阳日报》的前身为1989年12月1日复刊

的《丹阳市报》，系中共丹阳市委机关报，由丹阳市委主管、主办，国内统一刊号为CN 32－0070。设办公室、要闻科、经济科、副刊科、政文科、群工科、广告科。1991年5月1日，《丹阳市报》更名为《丹阳报》。1995年1月1日，更名为《丹阳日报》。2004年2月，《丹阳日报》的主管单位变更为镇江日报社，主办单位变更为丹阳日报社。

2008年，《丹阳日报》设有要闻部、总编办、记者部、摄影部、社会新闻部、专刊部、新闻中心、广告部、行政事务部、财务部、发行部等部门，下辖广告公司、印刷厂等。至2008年，《丹阳日报》员工总数90人，其中大学本科33人、大专39人，高级职称2人、中级职称20人、初级职称21人。

1996年，《丹阳日报》经营总收入为604万元（报纸发行228万元、广告经营376万元），固定资产总值为540万元。至2008年，《丹阳日报》经营总收入达2 676万元（报纸发行438万元、广告经营1 419万元、其他经营819万元），固定资产总值达2 415万元。2008年，《丹阳日报》每期发行3.3万份，其中自费订户达70%。

《丹阳日报》报业大厦于1999年开工建设，2001年10月竣工，总投资2 850万元，占地10 743.84平方米，建筑面积9 036.09平方米，主体建筑11层，设有地下车库，配有院子。

（二）新闻业务

《丹阳日报》自1989年复刊到2008年，始终坚持党的办报宗旨，一直是丹阳的主流媒体。报社推出不少在全市乃至全省有影响的宣传报道，例如全国劳模谭三林二十年追踪报道、“见义勇为高新大”典型报道、许杏虎烈士系列报道、“农家行”大型新闻采访调查活动、“爱心之旅夏令营公益活动、“暖冬行动”策划报道、“真情故事”策划报道、“陪四川籍农民回‘5·12’震区寻亲”系列报道等，或是在全省报纸、中国县（市）报、江苏省县（市）报新闻评比中获奖，或是受到省新闻出版局的肯定和赞赏，或是被评为丹阳市精神文明建设十佳新人新事之一。

1989年2月，《丹阳市报》复刊时，为四开4版，周二刊。一版为要闻版，二版为经济版，三版为文艺综合版，四版为时政、科技版。

1992年2月1日，《丹阳报》设立电子版。

1998年3月开始，《丹阳日报》改版。改版围绕“新闻专题化、专刊集约化”展开，公开向读者征求改版意见，投资100多万元改造出版系统。改版后，报纸的可读性、必读性、耐读性明显增强。尤其是“社会经纬”由每周一期扩为六期，在全国组建供稿网络。群众喜闻乐见的专刊得到强化，如《国际国内》《体育》《文化娱乐》等。《农村生活》《百花园》《经济广角》等为报纸强化宣传、引导功能提供有效载体；《教育专刊》（每周四版，可单独发行）服务教育教学的功能得到有效发挥。

2003年2月28日，《丹阳日报》又一次改版，对版式作了美化，报头在头版占据通栏位置，版面也作了调整。

2006年10月19日，由《丹阳日报》组建的“丹阳新闻网”运行。

2007年1月1日，《丹阳日报》改为“窄报”，每个版面增加1 000多个字位，每天增加近2万个字的新闻。

十二、《靖江日报》

（一）发展概况

1997年7月1日，《靖江报》复刊。复刊初期，设办公室、采编通联部、出版发行部、广告信息部，以后又先后设置过新闻研究室、行政部、新闻部、社会新闻部、采访部、专副刊部、网站、新媒体发展部、广告经营管理中心、监察室、总编办公室等职能科室。

2000年1月1日起，《靖江报》转办为《靖江日报》。2001年3月1日，获准公开出版发行，国内统一刊号为CN 32－0126。2003年12月，《靖江日报》加盟新华日报报业集团。2008年下半年，《靖江日报》机构调整为总编办公室、行政部、采访部、出版发行部、广告经营管理中心、专副刊部、监察室、新媒体发展部、新闻研究室。

复刊初期，报社经营创收能力较弱，管理相对粗放。复刊第二年的1998年，经营总收入达340万元。报纸发行由市邮政局负责，发行量为2万份，基本上达到全市每30人拥有一份报纸。

（二）新闻业务

1997年7月1日《靖江报》复刊之初，正值香港回归和党的十五大召开，除转载新华社有关重要消息、言论、文章外，《靖江报》结合该市实际，开辟《展示新成就、迎接十五大》《做出新成绩、迎接十五大》

《企业改革在靖江》《讲文明、树新风》《改制潮声》《十佳好军嫂》《燃烧的红烛》等专栏。

1999年，《靖江报》组织纪念靖江解放和渡江战役胜利50周年、创建省级卫生城市、1999靖江对外经贸洽谈会、庆祝中华人民共和国成立50周年、庆祝江阴长江大桥通车、庆祝澳门回归等重大题材宣传报道。

2000年，《靖江日报》组织乡镇区划调整、自营出口和招商引资、人口普查、交通和城市基础设施建设、加强思想政治工作等宣传报道。

2001年，《靖江日报》着重抓好一版二版新闻改革，形成一版《今日聚焦》《每周视点》、二版《热点追击》《百姓语林》、周末版《特别报道》《记者行动》等10多个专版、专栏，组织"三个代表"学习教育、农村税费改革、经济发展软环境建设、加快个体私营经济发展、江苏省双拥模范城达标验收、庆祝建党80周年、"新世纪新靖江形象"大讨论等十几项重大主题宣传报道。

《靖江日报》初为四开4版，周三刊。2002年7月1日，改为四开8版彩色报纸，推出新AB版制，出版日调整为周一至周五。2002年，《靖江日报》围绕党的十六大，先后开设《凝心聚力加快发展，迎接十六大胜利召开》《喜迎十六大·镜头中的新变化》等专栏。

2003年，新辟《市井民生》专版接受读者投诉与求助，全年形成跟踪报道稿件200多篇。

2004年7月1日，《靖江日报》由周五刊增为周六刊，新增《靖江关注》《靖江美食》《靖江金融》《时尚生活》《车时代》《人才职场》等8个专刊版面。

2005年6月28日，《靖江日报》以互联网电子版的形式开通中国靖江网，靖江有了第一个网络门户和新闻网站。同年，《靖江日报》实现双面彩印。

2006年，《靖江日报》在改版、扩版中增加7～8个版面，新增栏目《社会新闻》《学赶苏南》《建设新农村》《议论风生》等。同时，《靖江日报》强化新闻评论工作，全年推出4个系列评论，正常举办《马洲论坛》《百姓大家谈》，增加报纸的思想性和言论色彩；加强人物报道，在第一版开设《马洲俊杰》专栏，报道对靖江发展有杰出贡献的先进人物；在第二版开设《特色人生》专栏，报道方方面面有特色的人物，展示积极进取、和谐安乐的"人生百科全书"。12月21日，以手机为载体拓展形成的新媒体《靖江日报》手机版开通。

2007年，紧紧围绕党的十七大和市委、市政府的工作大局，《靖江日报》先后开设《创造新业绩，喜迎十七大》《奋发超越争一流——实践靖江精神系列报道》《骨干企业看和谐》《我们是新靖江人》等近20个专栏。7月1日起，《靖江日报》改扩为四开16版。

2008年7月1日，《靖江日报》全面改型改版，报纸改为国际流行"瘦报"。先后开展《创造新优势、实现大跨越》《记者沿江行》《五年大跨越、全面达小康》《靖江经济新观察》《又好又快看靖江》《应对金融风暴》《改革开放三十年》等专题报道、系列报道10多个。

（以上为2008年存在的12家县（市）级党委机关报）

十三、《江宁日报》

1984年10月，《江宁报》恢复出版。2000年5月16日，更名为《江宁日报》，获准公开出版发行，国内统一刊号为CN 32－0032。2002年1月1日，《江宁日报》停办，由《南京日报》吸纳，开设《南京日报·江宁版》。2003年12月31日，《南京日报·江宁版》停刊。

更名改版后的《江宁日报》，版面设置为一版要闻、二版经济与乡镇生活、三版文化与副刊、四版综合消息。第三版开辟的《秦淮副刊》，内容丰富多彩，有短小的文艺作品、民间传说、名人轶事、江宁典故、江宁特产、江宁民俗、文化短讯等。新闻栏目设置有《江宁新貌》《乡镇生活》《工业路线》《致富之路》《信息窗口》《法制园地》《农业科技》《青年之友》《计划生育》《政策问答》等。

《南京日报·江宁版》原来四开8版，后扩为四开12版，新增《一周纵横》《环球周末》《幸福家园》《民声民生》4个专版。

2003年2月，《南京日报·江宁版》进行一次大型改版，新增4个版的彩报，将原周五12版含4彩版增改为16版含8彩版，并增设《民生民声》《成才特刊》《市民服务》《房产信息》《幸福家园》等服务性专版，免费为人事、劳动、房产等部门发布招工、就业、购房信息，为下岗职工求职、企业用工、居民购房租房等免费刊登信息近千次，报纸贴近性、服务性进一步增强。

十四、《铜山日报》

1980年3月1日，《铜山报》恢复出版，获准公开出版发行，国内统一刊号为CN 23－0018。1998年1月，更名为《铜山日报》。2003年12月31日，《铜山日报》停办。从复刊到停办，《铜山日报》共出报4 527期。

《铜山日报》初为四开4版，周一刊，其中一版要闻、二版经济、三版政文、四版副刊。

1981年9月2日，《人民日报》四版刊登中宣部新闻局发表的《办好群众喜闻乐见的县报》一文，刊登《铜山报》采取多种形式，宣传党的农村经济政策，指导农民《铜山报》学科学、用科学、发展农业生产的事例，对《铜山报》的办报成果予以好评。

十五、《邳州日报》

1989年年初，中共邳县县委决定恢复出版县委机关报，6月25日出版试刊号，报名《邳县经济报》。《邳县经济报》出版第100期时更名为《邳县报》。1992年5月，《邳县报》改为公开出版发行，国内统一刊号为CN 32－0076。

1992年10月28日，随着邳州撤县建市，《邳县报》更名为《邳州市报》。2000年1月1日，改为《邳州日报》。2003年12月31日，《邳州日报》停刊。从《邳县经济报》算起，《邳州日报》历时15年，共出版2 663期。

《邳州日报》初为八开2版，周二刊。1992年起，逐步发展到周五刊。报社自办印刷厂，电脑照排，轮转胶印，实现采、编、印一体化，期发行量近3万份。

十六、《新沂日报》

1991年7月1日，《新沂市报》出版发行。1994年7月22日，《新沂市报》获准公开出版发行，国内统一刊号为CN 32－0108。2001年1月1日，改为《新沂日报》。2003年12月31日，《新沂日报》停刊。《新沂市（日）报》历时13年，共出版217期。

《新沂日报》初期为四开4版，一版要闻，二版经济，三版综合，四版副刊。1997年，报社自筹资金240多万元，在市府路67号地段建报社办公楼1 340平方米，印刷厂楼500平方米，职工宿舍楼2 400平方米。

十七、《溧阳日报》

1991年5月22日，《溧阳报》再度复刊，并于1992年8月15日获准公开出版发行，国内统一刊号为CN 32－0088。1997年7月，更名为《溧阳日报》，2003年12月31日停刊。

《溧阳日报》始终坚持“围绕中心，服务大局，正确导向，守土有责”的办报方针，不断改进宣传内容和宣传形式，浓墨重彩，突出重点。一批优秀作品，如《新四军老战士马清祥癌症晚期捐款捐物催人泪下》《许老汉攀高亲》《种瓜得藤》《吃得草根百事可兴》《小农场显活力》《梦想天目湖》等，分别获得各类新闻奖项。

十八、《金坛日报》

1995年1月1日，《金坛报》复刊，同年7月，获准公开出版发行，国内统一刊号为CN 32－0117。1998年9月，更名为《金坛日报》，为中共金坛市委机关报。2003年12月31日，《金坛日报》停办。

《金坛日报》初为四开4版，一版要闻，二版经济，三版综合，四版副刊。1997年改为周五刊，四开8版，周末12版，天天出彩报。

《金坛日报》从复刊至停刊，共出版发行2 159期。2003年，《金坛日报》发行量1.85万份。

十九、《通州日报》

1980年1月1日，《南通大众》复刊，系中共南通县委机关报。1987年10月，《南通大众》获准公开出版发行，国内统一刊号为CN 32－0026。1993年撤县建市后，即为中共通州市委机关报。1995年1月1日起，更名为《通州日报》。2003年12月31日，《通州日报》停刊。

《通州日报》通过《公众视线》《市民热线》《新闻110》等名牌栏目建设和名牌版面，关注弱势群体，体现人文关怀，从而提高了报纸的权威性、可读性、服务性和读者参与度。

《通州日报》初为四开 4 版，2000 年改为四开 8 版。2003 年，《通州日报》实现“自办发行、自主投递”的发行模式。

二十、《如皋日报》

1993 年 6 月 1 日，《如皋市报》创办。1999 年 3 月 12 日，更名为《如皋日报》，国内统一刊号为 CN 32－0130。2003 年 12 月 31 日，《如皋日报》停刊。

《如皋日报》创刊以来，记录和见证了如皋两个文明建设的成长历程，为促进如皋经济社会的发展和群众的安居乐业，发挥了鼓舞和引领的作用。

二十一、《启东日报》

1990 年 10 月 15 日，《启东报》复刊。1991 年 4 月 22 日，《启东报》获准公开出版发行，国内统一刊号为 CN 32－077。1998 年 8 月，更名为《启东日报》。2003 年 12 月 31 日，《启东日报》停办。

《启东日报》复刊至 1999 年年底一直为四开 4 版，遇有重大事件和节庆也曾多次扩版，最多一期出版 28 版(第 3029 期)。1994 年 1 月 1 日，《启东报》破例出版彩报。1998 年 10 月 15 日出版的《启东日报》，以豪华彩色版为封面呈现在读者面前。1999 年 12 月 30～31 日，报社全体采编人员 48 小时不间断采访编辑，赶在 2000 年 1 月 1 日黎明前出版《启东日报·新千年专号》纪念刊，与当日出版的正常版《启东日报》同时发行。

二十二、《大丰日报》

1995 年 4 月，《大丰报》复刊。2000 年起，《大丰报》更名为《大丰日报》。同年 12 月 28 日，《大丰日报》获准公开出版发行，国内统一刊号为 CN 32－0129。2003 年 12 月 31 日，《大丰日报》停刊。

2000 年，《大丰日报》为四开 4 版，周四刊，周一、三、五、六出刊，周六为周末版。2002 年，《大丰日报》每周出六期，周五仍为周末版，还是实行采编合一运作方式，将版面固定到部室。

二十三、《高邮日报》

1994 年 7 月 25 日，《高邮报》恢复出版发行。1995 年 7 月，《高邮报》获准公开出版发行，国内统一刊号为 CN 32－015。1997 年 10 月 1 日，更名为《高邮日报》。2003 年 12 月 31 日，《高邮日报》停办。

复刊后的《高邮报》为周二刊，四开 4 版，初期发行量为 1 800 份。1996 年 1 月 1 日，《高邮报》增至周五刊，发行量为 2.1 万份。

《高邮日报》设办公室、编辑部、经济部、政文部、周末副刊部、出版部、通联发行部、广告部 8 个部门和高邮市希望电脑服务中心、高邮市新华信息传播站 2 个实体，核定全民事业编制 40 人。

二十四、《江都日报》

1994 年 7 月 1 日，江都撤县设市，新的《江都报》创办发行。1999 年 12 月 28 日，《江都报》更名为《江都日报》。2001 年 3 月 1 日，《江都日报》获准公开出版发行，国内统一刊号为 CN 32－0128。2003 年 12 月 31 日，《江都日报》停刊。

2000 年，《江都日报》为四开 4 版，期发行稳定在 2.4 万份。2001 年 7 月 1 日，《江都日报》出纪念建党 80 周年特刊——《红色龙川》，除封面封底外共 80 个版，装订成册。2002 年，《江都日报》由四开 4 版、周五刊扩为四开 8 版、周六刊，期发行 2.4 万份，全年出报 301 期。

2003 年，《江都日报》陆续推出“五大经济”之规模篇、沿江篇、民营篇、园区篇和特色篇。同时，该报还围绕抗“非典”、发展民营经济、发展沿江经济、举办花卉节和国际民间歌舞大赛、建设“平安江都”等，组织系列报道。

二十五、《仪征日报》

1998 年 1 月，《仪征报》使用停刊的《仪征科技报》刊号资源复刊，国内统一刊号为 CN 32－0133。2001 年，《仪征报》更名为《仪征日报》。2003 年 12 月 31 日，《仪征日报》停办。

《仪征日报》突出报道改革开放、招商引资、城市建设、经济发展和沿江开发重要新闻，经常报道“两个文明”建设中各行各业的新人新事以及社会民生。并辟有《东园笔会》，定期刊载文艺作品。重要节庆活动，重大招商引资和城市建设项目，重要经济、科技成果，报纸都增加版面或以专刊重点报道。

《仪征日报》实行总编辑负责制，设有编辑部、采访部、广告部、财务部、办公室等机构。

《仪征日报》开始为周三刊，四开4版，黑白报。2003年，报纸全部彩色印刷，全年出报306期，发行量保持在1.66万份。从1998年1月至2003年年底，《仪征报》《仪征日报》累计出版1 433期。

二十六、《扬中日报》

1992年12月18日，《扬中报》复刊。1999年9月28日，《扬中报》更名为《扬中日报》。2001年3月1日，《扬中日报》获准公开出版发行，国内统一刊号为CN 32－0132。2003年12月31日，《扬中日报》停刊。

《扬中日报》办报期间，版面形式和报道内容不断调整改进，由初创时的四开4版增加到停刊前的四开8版，出报周期由周一刊变为周六刊，发行量从3 000份扩大到1.2万份，主要版面有《要闻》《经济新闻》《社会新闻》《专题报道》《绿洲》《周末》专版等。

《扬中日报》宣传报道一批重大事件和典型人物，如扬中大桥通车、生态示范市建设、抗洪抢险、环岛公路；救火英雄——张京生，江中义翁——陆明才，心系国防模范村——万福村，故事老人——鲍元瑞等。

《扬中日报》先后有100余篇(次)作品获国家、省、市新闻奖项。

二十七、《句容日报》

1994年7月1日，《句容报》复刊。1998年7月1日，《句容报》更名为《句容日报》。2000年12月13日，《句容日报》获准公开出版发行，国内统一刊号为CN 32－0127。《句容日报》于2003年12月31日停刊。

复刊后的《句容报》为周二刊。一版为要闻，立足全局，观点鲜明，信息量大，评述性、调查性文章多。周一、三的三版为社会生活，关注社会热点，强化生活服务，报道寻常百姓，进行舆论监督。周五的二、三版为生活新时空，集中体现报纸的晚报风格，力求面广量大，趣味性浓，品位高雅。2000年1月1日，《句容日报》由周五刊、四开4版改为四开8版，分设A、B版，A版为新闻，B版为专、副刊。

《句容日报》从复刊到停刊，共出版发行2 318期。

二十八、《泰兴日报》

1993年12月31日，《泰兴报》复刊。1995年1月14日，《泰兴报》获准公开出版发行，国内统一刊号为CN 32－0112。1997年10月1日，《泰兴报》更名为《泰兴日报》。2003年12月31日，《泰兴日报》停刊。

《泰兴日报》为四开4版，周六刊。1998年9月，《泰兴日报》获第五届江苏省报纸质量评比三等奖。

二十九、《兴化日报》

1980年2月1日，《兴化人民》改为《兴化农民报》出版。1981年1月1日，《兴化农民报》更名为《兴化报》，刊期接续《兴化农民报》。1991年8月，《兴化报》获准公开出版发行，国内统一刊号为CN 32－0024。1998年11月10日，《兴化报》更名为《兴化日报》。《兴化日报》于2003年12月31日停办。

《兴化日报》更名时为四开4版，周六刊，刊期接续《兴化报》。2000年1月1日起，《兴化日报》不定期出版彩报。至2003年12月31日，《兴化日报》共出1 545期。

（以上为2008年前停刊的17家县(市)级党委机关报）

第四章　晚报都市类报

为了满足不同层次读者，尤其是城市读者阅读需求，新华日报社于1986年1月1日创办省内第一张晚报——《扬子晚报》，随后各省辖市党报纷纷跟进，到2003年13个省辖市全都办起晚报。

针对晚报只在下午发行，早报零售市场空白的报业格局，省和各省辖市又陆续创办都市报。如新华社江苏分社创办《现代快报》，新华日报社创办《服务导报》《南京晨报》，无锡日报社创办《无锡商报》，徐州日报社创办《都市晨报》。《新华日报》创办的晚报、都市报，见第二章第二节。

第一节 晚 报

1986年1月1日,全省第一张晚报《扬子晚报》创刊。随后,全省各省辖市党报纷纷办起晚报。1993年1月1日,南京《金陵时报》创刊(1994年1月1日更名为《金陵晚报》),同日,无锡《江南晚报》创刊。1994年1月1日,苏州《姑苏晚报》创刊。截至2003年7月1日,《泰州晚报》创刊,全省13个省辖市党报全部办起了晚报。

晚报与日报的办报宗旨不同,它更贴近普通读者,尤其是城市读者阅读需求,因而更软、更活、更丰富多彩。《金陵晚报》坚持"让阅读成为享受"的办报宗旨,以"弘扬古都文化,贴近、服务百姓,做有温度的新闻"为主要特色,开展形式多样的便民服务活动,受到读者欢迎。《江南晚报》确立"民生为本"与"飞入寻常百姓家"的办报方针,把准舆论导向,从读者需要出发,强调"三贴近"与通俗化,注重新闻性、知识性、服务性和趣味性的统一,追求浓厚的生活气息和鲜明的地域特色。

一、《金陵晚报》

(一)发展概况

1993年1月1日,《金陵时报》创刊,为南京日报社创办的综合型都市类报纸。1994年1月1日,《金陵时报》更名为《金陵晚报》,国内统一刊号为CN 32－0087。

《金陵晚报》从初创时的四开4版发展到四开32版,最高峰时为四开140多版。发行量从数万份发展到55万份以上,实现新闻生产和大众消费的跨越式发展。

为了适应报业发展的市场化要求,《金陵晚报》由单一的报纸平面广告业务,发展为立体传播、电商服务、酒类销售、亲子教育、养老旅游等多种经营格局。1996年4月22日,《金陵晚报》成立金陵文化传播有限公司,注册资本5 000万元,全权代理其经营业务。该公司还拥有南京虎凤蝶科技电商有限公司、南京金陵得福酒业有限公司、南京虎凤蝶旅行社有限公司、南京乐享童年科技有限公司、南京南溧文化旅游公司5家全资、控股和参股公司。

金陵文化传播有限公司及下属子公司的营业收入2008年均超过3亿元,其中,除传统广告与发行外的新业务收入和利润在总收入、总利润中的占比逐年上升。

1997年5月9日出台《金陵晚报社计奖考核办法》,报社下放管理权限,每月将额定奖金发至部门,由部主任根据具体情况下发至个人。2002年1月1日起,修订后的《金陵晚报社考核计奖暂行办法》开始实行,对编辑、记者侧重质量考核,使好新闻数量显著上升。

《金陵晚报》一度实行"扁平化管理",把具体的新闻采编工作从各部门主任手中分离出来,让部门主任腾出手来参与报社综合管理,以总发稿人身份,协助总编做好日常新闻策划、活动策划、稿件把关、签版等工作,在各部门设立二级工作室,以首席记者的名字命名工作室,并在报纸版面上划分"责任田",采编合一,"包产到户"。为鼓励采编人员岗位成才,还设立专家型记者(编辑)评审制度,每年从得分最高、获奖最多、在某一领域有重要影响的员工中,选出年度专家型记者(编辑),给予相关待遇。

2000年11月,经过广泛的人员招聘和筹备,《金陵晚报》组建自己的发行队伍,并在主要城区设立发行站点。自建发行网络,成为南京都市报中唯一拥有独立投递发行网络的报纸。

2005年,《金陵晚报》随南京日报报业集团从解放路53号迁入龙蟠中路233号南京报业大厦。

2008年,第二届企业品牌传播力中国峰会在北京人民大会堂召开,会上颁发"2007年度中国最具品牌传播力的强势媒体30强"荣誉奖项,《金陵晚报》为江苏唯一一家榜上有名的媒体。

(二)新闻业务

《金陵晚报》坚持"让阅读成为享受"的办报宗旨,以"弘扬古都文化,贴近、服务百姓,做有温度的新闻"为主要特色,开展形式多样的便民服务活动,受到读者欢迎。

1994年6月16日,《金陵晚报》在南京率先推出《世界杯特刊》,报纸发行量冲高到24万份。

《金陵晚报》的《天天谈》时评专栏与中央电视台《东方时空》等11个专栏同时被1994年《中国新闻年鉴》列为"中国有影响力的媒体专栏"。

1994年,《"蒋介石"招摇美龄宫》连续报道引起中央高层和省、市领导重视，党和国家领导人作重要批示，江苏省委主抓整改，冒牌"蒋介石"很快销声匿迹。

1996年4月，《金陵晚报》发表通讯《谁埋下"定时炸弹"——江浦稻草堤采访记》，独家披露江浦县邵兴圩堤坝平台下，居然挖出厚厚的稻草、玉米秸和其他柴草，报道引起有关方面高度重视。这篇报道被评为"1996年全国晚报好新闻"特等奖。

《金陵晚报》连续获"中国十大品牌传播力晚报""中国十大晚报"等荣誉，有300多篇稿件获得中国新闻奖以及江苏省、南京市好新闻奖。

二、《江南晚报》

（一）发展概况

《江南晚报》创刊于1993年1月1日，为无锡日报社创办的市级晚报，由无锡日报报业集团主管、主办，国内统一刊号为CN 32－0092。

《江南晚报》1993年成立发行部，1995年组建自办投递及零售队伍。2004年，大幅度改型增版，增加新闻版数量和有效信息量，发行量大幅增长，2005年突破10万份。2006年，《江南晚报》广告纳入无锡日报报业集团广告中心统一管理，科学调整广告价格体系和考核办法，广告合同标的明显上升，2007年广告创收突破亿元。

《江南晚报》创刊第一年发行量3万份，当年广告创收300多万元。经过15年发展，至2008年发行量达15万份，广告创收达1.3亿元。

2002年，《江南晚报》设立优稿评判制度，制定实施《江南晚报新闻采编制度》，就信息通报、快速反应、漏报责任追究等方面作详细规定，以进一步提升报道质量。2005年，报社开始推行责任编辑竞争上岗、责任记者聘任制度。

《江南晚报》从2000年起，分期分批组织报社领导和基层采编人员参加北京"中报联"举办的编辑、采访、策划、版面设计等方面的培训，至2008年，所有采编人员基本上轮训一遍。到2008年，《江南晚报》83名职工中，本科以上学历50人，高级职称11人、中级职称14人。

（二）新闻业务

《江南晚报》确立"民生为本"与"飞入寻常百姓家"的办报方针，把准舆论导向，从读者需要出发，强调"三贴近"与通俗化，注重新闻性、知识性、服务性和趣味性的统一，追求浓厚的生活气息和鲜明的地域特色。

《江南晚报》经历了三次较大的改型改版。1998年，报业竞争加剧，《江南晚报》采取"改彩印、改早出、扩版"的应对策略，提高了时效性与竞争力，得到读者认同，经受住市场考验。2003年，《江南晚报》重点推出《都市服务》系列专刊，突出"新闻纵深、实用服务、人文关怀"三项功能，其中实用服务类专刊逐渐形成教育、汽车、休闲、房产、品尚五个版块。2004年，《江南晚报》加大改革力度，呈现三大变化：一是由对开大报改为四开小报，顺应晚报读者阅读习惯；二是版数大增，工作日达44版，每周版数增加1.5倍，重点增加新闻版和信息量；三是采用时尚化包装、版块化运作。这次改版取得明显成效，发行量及零售量大幅度上升。2007年，为吸引年轻读者，改进广告结构，开设铜版纸印刷的时尚休闲性《好生活》特刊。

《江南晚报》扎根于无锡，反映时代变迁，记录城市进步，关注地方经济文化发展。从蠡湖新城建设到无锡机场落成，从太湖博览会到吴文化节，从阿炳故居保护到鸿山遗址发现，《江南晚报》都是忠实的记录者、倡导者。报社推出《珍藏无锡》和《名城无锡》两大文化系列报道，寻求历史与现实、可读性与地方性的最佳结合点。40个专题的《名城无锡》于2007年结集出书。《江南晚报》从"社会新闻、体育新闻、娱乐新闻"传统"老三样"当家，改进为"时政新闻、经济新闻、民生新闻"这"新三样"与"老三样"并重。

2006年起，《江南晚报》大规模举办社会活动，进一步提升亲民形象，打造报纸品牌。大型文化活动"笑语欢歌进社区"贯穿全年，当年共演出12场，成为《江南晚报》社会活动的金字招牌。"欢乐义工在行动"招募了600多名志愿者组成服务队，开展经常性的环保宣传等公益活动，全年活动百余次，2 000多人次参与。

三、《彭城晚报》

（一）发展概况

1994年1月1日，《彭城晚报》创刊，是由中共徐州市委主管、徐州日报社主办的市级晚报，国内统一刊号为CN 32－0107。2003年1月，《彭城晚报》扩版增容，实现天天出新报。2006年，报纸发行改为“市区自办发行，县（市）投递交邮局”的新模式。

（二）新闻业务

《彭城晚报》坚持“为社会主义服务，为人民服务”的办报方针，以“宣传政策，传递信息，开阔眼界，增长知识，陶冶情操，服务生活”为宗旨，增强思想性、服务性、可读性，努力办好一张有地方特色的文化生活类报纸。

关注社情民意，服务百姓生活。《彭城晚报》自1996年9月起，在一版上开设《大事小事疑难事，有事找晚报》专栏。这个专栏尽心尽力为读者办实事，为群众排忧解难，深得百姓信赖，成为徐州市区家喻户晓的招牌栏目。1997年年初，该报进一步加大了《有事找晚报》专栏容量，同时在二版设置《热线反馈》和《热线追踪》两个配套栏目。2003年1月，《彭城晚报》扩为24版后，突出“服务原则”，开辟《热线》和《市民资讯》专版。

办好精品专栏，突出高雅品位。《彭城晚报》的文学副刊版《快哉风》，记录徐州人历史、生活的《彭城旧事》等版面，自创刊以来，一直备受读者青睐。2002年3月创办的《红尘男女》专版，并以此版为基础成立的“红尘男女俱乐部”，面向徐州市未婚、单身男女人士举办交友、交流、演出等活动，成了晚报一道独特亮丽的风景线。2003年10月1日，《彭城晚报》从24版扩至32版。这次扩版后常态新闻版（地方、时政、文体）占三分之二以上版面。在新闻编采方式上，改造社会新闻、文化新闻、体育新闻旧“三大件”，打造时政、科教、经济新闻新“三大件”。周一到周六为24版，周日16版，版面内容作适当调整。

坚持转型升级，引领时尚生活。2006年以来，晚报先后策划一系列“领跑生活”的专栏、特刊。2006年11月22日～2007年2月17日，推出《随时随地，晚报见证——温情徐州的100个细节》大型系列专栏，《温情徐州，亲和之都》系列报道，《榜样》特刊，《书画作品展》特刊，《徐州绿》特刊，《沿着大师的足迹》特刊等，被读者接受和喜爱。2007年，《彭城晚报》围绕“生活方式”供应商这一目标，对具体版面进一步细分、明晰，重构内部版块格局，提供时尚、丰富、趣味、专业、实用的系列生活方式导刊。版面构架分为新闻资讯、时尚消费和心灵关怀三大特色版块。周六、周日16个版。2008年，《彭城晚报》进一步实现“领跑新生活”的办报理念，周一推出《新知》——科技军事新发现；周二《悠游》——旅游天地全攻略；周三《五子登科》——都市人最关心的事；周四《大道》——民生财经新观察；周五《潮人出场》——时尚人士期待的周末，《雅致》——个性生活新体验；周日《网事》——互联世界新向导，《文化讲坛》——中国历史文化经典系列讲座。

四、《常州晚报》

（一）发展概况

1994年1月1日，《常州晚报》创刊，由中共常州市委主管、常州日报社主办，国内统一刊号为CN 32－0103。

《常州晚报》仅在1995年6月～1997年6月实行财务独立核算，其余的事业发展、综合管理及队伍建设工作，均由常州日报社统一承担。

1994年创刊伊始，《常州晚报》设立经理部，负责广告业务，发行由《常州日报》发行部统一负责。经营收入由常州日报社统收统支。1999年，撤销两报广告部，成立常州日报社广告部，实行两报合并经营。

1993～1995年，《常州晚报》试刊及创刊初期，采编部门借用常州市良贸大厦辅楼办公。1995～1997年，借用常州市塑料集团二楼办公。1997年后，迁入常州新闻大厦办公。

（二）新闻业务

《常州晚报》定位于“市民生活手册”，报道内容以市民为主角，以民生为主流，以服务为主打。20多年来，《常州晚报》始终坚持“深入生活、反映生活、服务生活”的办报宗旨，逐步形成“信息量大、开放度高、参与性强、服务面广”的风格特色，深受读者喜爱。

《常州晚报》创办初期，以社会新闻、生活新闻为主要内容，突出本地新闻，开设《老百姓纪事》《破案纪实》等新闻栏目，经济新闻侧重于消费服务领域的报道。《夜光眼》栏目坚持数年报道昨夜今晨突发新闻，强化新闻的时效性。1998年，《常州晚报》与河北《燕赵都市报》合作开展大型寻亲报道，为60年代送至河北的一批婴儿寻找生父母，产生较大社会反响，也提升了晚报的影响力。

2000年后，《常州晚报》信息容量不断增加，报道也逐渐向民生新闻、时政新闻延伸，并关注社会生活热点事件与社会矛盾。2000年，一批关注“医药回扣”“校园食堂”“城市环境”等社会问题的深度报道，其社会责任感受到读者赞赏，也逐渐形成晚报关注社会的角度与方式。2001年4月，《常州晚报》记者唐欢采写的新闻《为了一个拉粪工人的生命》获江苏省报纸好新闻一等奖，这是全省13个省辖市晚报历史上第一个一等奖。

2006年，《常州晚报》先后组织《2006之春，关注新农村》《小康常州》《解读常州力量》等一批大型报道，以晚报的独特解读方式，全面介入社会经济与城市发展的时政报道领域，形成晚报特色，确立了晚报地位。

与此同时，《常州晚报》突出关注社会弱势群体，并通过开展各类活动帮助其解决困难，展现晚报温暖情怀。2006年，开展大学生暑期勤工俭学活动。2007年起，开展“周末关爱”行动，每周刊发报道帮助10个贫困家庭完成心愿，该活动持续多年，并于2008年获常州市首届新闻文化“广玉兰”奖和江苏省报纸好新闻栏目二等奖。

《常州晚报》创刊初期为周六刊，四开4版，设有《常州新闻》《文化体育》《副刊》等版面。2004年9月起，《常州晚报》由每周152版扩为228版，每天本地新闻从4版扩为8版，新设专刊信息部和热线新闻部，强化晚报的服务功能和舆论监督功能。2006年12月，《常州晚报》从下午出版改为早晨出版。2008年1月，《常州晚报》多媒体数字报上线。

五、《姑苏晚报》

（一）发展概况

《姑苏晚报》于1994年1月1日创刊，由苏州日报社主办，国内统一刊号为CN 32－0102。

《姑苏晚报》的广告、发行工作由日报社统一组织、安排。《姑苏晚报》创刊时有采编人员18人。至2008年年底，共有采编人员95人，其中拥有高级职称5人、中级职称25人、初级职称27人。

（二）新闻业务

《姑苏晚报》坚持“面向群众，面向社会，面向生活，面向家庭”的办报理念，立足苏州，面向全国，放眼世界，力争展现出苏州是全国重要的历史文化名城、风景旅游城市和沿海开放地区、经济发达的现代化城市的特色，号称“苏州人的第四餐”。

重点新闻报道：《大熊猫“白雪公主”出逃追踪》《揭露沈昌信息茶骗局》《真山吴楚贵族墓考古发掘》《迎接香港回归》《回眸苏州解放的日子》《韩国日本世界杯足球赛》《走进罗布泊寻找彭加木》《雅典奥运会》《穿越雅鲁藏布大峡谷》《苏州骄子探险南极》《苏州小伙发现近地小行星》《德国世界杯足球赛》《纪念红军长征胜利70周年》《汶川大地震》《08奥运特刊》《关注“神七”连续报道》《把一座城市的爱心带进四川特别报道》等。

新闻互动：《暑期中小学生足球赛》《中小学生作文大赛》《中学生篮球赛》《爱心助学》《文化生态之旅》《进社区送健康》《名人会客厅》《“红尘有缘”交友》《小荷名师团》《市民教室》《关注暖冬行动》《晚报名家大讲堂》等。

言论：1994年1月《姑苏晚报》创刊时，一版开设《姑苏夜话》言论专栏，小中见大，就实论虚，以情动人，以理服人，进行正确的舆论引导和监督（至2002年9月停办）。1997年8月1日，一版《姑苏夜话》开展《创建杂谈》专栏。1998年4月10日起，《读书》周刊辟《若有所思》言论专栏。2000年，言论栏目有《就事论市》《片言只语》《阿三谈房》《休闲闲话》《若有所思》《灯下走笔》《群言堂》等。2005年9月1日起，《姑苏晚报》言论更加集中，开辟专版《新闻·时评》，周一至周五每天1个版。2006年8月28日，《姑苏晚报》改版后，言论专版《新闻·时评》改名为《时评》。2007年4月1日改版后，《时评》改为《锋言锋语》。2008年，《锋言锋语》每周一至周五均有版面，有时增为2个版。

专刊专页：自创刊以来，设有《姑苏夜话》《灯下走笔》《人间万象》《读者十日谈》《若有所思》《昨夜今晨》等。专页有《生活热线》《博采》《邮趣》《读者之友》《财经·理财》《姑苏漫画》《收藏》《家庭》《美食》《旅游》《倾诉》等。专刊有《小荷》《健康周刊》《体育周刊》《车市周刊》《第一时尚》《楼市周刊》等。

副刊：1994年1月1日创刊时，即设《怡园》综合性文艺副刊，借苏州园林“怡园”之名，寓怡然自得、怡乐怡养之意，书法家沙曼翁题写刊头。

《姑苏晚报》于1993年6月试印彩报，是全国第一张彩色晚报，四开 4 版，日刊。1995 年 1 月起改为四开 8 版。2007 年 11 月 12 日再改版，周一、周二、周三 32 版，周四 48 版（增加 16 个 C 版），周五 48 版（增加 16 个 B 版），周六、周日 16 版。

2008 年 8 月 1 日起，《姑苏晚报》改出早报，并于 8 月 26 日改版。

六、《江海晚报》

（一）发展概况

《江海晚报》是南通报刊史上第一份晚报。“江海”二字沿用了诞生于抗日战争期间《江海报》报名。1993 年 7 月 1 日，《江海晚报》创刊，国内统一刊号为 CN 32 - 0093。

2000 年以后，《江海晚报》发行、广告功能先后从晚报分离，由南通日报社江海速递中心和广告中心负责，晚报整体仍然实行独立核算。

《江海晚报》起始邮发，开机数 1.9 万份。以后发行量逐年攀升。2000 年，改为邮发与自发相结合，发行量突破 5 万份；到 2008 年，发行量 8 万多份，成为南通发行量最多的都市类报纸。至 2008 年，《江海晚报》广告突破 8 000 万元，连续三年实现每份报纸吸纳 1 000 元以上的广告收入，以“一纸千金”的广告效益进入“中国晚报广告效益排行榜 20 强”。

2008 年，《江海晚报》有采、编、校人员 70 多人。

（二）新闻业务

1997 年，由《江海晚报》施亚、王金霞、王健等人采编的“莫文隋系列报道”，获中国晚报特别奖。1998 年年初，《江海晚报》与共青团南通市委和东洋之花公司，共同发起创立“江海志愿者服务站”，并将总站设在江海晚报社。2000 年，《江海晚报》获“全国志愿者活动贡献奖”，由孙耀等人撰写的江海志愿者活动记事《特别的爱给特别的你》获“中国‘五四’新闻奖”，总站长徐尔铸获“全国道德模范”。

1998 年，吴盈采写的《红井冈绿井冈》获得“中国新闻奖”三等奖，实现全省市级晚报获得“中国新闻奖”零的突破。副刊《夜明珠》被评为全国副刊优秀栏目。

2000 年，由新华社等单位组织的“全国晚报都市报总编辑论文大赛”中，范计春撰写的《城市化的报纸与报纸的城市化》获第一名，并在《中国记者》等刊物发表。

2003 年抗击“非典”期间，《江海晚报》率先在南通开展预警报道。当南通出现了江苏省第一例“非典”病人后，范计春、宋捷在第一时间对抗击“非典”一线的南通市第三人民医院及外围采访报道，采写的《他们也是最可爱的人》获江苏省抗击“非典”优秀新闻作品奖。

2008 年汶川特大地震发生后，记者王广祥等人多次深入现场采写新闻，在总编室与广告中心的策划下，编辑中心编辑出版汶川抗震特刊，募集 100 万元，由社长带队，将此款捐献给绵竹教育局，捐助近百名残疾学生。2008 年北京奥运期间，由施亚、王全立等人组成采访组，采写南通籍运动员“争金夺银”等新闻稿件。

从 2003 年开始，《江海晚报》一年一度组织全国范围、时间跨度 20 天左右的采访活动，系列报道如《青海湖援建爱心小学之旅》《云南宁蒗中学南通援教之旅》《长江大桥之旅》《沿海大通道之旅》等，扩大了地方读者阅读视野。

《江海晚报》初为四开 4 版，周四刊。1994 年起为周六刊，1995 年起为 8 版，1996 年起为 16 版，到 2008 年每期 48 版。

《江海晚报》创刊初期，部门设置为办公室、编辑部、新闻部、经管部。随着报纸的发展，除办公室、广告部外，组建编辑中心、采访中心和专副刊中心。

从 2000 年到 2008 年，《江海晚报》范计春、周健先后获江苏戈公振新闻奖，王广祥当选中国新闻工作者协会理事，孙卫国和朱晖斌分别当选省级和市级劳动模范。

七、《苍梧晚报》

（一）发展概况

《苍梧晚报》由连云港日报社主办，2000 年 10 月 1 日创刊，国内统一刊号为 CN 32 - 0039。

到 2008 年，《苍梧晚报》实现跨越式发展，采编人员增加到 90 多人。报纸每日 32 版，全彩色印刷，报纸发行量 4.7 万份，广告年收入 2 943 万元。

（二）新闻业务

《苍梧晚报》始终遵循“服务中心，服务社会，服务群众”的办报宗旨，紧紧围绕市委、市政府中心工作，丰富百姓生活，关注社会热点，涌现出一批品牌栏目和优秀稿件，其中获国家级、省级以上奖项的优秀作品近400件。《苍梧晚报》推出一大批重大典型报道，如“抗非”英雄耿文灿(2003年)、“六千元现象”(2003年)、《奥斯特洛夫斯基的来信》(2006年)等，影响广泛。

《苍梧晚报》于2002年开辟品牌栏目《行风热线110》，上线单位达100多家。晚报热线部秉承“为政府分忧，为百姓解困”宗旨，每年处理突发事件300余起，问题解决率达95%以上。2004年，省纪委专门下文，在全省纪检系统推广《苍梧晚报》“行风热线”的做法。

《苍梧晚报》在抓好新闻宣传的同时，着力打造“小记者”和“清洁海岸义工团”等一批在全国全省有影响的活动平台。“小记者”创建于2001年，到2008年注册已达万人，分布于市区及四县100余所中小学。小记者平台以“记录成长，赢得明天”为口号，形成采访、采风、讲座、竞赛四大类品牌活动，发表小记者习作约5万篇。“清洁海岸义工团”成立于2007年记者节，是全省唯一由媒体成立以海洋环境保护为主题的志愿者组织。《苍梧晚报》的记者、编辑和一批社会志愿者，以新闻宣传和环保公益为平台，组织海边清洁环境、呵护饮用水源、爱鸟护鸟等行动，取得很好的社会效果，成为全省知名的新闻平台和公益平台。到2008年年底，义工团成立1周年，共开展清洁海岸活动近30次，义工团成员达1 500人。

《苍梧晚报》创刊之日提出要“飞到寻常百姓家”，因此始终把服务读者作为出发点和落脚点，先后举办两届读者节和“红色贝雷帽”大学生送报、“红马甲”进社区发行晚报等活动。2005年，《苍梧晚报》创刊5周年之际举办第二届读者节，数十家机关单位应邀入场接受数千市民有关咨询。10月1日，晚报推出50个经典版面，广告收入50万元。

2006年1月，开通苍梧晚报网，开设《开门办报》《评报》《咨询》《报料》《投稿》《论坛》等一系列互动栏目。到2008年年底，网站总浏览量突破300万人次，单篇新闻最高点击率达到1万次，而其他新闻的平均点击率也在50次左右。

从2000年创刊到2006年，《苍梧晚报》连续进行6次改版：2001年8月第一次改版，完全改变了以前海派晚报的风格，突出版面的立体感和新闻的立体感，初步形成《苍梧晚报》自己的风格；2006年在总结5年办报经验的基础上进行新一轮改版，突出晚报文化品位，加强新闻的服务功能，通过改版创立自己新的品牌栏目。

八、《淮海晚报》

（一）发展概况

《淮海晚报》于1993年10月1日创办，中共淮阴市委主管，淮阴日报社主办，国内统一刊号为CN 32－0101。

《淮海晚报》创刊初期，经济核算、广告发行等独立负责。2006年开始，成立《淮安日报》《淮海晚报》《淮海商报》“三报一体”的发行中心，晚报发行由发行中心统一负责。广告工作也由日报社统一组织安排。2008年1月1日起，《淮海晚报》由邮局发行。

2008年，《淮海晚报》在职员工中有副高级职称5人，中级职称23人。

（二）新闻业务

《淮海晚报》编辑方针是：传播信息，推进改革，面向家庭，提供服务。

《淮海晚报》创刊之初组织的系列报道《小来喜，你的亲人在哪里?》在淮阴当地和全国产生良好的社会反响。1993年11月，淮海晚报社收到一篇来自泗洪县的稿件，报道一男童“来喜”被人贩子拐卖至泗洪县，后又惨遭车祸失去左腿的事件。《淮海晚报》次日即刊发题为《小来喜，你的亲人在哪里?》的消息和图片，并派记者专程采访，连续报道。后来“小来喜”的家乡《贵阳晚报》也参加连续报道，并专程到淮阴接“小来喜”回家。广东电视台专门接“小来喜”参加“94国际家庭年”晚会，接受社会现场捐赠。这组系列报道跨越两个年度，历时5个月之久，共发表50多篇(幅)报道。

《一场迟映的电影》取材于1997年2月20日晚上，在宿豫县保安乡坡墩村露天电影的现场。放映员把电影机摆好，观众也陆续聚齐。一位老人要求放映员改放有关邓小平的电影，老人的话得到在场观众的赞同。放映员随即骑着自行车，到县里“抢”得一部《百色起义》的片子，直到夜间10点钟电影才放映。这篇报道刊出后，在读者中产生良好的影响。

2005年3月29日晚，京沪高速公路淮安市境内发生震惊海内外的特大氯气泄漏事故。作为事故发生地的《淮海晚报》，第一时间报道事故消息，事实把握准确，正面引导舆论，有力地推动了淮安抢救中毒群众、减轻灾祸损失、恢复正常生产生活等工作的有序推进。《淮海晚报》关于事故的系列报道，获得当年江苏省报纸好新闻一等奖。

2006年8月中旬起，《淮海晚报》联合淮安市政协文史委，策划推出"淮安运河文化长廊"系列报道，并结集成书。全书40万字，近百幅图片图表。

从1993年到2008年，《淮海晚报》共有15件作品获得江苏省报纸好新闻、中国晚报新闻奖一等奖，其中《一场迟映的电影》获中国晚报好新闻特等奖。在1997年中国晚报协会举办的首届编校质量大赛上，淮海晚报社获一等奖，被评为全国三十佳。从1999年到2003年连续5年，淮海晚报社获得中国晚报协会颁发的全国晚报新闻大赛组织奖。

《淮海晚报》贾华于2008年获"中国晚报杰出贡献奖总编辑奖"和江苏省第六届"戈公振新闻奖"。

《淮海晚报》创刊时为四开4版，套红印刷，周六刊。2006年1月1日起，《淮海晚报》形成本土新闻、时政新闻、特色副刊、专版周刊四大版块，并推出数字报。2008年1月1日起，《淮海晚报》周二至周五扩为32版并改版，分A叠、B叠、C叠；周六、周日、周一为16版。

九、《盐城晚报》

（一）发展概况

《盐城晚报》于1993年1月1日创刊，中共盐城市委主管，盐阜大众报社主办，国内统一刊号为CN 32-0106。

《盐城晚报》创刊伊始，实行"自发为主、邮发为辅"。1999年，报纸固定订户发行量达5.2万份，市区日均零售2 000多份。2002年起，《盐城晚报》自主发行、投递。2005年，固定订户7万多户，入户率达80%。

1994年4月5日，《盐城晚报》注册成立盐城市擎天广告策划制作总公司，通过灵活有效的市场手段，取得较好的经济效益。2003～2008年，《盐城晚报》广告经营由盐阜大众报报业集团广告中心统一组织、安排。

至2005年，盐城晚报社在编员工68人，其中副高级职称2人、中级职称24人。

（二）新闻业务

《盐城晚报》以改革精神办报，在坚持党性的前提下，在"晚"字和"盐"字上下功夫，大胆创新实践，经过五次改版和扩版，较好地发挥"党委机关报的延伸和补充"的作用，逐步形成自己的风格和个性。一是避免"机关报化"：新闻稿件要求简短、新颖、鲜活、快捷、实用，注重制作新闻标题和标题新闻。二是多讲"盐城话"：强化地方性、贴近性和服务性。三是报纸"平台化"：将报纸服务的触角伸向群众的衣、食、住、行、用等生活领域的各个方面，为盐城市民释疑解难办实事。

创刊至2005年，《盐城晚报》每年都要推出一批在全国、全省有影响的精品佳作，办报质量持续提升。

1994年，报道《盐阜大众报》在农村办读者节的消息《市委书记赶大集》，聚焦夏天劳动者的图文报道《寻访盐城最热的人》；1995年，反映科技进步的《省科技鉴定会开到农民家》，反映社会现象的《建湖县化纤厂拒买82块有偿金牌》，分别获全国晚报好新闻二等奖；1996年，反映荡区乡村小学教师无私奉献的通讯《水乡有一所夫妻小学》；1997年，反映外国人看盐城的消息《自愿只生一个，太好了》；1998年，报道我国首次野放麋鹿的消息《八头麋鹿获得"自由身"》；2000年，反映盐城援藏贡献的消息《卓吉千里赴盐"探亲"》；2001年，反映本地教师为打工子弟办教育的报道《阜宁教师李伟民沪上创办希望学校》（获全国晚报好新闻一等奖）；2002年，报道盐城新四军纪念馆"镇馆之宝"的通讯《一辆自行车的传奇故事》（获全国晚报好新闻特等奖）等。

《盐城晚报》反映盐城改革发展新鲜事的报道频频获奖，如报道上海退休老干部为故乡修桥铺路的新闻《打工十年只为还一愿》，报道希望工程的通讯《在盐就读的希望工程标志人物张天义》，反映过度评奖伤害教育的《如此评奖，把童心引向何处》等作品，均获得全国晚报新闻奖一等奖。

《盐城晚报》创刊时为四开4版，周三刊，每周一、三、五发行，一版要闻，二版经济生活，三、四版专版。2005年，《盐城晚报》改为日刊、彩报，日均四开24版，分A(新闻时事)、B(文体副刊)、C(经营专版)三叠。

十、《扬州晚报》

（一）发展概况

《扬州晚报》于1996年1月1日创刊，由扬州日报社主管，国内统一刊号为CN 32－0119。

1996年年初，《扬州晚报》主要依靠邮政部门代办发行，同时建立一支协订员队伍上门征订。2000年，采取邮局发行和自办发行相结合的方式，自办发行范围由市区扩大到县(市)。2008年，期发行量达8.89万份。

1996～2005年，《扬州晚报》广告经营实行“统一管理、条块结合”，主要由广告中心负责，由扬州日报社党委委员担任主任。广告、经营等所有财务往来由日报社财务中心负责，广告中心不再单设财务。2008年，广告收入达7 000万元。

1996年《扬州晚报》创刊时，核编25人。截至2008年年底，《扬州晚报》实际人数达109人，其中，专业技术人员85人，有高、中级职称31人，初级38人，平均年龄27.5岁。

（二）新闻业务

1996年，《扬州晚报》确立“公理、关爱、求真”的办报方针，制定“面向社会，走进家庭；传播信息，提供服务；倡导文明，推进改革”的办报宗旨。1999年，《扬州晚报》改版，遵循“宣传政策、传播文明、追踪热点、服务社会”的理念，以“关注社会、体察民生”为己任，力求强化夜间新闻、当日新闻、经济新闻，增强新闻的时效性、贴近性、趣味性、服务性。

改革与创新。2005年起，从“做强地方新闻，做大国际新闻，做好文化体育娱乐新闻；做新副刊，做专周刊，砍掉垃圾版面”入手，实现规模化的信息供应，使《扬州晚报》成为扬州人的“资讯管家”、最适合扬州城区高度市场化的都市报。2008年，将“本土、丰富、精致”作为晚报办报新的追求。经过调整，《扬州晚报》“本土化”内容的版面从10个做到近20个，最多做到30多个。报社成功组织策划了宁启铁路通车、润扬大桥建成通车等重大题材报道。

2008年5月12日，四川汶川发生特大地震。次日，《扬州晚报》制作一份有8个版的新闻特刊——《关注汶川地震号外》，内容既有权威、快捷的抗震救灾消息，又有“抗灾救援，扬州在行动”的动态；既有来自灾区一线的全景消息、通讯，又有大量现场拍摄，反映“震情”“援救”“温情”，冲击力、感染力极强的新闻图片。

创名牌栏目。1995年12月底，《扬州晚报》建立一支由15名社会各界通讯员组成的特约摄影记者队伍，为报纸提供大量新闻图片，并相继开设《24小时新闻热线》《韩秋在路上》等一批栏目。2008年，依托特约摄影记者队伍，创办《夜间目击》栏目，刊发每天晚上7点钟之后发生的新闻，用图片的形式呈现夜晚最新、最快的社会纪实。这些栏目的开创，丰富了报纸版面内容。

《扬州晚报》由《扬州日报》印刷厂承印。2005年1月起，在原有报纸上加高3厘米，形成“高报”；周一至周三扩为32版，周四、周五扩为40版。

《扬州晚报》创刊初期，设编辑部、记者部、专(副)刊部、体文部、公关发行部、广告部6个部门。2006年，增设出版部、新闻摄影部，另将体文部分设为体育部和文化娱乐部，部门总数达到10个。

2000年10月，总编辑邹敏获江苏省第二届“戈公振新闻奖”。

至2008年年末，《扬州晚报》共获中国晚报新闻奖39件，“赵超构新闻奖”25件，江苏省报纸好新闻奖37件。

十一、《京江晚报》

（一）发展概况

1998年1月1日，《京江晚报》问世，由镇江日报社主管、主办，国内统一刊号为CN 32－0064。

1999年，《京江晚报》招聘下岗职工或协保人员组成发行队伍，负责市区《京江晚报》投递。2005年，广告收入达3 053万元，报纸年均发行量达4.25万份。此后，广告、发行由日报社统一组织、安排。

（二）新闻业务

《京江晚报》的办报宗旨为“宣传政策、反映生活、倡导文明、传播知识”。1998年，推出《不拘一格上岗去》系列报道，引导下岗失业人员自谋出路，走创业之路。2000年，推出新闻连载，以《胡大个抓小偷》为题，随行采访京口公安分局反扒能手胡雪林机智擒贼事迹。

2001年9月12日，《京江晚报》出版一期早报，详细报道"9·11"事件和世界各国反应，抢在中午出版的各家晚报前面。当天，报纸零售创下近2万份最高纪录。

2002年9月20日，记者采写通讯《惊曝火锅业内幕》，部分火锅店锅底回收等"潜规则"曝光，引起火锅业和市民关注。随后以《"火锅内幕"石破天惊——各界"声讨"无良商家》《火锅业"瑕不掩瑜"——老百姓可吃上放心火锅》《这厢人声鼎沸那厢门可罗雀——火锅店家阴晴两重天》等文章，打消群众对火锅业的普遍疑虑，既保护消费者利益，又促进火锅业健康发展。

2002年12月3日，推出长篇通讯《拾荒老太倾情育弃婴》，被中央电视台、辽宁卫视、《新民晚报》《新华日报》《中国妇女报》《法制日报》等20多家媒体转载。2003年3月，《京江晚报》与市妇联联合启动"社会妈妈"活动，成为一场规模较大、持续时间较长的新闻救助活动。"社会妈妈"专用基金账户共收到30多万元捐款，有132家企事业单位、学校和社会团体，180多个家庭及一批个人参加"社会妈妈"活动，近千名贫困学生与"社会妈妈"结对，得到物质和精神帮助。

2002年，刊发《镇江好市民刘连平享誉京沪线》的通讯，报道镇江港务集团有限公司龙门分公司第五党支部书记刘连平在夜行列车上浴血勇斗歹徒，置个人安危于度外的事迹。同年"五一"期间，刊发《黄金周出黄金》等系列报道，推出《空调大战提前引爆》等稿件。在迎接党的十六大报道中，记者发现市民叶滋茎几十年来持续记录每天家庭生活开支，账目详尽完整，写出通讯《账本上的小康之路》。

2005年6月底至8月初，《京江晚报》开展"体验百味感受艰辛"活动，组织10多位年轻记者下基层体验生活，擦皮鞋、蹬三轮、卖西瓜、送牛奶、送邮件、当保洁员等，感受普通群众劳动艰辛，写出41篇亲历式报道。同年，组织记者、编辑分赴多个热点部门和行业蹲点体验采访，以10个整版篇幅连续推出《黑车治理，难题破解终有时》《维权不易，食品安全任重道远》《不在维权，就在去维权的路上》《环境监察，一次又一次地出发》《占道摊点，城市成长中的烦恼》等蹲点札记稿件。

2000年1月1日，《京江晚报》由四开8版扩为四开16版。2003年12月1日，试行改版扩版，周一至周五由16版增加到24版。

十二、《泰州晚报》

（一）发展概况

《泰州晚报》于2003年7月1日创刊，由泰州日报社主管、主办，国内统一刊号为CN 32－0122。

创刊5年半，《泰州晚报》发行量与广告量稳步上升。发行量由2003年的1.9万份升至2008年的4.6万份，广告总量由190万元升至2 000多万元。

截至2008年，《泰州晚报》有职工76人，记者、编辑约有一半为创刊时向社会招聘的。

（二）新闻业务

《泰州晚报》的办刊宗旨是"从百姓视角，关注平民生活，服务普通百姓，传播新观念"。融新闻、信息、服务、娱乐等内容为一体，注重地方特色和文化品位，是"城市的档案，平民的历史"。

2003年7月，兴化市遭受严重水灾，晚报及时刊发《大水中的兴化》《兴化百万干群奋力救灾》《被水围困的日子》等专版，图文并茂地反映抗洪救灾的场景。2003年12月6日，中央电视台"心连心"艺术团赴兴化市慰问演出，《泰州晚报》在完成一般性新闻报道的同时，演出当天推出《星汉灿烂话乡贤》《京韵秦腔传梅乡》《悠悠碧水 泽被千秋》等专版，紧扣演出主题挖掘地域文化的底蕴与特色。2004年8月，推出《服务》《资讯》等栏目，为读者提供衣食住行方面的信息，介绍天气和空气质量情况等。

2005年7月1日，泰州火车站建成通车，晚报以"百姓视角看通车"为着力点，推出《走近火车站工程建设者》《万事俱备，火车时代扑面而来》《通车前夕市民热议火车》等专版，抢抓了《火车站售出第一张票》《宁通线停靠火车站》《泰州第一代铁路人上岗》《乘务员泰州安家》等独家新闻。2005年12月12日，《泰州晚报》编委会以泰州市海陵区泰山街道周剑秋奶奶寄来的、想为贫困儿童织件毛衣的"求助信"为抓手，推出第一篇"爱心奶奶"报道，在此后3年里，“爱心奶奶”吸引上万人参与，捐助贫困学生3 000多名，并将“爱心奶奶”打造成泰州市精神文明创建的名品牌之一。

2007年1月，晚报开展“送福进万家”活动，共印发3.5万幅精致铜版纸“福”字随晚报发行，吸引近20家企业参与送福。2008年，晚报从百姓视角大幅调整版面：增设4个财经版，每周增加2个社区新闻版，原有《为您服务》版增加更多服务百姓生活的小栏目；将原来的《关注版》改为《热线版》，加强与读者互动，突出帮办服务。新闻热线改版前每周只有不到20个热线电话，改版后每周都有100多个，“86870000”热线电话成为连接读者与晚报的重要渠道。2008年“5·12”汶川特大地震发生后，《泰州晚报》用100多个版面报道震情、救灾、捐款等方面内容，晚报社区版启动“手牵手心连心——汶川地震紧急救援”行动，倡议市民伸出援助之手，帮助灾区人民渡过难关。开展“给灾区孤儿一个家”“给灾区贫困儿童送温暖”等活动，倡议捐助、领养、认养地震孤儿，定向捐助贫困家庭、伤残儿童等。

《泰州晚报》2003年初创时为四开16版，设总编办、地方新闻部、域外新闻部、专刊部4个部门。2008年1月1日，增至每天32版，周五最多时达48版。版面主要有《要闻》《视点》《民生》《关注》《社会》《特稿》《地方特稿》《人物访谈》《中国》《世界》《体育》《娱乐》《财经》等，每周辟有《观点·连载》《新知以及文化》《教育》《医疗·生活》《住房》《汽车》周刊等。

创刊5年半，《泰州晚报》在江苏省优秀报纸作品评选中，共有32件作品获奖，其中一等奖4件、二等奖9件、三等奖16件，不分等奖项3件。

十三、《宿迁晚报》

（一）发展概况

《宿迁晚报》于2001年12月18日出刊，由宿迁日报社主管、主办，国内统一刊号为CN 32－0120。2005年9月，《宿迁晚报》进行第一次改版，由周六刊改为周七刊，本土新闻由以前的4个版增加到8个版。2007年进行第二次改版，版面由16个增加到36个，仍为周六刊。2002年报纸发行1.3万份，到2008年增至3.2万份。

（二）新闻业务

《宿迁晚报》确立“贴近、有用、好看”的办报核心理念。

2002年年初，南菜市有人叫卖地沟油，记者采写《追踪“黑心油”》系列报道刊发，随后市人大常委会开会督促政府加大对“黑心油”打击力度，经营“黑心油”不法商贩受到处理。2002年12月，《宿迁晚报》以《小村艺人黄恒丰》为题，报道泗阳艺人黄恒丰连续10年举办小村春晚的故事。在晚报的推动下，黄恒丰创办艺术团，他所在的新民村也被亚洲《财富》杂志、联合国扶贫基金会确定为“世界文化艺术示范村”。

2003年4月，全国“非典”疫情肆虐，晚报连续刊发防“非典”知识进行宣传。宿迁出现疑似病例后，记者走进隔离区采访，对白衣天使不顾危险救治患者给予报道。2004年，刊发的《哥巴德肥料误导宣传——2000亩小麦生长不良》《2000亩小麦减产26万公斤》《120户农民欲哭无泪》等通讯，披露宿豫区来龙、侍岭两镇农民买假肥料造成庄稼减产。

2006年“六一”儿童节，《宿迁晚报》联手《姑苏晚报》，发起“留守儿童‘六一’圆梦”行动，选出8名留守儿童赴苏州与打工父母团聚。当年7月中旬，东大街一市民给《宿迁晚报》来信，说东大街是宿迁历史上的商业中心，建议政府开发。稿件《市民期盼一个全新的东大街》刊发后，市长作出批示，不久东大街改造拉开序幕。2006年10月，报道一位老党员多年收藏《新三字经》的故事。这本泗阳解放前编写的儿童课本共1746个字，《宿迁晚报》全文刊发。11月，宿迁举办首届文化节，晚报全面展示宿迁特色文化产业项目——《沭阳烙画：火笔上品烙画境》《云渡桃雕：小核桃做出大文章》《天岗锣鼓：穿越千年的鼓声》《宿豫淮洪戏：水袖流云唱小调》和《宿城霸王锣鼓：叱咤风云尽豪气》。

2008年8月，晚报联手团市委举办宿迁首届街舞大赛，本地青年和外地选手踊跃参加。9月，《宿迁晚报》又用5个整版，对泗洪境内的古徐国遗迹进行报道。《浮尘四千载，最忆是古徐》《溯源篇：一个绵延1600多年的古徐国》等文章，不但一般读者饶有兴趣，同时也引起学术界的关注。

2003～2008年间，《宿迁晚报》共有6篇作品、版面分别获得江苏省报纸优秀新闻作品奖等，如

《宿豫首位"公推竞选"乡镇党委书记产生》《在巨富中死去是一种耻辱》等。

第二节　都市报

在创办晚报前后，省和有关市党报及中央新闻单位驻苏机构陆续创办都市报。创刊于1982年1月的《周末》，是新中国第一张周末报；1993年1月1日，新华日报社主管、主办的《服务导报》在南京创刊。1993年4月，新华社江苏分社创办内部刊物《买卖报》，1995年1月1日更名为《现代经济报》，1999年10月12日更名为《现代快报》。2000年7月，盐阜大众报社主管、主办的《生活晓报》创刊；2001年5月8日，由《经济新闻报》改刊而来的《都市晨报》在徐州市创刊；2006年1月1日，扬州日报社创办《扬州时报》。此后，13个省辖市都创办都市报。

都市报兴起，形成与晚报互为竞争、互为提高的报业发展格局。以南京报业市场为例，《现代快报》《南京晨报》两家都市报和《扬子晚报》《金陵晚报》为了在激烈竞争中立于不败之地，纷纷内容创新，向厚报冲刺，提升发行量，拓展读者群。据统计，1999年和2000年两年平均报纸阅读率最高的5个城市中，南京居首位，为83.6%。

一、《现代快报》

（一）发展概况

1993年4月，新华社江苏分社创办内部刊物《买卖报》。自1994年1月1日起，《买卖报》开始公开发行，由新华社江苏分社主管、主办，国内统一刊号为CN 32-0104。1995年1月1日，《买卖报》更名为《现代经济报》。1999年10月12日，《现代经济报》更名为《现代快报》，主管、主办单位不变。2001年6月18日，主管单位变更为新华通讯社，主办单位为现代快报社。

《现代快报》实行社长负责制。初创期，社长由新华社江苏分社社长兼任，总编辑由新华社资深主编担任。1995年10月26日，江苏省机构编制委员会批复：现代经济报社为事业单位。同年，为避免影响主体业务，新华社规定各地分社社长不再兼任报刊社社长，改由分社副社长兼任报刊社社长及总编辑，主持全面工作。设副总编辑若干名，分管新闻、经营或专项业务工作。2002年，报社设编辑委员会、经营委员会。2003年5月9日，新华社发文：现代快报社为新华通讯社直属事业单位（副局级）。

初创期人才来自两个方面，一是新华社江苏分社抽调的采编、行政人员；二是少量同城媒体业务骨干。1998年起，报社招揽人才以同城媒体骨干为主，同时有意识地招收部分应届毕业生。2006年起，报社人才来源以应届毕业生为主，来源逐步瞄准重点高校。2008年，人才队伍建设进入系统培养轨道，对新人的基础素质提出高要求，人才准入门槛提高。

（二）新闻业务

1. 办报宗旨与编辑方针

《现代快报》以"讲真话、办实事、树正气"为办报宗旨，侧重重大新闻事件和社会问题的报道，深入挖掘、阐明事件的因果关系，揭示其实质和意义，追踪和探明其发展方向。全方位、多角度地为读者评述新闻热点，解析时事政策，开展舆论监督，提供服务信息，引导消费潮流，融新闻性与服务性于一体。

2. 新闻改革改版

1999年10月12日，《现代快报》更名降价酬谢读者，以"一毛钱"报价颠覆传统市场，1个月时间日发行量突破30万份。2000年1月7日，《现代快报》第一次改版，由原来的16版扩为32版，重点拓宽报道面，题材选择向社会新闻、舆论监督、民生服务倾斜。

2001年1月24日，首次采用单面彩印，告别黑白版和简单套红的面孔，从外在形象到版面内容初步完成向都市报的过渡。

2002年2月12日起，实现报纸全彩印。3月5日，将多年的竖报头改为横报头，首开一版全导读，全报分A、B、C三叠，实现更名后第一次"华丽转身"。同年，提出报纸新三年发展目标：立足长江下游沿岸城市群，面向华东地区形成全国影响力。为此，报纸增设区域新闻部和苏锡常新闻版。

2006年2月25日，《现代快报》变更报型，采用国际流行的"瘦报"版型，版面高度增长4厘米，尺寸比例接近"黄金分割率"，版面挺拔清秀。内容改造同步推进，新一轮改版的指导思想是"让高度决定影响力”，立足高位，拓展视野，创新思维，深度挖掘。当年先后推出《昆山小康样本》《老城南规划》《严介和调查》等重磅报道，在时政宣传、热点人物、城建规划等重大题材上取得突破。同时，重视发掘话题性较强的“亚新闻”，增强报纸的可读性。

2007 年 1 月 5 日，《现代快报》借鉴杂志化手法，在全国首创“封面叠”。以重要性、关注度、可读性为尺度，进一步强化“媒体议程”的导向作用。

2008 年，《现代快报》改造周末刊，1 月 20 日推出《星期柒新闻周刊》（简称《柒周刊》），次年独立出版取代周日刊。《柒周刊》强化深度报道，强调对微内容的重视，突破日报传统周末刊的困局。

3. 宣传报道

百日跟踪：1999 年 12 月 16 日，南京某法院法官强行拘留暗访记者，舆论哗然。《现代快报》以客观、平衡为原则展开调查报道，《记者暗访遭强行拘留》《记者法官谁在撒谎?》《为什么法官打人反成“护法”?》等报道反响强烈，专家相继表态《拘留××肯定不对》（人大法学专家）、《暗访不违法》（最高人民检察院检察厅厅长杨立新）。《现代快报》追踪事态全过程，从 1999 年 12 月 17 日至 2001 年 4 月，挂牌追踪报道长达 100 天，创历史之最。

价格盆地：2000 年 6 月 18 日，《现代快报》商战报道《苏宁、新百、南京商厦“刺刀见红” 南京人昨疯抢纯平彩电》，捅破新街口商家暗战的“最后一层纸”。以苏宁为代表的新锐，表现出超常的挑战意识和崛起锋芒，传统商业格局在改变。报道把“刺刀见红”“疯抢”字眼写入标题，突破常规，引发争议，加上连续报道行情对比、老总表态，商场火药味越来越浓，多个商家被重新激活。报道着眼于拉动内需助推商战，商家让利 6 个亿，消费者得了实惠；新街口五大商家血拼 4 周赢得 8 亿元进账，多赢结局前无古人。

平民英雄：南京市钨钼材料厂 57 岁的下岗工人周光裕，路遇 3 名歹徒持刀抢劫。在与歹徒搏斗中，周光裕身中 8 刀，肺叶被刺穿，当场牺牲。2001 年 11 月 14 日，《现代快报》头版独家报道《浴血斗劫匪下岗工英勇献身》，连续半个月，快报在重要版面追踪报道，数千市民慕名冒雨为英雄送葬。12 月 27 日，江苏省人民政府追认周光裕为革命烈士；28 日，南京市委举行“学习周光裕先进事迹动员大会”。中华全国总工会追授周光裕全国“五一”劳动奖章，学习周光裕的活动走向全国。

抗击“非典”：2003 年 2 月，《现代快报》采访江苏省卫生厅专家，及时报道江苏“非典”信息。截至 5 月 11 日，江苏确诊 7 例“非典”患者，21 例疑似患者，社会恐慌情绪加剧。《现代快报》重点发掘“第一手材料”，独家采访第一个接诊“非典”患者的医生、与患者和专家对话，满足读者知情权，降低信息不对称造成的恐慌。5 月 25 日，记者率先走进江苏“非典”实验室，零距离采访“非典”病毒检测进展；6 月 29 日，报道不幸遭受感染的抗非女护士锁玉的事迹。同年 5 月，《现代快报》加快新闻重心的转移，更加贴近时代的本质，重视体现新闻核心价值和事实真相，推出“铁本事件”“牛群败走蒙城”“庄凤梅‘拾金不昧’假新闻”“双鹤药业‘清朗’感冒药造假”等重点稿件，“讲真话”的形象与市场地位进一步确立。

产权改革：2004 年，《现代快报》以南京国企“三联动”改革为突破口，强化对资产重组改革的舆论引导，针对违法违规行为展开舆论监督，迎来了舆论监督报道的鼎盛期。针对国资重组、产权交易过程违法违规行为频现，记者缜密调查取证，同年 2 月，《现代快报》先后推出《新百 MBO 改制风波》《天安股份侵吞国有资产》《熊猫手机·马志平调查》《金鹰王恒的股份调查》《太平商场改制成了私人的晚宴》等报道，以及伯乐、莱迪、天创等重要案例。

傣妹泔水油：2004 年 10 月 25 日，暗访报道《傣妹提炼泔水油再回锅》。傣妹连锁火锅店以“价廉物美”取悦于工薪消费族，生意盛极一时。而据报料，傣妹提炼泔水油再回锅，坑害消费者。记者假扮学生上门应聘传菜员，卧底暗访一周，跟踪记录泔水油回收提炼全过程。工商部门据此一举查获违法证据，果断取缔傣妹平江店等 3 家连锁店，开出南京历史上首张百万元罚单。

国家公祭：2005 年 12 月 14 日，《现代快报》头条报道《12·13 应该定为“国家公祭日”》，这是国内媒体首次就设立“国家公祭日”发出呼吁，报道的信源为江苏省人大常委会副主任赵龙的一项建议。次年 12 月 13 日，头条报道《12·13 警报为和平而鸣·专家再次建议把“12·13”定为国家公祭日》，依然坚守这个主题。

老城南改造：2006 年，南京老城南改造涉及

23条街巷，《老城南系列报道》以感性的内容打动读者，以建设性的思路影响规划建设部门，开启舆论监督的“建设性模式”。从8月21日首篇报道《老城南的未来也将从这里开始》，到建设部督察组现场调查；从涵盖32条建议的“规划请示报告”上报市政府，到“门东老街规划”公示，稿件《老城南改造不再“轰隆隆”推倒重来》见报（12月5日），系列报道催生了一项新政：用“传统城市肌理再造”的思路改造旧城，把有价值的历史元素保留下来。

世界记忆：侵华日军南京大屠杀遇难同胞70年祭日前夕，报社特派记者赴美国连续采访17天，从美国国会图书馆、纽约公共图书馆以及耶鲁大学图书馆，采集美国政府解密的侵华日军罪行资料，近10万字，100多幅影像图片，从海量史料中挖掘南京大屠杀的世界记忆。2007年12月12日，《七十周年祭特刊》推出3.2万字长篇报道《真相无疆——南京大屠杀的世界记忆》，以全新的视角打开了又一扇揭示历史真相的天窗。

汶川特大地震：2008年5月12日，汶川发生8.3级地震，报社先后派出13名骨干记者赴灾区采访，分别从汶川、绵竹、北川三个重灾区发回文稿和图片，刊发报道300个版。《抗震救灾随军日记》《北川最后的告别》《48岁大校第一个跳出机舱》《8人17天，他们斗败死神赢回生命》《乞讨老人捐出105元》等第一手信息，从不同角度报道军民同心抗震救灾的壮举。

《现代快报》优秀作品频出。系列报道《真相无疆》（作者郑春平）获2007年新华社优秀新闻作品奖；《盼奥运 护圣火 反藏独（封面版）》（作者赵磊、梁波、吴明明、沈明）获2008年度新华社优秀新闻作品奖；系列报道《江苏启示录》（总策划赵磊，统筹梁波、杜迅贵）获2008年度新华社优秀新闻作品奖；《铜墙铁壁保民安》（作者路军）获2002年度江苏新闻（摄影类）一等奖、江苏报纸优秀作品一等奖。

（三）广告　发行　印刷

2008年12月末，报社与现代金报社合并报表，账面资产总额3.21亿元，所有者权益（净资产）0.44亿元。

1. 广告

1999年，现代快报社注册为事业法人单位，由新华社江苏分社出资设立，对内实行企业化管理。注册资本50万元，经营服务范围是编辑、发行《现代快报》和广告服务。1999年，实现营业收入1 000万元，到2002年首次过亿元，实现营业收入1.24亿元。

2002年，报社冲破体制障碍，引入上海激动传媒集团作为财务投资者，通过其下属企业对江苏现代快报传播有限公司进行增资扩股，融入资金3 000万元，进行相关业务投资与市场扩张。

2003年，与上海激动传媒集团下属企业共同投资设立宁波现代金报传媒有限公司，在浙江宁波创办《现代金报》。

2003年开始，报社实施全省扩张战略，当年实现营业收入2亿元；2005年，实现营业收入4亿元。

2. 发行

1999年10月12日，《现代快报》以更名改版为契机，以“一毛钱”售价酬谢读者，将同城报价打入最低谷，当天《现代快报》实际印数5.9万份，销售一空。次日起，报纸发行量每天递增1万份，到11月30日超过30万份。

2000年年初，南京早报、晚报就市场报价联署《关于调整报纸价格的协议》，史称“限价盟约”。明确自2000年3月1日起，南京报纸（四开16版、对开8版）最低限价3角；各报不再实行相互搭配销售或其他“买一赠一”等酬宾、优惠方式，持续140天的报价风波暂告平息。同年12月1日，《现代快报》发行量突破50万份。

2003年9月2日，世界报业协会公布“全球日报发行量100名”名单，《现代快报》首次上榜，列第91位。此后位次逐年前移，分别为第86位（2005）、第80位（2006）。

2007年6月4日，世界报业协会开普敦年会榜单上，《现代快报》排名比上年度提升23位；在入选百强的25家国内报纸中，位列第14名，比上年提升5位。

3. 印刷

2002年，报社有三项重点投资：成立南京现代快报便民服务有限责任公司，开展便民服务业务；成立南京现代快报发行投递有限公司，建立报纸自办发行业务；与江苏邮政合作，投资参股南京鸿兴达邮政印刷有限公司。

2004年，与江苏省委印刷厂下属企业共同投资设立南京现代快报印务有限公司，拓展报纸印刷业务。

二、《江南时报》

（一）发展概况

《江南时报》前身为《市场报·江南市场版》，创刊于1996年1月2日，每周一至周五出版。《市场报·江南市场版》由《人民日报》的子报《市场报》主办，经济类报纸。1999年9月1日，改名为《江南时报》，由经济类报纸转变为都市报。国内统一刊号为CN 32－0114。

1999年9月改名为《江南时报》后，报社设编委会、采编中心、专刊中心、广告中心，并成立区域新闻部、财务部、办公室等机构，事业发展也逐步进入快车道。2002年，报纸发行量一度突破20万份。2008年，广告和营业收入突破1 000万元。

截至2008年，《江南时报》有职工120人，其中记者、编辑65人，并在苏州、无锡、常州、扬州、南通、盐城、连云港等近10个城市设有记者站。

（二）新闻业务

1996年，《市场报·江南市场版》主要报道江苏经济生活的方方面面，内容贴近生活，贴近读者，努力在提供市场信息、引导消费、服务企业、维护消费者权益方面成为权威性媒体。其试刊号头版头条的《太湖美还能唱多久》，率先报道当年太湖蓝藻大面积暴发事件，引起国内广泛关注，《人民日报》、中央人民广播电台、《报刊文摘》等多家主流媒体转载。

1999年9月改名为《江南时报》后，其关注焦点转向都市生活，报纸定位为立足江苏，辐射长三角，集中反映江苏省内以及长三角地区的社会生活、经济动态，兼及国内外重大政治、经济、文体、军事新闻，最大可能地满足读者需求。

《江南时报》设置《要闻》《看点》《江苏新闻》《城事》《热线》《市场》《时评》《论股》《文体新闻》《中国新闻》《国际新闻》等版面，还有《教育》《法制》《大江南证券》《大江南收藏》等专刊。《视点/观点》版每天都有鲜活的评论。每周一出版的《国际风云》周刊，系统介绍国际时政、社会、科技、人物等。

《大江南证券》《大江南收藏》在读者中有相当知名度。《大江南证券》传递财经信息，深度分析证券市场，引导正确投资理念，反映中小投资者心声，发行量高居证券类报刊前列，遍及全国30多个城市。其中，广州、上海、青岛、济南等城市发行量在所有的证券类报刊中居首位。

三、《无锡商报》

（一）发展概况

《无锡商报》的前身为《无锡信息报》，创刊于1984年11月2日，由无锡日报社主管、主办。1986年4月，由《无锡信息报》更名为《华东信息报》，从无锡日报社分出，隶属于无锡市政府，由无锡市经委代管。1995年1月，《华东信息报》更名为《华东信息日报》。2003年，无锡日报报业集团成立，《华东信息日报》回归加盟。2007年2月，《华东信息日报》改名转型为《无锡商报》，由无锡日报报业集团主管、主办，国内统一刊号为CN 32－0010。

创刊后，《无锡商报》经营收入逐年增长，资产规模逐渐壮大。2008年广告创收首次突破2 000万元，对外承印收入近400万元。

《华东信息日报》发行曾覆盖华东六省一市，具有一定的区域影响力。改名《无锡商报》后，报纸深耕无锡市场，精准市场定位，发行量逐年攀升到8万份左右。

创办以后，报社办公地址屡经搬迁。1984年，《无锡信息报》诞生于无锡日报社内。1988年，报社在广瑞路1号购置7层办公楼，第一次搬迁。1992年，报社购置中山路207号1 700多平方米的办公大楼，在市中心挂牌亮相。

到2008年，《无锡商报》(含印刷厂)140名职工中，本科以上学历57人，高级职称5人，中级职称28人。采编人员中本科以上学历占60%，中级职称以上占50%。

（二）新闻业务

《无锡商报》以“商系民生，报知天下”的办报理念和“重磅集约”以突出重点的采编路径，体现“主打财经时政新闻，突出都市民生报道”的报纸特色，成为一家富有商经特点、服务功能的新型都市主流媒体。《无锡商报》推出一系列重大主题报道，在商经、民生、维权等方面开设一批“求商、求新、求异”的特色栏目、专版，关注都市经济发展，关切市民百姓生活。报纸以报道带动活动，以活动推进经营，根据读者需求和市场变化，先后创办《无锡市场》《亚洲证券》《艺术市场》《商报金刊》等专刊，成立鉴宝、理财、律师、名医等专家顾问团，举办多项社会活动，在服务市民的同时赢得市场份额。

四、《淮海商报》

（一）发展概况

《淮海商报》于2002年1月1日创刊，由淮安日报社主管、主办，刊号来自原县级淮安市委机关报，国内统一刊号为CN 32－0044。

2002年起，《淮海商报》与《淮安日报》《淮海晚报》在经济上分开，实行独立核算、自负盈亏。2008年1月1日起，《淮海商报》由邮局发行。

《淮海商报》全面推行人事制度综合改革，中层干部竞争上岗，全体职工双向选择，功效挂钩，奖勤罚懒。

（二）新闻业务

《淮海商报》初始，以“让本土化新闻挑报纸大梁”为自身特色，每期报纸本土新闻占一半以上。

2004～2005年，《淮海商报》逐步形成以“独家报道”为特色的报纸内容，强化头版头条重要性，采编合一，自主采访。2004年6～12月，危桥“二道桥”连续报道，刊发稿件30余篇，淮安市领导多次批示，促使有关部门重建桥梁，推动了淮安市对全市危桥的检修。

2005年2月1日，《淮海商报》策划推出100个版面的《新春特刊》，创本地特刊之最。由《春节特辑》《春节消费资讯》《房地产特辑》《文化娱乐特辑》四部分组成，随报赠阅。2005年5～9月，策划推出“救救尿毒症患者程蓉”系列深度报道，刊发稿件50余篇。淮安市领导多次作出批示，江苏电视台、《新华日报》、中央电视台等省级、国家级媒体也进行跟踪报道。

2006年之后，《淮海商报》新闻采编工作开始走“细分化、信息化、平民化”道路，始终追求“贴近性、娱乐性、可读性”，形成以深度报道、全景式报道见长的报纸风格，同时，重视增加报纸的信息量，开辟《商界》《楼市》《美食》《车市》《休闲》《股市》等近40个栏目；重视对普通人的采写报道，开辟《特写》《深度》《民生》等栏目。

2007年12月20日，刊发的《网络平台干起海外“平台”活》稿件，主题重大、题材新颖、意义深远，对促进地方现代服务业健康快速发展有指导作用。

2004年上半年，《淮海商报》第一次改版，对报头字体及版面设置重新调整；下半年第二次改版，将《淮海商报》“瘦身”，减少报纸宽度，增加报纸高度，四开8版，周七刊，周六、周日均刊出《周末》版。2005年6月，扩至四开24版。2006年改为周刊，每期40版，版式结构上采用大字号、大标题、大图片。

五、《东方生活报》

（一）发展概况

《东方生活报》创刊于2003年1月1日，是由盐阜大众报报业集团主管、主办的都市生活类日报，国内统一刊号为CN 32－0048。

《东方生活报》的前身为《信息之窗》《沿海经济信息报》《生活晓报》。1985年8月15日，《信息之窗》创刊，由盐城市科学技术协会主办。1993年1月，《信息之窗》更名为《沿海经济信息报》，主管、主办单位变更为中共盐城市委宣传部，当年6月变更为盐城市人民政府。2001年1月1日，《沿海经济信息报》更名为《生活晓报》，主管、主办单位变更为盐阜大众报社。2003年1月1日，《生活晓报》更名为《东方生活报》。

1988年3月，报社成立广告部。2000～2005年，报纸增设各类专刊专版，依托专刊专版开展广告经营活动。2005年，广告收入260万元。《东方生活报》创刊至2005年，发行量保持在1万～2万份。

截至2005年年底，《东方生活报》有在编员工20人，企业员工10人，聘用人员36人。

（二）新闻业务

从1985～2005年，报纸三易其名，其间办报方针、宣传内容以及版面结构等发生多次变化。

1985～1993年1月《信息之窗》阶段，办报内容以传播科普知识、科技信息为主。刊期初为半月刊，版面四开4版。1987年，变更为旬刊，版面改为四开8版。1989年，又改为四开16版。

1993年1月～2000年《沿海经济信息报》阶段，开启与上海的办报合作，在上海、盐城两地出版、发行证券专刊。1993年为周刊，版面四开4版；1994年，变更为周三刊，版面改为四开8版；1995年，变更为周四刊，版面改为对开4版。

2001～2002年《生活晓报》阶段，刊期变更为周五刊，版面改为四开12版。2002年1月，变更为周七刊，版面改为周一至周五四开16版，周六和周日四开8版。

2003年《东方生活报》创刊时，确立“盐城人自己的都市生活报”的定位，致力于办成“新型的进入家庭的生活服务类报纸”。《东方生活报》调整充实原有版面，特别是头版选用高质量大图，加大视觉冲击力，其他版面按照贴近、服务、实用、可读的方针落实重要稿件。报纸分A、B两叠，A叠为新闻，B叠为家庭生活。刊期周七刊，版面日均四开16版。

2005年8月30日，《东方生活报》再次启动改版，突出浓郁的生活味和休闲味，做足做强做优娱乐新闻、体育新闻及时尚报道、生活服务等。版面结构调整，分A、B、C三叠，A叠主推文娱、体育和休闲；B叠为本地和时事新闻；C叠为服务类周刊。刊期仍为周七刊，版面日均四开20版，具体为周六、周日、周一16版，周二20版，周三、周四、周五24版。

20年间，《东方生活报》新闻作品屡获江苏省报纸优秀作品奖。其中，言论体裁获奖次数较多，《意义不凡的“再就业”工程》《重提“万元户”》获1994年度三等奖，《忙与盲》获1995年度三等奖，《后发地区要充分运用后发效应》获1996年度三等奖。消息《“放心肉”尽管放心吃》获1996年度三等奖。通讯《老人·小岛·鸟》获2002年度二等奖，《一分钱官司未画上句号》获2005年度三等奖。系列报道《建设节约型社会系列报道》获2005年度二等奖。2001年1月15日，一版版面获当年度三等奖。新闻论文《知识经济是21世纪经济新闻的重要主题》获2000年度二等奖，《实施舆论监督的哲学思考》获2000年度三等奖。

六、《都市晨报》

（一）发展概况

《都市晨报》于2001年5月8日创刊，四开16版，周七刊，属综合性市民生活类报纸。《都市晨报》原名为《经济新闻报》，由徐州日报社主管、主办，国内统一刊号为CN 32-0057。2002年3月1日起，出版彩报。2006年1月1日起，实行动动扩版，版面设置为A、B、C、D四叠。2006年，报纸发行由城乡全部自办发行改为“市区自办发行，县（市）投递交邮局”的新模式。

（二）新闻业务

《都市晨报》自创刊之日起，就明确提出“立足徐州，辐射淮海”“办徐州最需要的报纸”。《都市晨报》地方新闻占比较重，每期16版时，有5版为地方新闻，每期32版时，除A1版外，A2至A8版均为《徐州新闻》。2006年实行动态扩版后，《徐州新闻》进一步加强，少则8版，多则11版，通过徐州地方新闻版，报足报好本地新闻。

《都市晨报》牢固树立为市民服务的意识，开通新闻热线电话5800100，开辟《民情日记》《彭城万象》《城市速递》等栏目。单是《民情日记》就有《倾诉》《投诉》《呼吁》《建议》《反映》《求助》《提醒》《警示》《答疑》《回音》《咨询》《招领》《表扬》《新风》等子栏目，反映市民呼声，直接为市民排忧解难，为市民提供信息服务。

《都市晨报》强调与读者互动活动。这些活动创意新，规模大，趣味性强，品位高，读者关联面广，吸引读者参与。如，举办北大清华高考状元成才之路报告会、名校之旅夏令营、“老师，我们感谢您”大型谢师酒会、为特困学生提供勤工助学岗位、评选徐州最大的幸福团圆之家、海尔模式高层培训班、创建学习型组织讲座、海南疯狂英语游、放风筝大赛等活动。通过这一系列的社会公益活动，《都市晨报》和读者真正做到“零距离”接触。

2007年12月28日，《都市晨报》年终出版大型贺岁特刊《城市年鉴》192版，创徐州报业版面数量之最。

七、《扬州时报》

（一）发展概况

《扬州时报》由原《江苏石油报》变更而来，2006年1月1日创刊，由扬州日报社主管、主办，是扬州第一份财经生活服务类报纸，国内统一刊号为CN 32-0061。

《扬州时报》通过邮局发行和自办发行，加上报摊零售,初期发行约 2.2 万份,发行范围以市区为主,覆盖到各县(市、区),2008 年发行量增至 3 万份。

《扬州时报》广告经营由广告部独立承包经营,总编辑全权负责广告指标完成。经营上实行“统一管理、条块结合”,所有财务往来由日报社财务中心负责,广告部不单设财务。2008 年,《扬州时报》广告收入达 1207.61 万元。

2006 年,《扬州时报》创刊时核定事业编制 15 人,2008 年年底实际人数 43 人。

(二) 新闻业务

《扬州时报》以“离你最近、与众不同”为办报理念。

民生视角,百姓情怀。从创刊起,《扬州时报》开设《12345 在线》专栏,打造“为百姓办事、为百姓维权、说百姓所说、急百姓所急”的与市民互动交流平台。2006 年,刊发来电、来信 1 500 多篇,帮助群众解决切身问题和困难。市两会召开期间,推出征集“民间议案提案”活动,征集群众意见和建议带到两会上,且件件有回音。针对新春劳动力市场形势,推出“找工作看时报”大型专题报道,为用工双方搭建信息平台。

《扬州时报》还组织多项社会活动与读者互动,如“社会妈妈”征集活动、沈阳寻亲团高邮寻亲、时报验房团、《十唱扬州》谱曲大赛、“五一”黄金周欢乐社区大行动、时报创刊百期广场义演、扬州首届风筝展评比赛等一系列活动,扩大了报纸影响力,收到了较好的社会效果。

发掘典型,弘扬美德。《扬州时报》关注普通人,关注感人事,弘扬真善美,追踪社会热点,体现人文关怀,以平民化视角做好新闻典型宣传。2007 年 5 月,《扬州时报》以两个整版推出长篇报道《大爱无言,坚强母亲背脑瘫儿上学 10 年》,弘扬亲情、母爱和传统美德,使普通民众成为感动扬州的典型。7 月,聚焦葛新峰、鲍宏艳曲折动人的爱情故事,刊出两个整版的专题报道《有一种爱注定能成为传奇》,引起强烈关注,再度引发全城热议。《八旬老太照料邻家脑瘫女 20 年》《扬州青年割头皮救父感动中国》《鱼贩子收养弃婴 11 年感动扬州》《我终于唤醒了 9 年“植物人”妻子》等多篇平民典型报道,都产生了广泛反响。

特色办报,差异发展。《扬州时报》在特色化发展上下功夫,侧重于服务性、财经性、生活性新闻和专题化报道,在财经、教育两大领域形成明显特色和差异化发展优势。2008 年 9 月中旬到 11 月,《扬州时报》陆续推出 40 个专版,立足全球视野,全方位深度报道金融危机动态、原因、波及范围以及各国救市政策,剖析金融危机背后的新闻。

2007～2008 年,《扬州时报》开展“走进百家专业市场、深入 5 000 户家庭、走访万名工商户”活动,所有编辑、记者和工作人员带着《扬州时报致广大工商户的一封信》和《结对服务协议》,走上街头,遍访工商业主,诚恳听取他们对《扬州时报》的建议和意见,帮助中小工商户和市民排忧解难,服务维权。

至 2008 年年末,《扬州时报》共获江苏省报纸好新闻奖 5 件。

八、《现代家庭报》

(一) 发展概况

《现代家庭报》的前身是南京市卫生局主办的《南京卫生报》。1985 年 1 月更名为《现代家庭报》后,面向全国公开发行,国内统一刊号为 CN 32－0067。1999 年 6 月,《现代家庭报》主管单位为南京市委宣传部,主办单位为南京市卫生局。1999 年 9 月,现代家庭报社增挂现代报刊联合发展中心的牌子。2005 年 3 月,现代家庭报社由市委宣传部负责归口管理。2007 年年底,现代报刊联合发展中心(集团)和南京日报报业集团合并。

1989 年年初,《现代家庭报》大胆实行各项改革,发行量达 40 多万份,实现扭亏为盈,当年盈余 20 多万元。此后 5 年间,报社年年经营效益超过历史最高水平,积累资产 1 500 万元。2001 年 5 月,《现代家庭报》以自有资金购置建邺路 66 号 5 035 平方米的办公大楼。

1985 年 4 月,《现代家庭报》有事业编制人员 15 名,1999 年增至 58 名。

(二) 新闻业务

1989 年年初,《现代家庭报》在编辑思想上侧重于引导性和服务性,着力反映改革开放给千家万户精神世界和物质生活带来的变化,引导人们移风易俗,倡导社会主义新道德、新观念、新风尚。1994 年开始,在此基础上作了两次较大规模的扩版,紧紧围绕家庭做文章,形成鲜明的特色。

1999年2～5月,《现代家庭报》发表4篇关于清华大学学生欧阳可青“借钱救母”的系列报道,用一个普通人的故事,反映尊长重孝的传统美德、自强不息的民族精神和当代青年的现代价值观念,《报刊文摘》《北京青年报》《中国妇女报》《新华日报》《文汇报》等数十家报刊先后在重要版面予以转载。6月12日和14日,中央电视台《东方时空》又以《与信誉有关的故事》为题,对“可青行为”及《现代家庭报》的义举进行专题报道,在全国产生较大影响。

《现代家庭报》连续被评为全国生活类十佳报纸之一。1997年11月14日,《新闻出版报》发表《面向小天地,做好大文章》的长篇透析文章,高度赞扬《现代家庭报》的改革精神、办报思路和报纸特色。

《现代家庭报》初期为四开4版,每周二出版,2000年扩为四开16版。

九、《城市商报》

(一)发展概况

《城市商报》沿用原《吴县日报》刊号资源,于2001年11月20日创刊,由苏州日报社主管、主办,国内统一刊号为CN 32－0089。

《城市商报》自办发行,由苏州日报社自己组建的发行机构负责发行、投送和零售。至2008年,发行量达到14.42万份。

2002年,《城市商报》广告收入为419.22万元,2008年为6 801.43万元。

(二)新闻业务

2001年11月20日创刊号一版头条,刊载苏州日报社社长撰写的题为《亲商,亲商,亲商!》的《社长寄语》,文章阐述《城市商报》的办报理念,指出:亲商,是新时代的精神;亲商,意味着媒体的自身革命;亲商,意味着《城市商报》的定位。

《城市商报》秉承“实用实在实惠”的宗旨,坚守“好看又实用”的个性特征,开发和打响了一批服务市民、服务生活的品牌。如《城市商报》律师团、商报健康顾问团、商报鉴宝、商报金手指理财、商报心理咨询室等。

《城市商报》律师团于2004年3月组建时,经过苏州市司法局律管处推荐,10位律师和他们所在的事务所加入。每逢周六,《城市商报》推出“律师团维权在线特别活动”,请律师事务所轮流当值,公布电话号码、事务所地址。事后,《城市商报》把读者咨询的问题,配上知名律师的权威解答,在下周一用整版形式刊登。到2008年,苏州每个县(市)都有加入律师团的律师事务所。《城市商报律师团》专版被评为2004年度江苏法制好新闻专栏三等奖。2006年8月1日,《城市商报》被江苏省委宣传部、省依法治省领导小组办公室、省司法厅等单位评为“2001～2005年全省法制宣传教育工作先进单位”称号。

《城市商报》创刊之初为苏州的第一份瘦报——四开加长版版式,每天16版,前8版为A1～A8版;后8版为B1～B8版。A版为《新闻版》《每日财经》《消费资讯》《球市》等;B版以《金证券》为主,周一到周六的B1到B6都是《金证券》。

2004年5月10日起,周一至周五改为四开24版,即16个A版,8个B版。周六、周日仍保持四开16版,没有B版。2005年1月8日起,又对周六、周日版面全新改版。

《城市商报》设置总编室、新闻部、财经部、消费专题部和县区部等5个部门,各部正、副主任均实行竞聘上岗制。

十、《江苏商报》

(一)发展概况

《江苏商报》的前身为《江苏供销信息》,是江苏省供销合作总社1985年主办的行业内部报纸。1995年7月公开出版发行,由江苏省供销合作总社主管、主办,国内统一刊号为CN 32－0118。2002年,《江苏商报》主管、主办单位变更为南京日报社。

《江苏商报》主要通过全国邮发、异地传版、报摊零售等渠道发行,并通过定制化服务、举办论坛、家电企业评比、彩虹跑等多种活动,拉动报社的经营工作,实现经营形式的多元化。

至2008年,《江苏商报》职工总人数43名,其中主任记者(编辑)1名、记者(编辑)3名。

(二)新闻业务

省供销合作总社主管时期的《江苏商报》,办报宗旨是:坚持正确的舆论导向,及时反映动态消息,传递经济信息,引导消费,满足人们对经济文化生活的需求。

南京日报报业集团主管时期的《江苏商报》，办报宗旨是：服务中小企业，瞄准“圈层”，搭建文化产业服务平台，做中小企业第一服务平台。

报纸创刊时为四开4版，周一报。后根据市场变化，先后由周一报增加到日报，由4版增加到16版、32版。后报纸定位发生变化，从原来的经济生活类报纸改为商业类报纸，从日报改为周五报。最终确定为商业经济类报纸，从周五报改为周二报，直至2008年。

《江苏商报》每年以众多版面推出对南京“重大项目投资洽谈会”的专版报道，这种大篇幅、全景、全方位专版报道的方式，在当时南京平媒中引起巨大反响。报纸推出《智造业》《文化力》等专刊，以专业性、时效性、实用性为中小企业及创业创新型企业提供多种服务，搭建平台。

2002～2008年，《江苏商报》根据自身定位，围绕中小企业及商界等，刊登《阿里巴巴为何来南京》《天价商铺现身新街口》《民企365天应诉记》《一粒玉米的“路线图”》《我以我血荐轩辕》《南京民企探索“供给侧改革”》《江苏首富两连冠为何是严介和》等报道，为企业及商界提供政策解读、如何享受国家各项优惠，以及成功企业的优秀做法、宝贵经验，成为企业及商界喜爱的一张报纸。

《宁商抢滩西藏矿业》获2006年度省报纸优秀作品二等奖，《一年后肉价提前知道》获2007年度省报纸优秀作品三等奖。

十一、《东方卫报》

（一）发展概况

《东方卫报》于2001年1月4日出版发行。2003年年初，《东方卫报》划转南京日报报业集团主管、主办，国内统一刊号为CN 32－0028。

《东方卫报》的前身是1949年9月23日创刊的《南京公安报》，该报先后经历了《交通安全报》《南京公安报》等几个发展阶段。

2006年5月15日，《东方卫报·每日新闻》以都市日报形式进入南京地铁发行。该报每周5期，每期四开16～32版，逢工作日在南京地铁1号线16个站免费派发，同时地面兼顾机关、企事业单位赠阅和报摊刷卡取阅。

2006年7月18日，由原南京日报报业集团和南京地铁合作组建的新传媒企业——南京东方都市报业发展有限公司成立，重点经营《东方卫报》。企业性质为股份制，注册资金1 000万元，南京日报报业集团占股55％，南京地铁集团占股45％。

《东方卫报》自2006年5月进入南京地铁以来，每年广告投放量稳步提升。2006年，广告收入928.55万元，2008年为3 516.50万元。2008年，《东方卫报》获得中国广告协会报刊分会颁发的“2008～2009中国报刊广告投放价值·最具成长价值报纸10强单位”奖牌。

2006～2008年间，《东方卫报》在南京地铁一号线16个站点全覆盖。同时，拥有主城区100多栋精品写字楼固定订户，集体会员单位2万多个。2008年，《东方卫报》发行进入禄口机场和“和谐号”动车组，形成地面、地铁、动车、飞机等多渠道、立体化的发行模式，发行量由初期的6万份增加到2008年的16万份。

2008年12月底，《东方卫报》共有65名员工。

（二）新闻业务

《东方卫报》坚持“轻松前卫，领跑未来”的办报宗旨，立足服务地铁，服务地铁乘客，为南京市民特别是年轻上班族，提供衣食住行方面的最新资讯。2006～2008年，《东方卫报》紧紧围绕地铁上班族的读者人群，不断拓宽思路，加大政经新闻报道力度，坚决摒弃低俗、媚俗、违背社会道德等内容出现在版面上。

在重大新闻报道方面，强调社会效益的最大化，大力宣扬正能量。2008年5月12日四川汶川地震发生后，《东方卫报》设计了“汶川8·3级地震”刊头，在半个月内，以112个版面，及时报道地震灾区的灾情、救援、捐款、重建等。2008年8月初，北京奥运会期间，该报提前设计“风云2008群英会”刊头，投入114个版面，及时报道奥运会赛况。

为提高报纸的阅读质量，《东方卫报》先后开设《东方400》《影像南京》《爱弥留》以及《东方故事》等专栏。

十二、《周末》

（一）发展概况

《周末》于1982年1月2日创刊，是南京日报报业集团主管、主办的社会文化类报纸，也是新中国报刊史上第一张周末报，国内统一刊号为 CN 32－0031。

《周末》初为四开 4 版，周刊。后经历多次扩版，至 2008 年扩大为四开 44 版。发行到除台湾省以外的全国 30 个省、市、自治区，其中江苏省发行数占 62%。至 2008 年，发行数 30 多万份。

在管理上，《周末》根据自身实践制定“三句话行为准则”：坚持正确的政治方向、坚定不移的敬业精神、坚持不懈的创新意识。这些行为准则和团结、严谨、实干、创新的“8 字报风”，被新闻出版总署机关刊物作为办报经验向全国推广。

（二）新闻业务

《周末》创刊伊始，定位在文化副刊类报纸，但随着时代的变化，《周末》逐步发展为具有独立品格的综合类周报，确定思想性、知识性、趣味性、艺术性“四性”相统一的办报宗旨。此后，根据报纸发展的新情况，在原有“四性”基础之上又补充新的“四性”：可读性、贴近性、独家性、探索性。

2003 年，《周末》推出南京第一张采用国际流行加长纸型共 4 叠 60 个版的城市生活服务类周报《星期五》，分为新闻、娱乐、时尚、行业四大版块。2005 年改版，确定“南京情感都市读本”角色定位，将全部版面重新整合，分为 A、B 两叠。A 叠主打情感版块，B 叠以经济专刊为主。

2005 年，国内报业市场竞争激烈，《周末》推出“追求独家重磅新闻”的办报理念，并以此为采编工作中心，加强新闻策划能力。

2006 年，《周末》又整合相关资源，进一步明晰定位，凸显《周末》深度报道、文史之美的办报特色，对版面结构进行合理调整与梳理，删繁就简，减（文字）“赘肉”、重图表，革新版面语言，塑造周末式的叙事风格，突出新闻、文娱、历史三个版块的集约功能。在版式设计和视觉包装上，趋向杂志化。

《周末》最有影响的专栏，早期分别是一版《我和南京》《追踪纪实》；二版《赛事分析》《赛前预测》；三版《灯下话史》《益闻小札》；四版《明星轶事》《边看边说》。后期开设的《西窗烛》《解密》《发现南京》等专版也具有一定影响力。

《周末》最有影响的文章是《悲壮大爆破》。1991 年夏，洪水肆虐长江中下游大片地区，南京市江浦县星甸镇人民为了保证国家京浦线大动脉畅通，毅然炸坝泄洪，谱写了一曲舍小家保大家的爱国主义、社会主义的壮歌。为此，《周末》采写 1.5 万字大特写《悲壮大爆破——晓桥炸坝保卫南北大动脉纪实》。7 月 20 日发稿当日，新华社《瞭望》杂志决定撤稿转载该文，《北京日报》以三个整版全文连载。该文获得省委宣传部纪念建党 70 周年纪实作品奖，省作家协会创作奖，省报纸副刊编辑协会好新闻一等奖，另获华东地区报纸副刊作品一等奖。

十三、《华东旅游报》

（一）发展概况

《华东旅游报》的前身是《江南旅游报》，创刊于 1988 年 3 月 22 日，由无锡日报报业集团主管、主办，国内统一刊号为 CN 32－0074。

《华东旅游报》借助政府部门、旅游行业及社会力量办报，采取理事会形式推进办报经营等事业发展。1988 年 4 月召开首届理事会，省旅游局参与办报。到 1993 年 9 月第六届理事会，成员由省旅游局和各市旅游、外事、园林等部门，扩展到其所属单位以及相关工商企业，实现政府主管部门、业界和报社“三结合”协力办报，扩展了信息源与发行量。

至 2008 年，《华东旅游报》共有人员 37 人，并在华东地区主要旅游城市设立 30 多个通联站，聘请了 150 多名特约记者及通讯员。

（二）新闻业务

1988 年《江南旅游报》创刊，办报方针为“学晚报风格，创自身特色”。1995 年更名为《华东旅游报》后，办报方针为“面向旅游者，服务旅游界”；市场定位是“立足江苏，辐射华东，走向全国”；读者群定位三个层面：旅游管理部门、旅游界企事业单位、旅游爱好者。报纸随着“大旅游”内涵、外延的更新扩展，力求放大“食、住、行、游、购、娱”旅游六要素，办成一张休闲型、商旅类都市报。

《华东旅游报》2005 年以后为四开 16 版，其中 1～7 版为新闻版块，以旅游新闻为主；8～11 版为服务版块，服务于旅游界各行各业；12～16 版为副刊专版。

《华东旅游报》曾增设多种专刊：1996 年增出《摄影周刊》；1998 年创办《华东周末》专刊，以扩大报道面与读者群，进入苏州、扬州、杭州等旅游名城的报刊零售市场。报社通过和江苏、安徽两省旅游局合作，推出省际旅游专版。为贴近服务于本地旅游发展，报社与无锡市旅游局合作开设《无锡旅游》专版。1998年，报社创办直接以无锡市民为服务对象的《百姓导刊》周刊。2008年，《华东旅游报》和无锡市旅游局合作，接办《无锡旅情》季刊，杂志每期发行达万份。

《华东旅游报》致力区域旅游建设的推介宣传，不断扩大报纸辐射覆盖面。1994年9月，报社牵头，邀请《新华日报》《金陵晚报》等11家新闻单位参与，举办"世界旅游日摩托车环省纪行"活动，行程1 600公里，发稿150余篇，为江苏的旅游宣传造势。1995年，报社主办"华东旅游笔会"，邀请高晓声、林斤澜、陈村、叶兆言、舒婷等著名作家以及新闻界资深人士，足迹遍及华东名城胜迹。1998年，报社与康辉旅行社合作举办首届"华东旅游风情展"，成为华东地区春季旅游促销的重要平台。

进入21世纪，《华东旅游报》加大"报上宣传、报下服务"力度，以提升社会活动与媒体影响的层次。2007年，报社举办首届"环太湖旅游局长峰会"，提出"旅游发展和生态保护相结合"重大议题。同年底，《华东旅游报》发起组织"华东旅游同盟"，吸引全国各地近200家旅行社成为首届会员。

十四、《服饰导报》

（一）发展概况

《服饰导报》由江苏省纺织（集团）总公司主办，1995年4月11日创刊，国内统一刊号为CN 32－0110。1995年12月9日，新闻出版署批准《服饰导报》向海外公开发行。

根据2008年有关统计，《服饰导报》在中国同类报纸中出版规模最大。其中国际导刊和韩文版的海外发行量有10多万份。

（二）新闻业务

《服饰导报》的办报宗旨是：贴近生活，走进家庭。办刊初期对外宣传是"服饰导报，穿衣打扮少不了"。

《服饰导报》创办江苏多项"第一"的服饰文化交流活动，承办过多项国际活动：1999年起，连续承办一至四届江苏国际服装服饰博览会；1999年，举办香港著名设计师联演；2000年，举办世界华人经典设计师汇演，意大利青年设计师联演；2001年，举办"我们同在一个村"大型服饰文艺晚会，邀请皮尔·卡丹以及5位国际设计师同台联演，同年在南京朝天宫和国际著名的FORII公司合作，举办时装表演，在中意两国时装界引起轰动；2002年，和世界三大模特赛事之一的世界最佳模特大赛组委会合作，举办世界最佳模特大赛中国总决赛。同年，和法国时装材料协会主席雅克·贝尔纳合作，举办设计作品发布会。

从2005年开始，《服饰导报》先后和《日本纤研新闻》、韩国《Fashion Insight》等日韩媒体进行版权合作，搭建中日韩联合出版平台，在《服饰导报》开辟日本服饰、韩国服饰专刊。

2008年年初开始，《服饰导报》购买世界第二大服装报纸《日本纤研新闻》的广告版面，为中国纺织服装企业开辟日本市场服务。2008年3月开始，《服饰导报》开中国服装类报纸海外出版先河，在韩国出版韩文版。

此外，《服饰导报》还联手国内产业集群，联合出版服饰专刊，增加服装行业报道深度、广度和专业性。2004年6月，出版《服饰导报——针棉织品导刊》，由中国纺织品商业协会主办。同年12月，出版《服饰导报——鞋世界专刊》。2005年1月，《服饰导报——时尚针织专刊》创刊，同年9月，推出《服饰导报——织里童装》专刊，出版《服饰导报——内衣专刊》。2008年，《服饰导报——安徽服装专刊》创刊。

《服饰导报》初为四开8版，周二出版。后经多次扩版，至2005年5月17日，《服饰导报》改为全彩印刷，A、B版各16个版，为方便阅读，A、B版分别装订。

十五、《都市文化报》

（一）发展概况

《都市文化报》原名《文化市场导报》，创刊于1995年10月。主管单位为江苏省社会文化管理委员会办公室，主办单位为南京市文化局和江苏省社会文化管理委员会办公室。1998年8月，《文化市场导报》面向全国公开发行，主管单位为江苏省"扫黄打非"工作领导小组，主办单位为南京市"扫黄打非"

工作领导小组办公室，国内统一刊号为CN 32-0123。1999年7月，《文化市场导报》更名为《都市文化报》，主管单位变更为南京市“扫黄打非”工作领导小组，主办单位为南京市“扫黄打非”工作领导小组办公室与现代家庭报社。

2000年6月，《都市文化报》划为现代家庭报联合发展中心主办。2007年年底，该中心（集团）和南京日报报业集团合并，《都市文化报》随之并入南京日报报业集团。

2000年，《都市文化报》为独立核算单位，自建账目，自收自支，启动资金由市文化局和《现代家庭报》各拨款10万元。2008年，《都市文化报》发行量近20万份。

（二）**新闻业务**

《文化市场导报》办报宗旨：坚持为人民服务、为社会主义服务的办报方针，传递文化信息，引导文化消费。坚持开展“扫黄打非”斗争，加强文化市场管理，促进文化市场繁荣与发展。其读者对象为文化消费者、文化经营者、文化生产者、文化管理者。

1999年，《文化市场导报》更名为《都市文化报》后，把重点放到城市，放到引导文化建设上来。报纸由四开8版改为四开16版。扩版后的《都市文化报》较全面地反映文化市场的动态、信息，充分宣传文化经营先进经验和典型，传播文化知识，剖析文化现象和热点，引导文化消费。

2004年改版，突出人文关怀、文化品味和思想内涵。改版的总体原则：以“三温”（温情、温暖、温馨）为总体基调，以“三新”（新思想、新观点、新表述）为指向，以“三不”（不同角度、不同写法、不同标题）为操作要求，从而达到“三好”（好的运营、好的收入、好的心态）目标。由此，报纸呈现了一批好稿，在省、市评比中获奖。《岭上观映山红》被《读者》转载；《两个人的特殊学校》获首届中华慈善新闻一等奖；《带着妹妹上大学》在全国媒体上较早刊发洪战辉这位“感动中国”人物的特别报道，取得良好社会效益。

第五章 行业专业类报

随着省、市党报复刊、晚报都市报兴办，江苏省不少行业专业报业也陆续复刊、创刊。1979年5月1日，停刊多年的《徐州矿工报》正式复刊。此后，《江苏广播电视报》《江苏工人报》复刊。《江苏科技报》《江苏石油报》《江苏经济信息报》《江苏健康报》《江苏法制报》等报纸陆续创刊。

20世纪80年代，幼教、小教家教市场兴起，《小学生数学报》《关心下一代周报》《家教周报》《成才导报》先后问世。全省各大高校也陆续复刊或者创办校报。

在行业专业类报中，《江苏广播电视报》《小学生数学报》《关心下一代周报》《家教周报》《时代学习报》等发行量均超百万份以上，其中《小学生数学报》发行量接近200万份。

第一节　行业企业报

全省行业企业报门类齐全，涉及面广，其中有面向工人、工厂、工会的《江苏工人报》，也有面向部队战士的《人民前线报》；既有服务广大老年人的《老年周报》，又有以中小学生为读者对象的《关心下一代周报》。

在20世纪80年代办报热中，省内不少大型国营企业也办起报纸。1984年，金陵石化公司党委创办《金陵石化报》。接着，《连云港港报》《南通港报》也陆续问世。

一、《江苏工人报》

《江苏工人报》是江苏省总工会机关报，创刊于1952年11月7日，1953年12月31日暂停出版。1984年11月7日，《江苏工人报》复刊，四开4版，初为周刊。1995年，改为对开4版大报，周六刊。国内统一刊号为CN 32－0003。

《江苏工人报》坚持“立足三工（工人、工厂、工会），面向社会，服务工运，走向全国”的办报宗旨，为时代精神放歌，为职工权益呐喊，为企业发展鼓劲，成为江苏宣传工人阶级，宣传工会工作的主流媒体。2001～2003年，《江苏工人报》进行三次改版。

《江苏工人报》每年有数十篇作品在省级以上新闻作品评选中获奖。

《江苏工人报》设有党委社委会、工会维权部、综合新闻部、记者通联部、副刊评论部、网络新闻编辑部、专刊编辑部、江苏工人报新闻网站、编务出版部、理事会办公室、广告信息部、发行外联部、专题活动部、行政办公室、人事财务部等部门。《江苏工人报》在全省13个省辖市设有驻市记者站。

二、《老年周报》

《老年周报》创办于1987年，主管、主办单位为江苏省老龄问题委员会，国内统一刊号为CN 32－0004。1988年9月3日，《老年周报》由省老龄问题委员会、省委老干部局、省民政厅联合主办。2000年，主管、主办单位变更为江苏省老龄工作委员会。

《老年周报》为周六出版。2008年全新改版，每期四开8版，其中四个彩版；每月第四期扩至12版，其中8个彩版。

《老年周报》在试刊号编辑部文章《致读者》中提出：“《老年周报》是一张以老年人为主要服务对象的综合性周报。立足老年，面向社会；立足江苏，面向全国，推动老年事业发展，促进社会主义物质文明和精神文明建设，是我们办报的宗旨。”

《老年周报》先后实行编委会领导下的总编辑负责制、社委会领导下的总编辑负责制。内设机构也不断变化，至2008年年底，内设总编办、编辑部、发行部、财务部、广告部。在财务上，实行单立账户统一管理，独立核算，收支两条线。在资产管理上，由总编办负责固定资产、办公用品的购进以及分配使用和登记。在广告经营管理上，报社成立广告部，规范运营。在发行管理上，主要采取部门征订与市场征订相结合的办法，不断扩大报纸发行量。

三、《关心下一代周报》

《关心下一代周报》于1993年8月1日在镇江创刊，由江苏省关工委和镇江市关工委联合主办。2001年3月，新闻出版总署下发《关于同意〈世界科技译报〉更名为〈关心下一代周报〉的批复》，《关心下一代周报》获公开出版发行，国内统一刊号为CN 32－0020，主管单位为江苏省关工委。2001年8月，报社由镇江搬迁至南京。

《关心下一代周报》为周刊，以中小学生为主要读者对象，突出加强青少年思想道德教育的特色，坚持立德树人的办报方针，促使报纸的育人作用更具针对性、实效性。

《关心下一代周报》实行社长负责制，社长为法人代表。同时设总编辑。组织机构设编辑部、通联部、经理部。

《关心下一代周报》的读者对象是青少年，报纸不刊登广告，发行收入是其主要经济来源。该报以自办发行为主，委托邮局投递。2008年，发行量152万份，资产总额3 360万元。

四、《家教周报》

《家教周报》起始于1993年9月创办的《家教

周刊》。1998年3月,《家教周刊》更名为《家教周报》,获公开出版发行,国内统一刊号为CN 32-0121。2007年年底,《家教周报》创办单位现代家庭报社并入南京日报报业集团,南京日报报业集团成为《家教周报》主管、主办单位。

作为一份旨在研究、指导、服务家庭教育工作的全国性报纸,《家教周报》秉持"引领家庭教育,影响明日中国"的办报宗旨和理念,围绕打造"最权威的家庭教育信息发布中心,最开放的家庭教育理论调研中心,最专业的家庭教育工作指导中心"的目标,致力将小报做出育人大文章。

教育部关工委于1999年参与主办《家教周报》,并将关工委家庭教育中心设在家教周报社。2003年9月,教育部关工委家庭教育中心和《家教周报》联合创办以指导家庭教育、推动青少年健康成长为主要内容的"中国家庭教育网"。该网站日均更新内容达百余篇、2万余字,年新增访问量近百万人次,日均点击量近2 000人次。

《家教周报》为四开4版,周四刊,发行覆盖全国15个省市。2000年,《家教周报》发行量突破100万份,在全国家庭教育类报刊中居领先地位。

五、《人民前线》报

《人民前线》报创刊于1948年9月18日济南战役前线,是中国人民解放军南京军区党委机关报。报纸初期为四开4版,周三刊。2002年1月1日起,《人民前线》报改出周五刊对开报。

《人民前线》报坚持"面向连队,以战士为主要对象"的办报方针,关注基层部队现实问题,开辟《我们连队的指导员》《我的带兵之道》等一批与基层建设相关专栏,特别是推出《怎样当好班长》《老兵说事》专栏、专版、专辑等,在基层部队引起强烈反响。报纸还广泛宣传对越边境自卫还击作战,1983年、1991年、1998年抗洪救灾,2008年抗雪救灾、抗震救灾等重大事件,充分展示人民军队的良好形象;全方位、立体式宣传"南京路上好八连""硬骨头六连""尊干爱兵模范连",范匡夫、王庆平、黎介寿、何祥美等一批重大典型,为广大官兵树立精神向导和道德楷模。

《人民前线》报随着网络快速发展,也加快了融合发展步伐。2007年6月9日,报社依托军区政工网推出《人民前线》报电子版。此外,《人民前线》报还构建了全新的"编辑在线"论坛、打造"在线消息报"、推出官方微信等,影响力日益增大。

人民前线报社编制8个处室:总编室、通联处、编辑一处、编辑二处、编辑三处、编辑四处、摄影室、新闻电教室。

六、《大众证券报》

《大众证券报》的前身为《南京市场报》,于1993年5月6日创刊,由南京市人民政府主办。1997年7月4日,《南京市场报》更名为《今日商报》。2008年4月30日,《今日商报》更名为《大众证券报》,由南京日报社主管,国内统一刊号为CN 32-0111。

《大众证券报》秉承"引导科学理财,讲真话,有干货"的办报方针,以"始终走在涨跌前面、读者需求前面、全国同行前面"为目标,为上市公司、基金公司、银行、保险、证券界及中小投资者提供具有指导性、知识性、服务性、实用性的投资理财信息服务。2004~2008年,报社针对"宝钢圈钱""金丰股改""平安融资"等重大事件刊登《大众证券、新浪发起抵制宝钢增发》《江苏作家声援周梅森金丰投资让步》《东方锅炉股改孕育陷阱》等一系列独家原创稿件,有效维护中小股民的正当权益,推动中国证券制度不断完善的进程。

《大众证券报》先后设总编办公室、要闻部、市场部、专栏部、经济部、广告部、发行部、信息部、通联部、党政工交部、商贸部、证券部、文化生活部、经济信息部、新闻研究室、产经新闻部、金融新闻部、理财新闻部、编辑出版部等部门。

《大众证券报》创刊时为对开4版,周二刊,后逐渐增加到周五刊,对开86版。报社通过全国邮发、异地传版、报摊零售等渠道,在北京、上海、南京、广州等全国28个中心城市同步分印发行。并通过举办上市公司峰会、基金年度论坛、银行理财产品评比等活动,实现报社经营形式多元化。报社资产规模从1994年的275万元发展到2008年的1 470万元。

七、《江苏电力报》

《江苏电力报》于1985年5月20日创刊。1987

年8月31日，《江苏电力报》经江苏省新闻出版局批准，向全国公开发行，国内统一刊号为 CN 32－0042。

《江苏电力报》的办报方针是：面向电力生产建设，面向基层，面向用户；既有思想性、真实性、群众性，又有专业性、知识性、趣味性。

进入21世纪，《江苏电力报》经历了两次扩版增容：2001年1月起，由四开4版扩为对开4版；2004年1月起，由周一刊改为周二刊（每周三、六出版）。

2000年7月，省新闻出版局批复同意《江苏电力报》由江苏省电力工业局划转江苏省电力公司（与江苏省电力工业局一套班子、两块牌子）主管和主办。

2002年7月，江苏电力报社在江苏省工商行政管理局完成注册，注册资本100万元，经营范围主要为《江苏电力报》国内发行，发布国内报纸广告，开展摄影等与报纸出版有关的有偿服务。

2008年年初，南方遭受雪灾。江苏电力报社及时响应，派出多名记者赶赴抗冰抢险一线，开展采访报道，累计在《江苏电力报》发稿数十篇，同时向新华社等媒体发稿超过50篇。

《江苏电力报》连年获"全国优秀电力报"称号，并在2006年全国电力报刊编校质量评比中跻身"十佳"行列；获2008年全国企业报刊新闻奖评选"最佳报刊奖"。

《江苏电力报》始终注重记者和通讯员队伍建设。1990年12月，在江苏省电力工业局直管和代管的48个县团级电业单位中，实现《江苏电力报》驻地记者站或新闻通讯站全覆盖。

八、《江苏盐业报》

《江苏盐业报》1986年7月1日由《淮北盐工报》更名而来，在全国公开发行，由江苏盐业集团公司主管、主办，国内统一刊号为CN 32－0039。2000年7月25日停刊，刊号转给连云港日报社。

《江苏盐业报》始终坚持报纸的党性原则，重视宣传舆论阵地建设，与时俱进办报纸、凝心聚力促发展，为江苏盐业改革发展提供坚强的舆论保证和动力支持。

九、《徐州矿工报》

《徐州矿工报》起始于1950年4月17日创刊的《贾汪矿工》报，1979年5月1日更名为《徐州矿工报》，成为徐州矿务局党委机关报，国内统一刊号为 CN 32－0040。

《徐州矿工报》提出"让矿工一报在手，便知天下事"的办报思路，使报纸更贴近实际、贴近读者、贴近生活，新闻信息更加丰富。《徐州矿工报》曾与江苏煤矿安全监察局徐州监察分局联办《江苏煤矿安全》专刊，与省安全生产委员会办公室联办《江苏安全生产》报。该报曾出版《徐州矿工报》B版《新闻早读》，是与煤矿相关的企事业单位、矿区周边地区的新闻报道专版，也是徐州市第一张早报。《徐州矿工报》建有"新视点"网站，每日将电子版上传网上，供异地单位干部职工及全国各地的读者免费阅读。

《徐州矿工报》实行采编合一的管理机制，设要闻部、政文经济部、安全专刊部、非煤周刊部、副刊部、摄影部、网络版式部、通联部、办公（总编）室。至2008年年底，发行量约1.1万份。

十、《江苏石油报》

《江苏石油报》于1984年4月4日创刊，由江苏油田党委主管、江苏油田党委宣传部主办。1987年10月，获准公开出版发行，国内统一刊号为CN 32－0061。2005年年底，《江苏油田报》刊号资源转给扬州日报社创办《扬州时报》。

《江苏石油报》办报宗旨是：面向油田，服务油田，当好局党委、局行政和全局职工的喉舌，围绕油田党政的中心工作开展新闻宣传，力求做到贴近实际，贴近职工，贴近生活，小报精办，生动活泼，为职工喜闻乐见。

到2005年，《江苏石油报》共有400多篇作品在有关协会好新闻评比中获奖，其中一等奖84件、二等奖179件。江苏石油报社还两次获得江苏省"十佳企业报"，两次获得全国"优秀企业报"，在中石油、中石化、中海油举办的首届石油石化新闻单位评比中被评为"最佳新闻宣传单位"。

多年来，《江苏石油报》培养、锻炼了一支素质较好的通讯员队伍，有600多名通讯员遍布油田各个单位，来稿量、用稿量逐年提高。2004年，来稿8 400篇，用稿3 200篇。

《江苏石油报》初为四开4版，旬刊。1990年3月5日起，改为周二刊。到2005年8月底，共出报1 900期。2005年年底，日发行量1万份，在油田内部赠阅。

十一、《扬子报》

《扬子报》是扬子石化公司的机关报，1984年6月1日创刊。1992年9月获准公开出版发行，国内统一刊号为CN 32－0091Q。1998年1月，因报刊整顿，《扬子报》被取消国内统一刊号，转为企业“内部资料”。

《扬子报》以“立足企业、服务企业”为办报宗旨，促进企业两个文明建设。多年来，《扬子报》打造了《扬子时评》《扬子论坛》《阿海说安全》《爱民信箱》《质量半月谈》《最美一线员工》等一批精品栏目，使一版“要闻性”、二版综合性、三版报道深度性、四版文学性和娱乐性进一步得到加强。

《扬子报》为四开4版，设有记者、编辑、通联、校对、内勤、事务等岗位，同时为加强办报力量，在各二级单位建立基层通讯员队伍。

十二、《金陵石化报》

《金陵石化报》创刊于1984年，是金陵石化公司党委主管、主办的企业报，国内统一刊号为CN 32－0100。后转为内部出版物，准印证号为JS－S323。

《金陵石化报》坚持以团结鼓劲、正面宣传为主，及时传达公司党委的声音，大力报道公司先进人物、特别是一线普通职工的感人事迹，既接“天线”，又接地气，内聚人心，外树形象。

《金陵石化报》为周二刊，四开4版，一版要闻，二版综合新闻，三版专版，四版副刊。

十三、《连云港港报》

《连云港港报》于1985年7月1日创刊，由交通部连云港港务管理局政治部宣传处主管、主办。1987年9月，《连云港港报》获准公开出版发行，国内统一刊号为CN 32－0058。1997年报刊整顿，《连云港港报》转为内部资料，启用江苏省内部出版物刊号JS－G001。

《连云港港报》为四开4版周刊，周二出版，一版要闻版，二版经济版，三版政理版，四版文艺副刊。每期发行约2 500份。

创刊初期，《连云港港报》主要任务为：努力结合连云港港实际，结合港口改革实际，努力反映港口两个文明建设，努力传播科学知识和交通运输方面的经济信息以及国内外港口现代化科学管理的信息，指导和促进港口装卸生产，教育和鼓舞港口职工为振兴连云港口多作贡献。

《连云港港报》由局党委领导，政治部主任兼总编，宣传处分管负责。《连云港港报》建立一支近500人的通讯员网络，在各基层单位和主要驻港单位聘请特约通讯员50名。

十四、《南通港口新闻》

《南通港口新闻》的前身《南通港报》于1987年1月5日创刊，周报，国内统一刊号为CN 32－0027。1995年10月12日，《南通港报》更名为《南通港口报》，主管单位为南通市人民政府，主办单位为南通市口岸管理委员会和中共南通港务局党委。1997年全国报刊整顿，《南通港口报》更名为《南通港口新闻》，内刊号苏新出准印JS－F001。

《南通港报》以“面向职工、服务企业”为办报宗旨，围绕企业的中心工作开展新闻舆论宣传，传递企业生产经营、安全质量、发展规划、群众生活等信息。

《南通港口新闻》四开4版，一月两期，印数1 500份。

第二节　科教体卫类报

江苏是科教文化大省，不少科研院所、科教体卫类厅局机关、出版单位等20世纪80年代陆续办起专业报纸，如江苏省农科院创办《江苏农业科技报》，读者90%以上为普通农民；江苏省教育厅创办

《江苏教育报》《小学生数学报》;省科技协会创办《江苏科技报》;省卫生厅创办《江苏健康报》。

一、《江苏农业科技报》

《江苏农业科技报》创刊于1975年5月5日,原名《江苏农业科技》,1982年更名为《江苏农业科技报》,主管、主办单位为江苏省农科院,国内统一刊号为CN 32-0001。

《江苏农业科技报》读者90%以上为普通农民,另有一部分是农技员和农业行政人员。创刊后,报纸紧紧围绕不同时期农业和农村经济发展的重点,坚持以服务于省委、省政府的农业发展战略、服务读者为宗旨,形成自身鲜明的办报特色。作为省农科院主办的一张科技报,《江苏农业科技报》依靠省农科院的人才、成果优势,密切关注农业科研动向,年均报道省农科院成果100多项,采访农科院专家150多人次。各个版面也紧紧围绕"科技"做文章,每年平均刊登农业科研成果报道千余篇,报道农业生产技术2 000多篇。

《江苏农业科技报》为四开8版,曾与省有关厅局、企业合作,开办《农产品市场信息》《明天种业》专版和《连云港农业》周刊等。

《江苏农业科技报》从2000年开始,试行企业化管理,实行全员聘用制,改革工资制度,岗位工资和每月考核挂钩。2003年11月起,报社和《江苏农业科学》、农业信息网络中心合并,组建成江苏省农科院农业科技信息中心,中心模拟股份制运作,这在全国科技系统还是首次。

二、《江苏教育报》

《江苏教育报》于1989年1月4日创刊,国内统一刊号为CN 32-0002。2000年7月1日,《江苏教育报》更名为《成才导报》。2008年9月,又更名为《江苏教育报》。新的《江苏教育报》为周三报,包括两期《综合新闻》和一期《高中生周刊》。

《江苏教育报》以"树立正确教育理念,传播主流教育信息,推进教育教学改革,反映教育工作者心声,引导社会各界支持教育"为办报宗旨。1992年,《江苏教育报》改成对开大报后,在指导性和服务性方面进一步加强。1994年3月9日,推出《今朝更好看》系列报道,对江苏省中小学常规管理进行长篇解读,产生深远影响,文章被《人大复印报刊资料》全文转载。同年,《江苏教育报》在1993度江苏省好新闻评比中,通讯《400名乡村教师的呼唤》《"普山"精神》双获江苏省新闻作品一等奖。

2000年以来,《江苏教育报》编辑部每年都承办两项重要活动:一是开展江苏省新世纪园丁论文大赛,受到教育工作者积极支持和响应;另一个是开展江苏省高中生作文大赛,每次都吸引数十万高中生踊跃参加。

《江苏教育报》创刊初期,办报经费由江苏省教育委员会提供,发行量仅5 000多份。通过改变单一发行模式,采取邮发与自发相结合的方法后,1996年报纸期发行量为9.3万份。2000年,期发行量达10万多份,实现真正意义上的自负盈亏。

三、《江苏科技报》

《江苏科技报》创办于1983年,由江苏省科协主办,国内统一刊号为CN 32-0019。

《江苏科技报》坚持以"科技改变生活,知识创造价值"为新闻追求,以"普及科学知识、宣传科学思想、倡导科学方法、弘扬科学精神"为办报宗旨,通过《热点聚焦》《科技要闻》《百姓健康》《科学生活》《奥秘探奇》《博古藏今》《焦点人物》等版面,全面报道科技、科普新闻以及经济、教育等有关信息,反映科学引导生活的新动向和民生科普的科学知识,不断延展报道领域,承载着全省科技新闻报道、科普宣传、民生服务的功能,为促进科技、科普事业的发展、服务创新驱动战略提供有力的舆论和智力支撑。

《江苏科技报》还与省委组织部合作创办《党员干部现代远程教育》和《提升科学文化素质 提升发展致富能力》专版,与省中小企业局合作开设"中小企业创新创优"专版,与省知识产权局合作开办知识产权专版,这些专版打造全省科技服务平台,延伸了媒体的影响力。

《江苏科技报》内设记者部、编辑部、出版部、新媒体部、发行部、专刊部、广告部和办公室,有职工60余人。

四、《时代学习报》

《时代学习报》创刊于2005年8月，由凤凰出版传媒集团主管、江苏凤凰教育出版社主办，是一份中小学教辅类周刊，国内统一刊号为CN 32－0078。

《时代学习报》涵盖语文、数学、物理、化学多个学科，以“服务义务教育，传播素质教育理念”为宗旨，坚持专业性、创新性的办报理念，坚持社会效益优先，树立了良好的品牌形象。如数学周刊《数学眼光》栏目，从数学大文化角度，介绍数学在现代科技、生产和日常生活中的广泛应用；《细说所以然》会从背景知识，追根溯源来揭示问题的实质；《万花镜》栏目往往从小读者感兴趣的素材（名人典故、文学作品、新闻故事、百科知识等）入手，展示数学的精巧和完美，体会数学的神奇和无穷魅力。

《时代学习报》坚持三审四校制度，七轮审校侧重不同角度，严把质量关。创刊以来，在全国教育教辅类报纸审读中心组织的历次质量抽检中，《时代学习报》编校质量始终名列前茅。

《时代学习报》编辑部着力学习型组织团队建设，逐渐形成指定书目阅读会、主题学习交流会、学科类论文研讨会等学习制度，全面提升编辑团队的专业素养，呈现更加优质的精神产品。

《时代学习报》连续多年获得中国少儿报刊金奖，期均发行量保持在100万份左右。

五、《时代英语报》

《时代英语报》于2003年4月创刊，四开4版，周一刊，全彩印刷，由江苏凤凰出版传媒集团主管、江苏凤凰教育出版社主办，国内统一刊号为CN 32－0097。

《时代英语报》是江苏省第一家英语学习报纸，以“传播优秀文化、推进课程改革、指导英语学习、提高人文素养”为宗旨。创刊初期，《时代英语报》有小学中年级版、小学高年级版、初中一年级版、初中二年级版和初中三年级版。各版的一、四版为英文课外阅读材料，二版为英语知识点讲解，三版为配套练习。报纸推出《时代之声》《热点关注》《星座》《文化长廊》《科技博览》《走遍世界》等一系列有助于学生树立理想、激发兴趣、开阔视野的特色栏目。

《时代英语报》从2005年开始，每年举办“时代英语杯”英语风采大赛。江苏省教育学会和《时代英语报》共同主办的“时代英语杯”江苏省优秀英语教师评选活动，每两年举办一次。

2006年，《时代英语报》办报业绩实现历史性跨越，全年期均发行量为105万份。2007年，《时代英语报》再次扩版，新增《时代英语报》大学版，在全国10多个省市销售。

《时代英语报》聘用英语专业的本科生和研究生、中学高级教师和一级教师任专职编辑，并特聘著名出版社资深编辑及重点学校特级教师、外语教研组长做兼职审稿、校对。编校质量与绩效考核挂钩，增强编校人员责任意识，促进编辑业务水平提高。

六、《小学生数学报》

《小学生数学报》于1985年4月在南京创刊，由江苏省教育厅主管、江苏省教育报刊总社主办，国内统一刊号为CN 32－0701/(F)。

《小学生数学报》的办报宗旨是“为小学生学好数学、打好基础服务”。根据苏步青教授的题词制定的编辑方针是：“配合课堂教学，开展课外活动，激发学习兴趣，启迪科学思维，培养数学素质，促进全面发展。”报纸第一版为综合版，对小学生进行数学学习方法、数学基本素质和思想品德、学习品质的教育，主要栏目有《金钥匙》《教你思考》《好伙伴信箱》《小读者园地》等。第二和第三版为学习辅导版。第四版为课外活动版。

从1985年创刊以来，《小学生数学报》编辑部陆续举办多届数学竞赛，先后有15个省、市近300万名小读者参加。竞赛活动贯彻“激发兴趣，陶冶情操，开启智力，发展个性，增强参与意识”精神，受到广泛支持和赞扬。

《小学生数学报》初为四开4版，旬刊，面向全国发行。1993年2月改为周刊。报纸创办时，实行两“不”两“自”，即不给编制，不供应计划用纸；自筹资金，自负盈亏，由江苏教育杂志社领导和组织创刊、编辑、出版、发行等工作。

1986年4月，《小学生数学报》创刊一周年时，期发行量达40万份。之后,发行量以每年20万份的幅度逐年递增,1993年期发行量最高达194万份,在全国省级同类报纸中名列前茅。

七、《江苏健康报》

《江苏健康报》创刊于1985年1月,休刊于1994年6月,由江苏省卫生厅主管、主办,省卫生宣教所承办,国内统一刊号为CN 32-0014。

《江苏健康报》以"办成人民群众防病保健的参谋,医药人员了解信息的窗口,卫生部门推动工作的助手"为编辑思想。在近十年的办报实践中,创设一些特色栏目,其中《换换脑筋》言论专栏、《医伦疑案析》专栏被全国卫生记者协会评为卫生报刊优秀栏目。《村边绿篱》微型专栏获得全国卫生报纸好栏目奖。

1989年2月19日,由李学明设计的第一版版面,获全国卫生记者协会好版面奖。1989年12月发表的由王玮采写的通讯《邳州悲歌》,报道当年发生在邳县的脊髓灰质炎暴发流行事件,获得当年全国卫生好新闻一等奖。1992年11月29日,由吕美行执笔的社论《确立"大服务观"势在必行》,获全省卫生好新闻作品一等奖。

《江苏健康报》刊期由月刊逐步发展为周二刊,共出版367期,全国公开发行,期发行量最高达10万份。

八、《江南保健报》

《江南保健报》由原锡山市委机关报《锡山日报》更名而来,创刊于2002年1月1日,由无锡日报报业集团主管、主办,国内统一刊号为CN 32-0007。

《江南保健报》以"关注市民健康生活,普及大众健康知识,报道时尚保健潮流,介绍医卫最新动态,及时传递医疗信息,倡导健康快乐、文明向上的生活方式"为办报宗旨,力求当好市民的保健顾问和家庭医生。创刊以来,逐步形成布点医院、进入家庭、内容时新、贴近生活的办报特色,推出《健康热点》《生活医学》《银发一族》《饮食宝典》《成长阶梯》等主打版面和《一周120报告》《一周病情报告》《求医信箱》《育儿问答》《心灵驿站》等品牌栏目。

《江南保健报》为四开8版,周二刊,后扩为每期24版。2008年,《江南保健报》是江苏省在全国唯一公开发行的医卫保健类报纸。

《江南保健报》发行覆盖医院、机关事业单位,更多为家庭订阅,主体读者群为中老年人、医护人员、就诊患者、机关企事业单位管理人员等,发行量达4万多份。2008年,报社年广告创收达300万元。

第三节　广播电视类报

1978～2008年,网络视频和智能手机还没有兴起,电视机家庭普及率逐年提高,看电视成为广大市民主要休闲娱乐方式。为方便读者搜索电视节目,省级和13个省辖市都陆续办起广播电视报,其中也有把20世纪50年代原有广播节目报重新改名复刊。

1996年,中央办公厅、国务院办公厅印发《关于加强新闻出版广播影视业管理的通知》,部署开展广播电视报治理工作。为此,省新闻出版局在以后几年中,陆续将除南京以外的其他12个省辖市的广播电视报统一更名为《江苏声屏》,由地市出版《江苏声屏》分版。

一、《江苏广播电视报》

《江苏广播电视报》是由1955年7月江苏人民广播电台主办的《江苏·南京人民广播电台广播节目报》发展而来。1979年6月30日复刊,报名为《江苏广播电视》,由江苏人民广播电台主管、主办,国内统一刊号为CN 32-0034。1982年4月23日,江苏广播电视报社成立,报纸更名为《江苏广播电视报》,四开4版,周刊。1999年,扩容至四开24版。2001年6月,《江苏广播电视报》划归为江苏省广播电视总台主管。

《江苏广播电视报》从1982年起,由刊登节目表和简单介绍节目的报纸,逐渐转化为一份融新闻性、知识性、趣味性于一体的综合文化娱乐传播媒体。电视节目单、提前预告的电视剧剧情、拍摄花絮成为报道重点。2003年12月,《江苏广播电视报》与《扬子晚报》签订合作协议,随《扬子晚报》在南京发行16个版的《电视周刊》,设为7个版节目表，3个版剧情，加上6个版的自采内容，包括娱乐聚焦、省台栏目花絮、音乐电影资讯及头版和封底的热剧推荐。2004～2008年，进一步调整办报思路，确定《电视周刊》和《生活周刊》两大版块，开设栏目有《聚集》《访问》《享受》《圈点》等。

1985～2000年，是《江苏广播电视报》发展鼎盛时期，期发行量达百万份，最高达148万份。2004年，《江苏广播电视报》推行总编辑负责制和总编辑风险抵押制，经营大幅提升，利润突破百万元以上。

二、《南京广播电视报》

《南京广播电视报》创刊于1983年4月7日，四开4版，周刊，由南京人民广播电台主管、主办，国内统一刊号为CN 32－0079。2002年年底，南京广电集团成立时，报社成为南京广电集团直属单位。

《南京广播电视报》是一份全面介绍广播电视节目和家庭生活服务信息的现代家庭生活报，秉承"关注南京地区百万家庭的需求，情系百姓、心怀民生"的办报宗旨，拥有相当多的忠实读者。

2003年年底，《南京广播电视报》由四开24版改为四开32版。2004年，报社成立南京宁瑞印务有限公司，报纸由单彩印刷变为全彩印刷。2007年，报社创新发行方式，实行刷卡取报，得到南京市民积极响应和好评，发行量达50万份。

三、《江苏声屏・无锡广播电视》

《江苏声屏・无锡广播电视》的前身为《无锡广播》，1954年创办。1987年6月26日，无锡市编制委员会批准建立无锡广播电视报社，《无锡广播电视报》由中共无锡市委宣传部主管，无锡市广播电视局主办，国内统一刊号为CN 32－0082/02。1998年1月，《无锡广播电视报》更名为《江苏声屏・无锡广播电视》。

1993年始，《江苏声屏・无锡广播电视》由四开4版扩为四开8版，后逐步扩至四开32版。内容分三块，前8版为综合要闻和广播节目、电视剧介绍，中间16版《下周刊》为下周电视节目预告，后8版是副刊性的《看周刊》。2000～2002年，《江苏声屏・无锡广播电视》采写的消息《发现任国庆》《把直播室搬到农家去》和评论《惊诧阿炳故居遭毁》先后分获中国广播电视新闻奖报刊新闻奖二等奖、一等奖和三等奖。截至2008年12月，《江苏声屏・无锡广播电视》确立了"都市休闲、时尚办报"方向，每期出版新闻资讯、娱乐、时尚生活、房产和视听手册5叠共56版。

《江苏声屏・无锡广播电视》长期由无锡邮政局代办发行。1987年平均期发行量为40.2万份，1992年最高达63万份。

《江苏声屏・无锡广播电视》从1985年开始经营广告创收，1986年广告收入为20.3万元。至2008年，全年广告收入为1 408万元。

四、《江苏声屏・徐州广播电视》

《江苏声屏・徐州广播电视》于1998年1月7日由《徐州广播电视报》更名而来，国内统一刊号为CN 32－0082/08。2008年12月31日，该报再次更名为《江苏声屏・徐州广播电视新周刊》，对外称"徐州广播电视新周刊"。

2000年，《江苏声屏・徐州广播电视》为四开20版。2007年6月1日，改散报为装订报纸，为江苏城市广播电视报中第一家"本报"，期发行量突破9万份。

2000年，《江苏声屏・徐州广播电视》拥有固定资产1 222.20万元，年创产值近千万元。到2008年，年经营总量达800万元。

五、《江苏声屏・常州广播电视》

《江苏声屏・常州广播电视》的前身是《常州广播电视》报，于1980年6月1日出版，由常州市广播事业局主管、常州人民广播电台主办。1982年12月31日，报纸更名为《常州广播电视报》。1991年8月13日，获准公开出版发行，国内统一刊号为CN 32－0081。2000年5月22日，《常州广播电视报》由市广电局主办划归常州市广播电视学会主办。2006年，报纸更名为《江苏声屏・常州广播电视》，国内统一刊号为CN 32－0082/03。

《江苏声屏・常州广播电视》主要栏目有《常州在前进》《青少年之友》《文化与生活》《看词听唱》《每周一歌》等。其中，《看词听唱》和《每周一歌》深受读者欢迎，成为固定栏目，长达10年之久。1999年7月30日，报纸改版和扩版，改为四开24版，成为当时常州版数最多的报纸。2001年，报纸再次改版，由单纯的广播电视报向都市文化生活周报转型，封面用轻涂纸印刷，成为常州唯一用轻涂纸封面的杂志型报纸。改版后，报纸多次承担常州市重大活动的宣传推广，先后推出经贸洽谈会特刊、江苏省常州中学百年校庆特刊、运河改道特刊、北京奥运会特刊等一批有影响的报道，每期版数一度达到四开48版。

1996～2008年，作品（栏目）获得江苏省政府二等奖以上的有55件，其中一等奖15件。

《江苏声屏·常州广播电视》创刊当年，期发行量达8.6万份。至1985年年底，发行量猛增至18万份。1999年，报社广告创收达历史最高的1 200万元。到2008年，报纸年营收基本稳定在1 000万元左右。

六、《江苏声屏·苏州广播电视》

《江苏声屏·苏州广播电视》的前身为《广播电视节目报》。1958年4月15日，由苏州人民广播电台创办，1960年6月停刊。1979年12月31日，《广播电视节目报》复刊，1986年10月3日更名为《苏州广播电视报》。1987年1月1日，获准公开发行，国内统一刊号为CN 32－0083。1998年1月，《苏州广播电视报》改名为《江苏声屏·苏州广播电视》，国内统一刊号为CN 32－0082/01。

《江苏声屏·苏州广播电视》由苏州广播电视总台主管、主办，周刊，创办初期为四开2版，1995年为四开16版，发行覆盖苏州市区及所辖市。

《江苏声屏·苏州广播电视》于2001年5月承办"我为奥运加把油——苏州首届靓车展"；2001年，最早关注和报道拯救白血病人陈霞的新闻行动；2003年10月，为配合第28届世界遗产大会，承办由苏州市政府、市委宣传部、市旅游局、市广播电视总台等单位共同主办的中央电视台《开心词典》苏州之旅特别节目。

2008年，被中国广播电影电视协会评为全国知名品牌、改革创新示范单位。

七、《江苏声屏·南通广播电视》

《江苏声屏·南通广播电视》的前身是1981年12月26日出版的《南通广播电视》。1991年8月13日，《南通广播电视》获准公开出版发行，国内统一刊号为CN 32－0084。后更名为《江苏声屏·南通广播电视》，国内统一刊号为CN 32－0082/07。

2005年是中国电影诞辰100周年，也是南通籍电影艺术家赵丹、朱今明、顾而已、钱千里诞辰90周年。7～9月，《江苏声屏·南通广播电视》开展纪念中国电影百年系列主题活动。活动主要内容包括：南通籍电影人长廊（连载），分期介绍南通籍影人；在赵丹诞辰90周年之际，刊登著名导演钱千里、著名演员秦怡、仲星火等人深情回忆赵丹的文章；举办"中国电影百年知识大奖赛"。

2008年5月，《江苏声屏·南通广播电视》推出"南通改革开放30年难忘瞬间"摄影比赛活动。7月，还与南通电台联办《让历史告诉未来——寻找南通改革开放30年来的N个第一》征文活动。

1989～2008年，《江苏声屏·南通广播电视》在全国、华东地区及省广播电视报优秀稿件评选中，共有235篇作品获奖。

《江苏声屏·南通广播电视》1993年4月17日出版的第519期，期发行量突破50万份，达到史上最高。至2008年，期发行量近20万份，广告创收突破2 000万元。

八、《江苏声屏·连云港广播电视》

《江苏声屏·连云港广播电视》的前身是《连云港广播电视报》，创刊于1988年7月2日。1993年8月，《连云港广播电视报》获准公开出版发行，国内统一刊号为CN 32－0098。1999年1月起，报名改为《江苏声屏·连云港广播电视》，刊号为CN 32－0082/11。

《江苏声屏·连云港广播电视》于2005年扩至四开32个版，设置A、B叠，各16个版，成为集新闻资讯、生活服务、娱乐视听为一体的综合性城市生活周刊。2006年，报纸从第一期起以铜版纸印刷封面的杂志化形式面世，新版报纸定位于城市生活娱乐周刊，分为城市周刊、视听周刊两部分。

作为一份城市生活周刊,《江苏声屏·连云港广播电视》的办报思路主要是彰显城市化、生活化特色。在新闻资讯、时尚消费、生活服务、视听娱乐等版块上突出地域性,扩大信息量,贴近百姓生活。此外,还推出一系列大型报道,如《火热的一线》《感动港城》《3·15投诉热点》《展望2007》《港城美食地图》等;举办"诚信房地产评选""封面领秀""港城宝宝"等活动。

2008年,围绕市委、市政府中心工作,策划组织或参与《全国两会》《"雷锋车"在京图片展》《创建省级文明城市》《汶川大地震》《飞越城市》《奥运来了》《改革开放三十年》《四代人三十年》等大型宣传报道,刊发重点报道30余篇;出版《奥运特刊》《20周年报庆特刊》《房展会特刊》,举办"创刊20周年庆典""读者调查""安全在心中""少儿书画大赛"等活动。

至1993年,《江苏声屏·连云港广播电视》期最高发行量达38万份,年均期发行量为26万份。至2008年,《江苏声屏·连云港广播电视》期发行量约5万份,广告收入达557万元,综合收入达643万元。

九、《江苏声屏·淮安广播电视》

《江苏声屏·淮安广播电视》的前身是1988年3月2日创办的《淮阴广播电视报》。1998年1月,《淮阴广播电视报》更名为《江苏声屏·淮阴广播电视》,国内统一刊号为CN 32-0082/09。2001年,淮阴区划调整,《江苏声屏·淮阴广播电视》改为《江苏声屏·淮安广播电视》。

《江苏声屏·淮安广播电视》初为对开4版,后扩展到四开16版。1999年,报纸开设生活性、服务性、趣味性栏目,使其贴近生活、贴近百姓,成为千家万户必备的收视指南。2007年,《江苏声屏·淮安广播电视》扩至28版,装订成册,封面用铜版纸印刷。

《江苏声屏·淮安广播电视》创刊初期有8名工作人员。1995年起,开始从社会招聘,并组建采编队伍,同时吸纳一批社会人员作为通讯员、特约记者。报社制定《岗位职责考核细则管理制度》,规定职工工资和津贴同考核挂钩,实行上下浮动。

十、《江苏声屏·盐城广播电视》

《江苏声屏·盐城广播电视》原名为《盐城广播电视报》,1991年1月1日创刊。1998年,《盐城广播电视报》改名为《江苏声屏·盐城广播电视》,国内统一刊号为CN 32-0082/10。初为四开4版,2007年扩至四开36版(不含封面4个版)。

《江苏声屏·盐城广播电视》经过数次改版,最终定位为"打造盐城第一家庭生活报"的办报宗旨,成为盐城人的优品读本、生活报告。1998年,通讯《脚板底下出精品》获全国广播电视新闻一等奖,并获中国新闻奖三等奖,这是该报社历史上最高奖项。

《江苏声屏·盐城广播电视》内设机构有总编室、办公室、采编部、广告部、发行部、微机室6个部室。至2008年,《江苏声屏·盐城广播电视》经营额首次突破400万元,为创刊以来最高纪录;报纸发行量10万份左右,发行收入600万元左右。

十一、《江苏声屏·扬州广播电视》

《江苏声屏·扬州广播电视》的前身是1988年2月6日创刊的《扬州广播电视报》。1993年12月23日,《扬州广播电视报》获准公开出版发行,国内统一刊号为CN 32-0096。1998年1月,报名变更为《江苏声屏·扬州广播电视》,国内统一刊号为CN 32-0082/05。

《江苏声屏·扬州广播电视》初为四开4版,主要预告中央电视台、扬州电视台、周边城市电视台以及扬州人民广播电台的电视广播文艺节目。首期印数5万份,在扬州城乡很快销售一空。1994年,《江苏声屏·扬州广播电视》第一次扩版,从四开4版扩为四开8版,此后,又多次扩版,从12版扩至16版、20版、28版、32版、48版以及高峰时的64版。

《江苏声屏·扬州广播电视》的定位不断调整和变化,从节目预告转为"主动介入生活,主动介入新闻"、关注"扬州新生活"的都市生活周刊。在内容上也继续深耕,推出《深周刊》《休闲周刊》《健康周刊》《文化周刊》等栏目,着力打造《深度报道》《文化报道》等重点栏目,强化新闻性、民生性和服务性。

《江苏声屏·扬州广播电视》实行总编辑负责

制。1996～2004年，是《江苏声屏·扬州广播电视》的鼎盛时期，发行量高达22万份，并创下周发行量30万份的历史记录。

十二、《江苏声屏·镇江广播电视》

《江苏声屏·镇江广播电视》的前身为《镇江广播电视报》，1985年1月5日出版。1998年1月，报名变更为《江苏声屏·镇江广播电视》，国内统一刊号为CN 32－0082/04。

《江苏声屏·镇江广播电视》坚持"为广播电视服务，为读者服务，与广播电视互为依托，扬报纸之长，补声屏之不足，沟通信息，传播知识，引导视听，服务生活"的办报宗旨，集新闻性、知识性、娱乐性为一体，积极开展新闻宣传和生活服务，满足读者多方面需求。报纸初为八开2版。2006年，报纸版面扩展为四开44版（含封面4个版），分为A、B两叠，内容涵盖热点新闻、影视娱乐、节目预告、健康知识、报刊文摘、旅游收藏以及汽车、通信、房产、餐饮和分类广告等。

《江苏声屏·镇江广播电视》于2008年全新改版，整体装订发行，发行量达6万份，广告经营收入超过830万元。

十三、《江苏声屏·泰州广播电视》

《江苏声屏·泰州广播电视》的前身为《泰州广播电视报》，于1997年1月3日创刊。2006年，《泰州广播电视报》更名为《江苏声屏·泰州广播电视》，国内统一刊号为CN 32－0082/06。

《江苏声屏·泰州广播电视》创刊时为四开8版，后增至四开24版，出版600多期，刊载稿件近2万余篇（幅）。报纸始终秉持"百姓报纸服务百姓"办报理念，不断优化版面设置，调整版面内容，满足读者多方位需求。《江苏声屏·泰州广播电视》有《深度》《热线》《城事（民生新闻）》《周刊关注》《人文》《成长教育》《健康养生》《老年乐》等栏目。报纸定位企事业单位、学生和老年群体，通过联合学校创办刊中刊，聚合老年服务资源等途径，寻找独特视角，精准策划内容，加强读者互动，力求把平面媒体转变为服务群众的立体社区，真正实现报纸的转型升级。

1997～2008年，《江苏声屏·泰州广播电视》17篇作品获全国城市广电报优秀作品一等奖，30篇作品获二等奖，28篇作品获三等奖；8篇作品获全省广电报刊新闻与专稿一等奖，36篇作品获二等奖，30篇作品获三等奖。

十四、《江苏声屏·宿迁广播电视》

《江苏声屏·宿迁广播电视》的前身为《宿迁广播电视报》，1996年12月创刊。2000年1月，更名为《江苏声屏·宿迁广播电视》，国内统一刊号为CN 32－0082/12。

《江苏声屏·宿迁广播电视》于2004年进行新一轮改版，《宿迁广播电视·西楚周刊》面市，发行量增至3万份。2006年，扩版为四开36版，铜版纸封面、杂志式周刊，设有《新闻时事》《家庭保健》《休闲养生》《教育资讯》《楼市汽车》《影视娱乐》《人文历史》《分类信息》等栏目。

至2008年，《江苏声屏·宿迁广播电视》期发行量超过4.2万份。

第六章　教育研究及社团组织

江苏高校重视新闻人才的培养。南京师范大学、南京大学是改革开放后最早恢复设立新闻专业的两所高校。1995年，南京师范大学在中文系新闻专业的基础上成立新闻与传播学院。2003年，南京大学在新闻系的基础上成立新闻传播学院。此后，南京晓庄学院、南京财经大学等高校也纷纷成立新闻传播学院或新闻学院。

江苏还十分重视新闻传播研究和对在职新闻从业人员的新闻业务培训，先后成立省社科院社会学研究所新闻传播学研究室、江苏省新闻人才培训中心。

江苏新闻社团组织众多，有省新闻工作者协会、省报业协会、省新闻学会、省新闻摄影学会、省报纸副刊编辑协会等。

研究等方面逐渐形成鲜明特色。

第一节　高校新闻教育

江苏高校单设的新闻传播学院以及其他高校的新闻专业系科，形成了一个仅次于北京、上海和武汉的全国第四大新闻人才教育培训网络和从本科到博士的完备的新闻人才培训体系。南京的新闻院（系）有与地方媒体开展互动、互补教学的优良传统，除共同培养新闻专业人才外，学院（系）还聘请媒体负责人任兼职教授，开展实践性的新闻学科建设。

一、南京大学新闻传播学院

南京大学新闻传播学院发端于1936年南京大学前身金陵大学所创立的“电影与播音专修科”，是中国最早的电影广播教育单位，也是中国影音传播高等教育的起源。1958年，南京大学设立新闻专修科，后因遇国家暂时困难而停办。1986年，经教育部批准，恢复南京大学新闻专业。1992年10月建系，2003年12月成立南京大学新闻传播学院。

学院有“新闻传播学”一级学科博士学位授予点、“新闻传播学”一级学科硕士学位授予点。学院下设三个系：新闻与新媒体系、应用传播系、广播电影电视系。学院设有新闻与政治研究所、传播与社会研究所、网络传播研究中心、影视与文化研究所、城市形象传播研究中心、中华文化图像传播研究所、南京大学奥美创意研究院等研究机构；并拥有南京大学传媒教学示范中心（国家级）、江苏省哲学社会科学研究基地（社会舆情分析与决策支持研究基地）等。

学院教职工总数50人，其中专任教师43人，博士生导师7人，在职教授19人，副教授14人。在校学生总数约1 000人，其中硕士研究生300余人、在读博士研究生42人。建院以来，学院教师先后发表重点论文500余篇，主持研究国家社科基金重大项目4项、重点及一般项目20余项，省部级社科基金项目数十项，在新闻传播史论、新媒体传播、传媒经营管理、电视与影像传播、新闻传播业务等研究领域成就卓著。同时，在新闻传播史论、新媒体传播、传播社会学、传播政治学、视觉传播与文化研究等方面逐渐形成鲜明特色。

二、南京师范大学新闻与传播学院

1978年上半年，经省委宣传部批准，南京师范学院和《新华日报》合办一个新闻班，定名南师中文系新闻班，并从1977年下半年的高考生中招收学员41名入班学习，学制4年。

1984年1月恢复成立中文系新闻专业。这个阶段新闻学专业受省委宣传部领导，《新华日报》和南京师范学院联办共管，走出了一条“部、委、报（台）、校”合作办学的模式。

1984年，南京师范学院更名为南京师范大学。1995年，该校中文系新闻专业、电化教育系合并成立南京师范大学新闻与传播学院。学院设有2个系（新闻系和电教系），2个非师范本科专业方向（新闻学、新闻学新闻事业管理），1个师范类专业方向（现代教育技术）和1个非师范专科专业方向（传播媒体艺术）。

至2008年，学院下设4个系（新闻系、广播电视系、新闻摄影系和广告系，教育技术专业于2005年并入南师大教育科学学院），7个专业方向（新闻学、网络新闻、体育新闻、新闻摄影、广播电视新闻、广播电视编导和广告学），拥有5个学士学位授予权（新闻学、广播电视新闻、新闻摄影、广播电视编导和广告学），3个硕士点（新闻学、传播学和广播电视艺术学），1个博士点（新闻学）。

新闻与传播学院建院之初有教职工38人，其中专任教师26人，专任教师中教授1人、副教授6人。至2008年，学院有教职工67人，其中专任教师47人，在职教授9人，研究员3人，副教授15人，讲师18人。至2008年，学院教师共承担国家及科研项目11项，省部级项目20余项，出版著作60余部。

2001年，新闻与传播学院新闻学被省政府授予“江苏省新闻学重点学科”，成为江苏省唯一具有新闻学重点学科的院系。2005年，学院获国务院新闻学博士授予权，成为全国师范院校中唯一具有新闻学博士学位授予权的专业。2006年、2007年，新闻学专业分别被遴选为江苏省品牌专业和国家首批特色专业。

新闻与传播学院首届本科生招收86人。2008

年9月，学院在籍本科生815人，硕士研究生215人，博士研究生5人，成人教育学员500余人。至2008年，新闻与传播学院共培养本科毕业生2 297人，硕士研究生500余人，博士研究生3人；与此同时还培养了大专、本科以及研究生课程进修班等多层次的成教学员2 000余人。

三、南京财经大学新闻学院

2005年，南京财经大学依托其经济管理学科优势，开设新闻学（经济新闻方向）本科专业。2006年3月，南京财经大学新闻学系成立，设置新闻学、传播学、中国语言文学三个教研室。2008年12月，新闻学系更名为新闻学院，下设新闻传播学系和中国语言文学系。

南京财经大学新闻学院以培养复合型、应用型、外向型的经济新闻人才为己任，注重新闻学和经济学两大学科的交叉融合，突出人才培养的经济新闻特色，不断探索复合型人才培养之路。课程设置打造"三三三"模块，即新闻传播学、经济管理学和人文综合基础课程各占三分之一，实现厚基础、宽口径、强特色的课程体系。学院强化实验教学，专业课程加强实验教学成分，培养学生的新闻实务技能。

2007年9月，学院获得财政部和省财政厅共建实验室项目，共投资400万元建成新闻媒介实验室。学院积极挖掘学校内外的实践资源，突出实践教学，培养学生的实践能力，在校电视台、广播电台、演播室以及校报编辑部等处建设实践基地，使学生迅速成为这些部门学生组织的骨干力量。新闻学院还先后在《扬子晚报》《南京日报》、南京电视台等主流媒体建立实践教学基地。

至2008年年底，学院共有专业教师31人，其中教授6人，副教授10人，具有硕士以上学位者22人，其中博士（含在读）10人。同时，学院还聘请清华大学新闻传播学院、南京大学新闻传播学院、复旦大学新闻学院、南京师范大学新闻与传播学院、美国杜克大学等12名学界、业界权威人士担任客座教授或兼职教授。

至2008年年底，全院教师共发表学术论文216篇，出版学术专著19部、译著1部，出版教材2部；教师主持或参与省部级课题9项，市厅级课题19项，校级课题12项；教师科研成果获省部级奖励2项，获其他科研奖励19项。

四、南京晓庄学院新闻传播学院

南京晓庄学院新闻传播学院成立于2004年，2008年有教职员工46人。专任教师中有正、副高级职称19人，博士（含在读）20人，江苏省"333工程"科学技术带头人2人，江苏省"青蓝工程"培养对象1人，江苏省有突出贡献的中青年专家1人。学院具有新闻传播行业工作经历的"双师型"教师占教师队伍的40%以上。同时，聘请报社、电视台、网站等新闻单位具有正高职称的6名负责人担任学院兼职教授。学院教师承担省（部）市级科研项目30多项，出版教材、专著10多部，发表学术论文600多篇，为培养应用型人才打下了良好基础。

学院设有广播电视学、广播电视编导、网络与新媒体、播音与主持、新闻学、传播学、新闻实践课程7个教研室，省级示范实验中心1个，中心设有非线性编辑实验室、播音主持训练实验室、新媒体实验室、网络电视台、平面媒体实验室等21个实验室，面向本院广播电视学、广播电视编导、网络与新媒体专业和本校其他相关专业提供专业技能训练与思维模式培养。

在完善的人才培养模式和较高质量的教学保障下，学院确立了以学生为主体，以信息传播为指向，理论教学与实践教学"双轨并举"，学（技能学习）、研（创新训练）、产（社会服务）"三位一体"的人才培养模式和实践教学理念，努力培养和造就高素质、创新型、复合型的新闻与传播人才。

第二节　新闻研究培训机构

江苏新闻研究培训机构主要有两家：一是江苏省社科院新闻传播研究室，主要研究新闻传播与社会发展的关系，新闻传播对社会发展的影响和作用。研究室不定期出版文稿汇辑《新闻传播研究》。二是省有关部门在南京师范大学成立的江苏省新闻人才培训中心，该中心挂靠在中文系，由新闻专业的老师承担培训任务，主要培养江苏省各新闻单位中层以上干部。

一、江苏省社会科学院社会学研究所新闻传播学研究室

1982年1月7日，江苏省编制委员会同意省社科院、新华日报社建立江苏省新闻研究所，该所设在新华日报社内，由省社科院社会学研究所所长甄为民兼任新闻研究所所长。

1984年7月28日，省编委会批复同意将省社科院所属江苏省新闻研究所划归新华日报社领导，新闻研究所属社科院编制的研究人员全部留在社会学研究所，在社会学研究所内设立新闻传播研究室。研究室学术研究方向定位为新闻社会学，即研究新闻传播与社会发展的关系，不仅研究社会体制、社会结构对新闻传播的制约和影响，也研究新闻传播对社会发展的影响和作用。研究室不定期出版文稿汇辑《新闻传播研究》。

1985年9月，研究室张学洪、弭秀玲受省记协和省新闻学会委托，对全省新闻专业人员进行一次普遍的问卷通讯调查。调查对象包括各报社、电台、电视台的编辑、记者、播音员、节目主持人、资料员、校对员以及编辑部从事新闻业务工作的领导干部和中层干部，广播电视厅、局的业务干部也属调查之列。该项调查计回收有效问卷2 056份，占应调查对象的78.15%。通过调查了解了新闻队伍构成的基本状况，包括性别、年龄、职务、教育程度、工资福利待遇、健康、家庭等，对本职工作的满意度以及对新闻改革的看法等。调查成果被收入《中国新闻年鉴》。

1987年10～11月，研究室对党的十三大举行期间新闻媒介同步宣传进行跟踪调查研究。调查报告发表后即被上海社科院新闻研究所的理论刊物《新闻记者》全文刊登，并收入1988年《中国新闻年鉴》。

1988年上半年，由张学洪、弭秀玲主持、承担的"社会舆论与大众传播作用的研究"被列入江苏省哲学社会科学"七五"规划重点课题。同时张学洪、弭秀玲等还被邀请参加由中宣部新闻局和国务院发展研究中心预测组共同主持的国家哲学社会科学"七五"规划重点项目《新闻事业与现代化建设》的研究工作，具体承担其中的子课题"新闻传播效果"的研究。这两项研究在1991年前后完成。前者的成果形式是专著《舆论传播学》(南京大学出版社1992年出版)，后者的成果形式是研究报告《新闻传播效果研究》，先由北京大课题组印成单行本发布，后被收入大课题的最终成果《新闻事业与中国现代化》(新华出版社1992年出版)一书中。

二、江苏省新闻人才培训中心

1990年5月，由省委宣传部会同省教委联合发文，在南京师范大学成立江苏省新闻人才培训中心，该培训中心挂靠在中文系，并由新闻专业的老师承担培训任务，名誉主任王霞林，顾问叶春生，主任冯世昌，副主任郁炳隆。培训中心除以南师大新闻专业教师为基本教学力量外，还聘请多名新闻工作者担任兼职教授，开展多层次、多形式的新闻人才培训。

江苏省新闻单位中层以上干部基本上都在中心接受过培训。据统计，1993年以来，培训中心共承接了4届新闻"专升本"的成人教育工作，接受教育人次1 100多名；举办7届青年新闻干部培训班，培养新闻人才近300名；举办3届新闻研究生课程进修班(以培养各新闻单位部主任以上人员为主)，共计学员100余人。这些毕业生大多成为江苏新闻界的骨干力量。

培训中心在抓职业培训时，也在积极为新闻单位提供具体的业务指导。1994年以来，培训中心和省内媒体联手开展系列调查，如与《扬子晚报》开展的数次读者调查、与《南京日报》开展的读者调查、与江苏电视台二台开展的收视率调查、与《无锡日报》开展的读者调查等。

第三节　新闻社团组织

江苏非常重视发挥新闻社团作用。省新闻工作者协会、省报业协会、省新闻学会、省新闻摄影学会、省报纸副刊编辑协会等社团组织在新闻优秀工作者和新闻作品评选、推进行业自律、维护新闻媒体和新闻工作者合法权益、推进报业发展、开展对外交流学习、发挥桥梁作用等方面，成效显著。

一、江苏省新闻工作者协会

1958年11月在南京成立，是中华全国新闻工

作者协会（中国记协）的团体会员。

1982年7月12～14日，省新闻工作者协会在南京召开第二次会员代表大会，恢复活动并进行换届选举。出席会议正式代表190多人，特邀代表60多人。会议产生第二届理事会，新的理事会有理事63人，主席为省广播事业局局长李铭堂，副主席为丁星、尤淇、王淮冰、孙谐、孙鹰、李明、金靖中、罗小平、姚北桦、蒋青萍、董理、韩玲，后增补赤布为副主席。聘请刘振中、李扬、吴镇、郁启祥、高斯为顾问。秘书长尹家锐，副秘书长刘靖、吴骧、高家标、顾培棠。

1988年8月9～11日，协会第三次会员代表大会在南京举行。出席代表230人，其中正式代表217人，特邀代表13人。省委副书记孙家正出席大会，并作题为《新闻工作者的重大责任》的报告。大会选举产生的第三届理事会共有理事78人，其中常务理事27人。主席樊发源，副主席丁群、王若渊、王建邦、王霞林、刘向东、孙鹰、李贵梁、姜韦才、徐明达、黄生甫，秘书长张泾德，副秘书长陶皆良、芮德法。

1996年8月26日，协会第四届理事会第一次会议在南京举行。省委副书记顾浩，省委常委、宣传部部长王霞林等出席会议。出席会议的150名理事选举产生新的领导班子。协会主席为刘向东，副主席王建邦、史振洪、孙永深、朱铭佐、苏子龙、李绍成、李贵梁、周正荣、周顺生、徐汉炎、徐光耀、黄生甫、韩同文。聘请丁群、王若渊、王霞林、李承郃、金靖中、钱协寅、韩泽、樊发源为顾问。秘书长姚晓东，副秘书长成尔瑞、张阳德、芮德法、谢礼贤、戴听祥。

2002年7月29～30日，协会第五届理事会第一次会议在南京举行。省委书记回良玉致贺信，省委副书记任彦申，中国记协党组书记、常务副主席徐心华，省委常委、宣传部部长王国生，省人大常委会副主任王霞林等出席会议。参加会议的163名理事选举产生新的领导班子。协会主席刘向东，副主席田涛、朱龙生、朱铭佐、刘东耕、许洪祥、李志勇、李贵梁、杨步才、周正荣、周世康、姚晓东、黄文虎、章剑华、韩同文等。聘请王霞林、钱协寅、王建邦、周顺生、黄生甫、徐汉炎、李绍成为顾问。秘书长暂缺，副秘书长施锦昌、刘德海、戴听祥。

2007年8月2～3日，协会第六届理事会第一次会议在南京举行。省委书记李源潮，省长梁保华，省委副书记张连珍，省委常委、组织部部长王国生，省委常委、宣传部部长孙志军，中国记协党组副书记、书记处书记赵晨好等到会看望与会代表。参加会议的170名理事选举产生新的领导班子。协会主席周世康，常务副主席周正荣，副主席田涛、朱铭佐、刘守华、刘德海、许洪祥、杨步才、肖泉、沈建国、季建忠、周跃敏、施勇峰、耿乃凡、戴听祥等。聘请刘向东、韩同文为顾问。秘书长刘德海（兼），副秘书长施锦昌（常务）、杨锡华、金伟忻、高顺青。

协会的主要任务是通过组织评选优秀新闻工作者和新闻作品，开展马克思主义新闻观和新闻业务的培训、研究，推进行业自律、规范新闻从业行为，维护新闻媒体和新闻工作者的合法权益，激励和引导全省新闻工作者坚持正确舆论导向，提高新闻宣传水平，为全国全省工作大局服务。

二、江苏省报业协会

江苏省报业协会为全省报社以及从事报纸经营管理研究的科研、教学单位自愿组成的全省性行业组织。

江苏省报业协会于1989年1月11日在南京成立，首批40家会员代表参加会议。大会讨论通过省报协章程，推举金靖中、王霞林、王建邦担任省报协名誉会长；大会选举产生20名理事组成理事会和11名常务理事组成常务理事会，选举潘士璞为会长，曹华、李福全为副会长以及正、副秘书长。

省报协于1992年4月1日举行第二次会员大会，推举王霞林担任省报协名誉会长，金靖中为顾问。大会选举产生第二届理事会51名理事，并由全体理事选举25名常务理事以及会长、副会长、秘书长。刘向东任会长，朱载文、周世康、张连华、田义、王召、蔡贵方任副会长，潘士璞任秘书长，单永华任常务副秘书长，曹华、李福全、李祥大、余华明、卢福海、童鼎文、孙晓纲、杨明为副秘书长。

省报协于1995年11月29日举行第三次会员大会，推举钱协寅、王建邦为省报协名誉会长，金靖中、朱载文为顾问。大会选举产生第三届理事会61名理事，并由全体理事选举35名常务理事。随即召开三届一次常务理事会，推选会长、副会长、秘书长。刘向东任会长，徐汉炎、姚晓东、张连华、李宜信、王伯杏、蔡贵方任副会长。秘书长由副会长姚晓东兼任，童鼎文任常务副秘书长，曹华、余华明、徐仰古、万金龙、吴兴哲、杨明、孙晓纲为副秘书长。

江苏省报业协会的宗旨是：发挥党和政府与报社之间、报界与读者之间的桥梁和纽带作用，增进与社会各界的联系和协作；维护报纸行业及会员单位的合法权益，努力为全省报纸行业服务；促进报业的经济技术进步，加快各报社经营管理体制的改革，以适应改革、开放和社会主义商品经济发展的需要。

江苏省报业协会成立后开展一系列工作：

1. 每年配合全国报协，抓好报业先进集体、先进个人评选活动，弘扬报业经营管理部门和个人先进事迹，调动经营管理部门人员的工作积极性，推动报界两个文明建设。

2. 协同做好新闻纸采购，维护双方执行合同的严肃性。新闻纸是报社最主要的生产成本，因此，做好新闻纸采购工作，直接关系到报纸正常出报和报社经济效益。多年来，省报协一直关注新闻纸的生产、供应、质量和价格动向，协调各报与有关纸厂建立平等、互利、长期稳定的供需关系。省报协基本上每年召开一次物资采购研讨会，认真分析新闻纸的市场供应形势和价格走势，还多次组织采购部门人员到黑龙江、吉林等国企大纸厂参观考察，了解纸品质量，以便货比三家。

3. 抓技术进步，协助各报社搞设备更新，促进报纸印刷手段的现代化，推动新闻事业的技术进步与更新换代。1993 年，省报协全力协助各报社筹划印刷设备的添置，帮助苏州、无锡、徐州等 7 家市报订购四色轮转胶印机 7 组 14 台。

4. 为了适应各报技术设备更新的需要，举办胶印印刷、胶印照相制版技术人员培训班，为各报培训技术人才。1991 年，全国报协委托《新华日报》印刷厂承办胶印照相制版培训班，省报协负责组织接待工作。共有《贵州日报》《湖北日报》《福建日报》等 12 家报社 17 名学员参加。

5. 积极开展报纸印刷质量竞赛，不断提高报纸印刷质量。省报协专门聘请《新华日报》印刷厂印务专家，对全省各市报寄来的样报评比打分，年底公布总分数。省报协还不断对评比进行改革，2008 年 1 月起，报纸质量评比从过去的单一墨色评分改为五项综合评分，即：图片、题字、版面、墨色、外观。质量评比促进了报纸印刷质量的提高。如：1994 年举办“方正杯”印刷质量竞赛，市报都达到优秀标准(92 分)；2001 年“高斯杯”印刷质量竞赛，获优质报(95 分)的达到 19 家。

6. 积极开展对内对外交流学习活动。省报协先后组织省内有关报社到外省报社学习财务、广告、发行、供应等方面的做法，开阔视野，了解全国报业发展动态，借鉴先进经验。同时，对兄弟报协来访也都给予热情接待，安排座谈参观，相互交流。

7. 发挥桥梁作用，加强信息服务。2001 年起，省报协创办《江苏报业信息》，每月出版一期，及时传达党和政府有关报业方面的政策信息，传递中国报协的有关精神，介绍会员单位的工作经验，反映兄弟省市报协、报业发展信息动态。

8. 积极开展业余文体活动，丰富和活跃报业职工的文化生活。先后组织摄影、绘画书法展，举办乒乓球、羽毛球、钓鱼比赛等。

省报业协会在为会员单位办实事的过程中，也加强了协会的组织建设，先后建立经营管理、技术进步、财务、发行、广告、物资、印刷等专业工作委员会，在省报协只有一名专职人员的情况下，这些专业委员会都能发挥自己的职能作用，承担分工任务，每年根据不同要求，开展自己的专业活动，促进了全省报业的经营和发展。

三、江苏省新闻学会

1982 年 7 月 14 日成立于南京，是江苏省群众性新闻学术团体。

学会成立大会是同省新闻工作者协会第二次会员代表会议合并举行的，出席大会的正式代表 190 多人，特邀代表 60 多人。大会于 7 月 12～14 日举行。选举产生的学会首届理事会理事共 55 名，当选会长是省委宣传部副部长、《新华日报》总编辑樊发源，副会长王淼(新华日报社)、尹良(省广播事业局)、卢健(女，南京日报社)、卢敬(新华日报社)、乐秀良(《群众》杂志社)、张竞(女，新华社江苏分社)、施芹（无锡市广播局)、聂勋材(南京军区政治部宣传部)、甄为民(省新闻研究所)，理事会聘请艾煊、李扬、李超然、李震、郑山尊、杨巩、夏震中、程予为顾问。秘书长王寄忠，副秘书长时昭溥、孙超、张惠敏、徐绍昌、韩泽。

1988年8月9～11日，省新闻学会召开第二次会员代表大会（与省新闻工作者协会第三次会员代表会议合并举行）。出席大会代表230人，其中正式代表217人，特邀代表13人。大会选举47人组成的第二届理事会，会长为新华日报社社长金靖中，副会长为王淮冰、尤淇、尤纪泉、李承郃、张学洪、周顺生、韩泽、蔡圣广。李承郃兼秘书长，谢礼贤、王顺南为副秘书长。理事会聘请31位老新闻工作者为学术顾问：丁星、王淼、尹良、卢健、卢敬、乐秀良、毕群、孙谐、李义、李扬、李明、李震、李铭堂、杨巩、吴镇、张竞、罗小平、施芹、郁启祥、姚北桦、聂励材、夏晨中、高羽、高斯、蒋青萍、董理、韩玲、韩中涵、程予、甄为民等。

省新闻学会成立后，围绕新闻学术研究进行工作，对推动江苏新闻界总结实践经验，探索新闻规律，提高报道质量等方面，起着积极的组织作用。其主要工作有：每年组织一两次全省性新闻业务研讨或理论研讨会，交流学术论文；组织受众调查和新闻队伍调查，为新闻单位改进宣传报道和加强队伍建设提供相关调研数据和评估分析；每年组织一次报纸好新闻评选奖励活动，并将好新闻汇集成册。

四、江苏省新闻摄影学会

1992年12月28日成立于南京，为全省报刊、通讯社从事新闻摄影记者组成的新闻团体。

首届理事会推选金靖中、钱协寅为名誉会长，选举《新华日报》总编辑刘向东为会长，陈哲、丁峻、许家声为副会长，任镇北为秘书长。

2002年11月6日，第二届理事会第一次会议选举周正荣为会长，杨步才、于惠通、王广林、徐鹏、范钦尧、顾祚维、叶茂楼、朱正宽、朱亚平、翟崇礼为副会长，于先云为秘书长，杨海鹏、王扬为副秘书长。

五、江苏省报纸副刊编辑协会

1990年4月24日成立于南京，首届理事会推选王劭为会长，叶庆瑞、龚惠民、杨德祥、黄铁男、陆华为副会长，秘书长由叶庆瑞兼任。

1996年11月22日，换届选举王劭为会长，副会长龚惠民、叶庆瑞、杨德祥，秘书长为何敏翔。

2003年11月10日召开第三届理事会第一次会议，推选王劭为会长，副会长何敏翔、戴仲燕、龚惠民、黄铁男、叶庆瑞、杨德祥、王文标、张安生、周广华，秘书长由何敏翔兼任。

2008年11月18日召开第四届理事会第一次会议，选举周正荣为会长，副会长为何敏翔、薛颖旦、赵德群、王文标、张安生、马汉清、李靖、项小林、周桐淦、周保秋、汪利宁、乔晖，秘书长由何敏翔兼任。

协会开展的主要工作有：评选报纸副刊好稿，组织经验交流及论文研讨，组织省内外异地采访，创建网站——新传达文化网，出版《江苏散文年鉴》等。

六、江苏省专业报新闻工作者协会

1989年3月15日成立于南京，为全省专业性报纸联合组成的群众团体。

由《江苏科技报》《江苏健康报》等14家省级专业报负责人组成第一届理事会，推选《江苏工人报》副总编辑高同智为理事长，李海春、陈垲、沈一祥为副理事长，周志翔为秘书长。

1992年3月7日，协会选举产生第二届理事会，高同智继续当选理事长，副理事长沈一祥、陈垲、蒋继宁，秘书长周志翔，1993年起改为周长江。

2003年12月换届，樊宗林被推选为理事长，李燕、蒋继宁、周林杰、丁莉、黄永礼、杨骥江、周晓芸、崔一贵、尹晓明、刘若伟、张建扬、丁昌桂、许坤泉为副理事长。

2007年8月召开第四届理事会第一次会议，推选樊宗林为理事长，张耀平、周林杰、陈嘉栋、陆洪标、屠小华、黄永礼、马健为副理事长，刘若伟为秘书长。

省专业报新闻工作者协会成立后，进一步加强专业报之间相互联系和业务交流，为增强专业报的指导性和可读性，提高报道水平，以及研究探讨共同性问题发挥积极作用。该协会还通过评先进、评好稿、组织文体竞赛等活动，调动办报人员钻研业务、做好工作的积极性。协会的团体会员有14家，会址设在江苏工人报社内。

七、江苏省县市报研究会

江苏省县市报研究会是江苏省新闻工作者协会所属的一个群众性学术团体，是全国最早成立的省级县市报研究组织。1986 年 10 月 22 日，研究会召开成立大会，《兴化报》《铜山报》《淮安报》《泰州市报》《南通大众报》《宜兴日报》《无锡县报》《常熟市报》《江宁报》9 家县市报的总编辑出席会议。会议推举《宜兴日报》总编辑许周溥为会长，《淮安报》总编辑孙洪中、《常熟日报》总编辑黄清江为副会长，《淮安报》副总编辑李凤翔为秘书长。

1989 年 11 月 22～24 日，研究会举行年会并进行换届选举，出席会议的除原有 9 家报社负责人外，新增《江阴日报》《丹阳日报》《东台报》《宿迁市报》《邳县经济报》5 家报社的负责人。决定将江苏省县报研究会更名为江苏省县市报研究会，并选举产生第二届理事会，许周溥连任会长，王霖、王贵文为副会长。

1992 年 11 月 24～25 日，选举产生第三届理事会，许周溥继续当选会长，王霖、李凤翔、蔡意同当选副会长。

1995 年 12 月 14～15 日，研究会进行换届选举。选举许周溥为会长，蔡意同(常务)、王霖、王贵文、朱孝诗、李凤翔、顾梦斌为副会长，卑圣拓为秘书长，王守荣、郭勇为副秘书长。

2000 年 11 月 23～24 日，五届一次常务理事会议选举蔡意同为会长，汤志明、李翠青、姚永明、顾梦斌、蒋志刚为副会长，许周溥为秘书长，承才林、胡恒俊、袁开建为副秘书长。

2001 年年初，省委作出开展报刊专项治理工作决定。通过整顿，到 2002 年年初，停办或加入市报，报纸不复存在的有《锡山日报》《吴县日报》《楚州日报》《江都日报》《沭阳报》《泗洪报》《泗阳报》《宿豫报》及《无锡郊区报》共 9 家；转化为内部资料性出版物的有《宝应日报》《涟水报》《金湖日报》《盱眙日报》《洪泽报》《淮阴报》共 6 家；与所在市市级党报联办地方版的有《江宁日报》《六合报》《高淳报》《射阳日报》《滨海报》《阜宁日报》《响水日报》《建湖报》《如东日报》《海安日报》《姜堰大众报》《沛县日报》《丰县日报》《睢宁日报》《赣榆日报》《东海报》《灌云报》《灌南报》共 18 家。6 家转化为资料性出版物的报社与 18 家联办地方版的报社表示愿意继续参加江苏省县市报研究会作为会员单位。在整顿过程中，新办的《盐都新闻》报和《盐城城区报》也申请并加入研究会。

2003 年 3 月 11～12 日，研究会召开年会，增选陆玉生、张强、张德芝为副会长，张承东为副秘书长，研究会共有团体会员 56 家。

2003 年 12 月 26 日，新闻出版总署下发《关于江苏仪征日报等 30 种报纸注销登记和变更事项的批复》文件，对仪征、句容、新沂、铜山、兴化、泰兴、金坛、大丰、邳州、如皋、江都、高邮、扬中、溧阳、启东、江宁、通州 17 种具有国内统一刊号的日报停办并注销登记，12 种具有国内统一刊号的被保留的县市报变更主管单位：《昆山日报》《海门日报》《靖江日报》《东台日报》主管单位变更为新华日报报业集团；《张家港日报》《吴江日报》《太仓日报》《常熟日报》主管单位变更为苏州日报社；《江阴日报》《宜兴日报》主管单位变更为无锡日报社；《丹阳日报》主管单位变更为镇江日报社；《武进日报》主管单位变更为常州日报社。当时，研究会的团体会员单位为 12 家。

2005 年 12 月 14～16 日，研究会召开第六届理事会第一次会议，推举蔡意同为名誉会长，选举蒋志刚为会长，陆永芳、侯爱平为副会长，许周溥为秘书长，张强为副秘书长。聘请刘德海、钟效雯、缪永祥、张始君为顾问，聘请蔡意同、陆玉生、顾梦斌、承才林为特约研究员。

2007 年 5 月 28～30 日，江苏省县市新闻信息中心联谊会在溧阳市召开，全省 32 家县市新闻信息中心负责人出席会议。经过协商，决定成立江苏省县市报研究会县市新闻信息中心工作委员会，作为研究会所属工作机构，选举盱眙张承东为主任，高邮朱震、溧阳董扣新、睢宁杨振宏、通州邢源明为副主任，金坛沈成嵩为秘书长。

2008 年 1 月 10～12 日，江苏省县市报研究会县市新闻信息中心工委增补扬中严峰、海安吉光、涟水刘步东为工委副主任。

2008 年 12 月 28～29 日，研究会召开年会并提前换届选举，推举蔡意同、许周溥为名誉会长，选举《张家港日报》总编辑龙凤清为会长，《东台日报》总编辑侯爱平、《宜兴日报》总编辑程伟、省县市新闻中心工委主任严峰为副会长，陆玉生为秘书长，成锦如、吉光为副秘书长。聘请金伟忻、钟效雯、施锦昌、周强、张始君为顾问。聘请蔡意同、许周溥、陆玉生、陆永芳、张强、沈成嵩、承才林、顾梦斌为特约研究员。

江苏省县市报研究会成立以来，主要开展如下几方面的工作：组织各报社开展新闻业务研讨活动；开展新闻竞赛活动；开展新闻奖评选活动；召开由各县市报分管领导、广告部主任参加的经营管理、广告创收工作研讨会议；到国内兄弟报社进行办报交流和异地采访活动。

八、江苏省高校校报研究会

1986 年 3 月 6 日成立于南京，为全省高校校报工作者组成的专业性新闻学术团体。

首届理事会选举《南京大学校报》负责人王维中任理事长，副理事长为《南京航空学院校报》负责人花蔚文，秘书长为《南京师范大学校报》负责人谢顺泉。

第二届理事会于 1989 年 11 月举行，理事长由谢顺泉担任，副理事长为方延明、张明亮、吴培儒、翁文凯，秘书长由方延明兼任。

1993 年 10 月，第三届理事会第一次会议推选《南京大学校报》主编方延明为会长，副会长为张明亮、吴培儒、管向群，秘书长为彭建华。

江苏省高校校报研究会实行团体会员制，凡在江苏省境内的高校校报均可申请入会，有团体会员 60 家。研究会成立后的活动内容为：组织校报编辑工作研讨和有关理论探讨，并将优秀论文结集出版；组织校报好稿评选，总结好稿采编经验；培训青年编辑人员，提高政治和业务水平。会址先后设在南京大学、东南大学校报编辑部内。

九、江苏省科技记者协会

1987 年 12 月成立于南京，为全省报刊、通讯社、广播、电视等新闻单位从事科技宣传的采编人员组成的群众团体。

第一届理事会选出理事 19 人，新华社江苏分社副社长蔡名照为理事长，徐效东、蔡鑫为副理事长，毛荣方为秘书长。

1993 年 3 月 26 日在南京召开第二次理事代表会议，选举 11 人为常务理事，《新华日报》副总编辑黄生甫当选为理事长，副理事长为施锦昌、蔡鑫、季世昌、张家先、蒋继宁（兼秘书长）。

2007 年 5 月 27 日，第三次理事代表会议选举黄生甫为理事长，施锦昌、朱近忠、樊天翔、朱海荣、周林杰、姜圣瑜、高顺青、周万安、陈曦、陈正仁为副理事长，秘书长由施锦昌兼任。

省科技记者协会成立后，围绕提高科技采编人员素质，提高科技报道水平开展各项活动，组织科技好新闻评选；开展科技新闻业务研讨和经验交流活动；组织集体采访；协助新闻单位培训通讯员等。协会有团体会员 34 家，个人会员 200 多人，会址设在江苏科技报社内。

十、江苏省教育新闻工作者协会

1988 年 11 月 1 日成立于南京，为全省新闻单位从事教育报道的部门和个人组成的群众团体。

第一届理事会选举《江苏教育报》总编辑陆明德为理事长，副理事长为蔡霖村、杨开明、赵晓义，秘书长为顾鼎竞。

1998 年 12 月 15 日，召开协会第二届理事会，中央驻江苏新闻单位、省新闻单位和市级党报共计 30 家 33 名理事参加会议。理事长为江苏教育报刊社社长、总编辑陆明德，副理事长为陈宗伟、严鸿珍、顾鼎竞、刘守华、郑晋鸣、曹剑、方延明，秘书长为戴松松。

2007 年 12 月 28 日，第三届理事会确定理事长为江苏教育报刊社社长张策划，副理事长为龚永泉、郑晋鸣、戴松松、姜圣瑜、张琳、朱金龙、刘正海，秘书长为徐月仪。

省教育新闻工作者协会的任务是交流工作经验，评选和奖励教育新闻好稿，组织新闻业务培训等。会址设在江苏教育报刊社。

十一、江苏省文化记者协会

1989 年 1 月 24 日成立于南京，为全省从事文化报道的新闻工作者组成的群众性社会团体。

首批入会的省新闻单位的文化记者 50 多人出席成立会，并选出第一届理事会。《新华日报》总编辑刘向东为名誉会长，张泾德为会长，周正荣、季世昌、徐慧征、苗瑞涛、张惠敏、赵绍龙、赵晓义为副会长，凡兵为秘书长。

1996年11月8日换届选举，会长为赵绍龙，副会长为凡兵、尹明、汪寅生、姚志强、张连华、庾康、戴仲燕，秘书长为薛颖旦。

2005年6月13日召开第三次理事会第一次会议，推选会长为周跃敏，聘名誉会长为赵绍龙，副会长为汪寅生、凡兵、刘旭东、王慧芬，秘书长为薛颖旦。

省文化记者协会的主要活动有：评选文化好新闻；配合文化领导部门举办艺术节等大型演出活动，召开新闻发布会，组织文艺记者开展宣传报道；组织文化记者业务交流及联谊活动；与有关文化部门联合开展社会活动等。会址设在新华日报社内。

十二、江苏省卫生记者协会

1986年6月成立于南京，为全省新闻单位从事卫生报道的记者和卫生部门从事新闻宣传人员组成的社会团体。

首届理事会推选省卫生厅厅长陈家震为主席，副主席为王建邦、马国征、蔡绣琦，秘书长为陈仲文。

1993年7月，在南京举行第二次会员代表大会，选举产生第二届理事会。省卫生厅厅长刘洪祺为主席，省卫生厅副厅长兼《江苏健康报》总编辑张华强为常务副主席，季世昌、张家先、朱铭佐、华惠毅为副主席，秘书长为张为。

十三、江苏省体育记者协会

1981年11月18日成立于南京，是中国体育记者协会的团体会员，由全省新闻单位从事体育报道的编辑、记者以及体育部门的宣传干部组成。协会成立时称为中国体育记者协会江苏分会，领导机构为委员会和执行委员会。

第一届执委会由7人组成，省体委主任吴镇任主席，副主席为沈跃先、周昭先、杨茂森、刘潮、曹祖志，常务秘书为陈德荣。

1984年7月25日，选举产生第二届委员会，吴镇任名誉主席，省体委副主任杨静义为主席，《新华日报》科教处副处长沈跃先为常务副主席，王孔诚、徐质敬、杨茂森、张增泰、曹祖志、束瑞和为副主席，秘书长为吕卫东。

1990年2月13日，更名为江苏省体育记者协会，选举产生第三届委员会及常务委员会。省体委副主任孔庆鹏任主席，副主席为王孔诚、刘本武、汪波、杨茂森、赵晓义、张欣、汪鉴、顾培棠、翟业喜、戴听祥、戴琦福，秘书长由戴琦福兼任。

1998年，召开第四届理事会第一次会议，推选省体委主任孔庆鹏为主席，省体委巡视员徐荣生为执行主席，张晓东、朱仕农、戴伟、汤介欣、杨茂森、华惠毅、王宏泉为副主席，汤介欣兼秘书长。

2008年7月4日，召开第五届理事会第一次会议，推选《新华日报》总编辑周跃敏为主席，省体育局副巡视员戴伟为常务副主席，陈辉、金伟忻、李灿、龚永泉、周桐淦、石扬、陈建军为副主席，王志光为秘书长。

省体育记者协会主要工作有：组织体育记者交流体育报道的实践经验，并从理论高度进行研究，探讨规律，提高报道质量；组织好稿评奖，包括对年度好新闻、大型赛事好新闻、体育新闻论文的评选和奖励；分专题组织集体采访，深化体育宣传；与有关部门联合组织评选十佳运动员、十佳教练、十佳体育新苗等。省体育记者协会会员有130人，会址设在南京五台山省体育局内。

十四、江苏省法制新闻工作者协会

1987年10月14日成立于南京，为全省新闻单位从事法制报道的采编人员和司法部门从事新闻宣传工作人员组成的群众团体。

首届理事会选举省司法厅副厅长陆云泉为理事长，副理事长有马国征、杨兴德、倪进哲、金永溪、陆启明、张增泰、张晓齐，秘书长为高章莹。

第二次会员代表大会于1992年12月12～14日举行，江苏省委副书记曹鸿鸣、省人大常委会副主任秦杰到会讲话。与会的100多位代表选举产生第二届理事会，省司法厅副厅长徐庆祥当选理事长，副理事长为马国征、邓宝丞、李绍成、陆启明、季世昌、金永溪、杨兴强、杨步才、罗晓桦、张晓齐、赵科、钱协寅、秦德成，邓宝丞兼秘书长。

协会开展的主要活动有：组织法制新闻业务交流和理论研讨；评选优秀法制新闻作品，扩大法制宣传社会影响；评选和表彰优秀法制新闻工作者，发扬先进，鼓励编采人员把法制宣传搞得更好。该会有团体会员30家，个人会员1 000多人，会址设在省司法厅内。

十五、江苏省新闻美术家协会

1987年2月28日成立于南京，为全省新闻单位从事新闻美术编创人员组成的群众团体。

首届理事会推选《新华日报》美术组负责人潘高鹏为会长，吴澍、朱淑清、武建华、原小民、王野农、杨晓岗、罗应仓为副会长，吴澍兼秘书长。

1994年3月17～18日在南京召开第二届理事会，理事会共有理事30人，潘高鹏被推选为会长，吴澍、朱淑清、武建华、原小民、罗应仓、薛亮为副会长，秦文为秘书长。

协会开展的主要活动有：组织新闻美术作品评奖和展览；开展新闻美术理论探讨和创作经验交流活动；组织写生采访小型集体活动。协会有个人会员150多人，会址设在新华日报社内。

十六、江苏省企业报新闻工作者协会

1984年11月12日成立于南京。推举省新闻学会会长樊发源为名誉会长，南京钢铁厂党委副书记杨铁勋为会长，《南汽报》总编辑丁光显、南化公司宣传部副部长薛国强、《徐州矿工报》副总编黄茂宣、《淮北盐工报》总编辑赵广全、长江机器厂党委宣传部部长承君豪为副会长。

1986年10月27～29日，协会举行第二次代表大会进行换届选举。晨光机器厂党委书记曹克明为名誉主席，杨铁勋当选主席，副主席为丁光显、浦振兴、仲跻明、张惠生、苏定民。会上还成立了江苏省企业报新闻学会，樊发源为名誉会长，长江机器厂党委书记史顺华为会长，承君豪、刘海龙、唐雨多、张效良、薛正明为副会长。

1990年5月23日，该协会和新闻学会联合召开第三次会员代表大会，选举第三届理事会和常务理事会。南京供电局党委书记兼《南京供用电报》社长唐云清当选协会主席兼学会会长；丁光显为协会常务副主席兼秘书长，仲跻明、张惠生、苏定民为副主席，承君豪为学会常务副会长兼秘书长，姚志德为副会长。

1991年，江苏社会团体整顿时，学会并入协会。2007年12月11日换届选举，张永根当选会长，邱建中、王子平、王庆波、王杏会、刘宁生、刘良鸣、吕伟民、孙福祥、陈学军、陶仁俊、曹大弟、黄诚、黄友静、缪旭东为副会长，王子平兼任秘书长。会址设在南京供电局内。

省企业报新闻工作者协会实行团体会员制，有团体会员120多家。主要活动内容是：组织新闻业务培训，表彰先进企业报和优秀新闻工作者，评选和奖励新闻好稿，举行专题业务研讨会，组织采访和采风，开展文体活动等。

十七、江苏省新闻资料协会

1993年11月12日成立于南京，来自全省新闻单位资料部门的50多位代表，选举产生第一届理事会、常务理事会。赵绍龙、苏子龙、李绍成、常以云为名誉理事长，邵树文为理事长，夏春发、肖云龙、曹金娣、应秀菊、陈晓地、郑培云为副理事长，曹金娣兼秘书长。

2004年11月16～19日，协会在南京召开第二次会员代表大会，选举产生第二届理事会和常务理事会，赵绍龙、邵树文、施锦昌为名誉会长，常以云为会长，曹金娣为秘书长，王乃毅、应秀菊、茆晓明、武维佳等为常务理事。

协会成立后，围绕传统媒体如何顺应信息化潮流，改变传统新闻信息资源管理方式等问题进行研讨，积极推动会员单位开发应用新技术，建设音、视频和报刊新闻数据库，使新闻资料数字化管理与利用工作迈上新台阶。

大事年表

1978 年

1月1日　中共江苏省委机关报《新华日报》取消省革委会机关报的期号(3581号)，报纸的编号重新改编(10409号，为几次编号之和)，这个变化标志着江苏报刊在经历"文化大革命"后，开始纷纷复刊、兴办。

△　《南京日报》以《南京通讯》之名复刊，同年7月改名《南京报》，1979年7月1日恢复《南京日报》名称。

5月12日　《新华日报》刊载新华社播发的《光明日报》特约评论员文章《实践是检验真理的唯一标准》，随后报社对江苏开展真理标准问题的学习和讨论作了较为充分的宣传。

12月10日　杰出的新闻工作者、新闻教育家恽逸群病逝于南京。

是年　经省委宣传部批准，南京师范学院和《新华日报》合办一个新闻班，定名南师中文系新闻班，并从1977年下半年的高考生中招收41名学员入班学习，学制4年。

1979 年

4月23日　南京解放30周年时，《新华日报》在一版创办《今日快讯》，当时为全国省报第一个短新闻专栏。

5月1日　徐州矿务局主办的《徐州矿工报》复刊。该报为江苏历史上出版时间最长、发行量最多的一份企业报，创刊于1950年4月，原名《贾汪矿工》报。

是年　省委批准无锡、徐州、常州、苏州、南通、连云港6市市报复刊。

1980 年

1月1日　《新华日报》正式刊登广告。

△　《盐阜大众报》复刊。

1981 年

11月3日　省委批复同意恢复出版《镇江市报》。

11月18日　省体育记者协会在南京成立。

1982 年

1月2日　南京日报社主办的社会文化类报纸《周末》报创刊。该报是新中国报刊史上第一份周末报。

4月3日　省委批复同意《扬州市报》恢复出版发行。

7月12～14日　省新闻工作者协会在南京召开第二次会员代表大会，恢复活动并进行换届选举。同年，开始评选江苏报纸优秀作品奖。

12月4日　省委批复同意《靖江市报》恢复出版发行。

1983 年

3月29日　省委批复新华日报社、省供销合作社党组，同意创办《致富报》。5月2日，新华日报社和省供销合作社联合主办的《致富报》创刊。

4月　省委批复省科协党组，同意创办《江苏科技报》。10月，《江苏科技报》创刊。

是年　全省实行市管县新体制，撤销地区，设立省辖市，各地委报纸均改为市委机关报，市级党报从7家增加到11家，即：《南京日报》《苏州日报》《无锡日报》《常州日报》《镇江日报》《南通日报》《扬州日报》《徐州日报》《淮阴日报》《盐阜大众报》《连云港日报》。

1984 年

1月　南京师范大学在中文系恢复设立新闻专业。1995年4月，与电教系合并建立新闻与传播学院。

6月16日　省委宣传部批复共青团江苏省委、新华日报社，同意创办《新华青年》报。

9月24日　省委宣传部批复省体委党组，同意《拼搏》报于1985年1月1日出版发行。

10月17日　省委宣传部批复省科协党组，同意《江苏科技报》更名为《科技信息报》。

11月7日　《江苏工人报》复刊。

11月12日　江苏省企业报新闻工作者协会在南京成立。

11月13日　省委宣传部批复省计经委党组，同意创办《江苏经济信息报》。

是年　省司法厅主办的《江苏法制报》创刊。

1985年

1月1日　同时创办《新华青年报》和《江苏市场报》。

1月　全国第一份家庭类报纸《现代家庭报》创刊。

△　《江苏经济信息报》创刊。1992年7月更名为《江苏经济报》。

△　省体委主办的《拼搏报》创刊。1987年改名为《体育时报》。

△　省卫生厅主办的《江苏健康报》创刊。

5月　省邮电管理局主办的《江苏邮电报》创刊。

△　全国盐业系统唯一公开发行的行业报《江苏盐业报》出版。该报初名《盐场大众》，后名《淮北盐工报》，曾几度停刊；1986年改今名，由江苏盐业公司主办。

△　江苏省电力工业局主办的行业报《江苏电力报》创刊。

9月7日　省委批复新华日报编委会，同意1986年1月创办《扬子晚报》，停办《新华青年报》《江苏市场报》。

10月12日　省委批复南京市委，同意《南京日报》从1986年1月1日起由四开4版小报改为对开4版大报。

1986年

1月1日　江苏省第一张晚报——新华日报社主办的《扬子晚报》创刊，在国内公开发行。

3月6日　江苏省高校校报研究会在南京成立。

7月　《老年周报》创刊。该报原由省老龄委主办，后改为省老龄委、省委老干部局、省民政厅合办，由省老龄委主管。

8月　江苏省县报研究会在淮安成立。

10月26日　省新闻出版局分别批复江阴市委、丹阳市委、东台市委、宿迁市委，同意创办《江阴报》《丹阳市报》《东台市报》《宿迁市报》。

11月　农业部主管的《农机安全报》在宁创刊。

是年　南京大学中文系设立新闻专业。1993年扩建为新闻传播系。

1987年

10月12日　省委宣传部、省科学技术委员会、省新闻出版局联合印发《关于发放内部报刊准印证的若干实施意见》，对全省的内部报刊全面清理、检查，重新核发内部报刊准印证。规定凡没有准印证的内部报刊，限于1987年年底前停办。

1988年

1月　新华日报社总面积1.1万平方米的10层印刷（综合）大楼落成，引进德国具有印刷彩报功能、高速运转能力的3台曼罗兰胶印轮转机也在1988年安装投产。

1989年

1月1日　新华日报社印出第一张彩报。

1月13日　省报纸行业经营管理协会于南京成立。

1月　省教委机关报《江苏教育报》创刊。

△　由无锡市旅游局、无锡日报社合办的《江南旅游报》更名为《江苏旅游报》出版，省旅游局参加主办。1995年更名为《华东旅游报》。

3月15日　省专业报新闻工作者协会在南京成立。

5月　省农垦农工商联合公司主办的《江苏农垦报》创刊。

10月　省电子工业厅和省电子工业企业管委会主办的《江苏电子报》创刊。

△　省委宣传部、省政府办公厅、省新闻出版局联合召开全省整顿、压缩报刊和出版社工作会议，并提出《关于全省报纸和社会科学期刊压缩整

顿的实施意见》。

1990 年

1月1日 《连云港报》更名为《连云港日报》。

1991 年

5月 江苏发生特大洪涝灾害，《新华日报》把报道抗洪救灾作为中心任务。连续7天，在一版刊登60多篇相关新闻、通讯、评论、照片等。

10月21日～11月1日 全国综合性年度优秀新闻作品最高奖“中国新闻奖”首届评奖在南京举行。《新华日报》言论《舍孔雀而取凤尾》、通讯《老台胞寻女奇遇记》分获一等奖。

1992 年

9月16日 张家港市委机关报《张家港市报》创刊。从1980年起，部分县(市)委机关报陆续复刊或创刊，全省县(市)报获国内统一刊号的有19家。

12月28日 省新闻摄影学会于南京成立。

1993 年

1月1日 《新华日报》由对开4版扩为对开8版。新华日报社主办的《服务导报》出版，系由《致富报》改办。

△ 南京日报社主办的《金陵时报》(后更名为《金陵晚报》)、《无锡日报》社主办的《江南晚报》、盐阜大众报社主办的《盐城晚报》分别创刊。

4月 新华社江苏分社主办的《买卖报》创刊，后更名为《现代经济报》。自1994年1月1日起，《买卖报》从内部出版物转为公开发行，由新华社江苏分社主管、主办。

5月 淮阴日报社主办的《淮海晚报》创刊。

7月1日 南通日报社主办的《江海晚报》创刊。

8月23日 省委召开新闻通气会，研究如何解决“有偿新闻”问题，省委副书记孙家正到会讲话。

1994 年

1月1日 徐州日报社主办的《彭城晚报》、常州日报社主办的《常州晚报》、苏州日报社主办的《姑苏晚报》同日创刊。全省晚报增至9家。

△ 省经贸委主办的《经贸导报》创刊。

1月20日 全省市县党报编校质量评比表彰会在南京召开。《苏州日报》《盐阜大众报》《南京日报》分获市报组一、二、三等奖，《南通大众报》《常熟市报》《江阴报》分获县报组一、二、三等奖。

5月12日 新闻出版署发文，撤销《江苏健康报》(因出卖版面刊登虚假广告)登记注册。

7月 《新沂市报》《张家港市报》批准创刊。

是年 《华东信息报》更名为《华东信息日报》，《丹阳报》更名为《丹阳日报》，《南通大众报》更名为《通州日报》。

1995 年

3月31日 新闻出版署、广播电影电视部联合发文，要求“县及县级市不办广播电视报”，年底，全省停办广播电视报12家。

4月11日 由省纺织(集团)总公司主办的《服饰导报》(原《江苏纺织科技》)创刊，四开8版，每周二出版，全国公开发行。

5月11～14日 全国报刊管理工作会议在扬州召开。

9月7日 《扬子晚报》日发行量突破100万份，成为江苏报业发展史上第一份日发行量超过100万份的日刊报纸，也是江苏发行量最大的晚报，在全国2 000多家公开发行的日报中名列前茅。

是年 《扬州科技报》更名为《扬州晚报》。

1996 年

1月2日 《市场报·江南市场版》创刊，由《人民日报》的子报《市场报》主办，经济类报纸。1999年9月1日，经新闻出版署批准，改名为《江南时报》，由经济类报纸转变为都市报。

1月18日 由省机械工业厅主办的《江苏机械报》改为新华日报社主办、主管。同年，根据新闻出版署批复，用《江苏机械报》原刊号出版的《每日桥报》创刊。

7月19日 国务院批准设立地级泰州市。9月24日，《泰州日报》创刊。

8月 伴随着地级宿迁市的设立，宿迁市委决定成立宿迁日报社。1997年1月，《宿迁日报》创刊。

1997 年

8月4日　省委办公厅、省政府办公厅联合召开全省新闻出版广播电视业管理工作电视电话会议，部署“治散治滥”工作。

10月5日　新闻出版署发文，从1998年1日起，停办《小学生语文导报》《科技汇报》《扬子报》《金陵石化报》《连云港港报》《南通港口报》《仪化集团报》，《影剧文摘报》并入《影剧月报》，《小学生数学报》《人民前线》报转为专门系列；《苏州广播电视报》等10家广播电视报合并出版《江苏声屏》，各地市出版分版。

11月12日　省新闻出版局制定并颁布《关于加强内部资料性出版管理的暂行办法》。暂缓保留43家县市党报和其他内部报纸外，其余309家内部发行的学报和其他期刊一律停办或转为内部资料。

1998 年

6月8日　《扬子晚报》创办“扬子晚报网”，是江苏省首家获得国务院新闻办批准的新闻网站。6月9日，《扬子晚报》电子版上网发布。

7月6日　新闻出版署在北京召开全国地方报社管理先进单位表彰会，《新华日报》《扬子晚报》《盐阜大众报》《小学生数学报》《通州日报》获“先进单位”称号。

9月1日　根据新闻出版署统一部署，省新闻出版局开始对全省报刊社、广播电台、电视台新闻采编人员统一换发新的记者证。

9月21日　经新闻出版署批复同意，《南大报》等66家高校校报转入国内同一刊号高校校报系列。

12月　《兴化报》《东台报》《启东报》《金坛报》分别更名为《兴化日报》《东台日报》《启东日报》《金坛日报》；《家教周报》《经济早报》《文化市场导报》创刊。

是年　首届江苏新闻奖揭晓，《新华日报》三篇作品(发表于1997年)获奖。

1999 年

10月12日　经新闻出版总署批准，《现代经济报》更名为《现代快报》，新华社江苏分社主管、主办。

是年　《江苏党校报》创刊；《昆山报》更名为《昆山日报》。

△　《无锡日报》在全省市级党报中率先开办网站。

△　《江苏商报》《现代快报》《南京晨报》《金陵晚报》等在南京打起“一角”报价价格战，超越了合理价格的界限，引起报业主管部门重视。

2000 年

6月29日　原由省计划经济委员会主管、主办的《江苏经济报》，改由新华日报社主管、主办。

7月　原由省对外经济贸易委员会主管、主办的《经贸导报》划转为新华日报社主管、主办。

11月28日　《每日桥报》更名为《南京晨报》。

12月　《吴江日报》《海门日报》《靖江日报》《句容日报》《江都日报》《大丰日报》《如皋日报》《太仓日报》《扬中日报》《仪征日报》创刊。

是年　《江苏教育报》更名为《成才导报》，《南京公安报》更名为《东方卫报》，《江宁报》更名为《江宁日报》，《江苏盐业报》更名为《苍梧晚报》，《沿海经济信息报》更名为《生活晓报》，《经济新闻报》更名为《都市晨报》，《每日桥报》更名为《南京晨报》，《新沂市报》更名为《新沂日报》。

△　经省报业主管部门介入，南京有关晚报、都市报社达成协议，每份报价最低限价3角，恢复到正常报价。

2001 年

2月1日　《苏州日报》新闻网开通。

6月18日　《现代快报》主管单位变更为新华通讯社，主办单位为现代快报社。

6月22日　新闻出版总署作出“关于同意组建新华日报报业集团的批复”。

7月18日　江苏省人民政府经研究并报省委同意，作出《省政府关于同意组建江苏省新华日报报业集团有限公司的批复》。批复指出：“同意组建江苏省新华日报报业集团有限公司。集团公司性质为国有独资公司，出资者为江苏省人民政府。注册资本为2 000万元。”

7月30日　《扬子晚报》在全国平面媒体中首先开通“扬子新闻服务点点通——手机短信息”，率先进入继报纸、广播、电视、网站之后的第五媒体。

7月31日　省新闻出版局印发《关于对报社记者站及其他派出机构进行清理整顿和重新登记的通知》，清理整顿21家派出机构。

9月26日　全省报刊专项治理电视电话会议召开，省委副书记、宣传部长任彦申作重要讲话。

9月28日　新华日报报业集团成立，形成了党报、晚报、都市报、专业报、网站的优势组合，有效提升了主流媒体的舆论影响力，并实现向新型主流媒体的转型，打造综合性的文化传媒产业集团。

9月　省委宣传部开始筹备建设中国江苏网，12月27日中国江苏网开通上线，设新闻中心、管理中心、频道中心和技术中心。

2002年

5月16日　新华报业网运营，是由省委宣传部主管、新华日报报业集团主办的省级新闻门户网站，也是江苏省最早获得国务院新闻办新闻网站资质的重点新闻网站。

10月17日　《宿迁日报》加盟新华日报报业集团。省级报业集团和市级机关报实行报业资源整合，在中国报业是一个创举。

12月17日　经新闻出版总署批准，全省首家市级党报集团——南京日报报业集团成立，至2007年5月，南京日报报业集团拥有10报1刊和3个网站。

12月　《新华日报》在国内党报中首开先河，大规模向基层一线派驻中青年记者，首批向全省各地派出特派记者共48名。

是年　经新闻出版总署批复，《江苏商报》主管、主办单位由江苏省供销合作总社变更为南京日报社，成为南京日报报业集团成员报。

2003年

1月　新华日报报业集团《新闻通讯》杂志更名为《传媒观察》，并跻身全国新闻核心期刊行列。

3月16～22日　全省报刊社新闻采编人员资格培训工作全面启动，首期培训班在南京举办。

4月28日　《经贸导报》更名为《扬子经济时报》，主要随扬子晚报在苏南地区发行。

7月1日　随着《泰州晚报》创刊，全省13个省辖市党报全部办起晚报。

△　盐阜大众报报业集团组建成立。

7月15日　中央办公厅、国务院办公厅联合发出《关于进一步治理党政部门报刊散滥和利用职权发行、减轻基层和农民负担的通知》，要求"县（市、区）和城市区不再办报刊，已经办的要停办。对个别影响大、有一定规模的县市报，可由省级党报或地市级党报进行有偿兼并，或改为地市级党报的县市版。"

7月26～27日　全省报刊社新闻采编人员资格考试同时在13个省辖市举行，近6 000名新闻采编人员参加考试。

7月31日　新闻出版总署根据中央办公厅、国务院办公厅的《通知》精神，出台《实施细则》，部署开展报刊治理工作。

8月3日　省委召开治理党政部门报刊散滥电视电话会议，传达中央报刊治理工作领导小组要求，部署开展全省报刊治理工作。

9月　苏州市委决定，苏州日报社兼并《张家港日报》《常熟日报》《太仓日报》《吴江日报》，组建苏州日报报业集团。9月28日，苏州日报报业集团揭牌。

10月8日　江苏省报刊治理工作领导小组制定下发《关于贯彻落实我省报刊治理工作方案的实施办法》。在这次清理整顿中，全省原持有国内统一刊号的29种县（市）报，保留12种，停办17种，其他已改办为内部资料或地市党报地方版的29种报纸全部停办。

11月28日　无锡日报报业集团组建成立，《江阴日报》《宜兴日报》加盟。

12月26日　经新闻出版总署批准，《江苏法制报》主管、主办单位由江苏省政法委变更为新华日报报业集团；《昆山日报》由昆山市委主管、主办变更为新华日报报业集团主管、昆山日报社主办；《海门日报》由海门市委主管、主办变更为新华日报报业集团主管、海门日报社主办；《靖江日报》由靖江市委主管、主办变更为新华日报报业集团主管、靖江日报社主办；《东台日报》由东台市委主管、主办变更为新华日报报业集团主管、东台日报社主办。

12月　省委组织部和宣传部主管、主办的《党的生活》杂志划归新华日报报业集团主管、主办。

是年　经省新闻出版局批准，原省物价局主管、主办的《江苏物价》，省统计局主管、主办的《江苏统计》，省政府外事办公室主管、主办的《江苏外事》等三份刊物均划归新华日报报业集团主管、主办。

2004 年

1月　新闻出版总署批准，江苏省哲学社会科学界联合会主管、主办的《健报》杂志更名为《精品》杂志，并改由新华日报报业集团主管、主办。

5月　新华日报报业集团实行的“一报四刊”资源整合工作中，《党的生活》刊名和办刊宗旨不变；《江苏物价》《江苏统计》《江苏外事》分别更名为《培训》《动漫界》《车秀》；《服务导报》重新定位，更名为《扬子体育报》。

是年　新华日报报业集团新华柏印务有限公司引进德国海德堡公司生产的M600生产线。该生产线为当时江苏市场上唯一一条高配置、高速度、高品质的全商业轮转生产线。

2005 年

4月　《扬子晚报》与江苏移动合作推出江苏第一个彩信手机报——“江苏手机报·扬子晚报”。

8月8日　《服务导报》重新定位更名为《扬子体育报》创刊。

2006 年

4月29日　省委宣传部、省新闻出版局在南京召开全省记者站管理工作会议。

7月13日　《东方卫报》与南京地下铁道有限责任公司签订《东方卫报》进入地铁发行的合作协议，成为省内唯一一家专门在地铁发行的报纸。

2007 年

8月11日　省机构编制委员会办公室批复同意省出版总社《体育时报》更名为《凤凰资讯报》。

是年　《华东信息日报》更名为《无锡商报》。

△　南京日报报业集团收购龙虎网络公司部分股份，整合龙虎网与南京报业网及其他报刊网络资源，逐步把龙虎网打造成集新闻发布、生活资讯、民生服务为一体的本地区综合信息门户网站。

△　南京日报报业集团对时代传媒股份公司、金陵文化传播有限公司、东方都市报业发展有限公司、报讯数字传媒有限公司、汇文物流有限公司的资产和业务进行重组，完成时代传媒股份公司上市申报。

2008 年

7月1日　省委、省政府门户网站“中国江苏网”迁入新华日报报业集团内办公，并由该集团参加运营管理。

12月10日　徐州报业传媒集团成立，形成以《彭城晚报》《都市晨报》为两翼，以印务中心为产业支撑，以“中国徐州网”和《都市圈》杂志等为对外窗口，以多元化经营为新的经济增长点的集团化发展格局。

是年　《盐阜大众报》《盐城晚报》数字报全版上线。自此，全省13个省辖市党报都构建了“纸质媒体＋手机报、数字报”的传媒新格局。

△　根据第61届世界报业大会公布的“2008年世界日报发行量前100名排行榜”，《扬子晚报》以181万份的日发行量居第21位，《现代快报》以79万份的日发行量名列第76位，《金陵晚报》以70万份的日发行量名列第90位，其中《扬子晚报》连续6年入选百强，在中国报纸中排名仅次于《参考消息》和《人民日报》，成为江苏发行量最大的日报和中国发行量最大的晚报。

△　在新闻出版总署连续四年公布的全国晚报、都市报竞争力20强中，《扬子晚报》连续四届进入20强，《现代快报》《金陵晚报》各两度进入20强。《新华日报》入选中国报刊广告投放价值百强排行榜日报前五强；《扬子晚报》在第五届“中国500最具价值品牌”排行榜中，以47.55亿元的品牌价值居第154位，连续第五年入选中国500最具价值品牌。

△　无锡日报报业集团在全国报业中率先启动宣传与经营“两分离”改革，探索现代综合传媒集团的转型发展新路。

△　经新闻出版总署批复同意，《成才导报》更名为《江苏教育报》，《今日商报》更名为《大众证券报》。

附　录

一、中央新闻单位江苏分社、驻苏记者站

（一）《人民日报》江苏记者站

1984年11月25日，《人民日报》江苏记者站挂牌成立，颜世贵任首席记者。2006年6月，中央编委批准，人民日报社地方记者站为正局级单位。

人民日报社江苏记者站作为江苏率先发展、科学发展、和谐发展的宣传者、见证者，记录江苏新变化，反映江苏新业绩，总结江苏新经验，宣传江苏、推动江苏跨越发展。《人民日报》头版头条每年刊发江苏的新闻均达10条左右。其中龚永泉采写的《擦鞋者说》获"中国新闻奖"二等奖，时任省委宣传部常务副部长刘向东撰写评介文章《擦出名堂与写出名堂》。人民日报社地方部特地为龚永泉与另一记者召开了新闻作品研讨会。龚永泉曾获年度"全国双百佳新闻工作者"称号。

（二）新华通讯社江苏分社

1952年11月，新华社南京分社与新华社苏北分社、苏南分社合并，在南京组建新华社江苏分社。

新华社江苏分社作为新华社国内31个分社之一，负责江苏的新闻信息采集和报道以及新闻信息用户的发展和维护。分社在重大主题报道中发挥主力军作用，充分展示江苏改革发展的新成就、新探索。在突发和热点报道中主动作为、权威发声，有效引导舆论。在参考报道和监督报道中充分彰显职责担当，着力关注江苏改革重点、民生难点和治理焦点，介绍"江苏经验"，每年都有多篇稿件获中央和省、市领导批示，推动问题解决。

1982年，经中央批准，新华社国内各分社被确定为正局级机构。2008年，分社搬迁至南京市洪武北路55号置地广场办公，产权楼层共4层，面积1万余平方米。

（三）《光明日报》江苏记者站

光明日报社江苏记者站是光明日报社因新闻采访需要而派驻在江苏的工作机构。1978年年底，《光明日报》江苏记者站恢复建制。

《光明日报》江苏记者站在《光明日报》刊发反映江苏思想文化发展、科教成果、社会进步等方面的稿件数量和头版头条量，保持在光明日报社驻地方记者站之首。

1978年5月11日，《光明日报》在一版刊发由南京大学哲学系教师胡福明（主要撰稿人）等撰写的特约评论员文章《实践是检验真理的唯一标准》，引发全社会关于真理标准问题的大讨论，促进了全国的思想大解放。

1978～2008年间，《光明日报》江苏记者站立足江苏，采写了一批较有影响的稿件，得到历任中央和省级领导的关注和批示。

（四）《经济日报》江苏记者站

《经济日报》江苏记者站建立于1984年，为报社派出机构，主要任务是采写稿件、通联等。

《经济日报》江苏记者站建站以来，记者足迹遍布江苏13个地市，采写了一大批具有浓郁感染力、饱含发展正能量、充满温度的报道。《经济日报》江苏记者站每年刊发反映江苏经济社会发展的稿件150篇以上，稿件刊发的数量和质量均保持在经济日报社驻地方记者站靠前位置。

（五）《工人日报》江苏记者站

《工人日报》江苏记者站建立于1961年年初，当时称记者组。1966年12月，《工人日报》停刊，记者组停止活动。1978年8月，《工人日报》复刊，记者组改为记者站（县团级），恢复工作。

1978～2008年，《工人日报》江苏记者站立足江苏，及时反映江苏改革开放的生动实践和创新成就，展示工人阶级风采，采写了一批较有影响的稿件。其中人物报道有：晨光厂曹克明，捐献十万元遗产的杜芸芸，优秀营业员王秀英、陶佩芬，优秀企业家梁邦昌、朱骅，还有工程师孙昌树，回国女博士韦钰，特级教师斯霞，技能人才邓建军等；典型报道

有：常州商业体制改革系列报道，南京金陵饭店、南京机床厂、南京油脂化工厂等用工制度改革报道，扬州纱厂、无锡协新毛纺厂思想政治工作经验报道，张家港精神文明建设报道，江苏油田厂务公开经验报道，昆山经验报道等。同时，记者站还采写大量涉及工会工作创新的报道，比如常州工会体制改革，连云港市实行“共保合同”制度，昆山开展工资集体协商等。

（六）《中国青年报》江苏记者站

《中国青年报》江苏记者站是中国青年报社因新闻采访需要而派驻在江苏的工作机构。

《中国青年报》江苏记者站自建站以来，每年向报社发回大量及时报道，刊发于《中国青年报》、中青在线稿件涉及教育、经济、法制、社会等多个方面。

2008年，中国（江苏）高校传媒联盟（简称“江苏校媒”）成立，在共青团江苏省委、《中国青年报》江苏记者站的指导下开展活动。秘书处设在《中国青年报》江苏记者站，“江苏校媒”是中国高校传媒联盟的重要组成部分。

（七）《中国妇女报》江苏记者站

《中国妇女报》1990年6月在江苏建立记者站。

在江苏中心工作宣传方面，《中国妇女报》江苏记者站参与苏州、南京文明城市创建，创建“平安江苏”，首届中国公民道德论坛在南通举行，践行科学发展观等采访活动，撰写《深切关爱下一代成长》《第一标尺：让人民评判》《从“莫文隋”到南通现象》等报道。

侵华日军南京大屠杀震惊中外，《中国妇女报》江苏记者站以遇难同胞纪念馆为切入点，长期追踪报道。记者站采写的《南京“辛德勒”——拉贝一家与中国的生死情缘》为《新华文摘》及外电转载。

女性群体是记者站主要工作对象。驻站记者尽可能展示她们的业绩、风采，采写了一批有份量、有影响的稿件，如《智慧女神》《从政之余》《血花红染好胭脂》《最后的闺秀》《百岁风雨归家燕》《镇湖上的刺绣人生》《花布小鞋》《游走于现实与梦幻之间》《“动漫一族”新女性》《最后的“白局”女伶》《“二妹子”新传》等，对促进社会对女性贡献认知、提高女性地位起了一定作用。

（八）中国新闻社江苏分社

中国新闻社，简称“中新社”，中新社江苏分社是中新社设在江苏的综合采编机构，前身是江苏记者站，成立于1982年8月，1999年3月1日，中新社江苏分社成立。

中新社江苏分社常年向世界各地发布文字、图片、视频新闻通稿2 000多篇（幅），成为江苏对外传播的重要渠道。中国新闻网子网“江苏新闻网”（中新网/江苏），每年文图发稿达上万篇。此外，中新社江苏分社还利用总社海外中心对外供版业务的优势，常年编辑五大洲华文媒体江苏专版。

（九）1978～2008年其他中央新闻单位驻江苏记者站一览表

记者站名称	登记证号	记者站地址	邮政编码
《中国环境报》江苏记者站	苏报JZ第001号	南京市凤凰西街241号	210036
《中国中医药报》江苏记者站	苏报JZ第004号	南京市中央路42号1512室	210008
《华夏时报》江苏记者站	苏报JZ第006号	南京市洪武路88号万达广场	210000
《中国交通报》江苏记者站	苏报JZ第007号	南京市升州路16号	210001
《中国税务报》江苏记者站	苏报JZ第008号	南京市中山北路55号1015室	210008
《科技日报》江苏记者站	苏报JZ第009号		210008
《中国有色金属报》江苏记者站	苏报JZ第028号	南京市宁南大道21号江苏舜天国际集团C座502室	210012
《国际金融报》江苏记者站	苏报JZ第029号	南京市管家桥85号华荣大厦3003室	210005
《金融时报》江苏记者站	苏报JZ第031号	南京市建邺路88号	210004
《民主与法制时报》江苏记者站	苏报JZ第032号	南京市北京西路28号	210024
《文汇报》江苏记者站	苏报JZ第034号	南京市龙蟠路98号B7	210042
《科学时报》江苏记者站	苏报JZ第035号	南京市北京东路39号	210008
《中国证券报》江苏记者站	苏报JZ第049号	南京市广州路188号	210024
《人民公安报》江苏记者站	苏报JZ第050号	南京市扬州路1号	210024
《人民邮电报》江苏记者站	苏报JZ第051号	南京市中山北路301号	210003

续表

记者站名称	登记证号	记者站地址	邮政编码
《中国化工报》江苏记者站	苏报 JZ 第 052 号	南京市苏州路 6 号 502 室	210024
《中国船舶报》江苏记者站	苏报 JZ 第 053 号	镇江市梦溪路 2 号	212003
《人民政协报》江苏记者站	苏报 JZ 第 062 号	南京市北京西路 68－1 号	210024
《中国测绘报》江苏记者站	苏报 JZ 第 064 号	南京市北京西路 75 号	210013
《大众科技报》江苏记者站	苏报 JZ 第 067 号	南京市中央路 417 号 623 室	210024
《中国石化报》江苏记者站	苏报 JZ 第 069 号	南京市沈举人巷 19 号	225009
《法制日报》江苏记者站	苏报 JZ 第 072 号	南京市北京西路 70 号 10 号楼	210013
《中国老年报》江苏记者站	苏报 JZ 第 073 号	南京市北京西路 70 号	210013
《中国旅游报》江苏记者站	苏报 JZ 第 076 号	南京市华严岗 1 号	210003
《中华工商时报》江苏记者站	苏报 JZ 第 078 号	南京市北京西路 30 号宁海大厦 19 层	210024
《中国日报》江苏记者站	苏报 JZ 第 084 号	南京市洪武路 359 号福鑫国际大厦 2602 东	210002
《消费日报》江苏记者站	苏报 JZ 第 086 号	南京市汉中门大街 56 号建威大厦 806 室	210036
《中国工业报》江苏记者站	苏报 JZ 第 090 号	南京市中山北路 49 号	210008
《中国煤炭报》江苏记者站	苏报 JZ 第 100 号	徐州市矿山东路 3 号	221006
《团结报》江苏记者站	苏报 JZ 第 130 号	南京市北京西路 30 号 1501 室	210024
《中国改革报》江苏记者站	苏报 JZ 第 131 号	南京市山西路 55 号	210009
《中国经济时报》江苏记者站	苏报 JZ 第 132 号	南京市中山北路 212 号永昌大厦 805 室	210003
《中国质量报》江苏记者站	苏报 JZ 第 134 号	南京市云南路 31 号苏建大厦 301 室	210008
《中国国土资源报》江苏记者站	苏报 JZ 第 135 号	南京市牌楼巷 47－1 号	210029
《国家电网报》江苏记者站	苏报 JZ 第 136 号	南京市北京西路 20 号	200024
《中国电力报》江苏记者站	苏报 JZ 第 137 号	南京市北京西路 20 号	210024
《中国食品质量报》江苏记者站	苏报 JZ 第 139 号	南京市御道街 158 号 506 室	210018
《中国城乡金融报》江苏记者站	苏报 JZ 第 149 号	南京市洪武路 357 号	210002
《中国安全生产报》江苏记者站	苏报 JZ 第 150 号	南京市北京西路 15－1 号	210024
《中国产经新闻报》江苏记者站	苏报 JZ 第 158 号	南京市玄武区龙悦山庄 4 栋 403 室	210042
《中国县域经济报》江苏记者站	苏报 JZ 第 166 号	南京市北京西路 70 号省委大院 22 号楼 102 室	210013
《证券日报》江苏记者站	苏报 JZ 第 167 号	南京市升州路 385 号升州商务楼 4B3 座	210004
《中国保险报》江苏记者站	苏报 JZ 第 168 号	南京市汉中路 169 号	210029
《中国教育报》江苏记者站	苏报 JZ 第 174 号	南京市草场门大街 133 号	210036
《今日信息报》江苏记者站	苏报 JZ 第 175 号	南京市江东中路 186 号 566－599 室	210016
《中国工商报》江苏记者站	苏报 JZ 第 176 号	南京市北京西路 30 号	210024
《中国纺织报》江苏记者站	苏报 JZ 第 177 号	南京市中山东路 25 号	210002
《中国冶金报》江苏记者站	苏报 JZ 第 178 号	张家港市锦丰镇沙钢集团	215625
《中国消费者报》江苏记者站	苏报 JZ 第 179 号	南京市上海路 152 号	210024
中国体育报业总社江苏记者站	苏报 JZ 第 180 号	南京市广州路 191 号五环大厦 1111 室	210029
《中国企业报》江苏记者站	苏报 JZ 第 187 号	南京市茶亭东街 79 号 11 号楼 1－5C	210017
《中国建材报》江苏记者站	苏报 JZ 第 202 号	南京市云南路 31－1 号苏建大厦	210008
《检察日报》江苏记者站	苏报 JZ 第 203 号	南京市宁海路 106 号	210024
《健康报》江苏记者站	苏报 JZ 第 204 号	南京市中央路 42 号	210008
《中国环境报》南京记者站	苏报 JZ 第 206 号	南京市虎踞路 175 号环保宣教中心综合楼 603 室	210013
《人民法院报》江苏记者站	苏报 JZ 第 207 号	南京市宁海路 75 号	210024

续表

记者站名称	登记证号	记者站地址	邮政编码
《中国水利报》江苏记者站	苏报 JZ 第 208 号	南京市上海路 5 号	210029
《中国审计报》南京记者站	苏报 JZ 第 209 号	南京市高楼门 61 号	210008
《中华建筑报》江苏记者站	苏报 JZ 第 210 号	南京市集庆门大街 22 号润花园 8 幢 612 室	210017
《中国经济导报》江苏记者站	苏报 JZ 第 212 号	南京市北京西路 70 号 9 号楼	210093
《中国水运报》江苏记者站	苏报 JZ 第 214 号	南京市升州路 16 号	210001
《中国食品报》江苏记者站	苏报 JZ 第 215 号	苏州市因果巷 16 号	215005
《中国建设报》江苏记者站	苏报 JZ 第 216 号	南京市草场门大街 88 号江苏建设大厦	210036
《中国矿业报》江苏记者站	苏报 JZ 第 217 号	南京市珠江路 700 号	210008
《中国气象报》江苏记者站	苏报 JZ 第 219 号	南京市北极阁 2 号	210008
《中国文化报》江苏记者站	苏报 JZ 第 220 号	南京市中山南路 89 号	210005

二、1978～2008 年江苏省高等院校校报一览表

报纸名称	国内统一连续出版物号	刊期	创办时间	出版单位	主管单位	主办单位	出版地址
扬州大学校报	CN 32－0802/(G)	半月刊	1995.4.1	扬州大学校报编辑部	省教委	中共扬州大学委员会	扬州市大学南路 88 号
苏州大学校报	CN 32－0803/(G)	双周刊	1982.3.23	苏州大学校报编辑部	省教委	中共苏州大学委员会	苏州市十梓街 1 号
东南大学校报	CN 32－0804/(G)	旬刊	1952.10.7	东南大学校报编辑部	省教委	中共东南大学委员会	南京市四牌楼 2 号
南京理工大学报	CN 32－0805/(G)	周刊	1982.1.1	南京理工大学报编辑部	省教委	中共南京理工大学委员会	南京市孝陵卫 200 号
南京航空航天大学校报	CN 32－0806/(G)	旬刊	1956.9.6	南京航空航天大学校报编辑部	省教育厅	南京航空航天大学	南京市御道街 29 号 366 信箱
中国矿业大学校报	CN 32－0807/(G)	半月刊	1953.10.1	中国矿业大学校报编辑部	省教委	中共中国矿业大学委员会	徐州市中国矿业大学南湖校区行政办公楼 C515
河海大学校报	CN 32－0808/(G)	半月刊	1917.2.26	河海大学校报编辑部	省教委	河海大学党委	南京市西康路 1 号
江苏大学校报	CN 32－0809/(G)	半月刊	2001.10.1	江苏大学校报编辑部	省教委	中共江苏大学委员会	镇江市学府路 301 号
江南大学校报	CN 32－0810/(G)	旬刊	1958.8.1	江南大学宣传部	省教委	江南大学党委	无锡市蠡湖大道 1800 号
南京工业大学校报	CN 32－0811/(G)	半月刊	1985.3.25	南京工业大学校报编辑部	省教委	南京工业大学党委	南京市浦珠南路 30 号
南京农业大学校报	CN 32－0812/(G)	半月刊	1952.11.15	南京农业大学校报编辑部	省教委	中共南京农业大学委员会	南京市卫岗 1 号南京农业大学校内
南京林业大学校报	CN 32－0813/(G)	半月刊	1952.5.18	南京林业大学校报编辑部	省教育厅社政处	中共南京林业大学委员会	南京市龙蟠路 159 号
中国药科大学校报	CN 32－0814/(G)	半月刊	1956.6.1	中国药科大学校报编辑部	中国药科大学党委	中国药科大学	南京市童家巷 24 号
南京医科大学校报	CN 32－0815/(G)	旬刊	1959.1.1	南京医科大学校报编辑部	省教委	中共南京医科大学委员会	南京市江宁区龙眠大道 101 号南京医科大学党委宣传部

续表

报纸名称	国内统一连续出版物号	刊期	创办时间	出版单位	主管单位	主办单位	出版地址
南京中医药大学校报	CN 32－0816/(G)	半月刊	1986.4.30	南京中医药大学校报编辑部	省教委	中共南京中医药大学委员会	南京市仙林大学城仙林大道138号
南京师范大学校报	CN 32－0817/(G)	半月刊	1983.3.1	南京师范大学校报编辑部	中共南京师范大学委员会	中共南京师范大学委员会	南京市亚东新城区文苑路1号
徐州师范大学校报	CN 32－0818/(G)	旬刊	1983.10.1	徐州师范大学校报编辑部	省教委	中共徐州师范大学委员会	徐州市铜山新区上海路101号
南京信息工程大学校报	CN 32－0819/(G)	半月刊	1984.4.10	南京信息工程大学校报编辑部	省教委	中共南京信息工程大学委员会	南京市宁六路219号南京信息工程大学
南京邮电大学报	CN 32－0820/(G)	半月刊	1959.5.4	南京邮电大学报编辑部	中共南京邮电大学委员会	中共南京邮电大学委员会	南京市仙林大学城文苑路9号
江苏科技大学校报	CN 32－0821/(G)	旬刊	1984.10.15	江苏科技大学校报编辑部	省教委	中共江苏科技大学委员会	镇江市梦溪路2号教三楼606室
南通大学校报	CN 32－0822/(G)	旬刊	2004.11.26	南通大学校报编辑部	省教委	中共南通大学委员会	南通市啬园路9号南通大学主校区逸夫教学楼
江苏工业学院报	CN 32－0824/(G)	半月刊	1987.3.15	江苏工业学院校报编辑部	省教委	中共江苏工业学院委员会	常州市武进区滆湖路1号江苏工业学院文正楼414室
苏州科技学院报	CN 32－0825/(G)	半月刊	2001.9.1	苏州科技学院报编辑部	省教委	中共苏州科技大学委员会	苏州市新区科锐路1号
盐城工学院报	CN 32－0826/(G)	半月刊	1986.1.1	盐城工学院报编辑部	省教委	中共盐城工学院委员会	盐城市希望大道9号
徐州医学院报	CN 32－0829/(G)	半月刊	1980.6.1	徐州医科大学校报编辑部	省教委	中共徐州医学院委员会	徐州市铜山路209号医学院行政楼429
淮阴师范学院报	CN 32－0832/(G)	半月刊	1986.3.13	淮阴师范学院报编辑部	省教委	中共淮阴师范学院委员会	淮安市淮阴区长江西路111号
南京财经大学校报	CN 32－0833/(G)	半月刊	1993.6.14	南京财经大学	省教委	中共南京财经大学委员会	南京市亚东新城区文苑路3号
南京审计学院报	CN 32－0834/(G)	半月刊	1992.3.1	南京审计大学党委宣传部校报编辑部	省教委	南京审计大学党委	南京市浦口区珠江镇山西路86号
南京艺术学院报	CN 32－0835/(G)	半月刊	1957.3.1	南京艺术学院校报编辑部	省教委	南京艺术学院党委	南京市北京西路74号行政机关楼221室
常熟理工学院报	CN 32－0837/(G)	半月刊	1984.3.1	常熟理工学院报编辑部	省教委	中共常熟理工学院委员会	常熟市南三环路99号
镇江高等专科学校报	CN 32－0838/(G)	月刊	1985.10.1	镇江高专校报编辑部	省教委	中共镇江高专委员会	镇江市高校园区长香西大道518号
南京晓庄学院报	CN 32－0840(G)	半月刊	1985.5.5	南京晓庄学院	省教委	中共南京晓庄学院委员会	南京市江宁大学城弘景大道3601号党委宣传部
盐城师范学院报	CN 32－0843/(G)	半月刊	1986.4.15	盐城师范学院报编辑部	省教委	中共盐城师范学院委员会	盐城市希望大道南路2号
江苏警官学院报	CN 32－0845/(G)	半月刊	1985.10.1	江苏警官学院政治部组织宣传处院报编辑部	省教委	中共江苏警官学院委员会	南京市安德门128号

报纸名称	国内统一连续出版物号	刊期	创办时间	出版单位	主管单位	主办单位	出版地址
南通市广播电视大学报	CN 32－0849/(G)	月刊	1986.3.1	南通广播电视大学校报编辑部	南通市广播电视大学党委	南通市广播电视大学党委	南通市中远路169号
淮海工学院报	CN 32－0851/(G)	半月刊	1987.1.1	淮海工学院校报编辑部	省教委	中共淮海工学院委员会	连云港市新浦区苍梧路59号淮海工学院内
南京工程学院报	CN 32－0855/(G)	半月刊	2000.10.1	南京工程学院党委宣传部	省教委	南京工程学院	南京市江宁区大学城弘景大道1号
河海大学常州校区报	CN 32－0856/(G)	月刊	1987.12.30	中共河海大学常州校区报编辑部	省教委	中共河海大学常州校区委员会	常州市新北区晋陵北路200号
江苏技术师范学院报	CN 32－0857/(G)	半月刊	1996.1.28	江苏技术师范学院报编辑部	省教委	中共江苏技术师范学院委员会	常州市中吴大道1801号
淮阴工学院报	CN 32－085819/(G)	半月刊	2000.9.1	淮阴工学院校报编辑部	省教委	中共淮阴工学院委员会	淮安市枚乘路1号淮阴工学院
常州工学院报	CN 32－0862/(G)	半月刊	1985.5.23	常州工学院报编辑部	省教委	中共常州工学院委员会	常州市辽河路666号
徐州工程学院报	CN 32－0863/(G)	半月刊	1984.12.24	徐州工程学院报编辑部	省教委	中共徐州工程学院委员会	徐州市南三环路徐州工程学院原来园校区实验楼502室
金陵科技学院报	CN 32－0864/(G)	月刊	1981.1.1	金陵科技学院报编辑部	省教委	中共金陵科技学院委员会	南京市江宁区弘景大道99号
沙洲职业工学院报	CN 32－0865/(G)	半月刊	1987.8.1	沙洲职业工学院院报编辑室	省教委	中共沙洲职业工学院委员会	张家港市福新路1号
徐州市广播电视大学校报	CN 32－0866/(G)	月刊	1996.6.1	徐州市广播电视大学报编辑部	省教委	中共徐州广播电视大学委员会	徐州市湖北路68号
江苏党校报	CN 32－0867/(G)	半月刊	2016.3.30	中共江苏省委党校	省教委	中共江苏省委党校	南京市水佐岗49号
徐州建筑职业技术学院报	CN 32－0868/(G)	半月刊	2009.1.15	徐州建筑职业技术学院报编辑部	省教委	中共徐州建筑职业技术学院委员会	江苏建筑职业技术学院
江苏开放大学报	CN 32－0870/(G)	半月刊	1987.12.1	江苏开放大学报编辑部	省教委	中共江苏开放大学委员会	南京市江东北路399号
江苏第二师范学院报	CN 32－0871/(G)	半月刊	1984.3.1	江苏第二师范学院报编辑部	省教委	中共江苏第二师范学院委员会	南京市北京西路77号

三、新华日报报业集团员工获得省以上表彰及奖项

（一）新华日报报业集团员工获国家级荣誉

长江韬奋奖

长江韬奋奖韬奋系列：朱铭佐（第七届，2006年）

长江韬奋奖韬奋系列：周跃敏（第九届，2008年）

范长江新闻奖提名奖：刘向东（首届，1991年）

韬奋新闻奖提名奖：丁绍明（第二届，1995年）

全国宣传文化系统“四个一批”人才

钱丽萍（2005年）、许洪祥（2006年）

全国百佳新闻工作者

周世康（1995年）、于惠通（1997年）、杨步才（2000年）、钱丽萍（2000年）、周跃敏（2002年）、姜圣瑜（2004年）

全国优秀新闻工作者

左克（1984年）、周正荣（1991年）、李承郃（1990年）、孙巡（2005年）

全国先进工作者

李承郃（1989 年）

全国新闻出版行业领军人才

周跃敏（2007 年）

享受国务院政府特殊津贴

李承郃（1991 年），樊发源、金靖中、刘向东、周正荣、王柏森（1992 年），黄生甫（1993 年），李贵梁、赵晓义、高羽、左克（1994 年），赵绍龙、姚晓东（1995 年），朱铭佐（1996 年），于惠通（1997 年），杨步才（1998 年），施锦昌（2006 年），钱丽萍（2007 年）

（二）新华日报报业集团员工获省级荣誉

戈公振奖

周正荣、王柏森、朱铭佐（第一届），刘守华（第二届），施锦昌（第三届），屈志坚（第四届），秦继东、吴逸（第五届），张晓东（第六届），陆峰（第七届），戴平（第八届），顾雷鸣、薛兵（第九届），沈志强、田梅（第十届）

江苏省劳模、江苏省先进工作者、江苏省“五一”劳动奖章

王柏森（2001 年）、于丹丹（2008 年）

江苏省有突出贡献的中青年专家

李贵梁（1993 年），陈钢（1999 年），周跃敏（2000 年），钱丽萍（2005 年），刘守华（2008 年）

江苏省宣传文化系统“五个一批”人才

李扬、顾雷鸣、陆峰、黄秉生（2005 年），孙巡、周贤辉、刘大颖（2006 年），潘青松、田梅、沈峥嵘、赵寿山（2007 年），王晓映、薛兵、冯海青、章劲松（2008 年）

省“333”工程培养对象

周跃敏、陈钢、钱丽萍（1999 年），顾雷鸣、陆峰、李扬、秦继东、庄传伟（2007 年）

（三）1979～1989 年新华日报报业集团获全国好新闻作品情况

题　目	类别	发表时间	等级	作者/编辑	刊登媒体
周末一条街夜市受欢迎	消息	1979.8.13	一等奖	安源生	新华日报
粗暴干涉淮剧《一字值千金》	消息	1980.10.6	受表扬	喻泰康	新华日报
充分尊重群众荐贤举能的民主权利	评论	1980.8.18	受表扬	钱孝华	新华日报
大火无情人有情	通讯	1981.12.3	受奖	丁　峰　陆静高　倪书彬　刘竹园	新华日报
一个富队就这样被借穷了	来信	1981.7.22	受奖	单远来　黄金龙　王连宏	新华日报
好青年在龙池集上拦惊马	消息	1981.11.28	受表扬	马敬昌　吕洪义	新华日报
三块弹片做“遗产”	消息	1982.2.12	受奖	张继复　王学华　郑昌鸿　单永华（编辑）	新华日报
“九星会聚”已散　地球安然无恙	标题	1982.3.13	受奖	左　克	新华日报
多渠道好	评论	1983.1.7	受奖	吴　镕	新华日报
从雄鸡过江到罐头进城	通讯	1984.12.2	二等奖	魏明夫	新华日报
关于立“军令状”的异议	评论	1984.6.5	三等奖	文　野	新华日报
戴礼帽，神气！	摄影	1984.12.26	二等奖	陈　哲	新华日报
像	摄影	1984.08.27	三等奖	朱俊杰	新华日报
“富光棍”之谜	通讯	1985.12.28	二等奖	黄秉生　周世康　沈成嵩	新华日报
“对策”也可当镜子	评论	1985.6.4	一等奖	宋淼芳	新华日报
“洋鸡”不吃“洋料”照样产蛋	消息	1985.10.29	三等奖	朱启国	新华日报
“十机部长”苏善和成为深受农民欢迎的农机专业户	消息	1986.5.19	二等奖	黄秉生　钱晓华	新华日报
您有六个亲人在前线	通讯	1986.10.6	三等奖	马　建	新华日报
“桔”变为“枳”的联想	评论	1986.10.20	二等奖	王柏森	新华日报
地上“星”走完历程　天上星昼夜运行　张钰哲同志永垂不朽	标题	1986.7.22		左　克　李大容	新华日报
抛弃一种僵化的思维方式	评论	1987.8.10	一等奖	王柏森	新华日报
从毁誉参半到刮目相看	通讯	1987.3.31	三等奖	刘向东　姚晓东	新华日报

续表

题　目	类别	发表时间	等级	作者/编辑	刊登媒体
见“红灯”未可一概“绕道走”	评论	1988.5.30	二等奖	王柏森　肖　泉	新华日报
医学在呼唤——南京志愿捐献遗体情况报告	通讯	1988.3.18	三等奖	刘守华	扬子晚报

（四）1990～2008年新华日报报业集团获中国新闻奖情况

题　目	体裁	届数	等级	作者	编辑	刊登媒体
舍孔雀而取凤尾	言论	首届 1990年	一等奖	李承郃		新华日报
老台胞寻女奇遇记	通讯		一等奖	叶正亭　邱　范　嵇　元		新华日报
洪泽湖不会忘记	通讯	第二届 1991年	一等奖	新华日报赴淮采访组	采访组集体	新华日报
江总书记急切奔灾区	新闻摄影		一等奖	王广林		新华日报
顺应调控得益多	言论	第四届 1993年	三等奖	沈立人	沈志强	新华日报
扬州经验的特殊导向意义	言论	第五届 1994年	一等奖	刘向东　陶　达		新华日报
来自一个大型企业的警报	通讯	第六届 1995年	三等奖	郑幼明　陈道龙	邹荣坤	新华日报
忏悔是为了永不再战	摄影		三等奖	于惠通	李贵梁　周世康 陈仁波　江克宇	新华日报
中国院士三兄弟	通讯	第七届 1996年	三等奖	陈　曼　程　平　谢　力 周旭东　施锦昌	周正荣	新华日报
超越时空的握手	通讯	第八届 1997年	三等奖	陈　申　陈太云	周跃敏	扬子晚报
CBA的外援	摄影		三等奖	杨　磊	张晓东	新华日报
新时期中国晚报发展趋势初探	新闻论文	第九届 1998年	一等奖	杨步才	刘　杉	
1998.5.2一版	版面		一等奖	陈晓春		新华日报
用140万吨钢换一个“强”字	消息		三等奖	倪长才　倪　冈　汪海刚	值班总编	新华日报
小学生挥钢跳楼事件	系列	第十届 1999年	二等奖	王少怀　刘孝浦　何玉平 袁建阳　郑幼明	朱铭佐　刘守华	扬子晚报
大学生千万富翁子虚乌有	通讯		三等奖	张晓东　孙　巡　陆　峰		新华日报
孙仲芳回家寻亲连续报道	系列报道	第十一届 2000年	一等奖	刘维扬　张继斌　盛学军 姜　莉　高林胜	朱铭佐　陈正仁 戴　平　黄建伟	扬子晚报
解放人才	言论		二等奖	王柏森		新华日报
让创新之树常绿	新闻论文		二等奖	周跃敏	刘　杉	
农民卖粮不用愁　粮站一年收到头	通讯		二等奖	徐向明　李大容		新华日报
2000.4.17　A1版	版面		三等奖	刘　镇		新华日报
2001.10.23　B1版	版面	第十二届 2001年	一等奖	金　勇		新华日报
满腔热忱、理直气壮唱响主旋律	言论		三等奖	王柏森		新华日报
珍稀野生动物大解救	系列报道		三等奖	耿志清　吴　俊　姥海峰	朱铭佐	扬子晚报
“老汉街头遭骂”引发如何消除不文明现象大讨论	系列报道	第十三届 2002年	二等奖	吴俊等	朱铭佐	扬子晚报
积极推进党报的改革和创新	新闻论文		三等奖	周正荣		
民有所盼，我有所应——淮安市构筑了解民意为民解忧“高速公路”纪实	通讯		三等奖	葛和新　陆　峰　施锦昌　杨步才		新华日报
善待百姓	言论	第十四届 2003年	二等奖	王柏森		新华日报
2003.4.8　A1版	版面		三等奖	周贤辉　张智勇		新华日报

续表

题　目	体裁	届数	等级	作者	编辑	刊登媒体
互联网“全线飘红”告诉我们什么	新闻论文	第十五届 2004 年	三等奖	孟　威	沈志强	传媒观察
廉政承诺重千钧	评论		三等奖	钱丽萍　陈志龙		新华日报
警惕“专家观点”成为“利益俘虏”	评论	第十六届 2005 年	一等奖	李　扬		新华日报
“并蒂莲”	摄影		二等奖	肖　勇	周跃敏	新华日报
相见恨晚	通讯		三等奖	姚大鋆　顾雷鸣		新华日报
“免费”为“反恐”卢总经理在忽悠谁?	网络评论		三等奖	徐　琛	陶　达	新华报业网
党报在构建和谐社会中的发力点	新闻论文	第十七届 2006 年	二等奖	周跃敏		
博客不是放纵的天堂	通讯		二等奖	沈峥嵘　李自庆		新华日报
未到尽头先调整	评论	第十八届 2007 年	二等奖	钱丽萍		新华日报
南京汉中路煤气爆炸事件　第一时间通报境内外记者	消息		三等奖	王晓映		新华日报
党报提高舆论引导能力的路径选择	新闻论文	第十九届 2008 年	二等奖	周跃敏		
十四万考生名单被出卖之后	通讯		二等奖	孙　巡　陈道龙　陈炳山		新华日报
资本经营,传媒发展的重要选择——科学发展观指导下的媒介运行思考	新闻论文		二等奖	尹明华	沈志强	传媒观察
今天一小步　未来一大步 海协会会长陈云林为江苏居民赴台旅游首发团送行	通讯		三等奖	陆　峰		新华日报
2008.8.9 要闻一版	版面		三等奖		章　强　金其雄 周贤辉	新华日报

(五)1982～2008 年新华日报报业集团获江苏报纸优秀作品一等奖情况

题　目	类别	发表时间	作者/编辑	刊登媒体
三块弹片作“遗产”	消息	1982.2.12	张继复　王学华	新华日报
九星汇聚已散地球安然无恙	标题	1982.3.13	左　克	新华日报
百年不遇的天象奇观九大行星昨晨开始会聚	消息	1982.3.11	施锦昌	新华日报
太仓化肥厂起用人才开发财富	消息	1983.3.18	李志成　张政海	新华日报
宜陵镇改革商业体制市场气象一新	消息	1983.1.7	倪玉泉　钱国耿　阮以德	新华日报
张榜招标一个月认垦荒滩四万亩	消息	1984.4.8	朝　舟　陈　瑜　杨　仪	新华日报
“买路钱”名目繁多运销户有苦难言	消息	1984.5.9	韦来宏	新华日报
袁伟民纵横论英雄	消息	1984.8.16	周跃敏　陈仁波	新华日报
鲍景庭养鸭何故亏本三千多元	通讯	1984.4.27	张心灵　谢承进	新华日报
受聘前后——记南京市汽车工业公司新任经理王步美	通讯	1984.6.6	李大容	新华日报
是谁,拨动了我们的心弦	通讯	1984.8.13	赵绍龙　刘向东	新华日报
一亩地能有多大经济效益?	通讯	1984.9.5	张立平　李承郃	新华日报
关于立“军令状”的异议	言论	1984.6.5	文　野	新华日报
从雄鸡过江到罐头进城	言论	1984.12.2	魏明夫(钱能训)	新华日报
新华日报 2 版	版面	1985.6.27	陈道龙　胡金玉	新华日报

题　目	类别	发表时间	作者/编辑	刊登媒体
金牌背后的问题	消息	1985.6.24	周跃敏	新华日报
常州市洗衣机厂对用户高度负责登广告寻找要求修机人	消息	1985.7.7	汪宇张	新华日报
“洋鸡”不吃“洋料”照样产蛋	消息	1985.10.29	朱启国	新华日报
突发的掌声和弗格斯先生的反悔	通讯	1985.1.15	杨步才	新华日报
奉劝农民兄弟:摸清行情再开店	通讯	1985.4.19	李大容	新华日报
她在不幸面前	通讯	1985.12.20	周和平　吴友松	新华日报
“富光棍”之谜——从一个侧面看农业向现代化转化的迫切性	通讯	1985.12.28	黄秉生　周世康　沈成嵩	新华日报
“对策”也可当镜子	言论	1985.6.4	萧　山	新华日报
“杀猴给猴看”	言论	1985.10.24	陈平华	新华日报
地上“星”走完历程天上星昼夜运行张钰哲同志永垂不朽	标题	1986.7.22	左　克　李大容	新华日报
扬州钢铁厂出现一个不等式1+1>2	消息	1986.4.8	姜圣瑜	新华日报
美好的形象靠自己塑造	通讯	1986.10.19	钱丽萍	新华日报
“十机部长”苏善和成为深受农民欢迎的农机专业户	消息	1986.5.19	黄秉生　钱晓华	新华日报
您有六个亲人在前线	通讯	1986.10.6	马　健	新华日报
以权谋私与以私谋权	言论	1986.5.26	余焕然	新华日报
徐州查封252套空房将重新分配	消息	1987.3.13	徐承德	新华日报
苏州市乡镇企业实行战略转移	消息	1987.12.15	王娟娟　邹建丰　孙大路	新华日报
从毁誉参半到刮目相看	通讯	1987.3.31	姚晓东　刘向东	新华日报
“丑得美”	通讯	1987.4.6	蒋廷玉	新华日报
一个产业怎样在一个县全面崛起?	通讯	1987.5.24	金靖中　邹荣坤　陈仁波	新华日报
严防歪风侵入“十佳产品”的评奖活动	通讯	1987.7.26	李平平	新华日报
抛弃一种僵化的思维方式	言论	1987.8.10	吴　桐	新华日报
发人深思！70年前用模特刘海粟横遭迫害70年后做模特陈素华竟被逼疯	标题	1988.2.4	古　平(陶达)	新华日报
找个地方伸伸胳膊伸伸腿——南京首次青年科技人才交流市场见闻	标题	1988.5.9	俞巧云	新华日报
152农民买下一乡办企业	消息	1988.12.7	金　涛　沈　原	新华日报
笑对吃菜的烦恼——访成都市副市长、探“天府菜经”	通讯	1988.3.13	李承郃　刘向东	新华日报
晨光厂的横向比较观	通讯	1988.8.11	杨荣接　周世康	新华日报
“见红灯”未可一概“绕道走”	言论	1988.5.30	王柏森　肖　泉	新华日报
联点联心续写鱼水新篇合志合力共探致富之路	消息	1989.1.13	向东流　季红安	新华日报
稳住队伍坚守阵地	通讯	1989.8.13	李承郃　王建国　姚晓东	新华日报
如何启动市场?	通讯	1989.11.29	张功璞　嵇　元　盛修济	新华日报
“勤政”论	言论	1989.2.20	赵学凤	新华日报
既留厚家底又传好作风	消息	1990.2.7	刘庆华　刘同宝	新华日报
既勇于开拓又廉洁自守	消息	1990.6.29	陆鱼龙	新华日报
老台胞寻女奇遇记	通讯	1990.3.10	叶正亭　邱　范　嵇　元	新华日报
一位县委书记的理论思维	通讯	1990.11.15	李承郃　李大容	新华日报
舍孔雀而取凤尾	言论	1990.10.19	济　人(李承郃)	新华日报

续表

题　目	类别	发表时间	作者/编辑	刊登媒体
产品命运录	系列报道	1990.5.17～6.5	李贵梁　周世康　蔡明德　陆小伟　郑粹华　秦则人　许建军　江大纬　朱新华　姚国光　王　强	新华日报
既勇于开拓又廉洁自守	编辑作品	1990.6.29	李大容　杨孝慈	新华日报
老台胞寻女奇遇记	编辑作品	1990.3.10	姚晓东	新华日报
创个牌子"三担米"砸个牌子"一袋烟"	标题	1990.9.20	严东篱　宋森芳	新华日报
农业专家吁请抓紧麦田降渍追肥	标题	1991.3.1	陶　达	新华日报
温暖挂在招牌上冷饭送到餐桌前	标题	1991.3.28	赵绍龙　吴心海	新华日报
改革才是振兴路置之死地而后生	消息	1991.11.1	徐承德	新华日报
洪泽湖不会忘记	通讯	1991.7.25	刘向东　吴　逸　刘碧峰　李昕昕　施锦昌　顾新东	新华日报
处处都有灾民的亲和友	通讯	1991.8.5	赵绍龙　姜圣瑜　李承郃	新华日报
人定胜天	言论	1991.7.15	济　人	新华日报
科技人员在第几线	言论	1991.10.21	吴　桐	新华日报
希望整顿运输市场秩序(及附记)	读者来信	1991.5.16	一读者　王国赋　吕晓露	新华日报
华西"一语千金"	标题	1992.7.1	杜庆华　陈仁波　阮以德	新华日报
"老乡"联"老外""老乡"变"老外"	消息	1992.3.27	张功璞　辛华仁	新华日报
大江隔断了什么?	通讯	1992.4.16	陆鱼龙　周世康　黄生甫	新华日报
用足这项大政策	言论	1992.5.4	吴　桐	新华日报
全局观新议	言论	1992.5.25	济　人	新华日报
加快开放在苏州	系列报道	1992.4.6	盛修济　辛华仁　嵇　元　黄　载　张功璞	新华日报
华西村的道路带有普遍意义	消息	1993.2.18	江　宣　本报记者	新华日报
劳燕分飞烦恼依旧捷克与斯洛伐克分家后矛盾有增无减	标题	1993.6.3	徐维礼　陶　达	新华日报
两年前残疾人棍下惨死到如今凶手仍逍遥法外	消息	1993.6.12	吕爱民	新华日报
缺房困难户望屋兴叹	通讯	1993.5.7	王　强	新华日报
一个种粮大户的"系统工程"	通讯	1993.7.4	杨树立	新华日报
愿辉煌不再畸形	通讯	1993.9.28	王丽萍　庚　康　秦继东	新华日报
顺应调控得益多	言论	1993.8.9	沈立人	新华日报
后人栽新树前人也乘凉	标题	1994.12.27	冯金涛　高幼元	新华日报
彗星香消玉殒木星伤痕累累	消息	1994.7.23	施锦昌	新华日报
"末日管理"赢得利润超亿元	消息	1994.10.27	刘向东　江锡民	新华日报
他为何决意让贤?	通讯	1994.5.12	张再兴　刘寿桐　江克宇	新华日报
不把富余人员当包袱甩	通讯	1994.7.4	郑粹华	新华日报
学校收费乱不治不得了	通讯	1994.7.26	陈志平	新华日报
扬州经验的特殊导向意义	言论	1994.3.10	刘向东　陶　达	新华日报
试与厂长说公仆	言论	1994.8.10	李承郃	新华日报
苏北四市贸工农一体化巡礼(1～4)	系列报道	1994.4.9～12	本报赴苏北采访组	新华日报
安徽三名幼稚少年离家出走流落常州街头,武进一农民领回照顾。十八天后家长领回亲生骨肉泣不成声——莫道富地人情薄当说异乡情谊浓	标题	1995.4.11	张阳德	新华日报
新华日报一版	版面	1995.12.25	韩鸿山	新华日报
战斗英雄孙明芝再度成为热点人物	消息	1995.6.21	沈根国　平绍龙	新华日报

续表

题　目	类别	发表时间	作者/编辑	刊登媒体
来自一个大型企业的警报	通讯	1995.6.13	郑幼明　陈道龙	新华日报
“三龄童”早进青春期——江宁经济开发区三周年回眸	通讯	1995.6.15	刘庆峰　文　野　东　流	新华日报
现代家庭意识悄然萌发	通讯	1995.10.20	张晓东　周　刚　张功璞　许建军　周世康　王广林　程　光	新华日报
既要规模化又要柔性化	言论	1995.12.18	王柏森	新华日报
区域发展看盐城·展开绿色的翅膀(共3篇)	系列报道	1995.4.7～11	刘向东　李大容　刘同宝　黄秉生　刘宏奇　康贻华	新华日报
俄轨道站收获太空小麦	标题	1996.12.18	赵绍龙　吴心海	新华日报
“谁买了假农资我先赔偿再代索赔”	消息	1996.11.1	洪　彤　开　旗　其　斌	新华日报
中国院士三兄弟	通讯	1996.6.10	陈　旻　程　平　谢　力　周旭东　施锦昌	新华日报
时代的眼睛	通讯	1996.8.1	秦继东	新华日报
以苦为乐写人生	通讯	1996.10.4	庄传伟	新华日报
弱化区域竞争避免重复建设	言论	1996.1.10	王柏森	新华日报
市场饱和机遇何在?	言论	1996.6.29	王柏森	新华日报
有农机站高价向农民推销农机	读者来信	1996.6.22	马海君　邹荣坤	新华日报
“飞碟”实为“飞谍”　危言竟是谎言	标题	1997.8.6	陶　达	新华日报
本周天象有奇观	标题	1997.12.5	吴心海	新华日报
好军嫂林静用鲜血挽回三条生命	通讯	1997.1.29	杜家雷	新华日报
罕见天象目击记	通讯	1997.3.10	施锦昌	新华日报
一个大学生和他的“鹌鹑经济体”	通讯	1997.3.24	徐跃进　王向东	新华日报
投资开发茫茫滩涂的农学家们	通讯	1997.10.20	陈凤贤　刘小卉	新华日报
实践后的回答	通讯	1997.11.3	周兆呈　陈　钢　黄生甫	新华日报
从“细结构”调整中找机遇	言论	1997.4.8	钱丽萍	新华日报
告别短缺:历史性跨越	言论	1997.9.1	王柏森	新华日报
建设中的江阴长江公路大桥	系列报道	1997.7.28～8.1	李贵梁　丁　峰　冯金涛　宋金萍　顾雷鸣　郝　洪	新华日报
新华日报一版	版面	1997.5.31	金其雄	新华日报
得到的和失去的	副刊作品	1997.10.8	陆文夫	新华日报
三千年等一回漠河观天记(组照)	摄影	1997.3.14	于惠通	新华日报
拍卖会预展赝品成灾十四名画家挺身打假	消息	1997.1.19	谢　力	新华日报
苏锡常:关于结构调整的对话	系列	1997.6.11	张功璞　冯金涛　匡启健　顾雷鸣　钱丽萍　王柏森　丁　峰　周正荣	新华日报
劳模讲课该不该要“出场费”	消息	1998.5.23	胡锦春　施新亚	扬子晚报
教授博士领衔创办知识型企业	消息	1998.6.24	陈凤贤　张晓东　黄生甫	新华日报
省委书记陈焕友理性评说江苏抗洪	消息	1998.9.21	傅　人(施锦昌　彭广余)	服务导报
部门利益“挑战”地方立法发人深思	通讯	1998.2.26	刘永汉	江苏法制报
贫困捶打人生	通讯	1998.3.6	张粉琴　汪秋萍　王娟娟	新华日报
南京长江大桥,你究竟怎么啦?	通讯	1998.6.5	李贵梁　许建军　刘玉琴	新华日报
看玉米身价的“膨化”	通讯	1998.6.10	吴剑飞	新华日报
省外市场召唤苏货	通讯	1998.7.10	顾　燕　许建军	新华日报
牛奶市场飘红的启示	通讯	1998.9.2	施爱春	扬子晚报

题　目	类别	发表时间	作者/编辑	刊登媒体
在挑战中抓机遇	言论	1998.3.27	王柏森	新华日报
“革命化”不能虚化	言论	1998.11	刘根生	党的生活
扬州包子:买方市场的亮丽风景	系列报道	1998.2.7	杨步才　李大容　徐向明　钱丽萍	新华日报
全国社区服务示范城区南京玄武区“录像”	系列报道	1998.8.10	王书明　李晓玲　芮伟芬	服务导报
《新华日报》1998年5月2日一版	版面	1998.5.2	陈晓春(编辑)	新华日报
本报观察家	专栏		《新华日报》评论处(编辑)	新华日报
扬州成立个私企业贷款担保公司	消息	1999.1.14	徐向明	新华日报
“黄金村”闯进中关村	消息	1999.4.8	宋　捷　陆鱼龙	新华日报
教授博导成股东高新技术变商品	消息	1999.5.14	王　怡　刘小湄	新华日报
求快,不唯快	通讯	1999.2.5	刘守华　屈志坚	扬子晚报
英雄之路	通讯	1999.5.21	陈太云　张继斌	扬子晚报
解剖沉重的学生书包	通讯	1999.6.13	徐　勇	新华日报
就是倾家荡产,也要告倒法轮功	通讯	1999.7.25	戴军农　薛颖旦　秦继东	新华日报
南京:长假过后商机大盘点	通讯	1999.10.9	城市生活处集体采写	新华日报
大学生千万富翁子虚乌有	通讯	1999.11.4	张晓东　孙　巡　陆　峰	新华日报
造个“饭碗”,如何?	言论	1999.4.10	钱丽萍	新华日报
理直气壮地坚持无神论	言论	1999.7	刘根生　陆静高	党的生活
强化农业成本意识	言论	1999.8.10	邹建丰　马　健	新华日报
小学生恽刚跳楼事件系列报道	系列报道	1999.1.21	王少怀　刘孝浦　何玉平　袁建阳	扬子晚报
《新华日报》4月19日A1版	版面	1999.4.19	金其雄(编辑)	
《扬子晚报》11月10日A1版	版面	1999.11.10	卞拥军(编辑)　戴　平(编辑)	
排忧频道	专栏		王文坚(编辑)　刘孝浦(编辑)	扬子晚报
“党务工作者”能成为劳动力商品吗	消息	2000.7.11	李兰陵　薛　兵	扬子晚报
为农民切身利益再加500字	消息	2000.10.19	严艺祥　许冠群　王晓映	新华日报
“春兰”改制破茧而出	消息	2000.10.31	顾　燕	扬子晚报
阜宁一副县长“辞官”应聘民营企业引起反响	消息	2000.11.3	姜圣瑜　陆　峰　孙　巡　汪晓霞　阜　宣	新华日报
农民卖粮不用愁粮站一年收到头	通讯	2000.5.3	徐向明　李大容	新华日报
无尽哀思麻栗坡	通讯	2000.5.24	薛崧云　赵剑波	扬子晚报
建设江苏的“北大方正”	通讯	2000.10.31	徐　勇　严鸿珍	新华日报
副厅公选冲击波	通讯	2000.11.9	王晓映　金伟忻	新华日报
解放人才	言论	2000.1.21	王柏森	新华日报
三五年,是短还是长	言论	2000.7.31	山　雨	扬子晚报
走出思路趋同	言论	2000.12.16	王柏森　姜圣瑜　孙　巡	新华日报
“好军嫂蔡艳红”连续报道	系列报道	2000.2.25	《扬子晚报》集体采写	扬子晚报
第六届中国艺术节回望系列	系列报道	2000.10.9～10.12	新华日报文艺处	新华日报
深度报道	专栏		《新华日报》集体采写	新华日报
可敬父母义捐爱女器官	消息	2001.2.25	龚学明　刘宁春	扬子晚报
我省首家民营企业成功应诉“反倾销”	消息	2001.3.24	陶玉顺　王　怡	新华日报
百名群众凌晨围追抢劫歹徒	消息	2001.5.16	王炎林　袁建阳	扬子晚报
冲破思想上的“长江天堑”	通讯	2001.12.6	金伟忻　康贻华　周正荣	新华日报
警惕“学位贿赂”	通讯	2001.10.20	姜圣瑜　陆　峰	新华日报

续表

题　目	类别	发表时间	作者/编辑	刊登媒体
父亲背他读大学	通讯	2001.11.30	陈太云　王月清	扬子晚报
放胆调整莫迟疑	言论	2001.2.25	邹建丰　马　健	新华日报
满腔热忱、理直气壮唱响主旋律	言论	2001.5.31	王柏森	新华日报
城市文明看苏州	系列报道	2001.4.23	《新华日报》集体采写	新华日报
“好人老周”系列报道	系列报道	2001.11.24	《扬子晚报》集体采写	扬子晚报
保护野生动物	系列报道	2001.11.21	吴　俊　耿志清　姥海峰	扬子晚报
大杨说新闻	专栏	2001 年	《扬子晚报》集体采编(编辑)	扬子晚报
试管多胞胎是辅生技术的失败	消息	2002.3.23	龚学明　孙为立	扬子晚报
大纵湖推出“政府指导失误赔偿制”	消息	2002.4.18	王迎春　吴　雯	新华日报
没有数字的成果发布会	消息	2002.4.25	张会清　许建军　吴剑飞　江大纬	新华日报
技工学校地位强劲反弹	消息	2002.9.15	王卫庭	扬子晚报
变培养人才的大省为拥有人才的大省	通讯	2002.1.5	季　文　孙　巡	新华日报
冷静处理的“问题商品”	通讯	2002.3.15	晓　林　子　琪　路　叶　骅　文	扬子晚报
别把城市美景圈成“私家花园”	通讯	2002.5.4	顾巍钟	新华日报
民有所盼我有所应	通讯	2002.5.9	葛和新　陆　峰　施锦昌　杨步才	新华日报
政府职能:如何面对 WTO　“逼宫”	言论	2002.4.18	钱丽萍	新华日报
不搞“瞎指挥”不能放弃“指挥”	言论	2002.8.20	施锦昌陆峰	新华日报
“老汉街头遭骂”引发如何消除不文明现象大讨论	系列报道	2002.3.7～20	《扬子晚报》集体采写	扬子晚报
江苏“第一窗口”特别报道	系列报道	2002.10.10～14	《新华日报》集体采写	新华日报
新闻目击	专栏	2002 年	于惠通(编辑)　朱铭佐(编辑)	扬子晚报
让来办事的同志“三句话就能 OK”	消息	2003.4.18	嵇　元　汪晓霞	新华日报
江都万名建筑大军坚守北京	消息	2003.5.6	姜长春　周卫明　姜圣瑜	新华日报
动员 40 万农户后墙开窗	消息	2003.5.23	步　才　明　泽　宏　奇	新华日报
“擦皮鞋精神”感动洋老板	消息	2003.8.31	王卫庭	扬子晚报
扬州市属国企改革“回炉”	消息	2003.11.7	周正荣　姜圣瑜　陆　峰　徐向明　刘世领	新华日报
闹市书报亭声明“不问路”	消息	2003.11.22	薛文强	扬子晚报
怎能这样为“百年大计”把关?	通讯	2003.1.2	陈道龙	新华日报
竟有这样的“劳务输出”	通讯	2003.2.28	姜圣瑜　陈炳山	新华日报
“太危险,让我一个人上!”	通讯	2003.5.9	胡　泊	南京晨报
且慢圈占子孙田	通讯	2003.8.13	王　琦　刘大颖	扬子晚报
党支委与他们认养的十六名孤儿的故事	通讯	2003.11.24	徐承德　李先昭　单　亮　张波格	新华日报
苏南不能没有水稻田	通讯	2003.11.28	邹建丰	新华日报
善待百姓	言论	2003.4.3	王柏森	新华日报
聚焦江苏干部人事制度改革系列	系列报道	2003.6.3～10	姜圣瑜　施锦昌　孙　巡　王晓映	新华日报
“神五”飞天系列	系列报道	2003.10.13～16	黄建伟　李　军　陈太云　冯海青	扬子晚报
《新闻快语》	专栏	2003 年	朱铭佐(编辑)	扬子晚报
雨花台今起谢绝植树	消息	2004.3.12	陈　敏　六　四　晓　亮　文　强	扬子晚报
苏州取消部分古镇的 GDP 考核	消息	2004.3.27	陆　剑	新华日报
国际巨头采购看中“道德指标”	消息	2004.8.21	戴乐乐　沈春宁	扬子晚报
“太平洋”千亿元订单全是阳光操作	消息	2004.12.8	吴　逸	江苏经济报

续表

题　目	类别	发表时间	作者/编辑	刊登媒体
明年全省将全部免除农业税	消息	2004.12.21	周正荣	新华日报
别让断桥“冷”了老百姓的心	通讯	2004.7.23	蔡志明　徐　勇	新华日报
“跟踪”苦力父少年双泪流	通讯	2004.9.1	雨　宣　明　明	扬子晚报
目击省委全委会票决市委书记	通讯	2004.11.12	金伟忻　王晓映	新华日报
驻村归来话民情	通讯	2004.12.26	周正荣　施锦昌　任志强　葛和新　金厚勋	新华日报
廉政承诺重千金	言论	2004.7.11	钱丽萍　陈志龙	新华日报
喜回首，八百里江岸起宏图	系列报道	2004.9.7	《新华日报》集体采写	新华日报
走进薛元龙的精神世界系列	系列报道	2004.11.9	薛崧云　于英杰　张本甫	扬子晚报
盐城不再要求基层干部为“形象工程”带头捐款	消息	2005.4.22	张　艾　杨树立	新华日报
1000万！巨资买断“超级稻”	消息	2005.7.9	贺晓亮　　薛兵	扬子晚报
无底船秦淮河上假清淤	消息	2005.7.14	李定强	扬子晚报
1.8亿！商用地收回做绿地	通讯	2005.2.26	陆　艳	扬子晚报
“相见恨晚”	通讯	2005.4.27	姚大鋆　顾雷鸣	新华日报
1.8亿元为百余住户降温五摄氏度	通讯	2005.6.27	许建军　杭春燕　孙　巡	新华日报
看南京如何成功经营两座长江大桥	通讯	2005.10.9	周正荣　俞巧云　孙　巡	新华日报
出舱一刻，英雄母亲喜极而泣	通讯	2005.10.17	王　晔　晓　青	扬子晚报
警惕“专家观点”成为“利益俘虏”	言论	2005.7.3	李　扬	新华日报
勇救学生献身的英雄女教师殷雪梅	系列报道	2005.4.2	赵鹤茂　周晓青　肖　蔚	扬子晚报
十运启示录	系列报道	2005.10.26	《新华日报》文体部集体采写	新华日报
一主治医师被“安排”去扫地	读者来信	2005.3.18	俞月花　刘孝浦　郑幼明	扬子晚报
江苏调整开发区发展评价“指挥棒”	消息	2006.2.23	陆　峰　邵生余	新华日报
节电研讨会上的尴尬一幕	消息	2006.4.10	翟慎良	新华日报
南京沃尔玛工会昨夜成立	消息	2006.8.6	冯　可	扬子晚报
扬州包子“重逢”老书记	消息	2006.12.29	杨步才　宋小华	新华日报
南京出现一批“楼市王海”	通讯	2006.1.6	汪晓霞	新华日报
博客，不是放纵的天堂	通讯	2006.2.15	沈峥嵘　李自庆	新华日报
行会岂能成为垄断企业“代言人”	通讯	2006.4.30	顾巍钟	新华日报
90平方米究竟有多大	言论	2006.6.16	薛　兵	扬子晚报
宏观调控是落实科学发展观的最大机遇	言论	2006.7.14	《新华日报》评论员	新华日报
“烧前任火”与“接前任棒”	言论	2006.8.10	姜圣瑜	新华日报
架子放下了，还有什么没放下	言论	2006.11.17	刘庆传	新华日报
魅力昆山：全面小康“数字映象”	系列报道	2006.1.8	周跃敏　姜圣瑜　任松筠　李　扬　邵生余　沈峥嵘　程　光　余　萍	新华日报
扬子行动传奇长征	系列报道	2006.9.18	杨　梓	扬子晚报
南京汉中路煤气爆炸事件第一时间通报镜外记者	消息	2007.2.6	王晓映	新华日报
我省8县（市、区）被摘“平安”牌	消息	2007.1.10	沈峥嵘　李　旸	新华日报
推迟3小时抓捕杀人犯	消息	2007.9.15	孙　军　陈冬平　郭小川	扬子晚报
19年微观世界里的创新人生	通讯	2007.2.28	姜圣瑜　庚　康　陈晓春	新华日报
九百万“新市民”的幸福路	通讯	2007.10.9	蔡　炜　陈家根　孙　巡	新华日报
“问责政府”现场直击	通讯	2007.5.23	杭春燕	新华日报

续表

题 目	类别	发表时间	作者/编辑	刊登媒体
小数报杯昨天“考砸”了	通讯	2007.1.4	秦晓蕾 杨 娟	扬子晚报
如皋九旬妪公开“慰安妇”身份	通讯	2007.1.8	缪礼延	扬子晚报
苏北“抢民工”折射经济新亮点	通讯	2007.3.16	王喜根 王 芳	江苏经济报
网络荐股:“法律边际”在哪里?	通讯	2007.7.23	施为飞	江苏法制报
未到尽头先调整	言论	2007.6.1	钱丽萍	新华日报
改善民生,不能演变为“政绩口红”	言论	2007.4.7	李 扬	新华日报
“科学规划加快推进新一轮沿海开发”系列	系列报道		周跃敏 金伟忻 刘宏奇 吴剑飞 陆 峰 李 扬 俞巧云 邵生余 陈炳山 杨树立 陈 明 程长春	新华日报
抢搭服务外办“头班车”系列	系列报道		金伟忻 陆 峰 邵生余 江锡民	新华日报
科学发展在江苏喜迎党的十七大——“全面达小康,建设新江苏”成就展示·综合篇	重大主题创新策划	2007.10.14	周跃敏 缪小星 彭广余	新华日报
全面达小康,建设新江苏“全国省级晚报(都市报)看江苏”采风活动	重大主题创新策划	2007.7.7～15	许洪祥 刘守华	扬子晚报
群众评议“不满意”徐州多名官员受处分	消息	2008.4.20	根 荣 郭小川	扬子晚报
苏中苏北交出首份“小康答卷”	消息	2008.6.3	许建军 郑 炎 陈 明 杭春燕	新华日报
今天一小步未来一大步	消息	2008.7.5	陆 峰	新华日报
劳保局长一年九上被告席	通讯	2008.1.3	叶小力 朱颖峰	江苏法制报
没有新郎的婚礼今晚举行	通讯	2008.5.16	孔小平	扬子晚报
搜寻,不放弃每一个角落	通讯	2008.5.20	周 刚	新华日报
“天堂短信”传递人间至爱	通讯	2008.6.18	杨志敏 张凌发 刘孝浦(编辑)	扬子晚报
十四万考生名单被出卖之后	通讯	2008.8.1	孙 巡 陈道龙 陈炳山 周跃敏(编辑) 戴心平(编辑)	新华日报
沿海开发,如何坚守“生态高地”	通讯	2008.10.21	宋金萍 王 蔚 陈熹熹	新华日报
研究新情况解决新问题	言论	2008.2.27	钱丽萍	新华日报
“理性”拨开房市的“话语迷雾”	言论	2008.8.15	李 扬	新华日报
科技创新域外行(韩国篇/以色列篇)	系列报道		姜圣瑜 王晓映 吴红梅 翟慎良 周静文	新华日报
百姓故事	专栏		新华日报编委会	新华日报
省市党报联动·“纪念改革开放30周年”特别报道	重大主题创新策划		新华日报 13市党报	新华日报 13市党报
改革开放30年·那些人那些事	重大主题创新策划		薛 兵 冯海青 陈太云	扬子晚报

（六）1998～2008年新华日报报业集团获江苏新闻奖情况

题 目	类别	发表时间	作 者	刊登媒体
拍卖会预展赝品成灾 十四名画家挺身打假	消息	1997年	谢 力	新华日报
苏锡常:关于结构调整的对话	系列	1997年	张功璞 冯金涛 匡启健 顾雷鸣 钱丽萍 王柏森 丁 峰 周正荣	新华日报
沭阳乡镇“消肿”下猛药 2 737名超编借用人员被清退分流,每年节支1 000万元	消息	1997年	林 培 刘绪清	新华日报
用140万吨钢换个“强”字	消息	1998年	倪长才 倪 冈 汪海刚	新华日报
企业扩张:谨防“低成本”错觉	言论	1998年	钱丽萍	新华日报
托福防洪墙	通讯	1998年	王 铭 宗 长 建 平 大 路	新华日报

续表

题　目	类别	发表时间	作者	刊登媒体
造个"饭碗"如何?	言论	1999 年	钱丽萍	新华日报
大学生千万富翁子虚乌有	通讯	1999 年	张晓东　孙　巡　陆　峰	新华日报
解放人才	言论	2000 年	王柏森	新华日报
一座历史名城的世纪章回——苏州传统文化与现代文明融合鸟瞰	系列	2001 年	周正荣　王柏森　金伟忻　姜圣瑜　张功璞　嵇　元　王晓映　陆　峰　孙　巡　吴红梅　汪晓霞	新华日报
民有所盼,我有所应——淮安市构筑了解民意为民解忧"高速公路"纪实	通讯	2002 年	葛和新　陆　峰　施锦昌　杨步才	新华日报
宿迁市委书记 24 天跑遍 111 个乡镇干成一件事:动员 40 万农户后墙开窗	消息	2003 年	步才明　泽宏奇	新华日报
聚焦江苏干部人事制度改革系列通讯(共 7 篇)	系列	2003 年	施锦昌　姜圣瑜　孙　巡　王晓映	新华日报
驻村归来话民情	通讯	2004 年	周正荣　施锦昌　任志强　葛和新　金厚勋	新华日报
相见恨晚	通讯	2005 年	姚大鋆　顾雷鸣	新华日报
警惕"专家观点"成为"利益俘虏"	言论	2005 年	李　扬	新华日报
节电研讨会上的尴尬一幕　拉上窗帘开会白天亮着一百二十多盏灯	消息	2006 年	翟慎良	新华日报
昆山系列报道	系列报道	2006 年	周跃敏　李　扬　沈峥嵘　邵生余　任松筠　姜圣瑜	新华日报
"科学规划加快推进新一轮沿海开发"系列报道	系列报道	2007 年	周跃敏　金伟忻　刘宏奇　吴剑飞　陆　峰　李　扬　俞巧云　邵生余　陈炳山　杨树立　陈　明　程长春	新华日报
改善民生,不能演变为"政绩口红"		2007 年	李　杨	新华日报
研究新情况　解决新问题	言论	2008 年	钱丽萍	新华日报
科技创新域外行(韩国篇/以色列篇)	系列报道	2008 年	姜圣瑜　王晓映　吴红梅　翟慎良　周静文	新华日报

编纂始末

根据江苏省地方志编纂委员会办公室制订的《第二轮江苏省志编纂工作方案调整意见》，《江苏省志（1978～2008）·出版 报业志》中的“报业”部分由新华日报报业集团（后改为“新华报业传媒集团”）承编。为此，报业集团自 2012 年启动《报业志》编纂工作，至 2020 年完成，历时 8 年多时间。

2012 年编纂工作开始后，由时任新华日报社社长许洪祥总负责，张艾牵头，新华报业传媒集团办公室负责协调联络，退休干部黄荆汉、黄胜民具体负责编纂大纲和书稿。黄荆汉、黄胜民通过学习、调研，形成编纂大纲初稿，在通过召开座谈会、听取专家建议后送省地方志办公室审核，反复修改，几易其稿。

2015 年 12 月 16 日，根据新华日报社（新华报业传媒集团）党委会精神，新华报业传媒集团明确《报业志》编委会主任由周跃敏和许洪祥担任，编辑室主任由张艾兼任，成员为黄荆汉、黄胜民、施爱春、刘志斌。当日，新华日报社（新华报业传媒集团）党委会专门听取《报业志》编纂情况汇报，并请党委委员分头传阅编纂大纲，确定《报业志》篇目。

2016 年 4 月 12 日，根据新华日报社（新华报业传媒集团）党委意见，集团组织《报业志》编纂工作启动会议，新华日报社、各市级党委机关报社、专业行业报社、国家级新闻媒体驻苏机构和省高校新闻教育机构等近 50 家单位人员参会。江苏省新闻工作者协会主席周世康对编纂作动员，社长周跃敏就报业志编纂工作作了介绍和布置，副社长张艾主持会议，省地方志办公室、省委宣传部、省新闻出版广电局的相关领导作了讲话。

2018 年 3 月，新华报业传媒集团领导班子调整后，对《报业志》编纂作了新的安排。由新华日报社副社长王洪俊代表集团班子分工此项工作，赵剑波牵头负责志书编纂工作。

2018 年 9 月，《报业志》新的编纂机构开始工作，新的工作人员到位，编纂工作正式开始推进。

2019 年 1 月，《报业志》编纂工作进入到规范化、制度化、流程化的编辑阶段。此后，编辑部每周一上午定期开会安排进度，并再次调整内容编辑的层次、条理，同时建立材料收集、初步整理、编辑加工、统稿完善、形式校审的流程，以加快进度，确保样稿质量。3 月 21 日，省地方志办公室主任左健伟一行到新华报业传媒集团，就《报业志》的编纂工作与《新华日报》总编辑顾雷鸣进行座谈。左健伟一行对前一阶段的编纂工作进度给予充分肯定，并对后期编纂工作节点提出要求。

《概述》是《报业志》的提要和精华，为了使《概述》的内容科学、观点准确，2019 年 4 月 17 日下午，新华日报社副社长王洪俊主持召开《报业志》编纂工作座谈会，邀请省新闻工作者协会主席周跃敏、常务副主席刘守华，省报业协会主席刘文平、副主席刘杉等领导、专家，就《概述》《大事年表》等内容的撰写、材料收集等工作出谋划策，把关号脉。

5 月初，编辑部基本完成材料的收集、编辑工作，并打印出全书样稿。7 月，编辑部将撰写好的《概述》，专送周世康、周正荣、许洪祥、周跃敏、刘守华、刘文平、朱铭佐等老同志审阅。各位老同志通过多种方式提出不少意见和建议，其中许洪祥、周跃敏对《概述》作了认真仔细的修改。集团领导、部分中层以上干部也分别审阅了志稿。

9 月，《报业志》提交新华日报社（新华报业传媒集团）党委审核；11 月，报送省地方志编纂委员会办公室。

2020 年 1 月 8 日，《报业志》通过终审。后根据终审意见进行修改，通过验收并于当年提交出版。

《报业志》的编纂得到了各方面的关心支持，在此一并致谢。由于编纂水平有限，并困于部分史料缺失，该志在编纂过程中难免有疏漏和不当之处，恳请读者赐教，以便修正完善。

《报业志》编辑部